주요 website

▶ 국내기관

공공기관
한국은행 www.bok.or.kr
금융감독원 www.fss.or.kr
기획재정부 www.kif.re.kr
외교부 www.mofa.go.kr
통계청 www.kostat.go.kr
국제금융센터 www.kcif.or.kr
무역보험공사 www.ksure.or.kr
거래소
한국거래소 www.krx.co.kr
서울외국환중개 www.smbs.biz
한국자금중개 www.kmbco.com
연구원 및 협회
대외경제정책연구원 www.kiep.go.kr
한국금융연구원 www.kif.re.kr
자본시장연구원 www.kcmi.re.kr
삼성경제연구소 www.seri.org
LG경제연구원 www.lgeri.com
KDB산업은행 www.kdb.co.kr
전국은행협회 www.kfb.or.kr
금융투자협회 www.kofia.or.kr
신문
조선일보 www.chosun.com
중앙일보 joongang.joins.com
동아일보 www.donga.com
한국경제 www.hankyung.com
매일경제 www.mk.co.kr

▶ 국제기관

국제결제은행 www.bis.org
국제통화기금 www.imf.org
경제협력개발기구(OECD) www.oecd.org

▶ 정보제공기관

Wall Street Journal online.wsj.com
Financial Times www.ft.com
The Economist www.economist.com
Reuters www.reuters.com
Bloomberg L.P. www.bloomberg.com
Dow Jones new.dowjones.com
AP www.ap.org
미국 상무부 경제분석국 www.bea.gov
미국 중앙정보국 www.cia.gov/cia/publications/factbook
더시티UK www.thecityuk.com

▶ 중앙은행

연방준비은행 www.federalreserve.gov
유럽중앙은행 www.ecb.int
영란은행 www.bankofengland.co.uk
일본은행 www.boj.or.jp

▶ 국제증권거래소 및 관련기관

시카고상품거래소 www.cmegroup.com
뉴욕증권거래소 www.nyse.com
뉴욕증권거래소 Euronext www.globalderivatives.nyx.com
런던증권거래소 www.londonstockexchange.com
도쿄증권거래소 www.tse.or.jp
싱가포르증권거래소 www.sgx.com
홍콩증권거래소 www.hkex.com.hk
국제상품거래소 www.theice.com
세계거래소연맹 www.world-exchanges.org
국제스왑파생금융협회 www.isda.org
미국증권거래위원회 www.sec.gov

▶ 국제금융결제기관

국제은행간통신협회 www.swift.com
Euroclear www.euroclear.com
CHIPS www.chips.org

Foreign Exchange

제3판

외환론

이론과 실제

-국제금융입문-

이환호 · 김성은 공저

經文社

머리말 (제3판)

근래에 세계경제와 국제금융시장은 빠르게 변화해 왔다. 특히, 2008년 글로벌 금융위기 이후 오랫동안 유지된 제로금리 정책과 양적완화 정책을 마무리하기 위한 출구전략이 점차 시행되던 와중에 세계경제와 국제금융시장은 COVID-19 펜데믹이라는 큰 충격을 경험하게 되었다. 급격히 글로벌 경기가 침체되자 각국은 다시 제로금리 정책으로 빠르게 전환하고 대규모 양적완화 정책을 시행하며 시장에 유동성을 공급하였다. 이에 더해 어려움에 처한 가계와 기업을 돕기 위해 현금 보조금 지급을 포함한 과감한 확장적 재정정책을 실시하였다. 이러한 노력에 힘입어 세계경제의 침체는 빠르게 진화되었다. 그러나 이후 세계는 2008년 이후 오랫동안 경험하지 못했던 높은 수준의 인플레이션을 겪게 되었고, 이에 대응해 취해진 고금리 정책으로 이전과 다른 새로운 경제 · 금융 환경에 처하게 되었다.

이러한 최근의 세계경제와 국제금융시장의 여건 변화를 반영하고 국내외에서 취해진 외환 관련 제도의 변화를 소개하기 위해 본 개정판을 발간하게 되었다. 이번 2024년 개정을 통해 이루어진 주요 변화는 다음과 같다.

첫째, 독자들이 최근 세계경제와 금융시장의 변화를 이해할 수 있도록 모든 통계를 최신으로 갱신하였다. 이를 통해 독자들이 이론에 대한 이해와 더불어 현실에 대한 감각을 기르고 실무적인 능력을 발전시키는 데 도움이 될 수 있도록 하였다.

둘째, COVID-19 펜데믹으로 인한 경제위기에 대한 정책대응과 이후 발생한 인플레이션과 고금리 정책으로의 회귀에 대한 내용을 추가하였다. COVID-19 사태 이후 각 경제주체의 부채 수준이 높아진 상황에서 고금리는 금융시장을 취약하게 만들었고 미국에서 실리콘밸리은행(SVB)이 파산하는 사태가 발생하기도 하였다. 독자들이 이러한 최근의 변화를 이해하는 데 도움이 되고자 하였다.

셋째, 2020년 이후 이루어진 외환 관련 국내외 제도의 변화를 소개하고 관련 내용을 수정하였다. 예를 들어, 그동안 금융시장에서 중요한 역할을 해 왔던 LIBOR(London Inter-Bank Offered Rates)의 산출이 2022부터 단계별로 중단되고 각국은 새로운 무위험지표금리(Risk-Free Reference Rate, RFR)를 개발해 사용하기 시작하였다. 또한, 국내 외환당국은 2023년 외환시장 구조개선을 위한 대책을 발표하였다. 본 개정판을 통해 독자들이 이러한 변화들을 이해할 수 있도록 내용을 보완하였다.

넷째, 최근 환율의 변동성 확대 등 금융시장의 변동성이 확대된 것을 감안하여 VaR(Value at Risk) 등 시장리스크 측정 방법에 대한 내용을 제9장 '환위험의 측정과 관리전략'의 부록으로 추가하였다. 특히, 수식과 설명을 적절히 사용하여 독자들이 가능한 이해하기 쉽도록 정리하는 데 중점을 두었다.

본 저서는 이환호 교수님께서 2007년 『글로벌 금융시대의 외환론 : 이론과 실제』라는 제목으로 첫 발간이 된 이래 2019년까지 세 번의 개정을 거치며 외환에 대한 이론과 실무를 균형 있게 다룬 서적으로 많은 독자들의 사랑을 받았다. 이번 개정 작업에서도 이 책의 가장 큰 장점인 이론과 실무의 균형을 이어나갈 수 있도록 노력하였다.

이번 개정작업에 필자가 공저자로 참여하게 된 것은 참 영광스러운 일이다. 개정작업을 함께 할 수 있도록 기회를 주신 이환호 교수님께 감사드린다. 다행히 2023년 여름부터 University of Pennsylvania 대학에 방문학자로 머물면서 개정작업을 제때에 마무리할 수 있었다. 옆에서 통계자료 정리를 도와주고 응원해준 아내와 항상 힘이 되어주는 가족에게 감사의 마음을 전한다. 그동안 세종대학교에서 이 책을 사용해 강의를 하며 학생들로부터 얻은 피드백은 개정 작업을 위한 소중한 자산이 되었다. 또한, 필자가 세종대학교에서 연구와 교육을 하기 전에 기획재정부에서 정책실무를 담당했던 경험도 개정작업에 큰 도움이 되었다. 부디 독자들이 외환과 관련된 경제이론에 대한 이해와 함께 현실경제에 대한 식견을 함께 갖추는 데 이 책이 도움이 되기를 바란다.

2023년 12월
UPenn 연구실에서
김성은

머리말 (개정판)

2008년 글로벌 금융위기는 국제금융 및 외환시장에 엄청나게 큰 충격을 주었다. 미국을 비롯한 주요 선진국들은 구제금융을 실시하는 동시에 양적완화라는 비전통적 통화정책수단까지 동원하여 금융시장을 안정시키기 위해 노력하였다. 그러나 양적완화정책으로 인한 부작용을 우려하여 과잉유동성을 환수하고 기준금리를 인상하여 통화정책을 정상화하는 과정에서 금융 및 외환시장이 민감하게 반응하는 모습을 보이고 있다.

한편 우리나라는 1997년 외환위기를 계기로 자본・외환자유화를 앞당겨 실시함으로써 국내금융 및 자본시장을 대폭 개방하였다. 이에 따라 자본의 유출입이 자유로워지면서 우리나라 금융 및 외환시장도 국제금융 및 외환시장의 한 부분으로서 편입되었다. 이로 인해 우리나라 금융시장 및 외환시장도 글로벌 금융위기의 과정에서 적지 않은 충격을 입었다.

글로벌 금융위기는 1980년대부터 국제자본이동이 활발해지면서 나타난 국제금융 및 외환시장의 구조적 변화의 한 과정으로 이해되어야 한다. 종래에는 주로 경상거래로 발생한 국가간 자금의 과부족을 조정하기 위해 자본이동이 이루어졌으나, 이후에는 수익성과 안전성을 고려하여 국제적으로 포트폴리오를 구성하는 과정에서 선진국간 또는 선진국과 개도국간에 자본이동이 활발히 이루어지고 있다. 특히 제도적 측면에서 금융 및 외환규제의 완화내지는 철폐와 기술적 측면에서 컴퓨터에 의한 정보처리 및 통신기술의 발달은 자본이동을 촉진하여 각국의 금융시장을 하나로 통합시킴으로써 금융의 범세계화가 이루어지고 있다.

국내금융이 국제금융과 연계성이 긴밀해지면서 국제금융과 외환에 대해 관심도 높아졌다. 이에 따라 국제금융 및 외환관련 강좌가 많이 개설되고, 이와 관련된 서적도 다수 발간되었다. 그러나 대부분의 서적이 저자의 성향에 따라 이론이나 실무 중 어느 한 쪽에 치우쳐 있거나, 체계적이고 균형 있게 구성되어 있지 않아 독자들이 외환을 전반적으로 이해하는 데 많은 어려움을 겪고 있다.

이러한 점을 고려하여 필자는 2006년 가을부터 1년간 Drexel University에서 초빙교수로 머무는 동안 대학, 금융연수원, 금융투자교육원 등에서 강의를 바탕으로 원고를 작성하였으며, 2007년말 『글로벌 금융시대의 외환론 : 이론과 실제』라는 제목으로 발간하였다. 그리고 일부 내용을 수정・보완하여 2010년에 『외환의 이론과 실제 – 국제금융입문 – 』으로 이름을 바꾸어 출간하였다. 이후 독자들의 조언을 바탕으로 2014년에 전면적으로 개편하여 『외환론 : 이론과 실제』로 다시 발간하였으며, 이번에 제6장 제1절 환율결정의 통화적 접근법과 제16장 제5절 글로벌 금융위기의 일부를 수정하고 각종 통계, 동향, 제도 등을 갱신하여 개정판을 발간하게 되었다.

필자는 초판에서 밝혔듯이 독자의 이해를 돕기 위하여 다음과 같은 점에 유의하여 집필하고자 하였다.

첫째, 외환과 관련된 이론과 현실을 균형있게 다루고자 하였다. 이론과 관련된 현실이나 실무를 '이론과 실제'라는 글상자에서 다룸으로써 독자들이 이론을 현실과 연계시켜 이해하고 실무에 적용할 수 있도록 하였다.

둘째, 외환과 관련된 내용을 체계적이고 짜임새 있게 구성하고자 노력하였다. 외환을 처음 접하는 독자라도 이 책을 처음부터 끝까지 읽는다면 외환에 대해 체계적으로 이해하고 상당한 수준에 도달할 수 있도록 하였다.

셋째, 외환에 관해 전반적 이해를 높이고자 하였다. 외환과 관련된 개념과 원리, 정책과 제도, 환위험 관리를 폭넓게 다루되 어느 한 쪽에 치우치지 않도록 하였다.

넷째, 독자가 편하고 쉽게 읽을 수 있도록 서술하였다. 한 문단에는 가능한 하나의 내용만을 담아 간결하게 서술하고자 하였다. 또한 외환과 관련된 전문용어를 제외하면 일반적으로 널리 쓰이는 단어나 표현을 사용하고자 하였다.

이 책은 5편 16장으로 구성되어 있다. 제1편 외환의 기초에서는 외환시장에 관해 전반적으로 살펴보고, 외환의 수급을 발생시키는 국제경제거래가 국민경제와 어떻게 연계되어 있는가에 관하여 다루었다. 제2편 국제금융의 기본메커니즘에서는 국제금융시장의 구조를 소개하고, 국제금융을 지배하는 기본원리를 다루었다. 제3편 환율의 결정과 예측에서는 환율결정에 관한 다양한 접근법과 예측방법에 관하여 소개하고, 환율결정에 크게 영향을 미치는 중앙은행의 외환시장개입에 관하여 다루었다. 제4편 환위험 관리와 파생통화상품거래에서는 환위험을 측정하는 방법과 이에 대한 내부적·외부적 관리기법을 소개하였다. 제5편 국제통화제도와 통화협력에서는 국제통화제도라는 큰 틀에서 변천추이와 개편논의, 지역통화·금융협력, 자본자유화와 금융·외환위기에 관하여 다루었다.

이 책은 많은 사람의 도움으로 이루어졌다. 이 책을 집필하는 과정에서 일일이 언급은 할 수 없지만 많은 학자들이 이론적·실증적 연구를 통해 얻은 지식과 경험이 밑바탕이 되었다. 학부와 대학원시절에 귀한 가르치심을 주신 은사 – 특히 박사학위논문을 지도해 주신 Robert A. Driskill 교수께 감사드린다. 그리고 후학의 양성을 위해 연구와 교육에 여념이 없으신 세종대학교 동료교수와 Drexel University의 전방남 교수께 감사드린다. 아울러 이 책을 집필하는 과정에서 강의를 통해 학생들과 가졌던 교감도 크게 도움이 되었다.

이 책의 출판을 기꺼이 허락하여 주신 경문사 한헌주 사장, 그리고 출판과 관련하여 편집과정에서 여러모로 수고하여 주신 문용 선생에게도 감사드린다.

마지막으로 이 책의 원고를 작성하는 과정에서 가족의 도움과 배려가 컸다. 항상 옆에서 저를 묵묵히 지켜 보아주시는 부모님, 깊은 이해와 인내로 감싸주는 아내 인선, 그리고 사랑스런 아들 성재와 항재에게 감사의 마음을 전한다.

2019년 1월
군자동 집현관 연구실에서
운봉 이환호

차례

제1부 외환의 기초

제2부 국제금융의 기본메커니즘

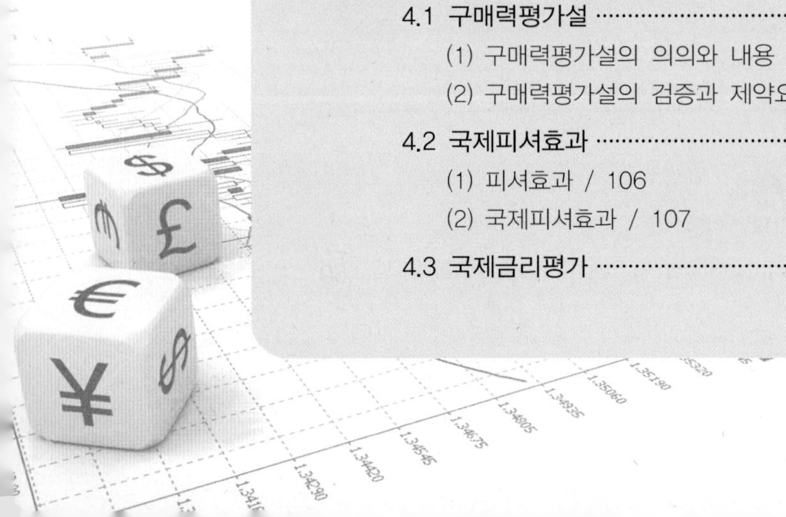

제3부 환율의 결정과 예측

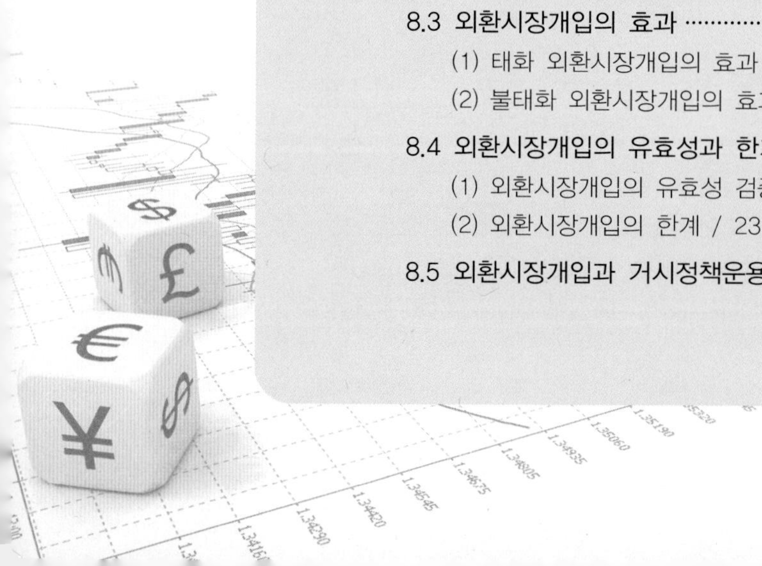

제4부 환위험의 관리와 파생통화상품거래

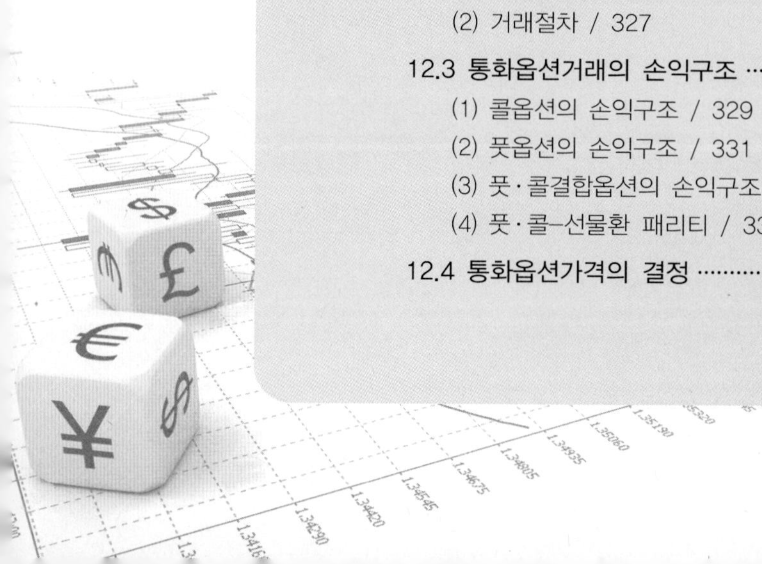

PART 01

외환의 기초

01 외환시장과 환율

02 국제경제거래와 국제수지

오늘날 글로벌화가 급속히 진전되면서 국가간 경제거래도 크게 늘어나고 있다. 그런데 국가마다 사용하는 법정통화가 다르기 때문에 일반적으로 국가간 상품 및 서비스의 수출입과 자본이동에 따른 대금의 결제과정에서 외환거래를 수반하게 된다. 따라서 외환거래와 관련된 사항을 명확히 이해하기 위해서는 외국과 경제거래 내역도 같이 파악되어야 한다. 외국과 경제거래의 결과로 나타나는 일국의 국제수지는 그 나라의 실물 및 금융부문의 경제활동과 직・간접적으로 연계되어 있다. 여기서는 국제경제거래를 이해하는 데 기초가 되는 외환과 국제수지의 일반적 내용에 대하여 살펴보고자 한다.

CHAPTER 01

외환시장과 환율

국가마다 결제수단으로 사용하는 법정통화가 다르기 때문에 국제경제거래에서는 일반적으로 외(국)환이 결제수단으로 사용된다. 따라서 자국통화와 외국통화의 매매를 중개하는 외환시장이 잘 발달되어 있어야 국제경제거래도 원활하게 이루어진다. 환율은 두 통화간 교환비율로서 외환의 수요와 공급에 의하여 결정되는데, 그 결정메커니즘은 변동환율제도냐 또는 고정환율제도냐에 따라 크게 달라진다. 외환거래의 형태는 전통적으로 현물환거래와 선물환거래로 구분된다. 환율이 시시각각 변동하므로 외환거래자는 환위험을 회피하거나 환차익을 얻고자 외환거래를 통하여 외환포지션을 조정한다.

1.1 외환시장의 의의와 구조

(1) 외환시장의 의의와 기능

1) 외환시장의 의의

외환의 개념

우리나라 외국환거래법에서는 외환을 대외지급수단(對外支給手段), 외화증권(外貨證券) 및 외화채권(外貨債權)이라고 정의하고 있음.

외(국)환(foreign exchange)은 국가간 거래를 위한 결제수단을 의미한다. 외환은 외국화폐뿐만 아니라, 이에 대한 청구권을 나타내는 외화표시예금, 수표, 주식, 채권 등 국제결제수단을 포함한다. 이와 같은 구체적 의미 외에도 외환은 국가간 현금을 보내는 불편과 위험을 피하기 위해 제3자인 은행을 통해 어음·수표 등 신용수단을 이용해 대차를 결제하는 제도라는 추상적 의미도 지닌다. 여기서 외환이란 결제수단으로서 외환을 의미한다.

외환시장의 개념

시장이란 원래 재화의 거래가 집단적으로 이루어지는 구체적인 장소를 나타냈으나 경제발전으로 거래규모가 커지고 거래내용 및 방법이 다양해짐에 따라 수요자와 공급자가 접촉할 수 있는 영역을 모두 포괄하는 추상적 개념으로 바뀌었음.

외환시장(foreign exchange market)은 외환의 매매가 이루어지는 구체적인 장소뿐만 아니라, 정기적 또는 지속적으로 이루어지는 총괄적인 거래메커니즘을 포괄하는 개념이다. 외환시장이라고 하면 흔히 외환수요자와 외환공급자가 서로 만나서 외환을 사고파는 구체적인 장소를 연상하게 된다. 그러나 정보통신기술의 발달에 힘입어 전화, 컴퓨터 등 다양한 통신수단을 이용하여 외환거래가 이루어지면서 외환시장은 추상적 개념으로서 성격이 더욱 강해지게 되었다.

외환시장의 성격

외환시장은 국제금융시장의 일부로 인식되고 있지만 외환으로 자금의 대차가 이루어지는 국제금융시장과는 구별된다. 엄밀한 의미에서 국제금융시장은 자금의 융통이 이루어지는 신용시장(credit market)인 반면에, 외환시장은 기본적으로 서로 다른 통화가 거래되는 매매시장으로서 성격을 가지고 있다. 그러나 각국의 국내금융시장이나 국제금융시장에서 이루어지는 국제금융거래는 일반적으로 자금수요자와 자금공급자가 서로 다른 통화를 사용하고 있기 때문에 필연적으로 외환거래를 수반한다. 따라서 외환거래는 상품 및 서비스의 수출입이나 외화자금거래에서 발생하는 지급 메커니즘의 한 과정으로 파악되어야 한다.

2) 외환시장의 기능

청산 　외환시장은 외환의 수요와 공급을 연결시키는 **청산**(clearing) 기능을 수행함으로써 대외거래를 원활하게 한다. 해외에 수출을 하거나 해외에서 차입하여 외환을 획득하게 되면 이를 국내에서 사용하기 위해서는 자국통화로 바꾸어야 한다. 반면 해외로부터 수입을 하거나 해외에 투자를 하고자 하면 자국통화를 외환으로 바꾸어야 한다. 이와 같이 외환시장은 외환을 사고자 하는 자와 외환을 팔고자 하는 자를 연결시켜 주는 역할을 담당함으로써 대외거래가 원활하게 이루어지도록 한다.

국제수지의 조정 　변동환율제도에서 환율은 외환의 수요와 공급에 따라 변동하면서 **국제수지 조정** 기능을 수행한다. 예를 들어 한 나라의 국제수지가 적자를 보이면 수출로 벌어들인 외환의 공급보다 수입을 위한 외환의 수요가 많아 외환의 초과수요가 발생함으로써 환율이 상승 – 즉 자국통화의 대외가치가 하락하게 된다. 이러한 환율의 상승은 자국 상품의 대외경쟁력을 강화시켜 국제수지를 개선시킴으로써 국제수지 적자를 해소시킨다.

재정 　외환시장은 **재정**(裁定: arbitrage) 기능을 수행한다. 지역적으로 떨어져 있는 외환시장간 환율의 차이가 발생하면 외환의 가격이 싼 시장에서 매입하여 비싼 시장에 매도함으로써 매매차익을 얻고자 하는 재정거래가 발생한다. 이러한 재정거래로 인해 외환시장이 지역적으로 떨어져 있더라도 환율이 같아지게 된다. 또한 동일한 금융자산이지만 서로 다른 통화로 표시되어 있어 수익률의 차이가 있다면 투자자는 이 금융자산을 수익률이 낮은 곳에서 매도하고 수익률이 높은 곳에서 매입한다. 이와 같이 금리차익을 노리는 재정거래는 환율을 변동시켜 결과적으로 투자기간중 국내통화표시 금융자산의 수익률과 외국통화표시 금융자산의 수익률이 같아지게 한다.[1)]

헤지와 투기 　또한 외환시장은 **헤지**(hedge)나 **투기**(speculation)를 할 수 있는 장소를 제공한다. 환율이 변동하면 외환거래자가 보유한 외화자산이나 외화부채의 자국통화로 환산한 가치도 변한다. 환율이 변동할 것으로 예상되는 경우 외환거래자는 미리 외환거래를 하여 자기가 보유하고 있는 외화자산이나 외화부채의

1) 국가간 금리재정에 관한 자세한 내용은 제4장 제3절 국제금리평가를 참조하기 바람.

크기를 조정함으로써 환위험을 회피할 수 있다. 반면 외환거래자는 환차익을 얻기 위하여 외환거래에 참여하기도 한다. 즉 외환거래자는 환율이 오를 것으로 예상되면 외환을 사고, 환율이 떨어질 것으로 예상되면 가지고 있는 외환을 판다.

(2) 외환시장의 구조와 참가자

1) 외환시장의 구조

외환시장은 외환거래의 성격에 따라 대고객시장과 은행간시장으로 구분된다.[2)]

대고객시장

대고객시장은 개인, 기업 및 정부가 상품과 서비스의 수출입, 해외차입 및 투자, 해외송금 등을 위해 은행과 외환을 매매할 때 형성되는 시장이다. 대고객시장은 거래당 규모단위가 작기 때문에 **소매시장**으로서 성격을 가지고 있다.

그림 1-1 우리나라 외환시장의 구조

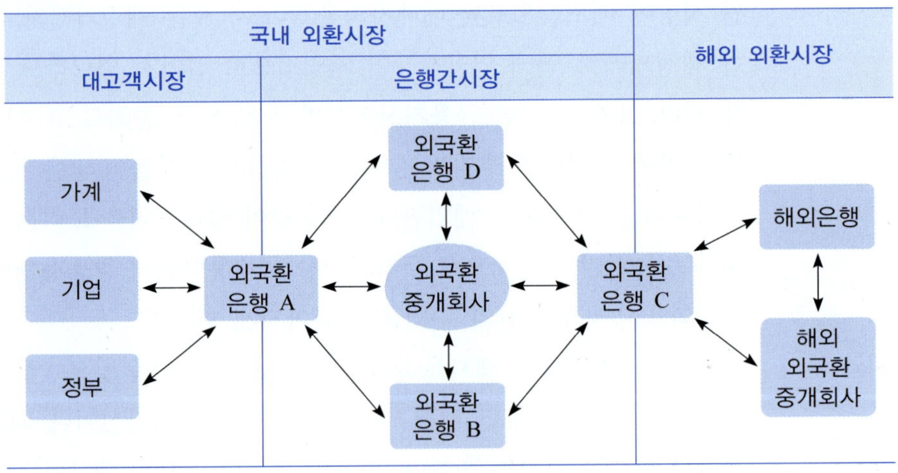

2) 외환시장은 거래형태에 따라 장내시장과 장외시장, 참여범위에 따라 국내외환시장과 국제외환시장, 외환상품에 따라 전통적 외환시장과 파생적 외환시장으로도 구분해 볼 수 있음.

은행간시장

은행간시장은 외(국)환을 취급하는 은행들이 일반 고객과 거래로 발생한 외환포지션의 변동을 조정하고자 하는 과정에서 은행간에 외환의 매매가 이루어지는 시장이다. 은행은 일반고객과 거래과정에서 외환을 더 매입하거나 매도하게 되는 경우 환율변동에 따른 환위험을 부담하게 된다. 은행은 환위험을 회피하기 위해 다른 은행에게 외환을 매도하거나 매입하는 **포지션 조정거래**를 하게 된다. 은행간거래는 은행간에 직접 거래가 이루어지기도 하지만 대부분 전문화된 외환중개인을 통하여 이루어진다. 은행간시장은 거래당 규모 단위가 크기 때문에 **도매시장**으로서 성격을 가지고 있다.

2) 외환시장의 참가자

외환시장에는 개인이나 기업 등의 일반고객, 외국환은행, 외환중개인 및 중앙은행 등이 다양한 목적을 위해 참가하고 있다.

일반고객

외환시장 참가자는 거래동기에 따라 실수요자, 재정거래자, 헤저, 투기자 등으로 구분할 수도 있음.

일반고객은 상품이나 서비스의 수출입, 포트폴리오 조정을 위한 해외금융거래를 하는 과정에서 외환시장에 참가한다. 수출입기업은 상품이나 서비스의 수출입에 따른 대금을 결제하는 과정에서 외국환은행과 외환거래를 한다. 해외여행객은 자국통화를 외국환은행에서 여행국통화로 환전한다. 개인이나 기업 등은 해외투자나 해외차입의 과정에서도 외환거래를 하게 된다. 정부도 외환정책을 담당하는 외환당국을 제외하고는 대외거래를 위하여 일반고객으로서 외환시장에 참가한다. 이와 같이 수출입거래, 여행, 해외송금 등 외국과 경제거래를 위해 외환을 매매하는 자를 실수요자라고 한다.

외국환은행

우리나라 외환거래법에 따르면 외국환을 취급하는 은행(외국환은행)은 「은행법」 등에 의해 설립되고 외국환업무취급기관으로 등록한 금융기관의 국내영업소를 말함.

외국환을 취급하는 은행 – 즉 **외국환은행**은 외환거래에서 중추적인 역할을 담당하고 있다. 우선 외국환은행은 일반고객의 요구에 따라 외환거래를 하거나 해외송금 등을 통하여 국내고객과 해외은행간 자금결제의 중개기능을 수행한다. 한편 외국환은행은 고객과 외환거래에서 외환을 더 많이 사거나 판 경우 환위험을 회피하기 위하여 다른 외국환은행과 이와 반대되는 외환거래를 한다. 외환시장 전망에 따라 외국환은행은 거래차익 또는 환투기 등을 목적으로 외환거래를 하기도 한다.

외환중개인

외환중개인은 외국환은행들간에 또는 일반고객과 외국환은행간에 외환거래를 중개하고 수수료를 받는다. 외환중개인은 자기 포지션을 보유하느냐 또

이론과실제 우리나라 외환시장에서 은행간거래

우리나라에서 은행간 외환거래는 외국환중개회사–즉 브로커를 통한 장내거래(trading through broker)와 은행간 직접거래(direct dealing)로 구분된다. 2018년 말 현재 우리나라에는 10개의 외국환중개회사가 기획재정부장관으로부터 인가를 받아 영업중에 있다. 이중 서울외국환중개(주)와 한국자금중개(주)는 은행간시장의 외환거래를 전부 중개할 수 있고, ICAP(주), Tullett-Prebon(주) 등 8개사는 현물환거래를 제외한 다른 외환거래만 중개할 수 있다.

현재 우리나라에서 은행간 장내거래는 대부분 서울외국환중개(주)를 통하여 이루어지고 있으며, 여기에 국내은행, 외국은행 국내지점 등 약 60개 금융기관이 참여하고 있다. 서울외국환중개(주)의 은행간 장내거래에서는 원-미달러화 및 원-위안화 매매, 이종통화매매, 외환스왑이 취급되고 있으며 거래조건이 정형화되어 있다.

원-미달러화의 매매는 상품의 거래성격에 따라 현물환 및 선물환으로 구분되어 거래되고 있으며, 거래금액은 최소 100만달러이며 거래단위는 100만달러의 배수이고, 거래주문가격의 단위금액은 10전 단위이며, 결제일은 익익영업일(value spot)로 되어 있다.

한편 한국과 중국간 교역이 크게 늘어남에 따라 원-위안화 거래의 활성화를 위해 2014년 12월 원-위안화 직거래시장이 개설되었다. 현재 시장조성자은행이 원-위안화 직거래시장의 성공적 정착을 위해 참여하고 있다.

또한 원-미달러화와 원-위안화의 외환스왑 거래도 이루어지고 있다.

이종통화간 외환거래로는 미달러화/일본엔화, 유로화/미달러화, 영국파운드화/미달러화, 미달러화/캐나다달러화 등 15종이 있다. 이들 외환거래는 원-미달러화와 같이 거래조건이 정형화되어 있으며, 거래절차 및 자금결제 방법은 원-미달러화의 현물환거래와 같다.

한편 외국환중개회사를 경유하지 않는 장외거래는 주로 로이터 단말기의 딜링머신을 통해 딜러간 가격 및 거래조건이 결정된다. 우리나라는 이러한 장외거래 형태의 거래비중이 상대적으로 낮은 편이다. 이는 국내의 현물환거래 비중이 높고, 선진국 외환시장과는 달리 대형은행들이 시장조성자로서 기능을 활발히 수행하지 못하고 있기 때문이다.

이에 외환당국은 외환시장의 거래활성화 및 질적 발전을 위해 2022년 외환시장 선도은행 제도를 도입하고 산업은행, 신한은행, 우리은행, 하나은행, CA-CIB, JP Morgan Chase를 선도은행으로 지정하여 거래실적에 비례해 외환건전성 부담금을 최대 60%까지 감면하고 있다.

서울외국환중개(주)의
원-미달러화와 원-위안화 장내거래 조건

원-달러 (USD/KRW) 매매	구분	원-위안 (CNH/KRW) 매매
은행, 외국은행 국내지점 등 약 60개	참가기관	시장조성자 은행을 포함한 외국환거래기관
·현물환 ·선물환 ·외환스왑거래	거래종류	·현물환 ·선물환 ·외환스왑거래
100만달러/100만달러의 배수	최소거래금액/거래단위	100만위안/100만위안의 배수
달러당 10전 단위로 호가	호가방법	위안당 1전 단위로 호가
전화 및 전자주문방식에 의한 매매주문을 전산으로 자동체결	체결방법	원-달러 매매와 같음
은행영업일의 9:00~15:30	거래시간	원-달러 매매와 같음
–	비고	2014.12 직거래시장 개설

주 : 서울외국환중개(주)에서 거래되는 위안화는 중국본토에서 거래되는 위안화(CNY)가 아니라 역외시장인 홍콩에서 거래되는 위안화(CNH)임.

자료 : 서울외국환중개(주) 홈페이지(http://www.smbs.biz).

는 하지 않느냐에 따라 외환브로커와 외환딜러로 구분된다. 외환브로커(broker)는 외환을 자기계정으로 직접 보유하지 않고 매매자들간 외환거래를 중개해 준다. 따라서 외환브로커는 환율변동에 따른 위험을 부담하지 않는다. 반면에 외환딜러(dealer)는 외환을 자기계정으로 직접 보유하고 고객의 요구에 따라 외환을 매입하거나 매도한다. 따라서 환율이 변동하면 외환딜러가 자기계정으로 보유하고 있는 외환의 가치도 변동하므로 외환딜러는 환위험을 부담하게 된다.

중앙은행

중앙은행은 환율을 안정시키거나 적정수준에서 유지하기 위하여 외환시장에 개입한다. 중앙은행은 외환수급의 일시적 불균형으로 인해 환율이 불안하게 움직임으로써 경제를 교란시키거나 환율이 적정수준에서 크게 벗어남으로써 경상수지에 악영향을 미친다고 판단되는 경우 외환시장에 개입하게 된다. 중앙은행은 외환시장개입을 위하여 외국환평형계정이나 외국환평형기금을 설치하여 운영하고 있다.

(3) 외환시장의 특징

무역자유화에 따라 경상거래가 확대되고 자본시장개방에 힘입어 국제적 자본이동이 활발해지면서 외환거래도 급격히 증가하여 왔다. 또한 정보통신기술이 발달하면서 외환거래범위가 확대되고 외환거래방식도 크게 바뀌었다.

범세계시장

첫째, 오늘날 외환시장은 제도적 측면에서 외환규제의 완화 내지는 철폐와 기술적 측면에서 컴퓨터에 의한 정보처리 및 정보통신기술의 발달로 시장정보의 신속한 확산 및 거래범위의 광역화가 이루어지면서 범세계시장으로서 기능을 수행하고 있다. 특히 1980년대 들어 선진국을 중심으로 외환 및 자본거래에 대한 규제가 완화되면서 국가간 자본이동이 활발해지고 정보통신기술의 발달로 모든 시장정보가 신속히 확산되면서 금융자산의 가격결정메커니즘이 동조화(synchronization)되어 가는 모습을 보이고 있다.

장외시장의 발달

둘째, 외환거래는 대부분이 장내시장보다 장외시장(over the counter market ; OTC market)에서 이루어지고 있다. 오늘날 주요 국제금융시장에서 외환거래는 외환거래소를 통하지 않고 전화, 컴퓨터 단말기 등 다양한 통신망을 이용하여 외환거래자들간에 직접 이루어지고 있다.

24시간 거래

셋째, 외환시장은 하루 24시간 거래가 이루어지는 시장이다. 런던, 뉴욕, 샌프란시스코 및 로스앤젤레스, 도쿄, 홍콩, 싱가포르, 프랑크푸르트 등 주요 국제외환시장의 거래시간이 부분적으로 중복 · 연결되어 있어 외환거래자는 필요에 따라 24시간 연속적으로 외환거래가 가능하다.

은행간 거래 위주

넷째, 외환시장은 은행간시장이 대종을 차지하며 도매거래의 성격이 강하다. 외환거래는 거래의 성격에 따라 은행이 개인이나 기업 등의 요구에 따라 소액단위로 행하는 대고객거래와 은행이 외환포지션을 조정하기 위하여 행하는 은행간거래로 구분하여 볼 수 있다. 런던, 뉴욕, 도쿄 등 주요 국제외환시장에서 은행 및 딜러간 거래가 전체 외환거래규모의 80% 이상을 차지하고 있다.

이론과실제 2023년 외환시장 구조 개선방안의 추진 배경 및 주요 내용

국내 외환시장은 해외 소재 외국 금융기관이 국내 은행간시장에 직접 참여할 수 없고, 거래시간도 한정되는 등 시장 접근성이 제한적이다. 그 결과 역외 NDF 시장이 불균형적으로 성장하면서 역외 NDF 시장에서의 투기적 거래가 환율의 움직임을 주도하는 현상이 나타났으며, 원화표시 자산의 매력도 또한 저해되었다. 이에 국내 외환시장을 개방·경쟁적인 구조로 전환하여 시장 접근성을 글로벌 수준으로 제고하기 위해 한국은행과 기획재정부, 금융감독원은 국내 외환시장의 접근성 제고와 시장 인프라의 선진화를 주요 내용으로 하는 외환시장 구조 개선방안을 2023년 발표하였고 2024년 7월부터 정식 시행할 예정이다.

첫째로 외환당국은 일정한 요건을 갖춰 정부의 인가를 받은 해외 소재 외국 금융기관(Registered Foreign Institutions, 이하 "RFI")의 국내 은행간 시장 직접 참여를 허용할 계획이다. RFI가 시장참여자로서 정상적인 외환영업을 할 수 있도록 현물환시장과 FX스왑시장을 개방하되, 시장 내 건전한 거래질서를 유지하기 위해 RFI의 자격은 글로벌 은행 및 증권사 등으로 제한할 계획이다. 또한 RFI가 국내 인가 외국환중개회사를 경유하여 거래토록 의무화함으로써 당국의 거래 모니터링 및 시장관리 기능이 저해되지 않도록 할 방침이다.

둘째로 해외 거래의 불편함이 완화되도록 국내 외환시장의 개장시간을 대폭 연장할 예정이다. 현재 한국시간 15시 30분인 마감시각을 한국시간 익일 새벽 2시로 우선 연장하고, 향후 은행권 준비, 시장여건 등을 감안하여 단계적으로 24시간 운영으로 확대할 계획이다.

셋째로 글로벌 시장에서 보편화되어 있는 대고객 외국환 전자중개업무를 제도화하여 도입하는 등 시장 인프라를 선진국 수준으로 확충할 예정이다. 이의 일환으로 해외투자자의 환전 편의를 제고하기 위한 제3자 외환거래(본인 명의의 계좌가 없는 은행과의 외환매매)를 허용할 계획이다.

이러한 조치들을 통해 외환거래의 편의성이 높아져 시장참여자가 확대되고 거래규모가 증가함으로써 외환시장의 변동성도 완화될 수 있을 것으로 기대된다.

출처: 한국은행 "한국의 외환시장과 외환제도 2023"에서 발췌 요약

이론과실제

주요 국제외환시장

국제금융거래는 대부분 외환거래를 수반하기 때문에 주요 국제외환시장은 국제금융시장과 같은 장소에 위치하고 있다. 유럽지역에서는 런던, 프랑크푸르트, 취리히, 북미지역에서는 뉴욕, 시카고, 로스앤젤레스, 샌프란시스코, 동아시아지역에서는 도쿄, 홍콩, 싱가포르 등이 주요 국제외환시장으로서 역할을 담당하고 있다. 이 중에서 런던, 뉴욕, 도쿄, 싱가포르, 홍콩 등이 국제외환시장에서 절대적 지위를 차지하고 있다.

런던외환시장은 산업혁명 이후 세계무역 및 금융의 중심지로 부상하였으며, 그 후광에 힘입어 국제외환시장으로서 절대적 지위를 유지하고 있다. 런던외환시장은 미달러화 자금이 미국내 금융규제를 회피하여 대거 유입되면서 크게 발전하였고, 오전에는 도쿄와 오후에는 뉴욕과 영업시간대가 겹쳐서 전세계 금융시장과 당일 거래가 가능하다는 장점이 있다. 국제결제은행의 조사결과에 따르면 2022년 중 영국의 일평균 외환거래규모는 3조 7,550억달러로서 총외환거래량의 38.1%를 차지하였다.

뉴욕외환시장은 양차 세계대전을 통해 미국이 세계 최대의 채권국으로 전환되고 뉴욕이 새로운 국제금융의 중심지로 부상하면서 국제외환시장으로서 지위를 갖게 되었다. 특히 뉴욕외환시장은 제2차 세계대전 이후 미달러화가 기축통화로서 역할을 담당하게 되면서 세계 제2위의 국제외환시장으로서 위상을 갖게 되었다. 2022년 중 미국의 일평균 외환거래규모는 1조 9,120억달러로서 총외환거래량의 19.4%를 차지하였다.

도쿄외환시장은 1980년대초 외환거래의 자유화조치와 1980년대 후반 대폭적 경상수지 흑자를 바탕으로 한때 세계 제3위의 국제외환시장으로 급부상하였다. 그러나 1990년대 들어 일본의 불황이 지속되면서 외환거래의 증가세도 위축되는 모습을 보였다. 2022년 중 일본의 일평균 외환거래규모는 4,330억달러로서 총외환거래량의 4.4%를 차지하였으나 그 비중은 계속 줄어드는 추세를 보이고 있다.

한편 최근에는 싱가포르, 홍콩, 취리히 및 프랑크푸르트 외환시장 등에서 외환거래가 급격히 증가하는 추세를 보이고 있다. 이는 EU가 단일통화로서 유로화를 도입하고 정보통신기술의 발달로 24시간 외환거래가 가능해지면서 이들 지역을 중심으로 새로운 국제금융센터가 형성되고 있기 때문이다.

세계 외환시장의 국가별 거래규모 및 비중 변동추이[1]

(4월중 일평균 기준) (단위: 10억달러, %)

순위[2]	국가	2007		2010		2013		2016		2019		2022	
1	영국	1,483	(34.6)	1,854	(36.7)	2,726	(40.8)	2,406	(36.9)	3,576	(43.2)	3,755	(38.1)
2	미국	745	(17.4)	904	(17.9)	1,263	(18.9)	1,272	(19.5)	1370	(16.5)	1,912	(19.4)
3	싱가포르	242	(5.7)	266	(5.3)	383	(5.7)	517	(7.9)	640	(7.7)	929	(9.4)
4	홍콩	181	(4.2)	238	(4.7)	275	(4.1)	437	(6.7)	632	(7.6)	694	(7.1)
5	일본	250	(5.8)	312	(6.2)	374	(5.6)	399	(6.1)	376	(4.5)	433	(4.4)
6	스위스	254	(5.9)	249	(4.9)	216	(3.2)	156	(2.4)	264	(3.2)	350	(3.6)
7	프랑스	127	(3.0)	152	(3.0)	190	(2.8)	181	(2.8)	167	(2.0)	214	(2.2)
8	독일	101	(2.4)	109	(2.2)	111	(1.7)	116	(1.8)	124	(1.5)	184	(1.9)
9	캐나다	64	(1.5)	62	(1.2)	65	(1.0)	86	(1.3)	109	(1.3)	172	(1.7)
10	중국	9	(0.2)	20	(0.4)	44	(0.7)	73	(1.1)	136	(1.6)	153	(1.6)
11	호주	176	(4.1)	192	(3.8)	182	(2.7)	121	(1.9)	119	(1.4)	150	(1.5)
12	룩셈부르크	44	(1.0)	33	(0.7)	51	(0.8)	37	(0.6)	58	(0.7)	92	(0.9)
13	덴마크	88	(2.1)	120	(2.4)	117	(1.7)	101	(1.6)	63	(0.8)	83	(0.8)
14	네덜란드	25	(0.6)	18	(0.4)	112	(1.7)	85	(1.3)	64	(0.8)	74	(0.8)
15	한국	35	(0.8)	44	(0.9)	48	(0.7)	48	(0.7)	55	(0.7)	68	(0.7)
	기타	454	(10.6)	473	(9.4)	530	(7.9)	479	(7.4)	526	(6.4)	522	(5.3)
합계		4,281	(100)	5,045	(100)	6,686	(100)	6,514	(100)	8,280	(100)	9,843	(100)

주 : 1) 국내 조사대상 금융기관간 중복거래(double-counting) 제외, 2) 2022년 거래비중 기준, 3) ( )내는 전체거래 대비 비중(%)
자료 : Bank for International Settlement, Central Bank Survey of Foreign Exchange and Derivatives Market Activity, 각호.

미달러화 중심

국제결제은행(BIS)에 따르면 2022년 총외환거래에서 미달러화의 비중이 88%인 것으로 조사되었음.

다섯째, 외환시장은 미달러화를 중심으로 거래가 이루어지는 **대달러거래시장**이다. 제2차 세계대전후 미달러화가 기축통화의 역할을 맡게 되면서 국제외환시장에서 외환거래도 미달러화를 중심으로 활발하게 이루어지게 되었다. 따라서 제3국 통화간 외환거래는 직접 교환하는 것보다 미달러화를 매개로 하여 교환하는 것이 용이하고 거래수수료도 저렴하다. 예를 들어 외환시장에서 일본 엔화와 멕시코 페소화를 직접 거래하는 것보다 엔화를 미달러화로 교환하고 미달러화를 다시 멕시코 페소화와 교환하는 것이 더 쉽다. 또한 외환시장에서 일본 엔화-미달러화거래와 멕시코 페소화-미달러화거래를 하려는 외환거래자가 많고 또한 활발하게 이루어지기 때문에 거래수수료도 저렴하다.

제로섬 게임

여섯째, 외환시장은 기본적으로 **제로섬 게임**(zero-sum game)**시장**의 성격을 갖고 있다. 즉 어느 외환거래자가 외환의 매매를 통해 이익을 얻었다면 거래상대방은 반드시 이에 상응하는 손실을 입게 된다.

1.2 환율과 환율제도

(1) 환율의 개념과 표시방법

1) 환율의 개념

환율의 정의

일반적으로 **환율**(exchange rate)은 외국통화 한 단위와 교환되는 자국통화의 양으로 정의된다. 우리나라의 입장에서 원-달러 환율은 미화 1달러가 우리나라 원화 얼마만큼과 교환되는가를 나타낸다. 예를 들어 원-달러 환율이 1,000원이라고 하면 미화 1달러가 1,000원과 교환됨을 의미한다.

그림 1-2 환율의 정의

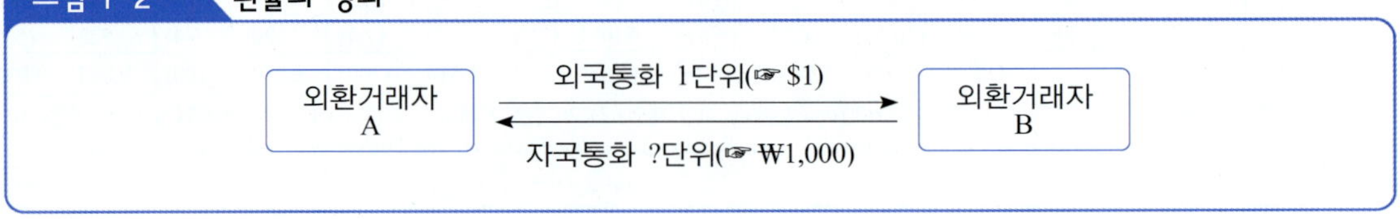

환율의 의미 환율은 외환의 가격으로서 의미를 갖는다. 일반적으로 가격이란 거래대상상품 한 단위가 (자국)통화 몇 단위와 교환되는가를 나타낸다. 따라서 환율은 거래대상상품인 외환 – 즉 외국통화 한 단위가 자국통화와 몇 단위와 교환되는가로 정의하므로 외환의 가격으로서 의미를 갖는다.

환율의 상승 **환율 상승**(depreciation)은 외국통화 한 단위와 교환되는 자국통화의 양이 많아지기 때문에 외국통화의 가격 – 즉 가치가 상승하는 것을 의미한다. 이는 자국통화 입장에서 보면 자국통화 한 단위와 교환되는 외국통화의 양이 적어지므로 자국통화의 가치가 하락 – 즉 자국통화가 **평가절하**(devaluation)되는(또는 약세를 보이는) 것을 의미한다.

이론과실제 환율의 표기방법

최근에는 환율을 표시할 때 통화기호보다 국제표준기구(ISO : International Organization for Standardization)가 정한 ticker를 널리 사용한다. 통화기호를 사용하여 환율을 표기할 때는 /가 분수(per)의 의미를 갖기 때문에 분모에 표시된 통화 1단위가 분자의 표시된 통화 몇 단위와 교환되는가를 나타낸다. 그러나 ISO ticker로 표기할 때는 /가 분수의 의미를 갖지 않고 /의 앞에 위치한 통화 1단위가 뒤에 표시한 통화 몇 단위와 교환되는가를 나타낸다. 예를 들어, 미화 1달러가 일본 통화 112.36엔과 교환되는 경우 통화기호를 사용하여 표기하면 ¥/U$ = 112.36이 되고, ISO ticker를 사용하여 표기하면 USD/JPY = 112.36이 된다.

환율의 표기방법

사 례		ISO ticker에 의한 표기방법	통화기호에 의한 표기방법
European terms	엔화환율(1달러당 엔화비율)	USD/JPY	¥/$
	원화환율(1달러당 원화비율)	USD/KRW	₩/$
American terms	유로화환율(1유로당 달러화비율)	EUR/USD	$/€
	파운드화환율(1파운드당 달러화비율)	GBP/USD	$/£

〈참고〉 각국 통화의 ISO Ticker 예

약어	통 화	약어	통 화	약어	통 화	약어	통 화
USD	U.S. Dollar	KRW	Korea Won	HKD	Hong Kong Dollar	CAD	Canada Dollar
JPY	Japan Yen	AUD	Australia Dollar	TWD	Taiwan Dollar	CHF	Switzerland Franc
EUR	Euro	GBP	(Great) British Pound	CNY	China Yuan	MXN	Mexico Peso

환율의 하락

변동환율제도	고정환율제도
환율 상승	평가절하
환율 하락	평가절상

반면에 **환율 하락**(appreciation)은 외국통화 한 단위와 교환되는 자국통화의 양이 적어지기 때문에 외국통화의 가격 - 즉 가치가 하락하는 것을 의미한다. 이는 자국통화 입장에서 보면 자국통화 한 단위로 살 수 있는 외국통화의 양이 늘어나므로 자국통화의 가치가 상승 - 즉 자국통화가 **평가절상**(revaluation) 되는(또는 강세를 보이는) 것을 의미한다.

2) 환율의 표시방법

직접/간접표시환율

환율은 두 통화간 교환비율이므로 외국통화 한 단위와 교환되는 자국통화의 양으로 표시할 수 있고 자국통화 한 단위와 교환되는 외국통화의 양으로도 표시할 수 있다. 이 경우 앞에서 정의한 것과 같이 외국통화를 기준으로 표시한 환율을 **직접표시환율**(또는 자국통화표시환율, 지급환율)이라 하고, 후자와 같이 자국통화를 기준으로 표시한 환율을 **간접표시환율**(또는 외국통화표시환율, 수취환율)이라 한다.

유럽형/미국형 표시환율

국제금융시장에서 사용되는 환율표시방법을 크게 유럽형 표시환율과 미국형 표시환율로 구분하기도 한다. **유럽형 표시환율**(European terms)은 유럽국가의 입장에서 미국 달러화에 대한 환율을 정의한 것으로서 미국통화 1달러와 교환되는 해당국 통화의 양을 표시하는 방식이다. 즉 유럽형 표시환율은 미달러화의 가격을 다른 국가의 통화로 표시한 것으로서, 국제외환시장에서 현물환과 선물환의 은행간거래에서 많이 사용된다. 일본 엔화, 캐나다 달러화, 우리나라 원화 등 대부분의 통화에 유럽형 표시환율방식이 사용되고 있다.

미국형 표시환율(American terms)은 미국의 입장에서 해당국 통화에 대한 환율을 정의한 것으로서 해당국 통화 1단위와 교환되는 미달러화의 양을 표시하는 방식이다. 즉 미국형 표시환율은 다른 국가 통화의 가격을 미달러화로 표시한 것으로서, 현물환과 선물환의 대고객거래, 통화선물거래, 통화옵션거래 등에서 많이 사용된다. 유로화, 영국 파운드화, 아이리시 파운드화, 호주 달러화, 뉴질랜드 달러화 등에 미국형 표시환율방식이 사용되고 있다.

매입(환)율과 매도(환)율

외환시장에서 외환딜러는 자기 입장에서 **매입(환)율**(bid rate 또는 buying rate)과 **매도(환)율**(offered rate 또는 asked rate)의 두 가지 환율(two way price)을

이론과실제 The Wall Street Journal의 환율고시표: 직접표시환율과 간접표시환율

미국의 유명한 경제일간지인 *The Wall Street Journal*은 Money & Investing란에 New York 외환시장에서 형성된 종가를 직접표시환율과 간접표시환율로 동시에 게재하고 있다.

아래 환율고시표는 *The Wall Street Journal*의 website에서 발췌한 것으로 IN US$의 열은 미국의 입장에서 직접표시환율을 나타내고, PER US$의 열은 간접표시환율을 나타내고 있다. 예를 들어 2023년 10월 26일에 미국의 입장에서 우리나라 원화의 직접표시환율은 1원과 교환되는 달러의 양으로서 0.0007388달러이고, 간접표시환율은 1달러와 교환되는 원화의 양으로서 1353.57원이다.

Exchange Rates: New York Closing Snapshot

U.S.-dollar foreign-exchange rates in late New York trading — Thursday, October 26, 2023

	IN US$		US$ vs. % CHG		PER US$	
Country/currency	Thurs	Wed	1-Day	YTD	Thurs	Wed
Americas						
Argentina peso	0.0029	0.0029	−0.07	97.9	349.8515	350.098
Brazil real	0.2005	0.2002	−0.16	−5.6	4.9879	4.9961
Canada dollar	0.723	0.7248	0.25	2.1	1.3832	1.3798
Chile peso	0.001075	0.001082	0.58	9.6	929.84	924.48
Mexico peso	0.0551	0.0546	−0.95	−6.8	18.1534	18.3275
Asia-Pacific						
Australian dollar	0.6323	0.6307	−0.25	7.8	1.5815	1.5855
China yuan	0.1367	0.1367	−0.02	6.1	7.3158	7.3172
Hong Kong dollar	0.1279	0.1278	−0.01	0.2	7.8212	7.8219
India rupee	0.012	0.01203	0.31	0.7	83.35405	83.09555
Indonesia rupiah	0.0000628	0.000063	0.21	2.2	15917	15884
Japan yen	0.00665	0.00666	0.11	14.7	150.4	150.23
Malaysia ringgit	0.2089	0.2092	0.13	8.7	4.7863	4.78
New Zealand dollar	0.5822	0.5803	−0.33	9.1	1.7176	1.7232
Philippines peso	0.0175	0.0176	0.37	2.4	57.01	56.8
Singapore dollar	0.7302	0.729	−0.16	2.1	1.3695	1.3717
South Korea won	0.0007388	0.0007392	0.05	7.3	1353.57	1352.89
Taiwan dollar	0.03085	0.03086	0.03	5.8	32.42	32.41
Thailand baht	0.02757	0.0276	0.11	4.8	36.27	36.23
Vietnam dong	0.00004064	0.00004069	0.12	4.1	24605	24575
Europe						
Denmark krone	0.1415	0.1416	0.05	1.7	7.0665	7.0633
Euro area euro	1.0564	1.0567	0.03	1.3	0.9467	0.9464
Russia ruble	0.01068	0.01064	−0.37	27	93.65	94
Sweden krona	0.0896	0.0897	0.12	7	11.1631	11.1493
Switzerland franc	1.1123	1.1151	0.25	−2.8	0.899	0.8968
Turkey lira	0.0355	0.0355	0.1	50.7	28.1647	28.1372
U.K. pound	1.2129	1.2113	−0.13	−0.3	0.8245	0.8256
Middle East/Africa						
Kuwait dinar	3.2324	3.2313	−0.03	1.1	0.3094	0.3095
Saudia Arabia riyal	0.2666	0.2666	0.01	−0.2	3.7516	3.7513

자료 : Tullett Prebon

〈그림 1-3〉
전자중개시스템을 통한 현물환 딜러의 거래화면

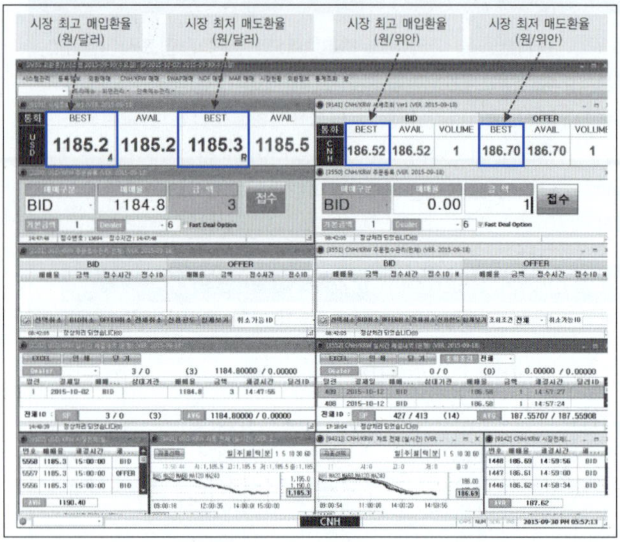

동시에 고시한다. 따라서 매입(환)율은 외환딜러가 고객으로부터 외환을 매입할 때 적용하는 환율이고, 매도(환)율은 외환딜러가 고객에게 외환을 매도할 때 적용하는 환율을 말한다. 따라서 고객의 입장에서는 외환딜러의 매입(환)율로 외환을 팔게 되고, 매도(환)율로 외환을 매입하게 된다. 예를 들어 어느 외환딜러가 유로화에 대한 미달러화환율 EUR/USD를 1.1851 – 1.1854로 고시하였다면, 이 외환딜러는 1유로를 1.1851달러로 매입하고 1.1854달러로 매도하겠다는 것을 나타낸다. 따라서 고객은 외환딜러로부터 1유로를 1.3451달러로 팔고 1.1854달러로 사게 된다.

매매율차

매입(환)율과 매도(환)율의 차이를 **매매율차**(bid-asked spread)라고 한다. 매매율차는 외환딜러의 입장에서는 외환거래 중개서비스의 대가로 받는 수수료로서 매매이익의 원천이다. 반면에 고객의 입장에서는 외환거래 중개서비스에 대하여 외환중개인에게 지불하는 수수료로서 거래비용의 성격을 갖는다.

(2) 환율제도와 환율의 결정

환율은 외환의 가격이므로 외환의 수요와 공급에 의하여 결정된다. 외환에 대한 수요는 상품 및 서비스의 수입대금을 지급하거나 해외투자를 위해 외환을 매입하는 과정에서 발생한다. 반면에 외환의 공급은 상품 및 서비스의 수출대금을 영수하거나 외국인의 국내투자로 외환을 매각하는 과정에서 발생한다. 이와 같이 환율은 기본적으로 외환의 수요와 공급에 의하여 결정되지만 결정메커니즘은 변동환율제도인가 또는 고정환율제도인가에 따라 다르다.[3]

3) 현실적으로 자국의 대내외 경제여건을 고려하여 절충한 환율제도를 사용하는 국가도 많음. 환율제도에 관한 자세한 내용은 제14장 제1절 국제통화제도의 의의와 유형 참조.

이론과실제 은행간환율과 대고객환율

우리나라 외환시장에서 형성되는 환율은 외환거래의 당사자에 따라 은행간환율과 대고객환율로 나누어진다.

은행간환율은 은행간 외환시장에서 결정되는 환율을 말한다. 은행간환율은 대고객환율보다 매매율차가 작은데 이는 은행간 외환거래가 대규모로 이루어짐으로써 단위당 거래비용이 적기 때문이다.

대고객환율은 은행간환율을 매매기준환율로 하여 각 은행이 자율적으로 결정 · 고시하고 있다. 대고객환율은 외환의 결제방법에 따라 전신환매매율, 현찰매매율로 고시하고 있다. 전신환매매율은 전신에 의해 1일 이내에 자금이 결제될 때 적용되는 환율이며, 수출입거래 등 대금결제시 적용되는 일람출급환어음매입률, 수입어음결제율, 기한부어음매매율 등은 전신환매매율에 은행의 자금부담비용 – 즉 환어음의 결제 또는 자금화에 소요되는 기간에 해당하는 금리(환가료)를 빼거나 더하여 결정된다. 해외여행에 필요한 외국통화를 현찰로 바꾸는 경우 현찰매매율이 적용된다. 이 중 현찰매매율차가 가장 큰 것은 전신에 비해 현찰의 보관 및 관리에 더 많은 비용이 들기 때문이다.

외국환은행의 대고객환율(USD/KRW)

현찰매도율	1,380.74
전신환매도율	1,370.20
매매기준율(₩/$)	1,357.00
전신환매입률	1,343.80
외화수표매입률	1,341.10
현찰매입률	1,333.26

<2023.10.26.>

한편, 신용카드 증가에 따라 여행자수표 사용이 감소하면서 2020년 6월말 이후 국내에서 여행자수표(T/C)의 판매가 중지되었고 여행자수표매매율도 2021년 3월부터는 고시되지 않게 되었다.

외환은행의 주요 환율고시표

<고시기준일 : 2023.10.26, 고시회차: 294차>

통화명	현찰		송금(전신환)		T/C 사실 때	외화수표 파실 때	매매 기준율	환가 요율	미화 환산율
	사실 때	파실 때	보내실 때	받으실 때					
미국 USD	1,380.74	1,333.26	1,370.20	1,343.80	–	1,341.10	1,357.00	7.17605	1.000
일본 JPY 100	917.92	886.36	910.98	893.30	–	892.85	902.14	2.03136	0.6648
유로통화 EUR	1,461.23	1,404.21	1,447.04	1,418.40	–	1,416.09	1,432.72	5.81700	1.0558
영국 GBP	1,678.04	1,613.22	1,662.08	1,629.18	–	1,625.81	1,645.63	7.48400	1.2127
스위스 CHF	1,538.33	1,478.91	1,523.70	1,493.54	–	1,491.96	1,508.62	3.79500	1.1117
캐나다 CAD	1,000.41	961.77	990.90	971.28	–	969.36	981.09	7.07900	0.7230
호주 AUD	874.65	840.87	866.33	849.19	–	847.73	857.76	6.22100	0.6321
홍콩 HKD	176.93	170.11	175.25	171.79	–	171.49	173.52	7.04333	0.1279
스웨덴 SEK	125.59	114.65	122.79	120.37	–	120.17	121.58	6.12933	0.0896
러시아 RUB	15.86	11.96	14.99	13.99	–	–	14.49	2.97500	0.0107
인도 INR	–	–	–	–	–	–	16.30	9.12500	0.0120
중국 CNY	194.55	176.03	187.14	183.44	–	–	185.29	6.10455	0.1365
멕시코 MXN	82.56	66.88	75.46	73.98	–	–	74.72	13.75500	0.0551
대만 TWD	47.35	37.69	–	–	–	–	41.87	3.35800	0.0309
⋮									

주: 미화환산율은 해당통화 1단위의 가치를 미달러화로 나타낸 것임. 거래되지 않은 환율은 표시되지 않음.
자료 : KEB외환은행 홈페이지(http://www.kebhana.co.kr/)

1) 변동환율제도

변동환율제도(Flexible Exchange Rate System)란 외환당국의 개입없이 민간부문의 외환에 대한 수요와 공급에 의하여 환율이 자유로이 결정되는 메커니즘을 말한다. 외환시장은 <그림 1-4>에서 보는 바와 같이 외환의 수요곡선($D^0_{FX}D^0_{FX}$)과 공급곡선($S^0_{FX}S^0_{FX}$)이 교차하는 점 E_0에서 균형을 이루게 되며, 이때 균형환율과 거래량이 각각 S_0와 FX_0에서 결정된다. 만약 외환수요의 증가로 외환수요곡선이 $D^0_{FX}D^0_{FX}$에서 $D^1_{FX}D^1_{FX}$로 이동하는 경우 환율 S_0에서 ΔFX만큼 초과수요가 발생함에 따라 환율이 S_1으로 상승하면서 외환시장은 다시 균형을 찾아가게 된다.

〈그림 1-4〉

환율제도와 환율의 결정

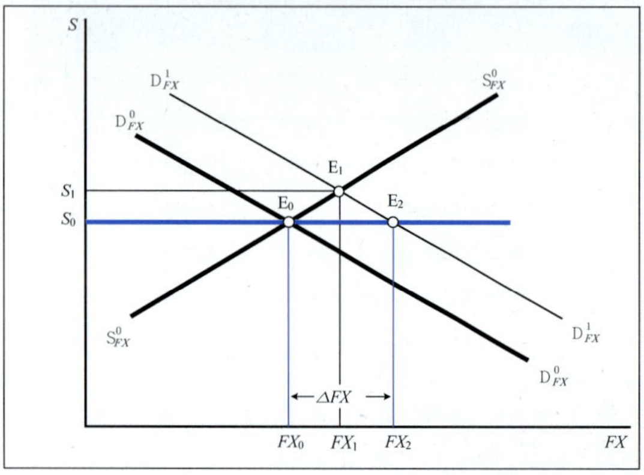

2) 고정환율제도

고정환율제도(Fixed Exchange Rate System)란 외환당국이 외환시장에 개입하여 환율을 일정수준에서 고정시키는 메커니즘을 말한다. 외환수요의 증가로 외환수요곡선이 $D^0_{FX}D^0_{FX}$에서 $D^1_{FX}D^1_{FX}$로 이동하는 경우 ΔFX만큼 초과수요가 발생한다. 따라서 통화당국은 자기가 보유하고 있는 외환을 매각하여 ΔFX에 상당하는 초과수요를 해소함으로써 환율을 S_0에서 그대로 유지시킨다.

(3) 재정거래와 환율

외환시장에서 재정거래는 지역적으로 떨어져 있는 외환시장간 환율의 결정과 제3국 통화에 대한 환율을 결정하는데 중요한 역할을 한다. 이러한 **환재정**(exchange arbitrage)을 장소적 재정과 삼각재정으로 나누어 살펴본다.

장소적 재정 환율은 각 외환시장에서 외환의 수요와 공급에 의하여 결정된다. 그러나 외환시장은 지역적으로 떨어져 있어도 외환거래자의 재정거래에 의하여 외환시장간 환율이 같아지게 된다. 예를 들어, 어느 특정 시점에서 런던과 뉴욕외

이론과실제 우리나라 환율제도의 변천과정

우리나라의 환율제도는 경제발전과 국제경제환경의 변화에 맞추어 해방 이후 크게 다섯 차례에 걸쳐 바뀌었다.

1964년까지 시행된 고정환율제도와 이후 단일변동환율제도 기간중에는 한국은행에서 고시하는 집중기준율을 중심으로 외환을 집중·관리하면서 환율이 사실상 고정된 형태로 운용되었다. 그러나 1980년 2월 환율의 일시에 대폭적 조정에 따른 부작용을 줄이고 국제수지 조정기능을 제고하기 위하여 복수통화바스켓제도를 도입하였다. 1990년 3월에는 환율의 시장기능을 제고하여 외국과 통상마찰을 줄일 필요성이 높아짐에 따라 시장평균환율제도로 이행하였으며, 이후 일일 환율변동제한폭을 지속적으로 확대하여 왔다. 1997년 11월 외환위기를 계기로 변동제한폭을 상하 10%로 확대하였다가 같은 해 12월 완전히 철폐함으로써 자유변동환율제도로 이행하였다.

우리나라 환율제도의 변천추이

연월일	내 용	비 고
1945. 10. 1	고정환율제도 시행 • 1달러당 15원(圓)의 공정환율 결정	고정환율제도 (1945. 10~1964. 5)
1949. 6. 13	복수환율제도 실시 • 정부보유외환에 적용되는 공정환율과 외환의 환금에 적용되는 일반환율로 구분	
1949. 11. 12	공정환율의 실세화를 위해 외환경매제 시행	
1955. 8. 8	외환경매제 폐지, 단일공정환율제도로 통합	
	단일변동환율제도로 변경	단일변동환율제도 (1964. 5~1980. 2)
1964. 5. 3	• 외환시장에서 형성되는 외환증서율을 그대로 환율에 반영하는 단일변동환율제도로 변경(실제로는 1달러당 255원으로 고정 운영)	
1965. 3. 22	• 외국환 및 외환증서의 수급에 따라 외환시장에서 형성되는 시장률을 감안하여 한국은행이 한국은행집중고시율을 고시하는 변동환율제도 시행	
1980. 2. 27	복수통화바스켓제도 실시 • 미달러화뿐만 아니라 주요 교역상대국 통화의 국제시세에 연동하는 복수통화바스켓환율제도 채택	복수통화바스켓제도 (1980. 2~1990. 3)
1990. 3. 22	시장평균환율제도 시행 • 일일 환율변동제한폭 : ±0.4%(90.3) → ±0.6%(91.9) → ±0.8%(92.7) → ±1.0%(93.10) → ±1.5%(94.11) → ±2.25%(95.12) → ±10.0%(97.11)	시장평균환율제도 (1990. 3~1997.12)
1997. 12. 16	기준환율의 일일변동제한폭 완전 폐지	자유변동환율제도 (1997. 12~)

자료 : 한국은행, 『알기 쉬운 경제지표해설』, 2006.

이론과실제 재정거래와 일물일가의 법칙

재정거래란 동일한 재화를 가격이 낮은 시장에서 사는 것과 동시에 가격이 높은 시장에 팖으로써 매매차익을 노리는 행위를 말한다.* 한 시장에서 다른 시장으로 재화의 이동을 제약하는 요인 – 예를 들어 운송비, 거래부대비용 등이 없다면 가격이 낮은 시장에서는 수요가 증가하여 가격이 상승하고 가격이 높은 시장에서는 공급이 증가하여 가격이 하락함으로써 궁극적으로 두 시장에서 재화의 가격이 같아지게 된다. 즉 재정거래는 일물일가의 법칙(一物一價의 法則)이 – 즉 특정 시점에 동일시장에서 동일재화에 대해 하나의 가격만 성립하도록 한다.

서울에서는 금의 도매가격이 1g에 51,500원, 부산에서는 49,000원이고, 서울과 부산간 g당 금의 운송비용이 1,000원인 경우를 생각해 보자. 두 시장의 금가격을 잘 알고 있는 금도매업자는 부산에서 금을 구입하여 서울에 매각함으로써 g당 1,500원의 재정이익을 얻게 된다. 이러한 재정거래가 계속되면 부산에서는 금의 수요가 늘어나 가격이 상승하고 서울에서는 금의 공급이 늘어나 가격이 떨어지게 된다. 이러한 과정에서 두 시장간 가격차가 1,000원으로 줄어들게 되면 – 예를 들어 서울에서는 51,000원으로 떨어지고 부산에서 50,000원으로 오르게 되면 운송비로 인해 차익을 얻을 수 없기 때문에 더 이상 재정거래가 발생하지 않는다. 만약 운송비가 없다면 서울과 부산간에 금의 가격이 같아질 것이다.

재정거래는 지역적으로 떨어져 있는 상품시장뿐만 아니라 시간적으로 떨어져 있는 상품시장 – 즉 현물과 선물시장간에도 발생한다. 현물시장과 선물시장간 가격차이는 저장 및 보관비용(금융비용 포함)에 의해 크게 좌우된다. 또한 재정거래는 금융자산 – 즉 통화, 채권, 주식 등 금융시장에서도 발생함으로써 시장간 균형관계를 유지하게 한다. 만약 운송비나 거래비용 또는 저장보관비용이 줄어들면 두 시장간 가격차도 줄어들게 된다.

* 재정거래자는 재화를 매입하는 것과 동시에 매각하기 때문에 가격변동으로 인한 위험을 부담하지 않음.

〈서울 금시장〉

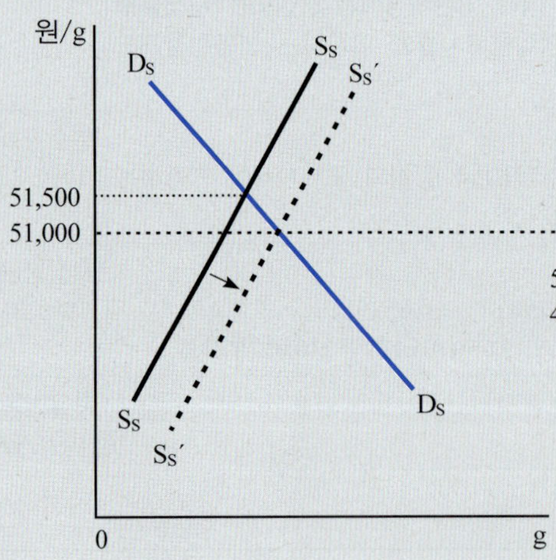

〈부산 금시장〉

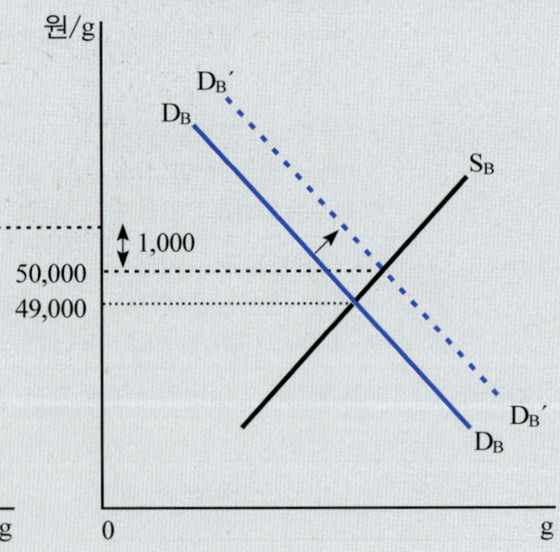

그림 1-5 삼각재정거래

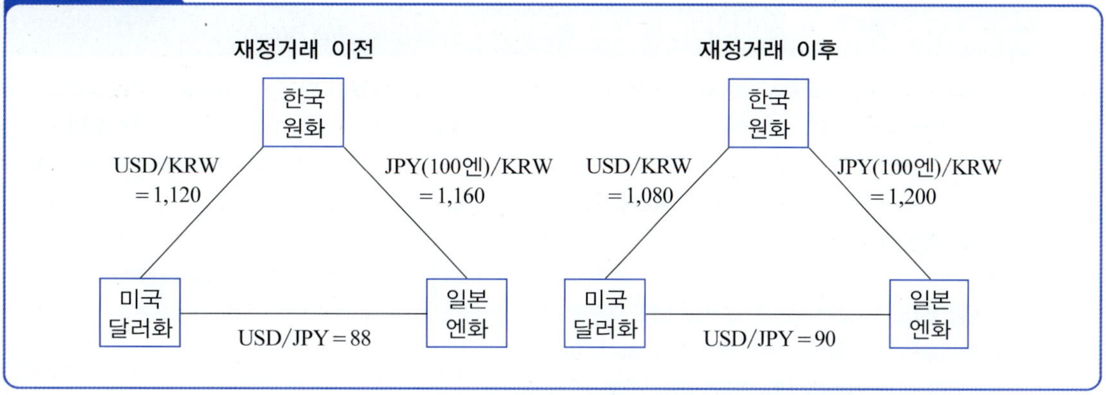

환시장에서 EUR/USD환율이 일시적으로 다음과 같이 형성되었다고 하자.

- 런던 외환시장 : EUR/USD 1.1650
- 뉴욕 외환시장 : EUR/USD 1.1635

이 경우 EUR/USD환율이 – 즉 유로화의 미달러화표시 가격이 런던시장에 비해 뉴욕시장이 낮다. 외환거래자는 뉴욕시장에서 1유로화를 1.1635달러에 매입하는 동시에 런던시장에서 1.1650달러에 매각함으로써 유로화당 0.0015달러만큼 차익을 얻게 된다. 이러한 재정거래가 계속되면 뉴욕시장에서는 유로화에 대한 수요가 늘어나 EUR/USD환율이 상승하는 반면에 런던시장에서는 유로화의 공급이 늘어나 EUR/USD환율이 하락하게 된다. 외환거래는 거래규모에 비해 거래비용은 무시할 정도로 작으므로 뉴욕시장과 런던시장간 EUR/USD환율은 재정거래로 인해 거의 같아진다.

삼각재정 세 통화간 환율은 **삼각재정**(triangular arbitrage)거래에 의해 일정한 균형환율체계를 유지한다. 예를 들어 <그림 1-5>와 같이 외환시장에서 일시적으로 일본 100엔이 1,160원에, 미화 1달러가 88엔에, 그리고 미화 1달러가 1,120원에 형성되고 있다고 가정하자. 이러한 경우 세 통화 환율간 균형관계가 성립하지 않기 때문에 재정거래가 발생하게 된다. 왼쪽 그림에서 시계바늘 방향으로 돌아가면서 (i) 원화 1,160원을 일본화 100엔과 바꾸고, (ii) 일본화 100엔을 미화 1.1364달러와 바꾼 다음 (iii) 미화 1.1364달러를 다시 원화로 바꾸면 1,272.8원이 되므로 달러당 112.8원의 매매차익을 얻게 된다.

이론과실제 **우리나라 원화의 재정환율**

우리나라 은행간 외환시장에서는 미달러화의 수급에 의해 원-달러환율이 결정된다. 따라서 우리나라 은행들은 원-달러환율(기준환율)에 국제외환시장에서 결정되는 제3국 통화-달러 환율(교차환율)을 적용하여 제3국 통화에 대한 재정환율을 산출·고시하고 있다.

예를 들어, 원-달러환율은 달러당 1,122.70원이고 유로-달러환율은 유로당 1.1675달러라고 하자. 이 경우 유로화에 대한 원화의 재정환율(매매기준율)은 원-달러 기준환율 1,122.70에 미화환산율 1.1675을 곱하여 유로당 1,310.70원으로 산출된다.

$$\frac{₩}{€} = \frac{₩}{\$} \cdot \frac{\$}{€}$$
$$= (₩)1,122.70(/\$) \times (\$)1.1675(/€)$$
$$= (₩)1,310.70(/€)$$

한편 엔-달러 환율은 100엔당 0.8899달러라고 하자. 엔화에 대한 원화의 재정환율은 원-달러 기준환율 1,122.70에 100엔당 미화환산율 0.8899을 곱하여 100엔당 999.07원으로 산출된다.

$$\frac{₩}{¥} = (₩)1,122.70(/\$) \times (\$)0.8899(/¥(100))$$
$$= (₩)999.07(/¥(100))$$

여기서 미화환산율은 엔화에 대한 미달러화 환율이다. 일반적으로 엔화 환율은 European terms로 널리 사용되므로 미화환산율에 역수를 취하여 산출하면 된다.

$$\frac{¥}{\$} = \frac{1}{(\$)0.8899(/¥100)}$$
$$= (¥)112.37(/\$)$$

삼각재정거래가 발생하면 원-엔 외환시장에서는 엔화의 수요가 늘어 원-엔환율이 상승하고, 엔-달러 외환시장에서도 달러화에 대한 수요가 늘어 엔-달러환율이 상승하지만, 원-달러 외환시장에서는 달러화의 공급이 늘어 원-달러환율이 하락한다. 만약 <그림 1-5> 오른쪽 그림에서와 같이 원-엔환율이 1,200원, 엔-달러환율이 90원, 원-달러환율이 1,080원에서 형성되게 되면 재정거래에 의한 매매차익은 더 이상 발생하지 않게 된다.

이러한 삼각재정거래로 세 통화간 환율은 다음과 같은 관계가 성립함으로써 균형을 유지한다.

$$\frac{₩}{\$} \cdot \frac{\$}{¥} \cdot \frac{¥}{₩} = 1$$

뒤집어 말하면 만약 세 통화간 환율이 위와 같은 관계가 성립하지 않으면 삼각재정거래에 의해 매매차익을 얻을 수 있다.

재정환율

제3국 통화에 원화환율은 삼각재정거래에 의한 세 통화간 환율의 균형관계에서 산출되므로 **재정환율**(arbitrage rate)이라고 한다. 즉 제3국 통화에 대한 원화의 재정환율은 우리나라 외환시장에서 결정되는 원-달러환율(기준환율)에 국제외환시장에서 결정되는 제3국 통화에 대한 달러화 환율(교차환율(cross rate))을 적용하여 산출된다. 예를 들어 엔화에 대한 원화환율(₩/¥)은 원-달러환율(₩/$)에 엔화에 대한 달러화 환율($/¥)을 곱하여 산출된다.

$$\frac{₩}{¥} = \frac{₩}{\$} \cdot \frac{\$}{¥} = \frac{₩}{\$} \cdot \frac{1}{¥/\$} \qquad (1\text{-}1)$$

일반적으로 국제금융시장에서 유로화, 영국 파운드화 등의 환율은 American terms로 표시되므로 해당 통화에 대한 원화의 재정환율은 기준환율에 American terms로 표시된 환율을 그대로 곱하여 산출된다. 그러나 위안화, 엔화 등의 환율은 European terms로 표시되므로 이들 통화에 대한 원화의 재정환율은 기준환율에 European terms로 표시된 환율의 역수를 곱하여 산출된다.

1.3 외환거래의 형태

전통적으로 외환거래는 매매계약후 외환의 인수도와 결제가 언제 실행되느냐에 따라 현물환거래와 선물환거래로 구분된다. **계약일**(transaction date 또는 contract date)은 거래당사자간 거래금액, 만기, 계약통화 등 거래조건이 약정되는 날짜를 말하고, **결제일**(value date 또는 settlement date)은 실제로 외환의 인수도와 결제가 이루어지는 날짜를 말한다.

(1) 현물환거래

현물환거래(spot exchange transaction)는 계약일로부터 통상 2영업일 이내에 외환의 인수도와 결제가 이루어지는 외환거래를 말한다. 현물환거래는 개념적으로 계약과 동시에 외환의 인수도와 대금의 결제가 이루어져야 하지만 통상 지급지시와 자금이체 처리에 필요한 시간 및 거래통화 소재지역간 시차 등으로 계약후 2영업일 이내에 결제가 이루어진다. 예를 들어 서울소재 S은행이

이론과실제 은행간시장의 외환거래 메커니즘

은행간 외환거래는 ① 주문후 거래가 체결되면, ② 외국환중개회사는 체결내용을 거래은행에 통보하고, ③ 거래은행은 거래상대방에게 체결내용을 확인한다. 결세일에 맞추어 ④ S은행은 한국은행으로 하여금 지준예치금 950억원을 자기계좌에서 H은행계좌로 이체하도록 하고, H은행은 해외코레스은행에게 1억달러를 S은행계좌로 이체 또는 송금하도록 한다.

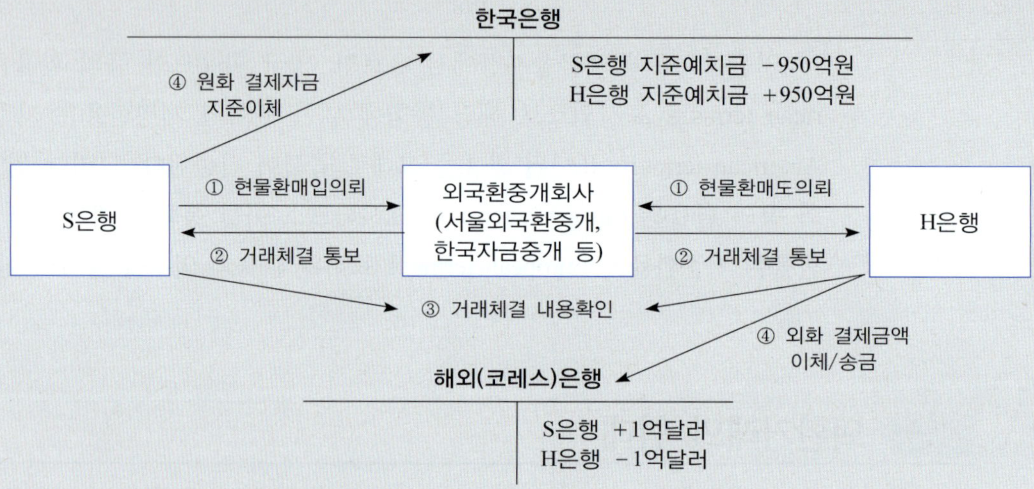

자료 : 한국은행, 「우리나라의 외환제도와 외환시장」, 2016, 142쪽.

미화 1억달러를 H은행으로부터 USD/KRW 950에 매입하기로 한 경우, 결제일인 2영업일에 S은행은 H은행에 원화 950억원을 이체시키고, H은행은 S은행에 미화 1억달러를 이체시킴으로써 현물환거래가 종료된다.

현물환거래의 종류

현물환거래는 계약일에 결제가 되는 **당일결제**(value today), 계약후 1영업일에 결제가 되는 **익영업일결제**(value tomorrow)와 계약후 2영업일에 결제가 되는 **익익영업일결제**(value spot)가 있다. 현재 외국환중개회사를 통한 은행간 현물환거래는 익익영업일결제방식으로 이루어지고 있다. 반면에 중개회사를 통하지 않은 은행간 직접거래 또는 은행과 고객간 거래는 거래당사자의 계약에 따라 당일결제 또는 익영업일결제방식으로 거래되기도 한다.

그림 1-6 현물환거래의 종류

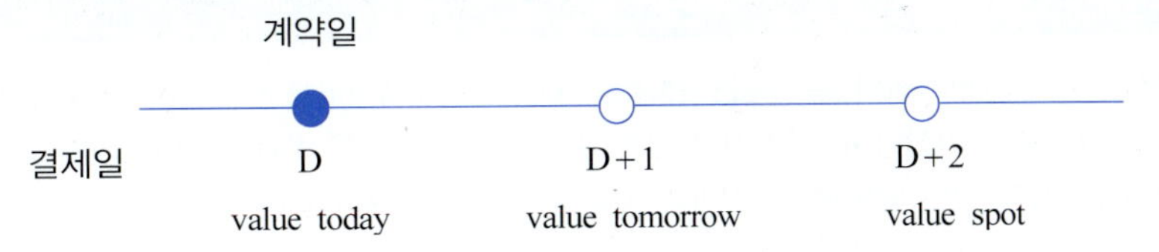

(2) 선물환거래

선물환거래(forward exchange transaction)는 계약일로부터 일정기간 – 통상 2영업일이 경과한 후 장래의 특정일에 외환의 인수도와 결제가 이루어지는 거래를 말한다. 선물환거래는 현재시점에서 환율과 거래량을 약정하고 미래의 결제일까지 외환의 인수도와 결제가 유보된다는 점에서 현물환거래와 구별된다. 즉 외환거래 당사자는 계약일에 약정한 환율로 결제일에 외환을 인수도하고 대금을 결제하게 되므로 결제일까지 환율변동으로 인한 위험을 회피할 수 있다.

외상거래는 먼저 현물이 인수도되고 결제는 나중에 이루어지며, 입도선매(立稻先賣)는 결제가 먼저 이루어지고 현물은 나중에 인수도됨.

선물환거래의 동기

선물환거래는 환위험의 헤지, 환투기, 금리차익 등을 목적으로 이루어진다. 외환거래 당사자는 미래에 주고 받을 외환이 있다면 이에 상응하는 선물환거래를 통하여 환율을 미리 확정시켜 둠으로써 환위험을 헤지할 수 있다. 반면 외환거래 당사자는 선물환율이 자신이 예측하는 환율과 차이가 있는 경우에 선물환을 매입하거나 매도하여 환투기를 함으로써 이득을 얻을 수도 있다. 또한 외환거래 당사자는 양국 통화간 금리차이와 선물환율과 현물환율간

그림 1-7 선물환거래(1개월물)

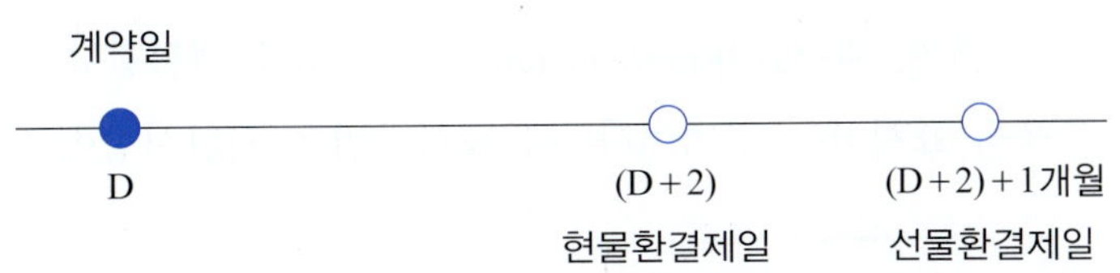

이론과실제 선물환거래의 결제일

일반적으로 선물환거래의 결제일은 현물환거래의 결제일을 기준으로 기산하며, 여기에 선물환 기간을 더하여 해당 월의 같은 날짜로 결정된다. 예를 들어 2014년 8월 26일(화)에 1개월물 선물환거래가 이루어졌다면 기산일은 현물환 결제일인 8월 28일(목)이 되고 1개월째인 9월 28일은 일요일이므로 선물환거래의 결제일은 9월 29일(월)이 된다. 그런데 만약 29일(월)이 우리나라와 미국중 어느 한 곳이라도 휴일이라면 선물환거래의 결제일은 익영업일인 9월 30일(화)로 이월된다.

이와 더불어 선물환거래의 결제일은 현물환거래와 달리 월을 바꾸지 못한다는 규칙이 적용된다. 윗 거래의 예에서 9월 29일(월)과 30일(화)이 휴일이어서 결제일이 10월 1일(수)로 넘어가게 되면, 월을 바꾸지 못한다는 규칙에 따라 9월말에서 역산하여 가장 가까운 첫 번째 영업일인 9월 26일(금)이 결제일이 된다.

또한 선물환거래의 결제일은 기산일이 되는 현물환거래 결제일이 특정 월의 최종 영업일이라면 선물환거래의 결제일도 해당 월의 최종 영업일로 하는 말일거래(end to end)의 규칙이 추가로 적용된다. 예를 들어 8월 27일(수)에 1개월물 선물환거래를 하였다면 기산일인 현물환 결제일은 8월 29일(금)로서 8월의 최종 영업일이므로 선물환거래의 결제일은 익월의 최종 영업일인 9월 30일(화)가 된다.

환차익을 비교하여 차익을 취할 수도 있다.[4)]

선물환거래의 종류

실무적으로 선물환거래에서 결제일의 결정은 선물환 계약조건에 따르지만 일반적으로 현물환거래의 결제일 – 즉 계약일로부터 제2영업일째부터 날짜를 기산한다. 선물환거래는 보편적으로 1주일물, 2주일물, 1개월물, 2개월물, 3개월물, 6개월물, 9개월물, 1년물 등이 있으나 1개월물, 2개월물, 3개월물이 주종을 이룬다. 이 외에도 선물환거래가 독립적으로 이루어지는 Outright Forward 거래와 선물환거래가 스왑거래의 일부분으로서 일어나는 Swap Forward 거래로 구분되기도 하는데, Outright Forward 거래는 다시 만기시점에 실물의 인수도가 일어나는 일반 선물환거래(DF; Deliverable Forward)와 만기시점에 실물의 인수도 없이 차액만을 정산하는 차액결제선물환 거래(NDF; Non-Deliverable Forward)로 나누어진다.

선물환율의 표시방법

선물환율을 표시하는 방법은 완전호가, 스왑률(또는 포인트)호가 및 연율호가 등 세 가지가 있다.

첫째, **완전호가**(outright rate quotation)란 현물환율과 같은 방식으로 선물환율을 표시하는 방법이다. 이 표시방법은 외환시장에 익숙하지 않은 일반고객

4) 이에 관한 자세한 내용은 제4장 제3절 국제금리평가를 참조하기 바람.

이론과실제 외환스왑거래

외환스왑(foreign exchange swap)거래란 거래당사자간 현재의 계약환율에 따라 서로 다른 통화로 교환하고 일정기간후에 최초 계약시점에서 정한 선물환율에 따라 원금을 재교환하기로 하는 거래를 말한다. 즉 외환스왑거래는 동일한 거래상대방과 현물환과 선물환(spot-forward swap), 또는 만기가 상이한 선물환과 선물환(forward-forward swap), 현물환과 현물환(spot-spot swap)을 서로 반대방향으로 동시에 매매하는 거래이다. 외환스왑거래는 외환매매형식을 취하고 있지만 실제로는 보유중인 여유통화를 담보로 필요통화를 차입하는 것으로서 단기금융시장의 자금대차거래와 유사하다.

외환스왑거래에서 매입·매도는 원일물(far date) 거래를 기준으로 구분한다. 예를 들어 외환스왑의 매입은 근일물을 매도하고 원일물을 매입하는 sell & buy swap 거래를 말한다. 반면 외환스왑의 매도는 근일물을 매입하고 원일물을 매도하는 buy & sell swap 거래를 말한다

A은행이 B은행과 현물환율 1,100원/달러, 1개월 선물환율 1,130원/달러에서 100만달러 현물환매도/선물환매입(sell & buy)의 외환스왑거래를 체결하였다고 하자. 이 경우 최초 거래시점에서 A은행은 B은행에게 100만달러를 지급하는 대가로 11억원을 수취하게 된다. 이후 만기시점에서 A은행은 B은행으로부터 100만달러를 돌려받고 원화 11억 3,000만원을 상환하게 된다. 이 경우 A은행은 단기적으로 부족한 원화 유동성을, B은행은 외화 유동성을 확보할 수 있게 된다.

자료 : 한국은행, 「우리나라 외환제도와 외환시장」, 2016, 156~157쪽 참조.

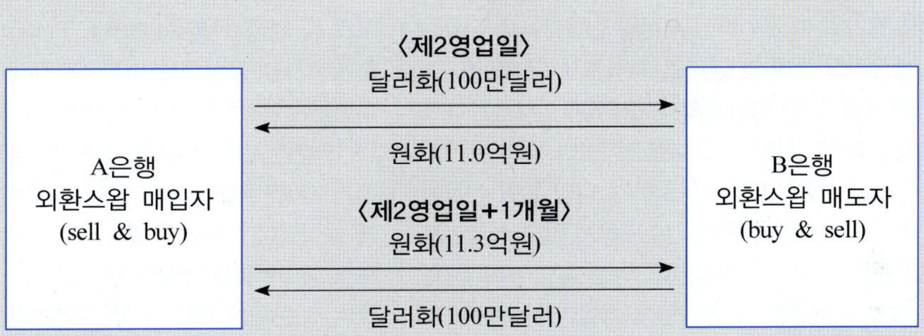

들에게도 이해되기 쉽다는 장점이 있어 대고객거래에서 주로 사용된다.

	EUR/USD	USD/JPY
현물환	1.3785 – 1.3805	98.81 – 99.20
1개월 선물환	1.3834 – 1.3864	98.45 – 98.94
2개월 선물환	1.3917 – 1.3965	97.88 – 98.42
3개월 선물환	1.4115 – 1.4171	96.97 – 97.60

둘째, **스왑률호가**(swap rate quotation)는 현물환율과 차이로 선물환율을 고시하는 방법이다. 이 표시방법은 주로 은행간시장에서 시장의 구조에 익숙하고 환율의 흐름을 신속하게 파악하고자 하는 전문딜러와 브로커간에 이용된

다. 위의 예를 스왑률호가로 표시하면 다음과 같다.

	EUR/USD	USD/JPY
현물환	1.3785 – 1.3805	98.81 – 99.20
1개월 선물환	49 – 59	36 – 26
2개월 선물환	132 – 160	93 – 78
3개월 선물환	330 – 366	184 – 160

이론과실제 차액결제선물환(NDF : Non-Deliverable Forward)

차액결제선물환은 일반 선물환거래와는 달리 만기에 계약원금은 교환하지 않고 약정한 선물환율과 만기시 현물환율인 지정환율(fixing rate)간 차액을 거래당사자간에 지정한 통화(보통 미국 달러화)로 결제하는 거래를 말한다. 지정환율은 당사자간 약정에 따라 결정되는데, 만기일 이전에 특정 시점의 현물환율로 정하는 것이 보통이다. 원화와 달러간 차액결제선물환거래에서는 만기일 직전 영업일의 기준환율이 사용된다.

NDF는 가격고시방법, 결제일결정방법 등 기본거래면에서 일반 선물환거래와 동일하다. 다만 일반 선물환거래와 달리 만기에 현물을 인수도하지 않고 계약환율과 지정환율간 차액만 결제한다. 예를 들면 NDF 매입(매도)계약을 체결한 후 만기일에 환율이 상승하여 지정환율이 계약환율을 상회하면 차액을 상대방으로부터 수취(지급)하고, 반대로 만기일에 지정환율이 계약환율을 하회하면 차액을 상대방에게 지급(수취)한다.

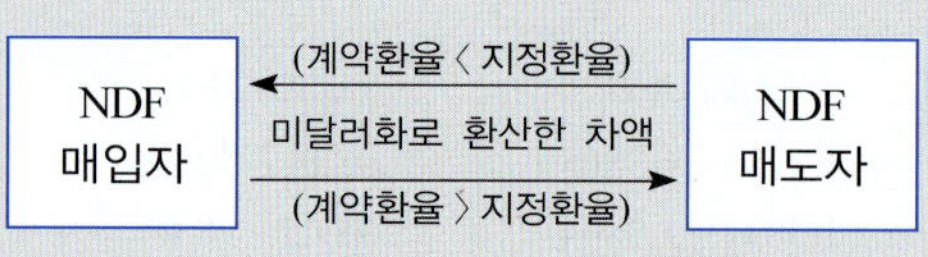

NDF는 차액만 결제하기 때문에 일반 선물환거래에 비해 결제위험(settlement risk) – 즉 만기일에 거래상대방이 결제를 하지 못할 위험이 상대적으로 작다. 또한 NDF는 적은 금액으로 거래가 가능하기 때문에 레버리지 효과(leverage effect)가 커 환위험 헤지거래나 환차익을 얻기 위한 투기적 거래에도 널리 이용된다. 나아가 NDF는 거래대상 통화로 정산하지 않고 지정통화 – 주로 미달러화로 정산하기 때문에 거래대상 통화가 충분히 국제화되어 있지 않아도 역외시장(유로시장)에서 거래가 형성되는 특징이 있다.

원화와 미달러화간 NDF는 1990년대 중반 홍콩, 싱가포르 등 역외시장에서 Prebon Yamane사를 비롯한 일부 중개회사를 중심으로 비거주자간에 거래가 시작되었다. 당시 거래량은 일평균 2억달러 정도에 불과하였으나 1999년 4월 외환자유화조치로 국내 외국환은행과 비거주자간 NDF거래가 허용되면서 NDF 거래량이 크게 늘어났다. 현재 원/달러 NDF거래는 싱가포르, 홍콩, 도쿄 등 아시아지역에서 대부분 거래가 이루어지고 있으며, 최근에는 런던, 뉴욕, 프랑크푸르트 등에서도 거래가 증가하고 있다. 특히 뉴욕시장의 경우 미국 증시동향 및 엔/달러 환율변동 등 추가적 시장정보가 반영됨에 따라 전일 뉴욕시장의 원/달러 NDF거래 종가는 다음 날 국내외환시장의 원/달러 현물환율을 결정하는데 영향을 미치고 있다.

국내 외국환은행과 비거주자간 NDF거래는 다음과 같은 메커니즘을 통해 원/달러환율에 영향을 미친다. 예를 들어 비거주자가 원/달러 NDF를 국내 외국환은행으로부터 매입(매도)하는 경우 국내 외국환은행은 매도(매입)초과포지션상태가 되어 환위험에 노출된다. 이를 헤지하기 위하여 – 즉 종합포지션을 스퀘어상태로 만들기 위해서 국내 외환시장에서 현물환을 매입(매도)하게 되면 현물환율이 상승(하락)하게 된다.

선물환율을 스왑률로 표시할 때 (+/−) 부호를 붙이지 않더라도 외환시장에서는 매입스왑률과 매도스왑률의 크기를 보고 **선물환 할증**(fordward premium) 또는 **선물환 할인**(fordward discount)을 판단한다. EUR/USD와 같이 매입스왑률이 매도스왑률보다 작으면 선물환은 할증되어 있는 것을 나타내며, 현물환율에 스왑률을 더하면 선물환율이 된다. 반대로 USD/JPY와 같이 매입스왑률이 매도스왑률보다 크면 선물환은 할인되어 있는 것을 나타내며, 현물환율에서 스왑률을 빼면 선물환율이 된다.

셋째, **연율호가**(per annum rate quotation)는 선물환 할증 또는 선물환 할인을 연간변화율로 표시하는 방법이다. 이 표시방법은 해외투자수익률 등을 산출할 때 많이 이용된다.

$$\text{선물환 할증률(또는 할인율)} = \frac{F_t^{t+N} - S_t}{S_t} \times \frac{360}{\text{만기일수}(N)} \times 100 \qquad (1\text{-}2)$$

위의 예에서 EUR/USD 1개월 선물환의 매입률과 매도율은 각각 연 4.27%와 연 5.13% 할증상태에 있고, USD/JPY 1개월 선물환의 매입률과 매도율은 각각 연 4.37%와 연 3.15% 할인상태에 있다.

1.4 외환포지션과 환위험

1970년대초 국제통화제도가 고정환율제도에서 변동환율제도로 이행함에 따라 환위험에 대하여 큰 관심을 가지게 되었다. 환위험은 외환거래 당사자의 외환포지션뿐만 아니라 환율의 변동방향과 크기에 의하여 결정된다.

(1) 외환포지션

외환포지션(foreign exchange position)이란 일정시점에서 일반고객, 은행, 외환딜러, 통화당국 등 외환거래 당사자가 보유하고 있는 외화표시 자산(asset)과 외화표시 부채(liability)의 차액을 말한다. 원래 포지션(position)이란 '상태'(또는 '위치')를 의미하지만 금융거래에서 '상태'란 금융자산에서 금융부채를 뺀 것 – 즉 순금융자산을 의미한다. 따라서 거래대상이 외환인 경우 거래당사자의 외화표시 자산에서 외화표시 부채를 뺀 순외화자산을 외환포지션이라고 한다.

$$\text{외환포지션}(N) = \text{외화표시 자산}(A) - \text{외화표시 부채}(L) \qquad (1\text{-}3)$$

외환포지션의 종류

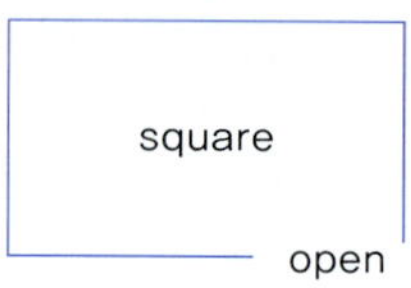

외환포지션은 크게 스퀘어 포지션과 오픈 포지션으로 나누어진다. 우선 **스퀘어 포지션**(square position)이란 외화표시 자산과 외화표시 부채가 같은 경우를 말한다. 스퀘어 포지션이란 외화표시 자산과 부채를 나타내는 네 변의 길이가 같다는 스퀘어 – 즉 정사각형을 의미하는 데서 나온 용어이다. 반면 **오픈 포지션**(open position)이란 외화표시 자산과 부채가 같지 않은 경우를 말한다. 즉 정사각형에서 변의 길이가 같지 않으면 정사각형이 오픈 – 즉 열리므로 외화표시 자산과 외화표시 부채의 크기가 같지 않은 때 오픈 포지션이라고 한다.

오픈 포지션은 다시 롱 포지션과 숏 포지션으로 구분된다. **롱 포지션**(long position) 또는 **매입초과포지션**(overbought position)은 외화표시 자산이 외화표시 부채보다 큰 경우로서 외환거래 당사자가 가진 외화표시 자산이 갚아야 할 외화표시 부채보다 길기(long) 때문에 붙여진 용어이다. 반면에 **숏 포지션**(short position) 또는 **매도초과포지션**(oversold position)은 외화표시 자산이 외화표시 부채보다 작은 경우로서 외환거래 당사자가 가진 외화표시 자산이 갚아야 할 외화표시 부채보다 짧기(short) 때문에 붙여진 용어이다.

그림 1-8 외환포지션의 종류

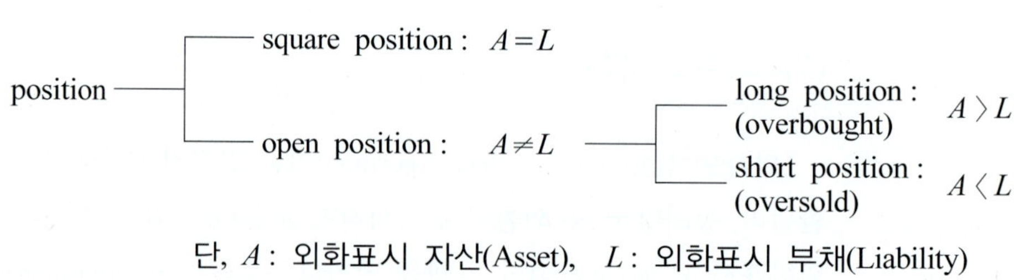

(2) 환위험

환위험의 개념

일반적으로 위험이란 예상하지 못한 변화로 인해 기대와 다른 – 즉 좋거나 나쁜 결과를 초래하는 중립적 개념임.

환위험(exchange risk)이란 예상하지 못한 환율변동(ΔS)으로 인해 순외화자산을 자국통화로 평가할 때 그 가치가 변동(ΔN)하는 것을 말한다. 환위험은 예상하지 못한 환율변동으로 인한 이익과 손실 – 즉 환차익(exchange gain)과 환차손(exchange loss)의 발생 가능성을 모두 포괄한다.

$$\Delta N = (A - L) \cdot \Delta S \tag{1-4}$$

외환포지션과 환위험

외환거래 당사자가 직면하는 환위험의 크기는 식 (1-4)에서 알 수 있듯이 외환포지션의 종류 및 규모와 장래 환율의 변동방향 및 크기에 따라 결정된다. 우선 외환거래 당사자가 스퀘어 포지션을 취하고 있다면 – 즉 외화표시 자산과 부채가 같다면 환율이 상승하건 하락하건 관계없이 환위험이 발생하지 않는다.

환위험은 오픈 포지션인 경우 – 즉 외화표시 자산과 부채가 같지 않은 경우에 발생한다. 외환거래 당사자가 롱 포지션을 취하고 있는 경우 – 즉 외화표시 자산이 부채보다 큰 경우 환율이 상승하면 환차익을 얻는 반면에 환율이 하락하면 환차손을 입게 된다. 반대로 외환거래 당사자가 숏 포지션을 취하고 있는 경우 – 즉 외화표시 부채가 자산보다 큰 경우 환율이 상승하면 환차손을 입는 반면에 환율이 하락하면 환차익을 얻게 된다.

환헤지와 환투기

외환거래자는 환율을 통제할 수 없으므로 외환포지션의 변동을 통하여 환위험을 헤지나 환투기를 한다. 환헤지(foreign exchange hedge)란 오픈포지션이 발생하는 경우 환위험을 회피하기 위하여 반대거래를 통하여 종합포지션을 스퀘어포지션으로 만드는 것을 말한다. 예를 들어 어느 기업이 수출계약을 체결하여 롱포지션이 발생하는 경우 수출금액에 상당하는 선물환을 매도하여

〈표 1-2〉 외환포지션 및 환율변동과 환위험

	square position	open position	
		long position	short position
환율상승	중립	이득	손실
환율하락	중립	손실	이득

이론과실제 수출입계약과 선물환거래를 이용한 환위험 헤지

일반적으로 수출입거래는 거래의 특성상 수출입계약을 체결하고 일정기간 후에 화물의 인수도와 대금결제가 이루어지기 때문에 수출입기업은 환위험에 직면하게 된다. 수출입기업은 수출입계약을 할 때 결제일의 환율을 예상하여 수출입금액을 결정하지만 결제일에 외환시장에서 형성되는 환율이 계약일에 예상했던 것보다 높을 수도 있고 낮을 수도 있다. 이러한 환위험을 헤지하기 위하여 전통적으로 선물환거래가 널리 활용되어 오고 있다.

우리나라 기업이 3개월 후에 수출대금을 받는 조건으로 미국기업과 수출계약을 체결할 것을 고려하고 있다고 하자. 우리나라 기업은 3개월 후에 미달러화로 수출대금을 받으므로 현재의 현물환율이 아니라 3개월 후 결제일의 현물환율에 의해 수익이 영향을 받게 된다. 그러나 개별 수출입기업이 미래 환율을 정확히 예측하기 어려우므로 선물환시장에서 형성되는 선물환율을 널리 활용한다.

예를 들어 외국환은행이 고시한 3개월물 원-달러 선물환율이 달러당 1,100원이어서 우리나라 기업이 3개월 후 환율이 1,100원이 될 것으로 예상하고 수출계약을 체결하였다고 하자. 우리나라 기업은 3개월 후 미달러화를 받아 팔게 되므로 결제일에 현물환율이 1,100원보다 높으면 높은 만큼 환차익을 얻게 된다. 만약 현물환율이 1,110원이면 달러당 10원, 1,120원이면 20원, 1,130원이면 30원만큼 환차익을 얻게 된다. 반면 결제일에 현물환율이 1,100원보다 낮으면 낮은 만큼 환차손을 입게 된다. 만약 현물환율이 1,090원이면 달러당 10원, 1,080원이면 20원, 1,070원이면 30원만큼 환차손을 보게 된다. 이러한 우리나라 기업의 수출계약에 따른 환손익선을 우상향하는 45°의 실선으로 나타내어 볼 수 있다.

우리나라 기업이 환위험을 회피하고자 한다면 3개월 후에 미달러화를 달러당 1,100원에 팔기로 선물환거래를 해야 한다. 우리나라 기업은 3개월 후 결제일에 현물환율이 1,100원보다 높아도 이미 계약한 선물환율 1,100원에 팔아야 하므로 높은 만큼 손해를 보게 된다. 만약 현물환율이 1,110원, 1,120원, 1,130원이라도 1,100원에 팔아야 하므로 달러당 10원, 20원, 30원만큼 손해를 보게 된다. 반면 3개월 후 결제일에 현물환율이 1,100원보다 낮아도 1,100원에 팔므로 낮은 만큼 이득을 얻게 된다. 만약 현물환율이 1,090원, 1,080원, 1,070원이라도 1,100원에 팔므로 달러당 10원, 20원, 30원만큼 이득을 보게 된다. 이러한 우리나라 기업의 선물환거래에 따른 환손익선은 우하향하는 45°의 점선으로 나타난다.

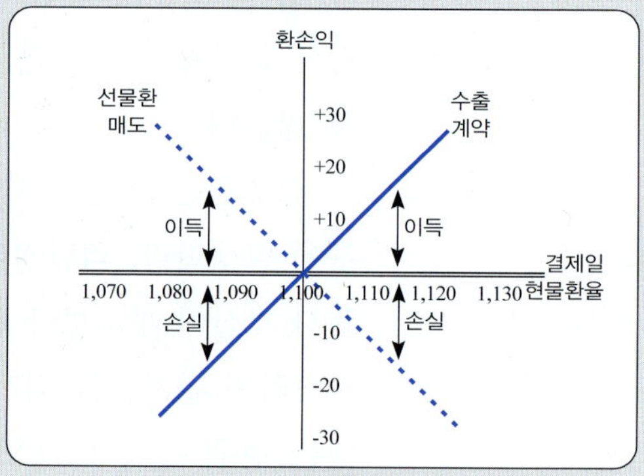

따라서 우리나라 기업은 수출계약의 이행에 의해 외환을 결제일에 받게 되므로(롱 포시션) 이를 선물환거래를 통해 미리 매각하여(숏 포지션) 스퀘어 포지션을 취함으로써 환위험을 회피할 수 있다. 만약 3개월 후 결제일에 현물환율이 예상했던 1,100원보다 높으면 높은 만큼 수출거래에서 환차익이 발생하지만 선물환거래에 의한 환차손에 의해 상쇄된다. 반면 결제일에 현물환율이 예상했던 1,100원보다 낮으면 낮은 만큼 수출거래에서 환차손이 발생하지만 선물환거래에 의한 환차익에 의해 상쇄된다. 이와 같이 우리나라 기업에 수출거래에 따른 환위험을 선물환거래에 의해 헤지하면 결제일의 현물환율과는 관계없이 환손익은 0이 되므로 그림에서 환손익선은 수평의 겹선으로 나타난다.

숏포지션을 취하면 종합포지션이 스퀘어포지션이 되므로 환위험에서 벗어날 수 있다. 반면 **환투기**(foreign exchange speculation)란 환차익을 얻기 위하여 오픈포지션을 취하는 것을 말한다. 즉 환율이 오를 것으로 예상되면 외환을 매입하여 롱포지션을 취하고, 환율이 떨어질 것 같으면 외환을 매도하여 숏포지션을 취하여야 한다.

요약

01. 외환시장은 외환의 매매가 이루어지는 구체적인 상소뿐만 아니라 외환의 거래가 정기적 또는 지속적으로 이루어지는 총괄적인 거래메커니즘 또는 거래양태를 말하며, 이종통화의 매매시장으로서 성격을 가지고 있다. 외환시장은 외환의 수요와 공급을 연결시켜 주는 청산 기능 외에도 국제수지 조절, 재정, 헤지 및 투기기능을 수행한다.

02. 외환시장은 대고객시장과 은행간시장으로 구분되며, 외환시장 참가자는 거래주체에 따라 일반고객, 은행, 외환중개인(외환브로커와 외환딜러) 및 중앙은행으로 구분할 수 있다.

03. 외환시장은 범세계시장, 24시간 시장, 장외시장, 은행간시장, 대달러거래시장, 제로섬게임시장 등의 특징을 가지고 있다.

04. 환율이란 외국통화 한 단위와 교환되는 자국통화의 양으로서 정의하며 외국통화의 국내통화표시 가격을 의미한다. 환율의 상승은 외국통화가 가치가 높아지는 것 - 즉 자국통화의 대외가치가 하락하는(평가절하되는) 것을 의미한다. 환율의 하락은 외국통화가 가치가 떨어지는 것 - 즉 자국통화의 대외가치가 상승하는(평가절상되는) 것을 의미한다.

05. 직접표시환율(또는 자국통화표시환율, 지급환율)은 외국통화 한 단위와 교환되는 자국통화의 양을 말하고, 간접표시환율(또는 외국통화표시환율, 수취환율)은 자국통화 한 단위와 교환되는 외국통화의 양을 말한다. 유럽형 표시환율은 미화 1달러와 교환되는 해당국 통화의 양을 말하고, 미국형 표시환율은 해당국 통화 1단위와 교환되는 미달러화의 양을 말한다.

06. 환율제도는 환율의 결정메커니즘에 따라 기본적으로 변동환율제도와 고정환율제도로 구분된다. 변동환율제도란 외환당국의 개입없이 민간부문에서 외환의 수요와 공급에 의하여 환율이 자유로이 결정되는 메커니즘이고, 고정환율제도란 외환당국이 외환시장에 개입하여 환율을 일정수준에서 고정시키는 메커니즘이다.

07. 환재정은 장소적 재정과 삼각재정으로 구분된다. 장소적 재정거래는 지역적으로 떨어져 있는 외환시장간 환율을 같아지게 한다. 삼각재정거래는 세 통화간 균형환율체계를 유지하도록 한다. 제3국 통화에 대한 재정환율은 국내외환시장에서 결정되는 기준환율에 국제외환시장에서 결정되는 교차환율을 적용하여 산출된다.

08. 전통적으로 외환거래는 거래성격에 따라 현물환거래와 선물환거래로 구분된다. 현물환거래는 계약일로부터 통상 2영업일 이내에 외환의 인수도와 대금의 결제가 이루어지는 거래를 말한다. 선물환거래는 약정일로부터 2영업일을 경과한 장래의 특정일에 외환의 인수도와 결제가 이루어지는 거래를 말한다.

09. 외환포지션이란 일정시점에서 외환거래자가 보유하고 있는 외화표시 자산과 외화표시 부채의 차액을 말한다. 외환포지션은 크게 스퀘어 포지션(외환표시 자산=외화표시 부채)과 오픈 포지션(외화표시 자산≠외화표시 부채)으로 구분되고, 오픈 포지션은 다시 롱 포지션(매입초과포지션 : 외화표시 자산>외화표시 부채)과 숏 포지션(매도초과포지션 : 외화표시 자산<외화표시 부채)으로 구분된다.

10. 환위험이란 외환거래자의 외화표시 순자산 - 즉 외환포지션은 변동이 없음에도 불구하고 예상하지 못한 환율변동으로 인해 자국통화로 표시한 외화표시 순자산의 가치가 변동하는 것을 말한다.

11. 환헤지란 오픈 포지션으로 환위험이 발생하는 경우 이를 회피하기 위하여 반대거래를 통하여 스퀘어 포지션을 취하는 행위를 말하며, 환투기란 장래의 현물환율의 변화를 예상하여 환차익을 얻고자 오픈 포지션을 취하는 행위를 말한다.

연습문제

01. 우리나라 은행간 외환시장의 구조 및 거래 메커니즘, 최근 외환거래의 동향 및 특징 등에 대하여 조사하여 보시오. 국제외환시장과 비교하여 볼 때 우리나라 외환시장의 문제점을 파악하여 보고 발전방향을 제시해 보시오.

02. 우리는 종종 신문, 방송 등 매스컴에서 '환율절하 또는 환율절상'이라는 용어를 보거나 듣고는 한다. 이러한 표현이 환율의 정의에 비추어 볼 때 옳은지에 대하여 설명하시오.

03. 우리나라의 외환거래자가 프랑크푸르트 외환시장과 뉴욕 외환시장에서 외환딜러가 고시한 현물환율을 각각 조사하여 보니 다음과 같았다고 하고 다음 물음에 답하시오.

- 프랑크푸르트 외환시장 USD/EUR 0.7550 – 0.7560
- 뉴욕 외환시장 EUR/USD 1.3200 – 1.3210

(1) 프랑크푸르트 외환시장에서 고시된 미달러화 환율의 의미에 대하여 설명하시오. 이 미달러화 환율을 간접표시방법에 의하여 표시하면 어떻게 되는가? (소수점이하 넷째 자리까지 구할 것)

(2) 우리나라 외환딜러는 프랑크푸르트와 뉴욕 외환시장간 외환거래를 통하여 이득을 취할 수 있는지 없는지에 대하여 설명하시오. 만약 이득을 얻을 수 있다면 그 이유를 밝히고 1유로당 얼마의 이익을 얻을 수 있는지를 계산하시오. 만약 이득을 얻을 수 없다면 그 이유를 밝히시오.

04. 국내외 외환시장에서 우리나라 원화, 미달러화, 일본 엔화간에 환율이 일시적으로 다음과 같이 형성되었다고 가정하고 다음 물음에 답하시오.

- JPY(100)/KRW 1,160.00
- USD/JPY 92.00
- USD/KRW 1,100.00

(1) 우리나라 외환딜러가 10억원을 가지고 있다면 삼각거래를 통하여 얼마만큼 이익을 얻을 수 있는지 밝히시오.

(2) 이와 같이 삼각거래를 통하여 재정이익을 얻고자 하는 외환거래가 각 원–달러

환율, 엔-달러환율, 원-엔환율을 어떠한 방향으로 움직이게 하는가?

(3) 삼각재정거래로 세 통화간 외환시장이 균형을 이루면서 원-달러 환율이 1,090.00원, 엔-달러 환율이 93.00엔이 되었다면 원-엔 환율(100엔당)은 얼마가 되어야 하는가?

05. 우리나라 은행이 고시한 주요 통화에 대한 원화환율을 해당 은행 웹사이트를 통해 조사해 보고, 매매기준율을 이용하여 다음 물음에 답하시오.

(1) 원-엔(JPY(100)/KRW)환율에 적용된 엔-달러(USD/JPY) 교차환율을 구하시오. 이 교차환율과 미화환산율은 어떠한 관계가 있는지 설명하시오.

(2) 원-유로(EUR/KRW)환율에 적용된 달러-유로(EUR/USD) 교차환율을 구하시오. 이 교차환율과 미화환산율은 어떠한 관계가 있는지 설명하시오.

06. 어느 외환딜러가 각 통화에 대한 매입율과 매도율을 다음과 같이 고시하였다고 가정하고 다음 물음에 답하시오.

- USD/KRW 1,040.00 – 1,060.00
- USD/CNY 6.2150 – 6.2175
- EUR/USD 1.3000 – 1.3004

(1) CNY/KRW 매입율과 매도율을 구하시오.

(2) EUR/KRW 매입율과 매도율을 구하시오.

07. 현물환거래와 선물환거래에 관한 다음 물음에 대하여 생각해 보시오.

(1) 현물환거래와 선물환거래의 차이점에 관하여 설명하시오.

(2) 우리가 일상생활에서 접하는 외상거래와 입도선매는 선물환거래와 어떠한 차이가 있는지 설명하시오.

08. 2018년 9월 19일 어느 외환중개회사 사이트가 미달러화에 대한 일본 엔화의 현물환율과 선물환율을 다음과 같이 고시하고 있다.

현물환율	112.376	–	112.390
선물환율(3개월물)	−0.737	–	−0.733

(1) 미달러화 선물환은 일본 엔화에 대하여 할증상태에 있는가 아니면 할인상태에 있는가? 그 이유를 밝히시오.

(2) 3개월물 엔화의 선물환율을 완전호가방식에 의해 나타내어 보시오..

(3) 엔화 선물환율의 매입율과 매도율을 각각 연율로 표시하여 보시오.

09. 우리는 주식, 외환 등을 거래하면서 헤지나 투기라는 말을 많이 듣는다. 이러한 헤지나 투기라는 말은 어떠한 상황에서 많이 듣는가 생각해 보시오. 또한 헤지와 투기의 개념에 대하여 설명하여 보시오.

10. 우리나라 수입업자가 환율동향을 조사하여 보았더니 3개월물 선물환율 1,050원/$이었다. 따라서 우리나라 수입업자는 3개월후 현물환율이 1,050원/$가 될 것으로 예상하고 수입계약을 체결하였다.

(1) 우리나라 수입업자가 직면하는 환위험에 대하여 설명하고 이를 그림으로 나타내시오.

(2) 우리나라 수입업자가 환위험을 헤지하고자 한다면 어떻게 선물환거래를 하여야 하는가를 밝히시오. 이러한 선물환거래로 인해 우리나라 수입업자가 직면하게 되는 손익에 대하여 설명하고, (1)번 그림에 같이 나타내시오.

(3) 우리나라 수입업자가 수입계약을 선물환거래를 이용하여 헤지한 결과에 대하여 설명하고, 이를 (1)번 그림에 같이 나타내시오.

CHAPTER 02

국제경제거래와 국제수지

각 가정은 경제활동과 수반하여 발생하는 수입과 지출을 가계부에 기록하고, 이를 살펴봄으로써 미래 살림에 대한 지침을 마련한다. 마찬가지로 각국은 외국과 경제거래에 따른 수입과 지출을 국제수지표에 기록・정리함으로써 향후 산업정책이나 외환정책의 기초자료로 사용한다. 먼저 국제수지표의 개념, 구성 및 작성, 국제수지의 균형 등 기초적 개념에 관하여 살펴보고자 한다. 그리고 한 나라의 국민경제의 실물 및 통화부문이 국제수지를 통하여 외국경제와 어떻게 연계되어 있는가를 알아보고자 한다. 이는 나중에 외환의 수요와 공급이 어디서 발생하고, 환율이 어떻게 결정되는가를 이해하는 데 도움이 될 것이다.

2.1 국제경제거래와 국제수지표

(1) 국제수지표의 정의

국제수지표(BOP : Balance of Payment Table)는 국민계정의[1] 하나로서 일국이 외국과 경제거래를 기록한 장부라고 할 수 있다. 즉 국제수지표란 '일정기간 동안 일국의 거주자와 비거주자간에 일어난 모든 경제적 거래를 체계적으로 분류 · 정리한 표'이다.

일정기간 동안이란 국제수지가 어느 시점과 시점 사이에 발생한 거래를 집계한 **유량**(flow)**통계**임을 의미한다. 국민소득, 기업의 포괄손익계산서(income statement) 등은 유량통계에 속한다. 반면에 국부(國富, wealth), 기업의 재무상태표(statement of financial position) 등은 일정시점에서 집계되는 저량(stock)통계이다. 국제수지와 대응하는 통계로서 일정시점에서 일국의 대외금융자산 및 부채잔액을 집계하는 국제투자대조표(IIP : International Investment Position)가 있다.[2]

유량통계	저량통계
국제수지표	국제투자대조표
국민소득 포괄손익계산서	국부 재무상태표

거주자(resident)란 '경제활동을 영위하는 본거지가 국민경제 영역내에 있는 경제주체'를 말한다. 거주자와 비거주자(non-resident)는 경제주체의 법률상 국적이나 지리적 영역이 아니라 **주된 경제적 이익의 중심**(center of predominant economic interest)이 어디에 있는가를 기준으로 구분한다. 예를 들어 개인은 외국인이 영업활동을 하지 않더라도 1년 이상 우리나라에 체재하고 있으면 이익의 중심이 우리나라에 있는 것으로 보아 거주자로 인정한다. 반면 해외교포는 우리나라 국적을 가지고 있어도 경제활동이 해외에서 이루어지고 있으므로 일시 귀국하여 3개월 이상 체재하지 않는다면 비거주자로 분류된다. 기업은 본사의 국적과 관계없이 기업의 설립을 승인하고 규율하는 사법권 관할이 어느 국가내에서 이루어지고 있는가에 따라 거주성을 구분한다. 우리나라 기

'이익의 중심' 이란 해당 경제단위가 경제영역내에 주거, 생산장소 및 기타 토지를 두고 이를 근거로 영구적 또는 오랜 기간 동안 상당한 규모의 경제활동 및 거래에 종사하면서 이를 계속할 의지가 있는 경우를 말함.

---

1) 국민계정은 국민소득통계, 산업연관표, 자금순환표, 국제수지표 및 국민대차대조표로 구성되어 있음.

2) 국제투자대조표에 관한 자세한 내용은 한국은행, 「알기 쉬운 경제지표해설」 참조.

업이 외국에 투자하여 설립한 해외법인은 비거주자에 속하고, 우리나라에서 법인을 설립하여 영업하고 있는 외국인투자기업은 거주자에 속한다.

모든 경제적 거래란 문자 그대로 거주자가 비거주자와 행하는 모든 거래를 포함한다. 즉 **상품 및 서비스거래**, **소득거래**와 대외채권 · 채무를 변동시키는 **금융거래**뿐만 아니라 경제적 대가 없이 일방적으로 주고받는 **이전거래**도 포함한다.

체계적으로 분류 · 정리한 것이란 **복식부기의 원리**에 의해 **국제적으로 통일된 기준**에 따라 작성하였다는 것을 말한다. 국제수지표는 개별 교환거래에 대하여 항상 대변과 차변에 같은 금액을 동시에 기록한다.[3] 국제수지 편제방법은 국가에 따라 다소 차이가 있을 수 있지만 대부분의 국가가 IMF의 「국제수지 편제 매뉴얼」에 따라 작성하고 있다. 현재 우리나라도 IMF가 2010년 1월 새로이 공표한 「국제수지 편제 매뉴얼」 제6판(BPM6: Balance of Payments and International Investment Position Manual, Sixth Edition)에 따라 국제수지표를 작성하여 발표하고 있다.

이론과실제 **외국환거래법과 소득세법에서 거주자의 정의**

외국환거래법상 거주자라 함은 한국내에 주소 또는 거소를 둔 개인과 한국내에 주된 사무소를 둔 법인을 말한다. 다만 비거주자의 한국내의 지점 · 출장소 기타의 사무소는 법률상 대리권의 유무에 상관없이 거주자로 본다.

한국 국민은 원칙적으로 거주자이지만 외국에 있는 사업체(재외외교공관은 제외)에 근무하거나 2년 이상 체재할 목적으로 외국에 가 있는 국민은 비거주자이고, 외국에 있는 법인도 비거주자이다. 외국인은 원칙적으로 비거주자이나, 한국에 있는 사업체에 근무하는 자 또는 입국 후 6개월 이상 거주하는 자는 거주자이며, 외국정부나 국제기관(UN · IOC 등)의 공무로 일시 체재하는 자는 비거주자이다.

우리나라 국제수지표는 기초통계의 하나로서 외환수급통계를 사용하고 있어 실질적으로는 1년 기준보다는 외국환거래법상의 거주자 기준이 적용되고 있다고 볼 수 있다.

한편 소득세법상 거주자라 함은 소득세를 납부할 의무가 있는 자로서 국내에 주소를 두거나 1년 이상 거소를 둔 개인을 말하고, 비거주자라 함은 거주자가 아닌 자로서 국내에 원천소득이 있는 개인을 말한다.

자료 : 한국은행, 「우리나라 국제수지통계의 이해」, 2018, 14쪽.

---

3) 상품을 구입하고 대가를 지급하지 않는 이전거래의 경우에도 별도의 항목을 설정하여 대차가 같도록 하고 있음.

(2) 국제수지표의 구성과 작성

1) 국제수지표의 구성

국제수지표는 거래의 특성에 따라 크게 경상수지, 금융계정, 자본수지와 오차 및 누락으로 나누어진다.[4] 경상계정에는 외국과 상품 및 서비스거래와 노동이나 자본을 제공한 대가로 받는 임금이나 배당 및 이자 등의 본원소득거래 및 대가없이 이전되는 이전소득거래가 기록된다. 금융계정에는 민간기업, 금융회사, 정부 및 통화당국 등 모든 거주자의 대외금융자산 및 부채의 변동이 기록되고, 자본수지에는 비생산·비금융자산의 취득 및 처분과 자본이전이 기록된다. 오차 및 누락에는 통계상 불일치를 사후적으로 계산하여 기록한다.

① 경상수지

경상수지(current account)에는 상품거래, 서비스거래, 본원소득거래와 이전소득거래에 따른 수입과 지출이 기록된다. 경상수지는 산업생산, 고용, 국민소득 등 국민경제의 각 분야에 크게 영향을 미치기 때문에 전통적으로 일국의 대외경쟁력을 나타내는 척도로서 중시되고 있다. 경상수지는 상품수지, 서비스수지, 본원소득수지 및 이전소득수지로 나누어진다.

상품수지

상품수지에는 상품의 수출과 수입이 기록된다. 상품수지는 계상시점, 가격산정 등이 다르기 때문에 관세청이 집계하는 무역수지와 다소 차이가 있다. 상품수지는 거래재화의 특성에 따라 일반상품, 중계무역순수출과 비화폐용금으로 세분된다.

서비스수지

서비스수지에는 거주자와 비거주자간 서비스거래로 인한 수입과 지출이 기록된다. 서비스수지는 가공서비스(위탁·수탁가공에 따른 임가공료), 운송(여객운임, 화물운임, 운항 및 항만경비, 우편 및 상업송달), 여행(유학 및 연수, 일반여행), 건설서비스(건설 및 설비공사), 보험서비스(적하보험, 생명보험 및 재보험), 금융서비스(금융중개서비스 수수료 등), 통신·컴퓨터·정보서비스(원격통신, 뉴스제공, 기타정보제공 등), 지적재산권(상표권, 저작권 포함) 사용료, 유지보수서

---

4) 2010년 1월 IMF가 작성한 「국제수지 편제 매뉴얼」 제6판(BPM6)에 따라 한국은행이 2013년 11월 새로이 개편한 국제수지표 분류방식임.

〈표 2-1〉 국제수지표의 표준항목 분류체계

대계정	소계정	대항목
I. 경상수지	A. 상품수지	1. 일반상품 2. 중계무역순수출 3. 비화폐용금
	B. 서비스수지	1. 가공서비스 2. 운송 3. 여행 4. 건설서비스 5. 보험서비스 6. 금융서비스 7. 통신 · 컴퓨터 · 정보서비스 8. 지적재산권사용료 9. 유지보수서비스 10. 기타사업서비스 11. 개인 · 문화 · 여가서비스 12. 정부서비스
	C. 본원소득수지	1. 급료 및 임금 2. 투자소득
	D. 이전소득수지	1. 일반정부 2. 기타부문
II. 자본수지		1. 자본이전 2. 비생산 · 비금융자산
III. 금융계정		1. 직접투자 2. 증권투자 3. 파생금융상품 4. 기타투자 5. 준비자산
IV. 오차 및 누락		

비스, 기타사업서비스(연구 및 개발, 전문 · 경영컨설팅, 기술 · 기타 사업서비스), 개인 · 문화 · 여가서비스, 정부서비스(외교단 경비)로 나누어진다.

본원소득수지

본원소득수지에는 거주자가 비거주자로부터 수취하거나 비거주자에게 지급한 급료 및 임금과 투자소득 등이 기록된다. 급료 및 임금에는 단기간(1년 미만) 머물면서 노동의 대가로 수취하거나 지급한 임금 및 기타보수가 계상된다. 투자소득은 거주자가 보유하고 있는 대외금융자산과 부채에서 발생하는 배당 및 이자 등이 계상된다.

이전소득수지

이전소득수지에는 거주자와 비거주자간 대가 없이 주고받은 거래가 기록된다. 여기에는 개인송금, 종교기관이나 자선단체의 기부금과 구호물자, 정부간 무상원조, 국제기구출연금 등이 계상된다.

이론과실제 국제수지통계, 통관통계와 외환수급통계의 차이

외국과 경제거래의 동향이나 추이를 파악하기 위한 통계자료로서 국제수지통계, 통관통계, 외환수급통계 등이 널리 이용되고 있다. 그러나 이들 통계는 포괄범위, 계상시점, 가격산정 등에서 다음과 같은 차이가 있다.

국제수지통계, 통관통계 및 외환수급통계의 비교

	국제수지통계	통관통계	외환수급통계
포괄범위	경상 · 자본거래, 유상 · 무상거래에 관계없이 모든 거래를 포괄	통관이 이루어지는 상품거래만 포함. 성질상 서비스거래, 소득거래와 자본거래는 제외	외환의 수입(受入)과 지급이 발생되는 거래만 포함. 무상거래, 원화거래는 제외
계상시점	소유권의 이전시점	상품의 통관시점	외환의 결제시점
상품의 가격산정	수출: FOB 수입: FOB	수출 : FOB 수입 : CIF	공통기준이 없고 실제거래된 조건
작성기관	한국은행	관세청	한국은행

주 : FOB ; 본선인도가격, CIF ; 운임 및 보험료 포함가격

이론과실제 가공무역의 국제수지통계와 통관통계의 비교

가공무역은 거주자 소유의 원재료를 해외에서 가공하여 국내로 반입하지 않고 가공국 또는 제3국으로 수출한 상품 및 거주자가 해외가공을 위해 가공국 또는 제3국에서 조달하여 가공국으로 보낸 원재료 수입액을 의미한다. 관세청의 통관통계도 위 · 수탁가공거래와 관련한 원재료의 반출입과 가공품의 반출입이 포함되어 있으나 이는 소유권 변동없이 이루어지는 가공을 위한 원재료 및 가공품의 반출입을 의미하는 것으로 국제수지통계의 상품수지에 계상하는 가공무역과는 계상시점, 금액 등에서 차이가 있다.

아래 그림은 우리나라의 하나기업이 원재료(A)를 반출하여 베트남 칭화기업에서 위탁가공하고, 일부 가공품(B)은 우리나라로 반입하고 나머지 가공품(C)은 베트남 또는 제3국으로 수출하는 경우를 나타내고 있다. 하나기업이 임가공을 위하여 베트남으로 반출한 원재료(A)와 국내로 반입한 가공품(B)의 소유권은 우리나라에 있으므로 국제수지통계에서는 수출입거래로 보지 않지만, 통관통계는 관세선을 통과하므로 수출입으로 계상한다. 한편 우리나라의 거주자인 하나기업이 비거주자인 베트남 또는 제3국으로부터 원재료를 구입(D)하거나 가공품을 베트남 또는 제3국에 수출(C)하면 거주자와 비거주자간 소유권이 변동하므로 국제수지통계에서 수출입으로 계상하지만, 관세통계에서는 우리나라의 관세선을 통과하지 않으므로 수출입으로 계상하지 않는다. 그리고 하나기업이 베트남 칭화기업에 지급한 임가공료(E)는 가공무역에 계상한다.

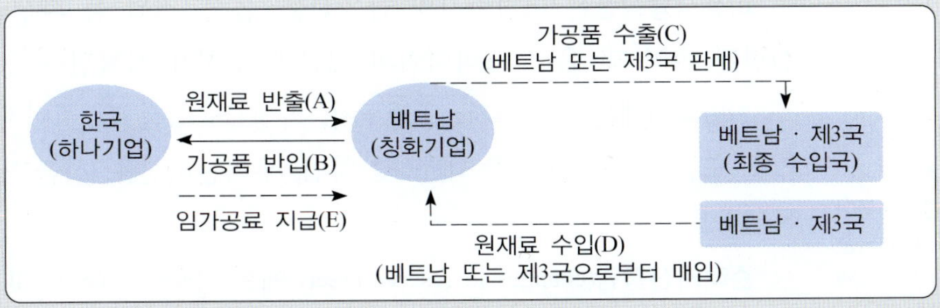

주 : 실선은 소유권 변동이 없고, 점선은 거주자와 비거주자간 소유권 변동을 나타냄

② 자본수지

자본수지(capital account)에는 거주자와 비거주자간에 발생하는 자본이전과 비생산 · 비금융자산으로 나누어진다. **자본이전**에는 자산소유권의 무상이전, 채권자에 의한 채무변제 등이 기록된다. **비생산 · 비금융자산**에는 브랜드네임, 상표 등 마케팅 자산과 기타 양도 가능한 무형자산 등의 취득과 처분이 기록된다.

③ 금융계정

금융계정(financial account)에는 민간기업, 금융회사, 정부, 통화당국 등 모든 거주자의 대외금융자산과 부채의 변동이 기록된다. 금융계정은 투자의 성격에 따라 직접투자, 증권투자, 파생금융상품, 기타투자, 준비자산증감으로 구분된다.

직접투자는 국내기업이 해외에 경영참여 등 영속적 이익을 얻기 위해 이루어지는 대외투자를 말한다. 직접투자는 투자방향에 따라 해외직접투자(국내에서 해외로 이루어지는 투자)와 외국인직접투자(해외에서 국내로 이루어지는 투자)로 구분하고, 투자형태에 따라 지분투자, 수익재투자와 기타자본으로 구분된다.

증권투자는 영속적 이해관계보다 단지 투자수익을 목적으로 이루어지는 비거주자와 주식, 채권거래 등을 말한다. 증권투자라도 투자대상기업의 의결권을 10% 이상 보유하는 경우에는 직접투자로 분류된다. 증권투자는 투자방향에 따라 해외증권투자와 외국인증권투자로 구분된다.

파생금융상품은 비거주자와 금융선물, 옵션, 스왑 등 파생금융상품거래로 실현된 손익 및 옵션 프리미엄의 지급과 수취가 기록된다.

기타투자에는 직접투자, 증권투자, 파생금융상품 및 준비자산에 포함되지 않는 모든 금융거래 – 즉 대출 및 차입, 무역관련신용, 현금 및 예금 등이 기록된다.

외환보유액은 정부의 외국환평형기금(전액 한국은행이 관리, 운용)과 한국은행이 보유하고 있는 외환(외국통화, 해외예치금, 외화증권 등), 해외 및 국내 보유금, SDR(특별인출권), IMF 리저브 포지션으로 구성되어 있으며, 통화당국의 대외외화자산중 유동성이 결여되어 있는 국제기구대출 및 출자, 출연자산은 외환보유액에서 제외됨.

준비자산증감(changes in reserve assets)에는 통화당국(정부 및 한국은행)이 국제수지 불균형의 보전이나 외환시장 불균형의 조정 등을 위해 보유하고 있는 외환보유액의 거래에 의한 증감을 기록한다. 외환보유액은 거래뿐만 아니라 환율변동 등에 의해서 변동될 수 있지만 국제수지통계에서 준비자산증감은 거래적 요인에 의한 변동분만 기록된다. 여기서 준비자산의 증가는 음(–), 감소는 양(+)으로 표시된다.[5)]

이론과실제 외환보유액과 준비자산증감

외환보유액이란 국제수지 불균형의 보전을 위한 자금 조달, 시장개입을 통한 외환시장의 불균형 조정 등을 위해 통화당국에 의해 즉각적으로 통제·이용가능한 대외자산을 말한다. 그런데 통화당국이 보유하고 있는 외환보유액이 거래에 의해 늘거나 줄게 되면 이를 준비자산증감에 계상하게 된다.

이와 같이 외환보유액과 준비자산증감은 다같이 통화당국이 보유하고 있는 대외자산을 대상으로 한다는 점에서는 같다. 그러나 외환보유액은 일정시점에서 잔액을 나타내는 스톡(stock) 통계인 반면에 준비자산증감은 일정기간중에 증감을 나타내는 플로우(flow) 통계이다.

또한 외환보유액의 일정기간중 증감(이번 기말 외환보유액 – 지난 기말 외환보유액)은 거래에 의한 증감(외환시장에서 외화자산의 매매 등)뿐만 아니라 환율변동에 의한 증감(보유중인 기타통화표시 외환자산의 달러가치가 변동)도 포함한다. 반면에 국제수지표에서 준비자산증감은 거래에 의한 증감만을 계상한다.

예를 들어 3월 15일 엔–달러환율이 달러당 100엔일 때 한국은행이 1억엔(미달러화로 환산시 100만달러)에 상당하는 엔화표시 증권을 매입하였는데 엔–달러환율이 3월 31일에 달러당 90엔으로 하락하였다고 하자. 이 경우 3월중 준비자산증감은 거래시점의 환율을 적용하여 계상하므로 100만달러가 된다. 반면 외환보유액은 3월말 현재 환율을 적용하여 평가하므로 기존에 엔화표시 채권을 보유하지 않고 있었다면 111.1만달러가 증가하게 된다.

5) 국제수지표는 복식부기의 원리에 의해 작성되므로 차변의 합계에서 대변의 합계를 빼면 0이 된다. 따라서 경상수지, 자본수지와 금융계정(준비자산증감은 제외)의 합이 양(+)이면 통화당국의 준비자산이 증가하므로 준비자산의 증가를 음(–)으로 표시해야 국제수지표 작성에서 대변과 차변의 합계가 같아진다.

④ 오차 및 누락

국제수지는 모든 거래를 복식부기의 원리에 따라 기록하므로 이론상 차변의 합계와 대변의 합계가 같아야 한다. 그러나 국제수지표는 무역통계, 외환수급통계 등 기초통계를 이용하여 작성되는데, 각 기초통계간 계상시점, 평가방법의 차이가 있고 기초통계 자체의 오류, 통계작성과정에서 보고 잘못 및 누락 등으로 인해 차변의 합계와 대변의 합계가 일치하지 않는다. 이러한 불일치를 **오차 및 누락**(net errors and omissions)이라고 하며, 모든 대외거래를 기록한 후에 사후적으로 계산하여 차변의 합계와 대변의 합계를 일치시킨다.

2) 국제수지표의 작성

복식부기의 원리

차 변	대 변
자산의 증가	자산의 감소
부채의 감소	부채의 증가
자본의 감소	자본의 증가
손실의 발생	이익의 발생

국제수지표는 복식부기의 원리에 의해서 작성되므로 모든 거래는 항상 차변(借邊, debit)과 대변(貸邊, credit)에 같은 금액이 기록된다. <표 2-2>와 같이 외환의 수취가 발생하는 거래는 대변에 기록하는 동시에 이와 수반하여 발생하는 반대급부는 차변에 기록한다. 반대로 외환의 지급이 발생하는 거래는 차변에 기록하는 동시에 이와 수반하여 발생하는 반대급부는 대변에 기록한다.

국제수지표는 복식부기의 원리에 따라 작성되므로 거래가 발생할 때마다 대변과 차변에 같은 금액이 기록된다. 따라서 국제수지표의 차변의 합계와 대변의 합계가 항상 일치하게 되는데 이를 **국제수지의 사후적 항등성**이라고 한다.

〈표 2-2〉 국제수지표 작성의 기본원리

차변 〈외환의 지급(支給)〉	거래항목	대변 〈외환의 수취(受取)〉
• 상품 수입(실물자산 증가) • 서비스 수입(제공받음) • 임금 및 급료, 이자 및 배당금 지급 • 해외에 대한 이전지출(移轉支出)	경상수지	• 상품 수출(실물자산 감소) • 서비스 수출(제공해 줌) • 임금 및 급료, 이자 및 배당금 수취 • 해외에 대한 이전수입(移轉收入)
• 자본이전 지급 • 비생산·비금융자산 취득	자본수지	• 자본이전 수입 • 비생산·비금융자산 처분
• 해외직접·증권투자 • 금융기관의 대외자산 증가 또는 대외부채의 감소 • 통화당국의 준비자산 증가	금융계정	• 외국인직접·증권투자 • 금융기관의 대외자산의 감소 또는 대외부채의 증가 • 통화당국의 준비자산 감소

이론과실제 국제수지표 작성의 실례

1. 우리나라 기업이 전자제품 100만달러어치를 수출하면서 30만달러는 외화수표로 받고 70만달러는 90일후에 받기로 하였다.

- 상품수출은 실물자산을 감소시키므로 경상수지-상품수지의 대변에, 이에 따른 수출대금의 유입은 대외자산을 증가시키므로 금융계정-기타투자의 차변에 현금 및 예금과 무역관련신용으로 각각 나누어 계상된다.

차변(지급)		대변(수취)	
금융계정 >기타투자 >		경상수지 >상품수지 >	
현금및예금	30	상품수출	100
무역관련신용	70		

2. 외국기업이 우리나라에 LCD부품제조공장을 설립하기 위하여 현금 40만달러와 기계설비 60만달러를 출자하였다.

- 외국인의 국내직접투자는 대외부채를 증가시키므로 금융계정-직접투자의 대변에, 기계설비의 국내반입은 상품수입(실물자산의 증가)을 가져오므로 경상수지-상품수지의 차변에, 그리고 현금출자에 의한 자금유입은 금융자산의 증가를 가져오므로 금융계정-기타투자의 차변에 계상된다.

차변(지급)		대변(수취)	
경상수지 >상품수지 >		금융계정 >직접투자 >	
상품수입	60	외국인직접투자	100
금융계정 >기타투자 >			
현금및예금	40		

3. 우리나라 자산운용사가 국내투자자로부터 펀드를 조성하여 뉴욕시장에서 50만달러에 상당하는 미달러화표시 재정증권(만기 1년 이하)을 매입하였다.

- 우리나라의 해외증권투자는 대외자산의 증가를 가져오므로 금융계정-증권투자의 차변에, 이에 따른 현금 및 예금의 감소는 대외자산의 감소를 가져오므로 금융계정-기타투자의 대변에 계상된다.

차변(지급)		대변(수취)	
금융계정 >증권투자 >		금융계정 >기타투자 >	
해외증권투자	50	현금및예금	50

4. 외국투자자가 국내기업으로부터 받은 배당금 75만달러를 본국으로 송금하였다.

- 배당금의 해외송금은 경상수지의 본원소득수지의 차변에, 이에 따른 현금 및 예금의 감소는 대외자산의 감소를 가져오므로 금융계정-기타투자의 대변에 계상된다.

차변(지급)		대변(수취)	
경상수지 >본원소득수지 >		금융계정 >기타투자 >	
배당및이자	75	현금및예금	75

5. 우리나라 기업이 유럽기업으로부터 상표권을 매입하고 현금 300만달러를 지급하였다.

- 상표권의 매입은 마케팅자산의 증가이므로 자본수지-비생산·비금융자산의 차변에, 매입 대금의 지급에 따른 현금 및 예금의 감소는 대외자산의 감소를 가져오므로 금융계정-기타투자의 대변에 계상된다.

차변(지급)		대변(수취)	
자본수지 >비생산·비금융자산		금융계정 >기타투자 >	
	300	현금및예금	300

(3) 국제수지의 균형과 국제수지표

균형이란 사전(事前)적(*ex ante*) 개념인 수요와 공급이 일치하는 경우를 말함. 수요와 공급이 일치하지 않으면 사후(事後)적(*ex post*)으로 의도하지 않은 재고의 변동으로 나타남.

국제수지표의 사후적 항등성이 **국제수지의 균형**(Balance of Payment Equilibrium)을 의미하지 않는다. 국제수지표는 모든 경상 및 금융거래의 결과를 사후적으로 복식부기의 원리에 의해 기록하므로 항상 차변(외환의 지급)의 합계와 대변(외환의 수취)의 합계가 같아지는 항등관계－즉 국제수지표의 (사후적) 항등성이 성립한다. 반면 국제수지의 균형이란 경상 및 금융거래로 발생하는 외환의 수요와 공급이 사전적으로 일치하는 상태를 말한다.

자율적/보정적거래

외환의 수요와 공급을 사전적(事前的)으로 파악하기 어렵기 때문에 국제수지 균형을 파악하기 위한 대체수단으로서 자율적 거래와 보정적 거래라는 개념을 많이 활용하고 있다. **자율적 거래**(autonomous transaction)란 가격, 소득, 이자율 등 경제적 요인의 차이로 인해 발생하는 거래를 말하고, **보정적 거래**(accommodating transaction)란 자율적 거래를 뒷받침하기 위하여 발생하는 보조적 거래를 말한다. 일반적으로 국제수지표상에서 위에 위치할수록 자율적 거래의 성격이 강하고, 아래에 위치할수록 보정적 성격이 강하다.

국제수지 균형의 판단기준

자율적 거래와 보정적 거래를 어디서 나누는가는 국제수지의 균형을 정의하고 판단하는 데 중요한 문제이다. 국제수지 균형의 판단기준으로 경상수지, 기초수지, 종합수지 등이 제시되고 있으며, 각국의 경제여건이나 연구목적에 맞추어 적절히 사용하면 된다.

경상수지

첫째, **경상수지**에 의해 – 즉 경상수지를 자율적 거래로 보고, 금융계정과 자본수지를 보정적 거래로 보아 국제수지의 균형여부를 파악하는 견해이다. 가장 보편적 견해로서 국제수지 불균형의 밑바탕은 경상수지 불균형에서 기인하며, 궁극적으로 국제수지의 균형은 경상수지의 균형에 의해서만 달성되기 때문이다. 또한 경상수지는 국민소득 등 실물부문과 직결되어 있기 때문에 국민경제의 대외균형을 분석하는 데 중요한 개념이다.

기초수지

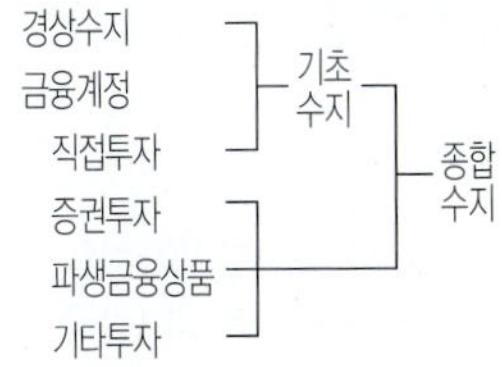

둘째, 장기적 자본이동 성격을 갖는 직접투자는 국내경제성장에 기여할 뿐만 아니라 일국의 장기결제능력을 나타내므로 경상수지에 직접투자수지를 합한 **기초수지**에 의해 국제수지 균형 여부를 파악하여야 한다는 견해이다. 직접투자 등 장기자본으로 자본재 등을 수입하는 과정에서 경상수지가 일시적으

로 적자를 보인다고 해서 이러한 경상수지 적자를 국제수지 불균형으로 파악하는 것은 타당하지 않다는 것이다. 그러나 단기자본은 경제상황이 변하면 쉽게 유출될 우려가 있어 국제결제능력을 확보하는 수단으로 부적합하기 때문에 제외시켜야 한다고 본다.

종합수지

셋째, 외환의 수요와 공급은 경상거래뿐만 아니라 금융거래에 의해 발생하므로 경상수지와 민간부문의 금융거래를 모두를 합한 **종합수지**에 의해 국제수지의 균형을 파악하여야 한다는 견해이다. 이러한 견해는 증권투자, 파생금융상품, 기타투자 등 단기적 성격을 갖는 자본의 이동이 안정적 추세를 보이고 있다는 것을 전제로 하고 있다. 그러나 투기로 인해 단기자본의 유출입이 불안정적이거나 경상수지의 지속적 적자를 단기자본의 유입에 의해 지탱하는 것은 타당하지 않다.

2.2 국제수지와 국민경제간 관계

(1) 국민소득과 국제수지

국민소득의 항등성

일정기간 동안 한 국민경제의 총생산이 의도한 총지출보다 많거나 적으면 재고의 변동을 초래하는데, 국민소득계정에서는 이를 재고투자로 계상하여 처리하기 때문에 총생산과 총지출간 항등관계가 성립함.

개방경제에서 각국은 자국에서 생산한 상품을 해외에 수출하기도 하고 해외에서 생산된 상품을 수입(輸入)하기도 한다. 일정기간 동안 각국이 국내에서 생산하고 해외에서 수입한 합은 국내 경제주체에 의해 소비되고 해외에 수출된 합과 같아야 하므로 다음과 같은 항등관계가 성립한다.

$$Y + IM \equiv C + I + G + EX \tag{2-1}$$

여기서 Y는 국민총생산,[6] C는 소비지출, I는 투자지출, G는 정부지출, EX는 수출, IM은 수입을 나타낸다.

생산과 지출측면

식 (2-1)을 이용하여 국민소득을 생산과 지출측면에서 파악해 보면 다음과

6) GNP는 내국인에 의해 생산된 부가가치의 합을 의미하고, GDP는 거주자에 의해 생산된 부가가치의 합을 의미함. 따라서 GDP에 본원소득수지를 합하면 GNP가 되는데, 여기서는 본원소득수지를 0이라고 가정하였음.

같은 항등관계가 성립한다.

$$Y \equiv C + I + G + (EX - IM) \qquad (2\text{-}2)$$
$$\equiv A + (EX - IM)$$

식 (2-2)에 따르면 국민총생산은 국내부문에 의한 지출($C+I+G$)중 수입(IM)된 것은 공제하고 해외부문에 의한 지출(EX)을 합한 것과 같음을 의미한다. 따라서 국내부문에 의한 지출을 하나로 묶어서 **국내총지출**(A: absorption)로 보면 국민총생산은 국내총지출에 **순수출**을 더한 것과 같다.

흡수와 순수출측면

식 (2-2)에서 국내총지출(A)을 좌변으로 옮기면 국민총생산 및 국내총지출과 순수출간에 다음과 같은 관계가 성립한다.

$$Y - A \equiv EX - IM \qquad (2\text{-}3)$$

국민총생산이 국내총지출보다 크면 남는 것을 해외에 수출하게 되고, 반대로 국민총생산이 국내총지출보다 작으면 모자라는 것을 해외로부터 수입에 의해 충당하게 됨을 의미한다. 바꾸어 생각해 보면 상품 및 서비스수지가 흑자를 달성하기 위해서는 국민총생산이 국내총지출보다 더 커야 함을 의미한다.

분배와 지출측면

개방경제에서 국민소득을 분배와 지출측면에서 파악하기 위해 식 (2-2)에 조세(T)를 빼고 이전소득수지(TR)를 더하면 다음과 같이 표시된다.

$$Y - T + TR \equiv C + I + (G - T) + (EX - IM + TR) \qquad (2\text{-}4)$$

식 (2-4)에서 좌변의 $Y-T+TR$은 국민가처분소득을 의미하고, 우변의 $EX-IM+TR$은 경상수지를 의미한다. 국민가처분소득에서 소비지출(C)을 빼면 저축(S)이 되므로 식 (2-4)를 다음과 같이 바꾸어 쓸 수 있다.

$$Y - T + TR - C \equiv S \equiv I + (G - T) + (EX - IM + TR) \text{ 또는}$$
$$(S - I) + (T - G) \equiv (EX - IM + TR) \qquad (2\text{-}5)$$

식 (2-5)에서 경상수지는 민간저축 및 정부저축의 합과 항등관계를 가지고 있음을 알 수 있다.

경상수지 흑자와 해외투자

경상수지가 흑자인 경우 식 (2-5)를 다음과 같이 바꾸어 쓸 수 있다.

$$S + (T - G) \equiv I + (EX - IM + TR) \qquad (2\text{-}6)$$

이는 민간부문과 정부부문의 저축이 국내투자를 초과하면 경상수지가 흑자를 보인다. 이때 경상수지 흑자는 국내저축중에서 국내에 투자하고 남는 잉여분을 해외에 투자하고 있음을 함축하고 있다.

경상수지 적자와 해외저축

반면 경상수지가 적자인 경우 식 (2-5)를 다음과 같이 바꾸어 쓸 수 있다.

$$S+(T-G)+(IM-EX-TR) \equiv I \qquad (2\text{-}7)$$

이는 국내투자가 민간부문과 정부부문의 저축을 초과하면 경상수지가 적자를 보인다. 이때 경상수지 적자는 국내투자를 국내저축에 의해서 메우지 못하므로 부족분을 해외로부터 저축에 의해 충당하고 있음을 함축하고 있다.

(2) 통화량과 국제수지

1) 경상수지와 순외화자산간 관계

일정기간 동안 발생한 일국의 **경상수지**(Current Account)는 일국이 보유하고 있는 **순외화자산**(Net Foreign Asset)을 변동시킨다. 외국과 경상거래에서 수취한 외화가 지급한 외화보다 많으면 경상수지가 흑자를 보이게 된다. 앞의 식 (2-5)에서 본 것과 같이 경상수지의 흑자는 민간 및 정부부문에서 순저축이 이루어질 때 발생한다. 이러한 경상수지(CA) 흑자는 일국이 보유하는 순외화자산(NFA)의 증가를 가져온다. 이들간 관계를 다음과 같이 식으로 간단히 표시할 수 있다.

개인의 경우도 소득이 지출보다 많으면 가계수지가 흑자를 보여 저축을 하게 되고, 저축은 예금, 채권, 주식, 부동산 등 순자산의 증가로 나타남.

$$CA \equiv EX-IM+TR \equiv (S-I)+(T-G) \equiv \Delta NFA \qquad (2\text{-}8)$$

여기서 기호 Δ는 변동분을 나타낸다.

보유주체에 따른 구분

순외화자산의 변동은 보유주체에 따라 중앙은행(Central Bank : CB), 예금은행(Depository Bank : DB), 정부부문(G), 민간부문(P)으로 구분하여 볼 수 있다.[7)]

$$\Delta NFA \equiv \Delta NFA^{CB}+\Delta NFA^{DB}+\Delta NFA^{G}+\Delta NFA^{P} \qquad (2\text{-}9)$$

7) 통화금융기관은 본원통화를 공급하는 한국은행과 예금통화를 창출하는 예금은행으로 구성됨. 예금은행은 예금을 수취하여 대출하는 업무를 반복적으로 수행하는 과정에서 예금통화를 창출하는데, 현재 일반은행(시중은행, 지방은행 및 외국은행 국내지점)과 특수은행(한국산업은행, 한국수출입은행, 중소기업은행, 농·수협중앙회의 신용사업부문)로 구성되어 있음.

이론과실제 국민소득계정과 국제수지

아래 표에서 보는 것과 같이 우리나라 국민소득계정을 통하여 개방경제하에서 총생산과 총지출간 항등관계뿐만 아니라 국민소득계정이 국제수지와 어떻게 연계되어 있는가를 파악할 수 있다. 우선 국민총지출은 민간최종소비지출, 정부최종소비지출, 투자지출(총고정자본형성과 재고증감) 및 순수출(재화와 서비스 수출-재화와 서비스 수입)로 되어 있다. 이들의 합계는 국내총생산(GDP)과 같다. 국내총생산에서 국제수지표의 본원소득수지에 해당하는 국외순수취요소소득을 더함으로써 국민총소득(GNI)을 얻을 수 있다. 나아가 국민총소득에서 국제수지표에서 이전소득수지에 해당하는 국외순수취경상이전을 더함으로써 국민총처분가능소득(GNDI)을 얻을 수 있다. 재화 및 서비스의 수출에서 수입을 공제한 상품 및 서비스수지에 국외순수취요소소득과 국외순수취경상이전을 더하면 경상수지가 된다.

1990년 이후 우리나라 국민총지출의 구성을 보면, 민간최종소비지출이 국내총생산에서 차지하는 비중은 50%대를 상회하였으나 최근에는 50%를 밑돌고 있다. 정부의 최종소비지출은 1990년 11%에서 지속적으로 상승하여 최근에는 15%를 웃돌고 있다. 반면 자본축적을 나타내는 총고정자본형성은 1990년 37%에서 지속적으로 감소하여 최근에는 29% 내외를 차지하고 있다. 그리고 우리나라 순수출(재화와 서비스 수출-재화와 서비스 수입)은 1990년대 들어 1993년 일시적으로 흑자를 보인 것을 제외하면 지속적으로 적자를 나타내었다. 1997년 외환위기를 겪으면서 순수출이 흑자로 돌아섰으며 글로벌 금융위기를 겪은 2008년을 제외하면 1998년부터 지속적으로 흑자를 보이고 있다.

한편 1995년 WTO의 출범 등으로 무역자유화가 크게 진전됨에 따라 우리나라의 대외의존도도 크게 높아지고 있다. 우리나라 국내총생산에서 재화 및 서비스의 수출과 수입의 합이 차지하는 비중이 1990년중 50%대에 머물렀으나, 2000년에는 65%내외로 높아졌다. 이 비중은 2010년 이후 100%를 넘어서기도 하였으나 최근에는 80%내외를 나타내고 있다.

국민소득계정의 구성 (단위 : 조원, %)

항 목 명	기호	1990		2000		2010		2020		2021		2022	
국내총생산(GDP)	*Y*	200.6	(100)	651.6	(100)	1,322.6	(100)	1,924.5	(100)	1,940.7	(100)	2,080.2	(100)
민간최종소비지출	*C*	100.7	(50.2)	355.1	(54.5)	667.1	(54.5)	935.9	(51.2)	900.3	(50.5)	956.0	(48.5)
정부최종소비지출	*G*	22.0	(11.0)	71.0	(10.9)	187.9	(10.9)	328.7	(14.4)	350.1	(15.0)	377.8	(15.1)
총고정자본형성	*I*	74.9	(37.3)	206.9	(31.8)	399.8	(31.8)	579.0	(30.2)	607.5	(29.1)	658.4	(29.0)
재고증감		4.5	(2.2)	7.5	(1.1)	30.8	(1.1)	27.1	(3.2)	11.3	(0.8)	14.1	(0.5)
재화와 서비스 수출	*EX*	50.1	(25.0)	221.2	(33.9)	623.0	(33.9)	755.9	(53.3)	705.6	(51.3)	871.1	(43.0)
(공제)재화와 서비스 수입	*IM*	51.7	(25.8)	209.5	(32.2)	585.9	(32.2)	702.1	(52.2)	634.1	(46.7)	797.2	(36.1)
통계상불일치		0.0	(0.0)	−0.5	(−0.1)	0.0	(−0.1)	0.0	(0.0)	0.0	(0.0)	0.0	(0.0)
국외순수취요소소득		−0.2		−4.4		2.0		16.6		16.9		23.4	
국민총소득(GNI)		200.4		647.3		1,324.6		1,941.1		1,957.7		2,103.6	
국외순수취경상이전	*TR*	0.7		−0.1		−5.2		−5.9		−3.2		−4.5	
국민총처분가능소득(GNDI)		201.0		647.2		1,319.4		1,935.2		1,954.5		2,099.1	
(공제)고정자본소모		25.2		112.0		239.1		381.8		399.8		433.6	
국민처분가능소득(NDI)		175.9		535.2		1,080.3		1,553.5		1,554.8		1,665.5	

주 : ( ) 내는 국내총생산에서 차지하는 비중
자료 : 한국은행 홈페이지 경제통계시스템(http://ecos.bok.or.kr/)

민간기업이 수출대금으로 외환을 받게 되면 민간부문의 순외화자산이 늘어나게 된다. 민간기업이 수출대금으로 받은 외환을 예금은행에 매각하면 민간부문의 순외화자산이 감소하고 예금은행의 순외화자산이 증가하게 된다. 중앙은행이 환율안정을 위해 예금은행으로부터 외환을 매입하게 되면 예금은행의 순외화자산이 감소하고 중앙은행의 순외화자산이 증가하게 된다. 중앙은행이 순외화자산을 매입하는 대가로 원화를 지급하는 과정에서 통화량에 영향을 미치게 된다.

2) 중앙은행의 순외화자산의 변동과 통화공급

해외부문을 통한 통화공급경로

국제수지가 어떠한 경로를 통하여 통화공급에 영향을 미치는가는 **중앙은행 재무상태표**를 통하여 파악할 수 있다. <표 2-3> 중앙은행 재무상태표(요약)에서 보는 것과 같이 대변의 주요 항목은 본원통화이고, 차변의 주요 항목은 대정부 여신 및 대민간금융기관 여신으로 구성된 국내 여신과 외화자산에서 외화부채를 뺀 순외화자산이다.

〈표 2-3〉 중앙은행 재무상태표(요약)

자 산(차변)	부 채(대변)
국내여신(Domestic Credit) { 대정부 여신(대출) { 대금융기관 여신(대출) 순외화자산(Net Foreign Asset)	본원통화(High-powered Money)

주: 순외화자산=외화자산−외화부채

복식부기의 원리에 의해 차변의 합계와 대변의 합계는 항상 같으므로 국내여신(DC: Domestic Credit), 순외화자산(NFA^{CB}) 및 본원통화(H: High-powered Money)간에는 다음과 같은 항등관계가 성립한다.

$$DC + NFA^{CB} \equiv H, \text{ 또는} \tag{2-10}$$

$$\Delta DC + \Delta NFA^{CB} \equiv \Delta H \tag{2-11}$$

이는 **통화공급경로**가 크게 국내부문 및 해외부문으로 나누어지고, 국내부문은 다시 정부부문과 민간부문으로 나누어짐을 나타내고 있다.

본원통화의 변동과 통화량의 변동

일반적으로 통화량의 변동은 크게 두 단계로 나누어진다. 먼저 중앙은행의 국내여신이나 순외화자산의 변동은 본원통화의 변동을 초래한다. 나아가 본원통화의 변동은 예금은행의 신용창조과정을 통해 통화량 – 즉 통화(M_1), 총통화(M_2) 등을 변동시키게 된다.

국제수지가 통화공급에 어떻게 영향을 미치는가는 어떠한 환율제도를 채택하고 있는가에 따라 달라진다.

이론과실제 우리나라의 국제수지와 통화공급

우리나라에서는 국제수지와 본원통화간 관계를 한국은행 재무상태표를 통해 파악할 수 있다. 2022년말 현재 한국은행의 자산측면을 보면 국내자산은 대금융기관 대출금 41.0조원, 유가증권 32.1조원 등 95.0조원에 불과한 반면, 국외자산은 외국증권 361.3조원, 외화예치금 52.9조원 등 487.7조원에 달하고 있다. 부채측면을 보면 국내부채 504.2조원 중 화폐발행액은 174.9조원, 은행금융기관 지준예치금이 대부분인 예금계가 155.2조원이고, 통화안정증권발행은 112.4조원이다.

우리나라 중앙은행의 재무상태표를 보면 자산측면에서는 외화자산이 큰 비중을 차지하고 부채측면에서는 본원통화(화폐발행액+예금계(은행금융기관 지준예치금))과 통화안정증권발행이 큰 비중을 차지하고 있다. 우리나라 정부는 1997년말 외환위기 이후 해외에서 외국환평형채권 발행, 증권시장개방을 통한 외국인 증권투자 확대 등을 통해 외환보유액의 확충을 시도하였으며, 대내외경제여건에 힘입어 경상수지도 지속적으로 흑자를 보였다. 이러한 경상수지 흑자와 자본의 순유입으로 외환공급이 대폭 증가하면서 원화의 절상압력이 커졌다. 한국은행은 원화의 절상으로 인해 우리나라 기업의 대외가격경쟁력이 약화되는 것을 막기 위해 외환을 적극 매입하였기 때문에 외화자산이 크게 늘어났다. 한국은행은 통화량 증발로 인한 인플레이션을 막기 위해 통화안정증권의 발행을 통해 본원통화를 적극 환수하는 정책을 사용해오고 있다. 그러나 통화안정증권 발행에 대한 이자부담이 크게 늘어나면서 국민의 세금으로 수출기업을 지원하는 것이 아니냐는 논란을 불러일으키고 있다.

한국은행 재무상태표 (단위 : 조원)

(2022년말 현재)

자 산		부 채	
국내자산	95.0	국내부채	504.2
대정부 대출금	–	화폐발행액	174.9
대금융기관 대출금	41.0	예금계	155.2
유가증권	32.1	중앙정부예금	8.5
국외자산	487.8	통화안정증권발행	112.4
외국증권	361.3	국외부채	56.8
외화예치금	52.9	비거주자예금	4.4
국제금융기구출자금	20.2	IMF특별인출권배분	17.9
합 계	582.8	합 계	560.9

자료 : 한국은행 홈페이지 경제통계시스템(http://ecos.bok.or.kr/)

고정환율제도와 통화공급

고정환율제도에서 국제수지의 변동은 직접적으로 통화공급의 변동을 초래한다. 예를 들어 민간과 정부부문에서 경상 및 금융거래의 결과로 국제수지가 흑자를 보이게 되면－즉 수취한 외환이 지급한 외환보다 많게 되면 남는 외환을 외국환은행에 매각하게 된다. 이로 인해 외국환은행은 매입초과포지션 상태에 놓이게 되므로 매입초과 외환을 중앙은행에 매각하세 된다. 중앙은행은 외국환은행에서 외환을 매입하고 그 대가를 자국통화로 지급하는 과정에서 본원통화의 공급이 이루어지고, 예금창조의 과정을 통해 통화승수배만큼 통화량이 늘어나게 된다. 결과적으로 고정환율제도에서 국제수지가 흑자를 보이면 중앙은행이 환율을 고정시키기 위해 초과공급된 외환을 매입하는 과정에서 통화공급이 이루어진다. 반면 국제수지가 적자를 보이면 중앙은행이 초과수요를 메우기 위해 보유한 외환을 매각하는 과정에서 통화의 환수가 이루어진다.

변동환율제도와 통화공급

변동환율제도에서 국제수지 변동은 직접적으로 통화공급에 영향을 미치지 않는다. 예를 들어 민간과 정부부문에서 경상 및 금융거래로 국제수지가 흑자를 보이면 외환시장에서 초과공급이 발생하여 환율이 하락할 뿐이지 통화공급에는 영향을 미치지 않는다. 그러나 중앙은행이 자국통화의 절상으로 인한 부작용을 우려하여 외환시장개입을 통해 외환을 매입하게 되면 중앙은행의 순외화자산이 늘어나는 동시에 이에 상응하는 만큼 본원통화가 증가하고, 궁극적으로 본원통화 증가량의 승수배에 달하는 만큼 통화량이 늘어나게 된다. 만약 중앙은행이 통화량의 증가로 인한 인플레이션을 우려한다면 공개시장조작을 통해 국내채권을 매각함으로써 늘어나는 통화량의 일부 또는 전부를 흡수하는 불태화정책을 구사하게 된다.

요약

01. 국제수지표란 일정기간 동안 일국의 거주자와 비거주자간에 일어난 모든 경제적 거래를 체계적으로 분류 · 정리한 표이다.

02. 거주자란 경제활동을 영위하는 본거지가 국민경제 영역 내에 있는 경제주체를 말한다. 개인은 경제활동에 있어서 주된 경제적 이익의 중심(center of predominant economic interest), 기업은 거주성에 의해 거주자 여부를 구분한다.

03. 국제수지표는 거래의 특성에 따라 크게 경상수지, 금융계정 및 자본수지로 나누어진다. 경상수지는 상품수지, 서비스수지, 본원소득수지, 이전소득수지로 나누어지고, 금융계정은 직접투자, 증권투자, 파생금융상품, 기타투자와 준비자산증감으로 나누어지고, 자본수지는 자본이전과 비생산 · 비금융자산으로 나누어진다. 오차 및 누락은 통계작성과정에서 발생되는 통계상 불일치를 조정하기 위하여 사후적으로 계상하는 항목이다.

04. 국제수지 균형이란 국제수지표의 사후적 항등성과는 달리 외환의 수요와 공급을 일치시키는 사전적 개념이다. 외환의 수요와 공급을 사전적으로 파악할 수 없으므로 경제적 요인에 의한 자율적 거래로 발생하는 외환의 수급에 의해 국제수지 균형을 파악한다. 국제수지의 균형을 경상수지, 기초수지 또는 종합수지 등으로 보는 견해가 있지만 일반적으로 경상수지 균형으로 파악한다.

05. 개방경제하에서 국민총생산은 국내총지출 및 순수출의 합과 항등관계를 갖는다. 즉 순수출은 국민총생산에서 국내총지출을 뺀 것과 같다. 따라서 국민총생산이 국내총지출보다 크면 경상수지가 흑자를 나타내고, 국내총지출이 국민총생산보다 크면 경상수지가 적자를 나타낸다.

06. 경상수지 흑자는 국민총저축이 국내총투자를 초과하는 경우 발생하므로 국내부문이 잉여저축을 해외에 투자하는 것은 의미하고, 경상수지 적자는 국내총투자가 국민총저축을 초과하는 경우 투자부족분을 해외부문이 국내에 저축하는 것을 의미한다.

07. 국제수지가 통화량에 미치는 영향은 어떠한 환율제도를 채택하고 있는가에 따라 달라진다. 고정환율제도에서는 국제수지 흑자 → 외국환은행 외환매입 → 중앙은행 외환매입 과정에서 본원통화의 공급이 이루어지므로 국제수지의 변동이 통화량에 직접적으로 영향을 미친다. 반면 변동환율제도에서 국제수지 흑자는 외환시장에서 초과공급을 초래하여 환율을 하락시킬 뿐이지 통화량에 직접적으로 영향을 미치지 않는다. 그러나 중앙은행이 자국통화의 절상으로 인한 부작용을 우려하여 외환시장 개입을 통해 외환을 매입하면 이 과정에서 본원통화의 공급이 이루어진다.

연습문제

01. 다음과 같은 국제경제거래를 국제수지표의 작성원리에 따라 기록하여 보시오.

(1) P제철이 브라질로부터 철광석 100만달러어치를 3개월 후에 갚기로 하고 수입하였다.

(2) 대한적십자사가 필리핀의 태풍으로 인한 피해를 돕기 위해 200만달러어치의 식량, 의복 등을 무상으로 제공하였다.

(3) 우리나라 기업이 120만달러에 상당하는 국내 공장설비를 베트남으로 이전하는 동시에 현금 80만달러를 출자하여 현지에 공장을 설립하였다.

(4) 퀀텀펀드가 우리나라 증권시장에서 1억달러어치의 S전자 주식을 매입하고 Bank of America가 발행한 송금수표를 매입대금으로 지급하였다.

(5) L전자가 퀠컴사에게 코드분할다중접속(CDMA) 원천기술 사용료로 10만달러를 지급하였다.

(6) 한국투자공사는 외환보유고 확충을 위해 발행하였던 외국환평형채권의 만기가 도래함에 따라 10억달러를 상환하였다.

(7) 한국은행이 IMF의 SDR 증자에 3억달러를 출연하였다.

(8) 중국의 단체여행객이 제주도에서 식대 및 숙박료, 기념품 구입 등 여행경비로 10만달러를 지출하였다.

02. 국제수지표는 일정기간 동안 외국과 경제거래를 기록한 것이고, 국제투자대조표는 일정시점에서 대외국금융자산과 부채를 기록한 것이다. 국제수지표와 국제투자대조표간 관계에 대하여 설명하시오.

03. 다음과 국제경제거래가 국제수지통계, 통관통계 및 외환수급통계에 계상될 때 어떠한 차이가 있는가를 설명하시오.

(1) S전자가 미국에 1억달러어치의 반도체를 CIF가격조건으로 수출하고, 수출대금은 3개월후에 받기로 하였다.

(2) 대한적십자사는 쓰나미로 인한 피해를 돕기 위하여 현금 60만달러, 구호물자 40만달러를 인도네시아에 지원하였다.

(3) D중공업은 100만달러에 상당하는 발전설비를 필리핀에 장기임대하기 위해 수출하고, 제1차 임대료로 5만달러를 받았다.

04. 1980년대와 최근 미국의 쌍둥이 적자(Twin Deficit) – 즉 재정수지 적자와 경상수지 적자가 국제사회에서 현안문제로 대두되고 있다.

(1) 1980년대에는 미국의 경상수지 적자의 해결방안을 놓고 미 · 일간에 통상마찰이 발생하였다. 미국의 쌍둥이 적자를 본문의 식 (1-5)를 이용하여 설명하고, 미국 경상수지 적자의 원인과 해결방안에 대한 미 · 일간 시각 차이를 조사 · 설명하시오.

(2) 최근에는 미국의 경상수지 적자의 해결방안을 놓고 미 · 중간 통상마찰이 일어나고 있다. 미국 경상수지 적자의 원인과 해결방안에 대한 미 · 중간 시각 차이를 조사 · 설명하시오.

05. 1980년대 이후 현재까지 우리나라 경상수지와 금융계정(준비자산증감 제외)의 변동추이를 그래프를 그려 구분하여 살펴보시오. 특히 1990년대 중반을 전후로 경상수지와 금융계정(준비자산증감 제외)간 대칭적 관계가 무너지고 있는데 그 이유를 찾아보시오.

06. 최근 우리나라의 경상수지가 지속적으로 큰 폭의 흑자를 보이는 것을 급속한 고령화 때문이라고 한다. 그 이유를 국민소득 계정과 국제수지간 관계를 이용하여 설명하여 보시오.

07. 일반적으로 한 나라의 통화량은 종합수지와 밀접하게 연관되어 있다. 우리나라는 1997년 외환위기 이후 2008년을 제외하면 매년 종합수지[경상수지+금융계정(준비자산증감 제외)]가 흑자를 보이고 있는데 이와 관련시켜 다음 물음에 답하시오.

(1) 한 국가의 통화량이 종합수지와 밀접하게 연관되어 있는 이유를 설명하여 보시오.

(2) 지난 10여년 동안 우리나라 중앙은행은 해외부문을 통한 통화증발로 인해 우리 경제가 부딪치게 될 문제점을 어떻게 파악하고 있었는가에 대하여 설명하시오.

(3) 또한 우리나라 중앙은행이 이러한 문제점을 사전에 대응하기 위하여 어떻게 정책을 펴왔는가에 대하여 설명하여 보시오.(2005년 행정고시 국제경제학 기출문제 일부 변형)

PART

02 국제금융의 기본메커니즘

국제금융거래는 거래당사자가 서로 다른 통화를 사용하고 있기 때문에 자금의 융통과정에서 대부분 외환거래를 수반한다. 때문에 넓은 의미에서 국제금융거래는 외환거래를 포함하는 것으로 이해되고 있다. 따라서 외환을 정확하게 이해하기 위해서는 국제금융의 기본메커니즘에 대한 이해도 같이 이루어져야 한다. 여기서는 먼저 국제금융시장의 의의와 구조에 대하여 살펴보고 나아가 국제금융거래의 밑바탕을 지배하고 있는 기본원리에 대해 알아보고자 한다.

CHAPTER 03

국제금융시장의 구조와 변화

국제금융환경이 변화하면서 국제금융시장도 규모나 구조적 측면에서 커다란 변화를 겪고 있다. 1960년대 이후 선진국을 중심으로 외환 및 금융에 대한 규제가 점진적으로 완화 내지 철폐되면서 국가간 자본이동이 크게 늘어남에 따라 국제금융시장도 활기를 띠기 시작하였다. 또한 1980년대 들어서는 컴퓨터와 정보통신기술의 발달로 공간적·시간적 제약으로부터 벗어남에 따라 국제금융시장은 금융혁신이라고 불릴 만큼 커다란 구조적 변화를 겪고 있다. 먼저 국제금융시장의 의의 및 구조에 대하여 살펴보고, 1980년대초 이후 진행되어 오고 있는 국제금융시장의 구조적 변화에 관하여 살펴보고자 한다.

3.1 국제금융의 의의, 특징 및 기능

(1) 국제금융의 의의와 특징

1) 국제금융의 의의

국제금융(international finance)이란 국제무역, 해외직접·증권(또는 포트폴리오)투자 등과 수반하여 국가간에 자금의 융통(대차) 또는 이동이 이루어지는 현상을 말한다. 국제금융에서 '국제'란 국가 사이란 의미도 있지만, 국제금융거래의 주체는 한쪽이 반드시 비거주자이기 때문에 거주자와 비거주자간 또는 비거주자간이라는 의미를 갖는다.

국제금융의 동기변화

최근 국제금융환경이 크게 바뀌면서 국제금융은 본원적 동기보다 파생적 동기에서 이루어지는 비중이 크게 높아지고 있다. 종래에 국제금융은 국가간 상품이나 서비스의 수출입, 직접투자, 상업 및 공공차관 공여 등 실물거래에 따른 자금의 과부족을 보정하는 **본원적 동기**에서 주로 이루어졌다. 최근에 국제금융은 해외에서 유리한 조건으로 자금을 조달·운용하거나 환위험의 회피 또는 환·금리차익의 획득을 목적으로 하는 **파생적 동기**에서 많이 발생하고 있다.

2) 국제금융의 특징

국제금융은 국경을 넘어 자금이 이동하기 때문에 국내금융과 비교하여 볼 때 다음과 같은 특징을 가지고 있다.

환위험

첫째, 국제금융은 거래당사자간 서로 다른 통화를 사용하기 때문에 **환위험**에 노출된다는 점이다. 투자기간중 환율이 변동하면 외국통화표시 자산이나 부채를 자국통화로 환산할 때 그 가치가 변동하기 때문에 환차손 또는 환차익이 발생하게 된다.

정치적 위험

둘째, 국제금융은 **정치적**(지정학적 또는 국가) **위험**에도 노출된다는 점이다. 해외에 보유하고 있는 금융자산이 외국정부에 의해 동결, 몰수, 원리금의 송금제한 등이 발생할 수 있다.

해당통화국의 규제와 통제에서 분리

셋째, 유로시장에서 금융거래는 특정 통화로 표시된 금융거래가 해당 통화를 발행한 국가로부터 규제나 통제를 받지 않는 경우가 많다. 예를 들어 영국 런던 시장에서 이루어지는 미달러화 예금에 대하여 미국 연방준비은행이 지급준비금을 부과하거나 연방예금보험공사가 예금보험료의 납부를 강제할 수 없다.

풍부한 재정거래

넷째, 국제금융은 재정거래의 기회가 상대적으로 풍부하다. 각국의 금융시장과 외환시장이 제도적 또는 구조적으로 불완전하게 연계되어 있으면 그 만큼 환차익이나 금리차익을 얻을 수 있는 기회가 많다.

혁신적 성향

다섯째, 국제금융은 어느 분야보다 끊임없이 혁신을 추구하는 성향을 보이고 있다. 국제금융시장에 소재한 금융기관들은 치열한 경쟁에서 우위를 점하기 위해 고객의 요구에 맞추어 새로운 금융상품이나 금융기법을 개발하는 과정에서 혁신의 창출과 소멸이 반복되는 진화적 특성을 나타내고 있다.

(2) 국제금융시장의 의의와 기능

1) 국제금융시장의 의의

국제금융시장이란 국제무역, 해외직접 · 증권(또는 포트폴리오)투자 등과 수반하여 국가간에 자금의 융통이 지속적으로 이루어지는 장소 또는 거래메커니즘을 말한다. 구체적 장소의 개념으로서 국제금융시장은 런던, 뉴욕 등 주요 국제금융중심지나 이 지역에서 운영되고 있는 증권거래소, 선물옵션거래소 등을 의미한다. 반면 추상적 개념으로서 국제금융시장은 국제자금의 수요와 공급을 지속적으로 연결시켜 주는 거래메커니즘 – 즉 기구, 기능, 거래내용 등을 포괄한다.

범세계적 금융시장

전통적으로 국제금융시장은 국내거주자간에 자금의 융통이 이루어지는 국내금융시장과 대칭되는 개념으로 사용되어 왔다. 그러나 최근에는 각국의 금융 · 외환시장에서 규제가 크게 완화 또는 철폐되고 정보통신기술이 급속히 발달하면서 금융시장이 글로벌화 · 통합화됨에 따라 국제금융시장은 거주성이나 장소적 구분을 초월하여 각국의 금융시장, 유로시장 및 외환시장을 포괄하는 총체적 거래메커니즘으로 이해되고 있다.

이론과실제 유로시장의 발전과 특징

유로시장(Euromarket)이란 어떤 특정 통화로 표시된 금융자산이 해당통화 발행국 이외의 국가에서 거래되는 시장을 말한다. 예를 들면 미달러화로 표시된 예금이나 채권이 미국이 아닌 영국, 독일, 일본, 홍콩, 싱가포르 등에서 거래되는 시장을 말한다.

유로시장은 제2차 세계대전 직후 생성된 유로달러시장에서 시작되었다. 즉 소련과 동유럽국들은 미국에 소재한 은행에 예치한 미달러화 금융자산이 동서냉전으로 동결될 것으로 우려하여 이를 런던 등 유럽에 소재한 은행으로 옮기면서 유로달러시장이 생성되었다. 이후 유로달러시장은 1950년대말에는 영국의 국제수지 악화에 따른 파운드화의 대외유출 억제, 1960대에는 미국의 금리상한규제 및 대외자본유출 규제조치 그리고 1970년대에는 석유파동(oil shock)을 겪으면서 급격히 성장하였다.

한편 1950년대말 영국, 독일, 프랑스 등 주요 선진국의 통화가 국제교환성을 회복하면서 유로시장은 유로파운드, 유로마르크, 유로엔 등을 포괄하는 개념으로 확대되었다. 1980년대초 미국이 역외금융을 전담하는 IBF(International Banking Facility)를 설립하고, IBF와 미달러화로 이루어지는 금융거래에 대하여 유로시장과 동일한 혜택을 부여하였다. 이에 따라 유로시장은 비거주자간 역외거래 전문계정 - 미국의 IBF, 일본의 JOM(Japan Offshore Market), 싱가포르 ACU(Asian Currency Unit), 바레인의 OBU(Offshore Banking Unit) 등을 포함하는 개념으로 확대되었다.

유로시장은 국내금융시장과 비교할 때 다음과 같은 특징을 가지고 있다.

첫째, 유로시장은 다양한 금융자산이 각국의 금융규제에서 벗어나 자유롭고 효율적으로 거래되는 초국적 금융시장이다. 유로은행은 국내은행과 달리 지급준비금 예치, 예금보험료 납부 등의 의무를 부담하지 않기 때문에 자금조달비용면에서 유리하다. 또한 유로은행의 소재국 입장에서도 자금의 융통이 대부분 비거주자간에 이루어지기 때문에 자국의 금융정책 수행에 직접적으로 제약을 주지 않는 반면에 금융기법의 축적, 고용기회의 창출 등 직·간접적 혜택을 얻을 수 있다. 이와 같이 유로시장은 각국의 금융규제나 통제를 받지 않기 때문에 국내금융시장보다 효율적이고 경쟁적으로 거래되며, 이에 따라 예대금리 격차도 국내금융거래보다 작다.

둘째, 유로시장은 기능수행면에서 공간적으로나 시간적으로 제약을 받지 않는 범세계적 국제금융시장이다. 유로시장은 일정한 장소에 국한되는 시장이 아니라 인터넷 등 통신망을 통해 24시간 내내 시장정보가 모든 금융시장에 제공되고 거래가 이루어지는 시장이다. 유로시장은 범세계적 차원에서 금융자산을 효율적으로 배분함으로써 투자가나 차입자에게 모두 높은 유용성을 제공하고 있다.

셋째, 유로시장은 금리나 자금의 상대적 어베일러빌러티(availability) 면에서 각국의 금융시장과 밀접하게 연계되어 있다. 따라서 각국의 지준정책이나 금리정책은 유로시장의 예대금리에 직접적으로 영향을 미치고 나아가 유로은행의 포트폴리오 구성에도 상당한 영향을 준다.

넷째, 유로시장에는 정치적 위험, 자금의 최종대부자(lender of last resort) 부재에 따른 위험프리미엄 등이 있음에도 불구하고 실질적으로 거래위험은 크지 않다. 즉 유로은행은 지급준비금예치 등 각국 통화당국의 규제에서 벗어나 자유롭게 영업을 수행할 수 있지만 자금의 최종대부자로서 중앙은행의 역할을 기대할 수 없기 때문에 위험프리미엄을 부담하여야 한다. 이러한 위험가능성에도 불구하고 지금까지 유로시장에서 실질적 거래위험이 없었는데, 이는 기본적으로 유로은행이 자산과 부채의 운용에서 만기구조를 대체로 일치시키는 거래(matched dealing)원칙을 지키고 있기 때문이다.

2) 국제금융시장의 기능

국제금융시장은 세계적 차원에서 자금을 효율적으로 배분시킴으로써 자본의 생산성 제고, 무역 및 투자의 확대, 국제유동성의 조절을 통해 세계경제성장을 촉진하고 있다.

국가간 원활한 대금결제

첫째, 국제금융시장은 국제무역이나 자본거래에 수반되는 국가간 대금의 결제를 원활하게 해준다. 국내은행과 외국은행간 환거래계약이 체결되어 있는 경우에는 직접 계좌이체에 의해 대금결제가 이루어지고, 환거래계약이 체결되어 있지 않은 경우에는 세계 일류은행의 중개를 통한 계좌이체에 의해 대금결제가 이루어진다.

국제교역의 촉진

둘째, 국제금융시장은 상품 및 서비스의 수출입대금을 국가간 융통하여 줌으로써 국제교역을 촉진한다. 수출입업자는 수출입화물을 담보로 국내외은행으로부터 자금을 융통받을 수 있다. 특히 수출입대금의 결제과정에서 환어음이 널리 사용되는데 수출업자는 외국환은행에 환어음을 할인 · 매각함으로써 수출대금을 조기에 회수할 수 있는 반면에 수입업자는 환어음의 만기까지 대금결제를 늦출 수 있다.

국제유동성의 쏠림 시정

셋째, 국제금융시장은 국제자금의 수급을 조절함으로써 국제유동성의 쏠림 현상을 시정한다. 국제수지 흑자국은 남는 외화자금을 국제금융시장에서 안정성 · 수익성을 고려하여 효율적으로 운용할 수 있다. 반면에 국제수지 적자국은 모자라는 외화자금을 국제금융시장에서 차입하여 보전할 수 있다.

원활한 국제자금관리

넷째, 국제금융시장은 다양한 금융상품 및 금융기법의 개발 등을 통해 국제금융의 발전시킴으로써 국제자금관리를 더욱 원활하게 한다. 국제금융시장에서는 금융기관간 경쟁이 치열하기 때문에 금액, 만기, 금리, 위험성, 표시통화 등에서 새롭고 다양한 금융상품이나 금융기법이 개발 · 유통되어 오고 있다. 이러한 국제금융의 발전은 국제적으로 자금을 더 효율적으로 조달하고 운용할 수 있게 한다.

금융시장의 국제화·개방화 촉진

다섯째, 국제금융시장은 각국 금융시장의 연계성을 높임으로써 금융시장의 국제화 및 개방화를 촉진시킨다. 국가간 금리차익을 얻기 위한 재정거래는 내외금융간 연계성을 높이고 가격결정 메커니즘을 동조화시킨다. 이는 각국

금융시장의 개방화 및 국제화를 촉진시킴으로써 각국 금융시장을 범세계적으로 통합시킨다.

3.2 국제금융시장의 구조

국제금융시장은 각국의 금융시장, 유로시장 및 외환시장으로 구성되어 있으며, 국제금융시장의 참가자를 참여동기에 따라 투자자, 차입자 및 국제금융중개기관으로 구분하여 볼 수 있다. 이들 시장은 국제통신망과 결제시스템에

그림 3-1 국제금융시장의 구성과 참가자

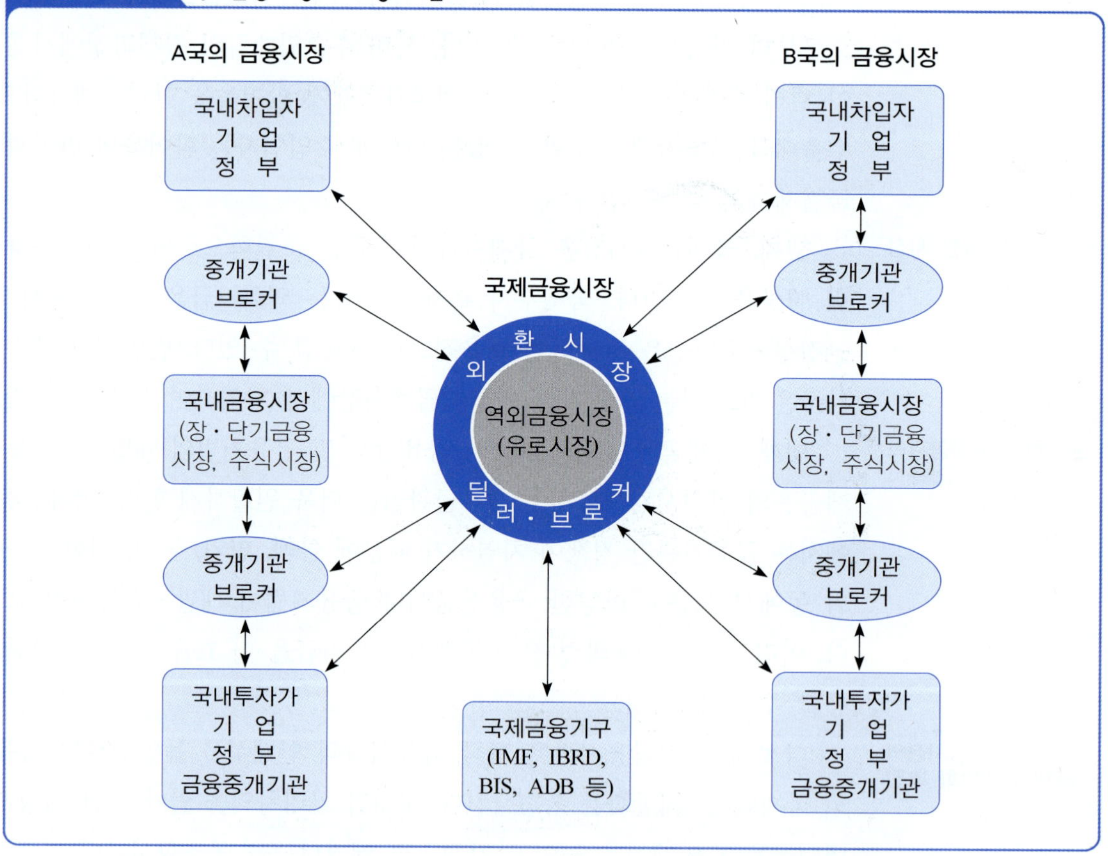

자료 : Chritine R. Hekman, "The International Financial System," in Abraham M. George and Ian H. Giddy(eds.), *International Finance Handbook*, Volume 1(New York ; John Wiley, 1983).

의하여 연결되어 있다.

(1) 국제금융시장의 참가자

국제금융시장의 참가자는 참여동기에 따라 투자자, 차입자 및 국제중개기관의 세 그룹으로 구분해 볼 수 있다.

〈표 3-1〉 국제금융시장의 참가자

참가자	투자자	국제금융중개기관	차입자
참가기관	• 연금기금 • 상호기금 • 보험회사 • 각국 중앙은행 등	• 국제투자은행 • 국제상업은행 • 국제 딜러, 브로커 등	• 기업 • 정부 • 국제금융기구(World Bank, ADB, EBRD 등) 등
주요 역할	국제적 포트폴리오의 구성	국제자금의 중개	국제적 자금조달

투자자 그룹

투자자 그룹은 투자자산의 수익률을 높이고 위험을 낮추기 위해 국제적으로 포트폴리오를 구성하는 과정에서 국제금융시장에 참여한다. 투자자 그룹은 각국의 은행, 연금기금(pension fund), 보험회사, 상호기금(mutual fund) 등 **기관투자자**가 주종을 이루고 있다. **개인투자자**도 투자자로서 중요한 역할을 하지만 개인이 직접투자하기보다는 기관투자가를 통해 간접투자를 하고 있다.

전통적으로 국제금융시장에서는 연금기금, 뮤추얼펀드, 보험회사 등이 기관투자자로서 중요한 역할을 하여왔다. 그러나 1990년대에 들어오면서 헤지펀드(hedge fund), 사모주식투자펀드(private equity fund), 국부펀드(sovereign wealth fund) 등의 기관투자자의 역할이 높아졌다. 1990년대말 동아시아 외환위기 이후 각국 중앙은행이 보유하는 외화자산이 급격히 늘어나면서 국제금융시장에서 주요 기관투자자로 새롭게 등장하였다.

차입자 그룹

차입자 그룹은 자신의 경제활동에 필요한 자금을 보다 저렴하고 안정적이고 다양하게 조달하기 위하여 국제금융시장에 참여하고 있다. 대표적 차입자로는 세계 각국의 중앙 및 지방정부, 다국적기업 및 각국의 대기업, 국제금융기구(IMF, World Bank, ADB 등) 등을 들 수 있다. 특히 각국의 중앙 및 지방정

이론과실제 투자펀드의 종류 및 특징

일반적으로 펀드(기금)란 투자자로부터 자금을 모아 전문투자가가 투자하고 그 수익을 투자자에게 나누어주는 투자신탁을 말한다. 펀드는 모집방법, 운용방식, 투자대상 등에 따라 다양하게 분류하여 볼 수 있다.

뮤추얼펀드(Mutual Fund)는 다수의 투자자로부터 공개적으로 자금을 모집하여 주식, 채권 등에 투자하고 그 수익을 투자자에게 배당하는 개방형 투자기금을 말한다. 뮤추얼펀드는 다수의 투자자를 보호하기 위하여 엄격히 규제를 받으며, 주기적으로 투자자에게 자산운용의 내용과 성과를 공시하여야 한다. 뮤추얼펀드는 투자대상에 따라 주식형펀드, 채권형펀드, 혼합형펀드, 머니마켓펀드 등으로 구분하여 볼 수 있다. 뮤추얼펀드는 Fidelity, Vanguard Group, Capital Group과 같은 전문적인 자산운용사에 의해 운용되고 있다. Allied Market Research는 전세계 뮤추얼펀드 규모가 2019년말 현재 54.9조달러에 달하며, 2027년까지 101.2조달러 수준으로 성장할 것으로 추정하고 있다.

헤지펀드(Hedge Fund)는 원래 상품 또는 금융시장에서 투자위험을 회피하고자 하는 거액 투자자를 대상으로 한 사모형식의 투자신탁에서 출발하였다. 그러나 오늘날에는 외환, 채권, 주식, 부동산, 상품, 파생금융상품 시장에서 단기에 높은 수익을 얻기 위해 투기적 포지션을 취하는 공격적 투자형의 사모형식 투자신탁을 말한다. 헤지펀드는 소수(50인 또는 100명 미만)의 투자자로부터 사모로 자금을 모집하며, 자산운용에 있어 감독당국의 규제를 받지 않는다. 헤지펀드는 1949년 Alfred Jones에 의해 처음 설립되었으며, 1980년대말부터 급성장하기 시작하여 2021년말 현재 그 규모가 약 4.5조달러에 달하는 것으로 알려져 있다. 대표적 헤지펀드로는 Bridgewater Associate, JP Morgan Asset Management, Soros Fund Management 등을 들 수 있다.

사모주식투자펀드(Private Equity Fund)란 소수의 투자자로부터 사모로 모집한 자금을 비상장주식에 3~12년간 중장기로 투자하는 펀드를 말한다. 원래 사모주식투자펀드는 1930년대 미국의 벤처캐피탈에서 시작하였으나, 최근에는 부실기업을 인수한 후 구조조정을 통해 가치를 높여 매각하는 기업매수펀드가 높은 비중을 차지하고 있다. 대표적 사모주식투자펀드로는 KKR(Kohlberg Kravis Roberts), TPG(Texas Pacific Group), Blackstone Group, The Carlyle Group 등을 들 수 있으며, 2021년말 현재 4.7조달러에 달하는 것으로 추정된다.

국부펀드(Sovereign Wealth Fund)란 정부가 소유하거나 통제하고 있으며, 주로 외화로 표시된 다양한 자산에 투자하고 있는 국가투자기금을 말한다. 국부펀드는 1950년대 일부 산유국을 중심으로 설립되었는데, 지난 10여년간 원유가격의 상승, 금융의 국제화, 글로벌 국제수지 불균형 등으로 인해 그 숫자와 자산운용규모가 크게 늘어났다. 2022년말 현재 약 170여 개의 국부펀드가 운용되고 있으며, 그 규모는 약 11조달러에 달하는 것으로 추정된다.

각종 펀드의 비교

	연금기금(민간/공적)	뮤추얼펀드	헤지펀드	사모주식투자펀드	국부펀드
모집방식	자율/의무	공모	사모	사모	–
투자기간	장기	중장기	단기	단기/중장기	단기/중기
주요 투자대상	주식, 채권	주식, 채권, MMF	주식, 채권, 파생상품, 1차 상품	구조조정기업, 벤처기업	주식, 채권, 기업
공시	–	공시	비공시	비공시	비공시/공시
차입	차입불가	차입불가	원금의 2~5배	원금의 2~5배	차입불가
통제	정부	감독기관	자율규제	자율규제	자율규제
해외대표기관	GPIF, GPF, ABP, CalPERS	Fidelity, Vanguard Group Franklin Templeton Investment	Bridgewater Associate, JP Morgan A.M.	KKR, TPG, Blackstone Group The Carlyle Group	ADIA(UAE) KIA, CIC
국내대표기관	국민연금기금 공무원연금기금	미래에셋대우 삼성자산운용	미래에셋대우 삼성자산운용	MBK파트너스 산업은행PE 보고펀드, 맥쿼리PE	KIC

부는 재정적자를 보전하기 위해 국제금융시장을 많이 이용하고 있다.

국제금융중개기관

투자자 그룹과 차입자 그룹간 자금의 중개는 금융기관을 통하여 이루어지는데 국제상업은행, 국제투자은행 등과 같은 금융중개기관과 유통시장에서 딜러나 브로커와 같은 순수중개기관으로 구분하여 볼 수 있다. 국제상업은행은 주로 예금·대출을 통해 자금중개기능을 수행하며, 국제투자은행은 주식·채권의 발행시장에서는 주간사 역할을 담당하고 유통시장에서는 증권매매를 취급한다. 국제 딜러 및 브로커는 특유의 전용 통신망을 통해 다수의 금융기관과 접촉함으로써 신속하고 저렴한 비용으로 거래를 원활히 성립시키는 역할을 담당하고 있다.

(2) 국제금융시장의 종류

국제금융시장은 기능적 측면에서 단기금융상품이 주로 거래되는 국제단기금융시장, 중장기상품이 주로 거래되는 국제자본시장으로 구분된다. 또한 파생금융상품이 거래되는 파생금융상품시장과 국제금융거래에 수반되어 외환의 매매가 이루어지는 외환시장 등이 있다.

〈표 3-2〉 국제금융시장의 기능적 분류

	구 분		주요 상품
국제금융시장	국제단기금융시장	유로통화시장	유로CD, 유로CP
		각국 단기금융시장	T-Bill, BA
	국제자본시장	국제대출시장	신디케이트대출 NIF 등 퍼실리티
		국제채권시장	유로채, 외국채 고정금리채, 변동금리채
		국제주식시장	DR, 폐쇄형 국가펀드
		주식연계채권시장	CB, BW
	파생금융상품시장		선물, 옵션, 스왑
	외환시장		현물환, 선물환

이론과실제 국제금융시장의 범위

넓은 의미의 국제금융시장은 국제간 자금의 융통이 이루어지는 순수한 의미에서 국제금융시장뿐만 아니라 이종통화의 매매가 이루어지는 외환시장을 포함한다. 이는 거래당사자가 서로 다른 통화를 사용하고 있어 국제금융거래는 대부분 외환거래를 수반하기 때문이다. 외환시장은 전통적으로 거래의 형태에 따라 현물환시장와 선물환시장으로 나누어진다.

좁은 의미에서 국제금융시장은 거래에 참여하는 주체와 표시되는 통화에 따라 역내시장과 역외시장으로 구분하여 볼 수 있다. 역내시장은 비거주자가 참여하여 역내국 표시통화로 거주자와 금융거래가 이루어지는 시장을 말한다. 역외시장은 역내금융기관이 비거주자로부터 자금을 조달하여 비거주자에게 자금을 공여하는 시장을 말한다. 종전에 역외시장이라고 하면 역내국 표시통화가 아닌 다른 국가의 통화로 금융거래가 이루어지는 유로시장과 같은 의미로 사용되었다. 그러나 미국이 자국의 금융산업을 육성하기 위해 자국금융기관이 역내에 역외계정(IBF)을 설치하고 이를 통해 비거주자간에 미달러화로 자금을 중개하는 것을 유로금융거래와 같이 취급하면서 역외시장의 범위가 확대되었다.

한편 금융시장은 자금의 중개방식에 따라 직접금융시장과 간접금융시장으로 나누어 볼 수 있다. 직접금융시장은 자금수요자가 금융기관의 중개를 거치지 않고 자금공급자로부터 직접 자금을 조달하는 시장으로서 채권시장과 주식시장이 여기에 속한다. 간접금융시장은 자금수요자가 금융기관의 중개에 의해 자금공급자로부터 간접적으로 자금을 조달하는 시장으로서 은행의 예금 · 대출이 대표적인 예이다.

국제금융시장의 일반적 분류

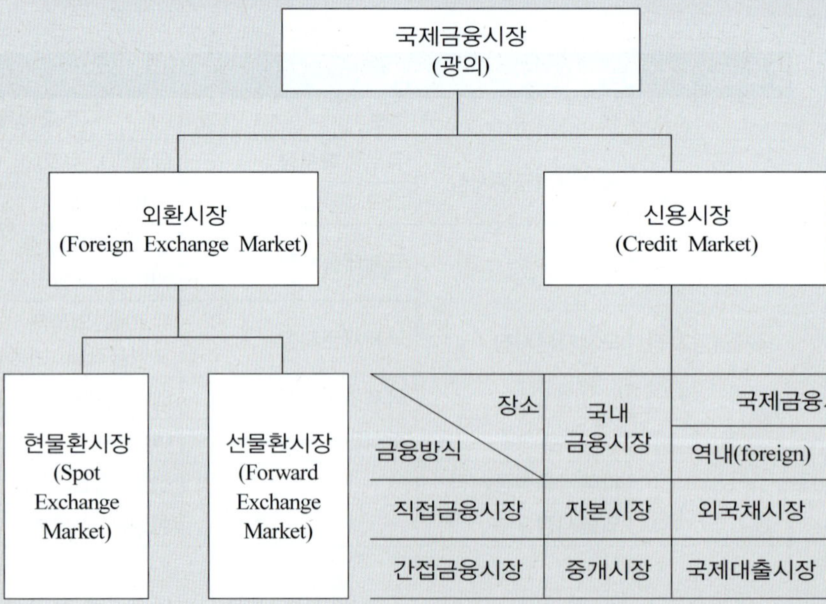

장소 \ 금융방식	국내 금융시장	국제금융시장(협의) 역내(foreign)	국제금융시장(협의) 역외(external)
직접금융시장	자본시장	외국채시장	유로채시장
간접금융시장	중개시장	국제대출시장	유로통화시장

1) 국제단기금융시장

국제단기금융시장은 유로통화(또는 유로단기금융)시장과 비거주자가 참여하여 이루어지는 미국, 영국, 일본, 독일 등 주요국의 단기금융시장으로 구분하여 볼 수 있다. 특히 금융의 범세계화가 진전되면서 각국의 단기금융시장이 국제금융시장의 부분집합으로서 그 역할이 커지고 있다.

유로통화시장

유로통화시장(Euromoney market)은 유로통화에 의해 1년 미만의 유로예금과 대출이 이루어지는 단기금융시장이다. 유로통화에 의한 예금이나 대출은 해당 통화표시국의 영토 밖에서 이루어지기 때문에 해당 통화표시국으로부터 지급준비금 예치, 예금보험료 부과, 금리제한 등과 같은 규제나 통제를 받지 않는다.

유로통화시장은 은행간거래를 중개하는 도매금융시장이며, 대고객거래는 대부분 다국적기업, 정부기관, 외국환거래은행 등과 단기자금거래이다. 유로통화시장에서는 유로정기예금, 유로CD, 유로CP 등이 큰 비중을 차지하고 있다.

이론과실제 **미국의 단기금융시장**

페더럴펀드(Federal Fund)란 은행들에 의해 연방준비은행에 예치되어 있는 지급준비금을 말한다. 페더럴펀드시장이란 연방준비은행에 예치된 지급준비금중에서 초과지급준비금을 활용하여 은행간 자금의 대차가 이루어지는 단기금융시장을 말한다.

환매조건부증권(RP : Repurchase Agreement) 매각이란 딜러 등 자금수요자가 일시적 자금조달을 위해 자신이 보유하고 있는 특정 유가증권을 일정기간 후에 약정한 가격으로 다시 매입하는 조건으로 자금공급자에게 매각하는 것을 말한다. 매매되는 유가증권은 담보로서 성격이 짙으며, 유가증권의 재매입가격은 재매입시점까지 이자상당액을 더한 금액이다.

단기재정증권(TB : Treasury Bill)이란 미국 재무성이 할인형식으로 발행하는 단기 국채로서 만기시 액면금액을 지급한다는 일종의 약속증서이다. 단기재정증권의 최장 만기는 1년이며, 대부분의 증권만기는 91일(13주)과 182일(26주) 및 364일(52주)이다.

양도성 정기예금증서(CD : Negotiable Certificate of Deposit)란 정기예금 예탁자에게 은행이 발행하는 예금증서로서 일반정기예금과는 달리 만기전에 유통시장에서 양도가 가능하다.

은행인수어음(BA : Banker's Acceptance)이란 수출입과 관련하여 고객이 발행한 기한부 환어음을 은행이 인수한 어음이다. 인수은행은 고객의 신용과 관계없이 특정일에 어음금액을 어음소지인에게 지급한다.

상업어음(CP : Commercial Paper)이란 일반기업, 금융회사, 은행지주회사 등이 단기자금의 조달을 위해 발행하는 무담보 약속어음(unsecured promissory note)으로서 할인형식으로 발행된다.

각국 단기금융시장

각국의 단기금융시장은 경제주체간 단기자금의 과부족을 조절하기 위하여 보통 만기 1년 미만의 단기금융상품 - 즉 예금을 비롯하여 CP, BA, CD, RP, MMF, 단기재정증권(T-Bill) 등이 거래되는 시장이다. 이러한 각국의 단기금융시장에는 비거주자가 국제무역거래, 국가간 금리차익거래, 현물 및 선물환율 변동에 따른 환투기나 헤지거래 과정에서 단기적으로 자금을 조달하거나 운용하기 위하여 참여하고 있다.

2) 국제자본시장

국제자본시장은 장기대출, 채권, 주식 등 장기금융자산이 거래되는 시장이다. 국제자본시장은 국제상업은행의 금융중개에 의해 예금과 대출이 이루어지는 국제대출시장, 국제투자은행을 주간사로 채권의 발행이 이루어지고 시장조성자를 통해 매매가 이루어지는 국제채권시장, 그리고 주식의 발행과 매매를 통해 자금의 투자와 조달이 이루어지는 국제주식시장으로 구분하여 볼 수 있다.

국제대출시장

국제금융시장에서 대규모 중장기자본의 조달은 주로 **신디케이트론**(syndicated loan)에 의해 이루어지고 있다. 신디케이트론은 몇몇 금융기관이 차관단을 형성하여 특정 차입자 - 즉 정부, 공공기관 등에게 일정조건으로 대규모의 중장기자금을 융자하는 것을 말한다. 신디케이트대출은 국제적 무담보신용대출로서 전통적인 은행대출업무와 투자은행은 인수업무기능이 혼합되어 있다. 이러한 협조융자형식은 유로시장에서뿐만 아니라 각국 국내금융시장에서도 이루어지고 있으나, 유로시장에서 신디케이트론이 보다 일반적이다.

국제채권시장

국제채권시장은 비거주자가 참여하여 채권의 발행 및 매매가 이루어지는 채권시장(bond market)이다. 국제채권시장에서 거래되는 채권을 국제채(international bond)라고 하며, 외국차입자(비거주자)가 채권을 발행할 때 표시통화가 발행소재국 통화와 같고 다름에 따라 외국채와 유로채로 구분된다.

외국채(foreign bond)는 외국차입자가 채권발행소재국의 통화와 같은 통화표시로 발행하는 채권으로서 발행소재국의 국내채권 발행절차와 유사하다. 일반적으로 기명식으로 발행되어 익명성이 보장되지 않으며, 발행소재국은 비거주투자자들의 이자소득에 대하여 원천세를 면제하고 있다. 외국채는 발행지역에 따라 미국의 양키본드(Yankee bond), 영국의 불독본드(Bulldog bond), 일본의 사무라이본드(Samurai bond), 홍콩의 드래곤본드(Dragon bond), 우리나라의 아리랑본드(Arirang bond), 중국의 판다본드(Panda Bond) 등으로 불린다.

유로본드는 일반적으로 채권발행국의 표시통화와 다른 통화표시로 발행되는 채권을 말하지만, 유럽 재정위기를 계기로 유로화를 사용하고 있는 국가들이 연대보증하여 공동 명의로 발행한 채권으로서도 의미를 갖게 되었음

유로채(Euro bond)는 외국차입자가 채권발행소재국의 통화와 다른 국가의 통화표시로 발행하는 채권으로서 국제채권시장에서는 대부분 미달러화나 유로화로 발행되고 있다. 유로채는 일반적으로 수개국의 국제은행 및 증권회사로 구성된 채권인수단(underwriting syndicate) 및 판매단(selling group)을 통하여 판매되며, 무기명식으로 발행되어 익명성이 보장되고, 이자소득에 대하여 원천소득세가 면제된다. 유로채는 발행소재국에 따라 우리나라의 김치본드(kimchi bond), 일본의 쇼군본드(shogun bond), 홍콩의 딤섬본드(dimsum bond) 등으로 불린다.

국제주식시장

국제주식시장은 주식이 국제주식화되어 국제적으로 거래되는 시장을 말한다. 국제주식시장은 **예탁증서**(DR : Depositary Receipts), 폐쇄형 국가펀드 등이 있으며, 발행기업이 자국이 아닌 제3국의 주식시장에서 발행하거나 또는 런던의 국제증권거래소에 상장하는 주식도 있다. 기타 증권으로서는 주식연계채권 또는 주식 및 채권의 성격을 동시에 갖는 **전환사채**(CB : Convertible Bond), **신주인수권부 사채**(BW : Bond with Warrant) 등이 있다.

이론과실제 **주식예탁증서**

주식예탁증서(DR : Depositary Receipt)란 다국적기업이 해외의 증권거래소에 주식(원주)을 상장하는 경우에 예상되는 발행 및 유통상 여러 가지 문제점을 고려하여 원주는 본국에 소재한 금융기관에 보관하고, 해외의 투자자에게는 원주에 대한 소유권을 인정하는 표시로서 발행하여 주는 증서를 말한다.

DR은 발행지역 및 특성에 따라 여러 종류가 발행되고 있는데, 대표적인 것으로 ADR과 GDR을 들 수 있다. ADR(American Depositary Receipt)은 뉴욕에서 발행, 유통되는 미달러화표시의 기명식 주식예탁증서로 미국 증권거래위원회의 규제와 감독을 받는다. GDR(Global Depositary Receipt)은 뉴욕, 런던 또는 룩셈부르크에서 동시에 발행되는 미달러화표시 DR을 말한다.

우리나라 기업으로서는 삼성전자가 1991년 룩셈부르크 증권거래소에 처음으로 GDR을 상장하였고, 미국에는 1994년 4월 삼성전자가 사모의 형태로 발행되었지만 뉴욕거래소에 정식으로 상장된 것은 1994년 포항제철이 처음이다. 현재는 KB금융, 한국전력, KT, LG디스플레이, 포스코 등이 ADR을 발행하고 있고, SK하이닉스, 현대자동차, KT&G, KT, LG전자, 삼성전자, 삼성SDI 등이 GDR을 발행하고 있다.

3) 파생금융상품시장

파생금융상품시장(derivatives market)은 외환, 채권, 주식 등 기초자산의 가치변동으로부터 파생되어 가격이 결정되는 파생금융상품을 거래하는 시장이다. 파생금융상품은 환율, 금리, 주가의 움직임에 따라 변동하게 되어 있는 금융자산의 미래가치를 미리 결정하여 사고팔기로 약정하고, 일정기간이 경과한 후에 계약조건에 따라 실제로 결제가 일어나는 모든 금융계약을 말한다.

파생금융상품시장의 구분

파생금융상품시장은 <표 3-3>에서 보는 것과 같이 기초자산의 유형에 따라 통화, 금리, 주식, 신용 관련 상품 등으로 구분하고, 거래방법에 따라 장내 및 장외거래로 구분하여 볼 수 있다. 또한 계약유형에 따라 선물시장(futures market), 옵션시장(option market) 및 스왑시장(swap market) 등으로 구분하여 볼 수 있다.[1]

〈표 3-3〉 주요 파생금융상품의 종류

	장내거래	장외거래
환율(통화) 관련	통화선물(currency futures) 통화선물옵션(currency futures options)	선물환(forward exchange) 통화스왑(currency swaps) 통화옵션(currency options)
금리(채권) 관련	금리선물(interest rate futures) 금리선물옵션(interest rate futures options)	선도금리계약(forward rate agreements) 금리스왑(interest rate swaps) 금리옵션(interest rate options) - caps, floors, collars 스왑션(swaptions)
주식 관련	주식옵션(options on stocks) 주가지수선물(index futures) 주가지수옵션(index options) 주가지수선물옵션(index futures options)	주식옵션(options on stocks) 지분스왑(equity swaps)
신용 관련		신용파산스왑(credit default swaps) 총수익스왑(total return swaps) 신용연계증권(credit linked notes) 합성부채담보부증권(synthetics collateral debt obligation)

1) 통화관련 파생금융상품에 관해서는 제4부 환위험관리와 파생통화상품거래에서 자세히 다룸.

4) 외환시장

외환시장은 외환의 매매가 지속적으로 이루어지는 장소나 총괄적 거래메커니즘을 말한다. 외환시장은 기본적으로 외환의 수요와 공급을 연결시키는 청산기능을 수행한다. 이외에도 외환시장은 환 및 이자재정, 헤지 및 투기의 기회를 제공하고 있다.

외환시장은 서로 다른 통화가 교환되는 시장으로서 자금의 융통이 이루어지는 외화자금시장과는 성격이 다르다. 그러나 외환시장에서 이루어지는 서로 다른 통화간 교환은 기본적으로 국제무역이나 국제금융에 수반하여 일어나기 때문에 외환거래는 지급메커니즘의 한 과정으로서 역할을 담당한다. 따라서 각국간 금융시장이나 유로시장에서 서로 다른 통화의 금융거래는 외환시장에서 외환거래와 연계됨으로써 원활히 이루어질 수 있다.

(3) 국제금융결제제도

SWIFT 국제금융시장을 구성하는 각국의 금융시장, 유로시장 및 외환시장간 거래가 이루어지기 위해서는 이를 연결시키는 국제적 네트워크가 필요하다. 이러한 대표적 국제통신기구로서 SWIFT(Society for Worldwide Interbank Financial Telecommunication)가 있다. SWIFT는 외국환은행의 국제간 자금결제업무를 신속 · 정확하게 수행하기 위해 1973년 5월 벨기에 브뤼셀에 비영리기구로 설립된 국제은행간 데이터 통신시스템이다.[2] SWIFT는 1977년부터 국제금융거래 메시지를 표준화된 양식으로 전달함으로써 국제은행간 자금거래를 신속 · 정확 · 안전하게 처리하며 거래내역을 쉽게 확인할 수 있다. 또한 SWIFT는 여러 국제금융결제기구들과 연계되어 국제적 자금결제를 신속하게 처리하고 있다. 우리나라는 1992년 52개 금융기관(국내은행

〈그림 3-2〉

국제금융결제제도의 구조

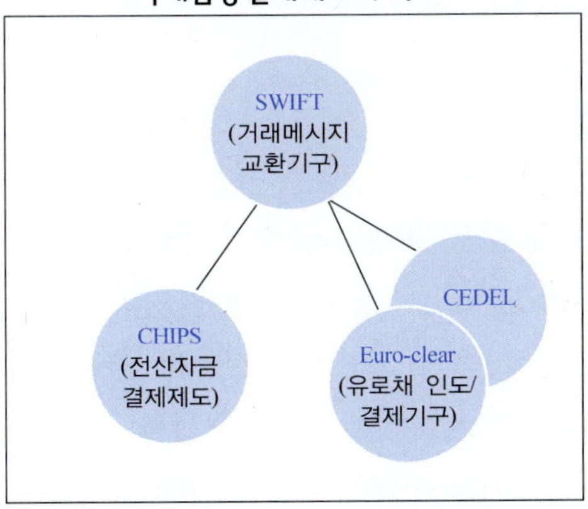

2) 최근 정보통신기술의 발달로 국제금융시장 참가자들은 거래에 필요한 다양한 정보를 신속 · 정확하게 이용할 수 있게 되었음. 오늘날 국제금융시장에 대한 정보는 주로 Reuters, Associated Press–Dow Jones, Telerate, Bloomberg사 등에 의해 처리 · 제공되고 있음.

27개, 외국은행 국내지점 25개)이 SWIFT에 참가하여 업무를 시작하였으며, 2017년말 현재 115개 금융기관이 이용하고 있다.

CHIPS 국제금융결제를 위한 대표적 기구로서는 뉴욕에 소재한 CHIPS(Clearing House Interbank Payment System)가 있다. CHIPS는 1981년 10월부터 참가은행들의 미달러화 및 이와 거래된 외환에 대한 이체 및 결제를 수행하고 있다. 이에 따라 미국에 있는 은행과 유로은행간 자금결제가 당일로 이루어지고 있다.

Euroclear/CEDEL 또한 유로채권과 관련된 국제금융결제기구로서는 Euroclear(Euroclear Clearance System Limited)와 CEDEL(Center for the Delivery of Securities)을 들 수 있다. Euroclear는 1968년 12월 Morgan Guaranty사에 의해 벨기에 브뤼셀에 설립된 기관으로서 국제간 증권매매 등의 거래에 따른 결제 및 증권보관업무를 수행하고 있다. 한편 CEDEL은 Euroclear에 대응하여 1970년 9월 유럽 주요은행에 의해 룩셈부르크에 설립된 기관으로서 유로채권의 경제적 · 효율적인 결제 및 보관업무를 수행하고 있다. 우리나라는 한국은행이 1990년에 두 기구에 모두 가입하였다.

3.3 국제금융센터

(1) 국제금융센터의 의미 및 유형

국제금융센터(international financial center)란 많은 세계적 금융기관들이 현지법인 또는 지점의 형태로 상설 영업망을 형성하고 국제금융거래를 지속적으로 수행하는 지역을 말한다. 국제금융센터는 기능적 측면에서 전통적 금융센터와 역외금융센터로 구분하여 볼 수 있다.

전통적 국제금융센터 **전통적 국제금융센터**(traditional financial center)는 상대적으로 우월한 경제규모, 자국통화의 국제적 통용력, 고도로 발달된 국내금융시장 등을 바탕으로 자연발생적으로 형성된 국제금융활동의 중심지이다. 대표적인 예로는 런던, 뉴욕, 도쿄 등이 있다.

이론과실제 국제금융센터의 요건

세계경제의 중심축이 동북아지역으로 이동함에 따라 우리나라는 서울을 국제금융센터로 육성하기 위하여 노력해 오고 있다. 특정 국가나 지역이 국제금융시장의 중심지로서 역할을 담당하기 위해서는 기초적 경제환경, 금융인프라 등이 잘 구축되어 있고, 금융시장이 고도로 발달되어 있어야 하며, 금융 및 외환자유화와 더불어 세제상 우대조치가 필요하다.

첫째, 국제금융센터는 외국금융기관이 원활하게 영업활동을 할 수 있는 안정적 경제환경을 갖추고 있어야 한다. 자본의 자유로운 이동이 보장되어야 하고 정치적으로나 사회적으로도 안정되어 있어야 한다. 또한 금융관련 인력의 수급이 원활하게 이루어져야 하고 외국의 금융전문인력을 위한 일반적 생활여건도 잘 갖추어져 있어야 한다.

둘째, 국내에 장단기금융시장과 외환시장이 잘 발달되어 있어야 한다. 금융상품이나 수단이 다양하고 풍부하여야 하며 금융재정거래도 원활하게 이루어져야 한다. 또한 자유로운 외환거래가 보장되고, 통화관련 파생금융상품시장이 잘 발달되어 있어서 다양한 외환헤지거래가 가능하여야 한다.

셋째, 금융시장이 효율적으로 운영될 수 있도록 금융인프라가 잘 갖추어져 있어야 한다. 하드웨어적 측면에서는 통신시설이나 정보처리기술이 잘 구축되어 있어 세계로부터 시장정보를 신속히 입수할 수 있고, 대규모의 거래가 즉각적으로 실행됨으로써 거래비용이 저렴하여야 한다. 소프트웨어적 측면에서는 국제금융거래를 효율적으로 처리할 수 있는 고도의 금융기법이나 경험을 축적한 금융기관이나 금융전문인력이 풍부하여야 한다.

넷째, 이동성이 큰 국제자본을 끌어들이기 위해서는 각종 금융 및 외환규제를 완화 내지는 철폐하고 조세면에서 우대조치를 취하여야 한다. 금융시장의 개방 및 금융자유화는 경쟁을 촉진시켜 금융혁신을 일으킴으로써 국내금융시장을 발전시키고, 나아가 국제금융센터의 여건을 강화시키는 요인으로 작용한다.

역외금융센터

역외금융센터(offshore financial center)는 비거주자간 자금중개를 위해 조세 및 금융상 특혜를 부여하면서 인위적으로 창설한 국제금융센터이다. 역외금융센터는 국내금융시장과 연관성에 따라 내외일체형 역외금융센터, 내외분리형 역외금융센터와 기장역외금융센터로 다시 구분하여 볼 수 있다.

내외일체형 역외금융센터는 국내금융시장과 역외금융시장이 구분되지 않고 양 시장간 자금이 자유롭게 이동하는 유형의 시장이다. 내외일체형 역외금융센터의 대표적 예로는 런던과 홍콩을 들 수 있다.

내외분리형 역외금융센터는 역외금융거래를 국내금융거래와 분리하면서 자국시장에서 국제금융거래를 활성화시켜 금융산업을 발전시키고 외국금융기관을 국내에 유치하여 국제금융센터로서 기능을 확대하기 위하여 설립되었다. 경제자립도가 낮은 싱가포르는 해외금융기관을 유치하여 금융서비스에 특화함으로써 경제활동의 다양화와 고용촉진을 도모하고자 1968년 ACU

(Asian Currency Unit)를 설치하여 비거주자간 자금중개를 하는 역외금융시장을 창설하였다. 미국은 미달러화의 과도한 역외유출을 방지하고 금융산업의 경쟁력을 강화하기 위하여 1981년 IBF(International Banking Facility)계정을 설치하여 뉴욕 역외금융시장을 개설하였다. 이에 대응하여 일본은 1986년 JOM (Japan Offshore Market) Special Account를 설치함으로써 도쿄 역외금융시장을 설립하였다.

기장역외금융센터(booking offshore financial center)는 각종 금융규제 및 세금의 회피나 거래비밀의 보장을 위해 단순히 거래내역의 기장처리(booking)만 전담하는 금융센터이다. 대표적 예로는 네덜란드 엔틸리스, 카리브해의 바하마, 버뮤다, 케이만군도, 버진아일랜드 등이 있다.

(2) 주요 국제금융센터

1) 런던금융센터

국제적 위상

세계에서 가장 오래된 국제금융센터로 널리 알려져 있는 런던은 19세기 이래 세계무역의 중심지라는 지위를 배경으로 형성되기 시작하였다. 1950년대 이후에는 유로달러시장의 생성과 함께 국제금융의 중심지로서 위상을 확보하였으며 현재 세계최대의 국제금융센터로서 지위를 유지하고 있다. 런던은 국내금융비중이 높은 뉴욕이나 도쿄와 달리 미달러화, 일본엔화, 유로화 등을 대상으로 하는 국제금융업의 비중이 높다.

발전배경

런던이 세계최대의 국제금융센터로 발전하게 된 배경으로는 다음과 같은 점을 들 수 있다. 첫째, 미국 달러화자금이 지준예치, 금리상한규제, 예금보험료 납부 등 미국의 금융규제를 회피하기 위하여 런던으로 대거 유입되면서 유로시장으로 급속히 발전하게 되었다. 둘째, 1986년 증권거래제도 대개혁(Big Bang)을 통해 금융규제를 대폭 완화함으로써 다른 유럽국가의 금융활동을 런던으로 흡수하였다. 셋째, 런던은 다수의 금융기관이 집결하여 다양한 형태의 금융거래를 취급하고 있어 유동성이 풍부하고 거래비용이 저렴하다는 이점이 있다. 넷째, 런던은 오전에는 도쿄, 오후에는 뉴욕과 영업시간대가 겹침에 따라 전세계 금융시장과 당일 거래할 수 있는 지리적 장점을 갖고 있다.

국제금융센터 - City of London
자료 : 조선일보(2013. 5. 18 C3면)

2) 뉴욕금융센터

성장배경

20세기 들어 미국이 세계 제일의 경제대국으로 등장하면서 뉴욕도 잘 발달된 국내금융시장을 바탕으로 런던에 버금가는 국제금융센터로 부상하게 되었다. 뉴욕금융센터의 부상은 미국의 경상수지가 지속적으로 흑자를 보였으며, 제2차 세계대전 이후 미달러화가 기축통화의 역할을 담당하면서 민간부문은 물론 각국 중앙은행의 대외준비자산으로서 기능을 수행하였기 때문이다.

선도적 금융시장

미국의 금융시장 - 특히 채권시장은 거래규모, 투자대상의 다양성, 가격결정의 투명성, 지급결제제도의 효율성 등에서 가장 잘 발달되어 있다. 또한 국제금융환경의 급속한 변화에 대응하여 뉴욕소재 금융기관들은 신종 금융상품과 금융기법의 개발에 있어서 선도적 역할을 담당하고 있다. 나아가 미국은 유로달러의 미국내 환류와 미국금융시장의 국제적 지위를 높이기 위해 역외금융센터인 IBF를 1981년 12월 창설하였다.

3) 도쿄금융센터

일본의 경제발전 및 경제적 위상에 비하여 도쿄가 국제금융센터로 성장하기까지는 많은 시간이 걸렸다. 왜냐하면 일본이 금융시장의 대외개방에 따른 부작용을 최소화하기 위하여 엔화의 국제화를 장기에 걸쳐 추진하였기 때문이다.

단계적 발전전략

일본은 1964년 IMF 제8조국으로 이행 및 OECD 가입을 계기로 경상거래자유화를 확대하고 자본거래의 단계적 자유화를 추진하였다. 1980년대초 일본은 경상수지의 지속적 흑자로 자본수출국으로서 지위가 공고해지자 외환규제를 완화하면서 엔화의 국제화를 위한 여건을 조성하기 시작하였다. 1980년대 후반 미 · 일간 국제수지 불균형 심화, 시장개방압력에 대응하여 국내금융시장 및 유로엔시장의 자유화, 도쿄역외금융시장의 창설(1986년 12월) 등 엔화의 국제화를 본격적으로 추진하였다. 최근 일본은 도쿄를 런던과 뉴욕에 버금가는 국제금융시장으로 육성하기 위해 금융시스템 전반에 대해 일본식 금융빅뱅 개혁작업을 추진하고 있다.

4) 싱가포르금융센터

역외금융센터

싱가포르는 1968년 11월 ACU(Asian Currency Unit)계정을 설치하고 역외금융활동을 촉진하기 위해 세금감면 등 일련의 조치를 취하면서 역외금융센터로 형성되기 시작하였다. 이후 싱가포르는 정치적 안정, 사회간접시설의 발달, 영어가 유창하고 풍부한 전문인력, 인접한 아시아국가의 급속한 경제발전 등을 배경으로 아시아의 대표적 역외금융센터로 성장하였다.

싱가포르금융센터는 은행간 자금대차시장 및 외환시장은 잘 발달된 반면 채권, 주식 및 금융선물시장은 상대적으로 미흡한 편이다. 이는 국내 경제규모가 작고, 재정적자도 없어 주식시장과 국채 등 채권시장이 잘 발달되지 못하였기 때문이다.

5) 홍콩금융센터

성장 배경

1970년대 역외금융시장으로 발달하기 시작한 홍콩은 유로 신디케이트론, 역외기금운용 및 주식거래가 활발한 금융시장이다. 홍콩은 중국, 일본, 대만과 인접한 지리적 이점, 법인세 및 소득세 등 각종 세금의 면제, 외환 및 자본거래의 자유화, 지급결제제도의 발달 등을 배경으로 성장하였다. 1997년 7월 영국에서 중국으로 귀속된 후에도 중국의 세계금융시장 진출거점으로서 역할을 수행하였다. 중국이 위안화의 국제화를 위해 무역대금을 위안화로 결제하도록 유도하면서 홍콩에서 위안화를 이용한 무역결제가 대부분 이루어졌다. 또한 홍콩에서 위안화로 모집한 자금을 중국에 다시 투자할 수 있는 한도를 대폭 늘리면서 위안화표시 기업공개, 딤섬본드의 발행 등 위안화에 의한 자금조달에 유리한 여건이 조성되었다.

홍콩의 위상 하락과 상하이의 부상

그러나 2020년 이후 중국이 본토 경제와 홍콩의 통합을 강화하면서 홍콩의 정치적 안정성이 감소하고, 미국과 중국 사이의 무역 갈등이 심화하면서 국제금융센터로서 홍콩의 위상이 흔들리고 있다. 그동안 홍콩은 자치권에 기반해 특별히 관세, 투자, 무역, 비자 발급 등에 있어서 국제사회에서 이점을 누리고 있었지만 이러한 지위를 더 이상 누리지 못할 가능성이 높아지면서 인력과 자본이 홍콩에서 이탈하고 있다. 특히 시진핑 정부는 최근 상하이 국제금융센터 육성에 더욱 힘을 기울이는 모습을 보이고 있다.

3.4 국제금융시장의 구조적 변화

1970년대초 석유파동, 변동환율제도로 이행 등으로 세계경제 및 금융환경이 변함에 따라 이에 적응하고자 하는 금융기관의 노력이 경주되면서 국제금융시장도 구조적 변화를 초래하기 시작하였다. 1980년대 들어 선진국을 중심으로 금융 및 외환에 대한 규제가 완화 내지는 철폐되고 정보통신기술이 발달하면서 금융혁신(financial innovation)이라고 불릴 만큼 국제금융시장의 구조적 변화가 가속화되었다. 그러나 2008년 글로벌 금융위기를 겪으면서 금융의 독자적 발전을 억제하고 금융의 중개기능을 재강조하는 방향에서 규제를 강화하고자 하는 움직임이 대두되고 있다. 여기서는 지난 30여년 동안 진행되어 온 국제금융시장의 구조적 변화의 배경과 내용을 중심으로 살펴보고자 한다.

(1) 구조적 변화의 배경

1) 금리와 환율의 변동성 증대

1970년대초 제1차 석유파동으로 인플레이션이 극심해지고 국제통화제도가 고정환율제도에서 변동환율제도로 이행하면서 금리 및 환율의 변동폭이 커졌다. 이러한 금리위험과 환위험의 증가는 투자수익의 불확실성을 증가시킴으로써 투자위험을 증대시켰다.

이에 따라 투자자들은 자산가치의 안정적 보전이나 부채의 효율적 관리를 위해 투자위험을 회피할 수 있는 새로운 금융수단을 요구하게 되었다. 투자자들은 고정금리보다 시장금리를 반영하는 **변동금리상품**을 선호하고, 장기금융상품보다는 **단기금융상품**을 선호하였다. 또한 금리나 환율의 변동위험을 헤지할 수 있는 새로운 **파생금융상품**이 출현하게 되었다.

2) 정보처리 및 통신기술의 발달

컴퓨터에 의한 정보처리 및 통신기술의 발달은 시간적 · 공간적 제약에서 벗어나게 함으로써 국제금융시장의 구조적 변화를 초래하였다. 정보처리기술의 발달은 새로운 금융상품 개발, 고객정보관리 등에 소요되는 거래비용을 획기적으로 절감함으로써, 과거 막대한 거래비용으로 인해 불가능하였던 신종 금융상품이나 거래기법을 개발할 수 있게 하였다. 또한 정보통신기술의 발달은 세계 어느 곳에서나 모든 정보를 실시간으로 이용가능하게 하여, 금융거래가 전세계에 걸쳐 신속하고 효율적으로 이루어지게 함으로써 **국제금융시장의 통합화**를 가속시켰다.

3) 금융규제의 회피 노력

수익을 제약하는 금융당국의 각종 규제를 합법적으로 회피하고자 하는 금융기관의 노력도 국제금융시장을 구조적으로 변화시키는 요인으로 작용하였다. 은행금융기관을 중심으로 수익성을 약화시키는 금융규제를 합법적으로 회피하고자 하는 과정에서 새로운 금융상품이나 금융기법을 개발하거나 장부외 거래를 적극 활용하게 되었다.

신종 금융상품과 금융기법의 출현

금융당국의 금리에 대한 직접적 규제, 지준예치금이나 예금보험료의 부과, 업무영역에 대한 규제 등은 은행의 자금조달비용을 높이거나 다른 금융기관과 경쟁을 어렵게 함으로써 수익성을 약화시켰다. 이에 따라 은행을 비롯한 금융기관들은 고객의 다양한 요구에 부응하는 한편 수익성을 제고하기 위해

1986년 폐지된 Regulation Q는 미국 연방준비제도 이사회가 설정한 이자율상한 규정으로서, 요구불예금에 대한 이자지급금지와 정기예금 등 저축성 예금에 대한 지급이자 최고한도를 제한하였음.

새로운 금융수단이나 거래기법을 적극 개발하게 되었다. 미국의 경우 Regulation Q로 시장금리가 규제금리를 상회하면서 은행권에서 비은행권으로 자금이 이탈하고, 수익성이 악화됨에 따라 유로달러나 은행기업어음과 같은 신종 금융상품이 개발되었다. 유로달러나 은행지주회사에 의해 발행된 은행기업어음은 은행예금과 같지만 은행예금으로 간주되지 않는 법적 허점을 이용하여 개발되었다. 또한 시장금리의 상승은 요구불예금 보유에 따른 기회비용을 상승시킴으로써 은행금융기관의 대표적 자금조달원인 요구불예금의 위축을 가져왔다. 이에 대응하여 은행은 이자를 보전할 수 있는 NOW(Negotiable Order of Withdrawal), ATS(Automatic Transfer Savings), CD(Certificate of Deposits), MMMF(Money Market Mutual Fund), MMC(Money Market Certificate), CMA(Cash Management Account) 등을 새로운 금융상품으로 개발하였다.

(장)부외거래

또한 은행금융기관들은 금융당국의 규제를 합법적으로 회피할 수 있는 (장)**부외거래**에 적극 참여하였다. 금융당국이 자기자본에 대한 건전성 비율을

이론과실제 **LIBOR 담합 사건과 대체지표의 개발**

LIBOR는 London Inter-Bank Offered Rates(런던 은행 간 제공금리)의 약자로 1960년대부터 파생금융상품 거래 등에 광범위하게 사용되었다. 이는 글로벌 금융 중심지 인 런던의 금융기관들 사이에 이루어지는 거래에 대한 시장의 신뢰가 높았기 때문이다.

그러나 2012년 LIBOR 정보를 제공하는 바클레이, 제이피모건, 도이체방크, 소시에테제네랄 등 주요 은행들이 담합하여 LIBOR 산출을 위한 정보를 거짓으로 제공했음이 밝혀져 시장의 신뢰를 잃게 되었다.

이를 계기로 각국은 LIBOR를 대체할 무위험지표금리(Risk-Free Reference Rate, RFR) 개발을 진행하였다. 미국·영국·유로지역 등 주요국들은 RFR로 익일물(담보 또는 무담보) 금리를 선정하였는데, 이는 익일물 거래가 신용도가 높은 금융회사 중심으로 이뤄지고 만기가 짧아 무위험(Risk-free)에 부합하는 정도가 높기 때문이다. 또한 실거래를 기반으로 산출되어 조작 가능성이 매우 낮은 것도 특징이다.

미국은 2017년 SOFR(Secured Overnight Financing Rate)를 무위험지표금리로 선정하고 2022년 1월부터 파생금융상품 거래시 SOFR을 준거금리로 사용하고 있다. SOFR은 무위험차입금리로 거래상대방 은행의 신용위험을 반영하지 않기 때문에 LIBOR보다 낮은 수준에서 형성된다. 영국은 SONIA(Sterling Overnight Index Average), 유로지역은 ESTR(Euro Short-Term rate)과 EURIBOR(Euro Interbank Offered Rate), 일본은 TONAR(Tokyo Overnight Average Rate)와 Tibor(Tokyo Interbank Offered Rate) 등을 대체지표금리로 각각 채택하여 사용하고 있다.

우리나라는 2021년 2월 국채·통안증권 익일물 RP금리를 이용해 KOFR(Korea Overnight Financing Repo Rate)를 산출하기로 하였다.

규제하는 것에 대응하여 은행은 재무상태표에 거래대상 금액이 계상되지 않기 때문에 자산 · 부채비율에 영향을 주지 않는 파생금융상품 등 부외거래를 적극적으로 개발 · 활용하게 되었다.

4) 금융 및 자본자유화의 확대

각국의 금융 및 자본자유화 조치도 국제금융시장을 구조적으로 변화시킨 요인이다. 금융 및 자본자유화 조치의 배경에는 금융기관의 규제회피 노력과 국제금융활동의 확대로 국내 금융규제의 실효성이 줄어들고, 유로시장이 발달하면서 국내금융시장의 경쟁력이 약화되었기 때문이다. 이에 따라 금융당국은 국내금융산업의 경쟁력을 높이기 위하여 각종 규제를 완화 내지는 철폐하는 방향으로 정책을 전환하였다.

이러한 금융 및 자본자유화 조치는 크게 금융제도 측면과 외환관리 측면으로 나누어 볼 수 있다. 금융제도 측면에서 대표적 규제완화조치로는 예금금리 · 수수료에 대한 규제완화 및 철폐, 금융기관간 업무영역에 대한 규제완화, 신종 금융상품 및 거래기법에 대한 규제완화 등을 들 수 있다. 외환관리 측면에서는 외환 및 자본거래에 대한 규제 완화, 비거주자의 채권투자수익에 대한 원천소득세 면제 등이 있다.

한편 2008년의 글로벌 금융위기가 발생하자 금융위기의 재발 방지와 금융시장의 안정화를 위해 2010년 7월 도드-프랭크법을 제정하였다. 이 법은 금융시스템리스크 예방을 위한 금융안정감시위원회(Financial Stability Oversight Council) 신설, 금융회사 정리절차 개선, 대마불사(大馬不死) 관행을 막기 위한 대형 은행의 자본확충 의무화, 금융감독기구별 역할 정비, 금융소비자 보호 강화를 위한 소비자금융보호국(Bureau of Consumer Financial Protection) 신설, 장외파생금융상품 등에 대한 규제·감독 강화 등 매우 광범위한 금융규제방안을 담고 있다. 특히 은행의 자기계정투자(proprietary trading)를 금지하는 볼커 룰(Volcker Rule)을 포함하고 있다.

그러나 과도한 금융규제는 은행권 대출 확대 및 수익성의 제약요인으로 작용함에 따라 이를 다소 완화하는 방향으로 선회하였다. 시스템적으로 중요

〈표 3-4〉 미국의 대표적 금융규제 완화 및 강화 법안

대표법안	도입시기	주요 내용
금융기관 규제완화 및 통화관리법	1980	· 예금은행 이자율 상한제 폐지 · 예금보험공사의 보증범위 확대(4만달러 → 10만달러)
Garn-St. Germain Bill 예금취급금융기관법(GSG)	1982	· 1983.10까지 예금금리규제의 완전철폐 규정 · 저축대부조합의 상품취급업무에 대한 제약 해제(비상업용 주택담보대출 → 상업용 부동산, 개인소비대출 허용)
연방준비제도 이사회 지침	1987~89 1996~97	· 은행지주회사의 증권자회사를 통한 증권업무 허용(10%룰) · 은행의 건전성 확보와 투자자 보호를 위한 업무차단 장치 마련
Riegle-Neal 법	1994	· 은행들의 주(州)간 영업 전면허용으로 영업범위 확대
감독규제 완화법	1996	· 은행업과 증권업의 겸업을 확대 허용(10% →25%)
금융서비스 현대화법 (Gramm-Leach-Bliley Act)	1999	· 글래스-스티걸법의 폐지(금융업무의 확대와 겸업 허용) · 금융지주회사 근거조항 마련
도드-프랭크법	2010	· 금융시스템리스크 예방을 위한 금융안정감시위원회(Financial Stability Oversight Council) 신설 · 대형 은행의 자본확충 의무화 · 장외파생금융상품 등에 대한 규제·감독 강화 · 은행의 자기계정투자(proprietary trading) 금지(일명 볼커 룰)
도드-프랭크법 개정	2018	· 시스템적으로 중요한 금융회사(SIFI)의 자산 기준을 500억달러에서 2,500억달러로 상향 · 자산 100억달러 미만 은행에 대한 볼커 룰 면제와 모기지 규제 완화

한 금융회사(SIFI)의 자산기준을 5,00억달러에서 2,500억로 상향조정함에 따라 초대형은행은 해당되지 않지만 중형은행은 상당 부분의 감독의무가 면제되었으며, 건전성 규제도 일부 완화되었다. 또한 중소 및 지방은행이 대부분인 자산이 100억달러 미만인 은행에 대하여 볼커 룰의 적용 대상에서 제외하고 대출 및 자본금 요건과 관련한 규제도 완화하였다.

(2) 구조적 변화의 내용

1) 금융의 범세계적 통합화

1980년대 이후 선진국을 중심으로 금융규제의 지속적 완화 및 철폐와 정보통신기술의 발달은 금융의 범세계화(globalization)를 빠르게 촉진시켰다. 금

융의 범세계화는 금융의 국제화가 마무리되는 단계로서 세계금융시장의 통합과 금융규제에 대한 국제표준의 설정으로 특징지을 수 있다.

세계금융시장의 동조화

자본이동의 자유화와 정보통신기술의 발달은 각국 금융시장간 연계성 및 상호의존성을 심화시키면서 금융시장을 범세계적 차원에서 통합시키고 있다. 이에 따라 국내금융과 국제금융간 업무영역이 모호해지고 거래되는 금융상품의 종류도 유사해지고, 주가나 금리 등이 비슷한 방향으로 움직이는 **동조화**(synchronization)**현상**이 나타나고 있다.

금융규제의 국제표준 설정

한편 금융기관간 경쟁격화에 따른 고수익 · 고위험분야에 대한 대출 및 투자확대로 국제금융시스템의 불안정성이 높아짐에 따라 선진국을 중심으로 국제적으로 표준화된 규제기준을 마련해 나가고 있다. 즉 G-10 중앙은행 총재들은 BIS(Bank for International Settlements)에 바젤은행감독위원회(Basel Committee on Banking Supervision)를 설치하고 금융기관의 건전성 확보를 통한 투자자의 보호, 국제은행시스템의 안정성 유지, 공정한 국제경쟁여건의 조성 등을 위해 은행자본의 적정성에 관한 국제적 통일기준을 마련하여 시행해 나가고 있다.

이론과실제 은행의 건전성 규제와 바젤 III

지난 2008년 글로벌 금융위기로 선진국의 많은 은행들이 부실화되면서 세계경제가 급속히 침체되었으며, 각국 정부는 부실은행을 정상화시키기 위해 엄청난 공적자금을 투입하였다. 이를 계기로 G-20(주요 20개국) 정상들은 은행의 건전성을 더욱 강화해야 한다는 데 인식을 같이 하고, 국제결제은행 산하의 바젤은행감독위원회(BCBS; Basle Committee on Banking Supervision)으로 하여금 이에 대한 구체적인 방안을 마련하도록 하였다.

바젤은행감독위원회(일명 바젤위원회)는 1974년 주요 10개국의 중앙은행 총재들이 국가마다 서로 다른 은행감독기준에 대한 국제적 공조를 강화하기 위하여 국제결제은행 산하에 설립하였다. 동 위원회는 감독정책이나 관행에 대한 정보교환, 새로운 감독기법의 개발, 국제적 차원의 은행감독을 위한 각국 감독당국간 협력지침 및 통일기준 작성 등의 기능을 수행하고 있다. 현재 바젤위원회에는 우리나라를 포함하여 27개국 중앙은행 또는 금융감독당국이 참가하고 있다.

1970년대 이후 각국의 금융규제 완화 및 국제화로 경쟁이 치열해지자 은행들은 고수익을 얻기 위하여 고위험도 감수하는 자산운용전략을 추구하였다. 이로 인해 독일 헤르슈타트은행(Bankhus Herstatt)이 파산하는 등 국제금융시장이 불안해지고 1980년대 중반에는 일본계 은행의 국제금융시장 진출이 확대되면서 경쟁조건의 형평성 및 자본적정성에 대한 우려가 높아졌다. 이에 따라 바젤위원회는 국제적 은행시스템의 건전성과 안정성을 확보하고 은행간 공정한 경쟁을 위해 자기자본비율 규제를 핵심내용으로 하는 바젤I을 1988년 7월 제정하였다.

바젤 I 은 상업은행들로 하여금 대출자산의 신용위험을 감안해 평가한 이른바 위험가중자산에서 자기자본금이 차지하는 비중 – 소위 자기자본비율이 1992년말부터 8.0% 이상을 유지하도록 하였다. 당시 바젤Ⅰ에는 10개 주요국이 참여하여 BIS의 자기자본비율 8%의 규정을 준수하기로 합의하였으며, 우리나라는 1997년부터 이를 도입해 시행하였다.

1990년대 후반이후 금융혁신의 급속한 진전으로 금리, 환율 및 주가 등의 변동이 커지면서 운영리스크가 은행경영에 미치는 영향이 크게 증가되었다. 그러나 바젤Ⅰ의 BIS 자기자본비율 규제는 은행의 다양한 경영리스크중 신용과 시장리스크만을 고려하여 제정되었기 때문에 은행시스템의 건전성과 안정성을 감독하는 수단으로서 한계를 나타냄에 따라 바젤위원회는 2004년 6월 바젤Ⅱ를 제정하였다.

바젤Ⅱ도 자기자본비율 규제는 기존 8%의 최저 자기자본금 비율을 유지하되 위험가중자산에 신용 및 시장리스크뿐만 아니라 운영리스크를 추가하여 위험가중자산의 범위를 확대하였다. 이와 더불어 감독당국은 은행의 자본적정성과 리스크 관리체계를 점검 · 평가하고 필요한 경우에는 적절한 조치를 취하도록 하였다. 또한 은행의 공시의무를 강화하여 금융시장을 통한 시장규율을 강화하도록 하였다. 우리나라를 포함한 많은 국가들이 2008년부터 바젤Ⅱ를 도입하여 시행하였다.

그러나 2008년 글로벌 금융위기로 리먼 브러더스를 비롯한 선진국의 세계적 금융기관들이 부실화되거나 도산하면서 전세계적으로 금융시장이 마비되다시피 하였다. 이러한 글로벌 금융위기가 발생한 원인의 하나로서 기존 바젤Ⅱ의 은행감독기준에도 많은 문제점이 있다고 지적되었다. 이에 따라 바젤위원회는 2010년 9월 기존 은행감독기준을 보완 · 개선한 바젤Ⅲ를 발표하였으며, 2013년부터 단계적으로 도입하여 2019년부터 전면적으로 시행하도록 하였다.

바젤Ⅲ는 기존의 자기자본규제가 양적 · 질적으로 충분하지 못하였기 때문이라는 지적에 따라 자본의 질과 투명성을 강화하는 동시에 완충자본, 차입투자(레버리지) 규제를 신설하였다. 우선 BIS 자기자본비율은 종전과 같이 8%를 유지하되 보통주자기자본비율 2% 이상에서 4.5% 이상으로 높이고 기본자본(tier 1)비율도 4% 이상에서 6% 이상으로 상향 조정하였다. 이는 후순위채처럼 자기자본으로 보기 어려운 자본비중을 축소하는 대신에 보통주처럼 위기에 손실을 흡수할 수 있는 자본을 많이 확보하도록 하였다. 아울러 손실보전 완충자본을 신설하여 은행이 미래의 위기로 인한 충격을 완화할 수 있도록 총자기자본비율 기준과는 별도로 2.5%의 보통주자본을 추가로 적립하도록 하였다. 또한 은행들이 과도한 차입으로 인해 쉽게 경영 위험에 처하는 상황이 되풀이되지 않도록 자본금에 비해 너무 많은 자산을 보유하지 못하도록 —즉 총자산에서 기본자본이 3% 이상을 유지하도록 하는 레버리지규제를 새로 도입하였다.

한편 바젤Ⅲ는 기존 바젤Ⅱ에는 없었던 유동성규제를 새로이 도입하였다. 글로벌 금융위기 과정에서 보았듯이 일부 은행들은 자기자본규제를 충족하고 있음에도 불구하고 자금이 일시에 빠져나가는 바람에 일시적으로 유동성 부족으로 심각한 경영 위험에 빠지기도 하였다. 이를 방지하기 위해 유동성커버리지비율과 순안정자금조달비율을 새로운 규제지표로 도입하여 은행들이 단기적으로나 장기적으로 일정 부분 이상의 자산을 쉽게 현금화할 수 있는 자산으로 보유하도록 하였다.

2) 금융기관의 대형화 · 다각화 · 겸업화 · 전문화

업무영역규제의 완화

1980년대 이후 금융자유화로 업무영역에 대한 규제가 완화되면서 은행과 비은행 금융기관간 경쟁이 치열해졌다. 이러한 가운데 자금이 은행예금에서

이론과실제 주요국 금융기관의 대형화·다각화·겸업화

미국에서는 1980년대 이후 금융기관의 업무영역 다양화와 경쟁력 강화를 위해 은행지주회사(bank-holding company)를 중심으로 인수·합병이 추진되었다. 나아가 1999년 11월 금융기관간 겸업을 금지하였던 Glass-Steagall Act가 폐지되면서 거대 금융기관간 인수·합병이 더욱 활발해졌다. 특히 1998년 Citi Corp는 보험 및 투자은행을 보유한 Travelers Group과 합병하여 자본금순위 세계 제1위의 Citi Group을 탄생시켰으며, Bank of America는 Nations Bank를 인수하였다. 그리고 2001년 1월에는 투자신탁회사인 JP Morgan과 Chase Manhattan Banking Group이 합병하여 JP Morgan Chase로 출범하였다.

유럽의 경우 유로화의 출범에 대응하기 위해서는 은행의 대형화가 절실하다는 인식하에 각국의 대표적 은행들이 적극적으로 인수·합병에 나섰다. 1998년에는 Union Bank of Switzerland와 Swiss Bank Corp의 합병으로 자산기준으로 세계 최대의 거대은행이 탄생되었다. 1999년에는 총자산기준으로 세계최대인 Deutsche Bank가 미국의 Bankers Trust Corp를 인수함으로써 유럽은행이 미국의 투자은행을 인수한 최초의 사례를 만들었다. 2002년 9월에는 프랑스의 BNP Bank와 Paribas Bank간 합병이 이루어졌다.

한편 일본에서는 1990년대 이후 장기침체로 발생한 부실채권을 해소하기 위해 금융구조조정을 하는 과정에서 도시은행이 경쟁우위를 선점하기 위해 합병을 시작하였으며, 일부 중소금융기관들도 생존전략 차원에서 대형화를 추진하였다. 1995년 미츠비시은행과 도쿄은행간 합병을 계기로 금융기관간 통폐합이 활발히 진행되었다. 2000년 10월 다이치긴쿄은행, 후지은행 및 니혼코쿄은행이 합병하여 미즈호그룹을 탄생시켰고, 2001년 4월 스미토모은행과 사쿠라은행이 스미토모미츠이은행으로 합병하였고, 같은 해 4월 산와은행과 도카이은행이 합병하여 UFJ그룹을 출범시켰다.

비은행금융기관의 신종 고수익금융상품으로 이동하고, 신용도가 높은 대기업들이 은행에서 차입을 하는 대신에 회사채나 기업어음을 발행하여 직접 자금을 조달함에 따라 은행의 전통적 여수신업무가 위축되었다.

은행의 경쟁우위 확보전략

이에 대응하여 은행들은 경영악화를 막고 경쟁에서 우위를 확보하고자 다양한 전략을 구사하고 있다. 즉 인수·합병 등을 통해 규모의 경제(economies of scale)를 얻고자 하는 **대형화**, 축적된 금융정보를 바탕으로 범위의 경제(economies of scope)를 얻고자 하는 **다각화**, 새로운 수익원을 찾아 다른 금융기관의 업무영역에 진출하는 **겸업화**(universalization) 현상이 광범위하게 진행되어 오고 있다. 또한 중소규모의 은행을 중심으로 소자본과 고도의 경영기법이 요구되는 특정 금융서비스에 특화함으로써 비교우위를 확보하고자 하는 **전문화**(specialization) 경향도 나타나고 있다.

3) 금융의 증권화와 파생금융상품거래의 확대

금융의 증권화

1980년대 중반 이후 국제금융시장에서 자금의 조달과 운용의 주경로가 은행의 예금 · 대출을 통한 간접금융에서 증권의 발행 · 매매를 통한 직접금융으로 바뀌는 **증권화**(securitization)현상이 심화되었다. 1980년대초 개발도상국이 외채위기를 맞으면서 개발도상국에 대한 신디케이트론이 급격히 감소한 반면에 유로채, 외국채 등 국제채의 발행규모가 크게 확대되었다. 또한 각국이 외국인투자에 대한 조세경감, 유로채의 발행여건 완화, 자본이동에 대한 규제완화 등의 조치를 취하면서 인지도와 신용도가 높은 기업들은 국제금융시장에서 기업어음이나 회사채를 직접 발행하여 자금을 조달하였다. 또한 막대한 국제수지 흑자를 기반으로 유로시장의 주요 자금공급원으로 등장한 일본 및 동아시아국가들은 은행예금보다 수익성 · 유동성이 높은 증권투자를 선호하였다. 특히 이들 국가들은 선물, 옵션과 같은 파생금융상품의 기초자산으로 이용될 수 있는 미국의 정부채를 선호하였다.

파생금융상품거래의 확대

파생금융상품은 금리 및 환율의 변동폭 확대와 금융자유화의 과정에서 각종 리스크가 증대함에 따라 리스크 헤지수단으로 개발 · 도입되었다. 최근에는 금융공학의 발전에 힘입어 복잡한 계산과 고도의 리스크관리기법이 요구되는 새로운 파생금융상품의 개발이 용이해지고 다양한 형태로 발전하면서 거래규모가 급속히 확대되고 있다.

4) 금융의 전자화 · 정보화

컴퓨터의 발달에 따른 정보처리 및 통신기술의 발전은 금융의 전자화 · 정보화를 촉진시켜 왔다. 금융의 전자화 · 정보화는 금융산업을 단순한 자금중개 차원에서 벗어나 종합정보산업으로 변모시키고 있다.

금융의 전자화

정보통신기술의 발달로 시장참가자들은 세계 어느 곳에서나 정보를 신속 · 저렴하게 수집할 수 있게 되었다. 컴퓨터를 이용하여 방대한 자료를 손쉽게 입수 · 처리할 수 있게 됨에 따라 투자의사결정이 신속하게 이루지게 되고 복잡한 거래위험에 대해서도 고도의 리스크관리기법을 구사하는 것이 가능하게 되었다. 이러한 과정에서 정보의 비대칭성으로 인한 금융시장의 비효율성도 크게 줄어들었다.

금융의 정보화 고도의 컴퓨터와 네트워크의 구축으로 방대한 금융정보를 축적하게 됨에 따라 고객의 요구에 부응하여 자산과 부채를 종합적으로 관리하는 신종금융서비스가 개발되는 등 금융의 정보화가 크게 진전되었다. 금융의 정보화는 금융기관의 자체 위험관리능력을 높여줄 뿐만 아니라 투자자의 포트폴리오와 리스크 관리를 통해 금융기관 수익증대에 기여하게 되었다.

이론과실제 미국 실리콘밸리은행(SVB) 파산의 원인과 시사점

미국의 실리콘밸리은행(SVB)은 1983년 캘리포니아주에서 설립되었다. SVB는 스타트업기업을 주요 고객으로 설정하는 특화전략을 채택했다. 그러나, 위험관리의 기본원칙을 제대로 지키지 못하면서 2023년 금리급등기에 결국 파산에 이르게 되었다.

SVB의 파산은 매우 단기간에 급속히 진행되었다. SVB의 예금수신 규모는 2020년 3월 620억달러 규모였는데 불과 1년후인 2021년 3월 1,240억달러로 증가했고, 2022년말 기준으로는 1,754억달러로 높아졌다. 코로나19 팬데믹으로 인해 바이오 및 첨단기술기업에 대한 투자수요가 폭발적으로 증가하면서 부유해진 실리콘밸리 스타트업기업들로부터 엄청난 규모의 자금이 SVB로 유입된 결과였다. SVB는 수신된 자금중에서 지나치게 많은 부분을 미국 장기국채에 투자하는 전략적 선택을 하였다. 이러한 선택은 2020년~2021년까지 이어진 연준의 제로금리 정책 및 적극적인 유동성 공급정책을 감안할 경우 외견상 비판의 여지가 많지 않았다. 그러나 2022년에 접어들면서 인플레이션 상승이 가파르게 진행되었고, 연준의 기록적인 기준금리 인상 사이클이 시작되었다. 채권의 가격은 금리와 반대방향으로 움직이는데, 만기가 긴 채권은 금리 인상기에 더 큰 가격하락을 겪게 된다. SVB는 자산의 가장 큰 부분을 미국 장기국채로 보유하고 있었기 때문에 금리인상에 따라 채권평가손실은 기하급수적으로 증가했다. 2023년 SVB의 재무건전성에 대한 우려는 더욱 커졌고, 3월 들어 예금인출이 본격화되기 시작했다. 급증하는 예금인출에 대응하기 위해 SVB는 보유채권을 매각할 수밖에 없었고, 그 과정에서 대규모 미실현평가손실이 실현손실로 확정되었다. 3월 8일 SVB는 채권매각으로 인한 확정손실이 18억달러 발생했음을 공개했다. 국제신용평가회사 무디스(Moody's)는 SVB의 신용등급을 기존의 A2에서 Baa1으로 강등시켰고 3월 9일 SVB의 주가가 크게 하락하면서 본격적인 뱅크런(bank-run)이 시작되었다. 3월 9일 하루동안 인출된 예금만 420억달러 규모였다. 3월 10일에는 SVB의 주가가 66% 폭락하면서 주식거래가 중지되었고, 같은 날 밤 캘리포니아 주정부는 SVB의 은행업허가를 취소하면서 40년의 역사를 가진 실리콘밸리 최대의 상업은행은 전광석화와 같은 속도로 시장에서 퇴출되었다. SVB 파산과정의 특징을 정리하면 다음과 같다.

첫째, 보유자산과 예수부채간의 뚜렷한 만기불일치와 투자자산의 집중화는 SVB 파산의 중요한 원인으로 작용했다. SVB는 고객이 맡긴 예금중에서 지나치게 많은 부분을 미국 장기국채에 투자해왔다. 연준의 제로금리정책이 상당기간 이어질 것이라는 전망이 우세한 상황에서 이자수익을 거의 창출하지 못하는 단기채보다는 장기채가 이자수익 확보에 유리했던 것이 사실이다. 또한 미국정부가 발행하는 국채이기 때문에 신용위험에 대한 통제도 충분한 수준이라 판단할 수 있었다. 그러나 아무리 신용위험에 대한 우려가 작아도 만기가 짧은 예수부채를 통해 조달한 자금을 만기가 긴 투자자산을 중심으로 운용하는 것은 유동성 위기로부터 자유로울 수 없다. 이는 금융회사의 파산 파산과정에서 반복적으로 확인되어 온 특징이다. 이와 함께 운용자산의 집중화도 파산의 중요한 원인으로 지목할 수 있다.

둘째, SVB의 파산은 미국 연준의 은행감독 실패가 일정부분 영향을 미쳤다. 2008년 발생한 글로벌 금융위기 이후 미국은 도드-프랭크법의 제정을 통해 은행의 건전성관리를 강화했다. 그런데 2018년 경제성장, 규제완화 및 소비자보호를 위한 법률(EGRRCPA)이 제정되면서 이전에는 자산규모 500억달러 이상의 은행에 대해 적용되던 건전성규제들이 자산규모 2,500억달러로 규제기준이 큰 폭 상향 조정되었다. 이에 따라 SVB는 대형은행에 비해 훨씬 완화된 은행 스트레스 테스트 기준을 적용받게 되었고, 연준도 자산규모 2,500억달러 이하의 은행에 대한 감독을 완화된 기준에 따라 상대적으로 더 유연한 방식으로 전환하였다.

셋째, 모바일 폰뱅킹과 SNS사용의 일상화는 은행이 파산에 이르는 속도를 경이적으로 증가시켰다. 스마트폰을 이용한 모바일 폰뱅킹의 보편화로 인해 은행으로부터의 예금이체는 장소와 시간에 더 이상 구속받지 않는다. 이는 뱅크런으로 인한 은행파산에 소요되는 시간이 반나절이면 충분한 시대가 되었음을 의미한다. 실제 SVB의 파산에서 뱅크런이 일어났던 3월 9일 하루 동안의 예금인출은 무려 420억달러에 달했는데, SNS 상에서의 정보 및 의견공유와 이에 따른 모바일 뱅킹에 의한 예금인출이 급속한 뱅크런의 기폭제가 되었다. 이러한 금융시장환경의 변화는 은행건전성 관리에 대한 중대한 도전이 될 것으로 보인다. 뱅크런으로 인한 은행의 파산이 서너시간이면 마무리될 수 있는 세계에서 정부는 은행의 파산을 방지할 정책적 수단을 실행할 시간적 여유를 가지기가 힘들어진다. 기술의 발전이 금융서비스 제공방식을 편리하게 바꾸었지만 이러한 금융환경의 변화는 뱅크런의 인화성을 폭발적으로 증가시켰다.

* 출처: 자본시장연구원, "실리콘밸리은행(SVB) 파산이 국내 금융시장에 미치는 영향 및 시사점" (자본시장포커스, 2023-06호)에서 발췌 요약

요약

01. 국제금융시장이란 국제무역, 해외직접·증권(또는 포트폴리오)투자 등과 수반하여 국가간에 자금의 융통이 지속적으로 이루어지는 장소 또는 거래메커니즘을 말한다. 국제금융시장은 세계적 차원에서 자금을 효율적으로 배분시켜 자본의 생산성을 제고하고, 무역 및 투자를 확대하고, 국제유동성을 조절함으로써 세계경제성장을 촉진하고 있다.

02. 국제금융시장은 각국의 금융시장, 유로시장으로 대표되는 역외시장, 그리고 이들 시장간 거래를 연결시키는 외환시장으로 구성되어 있다. 국제금융시장에서는 연금기금, 상호기금, 생명보험회사 등이 투자자로서, 세계 각국의 정부, 다국적기업 및 국제금융기구 등이 차입자로서 참여하고 있으며, 국제상업은행, 국제투자은행, 딜러나 브로커 등이 중개역할을 담당하고 있다.

03. 유로시장(Euromarket)이란 어떤 특정 통화로 표시된 금융자산-즉 예금과 대출, 채권 등이 해당통화 발행국 이외의 국가에서 거래되는 시장을 말한다. 유로시장은 각국의 규제를 받지 않는 초국적 금융시장이며, 공간적·시간적 제약에서 벗어난 범세계적 금융시장의 성격을 갖고 있다. 그러나 유로시장은 금리와 자금의 어베일러빌리티면에서 각국의 금융시장과 연계되어 있으며, 자금의 최종대부자의 부재 등으로 인한 위험이 있다.

04. 국제금융시장은 기능적 측면에서 국제단기금융시장, 국제자본시장, 파생금융상품시장 및 외환시장 등으로 구분할 수 있다. 국제단기금융시장은 CD, CP, BA, T-Bill 등 만기 1년 미만의 금융상품이 거래되는 시장이고, 국제자본시장은 신디케이트론, 채권, 주식 등 만기 1년 이상의 장기금융자산이 거래되는 시장이다. 파생금융상품시장은 외환, 채권, 주식 등 기초자산의 가치변동으로부터 파생되어 가격이 결정되는 파생금융상품이 거래되는 시장이다.

05. 국제채는 외국의 비거주차입자가 발행하는 채권으로서 채권발행국에서 어느 국가의 통화표시로 채권을 발행하느냐에 따라 외국채와 유로채로 구분된다. 외국채는 채권발행국의 통화표시로 발행되는 채권을 말하고, 유로채는 채권발행국의 통화와 다른 국가의 통화표시로 발행되는 채권을 말한다.

06. 국제금융시장을 구성하는 각국의 금융시장, 유로시장 및 외환시장간에 거래를 연결시키기 위해서는 국제적 네트워크가 필요하다. SWIFT는 국제적 네트워크를 갖추고

외국환은행의 국제간 자금결제업무를 신속·정확하게 수행하고 있다. CHIPS는 미 달러화 및 이와 거래된 외환에 대한 이체 및 결제를, Euroclear는 국제간 증권매매 등의 거래에 따른 결제 및 증권보관업무를, CEDEL은 유로채권의 경제적·효율적 결제 및 보관업무를 수행하고 있다.

07. 국제금융센터란 많은 세계적 금융기관들이 현지법인 또는 지점의 형태로 상설 영업망을 형성하고 국제금융거래를 지속적으로 행하는 지역이다. 런던, 뉴욕, 도쿄 등은 전통적 국제금융센터로서 상대적으로 우월한 경제규모, 자국통화의 국제적 통용력, 고도로 발달된 국내금융시장을 바탕으로 자연발생적으로 형성된 국제금융활동의 중심지이다.

08. 역외금융센터는 비거주자간 자금중개를 위해 조세 및 금융상 특혜를 부여하면서 인위적으로 창설된 국제금융센터로서, 국내금융시장과 연관성에 따라 내외일체형 역외금융센터(런던, 홍콩 등), 내외분리형 역외금융센터(뉴욕 BF, 일본 OM, 싱가포르 ACU 등)와 기장역외금융센터(네덜란드 엔틸리스, 카리브해의 바하마, 버뮤다 등)로 구분하여 볼 수 있다.

09. 1970년대초 제1차 석유파동과 변동환율제도 이행에 따른 금리와 환율의 변동성 증대, 컴퓨터에 의한 정보처리 및 정보통신기술의 발달, 수익성을 제약하는 금융당국의 규제를 합법적으로 회피하고자 하는 금융기관의 노력, 금융산업의 경쟁력강화를 위한 금융 및 자본자유화 조치 등은 1980년대초부터 국제금융시장의 구조적 변화를 초래하였다.

10. 금융기관들이 국제금융환경의 변화에 대응하는 과정에서 국제금융시장은 1980년대초부터 각국 금융시장간 연계성 및 상호의존성이 높아지는 금융의 범세계적 통합화, 비금융기관과 경쟁에서 우위를 확보하기 위한 은행의 대형화·겸업화·다각화·전문화, 자금의 조달과 운영의 주경로가 은행의 예금·대출에서 증권의 발행·매매로 바뀌는 금융의 증권화, 리스크 헤지를 위한 파생금융상품의 개발 및 거래의 확대, 컴퓨터의 발달로 통신네트워크의 구축과 방대한 금융정보의 축적에 따른 금융의 전자화·정보화 등이 급속히 진행되어 왔다.

연습문제

01. 국제금융시장의 의의와 기능에 관하여 설명하시오. 국내금융시장과 차이점에 관하여도 설명하시오.

02. 유로은행은 국내은행과 달리 지급준비금 예치, 예금보험료 납부 등의 의무를 부담하지 않기 때문에 자금조달면에서 유리하다고 한다. 예를 들어 우리나라 국내은행이 1년만기 정기예금에 대하여 고객에게 5.0%의 예금을 지급하지만, 한국은행에 예금액의 10%를 지급준비금으로 예치하고 예금보험공사에 예금액의 0.5%를 보험료로 납부하는 경우 실효자금조달금리는 얼마인가 계산하여 보시오.

03. 각종 경제신문이나 인터넷을 통해 미국의 재정증권(또는 CD)금리와 대출금리(Prime Rate), 유로시장에서 미달러화표시 채권(또는 CD)금리 및 대출금리(SOFR)를 조사해 보시오. 그리고 유로달러시장에서 CD금리가 미국금융시장에서 CD금리보다 왜 높은가 생각해 보시오. 또한 유로달러시장 SOFR이 미국의 Prime Rate보다 왜 낮은가에 대해서도 생각해 보시오.

04. 우리나라 단기금융시장에 관하여 조사하고, 주요 선진국의 단기금융시장과 비교하여 보시오. 우리나라 각 단기금융시장의 특징 및 성격, 참가기관, 거래금융상품의 만기, 최저발행금액, 이자지급방식, 중도 환매 여부 등에 관하여 살펴보시오.

05. 우리나라 자본시장의 구조에 관하여 조사하고, 주요 선진국의 자본시장과 비교하여 보시오. 우리나라 자본시장을 채권시장, 통화안정증권시장, 자산유동화시장, 주식시장으로 구분하여 각 시장의 의의와 특징, 거래메커니즘, 동향 등에 대하여 살펴보시오.

06. 동북아지역이 세계경제의 한 축으로 부상하면서 한국, 중국, 일본은 자국 금융시장을 국제금융허브로 육성하기 위하여 경쟁을 벌이고 있다. 한국의 서울, 중국의 상하이와 홍콩, 일본의 도쿄 등이 국제금융센터로서 가지고 있는 경쟁력을 비교·평가하고 전망하여 보시오. 국제금융센터로서 서울의 문제점을 살펴보고 육성방안을 제시하여 보시오.

07. 1980년대 이후 각각의 세계경제환경의 변화가 국제금융시장을 어떻게 구조적으로 변화시켰는가에 인과관계 측면에서 파악하여 보시오.

08. 1997년 외환위기 이후 우리나라에서는 금융지주회사를 중심으로 금융기관의 인수·합병이 활발하게 이루어져 왔다. 우리나라 금융기관의 대형화 및 겸업화의 추이 및 특징, 현황 및 문제점, 개선방안 등에 대하여 살펴보시오.

09. 2008년 글로벌 금융위기 이후 국제채권시장의 동향과 특징에 대하여 조사하여 보시오. (국제결제은행 웹사이트 등에서 통계자료를 찾아 활용하시오)

10. 다음 용어에 대하여 간략히 설명하시오.

(1) 유로시장

(2) 뮤추얼펀드, 헤지펀드, 사모주식투자펀드, 국부펀드

(3) 외국채와 유로채

(4) 주식예탁증서

(5) 파생금융상품

(6) SWIFT

(7) 역외금융센터

(8) 금융의 증권화

(9) CB와 BW

(10) 바젤Ⅲ

FOREIGN EXCHANGE

CHAPTER 04

국제금융의 기본원리

국제금융거래는 기본적으로 국제평가이론에 기초를 두고 이루어진다. 상품시장과 금융시장의 완전성, 동질적 재화 및 완전한 예측을 전제하면* 각국의 상품시장, 금융시장 및 외환시장간 재정거래에 의해 물가 · 금리 · 환율간 일정한 평가(平價: parity) 또는 등가관계가 성립하게 된다. 이러한 물가 · 금리 · 환율간 평가관계는 국제금융시장의 움직임을 지배하는 기본원리라고 할 수 있다. 따라서 국제금융시장에서 자산과 부채를 효율적으로 관리하기 위해서는 국제평가이론에 대한 이해가 선행되어야 한다. 한편 헤지나 투기도 국제평가이론에 기초를 두고 시장의 불완전성과 불완전한 예측으로 인해 발생하는 금융자산간 가격불균형을 이용한 거래기법이다.

* 상품 및 금융시장의 완전성(perfect goods and financial market)이란 시장이 완전경쟁적이며 국가간 상품이나 금융자산(자본)의 이동을 저해하는 요인 – 즉 세금, 운송비 등 거래비용이 없는 상태를 말하고, 동질적 재화(homogeneous product)란 상품이나 금융시장에 하나의 동일 상품이나 금융자산이 거래되는 것을 말하고, 완전한 예측(perfect foresight)이란 미래에 대한 예측이 오차 없이 실현된다는 것을 말함.

4.1 구매력평가설

(1) 구매력평가설의 의의와 내용

구매력평가실(PPP : Purchasing Power Parity)은 환율과 물가간 평가(平價) 또는 등가(等價)관계를 나타낸다. 구매력평가설에 따르면 환율은 양국 통화의 구매력의 비(比)에 의해 결정되는데, 통화의 구매력은 물가와 역의 관계에 있다. 따라서 구매력평가설은 환율과 물가간 관계를 나타내는데 절대적 구매력평가설과 상대적 구매력평가설로 구분하여 볼 수 있다.

1) 절대적 구매력평가설

절대적 구매력평가설(Absolute Purchasing Power Parity)은 환율과 양국 통화의 구매력간 평가 또는 등가관계를 나타낸다는 것이다. 절대적 구매력평가설에 따르면 환율은 본국통화 1단위의 구매력에 대한 외국통화 1단위의 구매력의 비(比)와 같다.

$$S_t = \frac{\text{외국통화 1단위의 구매력}}{\text{본국통화 1단위의 구매력}} = \frac{1/P_t^*}{1/P_t} = \frac{P_t}{P_t^*} \tag{4-1}$$

단, P : 물가지수, $*$: 동일변수의 외국표시 기호, t : 시간

통화의 구매력은 물가와 역의 관계에 있으므로 환율은 외국 절대물가에 대한 본국 절대물가의 비(比)로 표시된다. 따라서 절대적 구매력평가설은 환율과 외국물가에 대한 본국물가의 비(比)간에 평가를 이루고 있음을 나타낸다.

재정거래와 일물일가의 법칙

거래비용은 운송비, 관세 등 직접적 거래비용뿐만 아니라 거래의 성립을 위해 소요되는 모든 금전적·비금전적 거래비용을 포괄함.

절대적 구매력평가설은 상품시장에서 국가간 재정거래에 의한 일물일가의 법칙을 변형한 것에 지나지 않는다. 만약 상품시장이 완전하다면 – 즉 완전경쟁적 시장이고 운송비, 관세 등 거래비용이 없다면 동일시점에서 동일상품의 양국간 가격은 재정거래에 의해 같아진다.

$$p_i = S_t \cdot p_i^* \tag{4-2}$$

단, p_i : i번째 상품가격

이론과실제 The Big Mac Index

영국에서 발행되는 경제주간지인 *The Economist*는 1986년부터 매년 4월 – 2010년부터는 1월과 7월 전세계적으로 판매되고 있는 MacDonald의 Big Mac가격을 조사 · 분석하여 발표하고 있다. Big Mac은 전세계 100여개국의 매장에서 동일품질로 판매되고 있으므로 Big Mac지수를 이용하여 절대적 구매력평가의 성립여부를 검증하여 볼 수 있다.

2022년 7월 Big Mac은 미국에서 5.15달러에 판매되고 있으며, 우리나라에서는 4,600원에 판매되고 있다. Big Mac을 기준으로 한 구매력평가환율은 $\frac{₩4,600}{\$5.15}$ = ₩893.20/$이다. 그런데 시장에서 형성되고 있는 실제 원–달러환율은 ₩1,313.45/$이다. 따라서 시장 환율에 따르면 우리나라에서 Big Mac이 $3.5에 판매되는 것과 같다. 이는 Big Mac Index를 기준으로 보았을 때 우리나라의 원화가 약 32% 저평가되어 있다는 것을 의미한다.

6번째 칼럼은 각 국가의 GDP와 Big Mac 가격에 따른 구매력 차이를 감안하였을 때 각 국가에서 판매되는 Big Mac의 달러 가격을 나타낸다. 즉 GDP 차이와 구매력 차이를 감안하였을 때 Big Mac 가격은 미국에서 $4.55, 한국에서 $4.12라는 의미이다..

7번째 칼럼은 이처럼 조정된 Big Mac Index를 이용할 때 각국 통화가 고평가 또는 저평가되는 정도를 나타낸다. 수정된 지수를 따를 때 각국 통화의 고평가/저평가 폭은 대체로 완화되는 것으로 나타난다. 예를 들어, 우리나라 원화의 경우에는 25% 저평가되는 것으로 나타난다.

Big Mac이 동일 브랜드로 전세계적으로 판매되고 있지만 동질적 재화라고 보기는 어려운 면이 많다. 즉 주재료인 쇠고기의 가격뿐만 아니라 인건비, 건물임대료, 세금 등이 나라마다 다르기 때문이다. 그러나 Big Mac 구매력평가환율은 환율의 적정수준을 파악하는 단순한 지표에 불과하지만 국제금융전문기관 등이 오랜 시간에 걸쳐 구매력평가에 의해 산출한 장기환율예측에 비해 뒤지지 않는다는 것이 알려지면서 세간의 관심을 끌게 되었다.

The Hamburger Standard

Country	Big Mac Price (local currency)	Exchange Rate[1]	Big Mac Price (US$)[2]	Big Mac Index[3]	Adjusted Big Mac Price (US$)[4]	Adjusted Big Mac Index[5]
United States	$ 5.15	1.00	5.15	0.00	4.55	0.00
Argentina	Peso 590	129.12	4.57	−0.11	3.50	0.15
Australia	A$ 6.7	1.45	4.63	−0.10	4.47	−0.09
Brazil	Real 22.9	5.39	4.25	−0.18	3.50	0.07
Britain	£ 3.69	0.83	4.44	−0.14	4.18	−0.06
Canada	C$ 6.77	1.29	5.25	0.02	4.21	0.10
China	Yuan 24	6.75	3.56	−0.31	3.64	−0.14
Euro area	€ 4.65	0.98	4.77	−0.07	4.04	0.04
Hong Kong	HK$ 21	7.85	2.68	−0.48	4.99	−0.53
India	Rs 191	79.95	2.39	−0.54	3.42	−0.38
Indonesia	Rupiah 35,000	14977.50	2.34	−0.55	3.50	−0.41
Japan	¥ 390	137.87	2.83	−0.45	4.33	−0.42
New Zealand	NZ$ 7.1	1.60	4.43	−0.14	4.21	−0.07
Poland	Zloty 16.68	4.65	3.59	−0.30	3.71	−0.15
Singapore	S$ 5.9	1.39	4.24	−0.18	4.83	−0.22
South Korea	Won 4,600	1313.45	3.50	−0.32	4.12	−0.25
Sweden	Skr 57	10.20	5.59	0.09	4.15	0.19
Switzerland	SFr 6.5	0.97	6.71	0.30	4.52	0.31
Taiwan	NT$ 75	29.91	2.51	−0.51	4.47	−0.51
Thailand	Baht 128	36.61	3.50	−0.32	3.51	−0.12

주: 1) Local currency / US$, 2) Local price / exchange rate, 3) Local Big Mac price (US$) / US Big Mac price - 1,
4) GDP-adjusted price of a Big Mac (US$), 5) Local Big Mac price (US$) / Adjusted price - 1

자료: http://www.economist.com/big-mac-index

만약 양국의 소비바스켓이 같다면 다음과 같은 관계가 성립한다.

$$\Sigma\omega_i \cdot p_i = S_t \cdot \Sigma\omega_i \cdot p_i^* \qquad (4\text{-}3)$$

단, Σ: 합을 나타내는 기호, ω: 가중치

물가는 개별상품의 가격을 가중평균한 것이므로 다음 식과 같이 국내물가는 외국물가에 환율을 곱한 것과 같다.

$$P_t = S_t \cdot P_t^* \qquad (4\text{-}4)$$

구매력평가환율

앞 식을 변형하면 환율을 외국물가에 대한 국내물가의 비(比)로 표시할 수 있다. 물가는 통화의 구매력과 역의 관계에 있으므로 환율은 본국통화 1단위의 구매력에 대한 외국통화 1단위의 구매력의 비(比)로서 표시된다.

$$\begin{aligned} S_t &= \frac{P_t}{P_t^*} \\ &= \frac{1/P_t^*}{1/P_t} = \frac{\text{외국통화 1단위의 구매력}}{\text{본국통화 1단위의 구매력}} \end{aligned} \qquad (4\text{-}5)$$

따라서 절대적 구매력평가설은 환율과 양국간 절대물가의 비(比)와 평가관계를 나타낸다.

절대적 구매력평가설의 제약요인

현실적으로 절대적 구매력평가설의 성립을 제약하는 요인들이 많다. 첫째, 국가무역은 국경을 넘어 이동하는 과정에서 운송비, 관세 등 거래비용을 수반한다. 둘째, 상품의 가격에 비하여 거래비용이 너무 커 국가간 이동이 불가능한 비교역상품도 있다. 셋째, 각국이 물가지수를 산출할 때 일부 품목만 고려하기 때문에 물가지수가 물가를 정확히 반영하지 못할 수도 있다. 물가지수가 모든 품목을 고려한다고 해도 나라마다 물가산출에 적용되는 소비바스켓이 다르다. 넷째, 상품시장이 독과점적 구조인 경우 가격차별화로 인해 국내가격과 해외가격이 다를 수 있다.

2) 상대적 구매력평가설

현실적으로 국가간 무역에 운송비, 관세와 같은 거래비용의 발생, 국가간 상이한 소비바스켓, 시장의 불완전성 등으로 인해 일물일가의 법칙에 바탕을 둔 절대적 구매력평가설이 성립하기 어렵다. 그러나 절대적 구매력평가설을

제약하는 요인들이 안정적이라면 환율의 변동률은 양국 물가의 변동률과 안정적 관계를 유지하게 된다.

상대적 구매력평가설(Relative Purchasing Power Parity)은 환율의 변동률과 양국 통화 구매력의 변동률 – 즉 물가변동률(또는 인플레이션율)간 관계를 파악한 것이다. 즉 환율의 변동률은 본국의 물가변동률(본국통화의 구매력변동률)에서 외국의 물가변동률(외국통화의 구매력변동률)을 뺀 것과 평가관계를 이룬다.

$$\frac{S_t - S_{t-1}}{S_{t-1}} \left(= \frac{\Delta S_t}{S_{t-1}} \right) = \pi_t - \pi_t^* \qquad (4\text{-}6)$$

단, Δ: 차분기호,
π: 물가변동률(인플레이션율)

이론과실제 상대적 구매력평가설의 도출

만약 국제무역에서 거래비용이 차지하는 비중이 일정하고 양국의 소비바스켓이 안정적이라면 국내물가는 외국물가와 다음과 같이 일정한 괴리를 유지하게 된다.

$$P_t = (1+k) \cdot S_t \cdot P_t^*$$

위의 관계를 이용하여 t기의 국내물가를 $t-1$기의 국내물가로 나누면 다음과 같이 표시된다.

$$\frac{P_t}{P_{t-1}} = \frac{(1+k)}{(1+k)} \cdot \frac{S_t}{S_{t-1}} \cdot \frac{P_t^*}{P_{t-1}^*}$$

k는 시간에 관계없이 일정하므로 분모와 분자의 $(1+k)$는 서로 상쇄되고, 환율과 양국물가를 변동분으로 표시하면 다음과 같이 바꾸어 쓸 수 있다.

$$\frac{P_{t-1} + \Delta P_t}{P_{t-1}} = \frac{S_{t-1} + \Delta S_t}{S_{t-1}} \cdot \frac{P_{t-1}^* + \Delta P_t^*}{P_{t-1}^*}$$

$$\left(1 + \frac{\Delta P_t}{P_{t-1}}\right) = \left(1 + \frac{\Delta S_t}{S_{t-1}}\right) \cdot \left(1 + \frac{\Delta P_t^*}{P_{t-1}^*}\right)$$

물가의 변동률을 π로 표시하고, 환율의 변동률에 관해 정리하면 다음과 같다.

$$(1+\pi_t) = \left(1 + \frac{\Delta S_t}{S_{t-1}}\right) \cdot (1+\pi_t^*)$$

$$1 + \frac{\Delta S_t}{S_{t-1}} = \frac{1+\pi_t}{1+\pi_t^*} = \frac{1+\pi_t^* + \pi_t - \pi_t^*}{1+\pi_t^*} = 1 + \frac{\pi_t - \pi_t^*}{1+\pi_t^*}$$

양변에서 1을 빼면 환율의 변동률은 국내 인플레이션율에서 외국 인플레이션율을 뺀 값을 다시 (1+외국 인플레이션율)로 나눈 것과 같다.

$$\frac{\Delta S_t}{S_{t-1}} = \frac{\pi_t - \pi_t^*}{1+\pi_t^*}$$

만약 외국의 인플레이션율이 매우 낮아 0에 가깝다면 분모의 값이 1에 가까워지므로 위 식은 다음과 같이 근사값으로 쓸 수 있다.

$$\frac{\Delta S_t}{S_{t-1}} \fallingdotseq \pi_t - \pi_t^*$$

즉 환율의 변동률은 국내 인플레이션율에서 외국 인플레이션율을 뺀 것과 같다.

만약 본국의 인플레이션율이 외국의 인플레이션율보다 높(낮)다면 양국간 인플레이션율 차이만큼 환율이 상승(하락) – 즉 본국통화가 평가절하(절상)된다는 것을 의미한다.

상대적 구매력평가설과 환율예측

상대적 구매력평가설은 장래 환율을 예측하는 데에 이용될 수 있다. t기에서 예측하는 $t+1$기까지 환율의 예상변동률은 본국의 예상인플레이션율에서 외국의 예상인플레이션율을 뺀 차이로 표시된다.

$$\frac{E_t S_{t+1}-S_t}{S_t} = \frac{E_t\pi_{t+1}-E_t\pi^*_{t+1}}{1+E_t\pi^*_{t+1}} \left(\fallingdotseq E_t\pi_{t+1}-E_t\pi^*_{t+1}\right)$$

$$\left[\text{또는 } E_tS_{t+1}=S_t\times\frac{1+E_t\pi_{t+1}}{1+E_t\pi^*_{t+1}}\right] \qquad (4\text{-}7)$$

단, E_tS_{t+1} : E는 기대를 나타내는 기호이며, t시점에서 예상하는 $t+1$ 시점의 환율임.

예를 들어 내년도에 우리나라의 예상인플레이션은 3.5%이고, 미국의 예상인플레이션은 2.0%라고 하자. 이 경우 상대적 구매력평가설을 이용하면 내년도에 우리나라 원화환율이 1.5% 상승할 것으로 – 즉 원화가 1.5% 절하될 것으로 예측할 수 있다.

이론과실제 구매력평가설을 이용한 환율예측

우리나라 기업이 내년도 사업계획을 수립하는 과정에서 내년도 원-달러 환율이 필요하다고 하자. 이러한 경우 원-달러 환율을 구매력평가설에 의하여 예측하여 볼 수 있다.

우선 외환시장 동향을 살펴보니 원-달러 환율이 올해말에 1,100원 수준에서 머무를 것으로 보인다. 국내외 주요 연구기관은 내년도중 미국의 인플레이션율은 5.0%, 우리나라의 인플레이션율은 3.0%에 달할 것으로 예측하고 있다고 하자.

내년도 우리나라의 인플레이션율이 미국보다 2.0%「포인트」낮으므로 내년도에 원-달러 환율이 달러당 22원(=₩1,100/$×0.02) 하락할 것으로 예상된다. 따라서 내년도말 원-달러 환율을 근사값으로 구하면 달러당 1,078.00원(=₩1,100.00/$ – ₩22.00/$)이 된다.

보다 엄밀한 내년도말 원-달러 환율이 필요하다면 본문에서 식 (4-7)을 이용하여 다음과 같이 구할 수 있다.

$$E_tS_{t+1} = ₩1,100,00/\$ \times \frac{1+0.03}{1+0.05}$$

$$= ₩1,079.05/\$$$

앞에서 알 수 있듯이 외국의 인플레이션율이 낮아 분모 값이 1에 가깝다면 원-달러 환율의 참값이나 근사값간에 큰 차이가 없다.

(2) 구매력평가설의 검증과 제약요인 및 유용성

1) 구매력평가설의 검증

구매력평가설은 그동안 많은 학자들에 의해 실증분석이 이루어져 왔다. 이 중에서 Ranganathan(1983)과 Frenkel(1976)의 실증분석이 널리 인용되고 있다.

실제환율과 구매력평가환율

일반적으로 실제환율은 장기적으로 양국의 소비자물가지수를 이용하여 산출한 **구매력평가환율**과 유사한 움직임을 보이는 것으로 분석되고 있다. <그림 4-1(a)>에서 보는 것과 같이 Ranganathan의 분석에 따르면 1973년에서 1983년중 주요국 통화 - 즉 마르크화-미달러화, 엔화-미달러화와 스위

그림 4-1 구매력평가환율과 실제환율

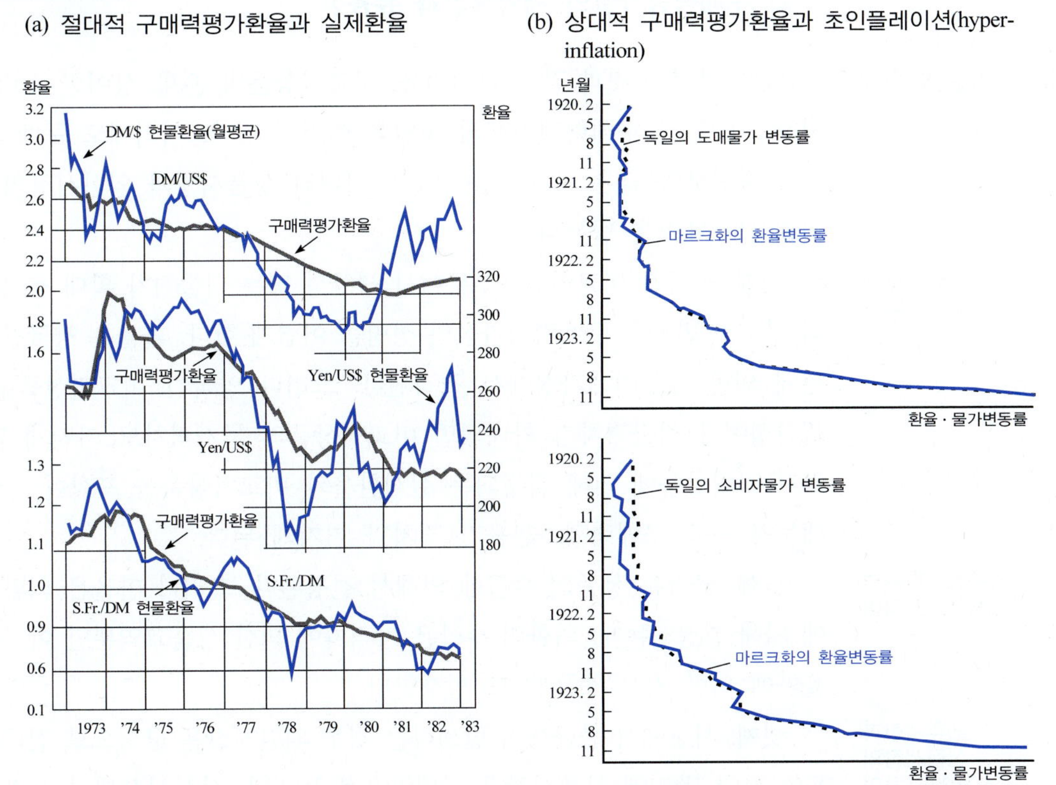

자료 : V. K. Ranganathan, "Does Purchasing Power Matter Now?" *Euromoney*(August 1983), pp. 149-150.

자료 : Jacob A. Frenkel, "A Monetary Approach to the Exchange Rate : Doctrinal Aspects and Empirical Evidence," *Scandinavian Journal of Economics* (July 1976), p. 215.

스 프랑화-마르크화의 실제환율은 단기적으로 구매력평가환율로부터 괴리되지만 장기적으로는 구매력평가환율과 궤를 같이 하면서 움직이는 것으로 나타났다.

초인플레이션과 구매력평가설

또한 구매력평가설은 **초인플레이션**(hyper-inflation) 기간에 잘 성립하는 것으로 분석되고 있다. Frenkel의 실증분석에 따르면 제1차 세계대전후 독일은 1920~23년중 극심한 인플레이션을 경험하였는데 <그림 4-1(b)>에서 보는 것과 같이 이 기간중 마르크화의 대미달러 환율의 변동률은 도매물가나 소비자물가의 변동률과 거의 일치하면서 움직이는 것으로 나타났다. 이는 초인플레이션 기간 중에는 모든 경제활동이 물가임에 민감하게 반응하기 때문에 물가와 관련성이 큰 환율도 물가에 맞추어 움직인 것으로 풀이된다.

2) 구매력평가설의 제약요인과 유용성

구매력평가설의 한계

앞서 살펴본 것과 같이 거래비용, 비교역상품의 존재, 상이한 소비바스켓, 시장구조 등은 구매력평가설의 성립을 어렵게 한다. 이외에도 구매력평가설은 기술진보와 같은 구조적 요인뿐만 아니라 상품시장과 외환시장의 특성에 의해서도 제약을 받는다.

비교역상품의 존재

첫째, 양국간 비교역상품부문에서 생산성 또는 기술격차 확대 등 실물부문의 구조적 변동은 구매력평가설의 성립을 어렵게 한다. 환율은 양국간 상품교역에 의한 재정거래과정에서 결정된다. 그러나 양국간 비교역상품부문에서 생산성이나 기술격차가 확대되면 비교역상품의 물가격차도 커지게 된다. 따라서 교역상품에 의해 결정되는 실제환율과 비교역상품을 포함한 양국간 상대물가 - 즉 구매력평가환율간 격차가 커지게 된다.

물가와 환율의 결정요인 차이

둘째, 물가는 상품의 수급에 의해서 결정된다. 그러나 환율은 외환의 수급에 의해 결정되는데, 외환의 수급은 가격차에 의한 상품교역뿐만 아니라 이자율차에 의한 자본이동에서도 발생한다.

외환시장과 상품시장의 조정속도 차이

셋째, 시장에서 불균형이 발생하는 경우 외환시장은 균형으로 접근하는 속도가 빠른 반면에 상품시장은 상대적으로 느리다. 상품시장에서 가격은 현재 및 과거의 수급상황이나 기존 거래계약에 의해 상대적으로 영향을 많이 받기 때문에 균형가격으로 접근하는 속도가 느리다. 반면 외환시장은 자산시장으로서 성격을 가지고 있어 금리, 주가 등 주요 변수뿐만 아니라 시장기대 등이 바뀌면 자본이 빠르게 이동하여 외환의 수급에 즉각 영향을 미치기 때문에 균형환율로 접근하는 속도가 빠르다.

구매력평가설의 유용성

중장기환율의 예측

우선 구매력평가설은 앞서 Ranganathan의 실증분석이 제시하는 바와 같이 중장기환율을 예측하는 수단으로 유용하게 사용된다. 중장기환율의 예측은 양국간 예상인플레이션 격차가 환율변동률과 동일하다는 상대적 구매력평가설에 근거를 두고 있다. 실제로 중장기환율을 예측함에 있어서 물가 이외에 경제성장, 국제수지, 장기금리 등 기초적 경제여건도 고려하여야 한다.

고인플레이션 국가의 환율예측

또한 구매력평가설은 Frenkel의 분석이 제시하는 바와 같이 극심한 인플레이션을 겪는 국가의 환율을 예측하는데 유용하게 사용될 수 있다. 1980년대 전반 브라질 등 중남미국가들이 극심한 인플레이션을 겪었고, 1980년 후반에는 동유럽국가들이 시장경제체제로 전환하는 과정에서 극심한 인플레이션을 겪었다. 이러한 국가들의 환율을 예측할 때 일차적으로 고려하여야 하는 요인이 예상인플레이션임은 더 말할 나위가 없다.

이론과실제

명목환율과 실질환율

통상 환율이라고 할 때는 명목환율로서 일반적으로 외환거래에서 사용되는 환율을 말한다. 반면 실질환율이란 명목환율에서 양국의 상대적 물가변동을 제거한 환율로서 수출경쟁력을 파악하는 지표로 널리 활용된다.

실질환율은 명목환율을 양국의 물가수준의 비로 나누어 다음과 같이 표시된다.

$$RS_t = \frac{S_t}{(P_t/P_t^*)} = \frac{S_t \cdot P_t^*}{P_t}$$

만약 절대적 구매력평가설이 성립한다면 윗 식에서 알 수 있듯이 실질환율은 1로서 항상 일정하게 된다. 그러나 앞에서 다룬 바와 같이 여러 가지 현실적 제약으로 인해 물가변동이 명목환율에 즉각 반영되기 어렵기 때문에 실질환율이 변동하게 된다.

실질환율의 변동은 상대국에 대한 우리나라의 수출경쟁력의 변동을 가져온다. 예를 들어 지난 1년간 우리나라 물가가 미국의 물가보다 더 많이 올랐다고 하자. 만약 원-달러 명목환율에 변동이 없거나 명목환율의 상승률이 양국 물가변동율의 차이보다 작다면 실질환율은 하락하며, 이로 인해 우리나라 원화의 대외적 실질가치가 상승하게 된다. 이와 같이 원화의 대외적 실질가치가 상승하면 우리나라 상품이 상대적으로 비싸지게 되므로 가격경쟁력이 떨어지게 된다.

이와 같이 명목환율이 변동하지 않더라도 실질환율은 양국간 상대 물가의 움직임에 의해 변동하게 된다. 따라서 한 나라가 가격적 측면에서 수출경쟁력을 확보하거나 유지하기 위해서는 실질환율을 안정시키는 것이 필요하다.

4.2 국제피셔효과

(1) 피셔효과

금리란 일반적으로 일정기간 자금을 차입하여 사용한 것에 대해 지불하는 대가로서 자금의 현재가치와 미래가치 간 교환비율이며 실물부문과 금융부문을 연결하는 고리 역할을 함

피셔효과(Fisher Effect)란 미국의 경제학자 Irving Fisher에 의해 주장된 것으로서 명목금리는 실질금리에 예상인플레이션을 더한 것과 같다.[1)]

$$R_t = r_t + E_t\pi_{t+1} \tag{4-8}$$

단, R: 명목금리, r: 실질금리

자금대여자는 실질금리뿐만 아니라 인플레이션에 의한 자금의 가치하락분까지 보상을 요구하게 된다. 반면 자금차입자는 차입자금으로 실물자산을 구입하여 보유하므로 실질금리뿐만 아니라 인플레이션에 의한 실물자산의 명목가치상승분도 기꺼이 보상할 의사를 가지게 된다.

이론과실제 피셔효과의 도출

Irving Fisher는 명목금리, 실질금리 및 예상인플레이션의 관계를 다음과 같이 나타내었다.

$$\begin{aligned} 1+R_t &= (1+r_t)\times(1+E_t\pi_{t+1}) \\ &= 1+r_t+E_t\pi_{t+1}+r_t\cdot E_t\pi_{t+1} \end{aligned}$$

앞 식은 양변에서 1을 빼어 다음과 같이 간략히 쓸 수 있다.

$$R_t = r_t + E_t\pi_{t+1} + r_t\cdot E_t\pi_{t+1}$$

만약 실질금리와 기대인플레이션의 크기가 작다면 $r_t\cdot E_t\pi_{t+1}$은 더욱 작아져 무시할 수 있으므로 앞 식을 다음과 같이 나타낼 수 있다.

$$R_t \fallingdotseq r_t + E_t\pi_{t+1}$$

즉 명목금리는 실질금리와 예상인플레이션의 합으로 나타난다.

2국간 피셔효과

본국과 외국의 피셔효과를 동시에 고려하면 양국간 명목금리의 차이는 실질금리의 차이와 예상인플레이션의 차이의 합으로 표시된다.

$$R_t - R_t^* = (r_t - r_t^*) + (E_t\pi_{t+1} - E_t\pi_{t+1}^*) \tag{4-9}$$

1) 여기서는 명목금리와 실질금리를 확실히 구분하여 사용하고 있지만 이를 구분하지 않고 금리를 사용하는 경우에는 명목금리를 의미함.

실질금리는 실물자산의 생산력과 현재소비와 미래소비간 시간선호에 의해 결정됨

바꾸어 이야기하면 양국간 명목금리의 차이는 실질금리의 차이뿐만 아니라 예상인플레이션의 차이에 의해서도 발생한다. 일반적으로 경제활동이 활발한 개발도상국의 명목금리는 성숙단계에 들어간 선진국보다 높게 나타나고 있다. 이는 경제성장률이 높은 국가의 경우 투자에 의해 얻을 수 있는 수익률이 높아 실질금리가 높고 경제활동이 왕성하여 인플레이션이 높기 때문이다.

만약 양국간 실질금리가 같다고 가정하면 – 예를 들어 선진국을 대상으로 하거나 활발한 자본이동으로 실질금리가 같아진다면 양국간 명목금리의 차이는 예상인플레이션의 차이만을 반영하게 된다.

$$R_t - R_t^* = E_t\pi_{t+1} - E_t\pi^*_{t+1} \tag{4-10}$$

즉 기대인플레이션율이 높은 국가일수록 명목금리가 높다는 것을 의미한다.

(2) 국제피셔효과

1) 국제피셔효과의 의의와 내용

국제피셔효과(International Fisher Effect)는 양국간 환율과 금리간 관계를 나타낸다. 즉 국제피셔효과에 따르면 환율의 예상변동률은 양국간 금리격차와 평가관계를 이룬다는 것이다.

$$\frac{E_tS_{t+1} - S_t}{S_t} = \frac{R_t - R_t^*}{1 + R_t^*}\left(\fallingdotseq R_t - R_t^*\right)\left(\text{또는 } E_tS_{t+1} = S_t \times \frac{1 + R_t}{1 + R_t^*}\right) \tag{4-11}$$

이론과실제 국제피셔효과의 도출

국제피셔효과는 2국간 피셔효과와 상대적 구매력평가설을 이용하여 도출할 수 있다. 2국간 피셔효과에 따르면 양국간 금리차이는 양국간 예상인플레이션의 차이와 같고, 상대적 구매력평가설에 따르면 환율의 예상변동률도 양국간 예상인플레이션의 차이와 같다.

<2국간 피셔효과> $R_t - R_t^* = E_t\pi_{t+1} - E_t\pi^*_{t+1}$

<상대적 구매력평가설>

$$\frac{E_tS_{t+1} - S_t}{S_t} = E_t\pi_{t+1} - E_t\pi^*_{t+1}$$

앞 식에서 환율의 기대변동률은 양국간 금리차이와 같음을 알 수 있다.

$$\frac{E_tS_{t+1} - S_t}{S_t} = R_t - R_t^*$$

예를 들어 우리나라 원화표시 채권금리가 연 6.00%이고 미달러화표시 채권금리가 연 4.50%인 경우 국제피셔효과에 따르면 원화환율은 향후 1년간 1.50% 상승할 것으로 예상된다. 이는 미국투자자가 우리나라 원화표시 채권에 투자하면 1.50%만큼 더 많은 이자를 받지만 원화가치가 1.50% 하락할 것으로 예상되기 때문에 어느 곳에 투자하건 예상수익률은 같아지게 됨을 의미한다.

유위험 국제금리평가

국제피셔효과는 국내투자 수익률과 해외투자 수익률간 관계를 나타내기도 한다. 본국통화표시 금융자산에 투자하는 경우는 국내금리만 고려하면 된다. 그러나 외국통화표시 금융자산에 투자하는 경우에는 외국금리뿐만 아니라 환율변동까지 고려하여야 한다. 국제피셔효과에 따르면 국내금리는 외국금리에 환율의 기대변동률을 합한 것과 평가관계를 이루게 된다. 이는 앞의 식 (4-11)에서 외국금리(R_t^*)를 우변으로 옮김으로써 쉽게 도출될 수 있다.

$$R_t = R_t^* + \frac{E_t S_{t+1} - S_t}{S_t} \qquad (4\text{-}12)$$

그러나 예상한 대로 환율이 변동하지 않는다면 투자자는 환위험을 감수하여야 한다. 따라서 국제피셔효과를 (환위험이) 커버되지 않은 또는 **유위험 국제금리평가**(Uncovered Interest Rate Parity)라고 부른다.

이론과실제 **국제피셔효과에 의한 환율 예측**

현재 유로화표시 국채금리가 연 3.60%, 미국의 Treasury Note금리가 연 4.80%이고 유로화에 대한 달러화 환율(EUR/USD)은 1.2000이라고 하자. 국제피셔효과를 이용하여 6개월후 유로화에 대한 달러화 환율이 얼마에서 형성될 것인가를 예측하여 보자.

미국의 투자자 입장에서 보면 금리는 연율로 표시되어 있으므로 6개월간 국내금리(R)는 $0.0480 \times \frac{1}{2}$, 외국금리($R^*$)는 $0.0360 \times \frac{1}{2}$ 이고, 현재 환율(S_t)은 1.2000이다. 식 (4-11)을 이용하여 6개월후 예상환율을 다음과 같이 계산할 수 있다.

$$E_t S_{t+T} = S_t \times \frac{1 + R_t(T/365)}{1 + R_t^*(T/365)}$$

$$= 1.2000 \times \left(\frac{1 + 0.0480 \times \frac{1}{2}}{1 + 0.0360 \times \frac{1}{2}} \right)$$

$$= 1.2071$$

단, T는 잔여일수

따라서 6개월후 EUR/USD는 1.2071에서 형성될 것으로 예상된다.

2) 국제피셔효과의 검증

Aliber and Stickney(1975)의 실증분석에 따르면 국제피셔효과는 개발도상국보다는 선진국에서, 그리고 단기보다는 장기에서 성립할 가능성이 높은 것으로 나타났다. 우선 선진국의 경우 국제피셔효과의 이탈폭이 구매력평가의 이탈폭보다는 작은 것으로 나타났다. 그리고 국제피셔효과와 구매력평가로부터 이탈현상은 장기보다 단기에서 뚜렷하게 나타났는데, 이는 외화자산이나 부채를 관리할 때 단기적으로는 환위험에 노출되지만 장기적으로는 구매력평가나 국제피셔효과가 적용됨으로써 그만큼 환위험이 줄어듦을 의미한다.

4.3 국제금리평가

(1) 국제금리평가의 의의와 재정거래

1) 국제금리평가의 정리의 의의와 내용

무위험 국제금리평가

국제금리평가(International Interest Rate Parity)의 정리(定理)는 금융시장이 완전한 경우 환율과 양국 금리간 관계를 나타낸다. 국가간 자본이동에 대한 규제, 거래비용 등이 없다면 선물환 프리미엄(또는 디스카운트)은 양국간 금리차와 평가관계를 가진다는 것이다.

$$\frac{F_t^{t+1}-S_t}{S_t}=\frac{R_t-R_t^*}{1+R_t^*}\left(\fallingdotseq R_t-R_t^*\right)\left(\text{또는 } F_t^{t+1}=S_t\times\frac{1+R_t}{1+R_t^*}\right) \tag{4-13}$$

단, F_t^{t+1} : t기에서 형성된 $t+1$기의 선물환율

국제금리평가의 정리는 앞에서 다룬 국제피셔효과와 비교할 때 예상현물환율 E_tS_{t+1}이 선물환율 F_t^{t+1}로 바뀌었을 뿐이다. 따라서 국제피셔효과는 (환위험이) 커버되지 않은 또는 유위험 국제금리평가(Uncovered Interest Rate Parity)라고도 불리는 반면에, 국제금리평가의 정리는 (환위험이) 커버된 또는 **무위험 국제금리**

평가(Covered Interest Rate Parity)라고 부르기도 한다.

해외증권투자와 환위험의 헤지

국제금리평가는 국내증권투자 수익률과 해외증권투자 수익률간 평가관계를 나타낸다. 본국통화표시 금융자산에 투자하는 경우에 수익률은 국내금리(R_t)만 고려하면 된다. 반면에 외국통화표시 금융자산에 투자하는 경우에 수익률은 외국금리(R_t^*)뿐만 아니라 예상환율변동률$\left(\dfrac{E_tS_{t+1}-S_t}{S_t}\right)$까지 고려하여야 한다.

선물환거래와 환위험헤지

이 경우 투자자는 예상하지 못한 환율변동에서 오는 환위험에 직면하게 되는데 선물환거래를 통하여 환위험을 회피할 수 있다. 즉 투자자가 선물환거래를 통해 회수시점의 환율을 확정시킨다면 외국통화표시 금융자산의 투자에서 얻는 수익률은 외국금리(R_t^*)와 선물환 프리미엄 또는 디스카운트$\left(\dfrac{F_t^{t+1}-S_t}{S_t}\right)$의 합으로 구성된다. 금리차익을 얻기 위한 국제적 재정거래는 본국통화표시 투자수익률과 외국통화표시 투자수익률을 같게 하며, 이를 식으로 표시하면 다음과 같다.

$$R_t = R_t^* + \frac{F_t^{t+1} - S_t}{S_t} \tag{4-14}$$

따라서 국제적으로 금리차익을 노리는 재정거래는 국내금리, 해외금리, 현물환율 및 선물환율간 균형체계 – 즉 국제금리평가의 정리를 성립하게 한다.

이론과실제 **국제금리평가의 정리를 이용한 선물환율의 산출**

선물환의 다양한 만기를 고려하여 국제금리평가의 정리를 다음과 같이 바꾸어 쓸 수 있다.

$$F_t^{t+T} = S_t \cdot \frac{1+R_t(T/365)}{1+R_t^*(T/365)}$$

예를 들어 우리나라에서는 CD금리가 연 3.00%, 미국에서는 CD금리가 연 2.00%이고, 현재 원-달러환율이 1,200.00원이라고 하자. 이 경우 국제금리평가의 정리를 이용하여 3개월물 원-달러 선물환율을 구하면 1,202.99원이 된다.

$$F_t^{t+90} = 1{,}200.00 \times \frac{1+0.0300(90/365)}{1+0.0200(90/365)} = (₩)1{,}202.94(/\$)$$

이론과실제 국제금리평가의 정리 도출

국가간 자본이동에 대한 규제, 거래비용 등이 없어 금융시장이 완전하고, 통화표시가 다른 것을 제외하면 금융자산의 특성도 같다고 하자. 이 경우 투자자는 국내외통화표시 금융자산중 수익률이 높은 금융자산을 선택하여 투자할 것이다. 또한 수익률이 낮은 곳에서 차입하여 수익률이 높은 곳에 투자함으로써 금리차익을 노리는 재정거래도 발생하게 된다.

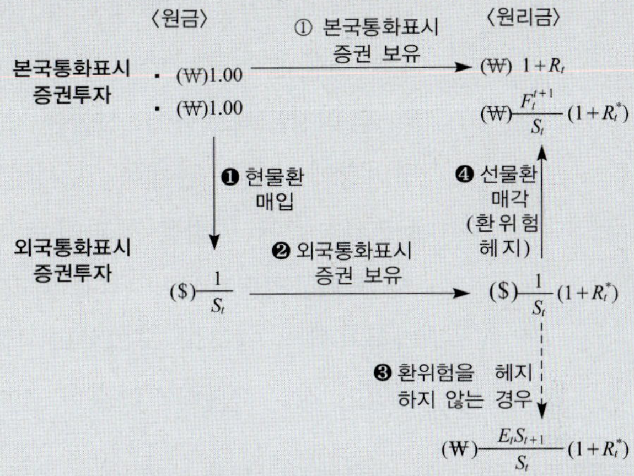

어느 투자자가 ₩1.00을 가지고 원화표시 채권(1년만기)에 투자할 것인가 아니면 달러화표시 채권에 투자할 것인가를 고려하고 있다고 하자. 원화표시 채권금리가 R_t인 경우 ① 투자자가 원화표시 채권을 매입하여 1년간 보유하게 되면 1년후 원금과 이자가 ₩$(1+R_t)$가 된다.

이제 달러화표시 채권에 투자하는 경우를 고려해 보자. 우선 원화를 현물환시장에서 달러화로 바꾸어야 한다. 만약 현물환율이 S_t인 경우 ❶ ₩1.00을 달러화로 바꾸게 되면 $\$\left(\frac{1}{S_t}\right)$가 된다. ❷ 달러화표시 채권을 구입하여 1년간 보유하게 되면 1년후 원리금은 $\$\frac{1}{S_t}(1+R_t^*)$가 되며, 이를 다시 원화로 바꾸어야 한다. 그러나 1년후 원-달러환율이 얼마가 될지 모르기 때문에 ❸ 투자자는 예상환율에 의존하게 된다. 1년후 시장에서 형성되는 현물환율이 지금 예상하였던 환율보다 높으면 환차익이 발생하지만, 낮으면 환차손이 발생한다.

투자자는 달러화표시 채권투자에 따른 환위험을 선물환거래를 통해 헤지할 수 있다. ❹ 즉 투자자는 1년후 회수하게 되는 달러화표시 원리금(long position)을 투자시점에서 선물환시장을 통해 매각(short position)하여 원화표시로 원리금을 확정시킴으로써 환위험에서 벗어날 수 있다.

투자자가 원화통화표시 채권이나 달러화통화표시 채권중 유리한 것을 선택하여 투자하는 과정에서 원화표시 채권의 원리금과 원화로 환산한 달러화표시 채권의 원리금이 같아져 균형을 이루게 된다.

$$\frac{F_t^{t+1}}{S_t}\cdot(1+R_t^*)=1+R_t$$

앞 식에서 양변을 $1+R_t^*$로 나누어지고, 1을 빼서 정리하면 다음과 같다.

$$\frac{F_t^{t+1}}{S_t}=\frac{1+R_t}{1+R_t^*}$$

$$\frac{F_t^{t+1}}{S_t}-1=\frac{1+R_t}{1+R_t^*}-1$$

$$\frac{F_t^{t+1}-S_t}{S_t}=\frac{R_t-R_t^*}{1+R_t^*}$$

만약 R_t^*가 0에 가까워 무시할 정도로 작다면, 앞 식을 다음과 같이 간략하게 나타낼 수 있다.

$$\frac{F_t^{t+1}-S_t}{S_t}\fallingdotseq R_t-R_t^*$$

즉 선물환 프리미엄(또는 디스카운트)는 양국간 금리차이와 평가관계를 이룬다.

2) 국제금리평가의 정리와 재정거래

〈그림 4-2〉

국제금리평가선

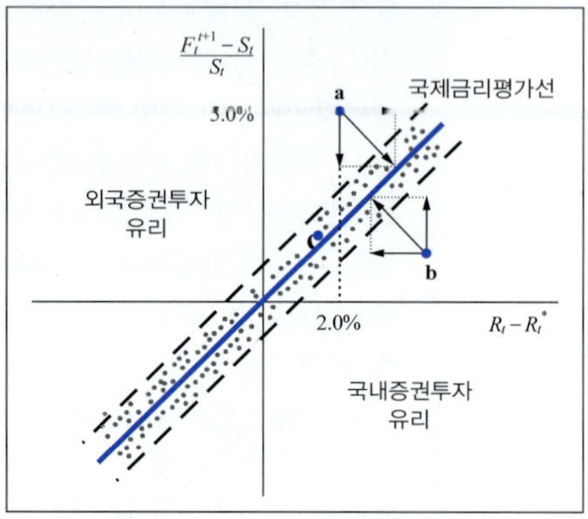

국제금리평가선

국제금리평가의 정리는 선물환 프리미엄(또는 디스카운트)과 양국의 금리차간 1 : 1의 대응관계를 나타낸다. 가로축에 양국의 금리차, 세로축에 선물환 프리미엄의 평면상에 이들 관계를 표시하면 <그림 4-2>와 같이 원점을 통과하는 45° 직선 – 즉 국제금리평가선이 된다. 따라서 국제금리평가선은 양국의 금리차와 선물환 프리미엄이 같은 점들을 연결한 것이다.

외국증권투자 유리

국제금리평가선의 왼쪽 위에 있는 점 – 즉 $\frac{F_t^{t+1}-S_t}{S_t} > R_t - R_t^*$인 경우를 생각해 보자. 점 a는 선물환 프리미엄이 5.0%, 양국간 금리차가 2.0%인 점을 나타낸다. 양국간 금리차만 고려한다면 투자자는 본국통화표시 금융자산에 투자함으로써 외국통화표시 금융자산에 투자하는 것보다 2.0%포인트 더 높은 이자를 받을 수 있다. 그러나 외국통화표시 금융자산에 투자하면 환차익(선물환 프리미엄)이 5.0%로서 금리차익 2.0%보다 크다. 따라서 투자자는 본국통화표시 금융자산에 투자하는 것보다 외국통화표시 금융자산에 투자함으로써 3.0%포인트 더 높은 수익을 얻을 수 있다. 즉 국제금리평가선 왼쪽 위에 있는 점들은 외국통화표시 금융자산에 투자하는 것이 유리한 경우를 나타낸다.

국내증권투자 유리

반면 국제금리평가선 오른쪽 아래에 있는 점 – 즉 $\frac{F_t^{t+1}-S_t}{S_t} < R_t - R_t^*$인 경우는 본국통화표시 금융자산에 투자하는 것이 유리하다. 점 b는 외국통화표시 금융자산에 투자함으로써 환차익(선물환 프리미엄)을 얻을 수 있다. 그러나 본국통화표시 금융자산의 금리가 환차익을 보상하고도 남을 정도로 외국통화표시 금융자산의 금리보다 높기 때문에 본국통화표시 금융자산에 투자하는 것이 유리하다.

재정거래와 국제금리평가

국제금리평가의 정리는 금융시장이 완전한 경우에 – 즉 국가간 자본이동이 자유롭고 거래비용이 없다면[2] 선물환 프리미엄(또는 디스카운트)와 양국의 금리차간 평가관계가 있음을 보여주고 있다. 뒤집어서 말하면 선물환 프리미엄

이론과실제 NDF규제와 재정거래

2004년 1월 15일 정부는 원화의 대외가치가 급격히 상승하는 것을 막기 위하여 국내금융회사들이 홍콩, 싱가포르 등에서 사들이는 NDF(차액결제선물환) 보유 한도를 제한하는 조치를 취하였다. 즉 정부는 역외시장에서 비거주자의 NDF 매도 → 국내금융회사의 NDF 매입 → 환위험 헤지를 위해 국내외환시장에서 현물환 매각 → 현물환율 하락으로 이어지는 연결고리를 끊기 위해 14일자 순매수포지션 대비 10%를 초과하지 못하도록 제한하였다.

이러한 순매수포지션 제한조치로 당시 원-달러 선물환 프리미엄(스왑레이트)이 줄어듦에 따라 외국인들은 해외에서 저금리로 달러를 조달하여 고금리의 우리나라 국채를 매입함으로써 엄청난 재정이익을 챙겼다. 예를 들어 당시 외국인들이 해외에서 연 1.39%(LIBOR 1년물 기준)로 달러화를 차입하여 원화로 바꿔 연 4.43%짜리 통화안정증권(1년물)에 매입하는 것과 동시에 선물환을 매입하였다고 하자. 이 경우 외국인이 국내 채권매입에 들어간 비용은 달러조달금리 1.39%와 선물환 프리미엄 1.40%를 합친 2.79%인 반면에 통화안정증권에서 얻을 수 있는 수익은 4.43%에 달하였다. 따라서 외국인은 아무런 위험없이 1.64%포인트의 금리차익을 누릴 수 있었다.

외국인들은 1월 1～15일 중 국내채권을 74억원 순매도하였으나 16일부터 갑자기 순매수세로 돌아섰으며 정부가 NDF규제조치를 발표한 다음날(1월 16일)부터 2월 12일까지 1조 3,112억원을 순매수하였다. 결국 정부는 2월 18일 NDF에 대한 규제를 완화하는 조치를 취하였다.

저금리로 달러조달 -- 고금리 한국 국채에 투자

외국인, NDF규제 틈타 돈벌이

한달간 1조3천억 순매수 -- 지난해 1년 규모 웃돌아

재경부 "휴~"

NDF거래 규제 푼 첫날

자료: 한국경제신문 2004년 2월 20일자 A4면.

(또는 디스카운트)이 양국의 금리차와 같지 않다면 재정거래－즉 국제적으로 금리차익을 얻기 위한 자본이동이 발생한다. 이러한 재정거래는 국내금리, 해외금리, 현물환율 및 선물환율을 국제금리평가의 정리가 성립하게 하는 방향으로 움직이게 한다. 결국 재정거래는 국제금리평가의 정리를 성립하게 함으로써 국내금융시장, 해외금융시장, 현물환시장 및 선물환시장간 균형체계를 유지하게 한다.

2) 거래비용이 없다는 가정은 투자자로서 차입금리와 대출금리가 같고, 현물환이나 선물환의 매입률과 매도율이 같다는 것을 포함하고 있음.

예를 들어 국내외 금융 및 외환시장의 동향을 파악해보니 일시적으로 국제금리평가선의 왼쪽 위에 위치한 점 a와 같은 상태에 있다고 해보자. 이 경우 투자자는 외국통화표시 금융자산에 투자함으로써 더 높은 수익률을 얻을 수 있으므로 본국통화표시 채권을 매각하고 외국통화표시 채권을 매입하는 재정거래가 발생한다. 이로 인해 ① 본국통화표시 채권의 공급증가로 본국통화표시 채권의 가격이 하락하고 – 즉 국내금리가 상승하고, ② 외국통화표시 채권을 매입하기 위한 현물환에 대한 수요증가로 현물환율이 상승하고, ③ 환위험 헤지를 위한 선물환 매각의 증가로 선물환율이 하락하고, ④ 외국통화표시 채권에 대한 수요증가로 외국통화표시 채권의 가격이 상승 – 즉 외국금리가 하락한다. 이러한 과정에서 양국간 금리차의 축소는 점 a를 오른쪽으로 당기고, 선물환 프리미엄의 하락은 점 a를 아래쪽으로 끌어내린다. 이러한 두 힘이 동시에 작용함에 따라 점 a는 국제금리평가선으로 이동하면서 국제금리평가의 정리가 성립하게 된다.

(2) 국제금리평가의 제약요인과 검증

1) 국제금리평가의 제약요인

국제금리평가의 정리는 금융시장의 완전성을 전제로 하고 있지만 현실적으로 이를 제약하는 요인이 많다. 이러한 제약요인들은 <그림 4-2>에서 보는 것과 같이 국제금리평가선이 아니라 국제금리평가밴드를 성립하게 한다.

거래비용 첫째, 증권이나 외환의 매매에 따른 거래비용을 들 수 있다. 예를 들어 본국통화표시 증권거래에는 매매수수료만 들지만 외국통화표시 증권거래에는 매매수수료 외에 현물환 및 선물환의 매입율과 매도율 차이로 인한 거래비용이 발생한다. 정보처리 및 통신기술의 발달 등으로 거래비용이 줄어든다면 국제금리평가의 밴드폭은 좁아지게 된다.

정부의 규제 둘째, 정부의 이자 및 자본소득세, 외환통제, 금리규제 등도 국제금리평가의 정리를 제약한다. 투자자는 세전 수익률이 아니라 세후 수익률에 맞추어 투자를 한다. 그러나 양국간 이자 및 자본소득세율이 상이하다면 세전 수익률에 의한 국제금리평가의 정리는 그만큼 성립되기 어렵다.

금융자산의 이질성 셋째, 엄밀한 의미에서 양국간 동질적인 금융자산을 찾기가 어렵다. 명목상 같은 증권이라도 국가마다 금융시장의 발달정도가 다르기 때문에 유동성의 크기, 만기위험 등도 다르다. 이러한 요인들도 금리결정에 영향을 미치기 때문에 국제금리평가 정리의 성립을 제약한다.

정치적 위험 넷째, 정치적 위험도 국제금리평가의 정리를 제약하는 요인으로 작용한다. 해외증권투자는 외국정부의 금융자산 동결 및 몰수, 송금제한 등과 같은 위험이 뒤따른다.

이외에도 정보수집과 분석에 소요되는 비용, 금융시장과 자본시장의 불완전성 등도 국제금리평가의 정리가 성립하는 것을 어렵게 한다.

이론과실제 우리나라 외환위기 이후 내외금리차와 스왑레이트의 변동추이

오른쪽 그림은 1997년 12월 우리나라가 외환위기를 맞은 후 내외금리차와 스왑레이트의 변동추이를 보여주고 있다. 내외금리차는 원화 CD의 유통수익률(91일물)과 달러화 LIBOR(3개월물)의 차이를 나타내고, 3개월 스왑레이트는 원-달러의 3개월물 선물환율과 현물환율과 차이를 연율로 계산한 것이다.

1997년 12월 외환위기 직후 국내금융 및 외환시장의 불안으로 내외금리차와 스왑레이트가 크게 괴리되어 움직였다. 1997년 12월 31일에는 국내금리가 급등하여 해외금리보다 약 18% 정도 높았으므로 이론적으로 보면 3개월물 선물환율도 현물환율 1,695.8원보다 약 4.5%(=18%/4) 높은 1,772.00원 정도에서 결정되어야 한다. 그러나 당시 선물환율은 오히려 현물환율보다 75원이나 낮은 1,620.00원에서 형성되었다. 이는 우리나라 금융기관들이 부족한 외환을 현물환시장에서 높은 가격으로 매입하고 선물환시장에서 낮은 가격으로 손해를 보면서 매각하지 않을 수 없었기 때문이다. 물론 달러화를 조달하는 데 어려움이 없었던 외국은행들은 재정거래를 통해 엄청난 금리차익을 얻을 수 있었다.

그러나 1998년 2/4분기를 지나면서 국내금융 및 외환시장이 외환위기의 충격에서 벗어나 안정됨에 따라 내외금리차와 스왑레이트의 격차가 줄어들고 점차 거의 같이 움직이는 모습을 보여주고 있다. 이와 같이 국제금리평가의 정리는 금융 및 외환시장의 주요 변수인 국내금리, 해외금리, 현물환율 및 선물환율간 균형체계를 유지하게 하는 기본틀을 제공하고 있다.

2) 국제금리평가의 검증

Frenkel and Levich 등의 실증분석에 따르면 유로통화시장에서 3개월만기 유로달러화와 유로마르크화, 유로달러화와 유로엔화 등은 국제금리평가가 잘 성립하는 것으로 나타났다. 그러나 주요 국가간 단기금융상품 - 즉 단기재정증권, 상업어음에 기초한 국제금리평가의 성립 정도는 유로통화시장에 비해 상대적으로 낮은 것으로 조사되었다. 나아가 금융자산의 만기가 길어질수록 국제금리평가의 정리를 적용하기가 더욱 어려워지는 것으로 나타났다.

4.4 선물환평가

(1) 선물환평가의 의의

선물환평가는 **완전한 예측**(perfect foresight)을 가정하면 선물환 프리미엄(또는 디스카운트)은 현물환율의 예상변동률과 평가관계를 이룬다는 것을 말한다.

$$\frac{F_t^{t+1}-S_t}{S_t}=\frac{E_tS_{t+1}-S_t}{S_t} \tag{4-15}$$

선물환평가는 앞에서 다룬 국제피셔효과와 국제금리평가의 정리의 관계로부터 쉽게 도출될 수 있다.

완전한 예측(perfect foresight) - 즉 미래에 대한 예측이 오차없이 실현된다고 가정하면 선물환율은 장래 현물환율의 **불편예측치**(unbiased predictor)가 된다.

$$F_t^{t+1}=E_tS_{t+1} \tag{4-16}$$

즉 t기에 선물환시장에서 결정되는 $t+1$기의 선물환율은 t기에서 예측하는 $t+1$기의 현물환율과 같다.

선물환평가의 성립조건

선물환평가가 성립하기 위해서는 우선 금융시장이 완전해야 한다. 즉 재정거래를 제약하는 외환시장 및 금융시장에 대한 규제나 거래수수료, 세금 등 거래비용 등이 없어야 한다. 또한 이용가능한 모든 시장정보가 시장참가자에게 전달되어 시장가격 결정에 즉각 반영되는 효율적 시장이어야 한다. 그리고 미래에 대한 불확실성이 없어야 한다.

(2) 선물환평가의 검증[3)]

지금까지 실증분석에 따르면 현실적으로 선물환율의 예측력은 상당히 제약되어 있는 것으로 나타났다. Levich(1983)의 실증분석에 따르면 마르크화와 엔화의 선물환 프리미엄은 실제 현물환율의 변동률과 상당히 괴리되어 있는 것으로 나타났다. 또한 IMF의 실증분석에 따르면 7개국 주요 통화의 3개월 선물환율도 3개월후 실제 실현된 현물환율과 상당한 오차가 있는 것으로 나타났다.

이러한 실증분석결과가 선물환평가이론을 부정하는 것은 아니다. 선물환율이 결정되는 시점과 현물환율이 실현되는 시점 사이에 새로운 시장정보가 들어와 환율결정에 영향을 미치기 때문에 선물환율과 실현된 현물환율간에 오차가 존재하게 된다.

4.5 국제평가이론의 종합

앞에서 다룬 여러 가지 평가이론을 다음과 같이 간략히 정리하여 볼 수 있다.

① (상대적) 구매력평가설에 따르면 환율의 예상변동률은 양국간 예상인플레이션 차이와 같다.

$$\frac{E_t S_{t+1} - S_t}{S_t} = \frac{E_t \pi_{t+1} - E_t \pi^*_{t+1}}{1 + E_t \pi^*_{t+1}} \left(\fallingdotseq E_t \pi_{t+1} - E_t \pi^*_{t+1} \right) \tag{4-7}$$

② 2국간 피셔효과에 따르면 양국간 금리차이는 양국간 예상인플레이션 차이와 같다.

---

3) 선물환율이 장래 현물환율의 불편예측치인가에 관한 자세한 논의는 제7장 제1절 외환시장의 효율성을 참조하기 바람.

$$\frac{R_t - R_t^*}{1+R_t^*} = \frac{E_t\pi_{t+1} - E_t\pi_{t+1}^*}{1+E_t\pi_{t+1}^*} \quad (\text{또는 } R_t - R_t^* = E_t\pi_{t+1} - E_t\pi_{t+1}^*) \qquad (4\text{-}10)$$

③ 국제피셔효과에 따르면 환율의 예상변동률은 양국간 금리차이와 같다.

$$\frac{E_tS_{t+1} - S_t}{S_t} = \frac{R_t - R_t^*}{1+R_t^*}\left(\fallingdotseq R_t - R_t^*\right) \qquad (4\text{-}11)$$

④ 국제금리평가의 정리에 따르면 선물환 프리미엄(또는 디스카운트)은 양국간 금리차이와 같다.

$$\frac{F_t^{t+1} - S_t}{S_t} = \frac{R_t - R_t^*}{1+R_t^*}\left(\fallingdotseq R_t - R_t^*\right) \qquad (4\text{-}13)$$

⑤ 선물환평가에 따르면 선물환율은 장래 현물환율의 불편추정치이다.

$$\frac{F_t^{t+1} - S_t}{S_t} = \frac{E_tS_{t+1} - S_t}{S_t} \quad (\text{또는 } F_t^{t+1} = E_tS_{t+1}) \qquad (4\text{-}15) \text{ 또는 } (4\text{-}16)$$

<그림 4-3>은 국제평가이론에 따른 양국간 물가, 금리 및 환율의 상호관계를 나타내고 있다. 그림에서 ① 구매력평가설, ② 2국간 피셔효과, ③ 국제피셔효과, ④ 국제금리평가의 정리, ⑤ 선물환평가를 나타내고 있다.

그림 4-3 국제평가이론의 종합

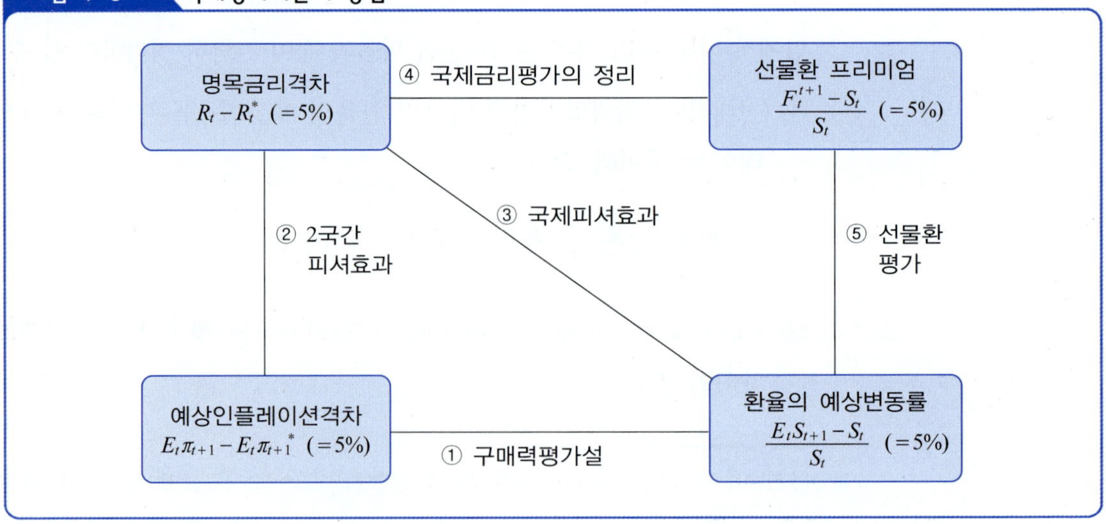

요약

01. 국제평가이론이란 상품시장과 금융시장의 완전성, 동질적 재화 및 완전한 예측이라는 전제하에 물가, 금리, 환율간 평가관계를 나타내며, 구매력평가, 국제피셔효과, 국제금리평가 및 선물환평가로 구성되어 있다.

02. 구매력평가설은 환율과 양국의 물가 — 즉 통화의 구매력간 평가관계에 있음을 나타낸다. 절대적 구매력평가설에 따르면 환율은 외국의 절대물가에 대한 본국의 절대물가와 평가관계에 있고, 상대적 구매력평가설에 따르면 환율의 변동률은 본국 물가변동률에서 외국 물가변동률을 뺀 것과 평가관계에 있다.

03. 구매력평가설은 중장기환율의 예측이나 인플레이션이 심한 국가의 환율을 예측하는 데 유용하게 사용될 수 있다. 그러나 운송비, 관세 등 거래비용, 비교역상품의 존재, 자본이동에 의한 외환의 수급, 상품시장과 외환시장간 조정속도 및 가격결정 행태의 차이 등은 구매력평가설의 성립을 제약하는 요인으로 작용한다.

04. 피셔효과에 따르면 명목금리는 실질금리와 예상인플레이션의 합과 같다. 만약 양국간 실질금리가 같다면 양국간 금리차이는 양국간 예상인플레이션 차이와 같다. 국제피셔효과에 따르면 환율의 예상변동률은 양국간 금리차이와 평가관계를 이룬다. 바꾸어 말하면 금융시장이 완전하고 국가간 자본이동이 자유롭다면 국내금리는 외국금리에 환율의 예상변동률을 합한 것과 같다.

05. 국제금리평가의 정리에 따르면 국가간 자본이동에 대한 규제, 거래비용 등이 없다면 선물환 프리미엄(또는 디스카운트)은 양국간 금리차이와 평가관계를 이룬다. 국제금리평가의 정리는 국내금리, 해외금리, 현물환율 및 선물환율간 균형체계를 유지하게 한다. 그러나 금융 및 외환거래 비용, 정부의 규제, 양국 금융자산간 이질성, 정치적 위험 등은 국제금리평가정리의 성립을 제약하는 요인으로 작용한다.

06. 선물환평가에 따르면 선물환 프리미엄(또는 디스카운트)은 환율의 예상변동률과 평가관계를 이루는데, 이는 선물환율이 장래 현물환율의 불편예측치라는 것을 함축한다. 선물환평가가 성립하기 위해서는 금융시장의 완전성, 시장의 효율성, 미래에 대한 확실성이 전제되어야 한다.

연습문제

01. 우리는 종종 "개도국의 물가수준은 선진국의 물가수준보다 낮다"는 말을 자주 듣고는 한다. 이러한 주장이 옳은지 틀린지를 밝히고 그 이유를 설명하시오.

02. 스타벅스의 커피 한 잔 값이 서울에서는 3,500원, 뉴욕에서는 3.50달러라고 하자. 현재 우리나라 외환시장에서는 원-달러환율이 1,050.00원에서 형성되고 있다고 하자.

(1) 스타벅스 커피를 기준으로 할 때 원-달러 구매력평가환율을 구하시오.

(2) 스타벅스 커피에 의한 구매력평가환율을 기준으로 볼 때 원화는 얼마나 고평가 또는 저평가되어 있는가를 밝히시오.

03. 1980년 이후 월별(또는 분기별) 한국과 미국의 소비자물가지수를 찾아 구매력평가설에 의해 2000년을 기준연도로 구매력평가환율을 구하시오. 그리고 실제 환율(월별 또는 분기별 평균)과 구매력평가환율의 움직임을 비교하고 특징을 살펴보시오. 같은 방법으로 일본의 엔-달러 실제환율과 구매력평가환율의 움직임을 비교하고 특징을 살펴보시오.

04. IMF의 전망에 따르면 내년중 우리나라의 인플레이션은 3.5%, 미국의 인플레이션은 2.5%일 것으로 예상된다. 올해 말 원-달러환율은 1,050.00원에서 형성될 것으로 보인다고 하자. 구매력평가설에 기초하여 내년도 6월말 원-달러환율을 예측해 보시오.

05. 2019년 3월말 현재 엔화표시 국채금리가 연 1.50%, 미국의 Treasury Bond금리가 연 4.50%이고 엔-달러환율은 112.00엔이다. 국제피셔효과에 의하면 3개월후 엔-달러환율은 얼마가 될 것으로 예상되는가?

06. 우리나라의 정기예금금리가 연 3.00%, 일본의 정기예금금리 1.00%이고, 현재 엔화에 대한 원화환율이 100엔당 1,020.00원이라고 하자. 이 경우 엔화는 원화에 대하여 프리미엄상태에 있는가 또는 디스카운트상태에 있는가를 밝히고, 국제금리평가의 정리를 이용하여 3개월물 원-엔(100엔당) 선물환율을 구하시오.

07. 어느 펀드매니저가 펀드를 운용하기 위하여 국내외 외환 및 금융시장 동향을 다음과 같았다고 가정하고 다음 물음에 답하시오.

■ 원-달러 현물환율 : 1,000.00원	■ 3개월물 선물환율 : 995.00원
■ 원화표시 채권금리 : 3.0% / 년	■ 달러화표시 채권금리 : 4.5% / 년

(1) 달러화는 원화에 대하여 선물환 할증(또는 할인)상태에 있는가를 밝히고, 이를 연율로 표시하시오.

(2) 달러화표시 채권에 대한 투자수익률은 연율로 표시하면 얼마인가? 또한 이러한 상황에서 어느 통화표시 채권에 투자하는 것이 얼마나 유리한가를 밝히시오.

(3) 이와 같이 국내외 채권투자 수익률에 차이가 발생하면 펀드매니저는 포트폴리오를 어떻게 조정하겠는가? 이러한 포트폴리오 조정과정에서 원-달러 현물환율, 선물환율, 국내금리 및 해외금리가 어떠한 방향으로 움직이는가를 밝히시오.

(4) (3)번과 같이 국내외 채권투자 수익률에 차이가 있음에도 불구하고 펀드매니저가 포트폴리오를 조정하지 않는다면 그 이유를 설명하시오.

08. 2008년 9월 리만 브라더스의 파산신청을 계기로 금융위기가 전 세계적으로 파급되면서 국내외 금융시장이 큰 혼란을 겪었다.

(1) 이러한 글로벌 금융위기를 전후로 원-달러 선물환 스왑레이트(3개월물)와 내외금리차(원화 CD 유통수익률과 달러화 LIBOR)를 수집하여 이들간 움직임을 그래프로 그려 비교하여 보시오.

(2) 이 기간중 투자자들이 금리차익을 얻기 위해 어떠한 방향으로 재정거래를 하였을 것으로 예상되는가를 설명하시오. 이러한 재정거래를 뒷받침할 수 있는 신문기사를 인터넷을 이용하여 검색하여 보시오.

09. 외환거래에서 발생하는 환위험을 선물환거래를 통해 제거하는 무위험(또는 환위험제거) 금리차익거래에 관한 다음 물음에 답하시오.

(1) 무위험 금리차익거래의 개념에 관하여 설명하시오.

(2) 예를 들어 한국의 금리가 6.00%/년이고, 미국의 금리가 3.00%/년이다. 그리고 외환시장에서 원-달러 현물환율이 1,100원이고, 3개월물 선물환율은 1,111원이라고 하자. 만약 한국과 미국간 자본이동을 제약하는 요인 - 예를 들면 환전수수료, 세금 등이 없다면, 투자자는 원화표시 증권과 달러표시 증권 중 어느 증권을 매입하는 것이 얼마나 유리한가를 밝히시오.

(3) 단기적 환율결정이론으로서 무위험 금리평가이론(covered interest rate parity)과 유위험 금리평가이론(uncovered interest rate parity)을 비교 · 설명하시오.
<2007년 행정고시 국제경제학 기출문제 일부 변형>

P·A·R·T

03

환율의 결정과 예측

환율은 국가간 상품 및 서비스의 수출입과 자본거래를 하는 당사자에게 직접적으로 커다란 영향을 미친다. 또한 환율의 변동은 수출입의 변동, 국가간 자본이동 등을 통해 고용, 소득, 물가, 금리 등 국민경제활동 전반에 걸쳐 영향을 미치기 때문에 일반국민, 수출입기업, 국제재무관리자, 정책입안자에게 중요한 관심의 대상이 되고 있다. 즉 외환거래 당사자들은 환율은 어떠한 요인에 의해 영향을 받으며, 어떻게 하면 잘 예측할 수 있는가에 대한 관심이 높다. 또한 정책입안자들은 국민경제의 안정을 위해 환율이 단기적으로 급격히 변동하는 것을 막거나 환율을 적정수준에서 유지하고자 한다. 여기에서는 환율의 결정요인 및 예측방법과 외환당국의 외환시장개입에 관하여 살펴보고자 한다.

CHAPTER 05

환율의 결정(1): 플로우 접근법

환율은 외환의 가격으로서 외환의 수요와 공급에 의하여 결정된다. 전통적으로 외환의 수요와 공급은 상품 및 서비스의 수출입 등 경상거래에서 발생하였으며, 자본거래는 경상거래에 따른 수지차를 보정하는 성격이 강했다. 따라서 전통적 환율결정이론은 환율의 결정요인을 상품 및 서비스의 수출입에 영향을 미치는 물가, 국민소득 등에서 찾고자 하는 플로우 접근법이 주류를 이루었다. 최근 자본이동이 활발해지면서 환율결정이론으로서 자산시장접근법이 부상하고 있지만 중장기적으로 환율의 변동요인을 파악하는 데 있어서는 플로우 접근법이 큰 역할을 담당하고 있다.

5.1 환율결정의 메커니즘과 요인

(1) 환율결정의 기본메커니즘

외환의 수급과 환율

일반적으로 상품의 가격이 해당 상품의 수요와 공급에 의해 결정되는 것과 같이 환율도 외환의 가격으로서 외환의 수요와 공급에 의하여 결정된다. 즉 외환의 수요량과 공급량이 같아질 때 환율과 외환거래량이 결정된다. <그림 5-1a>에서 보는 바와 같이 외환수요곡선 D_0D_0와 외환공급곡선 S_0S_0가 서로 교차하는 점 E_0에서 균형환율 S_0와 외환거래량 FX_0가 결정된다.

〈그림 5-1a〉

외환의 수급과 환율

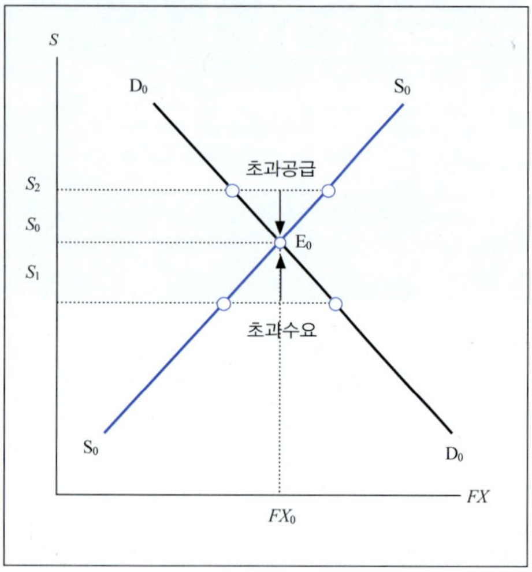

모든 조건이 변하지 않았는데 환율이 균형으로부터 벗어나면 시장의 힘에 의해 다시 균형으로 되돌아온다. <그림 5-1a>에서 보는 바와 같이 외환의 수요와 공급은 변함이 없는데 일시적으로 환율이 S_1으로 떨어졌다고 하자. 이러한 경우에는 외환시장에서 초과수요가 발생하기 때문에 환율이 다시 상승하면서 균형을 찾아간다. 반대로 환율이 일시적으로 S_2로 올라가는 경우 외환시장에서 초과공급이 발생하므로 환율은 다시 하락하면서 균형을 찾아간다.

외환수급의 발생원인

외환의 수요와 공급이 어디서 발생하는가는 대외경제거래를 기록한 국제수지표에서 쉽게 찾아볼 수 있다. 상품 및 서비스의 수입은 수입대금결제를 위해 외환을 매입하는 과정에서 외환의 수요를 발생시킨다. 반면 상품 및 서비스의 수출은 수출결제대금으로 받은 외환을 매각하는 과정에서 외환의 공급을 가져온다. 따라서 상품 및 서비스의 수출입에 영향을 미치는 물가, 소득, 기호, 무역장벽 등이 외환의 수요와 공급에 영향을 미치게 된다.

〈국제수지표와 외환의 수요 및 공급〉

외환의 수요	외환의 공급
상품·서비스 수입	상품·서비스 수출
자본유출 (해외직접투자) (해외증권투자) (해외대출)	자본유입 (외국인직접투자) (외국인증권투자) (해외차입)

또한 내국인의 해외현지법인 설립 등 해외직접투자나 해외금융자산(주식, 채권 등)의 매입 등 해외증권투자와 해외대출은 외환을 해외로 유출시키므로 외환의 수요를 발생시킨다. 반면 외국인의 국내법인 설립 등 외국인직접투자나 국내금융자산 매입 등 외국인증권투자와 해외로부터 차입은 외환을 국내

로 유입시키므로 외환의 공급을 가져온다. 이와 같이 국내외 직접투자와 증권투자 등에 영향을 미치는 국내외금리, 주식시장의 전망, 외환 및 자본규제 등은 외환의 수요와 공급의 결정하는 중요한 요인으로 작용한다.

외환수급의 변동과 환율

외환수요와 공급의 변동은 환율을 변동시킨다. 예를 들어 외환에 대한 수요가 증가한다면 외환시장에서 초과수요가 발생함으로써 환율이 상승 – 즉 자국통화가 평가절하하게 된다. <그림 5-1b>에서 보는 것과 같이 외환에 대한 수요의 증가는 외환수요곡선을 D_0D_0에서 D_1D_1으로 이동시킨다. 이때 현재 환율 S_0에서 $\Delta FX_1(= FX_1' - FX_0)$만큼 초과수요가 발생한다. 이러한 초과수요가 해소되는 과정에서 균형환율이 S_0에서 S_1으로 상승하게 된다. 반면에 외환에 대한 수요가 D_2D_2로 감소하면 ΔFX_2만큼 초과공급을 초래하여 환율을 S_2로 하락시킨다. 이와 같은 맥락에서 외환공급의 증가는 초과공급을 일으켜 환율을 하락시키고, 외환공급의 감소는 초과수요를 가져와 환율을 상승시킨다.

〈그림 5–1b〉

외환수요의 변동과 환율

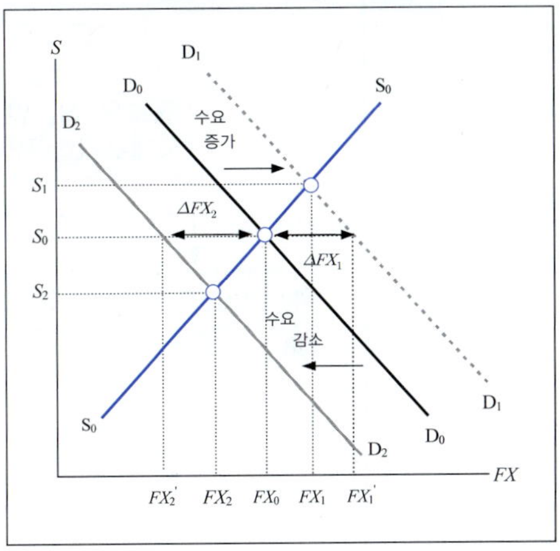

환율결정요인의 변화와 환율결정이론

대내외 경제환경의 변화에 따라 수출입이나 자본이동을 결정하는 요인들이 환율에 미치는 강도, 경로, 시간 등도 바뀌어 오고 있다. 종전에는 상품 및 서비스거래의 비중이 커 물가, 국민소득 등 실물경제변수가 환율결정의 중요한 요인이었으나, 최근에는 자본이동이 활발해지면서 금리, 주가 등 자산가격의 결정변수가 중요한 요인으로 대두되고 있다. 이에 따라 환율결정에 관한 이론도 <그림 5-2>에서 보는 것과 같이 유량(플로우) 측면에서 국제수지를 중시하는 접근법에서 저량(스톡) 측면에서 자산시장을 중시하는 접근법으로 바뀌어 왔다. 최근에는 거시적 접근법의 설명력이 떨어지자 미시적 측면에서 외환시장의 구조, 외환시장 참가자의 행태에 초점을 맞추어 환율의 움직임을 설명하려는 노력이 이루어지고 있다.

그림 5-2 환율결정이론체계의 분류

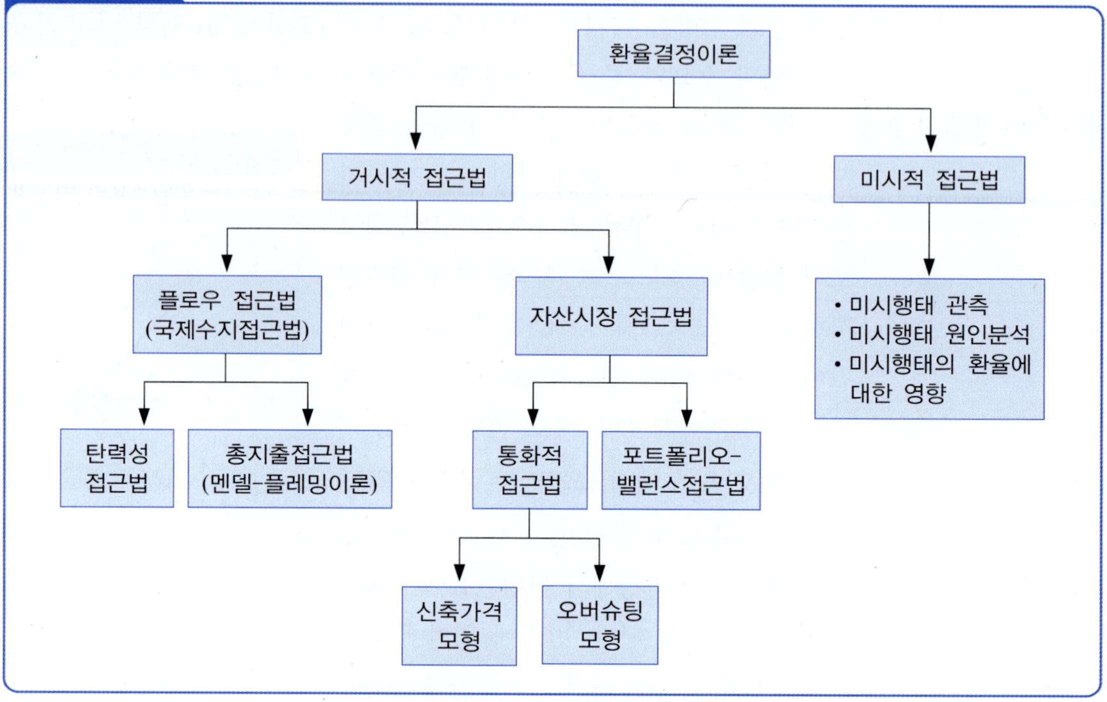

(2) 환율의 결정요인

환율은 기본적으로 외환의 수요와 공급에 의해 결정되지만 이에 영향을 미치는 요인은 다양하다. 현실적으로 환율은 이러한 요인들이 복합적으로 작용하여 결정되기 때문에 각 요인의 변화가 환율의 강도, 경로, 시간 등에 파악하기가 쉽지 않다. 여기서는 환율의 결정요인이 환율에 미치기까지 시간을 고려하여 절대적 기준은 아니지만 장기·중기·단기로 나누어 살펴본다.

1) 장기적 결정요인

물가
구매력평가설에 따르면 환율은 본국통화 1단위의 구매력에 대한 외국통화 1단위의 구매력 – 즉 외국물가에 대한 본국물가의 비로서 결정됨.

우선 장기적으로 환율에 영향을 미치는 가장 큰 요인으로는 제4장 제1절 구매력평가설에서 다룬 바와 같이 물가를 들 수 있다. 본국의 물가가 상대적으로 상승하게 되면 재화 및 서비스의 수출감소로 외환공급이 줄어들고 수입증가로 외환수요가 늘어나 외환의 초과수요가 발생하기 때문에 환율이 상승하게 된다. 반대로 외국의 물가가 상대적으로 상승하게 되면 재화 및 서비스의 수출증가로 외환공급이 늘어나고 수입감소로 외환수요가 줄어들어 외환의 초과공급이 발생하기 때문에 환율이 하락하게 된다.

일국의 물가는 국민소득, 현금보유성향 등의 조건이 일정하다면 장기적으로 통화량에 의해 결정된다. 만약 통화량이 증가한다면 국민들은 자신의 소득에 비해 많은 통화를 보유하게 된다. 이와 같이 국민들이 과잉으로 보유하게 된 통화를 처분하고자 하는 과정에서 재화 및 서비스의 수요가 증가하여 물가가 상승하게 된다. 이러한 물가의 상승은 수출을 감소시키고 수입을 증가시켜 외환의 초과수요를 가져와 환율을 상승시킨다. 통화량의 감소는 정반대의 과정을 통해 환율을 하락시킨다.

생산성 또한 장기적으로 환율의 변동에 영향을 미치는 요인으로 기술진보 등으로 인한 생산성 변화를 들 수 있다. 본국의 생산성이 더 빠른 속도로 개선되면 생산비용이 절감되어 본국 물가가 상대적으로 하락하게 된다. 상대적으로 본국의 물가가 하락하게 되면 수출의 증가로 외환의 공급이 늘어나고 수입의 감소로 외환의 수요가 줄어들어 외환의 초과공급이 발생하기 때문에 환율이 하락하게 된다.

그림 5-3 **장·단기 환율의 결정요인**

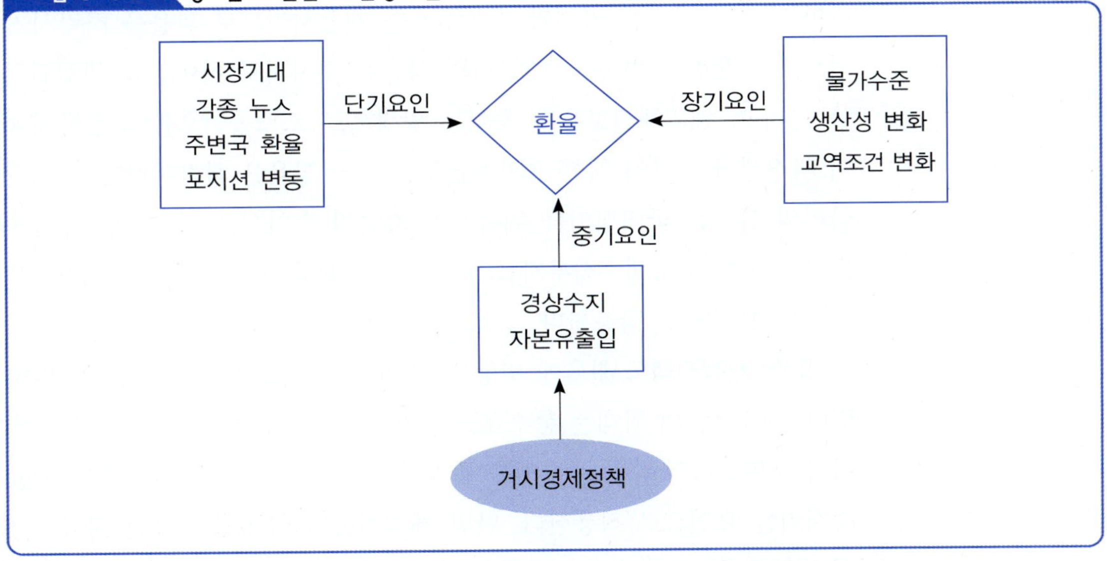

자료 : 한국은행, 「우리나라의 외환제도와 외환시장」, 2007, 124쪽.

교역조건
교역조건이란 수출재 한 단위와 교환되는 수입재의 양으로서 수출단가를 수입단가로 나눈 것으로 정의 됨.

교역조건의 변화도 장기적으로 환율의 변동에 영향을 미친다. 수출상품의 품질개선, 시장지배력 강화 등으로 수출단가가 수입단가보다 더 상승하게 되면 경상수지를 개선시키므로 – 즉 외환의 초과공급을 가져오므로 환율이 하락하게 된다. 반면에 외국의 수출물량제한, 가격인상 등으로 수입단가가 상승하게 되면 경상수지가 악화되므로 – 즉 외환에 대한 초과수요를 가져오므로 환율이 상승하게 된다.

2) 중기적 결정요인

경상수지와 자본의 유출입

중기적 관점에서 환율결정에 영향을 미치는 중요한 요인으로는 경상수지나 자본의 유출입 등을 들 수 있다. 본국의 경상수지가 흑자를 보이거나 자본의 유입이 유출보다 크게 되면 외환시장에서 초과공급이 발생하므로 환율이 하락하게 된다. 반대로 경상수지가 적자를 보이거나 자본의 유입보다 유출이 커 외환에 대한 초과수요가 발생하게 되면 환율은 상승하게 된다.

거시경제정책

한편 통화정책, 재정정책 등 거시경제정책도 경상수지나 자본유출입의 변동을 통해 환율에 영향을 미친다. 예를 들어 통화당국이 정책금리를 인상하여 시중금리의 상승을 유도하는 긴축적 **통화정책**을 펴는 경우를 생각하여 보자. 국내금리의 상승은 국내에서 실물투자를 위축시켜 국민소득을 감소시키며, 나아가 수입 감소를 가져와 경상수지를 개선시키므로 환율을 하락시키는 요인으로 작용한다. 또한 국내금리의 상승은 투자자로 하여금 국내채권의 보유를 늘리고, 해외채권보유를 줄이는 방향으로 포트폴리오를 조정하게 하는데 이 과정에서 외환에 대한 초과공급을 가져와 환율을 하락시킨다. 그러나 국내금리의 상승은 국내경기를 위축시켜 기업의 수익성을 악화시킬 것이 예상되므로 외국인의 국내주식투자를 위축시켜 자본유출을 가져오므로 환율을 상승시키는 요인으로 작용한다.

또한 **재정정책**도 환율에 영향을 미치는데 그 방향을 일률적으로 말하기 어렵다. 재정지출의 확대는 총수요를 증가시킴으로써 국민소득을 증가시킨다. 나아가 국민소득의 증가는 수입을 증가시켜 경상수지를 악화시킴으로 환율을 상승시키는 요인으로 작용한다. 반면 재정지출의 확대에 필요한 자금을 정부채의 발행을 통해 조달하게 되면 국내금리가 상승하게 된다. 정부채를 매입하기

그림 5-4 금리 인상이 자본이동을 통해 환율에 미치는 파급경로

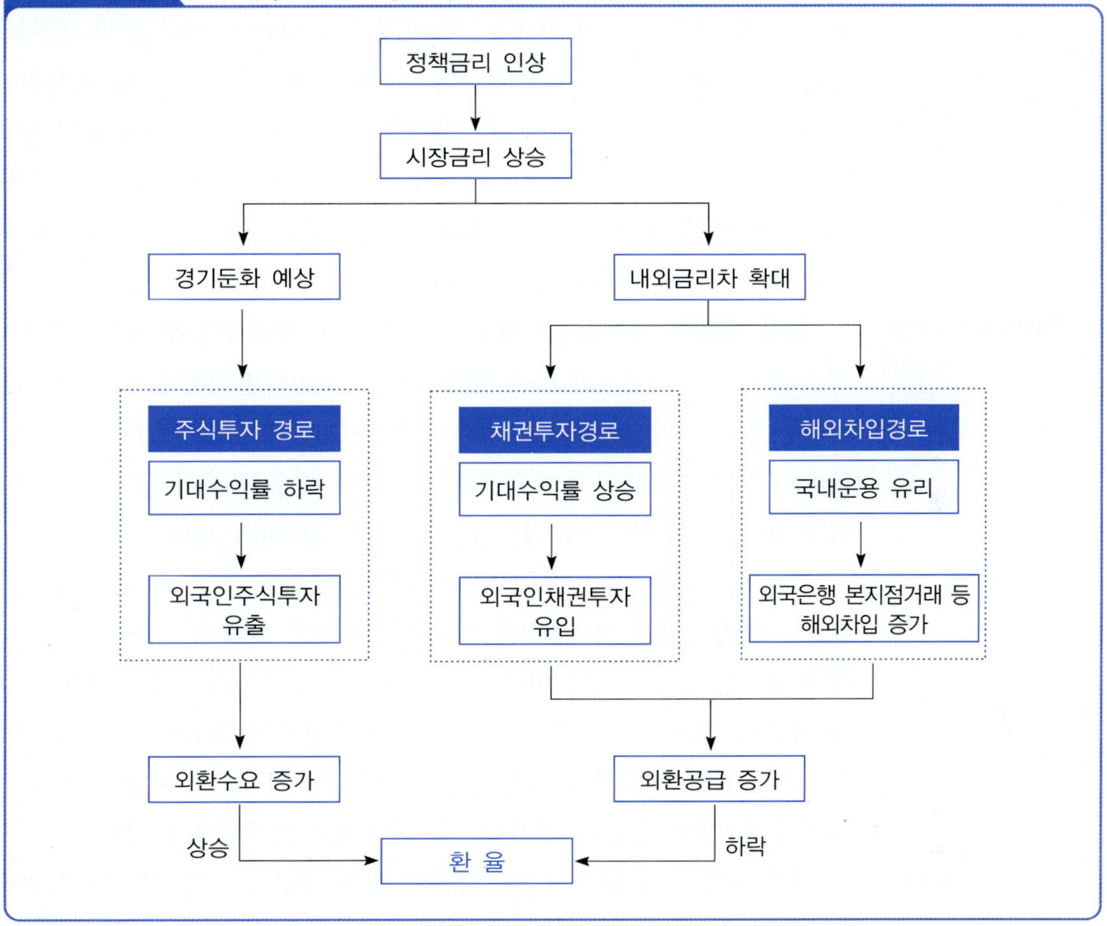

자료: 안병찬, 「글로벌 금융위기 이후 외환정책」, 한나래플러스, 2011, 100쪽.

위한 외국인 투자자금의 국내유입은 환율을 하락시키는 요인으로 작용한다.

3) 단기적 결정요인

앞에서 살펴본 중·장기적 요인만으로는 매일 또는 실시간으로 일어나고 있는 환율의 변동을 설명하기에는 한계가 있다. 환율은 단기적으로 환율에 대한 기대변화, 은행의 포지션 변동, 각종 뉴스, 주변국의 환율변동 등에 의해 영향을 많이 받고 있다.

자기실현적 기대변동
시장참가자들의 환율상승(하락)에 대한 기대가 같은 방향으로 형성되는 경우 외환에 대한 매입(매도)이 집중되면서 환율이 급격히 상승(하락)하는 동반효과(bandwagon effect)가 나타나기도 함.

첫째, 외환시장 참가자들의 환율에 대한 기대변화는 **자기실현적**(self-fulfilling) **기대의 변동**을 통해 실제환율의 변동을 초래한다. 예를 들어 대부분의 시장참가자들이 조만간에 환율이 오를 것으로 예상한다고 하자. 시장참가자들은 환율이 오르기 전에 매입하여 이익을 얻고자 너도나도 매입에 나서게 되면 외환에 대한 수요가 증가하여 환율이 즉각 상승하게 된다. 그러나 환율이 너무 상승하게 되면 환율하락에 대한 기대를 하는 시장참가자가 많아져 외환공급이 늘어나면서 환율의 상승을 누그러뜨린다.

은행의 외환포지션
「외국환거래규정」에서는 외국환은행의 외환포지션이 자기자본의 50%를 초과하지 않도록 규정하고 있음.

둘째, **은행의 외환포지션 변동**도 단기적으로 환율변동에 영향을 미친다. 은행은 과도하게 매입초과 또는 매도초과 포지션이 발생하게 되면 환위험을 회피하기 위하여 반대방향으로 포지션 조정거래를 발생하게 된다. 예를 들어 선물환 포지션이 과도하게 매입초과를 보이는 경우 은행이 환위험을 헤지하기 위해 현물환을 매도하게 되면 현물환율이 하락하게 된다.

각종 뉴스

셋째, 세계 및 각국 경제전망, 각국의 경제정책 방향, 각종 정치 · 경제 뉴스도 시장참가자의 **기대변화**를 통해 단기적으로 환율에 영향을 미친다. 예를 들어 글로벌 금융위기의 여파로 유럽의 재정위기가 부각되자 안전한 미달러화 자산에 대한 선호가 높아지면서 원-달러환율이 상승하는 모습을 보였다. 또한 남 · 북한간 군사적 긴장관계가 고조되면 지정학적 위험이 환율에 반영되면서 원-달러 환율이 일시적으로 상승하는 움직임을 보였다.

주변국의 환율

넷째, 주변국의 환율변동도 환율에 많은 영향을 준다. 우리나라의 원화환율의 경우 지금까지 경험에 의하면 일본의 엔화환율이나 중국의 위안화환율의 변동에 민감하게 반응하고 있다. 즉 엔화나 위안화환율의 변동은 우리나라와 일본이나 중국간 교역뿐만 아니라 제3국시장에서 경쟁관계 등을 변화시켜 원화환율에 영향을 미치기 때문이다. 예를 들어 엔-달러환율이 상승하면 일본은 외화표시 가격을 낮출 수 있으므로 일본상품의 **가격경쟁력**이 높아진다. 따라서 우리나라는 일본과 교역에서 수출이 감소하고 수입이 증가할 뿐만 아니라 제3국시장에서 일본상품에 밀려 수출이 감소하므로 원화환율이 상승한다. 그러나 우리나라의 제3국시장에 대한 수출의 감소는 일본으로부터 소재 · 부품 등 중간재의 수입을 감소시키므로 원화환율의 상승을 누그러뜨린다.

1997년 우리나라의 외환위기 이후 원화환율과 엔화환율은 동조화(coupling) 현상을 보였으나, 2005년부터 일본의 해외투자 증가로 엔화가 약세를 보이면서 서로 어긋나 움직이기 시작하였다. 2008년 글로벌 금융위기로 원화환율이 급격한 상승한 후 다시 2009년부터 엔화환율과 동조화현상을 보였으나, 2012년 말 이후 아베정권의 양적완화정책으로 엔화가 급락하면서 다시 어긋나 움직이는 모습을 보였으나 2014년 이후 동조화되는 모습을 보였다. 그러나 2023년 미국을 비롯한 대부분 국가에서 인플레이션을 낮추기 위해 금리를 인상함에도 불구하고 일본은 경기회복을 위해 금리인상을 자제하면서 엔화가 크게 약세를 보이고 있다.

그림 5-5 우리나라 외환위기 이후 원화와 엔화환율의 변동 추이

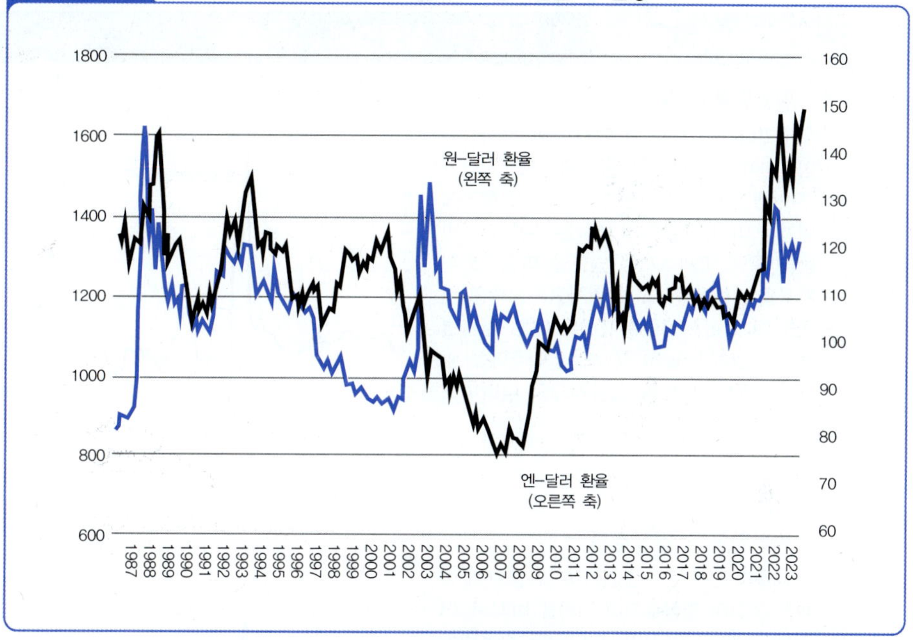

(3) 환율변동의 영향

환율의 변동은 수출입뿐만 아니라 경상수지, 물가, 생산과 고용 등 국민경제전반에 걸쳐 영향을 미친다. 나아가 이들 변수들은 다시금 환율에 영향을 미치며 상호작용을 한다.

환율 → 수출입

환율의 변동은 <그림 5-6>에서 보는 것과 같이 일차적으로 수출입에 영향을 미치고 나아가 경상수지를 변동시킨다. 환율이 상승

〈그림 5-6〉

환율변동이 실물경제에 미치는 파급경로

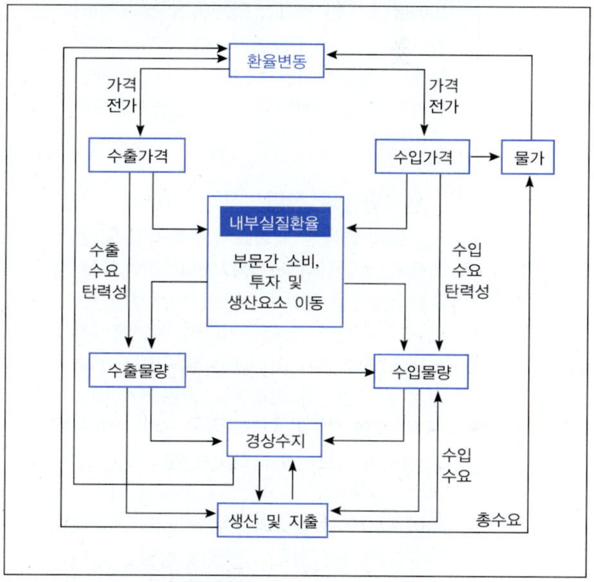

* 교역재 및 비교역재 가격의 비율

자료 : 한국은행, 「우리나라 외환시장의 최근 동향」, 경제교실자료(2003).

이론과실제 환율변동과 실물경제

원화환율과 물가

우리나라의 경우 원-달러 환율변동은 수입소비재, 원자재 및 중간재 가격(원화기준)변동을 통하여 생산자 및 소비자 물가에 영향을 미친다. 물가의 변동은 수출입의 변동을 통해 국제수지에 영향을 미침으로써 환율을 변동시킨다. 소비자물가상승률(전년동기대비)은 외환위기 이전에는 환율변동과의 관계가 높지 않았으나 이후에는 환율과 밀접하게 연동되는 것으로 나타나고 있다.

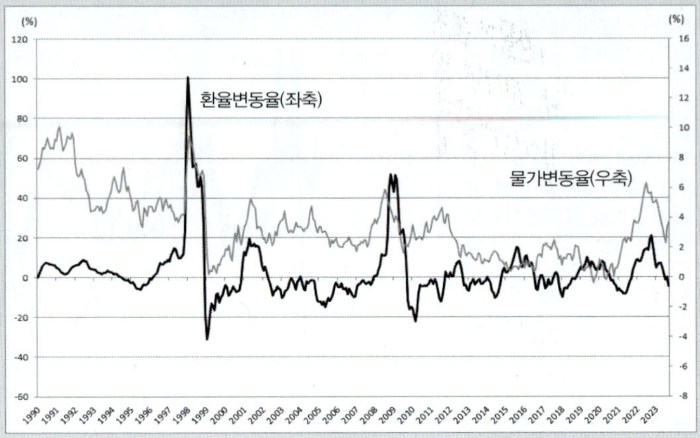

원화환율과 경상수지

환율의 변동은 수출입가격 및 물량의 변화를 통하여 경상수지에 영향을 미치며, 이러한 경상수지의 변동은 다시금 환율변동에 영향을 미친다. 자본시장개방의 영향으로 1990년대 중반 경상수지 적자에도 불구하고 원화가 강세를 보였으며, 외환위기 이후 지속적인 경상수지 흑자에도 불구하고 2000년대 초반 원화가 약세를 보였다. 이러한 현상은 금융시장개방으로 국가간 자본이동이 활발해지면서 경상수지와 환율간 관계가 다소 약화되고 있기 때문인 것으로 풀이된다.

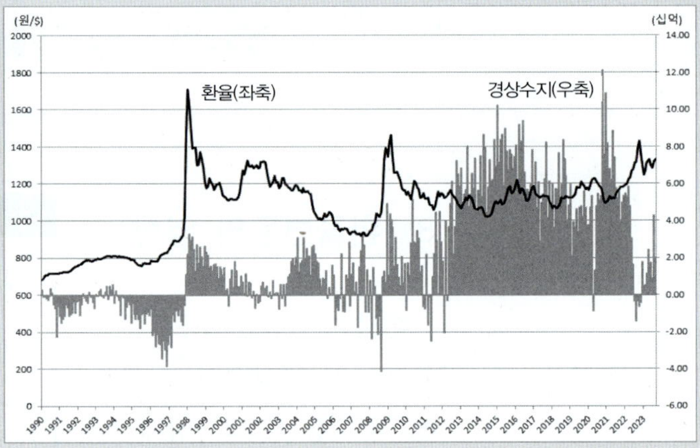

원화환율과 산업생산

환율의 변동은 외화표시 수출가격 및 원화표시 수입가격을 변동시키고 이는 다시 수출입물량을 변동시킴으로써 산업생산에 영향을 미친다. 전년동기대비 산업생산증가율은 외환위기 이전에는 환율변동과 별 관계가 없었으나 이후에는 환율의 움직임에 몇 개월 정도의 시차를 두고 같은 방향으로 움직이는 모습을 나타내고 있다. 이는 자유변동환율제도의 이행으로 환율의 가격기능이 제고되고 환율의 변동폭이 커짐에 따라 기업의 생산활동이 환율에 상당한 영향을 받고 있음을 시사하고 있다.

주: 한국은행, 「우리나라 외환시장의 최근동향」, 경제교실자료, 2003을 토대로 기간을 연장하여 작성하였음.

하면 – 즉 자국통화가 절하되면 국내기업은 수출채산성이 좋아지므로 외화표시 수출가격을 내릴 수 있게 된다. 만약 수출수요가 탄력적이라면 수출물량 증가율이 수출가격 하락률보다 크므로 수출액이 늘어나게 된다.[1] 한편 환율이 상승하면 국내통화표시 수입가격이 상승하므로 해외로부터 수입물량이 줄어들게 된다. 이러한 수입물량의 감소는 외화표시 수입가격을 하락시키므로 수입액은 줄어들게 된다. 이와 같이 환율 상승은 수출액을 증가시키고 수입액을 감소시키므로 경상수지를 개선시킨다. 이러한 경상수지의 개선은 다시금 환율을 하락시키는 요인으로 작용한다.

수출입 → 실물경제

환율의 변동은 수출입가격과 물량의 변동을 통해 국민소득, 물가 등 거시경제변수에 영향을 미친다. 환율의 상승은 교역재의 상대가격을 상승시키므로 비교역재부문에서 교역재부문으로 자원을 이동시키는데 비교역재부문의 투자와 생산이 줄어들고 교역재부문의 투자와 고용이 늘어나게 된다. 즉 환율의 상승은 수출물량을 증가시키고 수입재의 국내생산을 촉진함으로써 교역재부문의 생산이 활발해지고 고용이 늘어나게 된다.

환율 → 물가

환율의 상승은 직·간접적으로 물가를 상승시킨다. 환율의 상승은 원자재와 중간재의 국내통화표시 가격을 상승시킴으로써 물가를 상승시키는 요인으로 작용한다. 또한 환율의 상승은 국민소득의 증가를 통해 국내총수요를 증가시키므로 물가를 상승시키게 된다.

환율 → 해외투자와 해외차입

환율의 변동은 해외투자와 해외차입에도 영향을 미친다. 환율이 상승하게 되면 외국통화로 표시된 해외투자자산과 여기서 발생하는 이자나 배당을 자국통화로 평가하였을 때 그 가치가 커진다. 반면에 외국통화로 표시된 해외차입의 원리금을 자국통화로 환산하면 더 많아지므로 원리금 상환부담이 커진다. 따라서 환율이 상승하면 해외에 투자를 많이 한 기업은 수익성이 좋아지만 해외차입이 많은 기업은 수익성이 나빠진다.

---

1) 환율 변동이 수출입에 미치는 영향에 대한 자세한 내용은 제5장 제2절 수출입과 환율: 탄력성 접근법을 참조하기 바람.

5.2 수출입과 환율: 탄력성 접근법

환율결정에 관한 **탄력성 접근법**(elasticity approach)은 상품 및 서비스 등 경상거래에서 발생하는 외환의 수요와 공급에 의해 환율이 어떻게 결정되는가를 설명하고 있다. 상품 및 서비스의 수입은 수입대금지급을 위해 자국통화를 외국통화로 환전하는 과정에서 외환수요를 발생시키고, 상품 및 서비스의 수출은 외국통화로 받은 수출대금을 자국통화로 환전하는 과정에서 외환공급을 가져온다. 이때 외환의 수요와 공급은 재화 및 서비스의 수출입가격의 변동에 대하여 수출입물량이 어떻게 반응하느냐에 결정되기 때문에 탄력성 접근법이라고 한다.

(1) 수입과 외환수요

외환에 대한 수요는 상품 및 서비스의 수입에서 발생한다. 수입재시장에서 수입수요와 수입공급이 일치할 때 수입단가와 수입물량이 결정된다. 수입단가에 수입물량을 곱하면 수입액이 되며, 이는 외환수요량과 같다.

외환수요곡선의 도출

<그림 5-7>에서 보는 바와 같이 수입재시장에서 수입수요곡선과 수입공급곡선을 이용하여 우하향하는 외환수요곡선을 도출할 수 있다. 환율이 S_1일 때 수입수요곡선이 $D_1^M D_1^M$이라면 수입재시장의 균형은 수입수요곡선과 수입공급곡선이 교차하는 E_1^M에서 이루어진다. 이때 수입단가 P_1^M에 수입물량 Q_1^M을 곱하면 수입금액 $\square OP_1^M E_1^M Q_1^M$이 되며, 이는 그림에서 외환수요량 FX_1과 같다.

외국은 외국통화표시 가격으로 공급하고 있으므로 환율변동이 외국통화로 표시된 우리나라의 수입공급에 영향을 미치지 않음.

환율이 S_1에서 S_2로 상승하게 되면 수입재의 자국통화표시가격 상승으로 수입수요가 감소하므로 외국통화로 가격을 표시한 수입수요곡선은 $D_2^M D_2^M$와 같이 왼쪽 아래로 이동한다. 이 경우 수입단가는 P_2^M로 하락하고 수입물량은 Q_2^M으로 감소하여 수입금액이 $\square OP_2^M E_2^M Q_2^M$으로 감소하므로 외환수요량도 FX_2로 감소하게 된다. 따라서 환율의 상승은 수입단가의 하락과 수입물량의 감소를 가져와 외환수요량을 감소시키므로 외환수요곡선은 우하향하는 형태를 취한다.

그림 5-7 수입과 외환수요곡선의 도출

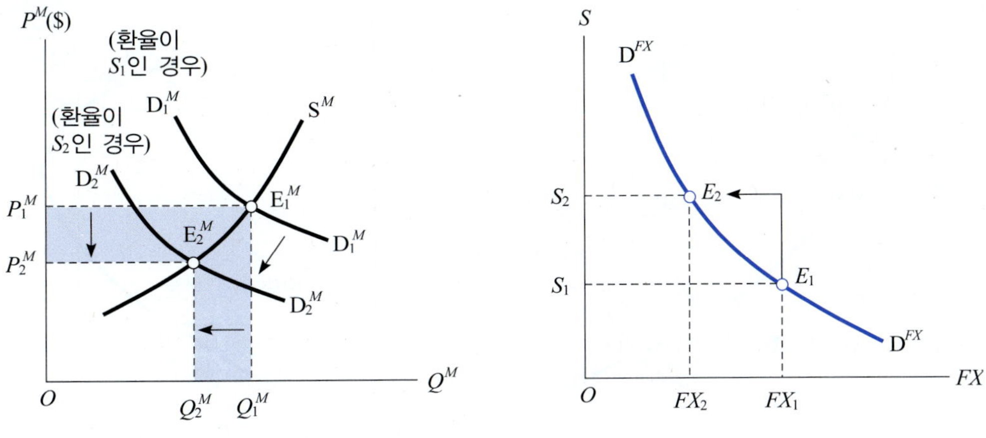

외환수요의 변동요인

이와 같이 외환의 수요는 환율 이외에도 재화 및 서비스 수입에 영향을 미치는 요인들-즉 국내외소득, 국제 원자재가격, 기호변화, 기술발전 등에 의해 영향을 받는다. 이러한 요인들의 변동은 수입수요나 수입공급을 변동시켜 외환의 수요에 영향을 미친다. 예를 들어 본국의 국민소득이 증가하면 수입수요가 늘어나 외환수요를 증가시키므로 환율이 상승하게 된다. 한편 외국에서 인건비의 상승 등으로 수입공급을 줄이게 되면 수입가격이 상승하는 반면 수입물량은 감소하게 된다. 만약 수입품이 가격탄력적이라면 수입액이 줄어 외환수요가 감소하므로 환율이 하락하게 된다.

(2) 수출과 외환공급

외환의 공급은 상품 및 서비스의 수출에서 발생한다. 수출재시장에서 수출공급과 수출수요가 일치할 때 수출단가에 수출물량이 결정된다. 수출단가에 수출물량을 곱하면 수출액이 되며, 이는 외환공급량과 같다.

외환공급곡선의 도출

외국은 이미 외국통화표시 가격으로 구매하므로 환율변동이 외국통화로 표시된 우리나라의 수출수요에 영향을 미치지 않음.

<그림 5-8>에서 보는 것과 같이 수출수요곡선과 수출공급곡선을 이용하여 후방굴절하는 외환공급곡선을 도출할 수 있다. 환율이 S_1일 때 수출공급곡선이 $S_1^X S_1^X$이라면 수출재시장의 균형은 수출수요곡선 $D_0^X D_0^X$과 수출공급곡선이 교차하는 E_1^X에서 이루어진다. 이때 수출단가 P_1^X에 수출물량 Q_1^X을 곱하면

그림 5-8 수출과 외환공급곡선의 도출

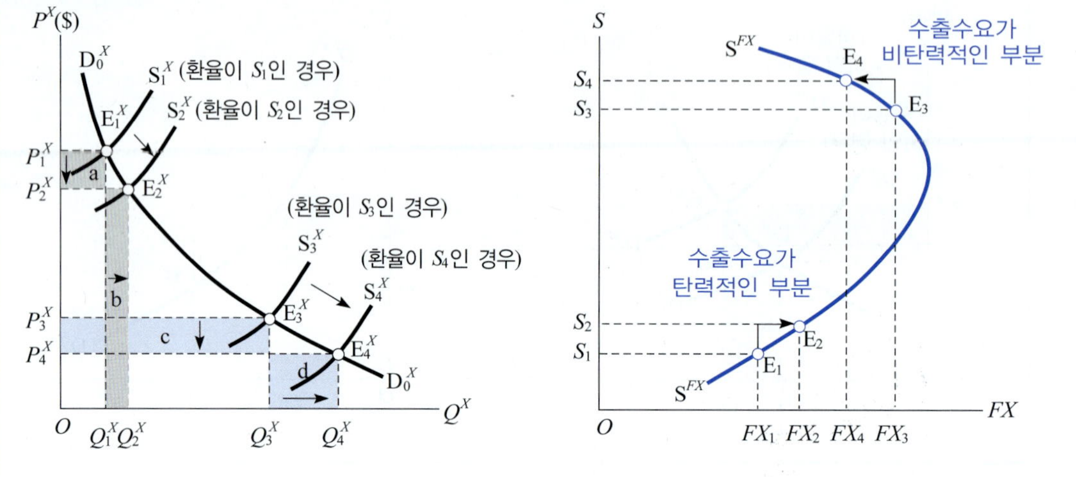

수출금액 $\square OP_1^X E_1^X Q_1^X$이 되며, 이는 오른쪽 그림에서 외환공급량 FX_1과 같다.

수출수요가 탄력적인 경우

환율이 S_1에서 S_2로 상승하면 수출재의 자국통화표시가격 상승으로 채산성이 좋아져 수출공급이 늘어나므로 외국통화로 가격을 표시한 수출공급곡선은 $S_2^X S_2^X$와 같이 오른쪽 아래로 이동한다. 이 경우 수출단가가 P_2^X로 하락하고 수출물량이 Q_2^X로 늘어나는데 수출단가 하락으로 인한 수출금액 감소(□a)보다 수출물량 증가로 인한 수출금액 증가(□b)가 커 수출금액이 $\square OP_2^X E_2^X Q_2^X$으로 증가하므로 외환공급량도 FX_2로 증가하게 된다. 이와 같이 수출수요가 탄력적인 부분에서는 외환공급곡선은 우상향하는 형태를 취하게 된다.

수출수요가 비탄력적인 경우

환율이 더욱 상승하여 수출수요가 비탄력적인 부분에 있는 경우를 생각해 보자. 환율이 S_3에서 S_4로 상승하게 되면 수출재의 원화표시가격 상승으로 수출채산성이 좋아져 수출공급이 늘어나므로 수출공급곡선은 $S_3^X S_3^X$에서 오른쪽 아래의 $S_4^X S_4^X$로 이동한다. 이 경우도 수출단가가 P_4^X로 하락하고 수출물량이 Q_4^X로 늘어나지만 수출단가 하락으로 인한 수출금액 감소(□c)가 수출물량 증가로 인한 수출금액 증가(□d)보다 커 수출금액이 $\square OP_3^X E_3^X Q_3^X$에서 $\square OP_4^X E_4^X Q_4^X$로 감소하므로 외환공급량도 FX_3에서 FX_4로 감소하게 된다. 이와 같이 수출수요가 비탄력적인 부분에서는 외환공급곡선은 좌상향하는 형태를 취하게 된다.

후방굴절 외환공급곡선

결론적으로 외환공급곡선은 그림에서 보는 것과 같이 **후방굴절**(backward bending)하는 형태를 취하게 된다. 즉 환율이 낮아 외국통화표시 수출가격이 높고 수출물량이 작을 때에는 수출수요가 탄력적이므로 환율이 상승하게 되면 외국통화표시 수출가격 하락률보다 수출물량 증가율이 커 수출액 – 즉 외환공급량이 증가한다. 그러나 환율이 높아져 외국통화표시 수출가격이 낮고 수출물량이 클 때에는 수출수요가 비탄력적으로 바뀌게 되는데 이때 환율이 상승하게 되면 수출물량 증가율보다 외국통화표시 수출가격 하락률이 커 수출액 – 즉 외환공급량이 감소한다.

외환공급의 변동요인

이와 같이 외환의 공급은 환율 이외에도 재화 및 서비스 수출에 영향을 미치는 요인들 – 즉 소득, 물가, 기호변화, 기술발전 등에 의해 영향을 받는다. 이러한 요인들의 변동은 수출수요나 수출공급을 변동시켜 외환의 공급에 영향을 미친다. 예를 들어 외국의 국민소득이 증가하면 수출수요가 늘어나므로 외환공급 증가하게 된다. 반면 우리나라의 인건비가 상승하여 수출가격을 올리게 되면 수출공급이 감소하게 되므로 외환공급이 감소하게 된다.

(3) 외환시장의 균형과 환율의 결정

자유변동환율제도하에서 환율은 외환의 수요량과 공급량이 같을 때 결정된다. 다시 말하면 외환수요곡선과 외환공급곡선이 교차되는 점에서 균형환율이 결정된다.

복수균형

<그림 5-9>에서 보는 것과 같이 외환공급곡선이 후방굴절하는 경우 외환시장의 균형은 외환수요곡선과 외환공급곡선이 교차하는 E_1^{FX}뿐만 아니라 E_2^{FX}에서도 이루어진다. 그런데 E_1^{FX}는 안정적 균형인 반면에 E_2^{FX}는 불안정적 균형이다. 왜냐하면 E_1^{FX}의 경우 환율이 균형에서 벗어나 하락(상승)하게 되면 외환에 대한 초과수요(공급)가 발생하여 환율이 다시 상승(하락)함으로써 원래 균형을 찾아간다. 반면 E_2^{FX}의 경우 환율이 균형에서 벗어나 하락(상승)하게 되면 외환에 대한 초과공급(수요)이 발생하여 환율이 더욱 하락(상승)함으로써 원래 균형에서 더욱 멀어지게 된다.

안정적 균형

불안정적 균형

그림 5-9 외환시장의 안정적 균형과 불안정적 균형

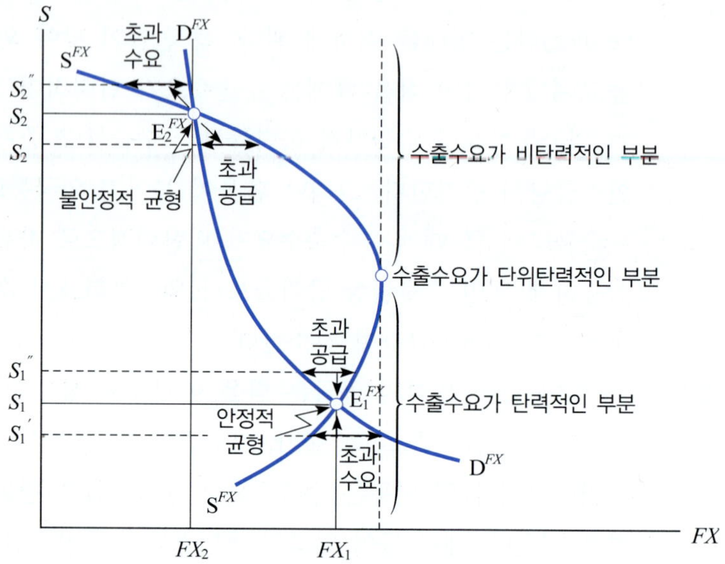

외환시장의 안정성

외환시장이 안정적이기 위해서는 외환공급곡선의 기울기가 외환수요곡선의 기울기보다 커야 한다. 그런데 외환공급곡선의 기울기는 수출수요와 수출공급의 가격탄력성에 의하여 결정되고, 외환수요곡선의 기울기는 수입수요와 수입공급의 가격탄력성에 의하여 결정된다. 만약 수출공급과 수입공급이 무한탄력적인 경우 수출수요 탄력성(η)과 수입수요 탄력성(η^*)의 합이 1보다 크면 외환공급곡선의 기울기가 외환수요곡선의 기울기보다 항상 크게 되기 때문에 외환시장이 안정적이게 된다. 이러한 외환시장의 안정성 조건을 소위 **마샬-러너 조건**(Marshall-Lerner condition)이라고 한다.

마샬-러너 조건: $\eta+\eta^* > 1$

〈그림 5-10〉

외환시장의 균형과 환율의 결정

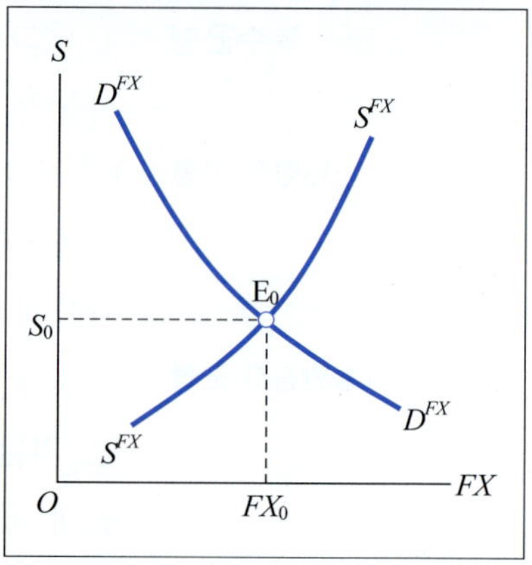

외환시장의 균형

일반적으로 외환공급곡선이 <그림 5-10>과 같이 우상향하는 형태를 취하는 경우 외환시장의 균형은 외환공급곡선과 외환수요곡선이 교차하는 점 E_0에 달성되며, 이때 균형환율은 S_0이고 균형 외환거래량은 FX_0가 된다.

환율 이외의 외생적 요인이 변하면 외환수요나 공급에 영향을 미쳐 환율을 변동시킨다. 예를 들어 본국의 국민소득이 늘어나게 되면 외국상품에 대한 수입수요가 증가하므로 외환수요가 증가한다. 이러한 외환수요의 증가는 외환수요곡선을 오른쪽으로 이동시키므로 환율을 상승 – 즉 본국통화의 대외가치를 하락시킨다. 한편 외국의 경기호황으로 국민소득이 증가하면 본국 상품에 대한 수출수요가 증가하므로 외환공급이 늘어난다. 이러한 외환공급의 증가는 외환공급곡선을 오른쪽으로 이동시키므로 환율을 하락 – 즉 본국통화의 대외가치를 상승시킨다.

5.3 국민소득과 환율: 지출적 접근법

환율결정에 관한 지출적 접근법은 케인지안의 IS-LM모형을 개방경제로 확장하여 경상거래와 자본거래로 외환의 수요와 공급이 발생하는 경우 국민소득, 금리와 더불어 환율이 동시에 어떻게 결정되는가를 설명하고 있다. 즉 **지출적 접근법**(expenditure approach)은 생산물시장, 화폐시장 및 외환시장이 상호작용하는 가운데 국민소득, 금리 및 환율이 어떻게 결정되는가를 보여주고 있다. 지출적 접근법은 단기에 물가가 고정적이라는 케인지안모형의 기본가정을 그대로 수용하고 있다.

(1) 기본모형

1) 개별시장의 균형조건

생산물시장의 균형

생산물시장은 총생산과 총지출이 같아질 때 균형이 이루어지는데, 총지출은 소비지출(C), 투자지출(I), 정부지출(G) 및 순수출(NX)로 구성된다. 생산물시장의 균형을 다음과 같은 식으로 나타낼 수 있다.

$$Y = \overset{\oplus}{C(Y)} + \overset{\ominus}{I(R)} + G_0 + NX\left(\overset{\oplus}{\frac{SP_0^*}{P_0}},\ \overset{\ominus}{Y},\ \overset{\oplus}{Y^*}\right) \tag{5-1}$$

소비지출은 국민소득에 의해 결정되는데, 국민소득이 증가하면 소비지출도 증가하므로 소비지출은 국민소득과 양(+)의 관계를 갖는다. 투자지출은 금리에 의해 결정되는데, 금리가 상승하면 투자지출이 감소하므로 투자지출은 금리와 음(−)의 관계를 갖는다. 정부지출은 정책당국의 의해 외생적으로 결정된다. 그리고 순수출은 앞서 살펴본 것과 같이 실질환율, 본국의 국민소득, 외국의 국민소득 등에 의해 결정되는데, 실질환율과 양의 관계, 본국의 국민소득과 음의 관계, 외국의 국민소득과 양의 관계를 갖는다.

IS곡선의 개념과 형태

〈그림 5-11〉

생산물시장의 균형과 IS곡선

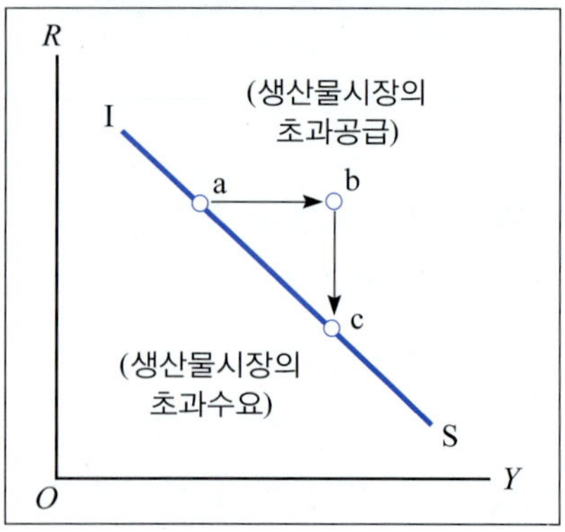

IS곡선은 생산물시장의 균형을 나타내는 국민소득과 금리의 조합으로써 <그림 5-11>에서 보는 것과 같이 우하향하는 형태를 취한다. 만약 국민소득이 a에서 b로 증가하면 i) 한계소비성향이 1보다 작아 소비지출이 국민총생산만큼 늘지 않고 ii) 해외로부터 수입이 증가하여 순수출이 감소하므로 생산물시장에서 초과공급이 발생하게 된다. 이러한 생산물시장에서 초과공급을 해소되기 위해서는 투자지출이 증가하여야 하는데, 투자지출이 증가하기 위해서는 금리가 b에서 c로 하락하여야만 한다. 따라서 국민소득이 증가하는 경우 금리가 하락하여야만 생산물시장이 균형을 이루게 되므로 IS곡선은 우하향하는 형태를 취하게 된다.

화폐시장의 균형

화폐시장은 화폐의 수요와 공급이 같아질 때 균형이 이루어지는데, 이를 식으로 표시하면 다음과 같다.

$$\frac{M_0^S}{P_0} = L(\overset{\oplus}{Y},\ \overset{\ominus}{R}) \tag{5-2}$$

화폐공급$\left(\frac{M_0^S}{P_0}\right)$은 정책당국에 의해 외생적으로 결정되며, 화폐수요는 국민소득과 금리에 의해 결정된다. 국민소득이 증가하면 거래의 편의를 위해 보유하고자 하는 화폐량이 늘어난다. 반면 금리가 상승하면 화폐보유에 대한 기회비용이 커지므로 보유하고자 하는 화폐량이 줄어든다. 따라서 화폐수요량은 국민소득과 양의 관계를 갖고, 금리와 음의 관계를 갖는다.

LM곡선의 개념과 형태

LM곡선은 화폐시장의 균형을 나타내는 국민소득과 금리의 조합으로서 <그림 5-12>에서 보는 것과 같이 우상향하는 형태를 취한다. 만약 국민소득이 d에서 e로 증가하면 화폐수요량이 늘어나 화폐시장에서 초과수요가 발생한다. 이러한 화폐시장의 초과수요를 해소하고 화폐시장이 균형을 이루기 위해서는 금리가 e에서 f로 상승하여야만 한다. 따라서 국민소득이 증가하는 경우 금리가 상승하여야만 화폐시장이 균형을 이루므로 LM곡선은 우상향하는 형태를 취한다.

〈그림 5-12〉

화폐시장의 균형과 LM곡선

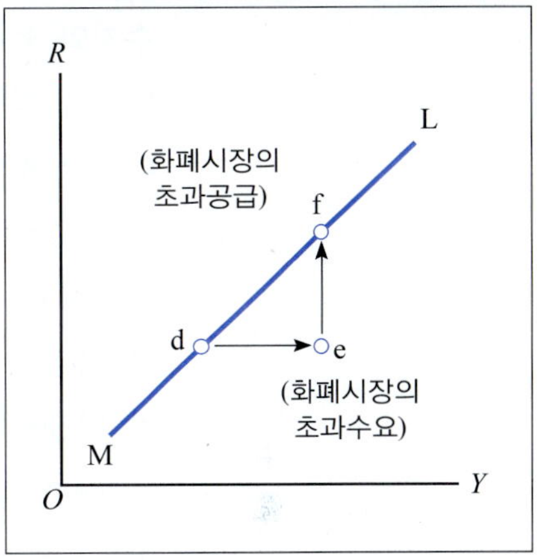

외환시장의 균형

외환에 대한 수요와 공급은 경상거래뿐만 아니라 자본거래에 의해서도 발생한다. 경상거래는 물가, 국민소득 등에 의해 크게 영향을 받고, 자본거래는 내외금리차에 의해 크게 영향을 받는다.

경상수지와 환율

편의상 본원소득수지나 이전소득수지는 균형을 이룬다고 가정하면 경상수지는 상품 및 서비스수지(또는 순수출)와 같음.

경상거래에 의한 외환의 수요와 공급은 상품 및 서비스의 수출입 등에서 발생한다. 상품 및 서비스의 수출입은 앞의 탄력성 접근법에서 다룬 바와 같이 환율뿐만 아니라 물가, 국민소득에도 영향을 받으므로 순수출(NX) 또는 경상수지를 다음과 같이 표시할 수 있다.

$$NX = EX\left(\overset{\oplus}{\frac{SP_0^*}{P_0}},\ \overset{\oplus}{Y^*}\right) - IM\left(\overset{\ominus}{\frac{SP_0^*}{P_0}},\ \overset{\oplus}{Y}\right)$$
$$= NX\left(\overset{\oplus}{\frac{SP_0^*}{P_0}},\ \overset{\ominus}{Y},\ \overset{\oplus}{Y^*}\right) \quad (5\text{-}3)$$

상품 및 서비스의 수출입은 모두 실질환율의 영향을 받는 것으로 표시하였는데, 지출적 접근법에서는 본국의 물가(P_0)와 외국의 물가(P_0^*)가 모두 고정되어 있다고 가정하기 때문에 명목환율의 변동은 실질환율의 변동과 같다. 따라서 환율의 상승은 수출을 증가시키고 수입을 감소시킴으로써 순수출을 증가시킨다. 본국의 국민소득(Y) 증가는 본국의 수입을 증가시키므로 순수출을 감소시키고, 외국의 국민소득(Y^*) 증가는 본국의 수출을 증가시킴으로 순수출을 증가시킨다.

<그림 5-13>에서 순수출(NX)곡선은 경상수지와 환율간 관계를 나타내고 있다. 환율이 S_0에서 경상수지(또는 순수출)가 균형을 이룬다고 하자. 환율이 S_2로 상승하면 NX_2에 상당하는 경상수지 흑자 – 즉 외환의 초과공급이 발생하고, 환율이 S_1으로 하락하면 NX_1에 상당하는 경상수지 적자 – 즉 외환의 초과수요가 발생한다.

〈그림 5-13〉

환율과 순수출(경상수지)

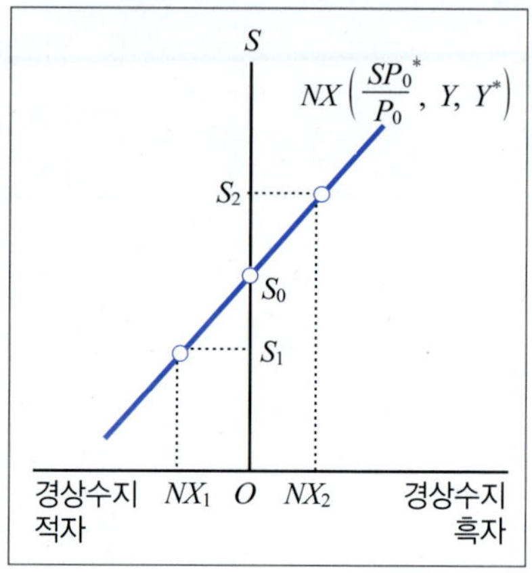

한편 환율외 요인의 변동은 순수출곡선을 이동시킨다. 본국의 국민소득이 증가하면 본국의 수입이 늘어나 경상수지 적자 – 즉 외환의 초과수요가 발생하게 되는데, 이는 순수출곡선을 위로 이동시킨다. 반면 외국의 국민소득이 증가하면 본국의 수출이 늘어나 경상수지 흑자 – 즉 외환의 초과공급이 발생하게 되는데, 이는 순수출곡선을 아래로 이동시킨다.

*여기서 자본수지는 자본이동에 따른 수치차를 나타내기 위하여 사용한 것으로서, 국제수지표에서는 준비자산증감을 제외한 금융계정의 변동을 의미함.

자본수지와 내외금리

자본거래는 내외금리차에 의해 크게 영향을 받으므로 **자본수지**를 다음과 같이 표시할 수 있다.*

$$NCA = NCA(R \overset{\oplus}{-} R_0^*) \qquad (5\text{-}4)$$

본국금리(R)가 외국금리(R_0^*)보다 높으면 자본의 순유입이 일어나고, 외국금리보다 낮으면 순유출이 일어난다.

〈그림 5-14〉

내외금리차와 자본수지

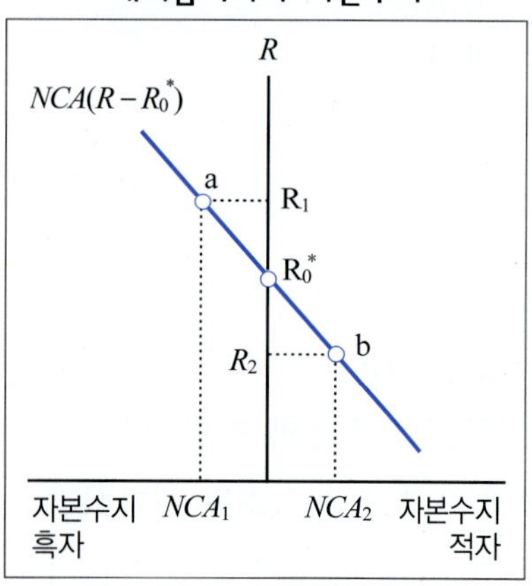

<그림 5-14>에서 자본수지(NCA)곡선은 자본수지와 내외금리차간 관계를 나타내고 있다. 국내금리가 R_1로 외국금리 R_0^*보다 높다면 NCA_1에 상당하는 자본수지 흑자 – 즉 외환의 초과공급이 발생하고, 국내금리가 R_2로 외국금리 R_0^*보다 낮다면 NCA_2에 상당하는 자본수지 적자 – 즉 외환의 초과수요가 발생한다. 만약 국가간 자본이동을 저해하는 규제가 완화되어 양국간 자본이동이 자유롭게 되면 될수록 자본수지(NCA)곡선은 보다 완만한 형태를

취하게 된다.

종합수지균형과 환율

자유변동환율제도하에서는 **종합수지**가 균형을 이룰 때 – 즉 경상수지와 자본수지의 합이 0이 될 때 균형환율이 결정된다.

$$NX\left(\overset{\oplus}{\frac{SP_0^*}{P_0}},\ \overset{\ominus}{Y},\ \overset{\oplus}{Y^*}\right)+\overset{\oplus}{NCA}(R-R_0^*)=0 \tag{5-5}$$

경상수지가 흑자<적자>를 보이면 이에 상당하는 만큼 자본수지가 적자<흑자>를 보일 때 종합수지가 균형을 이루며 환율이 결정된다.

〈그림 5-15〉

국제수지와 외환시장의 균형

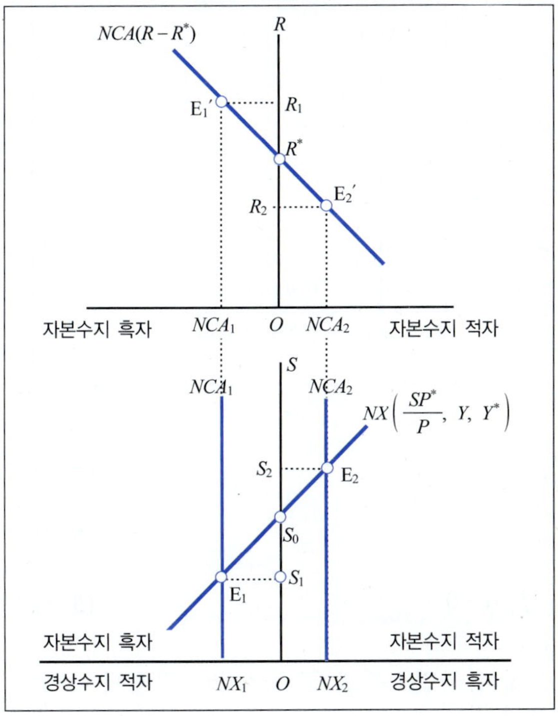

〈그림 5-15〉는 순수출(*NX*)곡선과 자본수지(*NCA*)곡선을 이용하여 경상거래와 자본거래의 과정에서 균형환율이 어떻게 결정되는가를 보여주고 있다. 우선 국내금리가 외국금리 R_0^*와 같다면 자본수지가 균형을 이루게 되므로 균형환율은 경상수지가 균형을 이루는 S_0에서 결정된다.

만약 국내금리가 외국금리보다 높은 R_1로 상승하면 NCA_1에 상당하는 자본수지 흑자 – 즉 외환의 초과공급이 발생한다. 이러한 외환의 초과공급은 경상수지 적자에 의해 해소되는 – 즉 순수출곡선 $NX(\cdot)$와 자본수지곡선 NCA_1에 대응하는 선의 교차점 E_1에 대응하는 S_1에서 균형환율이 결정된다. 반면 국내금리가 R_1으로 외국금리보다 낮다면 자본수지 적자 – 즉 외환의 초과수요가 발생하므로 이를 경상수지가 흑자 – 외환의 초과공급에 보전하는 환율수준인 S_2에서 균형환율이 결정된다.

2) 개방거시경제의 균형

앞에서 다룬 생산물시장, 화폐시장 및 외환시장의 균형조건을 다음과 같이 종합하여 표시할 수 있으며, 이를 이용하여 국민소득, 국내금리 및 환율의 결정메커니즘을 파악할 수 있다.

그림 5-16 생산물시장, 화폐시장과 외환시장의 동시 균형

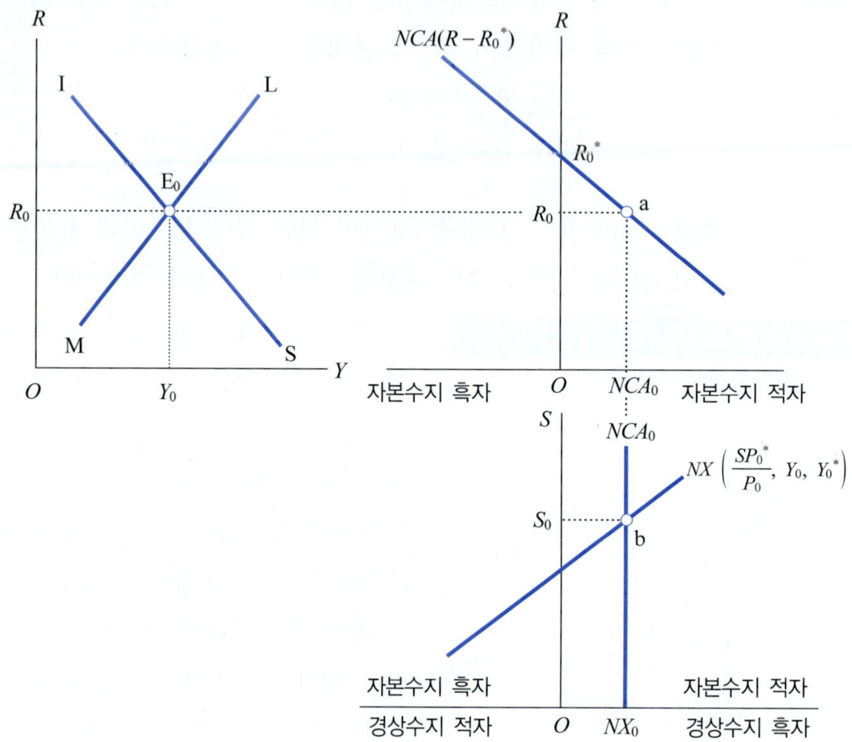

생산물시장의 균형 $$Y = C(Y) + I(R) + G_0 + NX\left(\frac{SP_0^*}{P_0},\ Y,\ Y^*\right) \quad (5\text{-}1)$$

화폐시장의 균형 $$\frac{M_0^S}{P_0} = L(Y,\ R) \quad (5\text{-}2)$$

외환시장의 균형 $$NX\left(\frac{SP_0^*}{P_0},\ Y,\ Y^*\right) + NCA(R - R_0^*) = 0 \quad (5\text{-}5)$$

생산물시장과 화폐시장의 균형조건에서 국민소득과 국내금리가 결정되며, 국민소득은 경상수지와 국내금리는 자본수지와 연계되어 있다. 국내금리의 수준에 따라 내외금리차가 결정되면서 자본수지의 크기도 결정된다. 또한 경상수지는 국민소득과 환율에 의하여 결정되는데, 이때 환율은 종합수지가 균형을 이루도록 하는 수준에서 결정된다. 이와 같이 국민소득, 금리 및 환율은 생산물시장, 화폐시장 및 외환시장이 유기적으로 상호작용을 하는데 동시에 결정된다.

개방거시경제의 균형

<그림 5-16>은 생산물시장, 화폐시장 및 외환시장이 상호작용을 하면서 균형 국민소득, 금리 및 환율이 동시에 어떻게 결정되는가를 나타내고 있다. 우선 생산물시장의 균형을 나타내는 IS곡선과 화폐시장의 균형을 나타내는 LM곡선이 만나는 점에서 균형국민소득 Y_0와 균형금리 R_0가 결정된다. 만약 그림과 같이 국내금리가 국제금리 R_0^*보다 낮다면 자본유입보다 자본유출이 커 NCA_0에 상당하는 자본수지 적자 – 즉 외환의 초과수요가 발생한다. 국제수지가 균형을 이루기 위에서는 국민소득이 Y_0일 때 자본수지 적자에 상당하는 경상수지 흑자 NX_0가 발생하여야 하는데, 이를 위해서는 순수출곡선 NX와 자본수지 NCA_0에 대응하는 선과 교차점 b에서 균형환율 S_0가 결정된다.

(2) 거시경제정책의 효과

1) 재정정책의 효과

정부의 확장적 재정정책이 금리, 국민소득, 환율 등 거시경제변수에 어떻게 영향을 미치는가를 <그림 5-17>을 이용하여 살펴보자. 정부지출을 늘리거나 조세를 줄이면 IS곡선이 I_0S_0에서 I_1S_1로 이동함에 따라[2] 국민소득이 Y_1로 증가하고 금리가 R_1으로 상승한다. 국내금리의 상승은 자본유입을 촉진하여 자본수지를 개선시키므로 자본수지에 대응하는 선이 NCA_0에서 NCA_1으로 이동한다. 국제수지가 균형을 이루기 위해서는 자본수지가 개선된 만큼 경상수지가 악화되어야 하는데, 국민소득의 증가가 없다면 균형점이 b_0에서 b_1으로 이동하면서 균형환율이 S_1에서 결정될 것이다.

앞서 이야기한 것과 같이 국민소득의 증가는 수입을 증가시켜 순수출을 감소시키므로 순수출곡선 $NX(\cdot)$에서 $NX'(\cdot)$로 이동시킨다. 따라서 균형환율은 자본수지곡선 NCA_1과 순수출곡선 $NX'(\cdot)$가 교차하는 점 b_1'에서 S_1'로 결정된다. 새로운 균형환율 S_1'은 종전 균형환율 S_0보다 높을 수도 있고 낮을 수도 있는데, 이는 국내금리의 변동에 따른 자본유출입의 크기와 국민소득 증가에 따른 수입증가의 크기에 달려 있다.

---

2) IS곡선의 이동은 아래에서 설명하는 것과 같이 환율변동에 의한 순수출 감소를 반영한 것임.

그림 5-17 확장적 재정정책과 환율

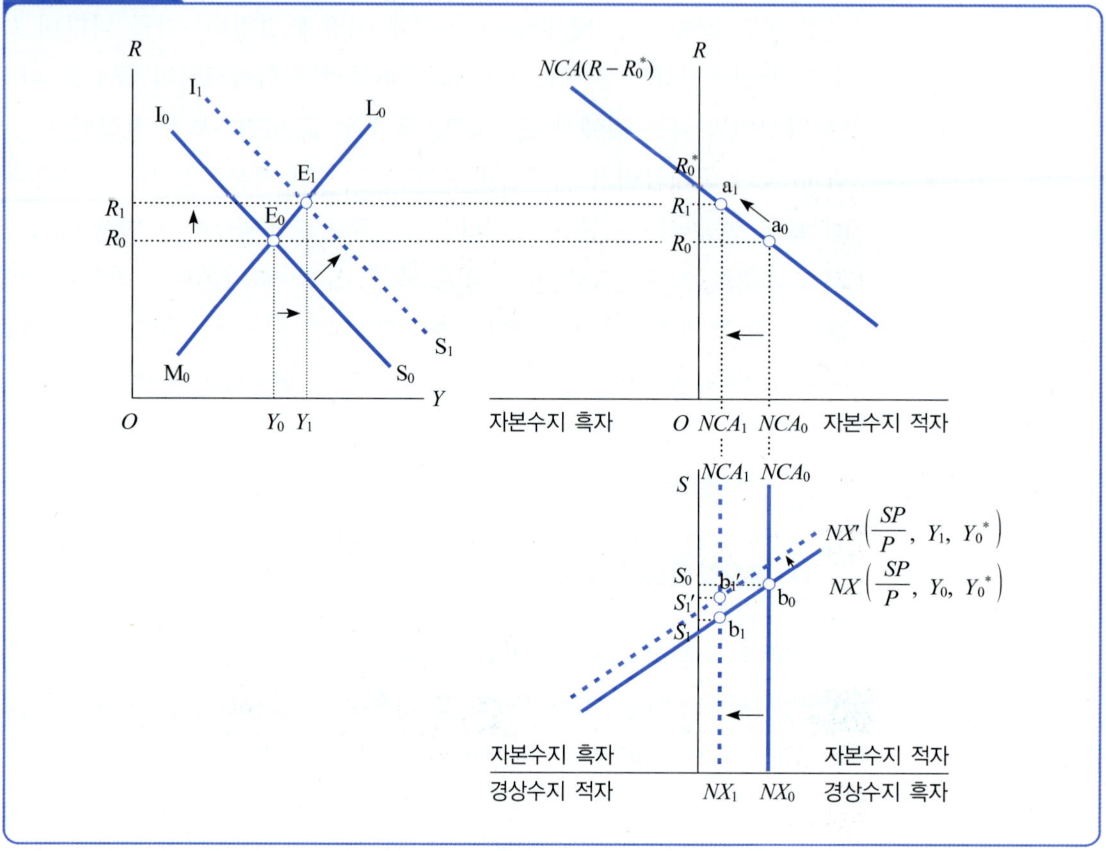

2) 통화정책의 효과

통화당국이 **확장적 통화정책**을 구사하는 경우 국민소득, 국내금리, 환율 등 거시경제변수에 미치는 영향을 <그림 5-18>을 이용하여 살펴보자. 통화당국이 통화량을 늘리면 LM곡선이 L_0M_0에서 L_2M_2로 이동하고 IS곡선이 아래에서 보는 것과 같이 환율상승으로 인해 I_0S_0에서 $I_2'S_2'$로 이동함에 따라 국민소득은 Y_2로 증가하고 금리는 R_2로 하락한다. 국내금리의 하락은 자본유출을 촉진하여 자본수지를 악화시키므로 자본수지에 대응하는 곡선이 NCA_0에서 NCA_2로 이동한다. 국제수지가 균형을 이루기 위해서는 자본수지가 악화된 만큼 경상수지가 개선되어야 하는데, 국민소득의 증가가 없다면 균형점이 b_0에서 b_2

그림 5-18 확장적 통화정책과 환율

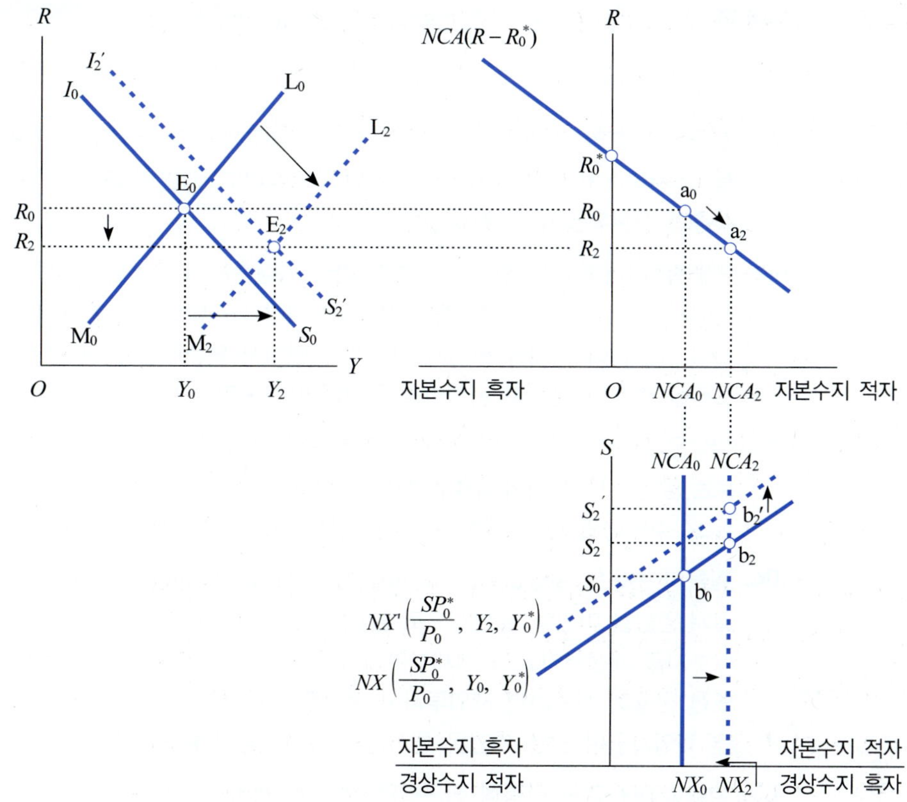

로 이동하면서 균형환율이 S_2에서 결정될 것이다.

앞서 이야기한 것과 같이 국민소득의 증가는 수입을 늘리므로 순수출곡선을 $NX(\cdot)$에서 $NX'(\cdot)$로 이동시킨다. 따라서 균형환율은 자본수지에 대응하는 곡선 NCA_2와 순수출곡선 $NX'(\cdot)$가 교차하는 점 b_2'에서 S_2'로 결정된다. 새로운 균형환율 S_2'는 종전 균형환율 S_0보다 상승하게 되는데 그 크기는 금리변동에 따른 자본유출입의 크기와 국민소득 증가에 따른 수입증가의 크기에 달려 있다.

요약

01. 환율은 외환의 가격이므로 외환의 수요와 공급에 의해 결정된다. 외환의 수요는 상품 및 서비스의 수입과 자본유출에 의해 발생하고, 외환의 공급은 상품 및 서비스의 수출과 자본유입에 의해 발생한다.

02. 환율결정이론은 경제환경의 변화에 따라 경상수지의 균형을 중시하는 플로우 접근법에서 자산시장의 균형을 중시하는 자산시장 접근법으로 바뀌어 왔다. 최근에는 거시적 접근법이 한계를 보이자 미시적 측면에서 외환시장의 구조, 참가자의 행태에 초점을 맞추어 환율의 움직임을 설명하려는 노력이 이루어지고 있다.

03. 환율은 장기적으로 물가, 생산성, 교역조건의 변화 등에 의해 영향을 받고, 중기적으로는 경상수지, 자본의 유출입 등에 영향을 받으며, 단기적으로는 시장의 기대, 각종 뉴스, 주변국의 환율, 은행의 외환포지션 변동 등에 의해 영향을 받는다.

04. 환율의 변동은 수출입뿐만 아니라 경상수지, 물가, 생산과 고용 등 국민경제전반에 걸쳐 영향을 미친다. 일반적으로 환율의 상승은 마샬-러너 조건이 만족하는 경우 경상수지를 개선시키고, 교역재부문의 고용과 생산을 증가시키고, 물가를 상승시킨다. 또한 환율이 상승하면 해외투자에 투자를 많이 한 기업은 투자수익이 늘어나는 반면 해외차입이 많은 기업은 원리금의 상환부담이 늘어나게 된다.

05. 환율결정에 관한 탄력성 접근법은 상품 및 서비스의 수출입 등 경상거래의 과정에서 발생하는 외환의 수요와 공급에 의해 환율이 어떻게 결정되는가를 설명하고 있다. 외환의 수요는 재화나 서비스의 수입대금을 결제하는 과정에서 발생하며, 외환수요곡선은 우하향하는 형태를 취한다. 외환의 공급은 재화나 서비스의 수출대금을 환전하는 과정에서 발생하며, 외환공급곡선은 우상향하면서 후방굴절하는 형태를 취한다. 외환시장은 마샬-러너 조건을 만족시키는 경우 – 즉 수입수요 탄력성과 수출수요 탄력성의 합이 1보다 큰 경우에 안정적 균형을 갖는다.

06. 환율결정에 관한 지출적 접근법은 케인지안모형의 기본가정인 고정적 물가를 수용하면서 생산물시장, 화폐시장, 외환시장이 상호작용하는 가운데 국민소득, 금리 및 환율이 동시에 결정됨을 보여주고 있다. 확장적 재정정책은 국내금리의 상승을 통해 자본유입을 촉진함으로써 환율을 하락시키지만 동시에 국민소득의 증가를 통해 수입의 증가를 초래함으로써 환율을 상승시키기 때문에 환율의 변동방향은 자본유입과 수입증가의 크기에 달려 있다. 반면 확장적 금융정책은 국내금리의 하락을 통해 자본을 유출시키고 국민소득의 증가를 통해 수입을 증가시켜 외환의 초과수요를 가져오므로 환율을 상승시킨다.

연습문제

01. 다음과 같은 뉴스가 외환의 수급에 어떻게 영향을 미칠 것인가를 밝히고, 이를 근거로 원-달러 환율의 변동방향을 예상하여 보시오.

① 미국 연방준비위원회가 글로벌 금융위기의 출구전략의 일환으로서 양적완화(quantitative easing)를 축소하기로 발표하였다.

② 일본에서는 아베정권이 집권하면서 스태그플레이션에 빠진 경제를 활성화시키기 위해 양적완화정책을 실시하기로 하였다.

③ 지난 분기에 미국의 경제성장률이 예상보다 훨씬 낮은 0.6%에 불과한 것으로 발표되었다.

④ 지구온난화의 영향으로 재해가 빈발하면서 국제곡물가격이 급등할 것이라는 전망이 발표되었다.

⑤ 우리나라 외환당국이 해외증권 및 부동산투자에 대한 외환규제를 완화하는 조치를 취하였다.

02. 최근 우리나라 외환시장 동향에 관해 조사해 보시오. 특히 어떠한 사건들이 원-달러 환율의 움직임에 영향을 크게 미쳤는가에 대하여 조사해 보시오.

03. 1997년 외환위기 이후 원-달러환율과 우리나라 종합주가지수의 움직임을 그래프를 그려 파악해 보시오. 시기에 따라 원-달러환율과 종합주가지수가 뚜렷이 상반된 움직임을 보이는데 그 이유를 설명하여 보시오.

04. 일반적으로 중국의 위안화가 강세를 보이는 시기에 우리나라 원화도 강세를 보이는 경향이 있다. 이러한 원화환율과 위안화환율의 동조화 현상을 우리나라의 대중국 수출입구조를 고려하여 설명하여 보시오.

05. 최근 원화절상으로 채산성이 악화됨에 따라 우리나라 수출기업은 수출가격의 인상을 검토하고 있다. 만약 우리나라 기업이 수출가격을 인상하면 외화표시 수출액이 늘어나는가 아니면 줄어드는가? 또한 원화표시 수출액은 어떻게 되는가?

06. 수출수요나 수입수요의 가격탄력성을 결정하는 요인에 관하여 관하여 설명하여보시오. 어떠한 경우에 마샬-러너 조건을 만족시키지 못함으로써 외환시장이 안정적 균형을 갖지 못할 가능성이 높은지에 대하여 설명하시오.

07. 다음과 같은 상황이 발생하는 경우 국민소득, 국내금리, 자본수지와 경상수지, 환율 등에 미치는 효과를 환율결정에 관한 지출적 접근법을 이용하여 분석해 보시오.

① 출구전략의 실시에 따른 국제금리의 상승

② 재정적자의 보전을 위한 소득세율 인상

③ 국내물가의 상승

CHAPTER 06

환율의 결정(2): 자산시장 접근법

국제경제환경의 변화에 따라 환율의 결정에 영향을 미치는 요인도 바뀌어 왔다. 종전과 같이 국제경제거래에서 재화 및 서비스의 수출입의 비중이 컸던 시기에는 물가, 국민소득 등 실물경제변수가 환율에 큰 영향을 미쳤으나, 최근에는 자본이동이 활발해지면서 금리, 주가 등 자산가격 결정변수가 큰 영향을 미치고 있다. 이에 따라 환율결정이론도 전통적 플로우 접근법에서 자산시장 접근법으로 발전해 오고 있다. 환율결정에 관한 자산시장 접근법(asset market approach)은 외환도 자산의 하나로 파악하며, 저량으로 측정되는 자산시장이 동시에 균형을 이룰 때 환율이 결정된다고 본다. 자산시장 접근법은 국내통화표시채권과 외국통화표시채권이 완전대체재인가 여부에 따라 통화적 접근법과 포트폴리오-밸런스 접근법으로 나누어진다. 최근에는 기존의 환율결정이론이 한계를 보임에 따라 이를 미시적 측면에서 극복하기 위한 노력이 다각도로 이루어지고 있다.

6.1 통화적 접근법

환율결정에 관한 통화적 접근법은 국내통화표시채권과 외국통화표시채권이 **완전대체재**라는 가정하에 환율이 어떻게 결정되는가를 밝히고자 한다. 국내통화표시채권과 외국통화표시채권이 완전대체재라면 국내통화표시채권을 보유하는 것은 외국통화표시채권을 보유하는 것과 동일한 효과를 갖는다. 나아가 주어진 금융자산을 화폐와 채권으로 나누어 보유하는데 이 중 얼마만큼을 화폐로 보유할 것인가를 결정하게 되면 나머지를 채권으로 보유하겠다고 결정하는 것과 같다. 따라서 통화적 접근법은 통화시장에 초점을 맞추어 환율의 결정과정을 밝히고 있는데, 거시경제를 보는 시각에 따라 고전학파의 신축가격모형, 케인지안의 고정물가모형과 앞의 두 모형을 결합하여 동학이론으로 발전시킨 경직가격모형으로 구분하여 볼 수 있다.

(1) 신축적 물가와 환율: 고전학파 모형

1) 모형: 구매력평가설과 통화시장의 균형

구매력평가설

고전학파는 시장에서 불균형이 발생하면 물가, 임금 등 가격변수가 신축적으로 움직여 이를 즉각 해소한다고 보고 있다. 따라서 고전학파는 **구매력평가설**을 받아들여 환율은 양국 통화의 구매력(또는 물가)의 비(比)에 의해서 결정된다고 본다.

$$S = \frac{P}{P^*} \qquad (6\text{-}1)$$

〈그림 6-1〉

환율과 물가: 구매력평가선

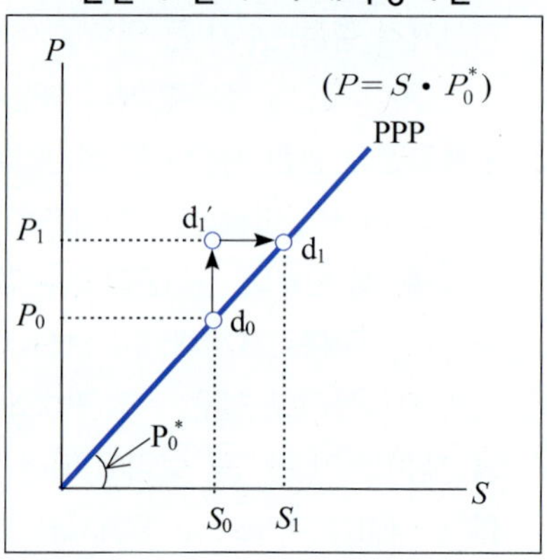

구매력평가설은 <그림 6-1>에서 보는 것과 같이 국내물가-환율의 평면상에서 **구매력평가선**(PPP)으로 나타낼 수 있다. 구매력평가선은 원점을 통과하는 직선의 형태를 취하며 환율과 국내물가간 1:1 대응관계를 나타낸다. 즉 외국물가가 P_0^*로 주어져 있는 경우

외국물가가 상승하면 구매력 평가선의 기울기는 더 커짐

국내물가가 P_0라면 이에 대응하는 환율은 S_0가 된다. 만약 국내물가가 P_1으로 상승하게 되면 국내상품의 가격이 상대적으로 비싸져 수출이 줄고 수입이 늘어나 국제수지가 적자를 보이게 된다. 따라서 외환의 초과수요로 환율이 S_1으로 상승하면서 국제수지는 다시 균형을 회복하게 된다.

고전학파의 거시경제모형

한편 물가의 결정은 통화시장의 균형조건에 기초하여 거시경제모형을 설정함으로써 파악할 수 있다. 고전학파의 거시경제모형은 물가가 신축적이며 **화폐에 대한 환상**(money illusion)이 없다는 것을 전제로 하고 있다.

국민총생산과 총공급

고전학파에 따르면 (실질)국민총생산은 생산에 투입되는 자본량, 노동량, 기술수준 등에 의해 결정된다. 만약 기술수준이 일정하고 부존된 자본이 모두 생산에 투입되고 있다면 실질국민총생산은 물가와 관계없이 완전고용수준에서 결정된다. 왜냐하면 임금이 신축적이므로 노동시장은 항상 완전고용상태를 유지한다. 또한 화폐에 대한 환상이 없기 때문에 물가가 상승하면 임금도 같은 율로 상승함으로써 실질임금은 변하지 않는다. 따라서 **총공급곡선**(AS)은 <그림 6-2>에서 보는 것과 같이 **완전고용 국민소득수준**(y_f)에서 수직인 형태를 취한다.[1]

〈그림 6-2〉

고전학파의 거시경제모형

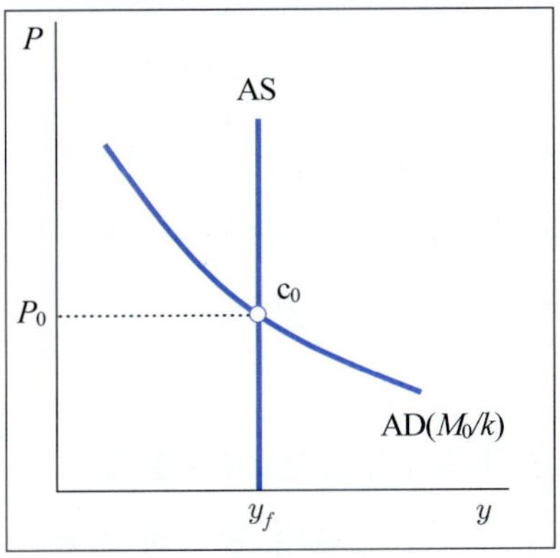

$$\text{총공급: } y^s = y_f$$

통화량과 총수요

한편 (실질)총수요는 통화량, 물가, 현금보유성향 등에 의해 결정된다. 고전학파의 **실질현금잔고수량설**에 따르면 사람들은 거래의 편의를 위하여 실질통화($\frac{M_0}{P}$)를 국민소득(y)의 일정비율(k)로 보유한다. 통화시장은 실질통화공급량과 실질통화수요량이 같을 때 균형을 이루므로 실질현금잔고수량설을 다음과 같이 표시할 수 있다.

$$\frac{M_0^S}{P} = ky \tag{6-2}$$

---

1) 지금까지는 물가가 고정되어 있다고 보았기 때문에 명목국민소득과 실질국민소득을 구분하지 않았으나, 여기서는 실질국민소득과 명목국민소득을 명확히 구분하는 것이 필요하므로 실질국민소득은 y로 표시하였음.

통화는 재화에 대한 구매력을 나타내므로 식 (6-2)을 변형하여 **실질총수요**를 다음과 같이 나타낼 수 있다.

$$\text{총수요: } y^d = \frac{M_0^S/k}{P} \tag{6-3}$$

실질총수요는 통화공급량, 현금보유성향, 물가 등에 의해 결정된다. 실질총수요는 물가와 역의 관계에 있기 때문에 **총수요곡선**(AD)은 <그림 6-2>에서 보는 것과 같이 우하향하는 형태를 취한다. 주어진 물가수준에서 통화량이 늘거나 통화보유성향이 줄어들면 실질총수요는 늘어나게 된다.

국민소득과 물가의 결정

국민경제의 균형은 총수요와 총공급이 같을 때 - <그림 6-2>에서 보는 것과 같이 총수요곡선과 총공급곡선이 교차할 때 달성된다.

$$y_f = \frac{M_0^S/k}{P} \tag{6-4}$$

실질국민총생산은 화폐에 대한 환상이 없기 때문에 물가와 관계없이 공급측면에서 – 즉 완전고용 국민소득수준 y_f에서 결정된다. 물가는 통화량, 현금보유성향 등 총수요의 크기에 의해 결정되는데, 통화공급량이 M_0^S인 경우 물가는 P_0에서 결정된다.

개방거시경제의 균형

앞에서 다룬 **구매력평가설**에 의한 구매력평가선과 **실질현금잔고수량설**에 기초한 총수요 - 총공급곡선을 이용하여 국민소득, 물가 및 환율이 동시에 어떻게 결정되는가를 알 수 있다. <그림 6-3>에서 보는 것과 같이 총수요와 총공

그림 6-3 고전학파의 환율결정모형

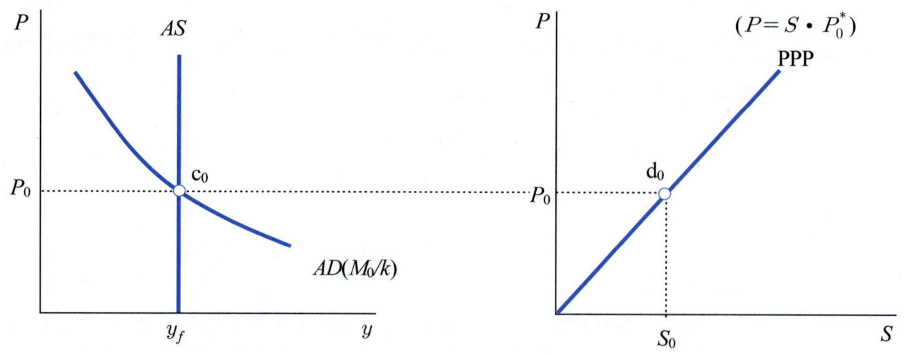

급이 같을 때 국민경제의 균형이 달성되며, 국민총생산은 완전고용 국민소득 수준 y_f에서 결정되고, 물가는 통화공급량이 M_0^S일 때 P_0에서 결정된다. 나아가 외국의 물가가 P_0^*인 경우 외환시장을 균형시키는 환율은 구매력평가설에 따라 국내물가 P_0에 대응하는 S_0가 된다.

개방거시경제모형의 확장

한편 통화수요를 결정하는 요인중 빼놓을 수 없는 것이 금리다. 즉 금리가 상승하면 통화보유에 따른 기회비용이 커져 통화수요가 감소하므로 통화수요량은 금리와 음의 관계를 갖는다. 따라서 통화수요(L)를 결정하는 요인으로서 국민소득과 더불어 금리를 동시에 고려하게 되는 경우 본국과 외국의 통화시장 균형조건을 다음과 같은 식으로 표시할 수 있다.

국내통화시장의 균형

$$\frac{M_0^S}{P}=L(y,\ R) \qquad \rightarrow \qquad P=\frac{M_0^S}{L(y,\ R)} \tag{6-5}$$

외국통화시장의 균형

$$\frac{M_0^{*S}}{P^*}=L^*(y^*,\ R^*) \qquad \rightarrow \qquad P^*=\frac{M_0^{*S}}{L^*(y^*,\ R^*)} \tag{6-6}$$

본국과 외국의 물가는 각국의 통화공급량, 국민소득, 금리에 의하여 각각 결정된다.

환율의 결정요인

구매력평가설과 양국의 통화시장 균형조건을 이용하여 환율의 결정요인을 파악할 수 있다.

$$S=\frac{P}{P^*}=\frac{M_0^S}{M_0^{*S}}\cdot\frac{L^*(y^*,\ R^*)}{L(y,\ R)} \tag{6-7}$$

환율은 본국과 외국 통화시장에 영향을 미치는 요인들 - 즉 본국과 외국의 통화량, 국민소득, 금리 등에 의해 결정된다.

모형의 유용성과 한계

환율결정에 관한 고전학파 모형은 구매력평가설의 성립을 전제로 하고 있어 환율의 장기적 추세나 초인플레이션 경제에서 환율의 움직임을 파악하는 데 유용하게 활용된다. 그러나 1980년대 이후 국가간 자본이동이 활발해지면서 단기적으로 환율이 급격히 변동하는 모습을 설명하는 데 한계를 보이고 있다.

2) 외부의 충격과 환율

고전학파는 본국과 외국의 통화량, 국민소득, 금리 등이 환율을 결정하는 중요한 요인이라고 보고 있다. 이러한 요인들의 변동이 어떠한 경로를 통해 어떻게 환율에 영향을 미치는가를 살펴보자.

본국 통화량의 증가

본국의 통화량이 M_1으로 증가하면 통화시장에서 초과공급이 발생하게 된다. 국민들이 과잉으로 통화를 보유하게 되므로 이를 처분하는 과정에서 재화나 서비스에 대한 수요가 증가한다. 통화량 증가로 인한 명목총수요의 증가는 총수요곡선(AD)을 AD_0에서 AD_1으로 이동시킴으로써 물가를 P_1으로 상승시킨다. 이와 같이 국내물가가 상승하면 수출은 감소하고 수입이 증가하며 국제수지가 적자를 보이게 된다. 국제수지 적자에 따른 외환에 대한 초과수요를 해소하는 과정에서 환율은 구매력평가선을 따라 S_1으로 상승하게 된다.

그림 6-4 본국 통화량의 증가와 환율

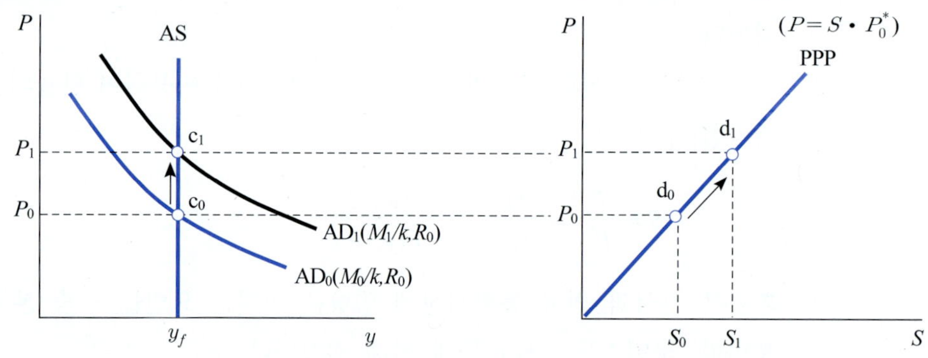

본국 국민소득의 증가

자본량 또는 노동량의 증가나 기술진보 등으로 실질국민소득이 y_f'로 증가하면 거래의 편의를 위해 실질통화수요도 증가한다. 그런데 명목통화공급량은 일정하므로 모자라는 통화를 축적하기 위해 재화나 서비스에 대한 지출을 줄임에 따라 물가가 하락한다. 즉 물가가 하락하면 실질통화공급량이 증가하여 늘어난 실질통화수요를 충족시킬 수 있게 된다. 이는 <그림 6-5>에서 명목총수요는 변동하지 않고 실질국민총생산이 증가하게 되면 초과공급이 발생함으로써 물가가 P_2로 하락하는 것으로 나타난다. 이와 같이 국내물가가 하락하면 수출이 증가하고 수입이 감소하여 국제수지가 흑자를 보이게 된다. 이로 인해 외환시장에서 초과공급이 발생하므로 환율이 S_2로 하락하게 된다.

그림 6-5 본국 국민소득의 증가와 환율

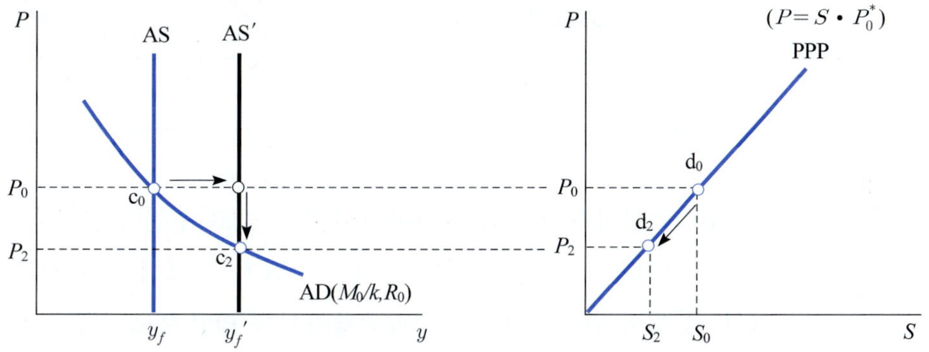

본국 국민소득의 증가가 환율에 미치는 영향은 고전학파의 신축적 물가모형과 케인지안의 지출적 접근법이 서로 다르게 나타난다. 고전학파의 신축적 물가모형에서 국민소득의 증가는 실질화폐수요의 증가를 가져와 국내물가를 하락시키며, 국내물가의 하락은 국제수지 흑자를 통해 환율을 하락시킨다고 보고 있다. 반면에 지출적 접근법에서 국민소득의 증가는 수입을 증가시켜 국제수지 적자를 초래하므로 환율을 상승시킨다고 보고 있다.

본국금리의 상승 본국의 금리가 R_1으로 상승하면 통화보유에 대한 기회비용이 증가하여 통화수요가 감소한다. 국민들이 과잉으로 보유한 통화를 처분하는 과정에서 재화나 서비스에 대한 수요가 늘어난다. 즉 본국금리의 상승으로 인한 통화수요의 감소는 명목총수요를 AD_0에서 AD_1으로 증가시킴으로써 물가를 P_1으로 상승시킨다. 이와 같이 국내물가의 상승으로 국제수지가 적자를 보이게 되면 외환에 대한 초과수요가 발생하여 환율은 S_1으로 상승하게 된다.

그림 6-6 본국금리의 상승과 환율

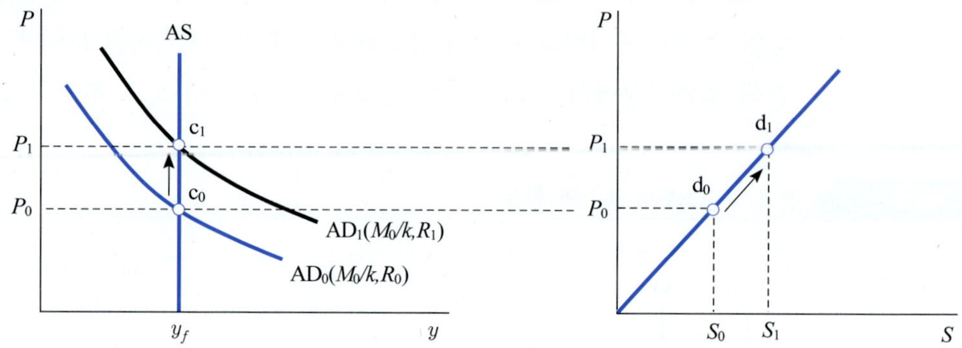

외국물가의 상승

외국의 물가가 상승하면 본국의 수출이 늘고 수입이 감소하여 국제수지가 흑자를 보임으로써 환율이 하락한다. <그림 6-7>에서 보는 것과 같이 외국물가의 P_0^*에서 P_1^*로 상승은 구매력평가선을 PPP_1으로 이동시키고, 국제수지 흑자를 가져와 환율을 S_2로 하락시킨다. 그러나 외국 물가의 변동은 본국의 물가나 국민소득에 전혀 영향을 미치지 못한다. 왜냐하면 고전학파는 해외에서 충격이 발생해도 이를 환율이 신축적으로 움직여 모두 흡수한다고 보고 있기 때문이다.

차단효과

그림 6-7 외국물가의 상승과 환율

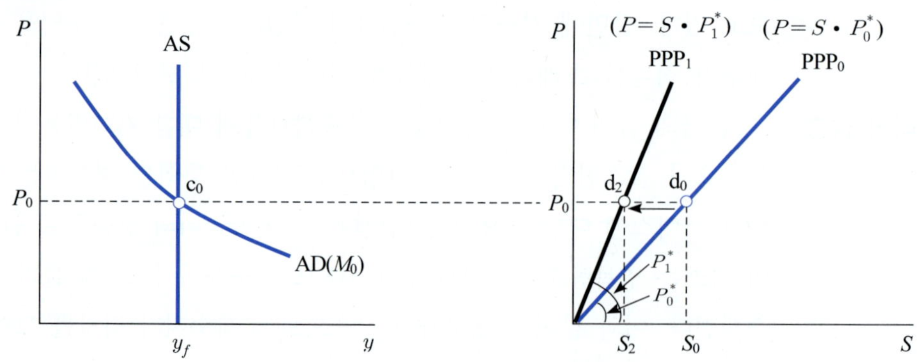

(2) 고정적 물가와 환율: 케인지안 모형

1) 모형: IS-LM-UIP모형

케인지안은 시장에서 불균형이 발생하여도 물가가 고정되어 있기 때문에 국민소득, 고용 등 수량변수가 움직여 불균형을 해소한다고 본다. 따라서 케인지안은 앞에서 다룬 생산물시장 및 통화시장의 균형과 함께 외환시장이 동시에 균형을 이루는 과정에서 환율이 결정된다고 보고 있다.

자본이동과 국제금리평가

만약 국가간 자본이동이 자유롭고 국내통화표시 채권과 외국통화표시 채권이 완전대체재인 경우 외환시장의 균형은 국내통화표시 채권투자에서 얻는 수익률과 외국통화표시 채권투자에서 얻는 수익률이 같을 때 이루어지게 된다. 즉 외국통화표시 채권에 투자하여 얻는 수익률은 외국통화표시 채권을 보유하는 기간 동안 발생하는 이자와 환율의 예상변동율의 합으로 구성되므로 다음과 같이 **환위험을 커버하지 않은 (유위험) 국제금리평가**(UIP : Uncovered Interest Rate Parity)의 정리가 성립한다.

$$R_t = R_t^* + \frac{E_t S_{t+1} - S_t}{S_t} \tag{6-8}$$

유위험 국제금리평가(UIP)는 <그림 6-8>에서 보는 것과 같이 국내금리와 환율간 역의 관계를 가지고 움직임을 나타낸다. 점 a와 같이 국내금리가 외국금리 R^*와 같다면 다음기 예상환율과 현재환율이 같으므로 외환시장은 장기균형상태에 놓이게 된다. 따라서 UIP($\overline{S_0}$)는 장기균형환율이 $\overline{S_0}$일 때 유위험 국제금리평가를 나타낸다. 만약 국내금리가 R_0'로 상승한다면 해외로부터 자본이 유입되어 외환의 공급이 늘어나므로 환율이 S_0'로 하락하게 된다. 그러나 점 a'에서 시장참가자들은 시간이 지남에 따라 환율이 상승하게 될 것으로 예상하게 되므로 유위험 국제금리평가가 성립하면서 단기적으로 외환시장이 균형을 이루게 된다. 한편 외부충격에 의해 장기균형환율이 $\overline{S_1}$로 상승한다면 UIP선은 <그림 6-8>에서 보는 것과 같이 오른쪽으로 이동한다.

〈그림 6-8〉

유위험 국제금리평가: 환율과 금리간 관계

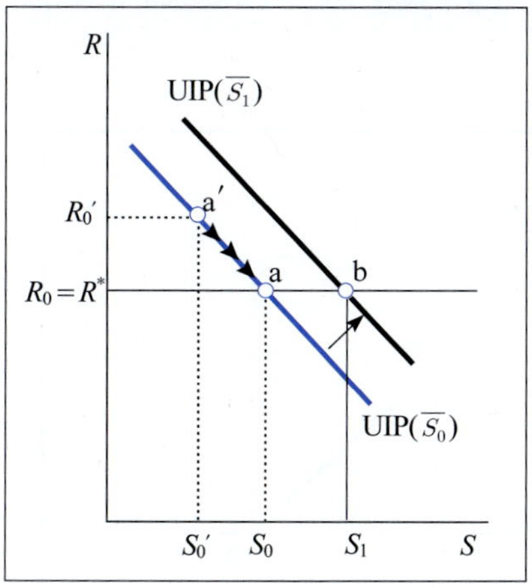

IS-LM-UIP 환율결정모형

국가간 자본이동이 자유로운 경우 환율결정에 관한 케인지안 모형 – 즉 IS-LM-UIP모형을 생산물시장, 통화시장과 외환시장의 균형조건을 이용하여 다음과 같이 설정할 수 있다.

생산물시장의 균형

$$Y_t = C(Y_t) + I(R_t) + G_0 + NX(\frac{S_t P_0^*}{P_0}, Y_t, Y_0^*) \quad (6\text{-}9)$$

통화시장의 균형

$$\frac{M_0^S}{P_0} = L(Y_t, R_t) \quad (6\text{-}10)$$

외환시장의 균형

$$R_t = R_t^* + \frac{E_t S_{t+1} - S_t}{S_t} \quad (6\text{-}8)$$

위 모형은 생산물시장, 통화시장 및 외환시장이 상호 작용하는 가운데 국내국민소득(Y), 국내금리(R) 및 환율(S)이 동시에 결정됨을 나타내고 있다. 반면 국내물가(P_0), 국내통화량(M_0^S), 예상환율($E_t S_{t+1}$), 외국물가(P_0^*), 외국국민소득(Y_0^*), 외국금리(R_0^*) 등은 외생적으로 결정된다.

국민소득·금리 및 환율의 동시결정

케인지안의 환율결정에 관한 IS-LM-UIP모형을 <그림 6-9>과 같이 나타낼 수 있다. 생산물시장과 통화시장이 동시에 균형을 이룰 때 – 즉 IS곡선과 LM곡선이 만나는 점에서 균형 국민소득 Y_0와 금리 R_0가 결정된다. 이와 같이 국내금리가 R_0에서 결정되면 유위험 국제금리평가를 충족시키면서 외환시장이 균형을 이루게 하는 환율 S_0가 결정된다. 한편 환율은 순수출을 결정하는 요인이기 때문에 생산물시장과 상호작용하면서 국내 국민소득과 금리와 연계되어 결정된다.

그림 6-9 IS-LM-UIP모형

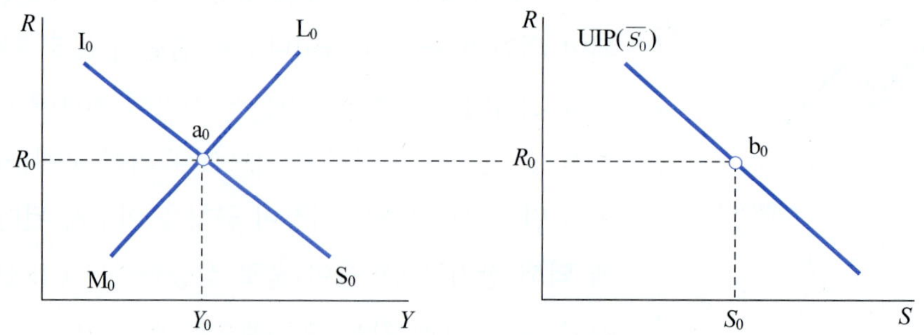

이론과실제

IS-LM모형에서 동태적 조정경로

IS-LM모형에서 외부충격이 발생한다면 새로운 균형으로 이동한다. 이 때 새로운 균형을 찾아가는 동태적 조정경로는 생산물시장과 통화시장의 조정속도를 어떻게 보느냐에 따라 달라진다.

우선 생산물시장과 통화시장이 같이 반응을 하면서 새로운 균형을 찾아가는 경우를 보자. 생산물시장에 불균형이 발생하면 국민소득이 변동하여 균형을 찾아가고, 통화시장에 불균형이 발생하면 이자율이 변동하여 균형을 찾아간다고 하자. 즉 생산물시장에 초과공급(수요)가 발생하면 국민소득이 감소(증가)하고, 금융시장에 초과공급(수요)가 발생하면 이자율이 하락(상승)하는 방향으로 움직인다. <그림 A>에서 보는 것과 같이 외부충격으로 불균형(a_1) 상태에 놓이게 되면 생산물시장은 초과수요로 인해 국민소득이 증가하고, 통화시장은 초과공급으로 인해 이자율이 하락하는 힘이 작용하는데 두 개의 힘이 합성된 방향으로 움직이게 된다. 이와 같이 국민소득과 이자율이 작용을 한다면 시계바늘의 반대 방향으로 나선형을 그리면서 새로운 균형(a_0)을 찾아간다.

생산물시장보다 통화시장의 조정속도가 매우 빠른 경우를 생각하여 볼 수 있다. 외부의 충격이 발생하면 통화시장은 이자율이 즉각 반응하여 빠르게 균형을 찾아가지만 생산물시장은 국민소득이 반응하기까지는 시간이 걸리므로 서서히 균형을 찾아간다.

만약 외부충격으로 불균형(b_0) 상태에 놓이게 되면 국민소득은 반응하지 않고 조정속도가 빠른 통화시장이 외부충격을 모두 흡수하므로 <그림 B>에서 보는 것과 같이 이자율이 b_1'과 같이 큰 폭으로 하락한다. 그러나 이자율이 낮아져 생산물시장에서 초과수요가 발생하므로 투자가 증가하고 국민소득의 순환과정을 통해 국민소득이 점차 증가하게 된다. 이러한 국민소득의 증가는 통화수요의 증가를 가져와 통화시장에서 통화에 대한 초과수요가 발생해도 이자율이 즉각 상승하여 해소하므로 LM곡선을 따라 b_1'에서 b_0로 새로운 균형을 찾아가게 된다.

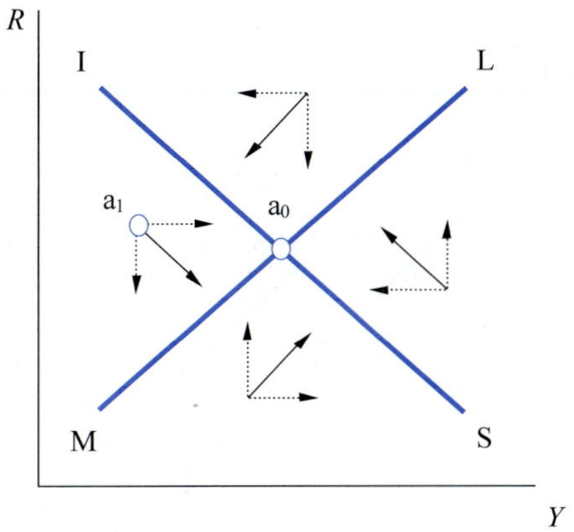

〈그림 A〉
생산물시장과 통화시장이
동시에 조정하는 경우

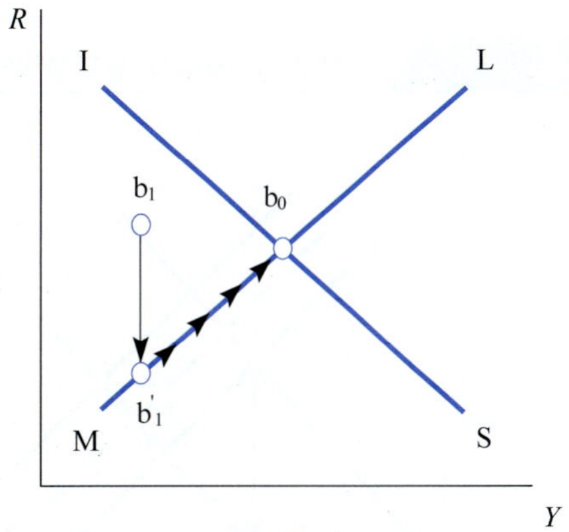

〈그림 B〉
통화시장의 조정속도가
생산물시장보다 빠른 경우

2) 거시경제정책과 환율

외부충격에 자산시장이 상품시장보다 빠르게 조정한다는 가정하에 거시경제정책이 환율, 금리, 국민소득 등 거시경제변수에 미치는 영향과 동태적 경로를 살펴보고자 한다. 그런데 거시경제정책의 경제적 효과는 거시경제정책이 일시적 조치냐 영구적 조치냐에 따라 다르게 나타난다. 왜냐하면 일시적 경제정책은 시장참가자의 기대를 바꾸지 않기 때문에 예상환율에 영향을 미치는 않는 반면에 영구적 경제정책은 시장참가자의 기대변동을 통해 예상환율에 영향을 미치기 때문이다.

확장적 통화정책

일시적 통화공급의 증가

통화당국이 통화공급량을 일시적으로 증가시키면 초기에는 통화량 증가의 충격을 조정속도가 빠른 통화시장과 외환시장이 모두 즉각 흡수한다. 통화시장에서는 초과공급이 발생하여 국내금리가 즉각 하락하고, 자본의 해외유출로 외환 수요가 증가하여 환율이 상승하지만, 생산물시장은 조정속도가 느려 반응하지 않으므로 국민소득은 변동하지 않는다. <그림 6-10>에서 보는 것과 같이 통화량의 증가는 LM곡선을 L_1M_1으로 이동시키는데 통화량 증가의 충격에 국민소득은 Y_0에서 변동하지 않고 통화시장이 모두 흡수하는 과정에서 국내금리가 R_1'과 같이 큰 폭으로 하락한다. 또한 국내금리의 하락은 유위험 국제금리평가선 UIP($\overline{S_0}$)을 따라 환율을 S_1'로 즉각 상승시킨다.

그림 6-10 일시적 및 영구적 통화정책의 효과

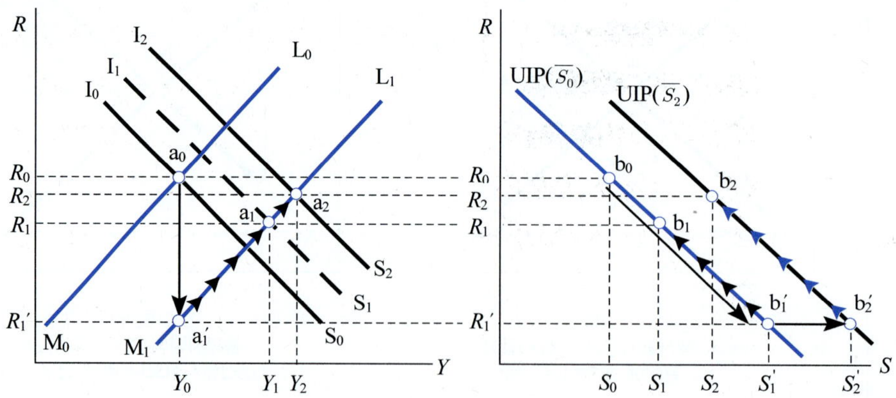

시간이 지남에 따라 생산물시장이 반응을 하면서 금리의 하락은 투자지출을 증가시키고 환율의 상승은 순수출을 증가시키므로 국민소득이 점차 증가한다. 국민소득의 증가로 인한 통화에 대한 초과수요을 해소하기 위해 국내금리가 상승함에 따라 통화시장은 균형을 유지하면서 L_1M_1을 따라 a_1'에서 서서히 상승한다. 또한 큰 폭으로 상승하였던 환율은 국내금리의 상승으로 자본이 다시 유입되면서 UIP($\overline{S_0}$)을 따라 b_1'에서 서서히 하락한다.

그러나 환율의 상승은 순수출을 증가시켜 IS곡선을 I_1S_1으로 이동시키므로 새로운 균형점은 I_1S_1과 L_1M_1이 교차하는 a_1과 이에 대응하는 UIP($\overline{S_0}$)선의 b_1에서 달성된다. 국내금리는 R_1'과 큰 폭으로 하락하였다가 R_1으로 상승하지만 최초의 균형금리 R_0보다 낮고, 국민소득은 Y_0에서 Y_1으로 증가한다. 환율은 S_1'과 큰 폭으로 상승하였다가 S_1으로 하락하지만 최초의 균형환율 S_0보다 높다.

영구적 통화공급의 증가

한편 통화당국이 통화공급량을 영구적으로 증가시키면 시장참가자의 기대환율이 높아지므로 유위험 국제금리평가선이 UIP($\overline{S_2}$)과 같이 밖으로 이동하게 된다. <그림 6-10>에서 보는 것과 같이 영구적 통화량의 증가가 일시적 통화량의 증가와 같이 국내금리를 R_1'으로 하락시키지만 기대환율의 상승으로 인해 환율은 S_2'와 같이 더 크게 하락한다.

그러나 기대환율의 상승으로 인한 환율의 상승은 IS곡선을 I_2S_2와 같이 더 많이 이동시키므로 새로운 균형점은 I_2S_2과 L_1M_1이 교차하는 a_2과 이에 대응하는 UIP($\overline{S_2}$)선의 b_2에서 달성된다. 일시적 통화량 증가의 균형과 비교하여 보면 국내금리는 R_2로 더 상승하고, 국민소득은 Y_2로 더 증가한다. 또한 환율은 S_2'와 같이 더 많이 상승하였다가 하락하지만 일시적 통화량의 증가보다 높은 S_2에서 결정된다.

확장적 재정정책

일시적 정부지출의 증가

정책당국이 정부지출을 증가시켜도 국민소득이 즉각 증가하지 않는다. 왜냐하면 정부지출의 증가가 국민총생산을 늘려 국민소득을 증가시키기까지 시간이 걸리기 때문이다. 따라서 정부지출 증가의 초기에 균형점은 a_0로서 국내금리는 R_0, 국민소득은 Y_0에서 그대로 유지된다.

시간이 지남에 따라 정부지출의 일시적 증가가 국민소득의 순화과정을 통해 서서히 국민소득을 증가시킨다. 이러한 국민소득의 증가는 통화수요를 증

그림 6-11 **일시적 및 영구적 재정정책의 효과**

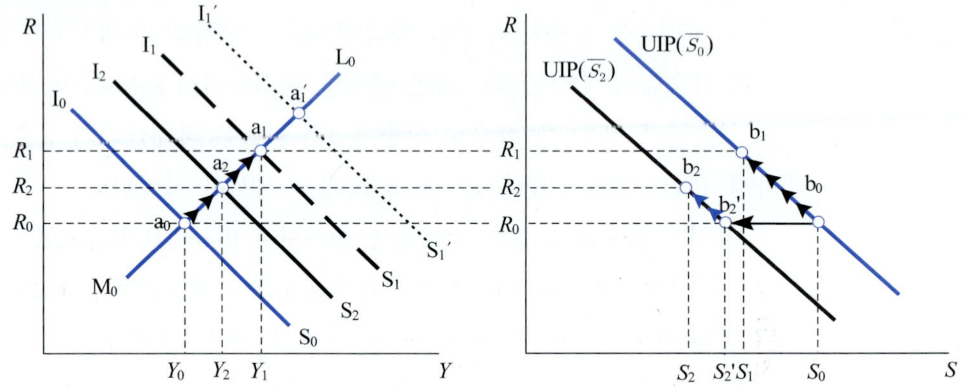

가시키는데 통화시장이 균형을 이루기 위해 국내금리가 상승하게 된다. 이러한 금리의 상승은 자본유입을 가져와 외환공급을 증가시키므로 환율은 하락한다. <그림 6-11>에서 보는 것과 같이 LM곡선 L_0M_0을 따라 국내금리는 R_1으로 상승하고 국민소득은 Y_1으로 증가하며, 환율은 유위험 국제금리평가선 UIP($\overline{S_0}$)을 따라 S_1으로 하락한다. 그러나 IS곡선은 환율 하락으로 인한 순수출의 감소로 인해 폐쇄경제의 $I_1'S_1'$보다 적은 I_1S_1으로 이동한다.

영구적 정부지출의 증가 한편 정책당국이 정부지출을 영구적으로 증가시키면 국내금리의 상승으로 자본이 지속적으로 유입하면서 외환공급이 늘어나 환율이 낮아질 것으로 예상하므로 유위험 국제금리평가선이 UIP($\overline{S_2}$)과 같이 안쪽으로 이동한다. 영구적 정부지출의 증가는 기대환율의 하락으로 인해 환율이 즉시 S_2'로 하락하고, 시간이 지나면서 LM곡선을 따라 국민소득이 증가하고 국내금리가 상승함에 따라 환율은 유위험 국제금리평가선 UIP($\overline{S_2}$)을 따라 하락한다. 영구적 정부지출의 증가에 따른 기대환율의 하락은 일시적 정부지출의 증가보다 환율을 더 많이 하락시키므로 IS곡선을 I_2S_2와 같이 더 안쪽으로 이동시킨다. 따라서 영구적 정부지출의 증가는 일시적 정부지출의 증가와 비교하면 국민소득을 Y_2로 더 적게 증가시키고, 국내금리도 R_2로 더 낮게 상승시킨다. 반면에 환율은 새로운 유위험 국제금리평가선 UIP($\overline{S_2}$)을 따라 S_2로 더 많이 하락시킨다.

3) 모형의 평가

장점 환율결정에 관한 IS-LM-UIP모형은 현실적으로 외부충격에 금리와 환율이 빠르게 반응하는 현상을 설명할 수 있다는 점에서 높이 평가된다. 즉 외부충격이 발생하면 조정속도가 빠른 자산시장 - 즉 통화시장과 외환시장이 이를 모두 흡수하는 과정에서 금리와 환율이 과잉 조정된다. 그러나 시간이 지남에 따라 생산물시장이 충격을 흡수하면서 서서히 균형을 찾아간다.

한계 첫째, IS-LM-UIP모형은 고정적 물가를 전제로 하는 케인지안 모형의 문제점을 태생적으로 지니고 있다. 즉 수요측면만을 고려하여 환율의 결정을 설명하고자 한다는 한계를 벗어날 수 없다. 둘째, 기대환율의 형성과 소멸과정에 대한 규명이 미흡하다. 즉 장기균형환율이 어떻게 결정되고, 외부충격에 장기균형환율이 얼마만큼 변동하는지를 명확히 밝히지 못하고 있다. 나아가 기대환율이 어떠한 경로를 따라 소멸되는가를 명확히 설명하고 있지 않다. 셋째, 국제금리평가가 성립하기 위해서는 국가간 자본이동이 자유롭고 국내외금융자산이 완전대체성을 가져야 하는데 현실적으로 제약요인이 많다.

(3) 경직적 물가와 환율: 오버슈팅(overshooting) 모형

앞에서 다룬 신축적 물가모형은 환율의 장기적 추세를 파악하는 데 유용하지만 실제 환율이 구매력평가환율에서 지속적으로 괴리되는 현상을 잘 설명하지 못하고 있다. 반면 고정적 물가모형은 환율의 단기적 움직임을 파악하는데 유용하지만 장기균형환율의 형성과 시간경과에 따른 예상환율의 변동을 명확히 밝히지 못하고 있다. 이에 대해 돈부쉬(R. Dornbusch)는 신축적 물가모형과 고정적 물가모형의 장점을 결합하여 오버슈팅 모형을 제시하고 실제 환율이 구매력평가환율에서 벗어나 급격히 움직이는 현상을 설명하고자 하였다. 즉 외부충격이 발생하는 경우 증권, 외환 등 자산시장에서 주가, 환율 등은 빠르게 반응하는 반면에 상품, 노동 등 실물시장에서 물가, 임금 등은 서서히 움직이면서 균형을 찾아간다고 본다. 특히 외부충격의 초기에는 조정속도가 빠른 자산시장이 외부충격을 모두 흡수하기 때문에 환율이 **과조정**(overshooting)하게 되면서 구매력평가환율로부터 괴리된다고 주장하였다.

1) 모형의 특성과 장기균형

자본이동과 국제금리평가

양국간 자본이동이 자유롭고 양국의 채권이 동일한 특성을 가지고 있어 완전대체재라고 가정하자. 이 경우 본국통화표시 채권에서 얻은 수익률과 외국통화표시 채권에서 수익률이 같아지므로 다음과 같이 **환위험을 커버하지 않은 (유위험) 국제금리평가**(UIP : Uncovered Interest Rate Parity)의 정리가 성립한다.

$$R_t = R^*_t + \frac{E_t S_{t+1} - S_t}{S_t} \tag{6-11}$$

장기균형환율로 회귀와 예상환율의 형성

다음 기의 예상환율은 외생적으로 주어지는 것이 아니라 장기균형환율로 점진적으로 회귀하는 가운데 형성된다. t기에서 형성되는 $t+1$기에 대한 예상환율은 장기균형환율($\overline{S_0}$)과 현재 환율(S_t)간 갭의 일정비율(Θ)이 반영되어 형성된다.

$$\frac{E_t S_{t+1} - S_t}{S_t} = \theta\left(\frac{\overline{S_0} - S_t}{S_t}\right) \tag{6-12}$$

단, θ: 조정계수, $0 < \theta < 1$

위의 두 식에서 환율과 금리간 $R_t = R_t^* + \theta\left(\frac{\overline{S_0} - S_t}{S_t}\right)$과 같은 관계식을 얻을 수 있으며, 이를 <그림 6-12>에서와 같이 UIP곡선으로 나타낼 수 있다. UIP곡선은 현재 환율이 장기균형환율에서 이탈하는 경우 어떠한 경로를 통해 다시 균형으로 찾아가는가를 나타내고 있다. 예를 들어 일시적으로 외부충격에 의해 장기균형점 a에서 이탈하여 점 c에서 일시적으로 자산시장 – 즉 외환 및 통화시장이 균형을 이루고 있다고 하자. 이때 국내금리가 외국금리보다 낮지만 장기균형환율 $\overline{S_0}$로 회귀하는 과정에서 환율이 하락 – 즉 본국 통화가 절상되기 때문에 양국 채권간 수익률이 같아져 단기적으로 자산시장이 균형을 이룬다. 만약 장기균형환율이 $\overline{S_1}$로 상승하게 되면 UIP곡선은 <그림 6-12>에서 UIP($\overline{S_1}$)와 같이 오른쪽으로 이동한다.

〈그림 6-12〉

유위험 국제금리평가: 환율과 금리간 관계

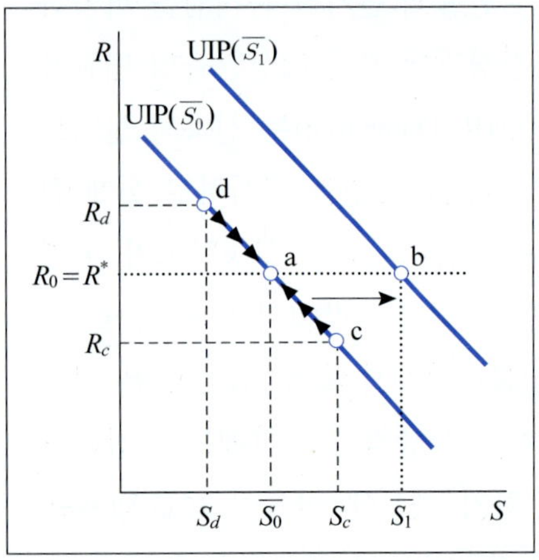

총공급곡선의 형태

한편 생산물시장에서는 총공급과 총수요에 의해 국민소득과 물가가 결정된다. 총공급곡선의 형태는 외부충격에 물가가 어떻게 반응하느냐에 따라 달라지는데 이를 단기, 중기 및 장기로 구분하여 볼 수 있다.

장기 : 수직

장기에서는 물가가 신축적이기 때문에 국민총생산은 자원부존량, 기술 등 생산측면에서 완전고용수준 y_f에서 결정된다. 따라서 장기 총공급곡선은 <그림 6-13>에서 AS^{LR}과 같이 수직인 형태를 취하며, 물가는 총수요의 크기에 의해 결정된다.

〈그림 6-13〉

장·단기 총공급곡선

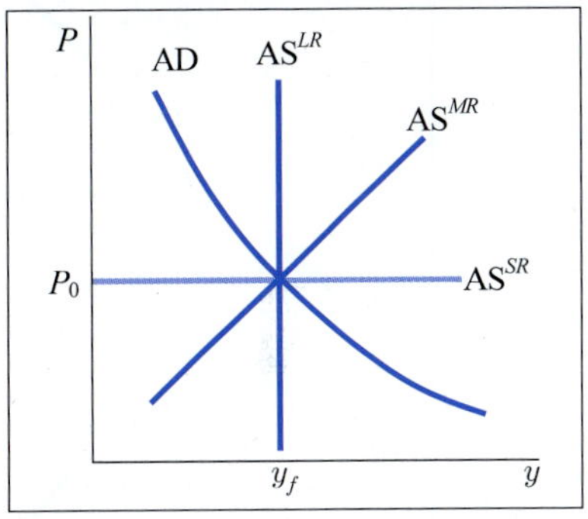

단기 : 수평

반면에 단기에서는 임금의 장기계약, 기업의 가격정책 등으로 인해 물가가 고정되어 있다. 따라서 단기 총공급곡선은 현재 물가 P_0에서 AS^{SR}과 같이 수평인 형태를 취한다.

중기 : 우상향

한편 중기에서 총공급곡선은 물가가 상승하면 총공급량이 늘어나므로 AS^{MR}과 같이 우상향하는 형태를 취한다.

장기균형의 특성

장기에서 물가가 신축적이므로 균형상태에서 다음과 같은 특성을 가진다.

첫째, 장기에서는 임금이 신축적으로 움직이기 때문에 국민총생산은 완전고용수준에서 달성된다.

완전고용 국민소득

$$y = y_f \tag{6-13}$$

따라서 장기 총공급곡선은 <그림 6-14(C)>에서 보는 것과 같이 완전고용수준 y_f에서 수직인 형태를 취한다.

둘째, 본국의 국민소득과 금리는 <그림 6-14(A)>에서 보는 것과 같이 IS곡선과 LM곡선이 교차하는 점에서 결정된다.

$$y = C(y_f) + I(R) + G_0 + NX\left(\frac{SP_0^*}{P_0},\ y_f,\ y_f^*\right) \tag{6-14}$$

$$M_0^S/P = L(R,\ y_f) \tag{6-15}$$

장기균형에서 국민소득은 완전고용 국민소득 y_f와 같고, 내외금리차에 의한 자본이동이 일어나지 않으므로 본국금리는 외국금리와 같다.

본국금리 = 외국금리

$$R_0 = R_0^* \tag{6-16}$$

그림 6-14 Overshooting모형에서 장기균형

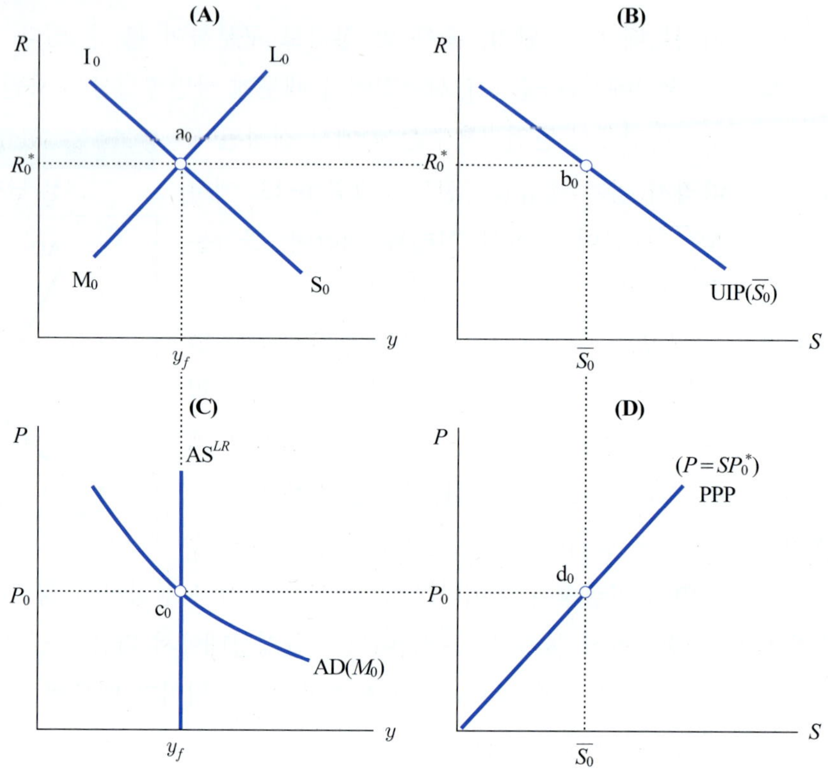

셋째, 장기균형에서 실질통화수요량은 외국금리와 완전고용 국민소득 y_f 에 의해 결정되므로 물가는 전적으로 통화공급량의 크기에 의해 결정된다.

물가와 통화량

$$M_0^S/P = L(R^*,\ y_f) \tag{6-17}$$

통화는 구매력을 갖고 있기 때문에 명목총수요는 통화량의 크기에 의하여 결정된다. 따라서 물가는 <그림 6-14(C)>에서 보는 것과 같이 총공급곡선과 총수요곡선이 교차하는 점에서 결정되는데, 장기에서는 총공급곡선이 수직인 형태를 취하고 있기 때문에 물가는 통화공급량의 크기에 의해 결정된다.

넷째, 장기에서 물가가 신축적이므로 구매력평가가 성립한다.

구매력평가설

$$S_0 = P_0/P_0^* \tag{6-18}$$

이러한 환율과 국내물가간 관계는 <그림 6-14(D)>에서 보는 것과 같이 원점을 통과하는 직선 - 소위 구매력평가선으로 나타낼 수 있다. 외국물가가 주어져 있는 경우 장기균형에서 환율은 국내물가 P_0에 대응하는 구매력평가환율 $\overline{S_0}$이 된다.

다섯째, 국제금리평가선 UIP는 <그림 6-14(B)>에서 보는 바와 같이 장기균형환율 $\overline{S_0}$와 외국금리 R_0^*가 교차하는 점에서 우하향하는 형태를 취한다.

장기균형환율과 국제금리평가

$$R_t = R_0^* + \Theta\left(\frac{\overline{S_0} - S_t}{S_t}\right) \tag{6-19}$$

2) 통화공급량의 증가와 환율의 조정과정

장기효과

이분법(dichotomy)에 따르면 명목변수의 변동은 명목변수에만 영향을 주고, 실질변수에는 영향을 못 미침.

먼저 예상하지 못한 통화공급량의 증가가 장기적으로 물가, 국민소득, 금리, 환율 등에 미치는 영향에 관해 살펴보자. 요컨대 통화량의 변동은 장기에서 물가, 환율, (명목)임금 등 명목변수에만 영향을 주고, 국민소득, (실질)금리 등 실질변수에는 영향을 주지 않는다.

예를 들어 통화당국이 통화량을 α% 증가시켰다고 하자. 이러한 경우 기술발전이나 생산요소의 증가가 없는 한 실질국민소득은 y_f에서 변동이 없으므로 <그림 6-15>에서 보는 것과 같이 장기적으로 물가만 P_0에서 P_1으로 α% 오른다. 장기적으로 구매력평가설이 성립하므로 장기균형환율도 $\overline{S_0}$에서 $\overline{S_1}$으로 α% 상승한다. 이러한 장기균형환율의 상승은 UIP곡선을 UIP($\overline{S_0}$)에서 오른쪽으로 UIP($\overline{S_1}$)과 같이 이동시킨다.

통화량증가율
=물가상승률
=환율상승률

그러나 장기균형에서 본국금리는 외국 금리수준 R_0^*에서 변동하지 않는다. 왜냐하면 통화량 증가율과 물가상승률이 같아 실질통화량에는 변동이 없기 때문에 LM곡선 - 즉 $\frac{(1+\alpha)M_0}{(1+\alpha)P_0} = L(R_0^*,\ y_f)$도 원래 위치로 복귀한다. 또한 물가상승률과 환율상승률도 같아 총수요의 변동이 없기 때문에 IS곡선 - 즉 $y_f = C(y_f) + I(R_0^*) + G_0 + NX\left(\frac{(1+\alpha)S_0P_0^*}{(1+\alpha)P_0},\ y_f,\ y^*\right)$도 원래 위치로 복귀한다.

단기효과

단기적으로 물가가 고정되어 있는 상황에서 예상하지 못한 통화공급량의 증가가 국민소득, 금리, 환율 등에 어떻게 영향을 미치는가를 보자.

그림 6-15 **통화공급량 증가의 장기효과**

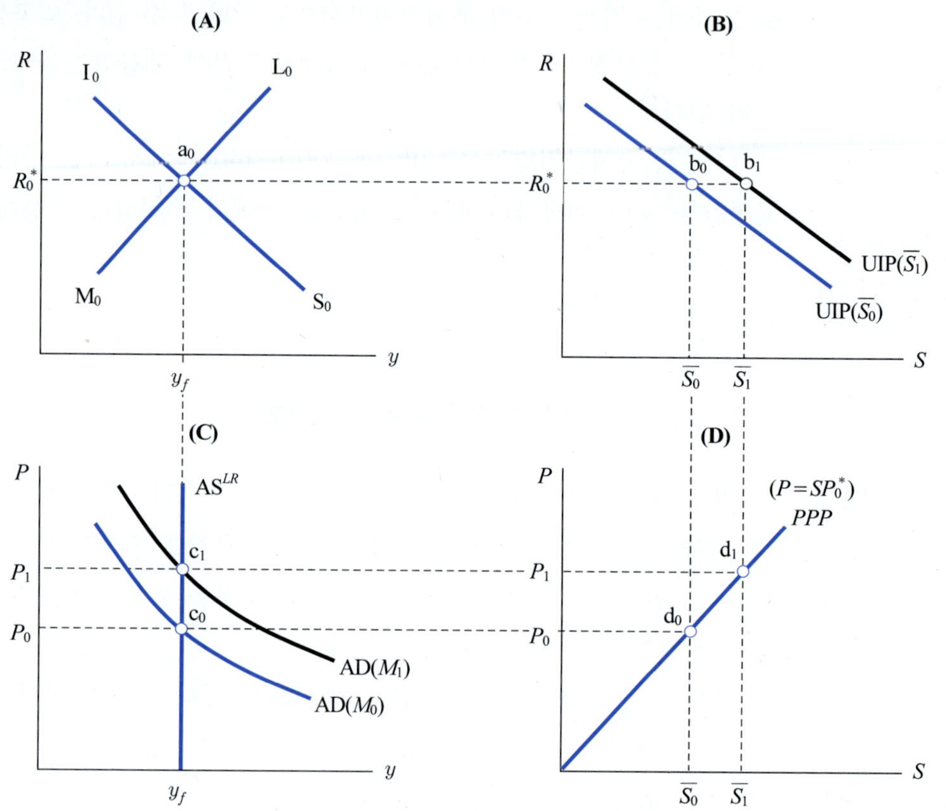

단기적으로 공장설비의 가동률을 정상수준보다 높이고 임시직을 고용하거나 작업강도를 높임으로써 일시적으로 완전고용수준보다 국민총생산이 가능함.

우선 국민들은 과잉으로 보유하게 통화량을 처분하고자 하는 과정에서 재화의 구입을 늘리게 된다. 이는 <그림 6-16(C)>에서 보는 것과 같이 (명목)총수요곡선을 AD(M_1)으로 이동시킨다. 단기적으로 임금 등 요소가격은 고정되어 있으므로 단기총공급곡선은 현행 물가수준에서 AS^{SR}과 같이 수평인 형태를 취한다. 따라서 단기적으로 국민소득은 총수요곡선 AD(M_1)과 단기총공급곡선 AS^{SR}이 교차하는 점 c_2에 대응하는 y_2로 증가한다.

자본유출과 환율의 과잉상승

한편 통화공급량의 증가는 본국금리를 낮추어 자본유출을 초래함으로써 환율을 상승시킨다. <그림 6-16(A)>에서 보는 것과 같이 이러한 통화량의 증가는 LM곡선을 L_1M_1과 같이 오른쪽으로 이동시키고, 환율의 상승은 순수출을 증가시킴으로써 IS곡선을 I_1S_1과 같이 오른쪽으로 이동시킨다. 그러나 LM

그림 6-16 통화공급의 증가와 환율의 동태적 조정과정

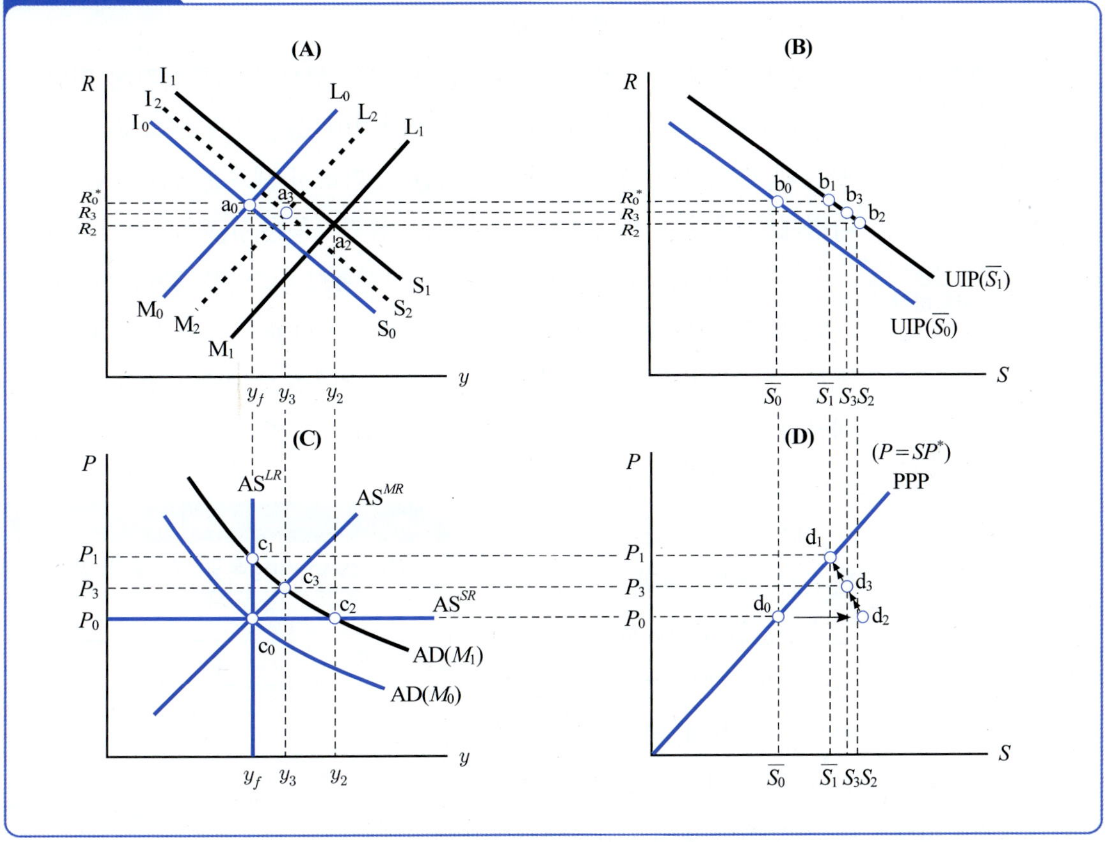

곡선의 이동폭이 IS곡선의 이동폭보다 크기 때문에 단기균형은 a_2에서 이루어지는데, 국내금리는 R_2로 하락하고, 균형국민소득은 y_2로 증가한다. 이때 균형국민소득 y_2는 총수요곡선과 단기총공급곡선이 교차하는 점에서 결정된 것과 같다.

UIP선의 이동 통화공급량의 증가는 시장참가자에게 장기균형환율이 $\overline{S}_0$에서 $\overline{S}_1$으로 상승할 것을 예상하게 함으로써 UIP곡선을 UIP($\overline{S}_0$)에서 오른쪽으로 UIP($\overline{S}_1$)과 같이 이동시킨다. 따라서 단기적으로 균형환율은 새로운 UIP($\overline{S}_1$)곡선상에서 국내금리 R_2에 대응하는 S_2에서 결정된다.

환율의 과잉상승 결과적으로 단기에 물가는 P_0에서 고정되어 있는 반면 환율은 S_2로 새로운 장기균형환율 $\overline{S}_1$보다 더 높게 상승한다. 이러한 환율의 과잉상승은 외부의 충격을 조정속도가 빠른 자산시장이 조정속도가 느린 생산물시장에 미치는 영향까지도 흡수하기 때문이다.

동태적 조정과정 (중기효과)

생산물시장에서 완전고용수준을 넘어서 생산이 이루어지게 되면 노동 등 생산요소에 대한 수요가 늘어나 요소가격이 상승하게 되므로 총공급곡선이 AS^{MR}과 같이 우상향하는 형태를 취한다. 따라서 새로운 장기균형을 찾아가는 과정에서 물가는 P_3와 같이 상승하고 국민소득은 y_3로 감소하게 된다.

국내물가상승과 환율하락

이 과정에서 국내물가의 상승은 실질통화공급량을 줄이므로 LM곡선을 L_2M_2와 같이 왼쪽으로 이동시키고, IS곡선도 환율의 하락과 국내물가의 상승으로 순수출이 감소함에 따라 I_2S_2와 같이 왼쪽으로 이동시킨다. 이에 따라 국내금리가 R_3와 같이 상승하면서 자본이 다시 유입하면 환율은 UIP(S_1)선상을 따라 S_3로 하락한다.

새로운 장기균형에서 실질변수인 국민소득과 국내금리는 원래수준인 y_f와 R_0^*로 되돌아온다. 반면 명목변수인 물가와 환율은 종전에 비해 α% 상승한 P_1과 S_1에서 각각 결정된다.

시간경과에 따른 주요 변수의 궤적

돈부쉬의 Overshooting모형에서 시간에 따른 주요 변수의 움직임을 <그림 6-17>과 같이 나타내어 볼 수 있다. 우선 통화당국은 통화량을 M_0에서 M_1으로 증가시키고 이 수준을 지속적으로 유지한다고 하자. 통화공급량이 증가하는 시점에서 물가는 고정되어 있으나 점차 상승하여 장기적으로는 통화공급량 증가율과 같은 율로 상승한다. 한편 통화공급량이 증가

〈그림 6-17〉

Overshooting모형에서 주요 변수의 조정과정

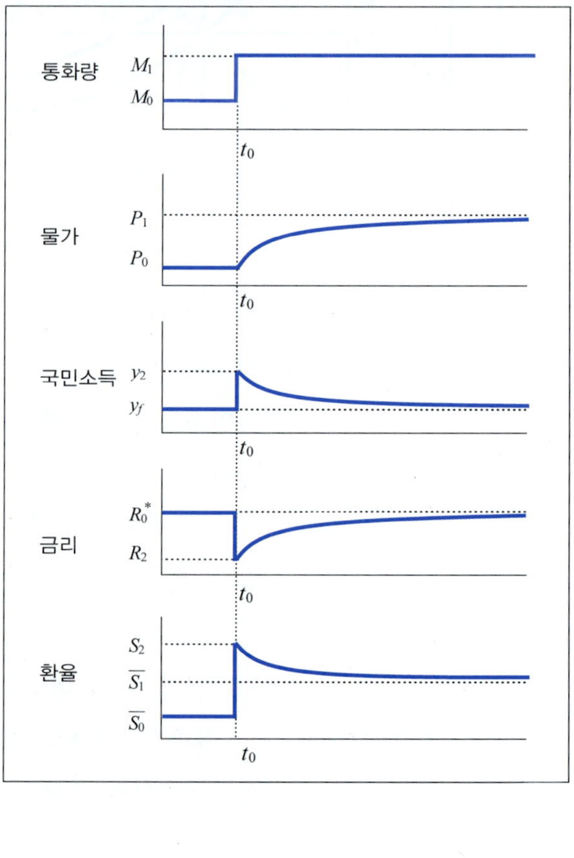

하면 국내금리는 즉각적으로 하락하지만, 물가의 점진적 상승으로 실질통화 공급량이 점차 줄면 국내금리는 점차 원래 수준으로 상승한다. 또한 환율은 국내금리의 하락으로 자본유출이 이루어지면서 새로운 장기균형환율보다 더 상승하지만, 국내금리의 상승으로 자본이 환류하면서 환율은 새로운 장기균형환율을 찾아 점차 하락한다.

6.2 포트폴리오-밸런스 접근법

환율결정에 관한 통화적 접근법은 본국금융자산과 외국금융자산간 완전대체성을 가정하고 있기 때문에 현실과 괴리되어 있다. 현실적으로 투자가들은 국내외 금융자산의 수익성, 안전성 등을 고려하여 국내금융자산은 물론 외국금융자산까지 포함하여 포트폴리오를 구성하고 있다. 따라서 **포트폴리오-밸런스(portfolio-balance)모형**에 의하면 환율은 투자가들이 포트폴리오를 구성하는 과정에서 국내외 자산시장이 동시에 균형을 이룰 때 결정된다.

1) 자산시장의 균형과 환율

기본모형 편의상 본국을 소국으로 전제함으로써 외국투자가들은 본국통화나 본국통화표시 채권을 보유하지 않는다고 가정한다. 따라서 소국의 국내투자가들은 부(富, wealth)를 본국통화(M), 본국통화표시 채권(B : 이하 본국채권) 및 외국통화표시 채권(F : 이하 외국채권)으로 나누어 포트폴리오를 구성한다. 그런데 민간투자가들이 보유하는 부는 3개 유형의 금융자산 공급액과 항상 같아야 한다.

부의 제약조건

$$W = \overline{M} + \overline{B} + SF \qquad (6\text{-}20)$$

여기서 본국채권은 정부부문에 의해 발행된 것만 해당된다. 왜냐하면 민간부문이 발행한 채권을 민간부문이 보유하는 것은 같은 민간부문내에서 자산과 부채를 상쇄시키기 때문이다. 한편 외국채권은 경상수지 흑자의 누적분을 의미하는 것으로 볼 수 있다.

국내투자가들은 각 금융자산이 상이한 기대수익률과 위험을 가지고 있으므로 이를 적절히 결합하여 포트폴리오를 구성한다. 따라서 어느 한 금융자산에 대한 수요의 변화는 해당 금융자산의 기대수익률뿐만 아니라 다른 금융자산의 수익률에도 영향을 미침으로써 전체 포트폴리오의 구성을 변화시킨다. 따라서 각 금융자산에 대한 수요의 결정요인과 시장의 균형조건을 다음과 같이 표시할 수 있다.

본국통화시장의 균형

$$\overline{M} = M(R,\ \overline{R}^* + \Delta S^e)W \quad M_1 < 0,\ M_2 < 0 \text{[2]} \qquad (6\text{-}21)$$

본국채권시장의 균형

$$\overline{B} = B(R,\ \overline{R}^* + \Delta S^e)W \quad B_1 > 0,\ B_2 < 0 \qquad (6\text{-}22)$$

외국채권시장의 균형

$$SF = F(R,\ \overline{R}^* + \Delta S^e)W \quad F_1 < 0,\ F_2 > 0 \qquad (6\text{-}23)$$

단, ΔS^e : 환율의 기대변동률

본국채권의 수익률(R)이나 외국채권의 수익률($\overline{R}^* + \Delta S^e$) 증가는 본국통화보유에 대한 기회비용을 증가시키므로 본국통화에 대한 수요(M)를 감소시킨다($M_1 < 0$, $M_2 < 0$)). 본국채권의 수익률 증가는 본국채권에 대한 수요(B)를 증가시키고($B_1 > 0$), 대체관계에 있는 외국채권의 수익률 증가는 본국채권에 대한 수요(B)를 감소시킨다($B_2 < 0$). 반면 외국채권의 수익률 증가는 외국채권에 대한 수요(F)를 증가시키고($F_2 > 0$), 대체관계에 있는 본국채권의 수익률 증가는 외국채권에 대한 수요(F)를 감소시킨다($F_1 < 0$).

수익률 변동과 채권수요

한편 본국채권의 수익률이 본국채권의 수요에 미치는 직접효과가 외국채권의 수익률이 본국채권의 수요에 미치는 간접효과보다 크다($B_1 + B_2 > 0$, $F_1 + F_2 > 0$). 단기적으로 부는 일정하므로 채권수익률이 변동하여도 금융자산 총수요의 크기는 변동이 없고 단지 포트폴리오의 구성만을 바꾼다($M_1 + B_1 + F_1 = 0$, $M_2 + B_2 + F_2 = 0$).

경상수지 변동 = 외국채권공급액 변동

환율결정에 관한 포트폴리오-밸런스접근법은 자산시장에만 초점을 두고 생산물시장은 명시적으로 다루지 않고 있지만 모형에 암묵적으로 결합되어 있다. 즉 단기적으로 외국채권 공급액(F)은 고정되어 있지만 경상수지 흑자나 적자에 의해 변동하게 되며, 이에 따라 전체 부의 크기도 변동하게 된다. 요약

---

2) 여기서 M_i, B_i 및 F_i는 해당 변수에 대한 편미분을 나타냄.

하면 자산시장에 불균형이 발생하는 경우 환율과 금리가 즉각적으로 움직여 이를 해소하며, 부(W)와 외국채권 공급액은 단기적으로 고정되어 있으나 장기에는 변동한다.

개별자산시장의 균형

각 자산시장이 균형을 이룰 때 환율과 금리간 어떠한 관계가 있는가를 가로축에 금리, 세로축에 환율로 하는 평면상에 나타내 보자. 여기서 환율이 상승하면 본국통화로 표시한 외국채권(SF)의 값이 커져 부(W)가 증가하기 때문에 본국통화, 본국채권 및 외국채권에 대한 수요도 증가한다는 점을 염두에 두어야 한다.

본국통화시장의 균형과 MM곡선

먼저 본국통화시장의 균형조건에서 환율이 상승하면 부의 증가로 본국통화의 수요가 증가하지만 본국통화의 공급은 일정하기 때문에 초과수요가 발생한다. 이러한 본국통화의 초과수요를 억제하여 본국통화시장이 균형을 유지하게 하려면 국내금리가 상승하여야 한다. 따라서 본국통화시장이 균형을 이루기 위해서는 환율과 국내금리가 서로 양(+)의 관계를 유지하여야 하므로 본국통화시장의 균형을 나타내는 MM곡선은 <그림 6-18>에서와 같이 우상향하는 형태를 취한다.

본국채권시장의 균형과 BB곡선

본국채권시장의 균형조건에서 환율이 상승하면 부의 증가로 본국채권의 수요가 증가하지만 본국채권의 공급은 일정하기 때문에 초과수요가 발생한

그림 6-18 포트폴리오-밸런스모형

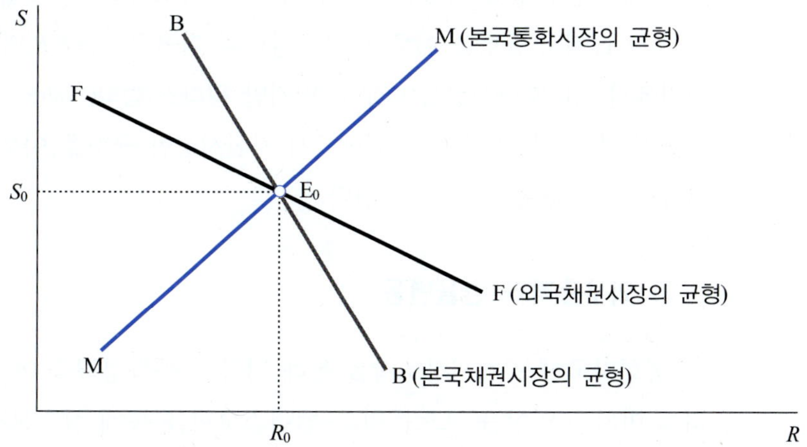

다. 이러한 본국채권의 초과수요를 억제하여 본국채권시장이 균형을 유지하게 하려면 본국채권가격이 상승하여야 – 즉 국내금리가 하락하여야 한다. 따라서 본국채권시장이 균형을 이루기 위해서는 환율과 국내금리가 서로 음(–)의 관계를 유지하여야 하므로 본국채권시장의 균형을 나타내는 BB곡선은 <그림 6-18>에서 보는 것과 같이 우하향하는 형태를 취한다.

외국채권시장의 균형과 FF곡선

외국채권시장의 균형조건에서 환율이 상승하면 본국통화로 표시한 외국채권의 값이 커지고, 이에 따라 본국통화로 표시한 부도 증가한다. 이러한 부의 증가가 외국채권의 수요를 증가시키지만 본국통화로 표시한 외국채권 증가보다는 작기 때문에 외국채권시장에 초과공급이 발생한다. 이러한 외국채권의 초과공급을 해소하기 위해서는 외국채권의 수요가 증가하여야 하는데, 이를 위해서는 대체재인 본국채권의 수요가 감소하여야 한다. 본국채권의 수요가 감소하기 위해서는 본국채권의 가격이 상승하여야 – 즉 국내금리가 하락하여야 한다. 따라서 외국채권시장이 균형을 이루기 위해서는 환율과 국내금리가 서로 음(–)의 관계를 유지하여야 하므로 외국채권시장의 균형을 나타내는 FF곡선은 <그림 6-18>에서 보는 것과 같이 우하향하는 형태를 취한다.

|FF곡선 기울기| < |BB곡선 기울기|

이때 FF곡선은 BB곡선보다 더 완만한 형태를 취한다. 왜냐하면 본국채권의 수익률의 상승이 본국채권 수요증가에 미치는 효과가 외국채권 수요감소에 미치는 효과보다 크기 때문이다.

자산시장의 동시균형

포트폴리오-밸런스모형에서 본국통화시장, 본국채권시장 및 외국채권시장이 동시에 균형을 이룰 때 – 즉 MM곡선, BB곡선 및 FF곡선이 동시에 교차하는 점 E_0에서 균형을 이루며, 본국금리와 환율은 각각 R_0와 S_0에서 결정된다. 여기에서 3개 자산시장을 다루고 있지만 왈라스 법칙(Walras law)에 의해 알 수 있듯이 부의 제약조건으로 인해 2개 자산시장만 균형을 이루면 나머지 시장은 자동적으로 균형을 이루게 된다.

2) 외부충격과 환율변동

통화당국이 공개시장조작을 통해 확장적 통화정책을 펴는 경우 환율과 금리에 미치는 영향을 포트폴리오-밸런스모형을 통해 살펴보자. 이때 통화당국이 본국채권과 외국채권중 어느 것을 매입하느냐에 따라 환율과 금리에 미치는 영향도 달라진다.

본국채권 매입에 의한 공개시장조작

먼저 통화당국이 공개시장조작을 통해 본국채권을 매입하여 통화공급을 늘리는 확장적 통화정책을 펴는 경우를 생각하여 보자. 본국 통화공급량의 증가는 국내금리를 하락시킨다. 동시에 본국채권의 수요증가는 본국채권시장에서 초과수요를 발생시키므로 본국채권 가격을 상승 – 즉 국내금리를 하락시킨다. 이러한 국내금리의 하락은 상대적으로 수익률이 높아진 외국채권의 수요를 증가시키는데, 이로 인한 외환수요의 증가는 환율을 상승시킨다.

본국채권 수요증가와 국내금리 하락

외국채권 수요증가와 환율 상승

이러한 확장적 통화정책은 <그림 6-19>에서 보는 것과 같이 본국통화량을 증가시키므로 MM곡선을 M_1M_1과 같이 왼쪽으로 이동시키는 동시에, 본국채권량을 감소시키므로 BB곡선을 B_1B_1과 같이 왼쪽으로 이동시킨다. 따라서 국내금리는 R_1로 하락하고, 환율은 S_1로 상승한다.

그런데 통화공급이 통화시장에 직접적으로 미치는 효과가 본국채권시장에 미치는 효과보다 크므로 MM곡선은 BB곡선보다 더 많이 이동한다. 왜냐하면 국내금리의 하락으로 인해 본국채권에 대한 수요가 일부 외국채권에 대한 수요로 분산되기 때문이다.

외국채권 매입에 의한 공개시장조작

앞의 경우와 달리 통화당국이 공개시장조작을 통해 외국채권을 매입함으로써 확장적 통화정책을 펴는 경우를 생각하여 보자. 본국 통화공급량의 증가

그림 6-19 본국채권 매입에 의한 공개시장조작의 효과

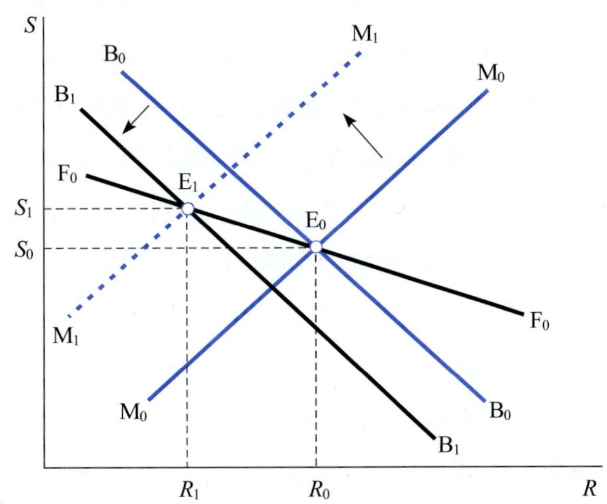

그림 6-20 외국채권 매입에 의한 공개시장 조작의 효과

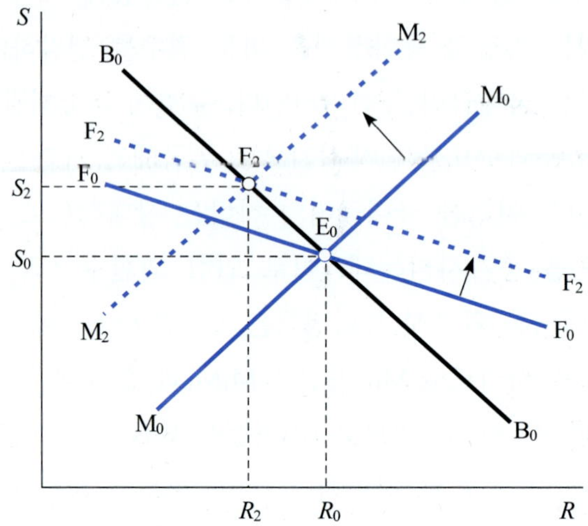

는 국내금리를 하락시키는 동시에 외국채권을 매입하기 위한 외환수요의 증가는 직접적으로 환율을 상승시킨다. 나아가 통화당국의 외국채권 매입으로 민간부문에 공급된 외국채권량의 감소는 외국채권의 가격을 상승 – 즉 외국채권의 수익률을 하락시킨다. 이러한 외국채권의 수익률 하락은 상대적으로 금리가 높은 본국채권의 수요를 증가시킴으로써 국내금리를 하락시킨다.

외국채권 수요증가와 환율 상승

본국채권 수요증가와 국내금리 하락

이러한 외국채권 매입을 통한 확장적 통화정책은 <그림 6-20>에서와 같이 MM곡선을 M_2M_2로 이동시키고, FF곡선을 F_2F_2로 이동시킴으로써 국내금리를 하락시키고 환율을 상승시킨다. 그런데 외국채권의 매입을 통한 확장적 통화정책은 본국채권의 매입을 통한 확장적 통화정책에 비해 환율을 더 상승시키는 반면에 국내금리는 적게 하락시킨다. 왜냐하면 외국채권 매입은 본국채권 매입과 비교하여 볼 때 환율에 직접적으로 영향을 미치는 반면에 국내금리에 간접적으로 영향을 미치기 때문이다.

외국채권 공급량의 증가로 인한 부의 증가

마지막으로 경상수지 흑자로 인해 외국채권 공급량이 증가하는 경우를 살펴보자. 앞에서 다룬 통화당국의 공개시장조작은 본국통화와 본국채권이나 외국채권간 교환을 통해 단지 민간부문의 부(富)의 구성만을 바꾸는 데 비해, 외국채권 공급량의 증가는 경상수지 흑자를 통한 민간부문의 순저축에 의해서 이루어진다.

그림 6-21 외국채권의 증가로 인한 부의 증가효과

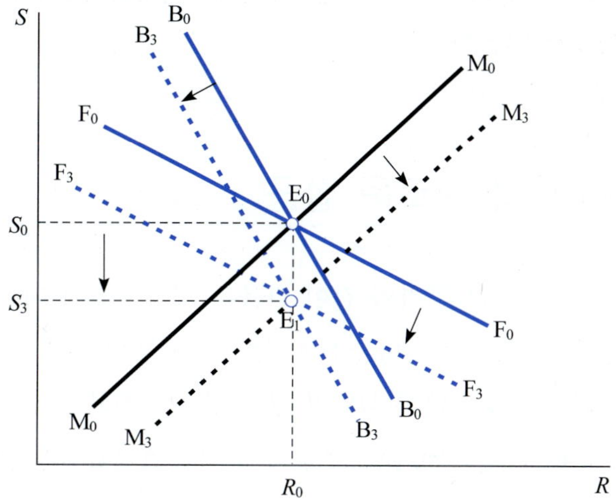

외환공급의 증가와 환율 하락

경상수지 흑자는 외국채권 공급량을 증가시키는 동시에 외환공급의 증가를 통해 환율을 하락시킨다. 이 과정에서 외국채권 공급량의 증가는 부를 증가시킴으로써 본국통화, 본국채권 및 외국채권의 수요를 증가시키는 반면에 환율하락은 부를 감소시킴으로써 본국통화, 본국채권 및 외국채권의 수요를 감소시킨다. 장기적으로 외국채권 공급량의 증가율과 환율의 하락률이 같아 부의 크기를 변동시키지 않는다면 본국통화시장, 본국채권시장 및 외국채권시장은 환율만 하락하고 금리는 종전과 같은 수준에서 균형을 유지하게 된다. 이는 <그림 6-21>에서 FF곡선을 F_3F_3, MM곡선을 M_3M_3, BB곡선을 B_3B_3으로 이동시키면서 환율은 S_3으로 하락시키지만 국내금리는 종전과 같은 R_0를 유지하는 것으로 나타난다.

외국채권 공급량의 증가율=환율 하락률

부가 증가하는 동안 환율이 완전히 조정되지 못하게 되면 본국통화시장과 본국채권시장의 균형을 나타내는 MM곡선과 BB곡선을 이동시킨다. 부의 증가는 본국통화의 수요를 증가시키므로 MM곡선을 오른쪽으로 이동시키면서 국내금리를 상승시키는 방향으로 작용한다. 반면 부의 증가는 본국채권의 수요를 증가시켜 BB곡선을 왼쪽으로 이동시키면서 채권가격을 상승 – 즉 국내금리를 하락시키는 방향으로 작용한다. 그러나 장기적으로 외국채권 공급량의 증가율이 환율의 하락률과 같아 부의 크기가 변하지 않기 때문에 MM곡선과 BB곡선이 아래로 같은 폭만큼 이동함으로써 환율만 하락하고 국내금리는 변하지 않는다.

6.3 환율결정의 새로운 접근

앞에서 다룬 바와 같이 환율은 외국통화에 대한 본국통화의 상대가치로서 양국간 물가, 통화량, 금리, 국민소득 등 거시경제변수와 밀접한 관계를 갖고 결정되는 것으로 인식되어 왔다. 특히 1973년 변동환율제도로 이행한 후 개발된 자산시장 접근법은 선진국간 환율변동을 설명하는 데 유용한 도구로 사용되었다.

그러나 1980년대 들어 환율의 변동성이 크게 확대되면서 거시경제학에 바탕을 둔 환율결정이론만으로는 환율의 움직임을 설명하는 데에는 한계에 직면하게 되었다. 이에 따라 최근에는 환율의 지나친 변동을 뉴스 및 투기적 버블의 측면에서 접근하는 시도와 외환시장내의 구조적 요인에서 찾고자 하는 미시구조적 접근이 활발히 이루어지고 있다.

(1) 뉴스 및 투기적 거품접근

1) 뉴스접근법

뉴스접근법(news approach)은 거시경제의 환율결정모형에 뉴스의 역할을 도입하여 환율의 움직임을 설명하고자 하였다. 즉 외환은 자산의 속성을 가지고 있기 때문에 현재 외환의 가격인 환율은 기대환율의 변동에 크게 영향을 받는다. 그런데 **새로운 정보** – 즉 예상하지 못한 뉴스의 출현은 시장참가자의 기대환율을 변동시키고, 나아가 현재 환율을 변동시킨다. 예를 들어 통화량, 물가, 국제수지 등 거시경제지표에 관한 예상하지 못한 정보가 뉴스로서 시장에 출현하는 경우 시장참가자들의 미래에 대한 기대환율을 변동시킴으로써 현재 환율을 변동시킨다.

뉴스접근법은 외환시장이 어떠한 종류의 뉴스에 어떠한 방향으로 얼마나 설명할 수 있는가에 초점을 두고 있다. 그런데 환율예측오차를 환율을 결정하는 기초경제변수(economic fundamentals)의 예상하지 못한 변화로 설명할 수 있다면, 이는 환율이 외형상 **무작위행보**(random walk)를 하는 것처럼 보여도 사실은 기초경제변수들과 밀접한 관련을 갖고 움직이는 것을 의미한다.

뉴스접근법에 대한 실증연구는 환율변동의 상당부분이 기초경제변수에 대한 새로운 뉴스에 기인하고 있음을 보여주고 있다. 그럼에도 불구하고 환율의 변동성이 뉴스의 변동성보다 훨씬 큰 것으로 나타나고 있어 뉴스접근법도 환율의 변동성에 대해 충분한 해답을 제공하지 못하고 있다.

2) 투기적 거품접근

투기적 거품접근(speculative bubble approach)은 외환시장 참가자들이 합리적으로 행동을 하더라도 외환시장의 속성상 환율이 과도하게 변동할 수 있다고 본다. 투기적 접근법은 환율이 주식, 부동산가격 등 다른 자산의 가격과 마찬가지로 장래에 대한 예상에 의해 크게 영향을 받는다는 것을 강조한다.

미래에 대한 예상의 변화는 환율을 안정시키기도 하지만 때로는 환율을 크게 변동시킬 수도 있다. 예를 들어 시장참가자들이 조만간 원-달러환율이 하락할 것으로 예상한다고 하자. 이 경우 시장참가자들은 환차손을 회피하기 위해 약세통화인 달러화를 팔고 강세통화인 원화를 사고자 할 것이다. 그런데 이러한 행위가 상승작용을 하게 되면 원화가치를 더욱 상승시킴으로써 원화강세에 대한 예상이 사후적으로 실현되게 된다. 이는 환율변동이 기초경제변수가 아니라 **자기실현적 기대**(self-fulfilling expectation)에 의존하는 것을 의미한다. 이러한 과정이 지속되다 보면 환율이 기초경제변수의 움직임과 관계없이 과도하게 상승하거나 하락하는 투기적 거품현상이 나타나게 된다.

투기적 거품접근은 예상의 역할을 강조함으로써 환율의 과대한 변동을 설명하고 있으나 몇 가지 문제점을 가지고 있다. 우선 거품을 발생시키는 최초의 요인에 대한 설명이 없으며, 어떠한 경우에 거품이 붕괴되고 또는 되지 않는가를 설명하지 못하고 있다. 나아가 고정환율제도보다 변동환율제도에서 투기적 거품이 빈번하게 발생하는가도 설명하지 못하고 있다.

(2) 미시구조적 접근

환율결정에 관한 거시적 접근이 한계를 보이자 외환시장의 미시적 구조와 참가자의 행태에 초점을 맞추어 환율결정이론을 정립하기 위한 시도가 이루어지고 있다. 환율결정의 미시구조적 접근(microstructure approach)은 외환시장의 미시구조적 행태에 대한 분석, 미시구조적 현상의 발생원인과 미시구조적 특징이 환율변동에 미치는 경로를 파악하기 위한 노력으로 나누어 볼 수 있다.

1) 외환시장의 미시구조적 행태

외환시장의 미시구조적 행태에 대한 분석은 외환거래량과 환율변동성에 대한 통계적 특징을 파악하는 데 초점을 두고 있다. 이와 관련하여 지금까지 논의된 주요 내용과 연구결과는 다음과 같다.

외환거래의 시점

첫째, 외환거래량 및 환율의 움직임은 시간에 따라 다르게 나타난다는 것이다. 외환거래량은 점심시간 근처나 주말 직전에 감소하는 반면에 개장 및 폐장 근방에서 증가하는 것으로 나타나고 있다. 환율의 변동성은 점심시간 및 주말에는 작아지고 월요일 개장 초기에는 급격히 증대하는 경향이 있다.

외환거래의 원천

둘째, 외환거래가 활발해지면 환율의 변동성이 커지는 경향이 있기는 하지만, 이는 외환거래의 원천에 따라 달라질 수 있다. 즉 외환거래가 투기자간 예상의 차이 때문에 발생한다면 외환거래량의 증가가 환율의 변동성을 증가시키지만, 외환거래가 유동성 확보를 주목적으로 이루어진다면 외환거래량의 증가가 환율의 변동성을 감소시킨다는 것이다. 한편 외환시장이 상호 연계되어 있기 때문에 어느 한 외환시장에서 변동성이 증가하면 다른 외환시장으로 전달되는 유성현상(meteor shower)이 발견되고 있다.

환율스프레드

셋째 외환거래량이나 환율의 변동성과 같은 미시적 정보가 일종의 거래비용이나 불확실성의 지표로 활용되는 환율스프레드에 영향을 미치고 있다. 환율의 변동성이 증가함에 따라 환율스프레드가 확대되는 반면에 외환거래량이 증가함에 따라 환율스프레드가 축소되는 것은 외환시장에서 정보가 효율적으로 전달되는 증거로 제시되기도 한다.

2) 미시구조적 행태의 발생원천

미시구조적 행태의 발생원천에 관한 연구는 외환거래량과 환율의 변동성이 다른 시장에서 비해 매우 크고 시간에 따라 크게 변하는 이유를 주로 환율에 대한 예상의 차이에서 찾고 있다.

외환거래량의 변동원인

외환거래량이 크게 증가하는 주된 이유는 외환시장 참가자들간 환율변동에 대한 예상이 다르기 때문이다. 만약 외환시장 참가자들간 예상이 동일하다면 같은 방향으로 외환수요나 공급이 발생하므로 외환거래가 전혀 일어나지 않는다. 따라서 환율변동에 대한 예상의 차이가 외환거래를 발생시키는 원천이 된다.

환율의 변동원인

또한 환율의 급격한 변동도 환율에 대한 예상의 차이 때문에 발생한다. 투기적 행위가 환율을 안정시키는지 아니면 더 불안정하게 하는지는 논란의 여지가 있다. 그러나 투기자들이 단기적 목표에 치중하여 외환거래를 하는 경우 환율이 상승(하락)할 때는 환율이 더욱 상승(하락)할 것으로 예상하는 경향이 있기 때문에 환율의 변동성을 더욱 크게 한다. 반면 장기적 목표에 맞추어 외환거래를 하는 경우 환율이 상승(하락)하면 장기적으로 하락(상승)할 것으로 예상하는 경향이 있기 때문에 환율의 변동성은 줄어든다.

3) 미시구조적 행태의 영향

외환거래량 및 환율의 변동성 등 외환시장의 미시구조적 특징이 환율변동에 미치는 경로에 대해서는 아직 많은 연구가 이루지지 못하고 있다. 미시구조적 접근이 체계적 환율결정이론으로 정립되기 위해서는 예상의 형성과 거래메커니즘에 대한 패턴을 찾아내고, 이러한 패턴이 환율에 미치는 구조를 설명해야 한다.

노이즈거래

이러한 노력의 일환으로 제시된 **노이즈거래**(noise trading)**모형**은 기술적 분석과 전통적 분석간 상호작용에 의해 때로는 정상적인 듯한 움직임을 보이고 때로는 비정상적인 듯한 움직임을 나타내는 구조를 설명하고자 하고 있다. 이 모형은 투기행동과 투자행동간 비중이 변함에 따라 외환에 대한 수요가 변화하고, 이에 따라 환율도 변동함을 제시하고 있다.

요약

01. 최근 국가간 자본이동이 활발해짐에 따라 환율결정에 있어서 자산시장의 균형을 중시하게 되었다. 환율결정에 관한 자산시장접근법은 본국통화표시 금융자산과 외국통화표시 금융자산을 완전대체재로 파악하는 통화적 접근법과 이들을 불완전대체제로 파악하는 포트폴리오-밸런스 접근법으로 크게 구분된다.

02. 신축적 물가를 전제로 고전학파 모형은 구매력평가설에 의해 환율이 결정되는데, 통화의 구매력과 역의 관계이 있는 물가는 통화시장이 균형을 이룰 때 결정된다고 본다. 본국통화량의 증가, 본국국민소득의 감소 및 본국금리의 상승은 본국통화시장에서 초과공급을 초래하며, 과잉으로 보유한 통화를 처분하는 과정에서 재화 및 서비스에 대한 수요가 늘어나 본국물가를 상승시킴으로써 수출증가와 수입감소를 가져와 환율을 상승시킨다.

03. 고정적 물가를 전제로 하는 케인지안 틀의 IS-LM-UIP모형은 외부충격에 통화시장과 외환시장은 빠르게 반응하는 반면에 생산물시장은 서서히 반응한다는 점에 착안하여 금리와 환율이 급격히 변동하는 현상을 설명한다. 통화량이 증가하면 초기에는 이를 통화시장과 외환시장이 모두 흡수하면서 금리는 큰 폭으로 하락하고 환율은 큰 폭으로 상승하며, 이후 국민소득이 서서히 증가하면서 금리는 상승하고, 환율은 하락하며 균형을 찾아간다. 그러나 영구적 통화량의 증가는 일시적 통화량의 증가와 비교할 때 기대환율을 상승시키므로 금리와 환율은 더 많이 상승한다. 한편 정부지출의 증가는 국민소득의 순환을 통해 서서히 국민소득을 증가시키는 과정에서 금리를 상승시키고 환율을 하락시키는데 영구적 정부지출의 증가는 기대환율을 하락시키므로 국민소득의 증가와 국내금리의 상승에 미치는 효과가 적다.

04. 경직적 가격을 가정하는 오버슈팅모형은 자산시장이 상품시장보다 조정속도가 빠르기 때문에 외부충격이 발생하는 경우 이를 자산시장이 모두 흡수하는 과정에서 환율이 구매력평가환율에서 벗어나는 현상이 발생함을 보여주고 있다. 예상하지 못한 통화량의 증가는 본국 금리를 하락시켜 자본유출을 초래하는데, 이 과정에서 환율이 새로운 장기균형환율보다 더 높게 상승하는 오버슈팅현상이 발생한다. 이후 물가가 상승하면서 통화수요가 증가함에 따라 본국금리가 다시 상승하면서 자본이 재유입되는 과정에서 환율은 새로운 장기균형환율을 찾아 하락하는 과정을 밟게 된다.

05. 양국 금융자산간 불완전대체성을 가정하는 포트폴리오-밸런스접근법은 본국증권과 외국증권은 불완전대체재이므로 본국통화 및 본국증권뿐만 아니라 외국증권도 포함

하여 포트폴리오를 구성한다고 본다. 본국증권이나 외국증권 매입을 통한 확장적 통화정책은 모두 금리를 하락시키고 환율을 상승시키지만, 후자는 전자보다 본국금리를 덜 하락시키고 환율을 더 상승시킨다. 경상수지 흑자에 의한 외국증권 공급량의 증가는 외국증권 공급량 증가율과 같은 비율로 환율만 하락시킨다.

06. 1980년대 들어 환율의 변동성이 크게 확대되면서 거시경제적 환율결정이론이 한계에 직면하게 되자 이를 뉴스 및 투기적 버블의 측면에서 규명하고자 하는 시도와 외환시장의 미시구조적 행태 자체에 대한 통계적 포착, 이의 발생원인 및 환율변동에 미치는 경로를 파악하기 위한 미시구조적 접근이 활발히 이루어지고 있다.

연습문제

01. 최근 환율결정에 관한 사산시장 접근법이 각광을 받게 된 배경은 무엇인가? 자산시장 접근법 중 돈부쉬의 오버슈팅모형과 포트폴리오-밸런스모형의 유사점과 차이점에 관하여 설명하시오.

02. 다음과 같은 외부의 충격이 환율에 미치는 경로와 영향이 어떻게 다른지를 고전학파의 신축적 물가모형과 케인지안의 고정적 물가모형을 비교하여 설명하시오.

(1) 본국통화량의 증가

(2) 외국금리의 상승

03. 개방거시경제모형이 다음과 같이 주어져 있다고 가정하고 물음에 답하시오.

- 소비지출: $C=C(Y-T_0)$
- 투자지출: $I=I(R-\pi_0^e)$, 단 π^e: 예상 인플레이션
- 정부지출: $G=G_0$
- 경상수지: $NX=NX(\frac{SP_0^*}{P}, Y-T_0, Y_0^*)$
- 화폐시장의 균형: $\frac{M_0^S}{P}=L(R, Y)$
- 유위험 국제금리평가: $R=R_0^*+\frac{E_tS_{t+1}-S_t}{S_t}$

단, 하첨자 0는 변수가 외생적으로 결정됨을 의미함.

(1) 소비지출함수와 투자지출함수가 의미하는 바를 설명하고, 생산물시장의 균형조건을 식으로 나타내시오.

(2) 물가가 고정되어 있다고 가정하고 위 모형을 이용하여 생산물시장, 통화시장 및 외환시장을 동시에 균형시키는 국민소득, 금리 및 환율이 어떻게 결정되는가를 그래프로 그려 설명하시오.

(3) 2008년 글로벌 금융위기 이후 세계경제가 급격히 침체되었으나 선진국을 중심으로 정책공조를 통해 확장적 경제정책을 시행하면서 세계경제가 회복되는 모습을 보이고 있다. 이러한 세계경제의 회복이 우리나라의 국민소득, 금리 및 환율에 미치는 영향을 위 모형을 이용하여 설명하시오.

(4) 만약 한국은행이 세계수요의 증가에 의한 국민소득의 증가를 원하지 않는다면

한국은행은 이 상황에서 어떻게 통화정책을 펴야 하는가에 대하여 설명하시오. 이 경우 금리와 환율은 문제 (3)과 비교하였을 때 어떻게 달라지는가를 설명하시오.

(5) 외생변수들이 주어진 상태에서 경상수지 수준이 어떻게 결정되는가를 설명하시오. 이렇게 결정된 경상수지의 수준이 정부의 원래 목표치라고 하자. 문제 (3)의 상황에서 발생한 국민소득, 금리 및 환율을 정부가 유지하고자 할 경우에 정부는 경상수지의 목표치를 어떻게 조정하여야 하는가를 설명하시오.

<2010년 입법고시 국제경제학 기출문제 일부 변형>

04. 우리나라는 그동안 저금리정책을 실시하여 왔으나 최근에는 금리를 인상하는 방향으로 통화정책을 전환하고 있다. 중앙은행의 통화량 변동은 환율의 수준을 변동시킬 뿐만 아니라 환율의 변동성도 커지게 하는데 이와 관련된 다음 물음에 답하시오.

(1) 물가가 신축적인 경우 통화량의 증가가 환율에 미치는 영향에 대하여 설명하시오.

(2) 물가가 경직적인 경우 통화량의 증가는 물가가 신축적인 경우에 비하여 환율의 변동성이 커지게 된다. 그 이유를 설명하여 보시오.

<2006년 입법고시 국제경제학 기출문제 일부 변형>

05. 2008년 미국발 글로벌 금융위기로 세계경제가 극심한 침체를 겪게 됨에 따라 이를 극복하기 위해 많은 국가들이 확장적 재정정책을 실시하였다. 우리나라 정부도 확장적 재정정책을 실시하고 있는데, 아래 모형을 이용하여 그 효과를 분석하고자 한다.

- 생산물시장 : $Y = A(Y, I, G) + CA\left(\dfrac{SP^*}{P}, Y, Y^*\right)$
- 외환시장 : $R = R^* + \dfrac{S^e - S}{S}$
- 화폐시장 : $\dfrac{M^S}{P} = L(R, Y)$ 단, S^e: 기대환율

(1) 경기침체로 인한 미국의 국민소득 감소가 우리나라 경제에 미치는 영향을 국민소득, 금리 및 원-달러 환율을 중심으로 설명하시오.

(2) 우리나라가 확장적 재정정책을 일시적으로 실시하는 경우와 항구적으로 실시하는 경우로 구분하여 이러한 확장적 재정정책이 국민소득, 금리 및 원-달러 환율에 미치는 효과를 비교하여 설명하시오.

(3) 우리나라의 국가신용도 하락이 원-달러 환율에 미치는 효과를 위 외환시장 균

형조건을 변형하여 설명하여 보시오.

<2009년 행정고시 국제경제학 기출문제 일부 변형>

06. 미국은 2008년 발생한 글로벌 금융위기를 극복하는 과정에서 3차례에 걸쳐 양적완화(Quantitative Easing) 정책을 취하였다. 이러한 양적완화정책의 효과를 Dornbusch의 Overshooting모형을 이용하여 분석하여 보시오.

(1) 이러한 미국의 양적완화정책이 동태적 조정과정에서 미국의 국민소득, 금리, 물가, 환율, 경상수지 등에 장단기적으로 어떻게 영향을 미칠 것으로 예상되는가를 분석하여 보시오.

(2) 2008년 이후 미국의 국민소득, 금리, 물가, 환율, 경상수지의 변동추이를 조사하여 보시오.

(3) 이러한 주요 거시경제변수가 (1)번 이론적 모형에서 예측한 결과와 (2)번 실제 움직임간 차이를 파악하여 보고, 이러한 차이가 발생하는 이유에 대하여 설명하여 보시오.

07. 최근 거시경제학적 환율결정이론이 한계를 보이면서 대두되고 있는 미시구조적 접근법에 관하여 설명하시오.

CHAPTER 07

외환시장의 효율성과 환율의 예측

앞에서 다룬 국제금융의 기본원리나 환율결정이론에서 암묵적으로 가정하고 있는 외환시장의 효율성은 외환시장 참가자의 행태를 분석하는 데 있어서 매우 중요한 역할을 한다. 만약 외환시장이 효율적이 아니라면 외환시장 참가자는 초과수익을 얻기 위해 적극적으로 외환거래에 참여할 것이다. 또한 시장이 효율적이라도 장기투자계획의 수립, 국제적 자금의 조달과 운영, 환위험의 관리 등을 위해서는 환율예측이 필수적이다. 여기서는 외환시장 효율성의 개념 및 검증결과와 환율예측의 다양한 기법 및 성과의 평가방법 등에 관하여 살펴보고자 한다.

7.1 외환시장의 효율성

(1) 시장효율성의 개념과 종류

1) 시장효율성의 개념

시장효율성(market efficiency)은 시장에서 이용가능한 모든 정보가 시장가격에 완전히 반영되어 있는가의 여부에 의해 판단된다. 시장이 효율적인 경우에는 모든 정보가 이미 시장가격에 반영되어 있기 때문에 시장참가자들이 추가적으로 정보를 입수하여 이용하더라도 **초과수익**(excess return)을 얻을 수 없다. 왜냐하면 추가적 정보가 전혀 유용성이 없어 시장참가자들의 기대에 아무런 영향을 미치지 못하기 때문이다. 반면 시장이 비효율적인 경우에는 모든 정보가 시장가격에 완전하게 반영되어 있지 못하기 때문에 일부 시장참가자는 더 많은 유용한 정보를 입수하여 활용함으로써 다른 참가자보다 정상수준 이상의 수익을 얻을 수 있다.

기대수익률과 실제수익률

외환시장을 포함한 금융자산시장이 효율적이라면 모든 정보가 시장균형가격에 반영되어 있기 때문에 기대수익률(또는 가격)과 일정기간후 실현된 실제수익률(또는 가격)의 평균값과 같다. <그림 7-1>은 기대수익률이 일정할 경우와 변동하는 경우로 나누어 시간이 지남에 따라 기대수익률과 실제수익률의 변동을 나타내고 있다. 시장이 효율적이라면 실제수익률은 기대수익률을 중심으로 **무작위행보**(random walk)를 보임으로써 기대수익률과 실제수익률은 평

그림 7-1 시장의 효율성

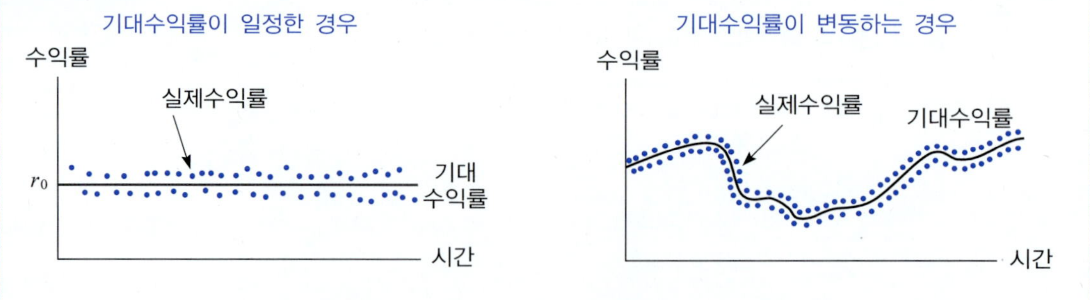

균적으로 일치하게 된다. 따라서 양자간 격차의 평균값 – 즉 초과수익의 기대값은 0이 된다.

2) 시장효율성의 종류

외환시장을 포함한 금융자산시장에서 효율성의 정도는 정보가 가격에 반영되는 정도에 따라 약형 효율성, 준강형 효율성 및 강형 효율성으로 구분하여 볼 수 있다.

약형 효율성: 과거환율 정보

약형 효율성(weak form efficiency)은 현재환율이 과거환율에 관련된 모든 정보를 완전히 반영하여 형성되는 경우를 말한다. 현재환율에는 과거환율의 패턴에 관한 정보가 완전히 반영되어 있기 때문에 과거환율의 기술적 분석을 통해 얻을 수 있는 정보를 이용하더라도 초과수익을 실현할 수 없다. 따라서 미래환율을 과거의 정보를 이용하여 예측할 수 없고 환율변동은 무작위행보를 취한다는 것을 의미한다.

준강형 효율성: 일반공개 정보

준강형 효율성(semi-strong form efficiency)은 현재환율은 과거환율과 관련된 정보뿐만 아니라 일반에게 공개되어 이용가능한 모든 정보를 반영하여 형성되는 경우를 말한다. 따라서 외환시장 참가자는 환율과 관련되어 발표되는 각종 정보 – 예를 들면 국내외금리, 경상수지, 물가, 국민소득, 자본이동 등을 이용하여 기본적 분석에 의해 미래환율을 예측하더라도 초과수익을 실현할 수 없다.

강형 효율성: 내부정보

강형 효율성(strong form efficiency)은 현재환율이 과거환율 및 일반에게 공개된 정보뿐만 아니라 공표되지 않은 내부정보(inside information)를 포함하여 시장참가자에게 알려진 모든 정보가 반영되어 형성되는 경우를 말한다. 따라서 외환시장 참가자는 환율에 영향을 미칠 수 있는 기업이나 금융기관의 내부정보나 정부당국의 중요한 정보를 이용하여 미래환율을 예측하더라도 초과수익을 실현할 수 없다.

현실적으로 내부정보란 모든 사람이 이용가능하지 않기 때문에 내부정보를 입수하는 시장참가자는 초과수익을 얻게 되며, 강형 효율성의 가설은 성립하지 않는다. 따라서 외환시장의 효율성 논쟁은 강형 효율성의 가설보다는 약형 효율성 또는 준강형 효율성의 가설의 성립 여부에 초점이 맞추어져 왔다.

(2) 외환시장 효율성의 검증

1) 효율성의 검증

외환시장의 효율성 여부는 대부분 선물환율이 미래환율을 잘 예측할 수 있는가에 대한 검증으로 이루어져 왔다. 이는 선물환율이 모든 시장참가자의 의사결정과정을 통하여 형성되므로 해당 만기의 현물환율과 관련되어 있는 시장의 정보를 다른 예측치보다 잘 반영하고 있다고 생각하기 때문이다.

일반적으로 예상환율에 대한 실제 관측치를 구하는 것은 어렵기 때문에 외환시장의 효율성은 합리적 기대가설(rational expectation hypothesis)과 불편성 가설(unbiased hypothesis)로 나누어 살펴보아야 한다.

합리적 기대가설

먼저 외환시장이 효율적이고 외환시장 참가자들이 합리적이라면 외환시장 참가자들은 시장에 주어진 모든 정보를 이용하여 미래환율(S_{t+1})을 예측한다는 것이다. 그러나 t기에 이용가능한 모든 정보(Ω_t)를 이용하여 $t+1$의 환율을 예측하여도, 이 기간중 새로이 입수된 정보가 환율에 영향을 미치기 때문에 예측오차(ε_{t+1})가 발생하게 된다.

$$S_{t+1} = E_t(S_{t+1} \mid \Omega_t) + \varepsilon_{t+1} \qquad (7\text{-}1)$$

여기서 기대환율은 t기에서 이용가능한 모든 정보를 반영하여 결정되었기 때문에 새로운 정보로 인해 발생하는 예측오차(ε_{t+1})와 상관관계가 없으며 평균값도 0이 된다.

불편성 가설

한편 위험중립적인 외환시장 참가자들은 선물환율(F_t^{t+1})이 미래환율의 예측치[$(E_t(S_{t+1} \mid \Omega_t)$]와 다르다면 이익을 얻기 위해 투기거래를 할 것이다. 이러한 투기거래는 궁극적으로 선물환율과 미래환율의 예측치가 같아지게 할 것이다.

$$E_t(S_{t+1} \mid \Omega_t) = F_t^{t+1} \qquad (7\text{-}2)$$

이는 선물환율이 해당 만기의 현물환율에 대한 불편예측치로서 불편성 가설을 의미한다.

외환시장의 효율성

합리적 기대가설과 불편성 가설을 결합하여 다음과 같이 외환시장의 효율성을 검증할 수 있는 식을 도출할 수 있다.

$$S_{t+1} = F_t^{t+1} + \varepsilon_{t+1} \tag{7-3}$$

외환시장이 효율적이라면 예측오차가 선물환율과 상관없이 무작위하게 분포하기 때문에 오차의 평균은 0이 되고 선물환율은 해당 만기의 현물환율에 대한 **불편추정치**(unbiased predictor)가 된다.

외환시장의 효율성 가설은 다음과 같은 회귀식을 이용하여 검증할 수 있다.

$$S_{t+1} = \alpha + \beta F_t^{t+1} + \varepsilon_{t+1} \tag{7-4}$$

만약 검증결과가 귀무가설 $H_0 : \alpha = 0,\ \beta = 1$을 기각하지 못하면 외환시장의 효율성 가설이 성립하게 된다.

2) 검증결과와 해석

지금까지 외환시장의 효율성을 실증분석한 수많은 연구들은 대체로 외환시장의 효율성 가설이 성립하지 않는다는 결과를 제시하고 있다. 즉 <그림 7-2>에서 보는 것과 같이 예측오차의 평균이 0이 되지 않고 선물환율이 미래의 현물환율을 너무 높게 또는 낮게 예측하고 있다는 것이다.

이러한 실증분석의 결과가 과연 외환시장이 비효율적이라는 것을 의미하

그림 7-2 캐나다 달러-미달러 현물환율과 선물환율의 변동추이

주 : 점선은 캐나다 달러-미달러의 3개월물 선물환율이고, 실선은 선물환 만기 해당일의 현물환율임.
자료 : *Harris Bank Foreign Exchange Weekly Review.*

는지에 대하여 논란이 제기되었다. 앞에서 살펴본 것과 같이 외환시장의 효율성 가설은 합리적 기대가설과 불편성 가설을 결합한 것이다. 따라서 외환시장의 효율성 가설이 성립하지 않는 것은 합리적 기대가설은 문제가 없는데 불편성 가설이 문제가 있기 때문이라는 견해와 불편성 가설은 성립하는데 합리적 기대가설이 성립하지 않기 때문이라는 견해로 나누어지고 있다. 불편성 가설에 문제가 있다는 견해를 지지하는 쪽은 위험프리미엄을 강조하는 반면에 합리적 기대가설에 문제가 있다는 견해를 지지하는 쪽은 기대형성과정의 실패를 강조하고 있다.

불편성 가설의 불성립 원인

먼저 외환시장의 효율성이 성립하지 않는 것은 **위험프리미엄**(risk premium)**의 존재**로 인해 불편성 가설이 성립하지 않기 때문이라는 견해를 살펴보자. 불편성 가설은 외환시장참가자가 위험중립적이라는 전제하에 선물환율이 미래환율의 예측치와 일치한다고 주장하고 있다. 그러나 외환시장 참가자들이 위험중립적이 아니라면 이들은 투자수익이 스스로 부담해야 하는 위험을 보상할 만한 최소수준인 위험프리미엄을 초과하여야만 거래를 할 것이다. 이와 같이 외환시장 참가자들이 위험프리미엄(r_p)을 요구하게 되면 불편성 가설 대신에 다음과 같은 식이 성립하게 된다.

$$E_t(S_{t+1} \mid \Omega_t) = F_t^{t+1} + r_p \qquad (7\text{-}5)$$

위험프리미엄이 존재하게 되면 선물환율의 예측오차가 평균적으로 0이 되지 않고 한쪽 방향으로 기울어질 수 있는데, 이를 외환시장의 효율성이 성립하지 않는 증거로 보기 어렵다. 그리고 사후적으로 관찰한 위험프리미엄이 어떤 경우에는 지속적으로 양수가 되고 어떤 경우에는 지속적으로 음수가 된다. 이와 같이 시간의 흐름에 따라 위험프리미엄이 변동하는 것을 **시간변동 위험프리미엄**(time-varying risk premium)이라고 부른다.

기대형성과정의 문제

한편 외환시장의 효율성이 성립하지 않는 것은 기대형성과정의 문제로 인해 합리적 기대가설이 성립하지 않기 때문이라는 견해를 살펴보자. 이들은 기대형성과정의 대표적 문제로서 정보의 비대칭성, 페소화 문제, 합리적 거품 등을 들고 있다.

첫째, 시장과 정부간 **정보의 비대칭성**이 존재하면 비록 시장참가자들이 주어진 정보를 합리적으로 이용해도 선물환율이 미래환율과 지속적으로 다르게 움직일 수 있다. 예를 들어 외환시장 참가자들이 기초경제여건을 고려할 때 환율의 하락을 예상하고 있고 선물환율도 이러한 시장의 예상을 반영하여 형성되고 있다고 하자. 그런데 외환당국이 이러한 환율변화에 대한 예상이 바람직하지 않다고 보고 이를 저지하기 위해 외환시장에 개입한다면 선물환율의 예측오차가 한쪽 방향으로 발생하면서 편의(bias)가 일정기간 지속될 수 있다.

둘째, **페소화 문제**(peso problem)로서 정부의 정책변화에 대한 예상이 환율을 불안정하게 하고 지속적으로 균형상태에서 이탈시킨다는 것이다. 멕시코의 예에서 볼 수 있듯이 현재환율이 고정되어 있음에도 불구하고 시장참가자들은 여러 가지 어려운 경제여건을 고려하여 볼 때 정부가 조만간 페소화를 평가절하시킬 수밖에 없다고 예상한다고 하자. 이러한 시장의 예상이 선물환율의 형성에 반영되므로 선물환할인(forward discount) 상태가 지속될 것이다. 이러한 경우 실제적으로 평가절하가 이루어지기 전까지 기간을 대상으로 실증분석을 하게 되면 선물환율은 미래환율의 불편추정치가 되지 못한다. 즉 이 기간중 환율이 특정한 추세를 보임에 따라 예측오차가 지속적으로 양의 값 또는 음의 값을 나타낼 수 있다.

원래 페소화문제는 1976년 멕시코가 미달러화에 고정시켰던 환율을 포기하고 페소화를 대폭 평가절하시킨 상황을 말하였으나, 이후 정책 또는 제도적 변화 때문에 가격 또는 환율의 움직임이 점프(jump)하는 현상을 가리킴.

셋째, 선물환율이 미래환율과 지속적으로 다르게 움직이게 하는 기대형성 과정의 문제로서 **합리적 거품**(rational bubble)을 들 수 있다. 시장가격이 균형가격에서 계속적으로 이탈하는 현상을 거품이라고 하는데, 이러한 거품현상이 합리적 투자행위와 부합될 수 있다는 것이다. 즉 미래에 대한 예상 및 시장분위기가 변하면 예상에 맞추어 합리적으로 투자하는 과정에서 가격이 기초경제변수와 지속적으로 괴리되는 현상이 발생할 수 있다. 예를 들어 1980년대 초반 사람들은 미달러화의 가치가 경상수지 등 기초경제변수에 비추어 볼 때 고평가되었다고 믿었지만 미달러화의 절상은 1985년 9월 플라자협정을 맺을 때까지 계속되었다. 왜냐하면 시장참가자들은 자기가 미달러화를 보유하고 있는 동안 균형환율로 돌아가는 위험을 적절히 보상하고도 남을 정도로 미달러화의 절상이 지속될 것으로 믿고 적극적으로 미달러화를 매입하였기 때문이다. 결국 이러한 예상과 시장의 분위기는 미달러화를 대폭 과대평가시키는 결과를 초래하였다.

이론과실제 | 합리적 거품

원유, 철광석, 농산물, 부동산 등에 대한 투기로 이들 가격이 기초경제변수와 지속적으로 괴리되는 현상이 발생하여도 이를 비합리적이라고 단정지어 이야기하기는 어렵다. 예를 들어 올 겨울에는 다른 해에 비해 혹독한 추위가 예상된다고 하자. 시장참가자들은 원유값이 오를 것에 대비하여 원유를 미리 구입하여 비축하고자 하므로 원유가격이 상승하게 된다. 점차 겨울철이 다가오면서 이러한 예상이 시장분위기를 지배하면 원유가격은 더욱 상승할 수도 있다. 그런데 이러한 예상과 달리 혹독한 추위가 발생하지 않았다고 원유가격이 급격히 상승한 것을 비합리적 행위의 결과라고 할 수 없다. 왜냐하면 원유가격은 시장참가자의 합리적 판단에 따라 미래에 대한 예상을 반영하여 형성되었기 때문이다.

7.2 환율의 예측

(1) 환율예측의 방법

환율예측은 경제주체들이 미래에 실현될 환율을 예측하여 경제활동에 참여함으로써 궁극적으로 경제의 안정성과 효율성을 높이는 데 있다. 세계화가 급격히 진전되면서 정부로서는 국민경제의 안정적 운용을 위해 대내외 경제정책의 수립과 집행과정에서 환율예측이 더욱 중요해지고 있다. 또한 기업으로도 안정적 경영활동을 위해 수출입거래, 해외투자 등 사업계획의 수립 및 추진 등의 과정에서 환율예측이 필수적이다. 또한 재무관리자가 자금의 해외조달 및 운용 과정에서 환위험을 효과적으로 관리하기 위해서는 환율예측이 선행되어야 한다. 나아가 최근에는 국가간 자본이동이 활발해지면서 장단기적으로 환율의 변동폭이 커짐에 따라 환율예측의 중요성이 더욱 커지고 있다.

환율예측의 방법은 크게 기초적 분석기법과 기술적 분석기법으로 나누어진다. 기초적 분석기법은 환율변동의 인과관계에 기초하여 미래환율을 예측하는 반면에 기술적 분석기법은 과거 환율변동행태의 특징을 분석하여 미래의 환율을 예측하는 방법이다. 이들 분석은 서로 보완적 성격을 가지고 있으며 환율의 단기예측에는 기술적 분석기법이 널리 이용되고 장기예측에는 기초적 분석기법이 널리 이용되고 있다.

1) 기초적 분석기법

기초적 분석(fundamental analysis)기법은 환율에 영향을 미치는 경제적 또는 경제외적 변수를 선택하여 이들 변수와 환율간 인과관계를 모형화 · 체계화함으로써 미래환율을 예측하는 방법이다. 기초적 분석기법은 다시 시장간 균형관계를 이용하는 방법과 환율결정모형을 이용하는 방법으로 나누어 볼 수 있다.

① 시장균형조건을 이용한 방법

시장균형조건을 이용하여 미래환율을 예측하는 방법은 제4장 국제금융의 기본원리에서 다룬 환율, 물가 및 금리간 평가관계를 이용하는 것이다. 즉 선물환평가이론, 국제피셔효과 및 구매력평가설 등을 이용하여 미래환율을 예측하는 방법이다.

선물환평가

우선 선물환율을 그대로 미래환율의 예측치로 사용하는 방법이다. **선물환평가이론**에 따르면 외환시장이 효율적이고 외환시장 참가자들이 위험중립적이라면 선물환율은 해당 만기 현물환율의 불편추정치이다. 그러나 선물환거래의 만기가 대부분 1년 이내이기 때문에 선물환율을 이용하는 경우에 환율 예측기간도 1년 이내로 한정된다.

국제피셔효과

또한 환율과 내외금리간 관계를 이용하여 미래환율을 예측할 수 있다. **국제피셔효과**에 따르면 환율의 예상변동률은 내외금리차와 같다. 만기에 따라 금리가 다르므로 예측기간에 맞는 금리를 선택하여 미래환율을 예측하여야 한다. 예를 들어 3년후 환율을 예측하고자 한다면 3년 만기 국채금리, 정기예금금리 등을 이용하는 것이 바람직하다.

구매력평가설

장기환율은 환율과 물가간 평가관계를 나타내는 **구매력평가설**을 이용하여 간단히 예측하여 볼 수 있다. 구매력평가설에 따르면 환율의 예상변동률은 양국간 인플레이션율의 차이와 같다. IMF, World Bank 등 국제금융기구, 각국의 정부산하 또는 민간연구소에서는 물가에 대한 장기전망을 발표하고 있으므로 이를 이용하여 미래환율을 예측할 수 있다.

② 환율결정모형을 이용한 방법

계량모형의 의의

환율결정모형을 이용한 방법은 환율에 영향을 미치는 경제변수를 선택하여 환율과 이들 변수간 관계를 체계화시켜 모형을 설정하고, 통계자료 등을 이용하여 미래환율을 예측한다. 이 환율예측방법은 제5장과 제6장에서 다룬 환율결정이론에 기초하여 환율과 물가, 금리, 국민소득, 국제수지, 통화량 등 경제변수간 관계를 체계화하여 계량모형을 설정한다. 그리고 통계자료를 이용하여 계량적으로 모형의 타당성 여부를 검증하고 이를 이용하여 미래환율을 예측한다.

계량모형의 장단점

환율결정모형을 이용한 방법은 계량모형을 사용하여 환율변동의 방향과 정도를 수리적으로 제시할 수 있는 장점이 있다. 그러나 이 방법은 방대한 자료를 수집하여야 하고, 이를 처리하는 과정에서 상당한 비용과 시간이 소요되며, 이들 분석에 사용되는 변수들에는 상당한 오차가 내재되어 있다. 또한 환율변동에 영향을 미치는 기초적 요인을 인식하고 이를 바탕으로 환율전망을 수정하기까지 상당한 시간이 걸리기 때문에 환율변동의 전환점을 신속히 포착하여 즉각적으로 대응하기가 어렵다. 그리고 계량모형에는 예상하지 못한 사태의 발생이나 기대변동, 투자심리의 변화 등을 환율예측에 즉시 반영하기 어려운 단점이 있다.

2) 기술적 분석기법

기술적 분석(technical analysis)기법은 환율변동의 행태를 시각적 · 통계적으로 분석함으로써 미래환율을 예측하는 방법이다. 즉 기술적 분석기법은 환율의 수급에 영향을 미치는 외부적 요인보다는 이들 외부적 요인의 영향으로 나타난 환율행태 자체를 분석함으로써 미래환율을 예측하고자 하는 방법이다.

기술적 분석의 전제조건

기술적 분석기법은 ① 시장가격에 모든 시장정보가 반영되고, ② 시장가격은 추세를 가지고 움직이며, ③ 시장가격의 움직임은 일정한 패턴을 되풀이하는 경향이 있다는 것을 전제로 하고 있다. 기술적 분석기법을 이용하는 투자자들은 시장가격은 시장의 모든 요인을 반영한 결과이므로 현재까지 시장가격의 움직임을 분석한다면 미래환율의 예측이 가능하다고 본다.

기술적 분석의 장단점

기술적 분석기법은 기초적 분석기법과 비교하여 볼 때 일반적으로 분석에 활용되는 지표를 신속하고 오차없이 입수가 가능하다는 장점이 있다. 또한 환율의 단기예측이 가능하며 거래위험의 정도나 수익실현의 확률을 차트상에 구체적으로 보여줌으로써 투자의 시기, 규모 등 투자의사결정에 유용한 정보를 수시로 제공해 주고 있다. 최근에는 환율의 변동성이 높아지면서 기술적 분석기법도 기초적 분석기법과 함께 널리 사용되고 있다. 그러나 기술적 분석기법은 기술적 지표의 분석이나 차트 해석에서 투자자의 주관성이나 자의성이 강하고, 차트가 완성되어야 분석결과가 도출되는 단점을 가지고 있다.

① 차트패턴분석법

차트패턴분석법(pattern analysis on price charts)은 환율, 주가 등의 움직임을 시간에 따라 그린 후 경험적으로 표준화된 패턴을 찾아내어 미래 환율이나 주가를 예측하는 기법이다. 이 분석법은 비수학적이고 자의적이지만 환율이나 주가를 예측하기 위한 유용한 도구로서 오랫동안 널리 쓰이고 있다.

차트는 성격에 따라 선차트, 봉차트 등으로 나누어 볼 수 있다.

선차트

선차트(line chart)는 <그림 7-3>에서 보는 것과 같이 매일매일의 종가를 연결하는 도표이다. 선차트는 환율의 중장기적 추세를 분석하는 데 도움이 될 수 있으나, 내포하고 있는 정보의 양이 많지 않기 때문에 단순한 보고 또는 예시용으로 이용된다.

〈그림 7-3〉

선차트 : 일일 원-달러 환율

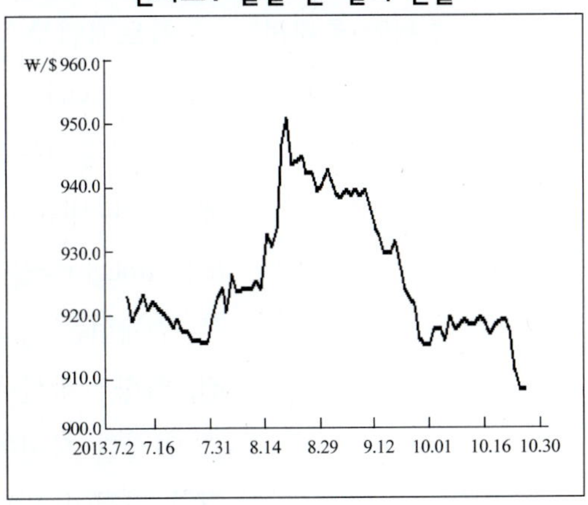

봉차트

봉차트(bar chart)는 가격의 기본이 되는 시가, 고가, 저가, 종가를 이용하여 작성하는 방법으로서 미국식 봉차트와 일본식 음양초봉차트가 있다. **미국식 봉(bar)차트**는 <그림 7-4(a)>에서 보는 것과 같이 하루중 고가와 저가를 수직선으로 잇고, 봉의 왼쪽에는 시가를 짧은 수평선으로 표시하고 오른쪽에는 종가를 짧은 수평선으로 표시한다. 반면 **일본식 음양초봉(candlestick)차트**

는 <그림 7-4(b)>에서 보는 것과 같이 시가와 종가를 연결하는 직사각형을 그리되 종가가 시가보다 낮으면 검은색을 칠하고, 종가가 시가보다 높으면 하얀색으로 칠하며, 고가와 저가를 직사각형 위와 아래에 수직으로 연결하여 표시한다. 봉차트는 시간에 따라 일봉, 주봉, 월봉 등으로 구분된다.

그림 7-4 봉차트

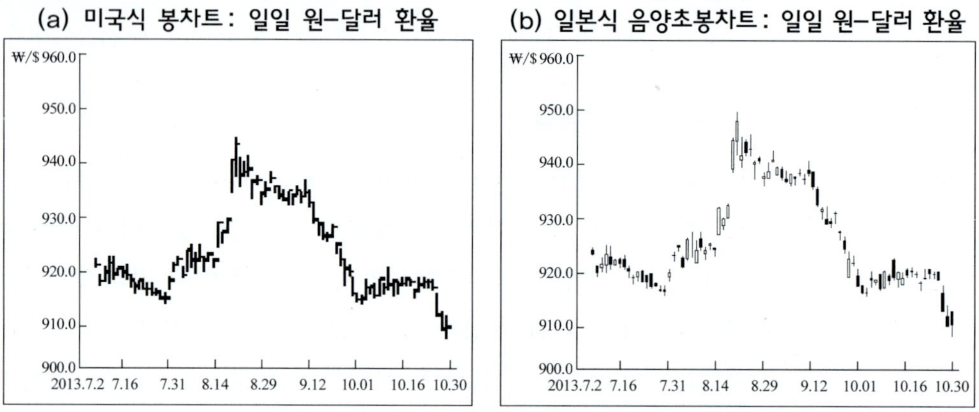

추세와 추세선

차트패턴분석에서 사용되는 필수적이고 기본적 개념이 추세와 추세선이다. **추세**(trend)는 방향에 따라 상승추세, 하향추세 및 보합으로 구분되고, 시간에 따라 장기추세, 중기추세 및 단기추세로 구분된다. **추세선**(trend line)은 추세를 나타내는 선으로서 차트에서 주요한 고점(high 또는 peak)들이나 저점(low 또는 trough)들을 직선으로 연결하여 작성한다.

추세선은 <그림 7-5>에서 보는 바와 같이 추세의 방향에 따라 상승추세선, 하향추세선 및 보합추세선으로 나눌 수 있다. 상승추세선은 가격의 저점을 연결한 직선이 우상향하는 형태를 말하고, 하향추세선은 가격의 고점을 연결할 직선이 우하향하는 형태를 말하며, 보합추세선은 뚜렷한 추세 없이 옆으로 움직이는 형태를 말한다.

그림 7-5 **추세선의 유형**

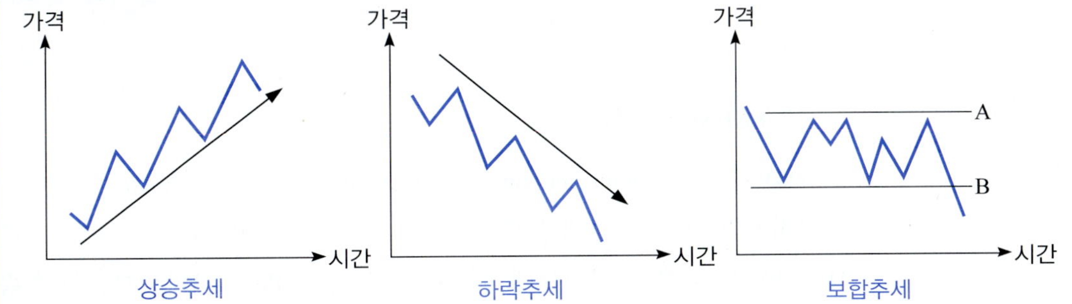

지지선과 저항선 차트패턴분석에서 또 다른 중요한 개념이 지지선과 저항선이다. **지지선**(support line)이란 가격이 일정수준 아래로 하락할 경우 매입세가 매도세를 압도하여 가격의 하락을 억제하는 수준을 하며, **저항선**(resistance line)은 가격이 일정수준 위로 상승할 경우 매도세가 매입세를 압도하여 가격의 상승을 저지하는 수준을 말한다.

〈그림 7-6〉 **저항선과 지지선**

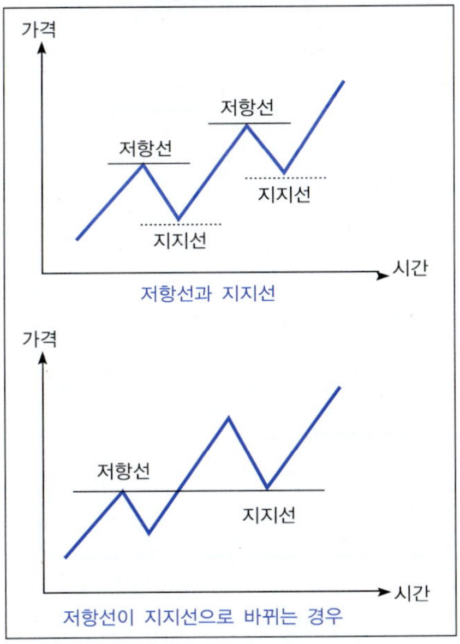

환율의 지지선 또는 저항선은 외환당국이 환율을 일정수준에서 유지하기 위해 외환시장에 개입하거나 외환시장 참가자들이 일정 범위에서 환율이 움직일 것으로 기대하는 경우에 형성된다. 그러나 환율이 지지선이나 저항선을 이탈하게 되면 다시 큰 폭으로 변동할 가능성이 커지며, 이 경우 이전의 저항선이 이후에 지지선으로 또는 이전의 지지선이 이후에 저항선으로 바뀌는 경우가 많다. 일반적으로 지지선 · 저항선 분석은 단기 환율변동을 예측하는 데는 유용하지만 장기 환율변동을 예측하는 데는 큰 도움이 되지 못한다.

패턴의 유형 차트패턴분석법은 차트분석을 통해 환율변동의 표준화된 패턴을 찾아내고 이를 이용하여 미래환율을 예측함으로써 외환을 매매하는 기법이다. 차트패턴분석법은 환율변동을 추세에 따라 반전형, 지속형, 갭, 반전일, 되돌림 등으로 구분하고 이들 안에서 다양한 패턴을 찾아내어 제시하고 있다. 그러나 차트를 이용한 패턴분석은 투자자의 입장에 따라 – 예를 들어 단기투자냐 또는 장기투자에 따라 패턴을 보는 관점이 달라지기 때문에 환율예측 및 외환거래의 행태도 다르게 나타난다.

② P&F차트분석법

P&F차트분석(point and figure chart analysis)은 다른 차트분석에 비해 다소 복잡하지만 대세나 추세를 파악하기가 용이하고, 이 때문에 추세반전을 찾아내어 매매시점을 포착하는데 유용하게 쓰인다. P&F차트는 시간의 흐름은 무시하고 가격의 움직임만 나타내는데 <그림 7-7>에서와 같이 가격이 미리 정한 단위 이상으로 상승할 때는 X표, 하락할 때는 O표로 표시하되 가격의 변동방향이 바뀌면 칸을 바꾸어 표시하는 도표이다. 그러나 P&F차트는 가격이 일정폭 이상 변동하는 경우에만 차트에 표시되기 때문에 사소한 가격변동은 무시된다.

그림 7-7 P&F차트

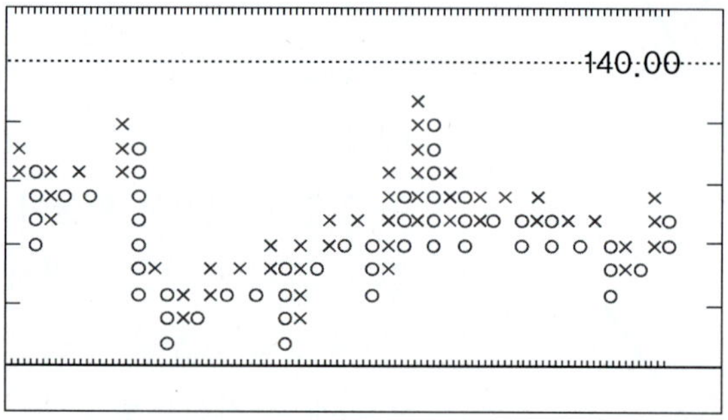

최소반전이 1일 때(30p×1)

자료 : 에스엔뱅크(주) 홈페이지(http://www.forex.co.kr)

패턴의 종류 P&F차트분석은 환율변동의 추세에 따라 상승패턴, 하락패턴, 중립패턴으로 구분한다. 상승패턴에는 추세적 상승형(upward trend), 이중천정형(double top), 삼중천정형(triple top), 상승삼각형(ascending triangle), 상승반전형(upside breakout) 등이 있다. 반면 하락패턴에는 추세적 하락형(downward trend), 이중

이론과실제

환율변동패턴의 유형과 종류

차트패턴분석에서 가격변동의 유형은 반전형, 지속형, 갭, 반전일, 되돌림 등으로 구분되며 이들 안에서 다양한 패턴이 제시되고 있다.

반전형(reversal pattern)이란 기존의 시장가격 움직임과는 반대의 움직임이 나타날 것으로 예고하는 패턴을 말한다. 이 패턴은 패턴의 모양이 크면 클수록 이후에 나타나는 시장가격의 움직임도 커지며, 형성에 오랜 시간이 걸릴수록 시장가격의 움직임도 더욱 활발해지는 기본적 특성을 가지고 있다. 이러한 반전형 패턴의 종류에는 헤드앤숄더형(head and shoulder pattern), 이중바닥/천정형(double bottom/top pattern), 둥근바닥/천정형(round bottom/top pattern), 확대형(broadening pattern), V자형(V pattern) 등이 있다.

지속형(continuation pattern)은 기존의 추세가 잠시 보합상태로 머무르고 있는 패턴으로 현재의 시장가격 추세가 계속 이어지기 위해 조정기를 거치는 과정이다. 기존의 시장가격 추세는 지속형 패턴을 형성하고 나면 다시 움직이기 시작하는데 그 방향은 이전의 움직임 방향과 같다. 반전형은 기존추세의 막바지에 추세가 바뀌는 과정이므로 장기간이 소요되고 영향력이 큰 반면에 지속형은 추세가 형성되는 과정에 나타나므로 단기간에 형성되고 영향력이 작다. 지속형 패턴에는 삼각형(triangle pattern), 깃발형(flag pattern), 페넌트형(pennant pattern), 쐐기형(wedge pattern), 직사각형(rectangular pattern), 다이아몬드형(diamond pattern), 지속 헤드앤숄더형(continuation head and shoulder pattern) 등이 있다.

갭(gap)은 오늘의 최저점이 어제의 최고점보다 높거나 오늘의 최고점이 어제의 최저점보다 낮게 결정됨으로써 어제의 시장가격 변동폭과 오늘의 시장가격 변동폭 사이에 서로 중복된 시장가격대가 형성되지 않아 빈 공간이 생기는 현상을 말한다. 일단 차트상에 갭이 생기면 매도세력과 매입세력간 균형이 무너지고 현재까지 추세가 더욱 가속화되거나 반대로 추세가 반전될 가능성이 높다. 갭의 종류에는 보통갭(common gap), 돌파갭(break-away gap), 급진갭(run- away gap), 소멸갭(exhaustion gap) 등이 있다.

역 헤드 앤 숄더 패턴의 예

반전일(key reversal day)이란 하루중 시장가격이 사상 최고치 또는 사상 최저치를 기록하지만, 그날을 기점으로 시장가격의 추세가 완전히 전환되는 날을 말한다. 반전이 단 하루에 일어날 수도 있지만 이틀에 걸쳐 일어나는 경우도 있는데 이는 하루만에 일어나는 반전의 움직임이 이틀에 나누어서 발생한다고 해석해야 한다. 추세의 전환이 있으면 반전일이 반드시 뒤따르므로 반전일의 특성을 알아두면 반전을 인식하는 데 유용하다.

되돌림(retracement) 또는 후퇴 움직임(pull-back)이란 주된 추세의 움직임과는 반대로 나타나는 시장가격의 움직임을 말한다. 시장가격은 한 방향으로 계속 움직이기 힘들며 이러한 이익실현 거래와 손실중지 거래들 때문에 가격의 움직임은 등락을 반복할 수밖에 없다. 따라서 시장가격의 추세 전개과정에서 추세가 일단 움직임을 멈추면 항상 추세와 반대방향으로 움직이려는 경향을 갖는다. 예를 들어 되돌림 비율이 50%인 경우 시장가격이 100에서 200으로 상승하였고 200수준에서 일단 추세가 끝나면 상승폭 100의 50%가 다시 하락하여 150수준이 된다는 의미이다. 주된 추세의 움직임이 끝나고 되돌림이 시작되는 것이 확인되면 각각의 비율 부근에서 강력한 지지선이나 저항선이 형성될 것을 미리 예측할 수 있다.

바닥형(double bottom), 삼중바닥형(triple bottom), 하락삼각형(descending triangle), 하락반전형(downside breakout) 등이 있다. 그리고 중립패턴에는 이등변 삼각형(symmetrical triangle) 등이 있다.

③ 추세분석법

추세분석법(trend following methods)은 수리적 또는 통계적 방법을 이용하여 반복되는 환율변동의 추세나 방향을 파악함으로써 미래환율을 예측하고자 하는 기법이다. 추세분석법의 대표적인 예로 이동평균법이 있으며, 이외에도 필터법, 스윙차트기법 등이 있다.

이동평균법

이동평균법(moving average methods)은 환율의 단기적 급변동에 내재되어 있는 장기적 추세를 찾아내기 위한 것이다. 이동평균의 속성에 따르면 상승추세건 하락추세건 관계없이 단기이동평균이 장기이동평균보다 선행한다. 따라서 단기이동평균선이 상승하면서 장기이동평균선을 관통하게 되면 환율의 상승이 예상되므로 외환을 매입하고 반대의 경우에는 매도한다. 이와 같이 이동평균법은 매우 간단하며 매매시점을 분명하게 제시하는 장점이 있다. 그러나 이동평균법은 과거 시장가격의 평균을 이용하여 미래가격을 예측하므로 속성상 매매신호가 시차를 가지고 나타나기 때문에 기술적 분석에서 기초자료로 많이 활용된다.

〈그림 7-8〉

장·단기 이동평균선을 이용한 거래전략

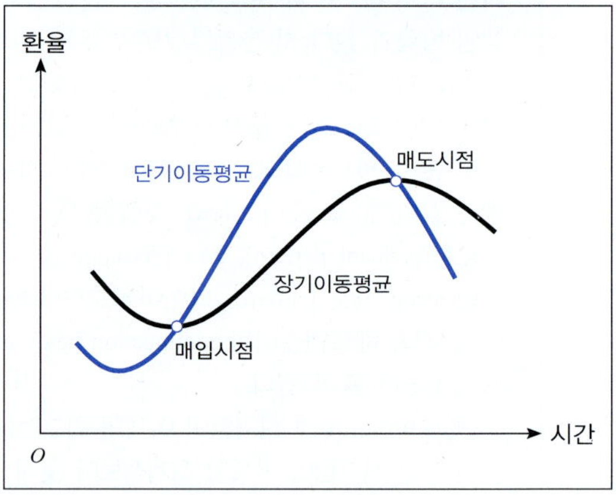

필터법

필터법(filter method)도 추세를 이용한 매매기법으로서 일정한 범위의 필터를 정해 놓고 환율이 최근의 최저치보다 이 범위 이상 상승하면 상승이 예상되므로 이 시점에서 매입하고 반대의 경우는 매도하는 기법이다. <그림 7-9>에서와 같이 필터의 크기를 α%로 정한 경우 환율이 최저점을 지나 α% 이상 상승하기 시작하는 A점에서 매입하고, 반대로 최고점을 지나 α% 이상 하락하

이론과실제 이동평균의 산출

이동평균이란 시간의 흐름에 따라 일정기간에 해당하는 환율의 평균값으로 시장의 불규칙 요인을 제거하여 환율의 추세변동을 파악하기 위한 지표로 널리 쓰인다. 예를 들어 t시점에서 5일 이동평균(MA5)은 다음과 같이 최근 5일간 환율의 종가를 합하여 5로 나눈 값이다.

$$MA5 = \frac{S_{t-4} + S_{t-3} + S_{t-2} + S_{t-1} + S_t}{5}$$

이동평균은 미래환율을 예측하기보다는 추세를 파악하기 위한 것이다. 다시 말하면 이동평균은 새로운 추세가 시작되었거나 혹은 추세가 끝나고 전환된 것을 확인시켜주는 후행지표로서 역할을 한다.

이동평균은 계산방법에 따라 단순이동평균(Simple Moving Average), 가중이동평균(Weighted Moving Average), 지수이동평균(Exponential Moving Average) 등이 있으며, 기간에 따라 단기이동평균, 중기이동평균, 장기이동평균 등으로 구분하여 볼 수 있다.

기 시작하는 B점에서 매도한다.

필터법을 이용하는 경우 필터의 크기에 따라 손익이 달라지므로 시장여건을 고려하여 적절히 결정하여야 한다. 환율의 상승추세 또는 하락추세가 분명한 경우에는 필터의 크기를 작게 할수록 매매차익을 더 얻을 수 있다. 그러나 환율의 변동추세가 분명하지 않은데 필터를 크게 설정하면 B의 환율이 A의 환율보다 낮아지는 경우가 발생하여 휩소(whipsaw) 함정에 빠지게 되므로 주의하여야 한다.

〈그림 7-9〉

필터법을 이용한 거래전략

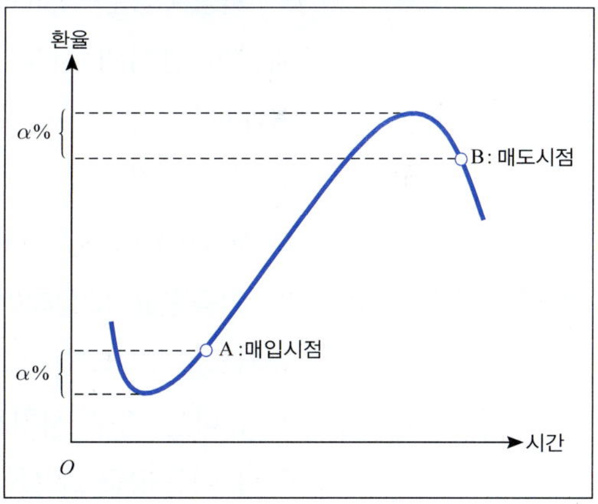

스윙차트기법

스윙차트기법(swing chart method)은 시장가격의 움직임을 직선의 굴절로 표시하여 지지 · 저항선 및 추세선을 파악하는 기법이다. 스윙차트는 P&F차트와 비슷한 개념으로 P&F차트는 시장가격의 움직임을 O, X로 표시하는데 비해 스윙차트는 직선의 굴절로 표시한다. <그림 7-10>에서 보는 것과 같이 시장가격의 움직임이 이전의 방향과 같다면 계속하여 상하로 직선이 이어지고, 이전과 반대방향으로 정해진 최소 반전폭 이상 움직이면 오른쪽으로 한 줄을

옮겨서 새로운 직선이 그어진다.

스윙차트분석의 핵심용어인 중심점은 직전의 고점과 저점을 이등분한 점으로서 매도세력과 매수세력간 균형을 이루는 가격이라고 본다. 가격의 상승시 중심점 위쪽은 매수세력이 매도세력보다 강한 상태이고, 반대로 가격의 하락시 중심점 아래쪽은 매도세력이 매수세력보다 강한 상태를 나타낸다. 따라서 시장가격이 상승할 때 중심점에서 아무런 저항이 없이 상승하면 강력한 매수신호이고, 시장가격이 하락할 때 중심점에서 아무런 지지없이 하락하면 강력한 매도신호이다. 스윙차트패턴에는 1단형, 창문형, 헤드앤숄더형, 상승복합형, 하락복합형, 급반전형, 둥근천정형 등이 있다.

〈그림 7-10〉

스윙차트기법을 이용한 거래전략

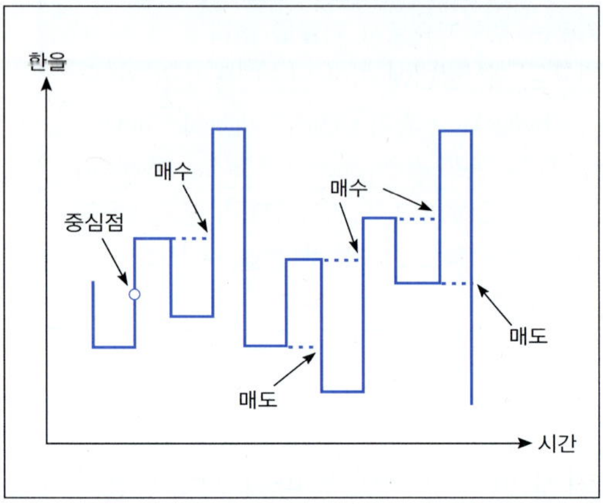

④ 시장특성분석법

시장특성분석법(character-of-the-market analysis)은 현재의 가격수준과는 관계없이 현재의 시장이 매입초과상태인지 또는 매도초과상태인지를 파악하여 거래하는 기법이다. 이 기법에는 이동평균 오실레이터, 시장실세지수, 이동평균 수렴・확산지수, 상대적 강세지수, 스토케스틱스(Stochastics), 파라볼릭 시스템(Parabolic System) 등이 있다.

이동평균 오실레이터

이동평균 오실레이터(Moving-average Oscillator)는 기본적 추세분석후에 적용되므로 보조지표로 많이 사용된다. 이동평균법에 의해 거래신호를 포착하고자 하는 경우 시차로 인해 종종 거래신호가 늦게 포착되는 단점이 있다. 따라서 이동평균 오실레이터는 이를 보완하고자 단기이동평균에서 장기이동평균을 뺀 값을 차트화하여 현재 시장가격이 어떻게 움직이는가를 쉽게 판별하기 위하여 만든 기법이다.

이동평균 오실레이터의 값이 0보다 크면 상승추세를 나타내고, 0보다 작으면 하락추세를 나타내며, 0이면 장기와 단기이동평균선이 교차하는 시점을 나타낸다. 따라서 오실레이터 값이 양(+)에서 음(−)으로 바뀌는 시점이 매도시점이고, 음(−)에서 양(+)으로 바뀌는 시점이 매수시점이 된다.

시장실세지수

시장실세지수(Index of Market Momentum)는 당일의 환율을 일정기간 이전의 환율로 나눈 것으로서 환율의 단기적 추세를 파악하는 지표로 사용된다. 환율이 상승추세에 있다면 당일의 환율이 과거환율보다 높으므로 시장실세지수가 1보다 크고, 하락추세에 있다면 1보다 작다. 따라서 <그림 7-11>에서 보는 것과 같이 시장실세지수가 1보다 작은 값에서 큰 값으로 바뀔 때가 매입시점이 되고 반대로 1보다 큰 값에서 작은 값으로 바뀔 때가 매도시점이 된다.

〈그림 7-11〉

시장실세지수를 이용한 거래전략

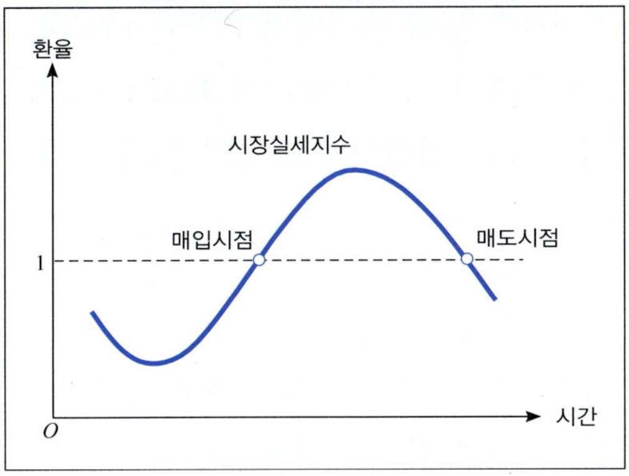

시장실세지수를 이동평균 오실레이터와 같이 이용하면 휩소의 가능성을 줄일 수 있다. 즉 이동평균 오실레이터는 매입신호를 보내고 있으나 시장실세지수는 매입신호를 보내지 않는다면 매입을 유보함으로써 거래의 실패가능성을 줄일 수 있다.

이동평균 수렴·확산지수

이동평균 수렴·확산지수(Moving-average Convergence and Divergence)는 단기이동평균선과 장기이동평균선이 서로 멀어지면(diverge) 다시 가까워지는(converge) 성질을 이용하여 두 개의 이동평균선의 차이가 가장 커지는 시점을 찾아내어 매매하는 기법이다. 이 기법은 이동평균법의 단점인 시차문제를 어느 정도 극복할 수 있다.

상대강도지수

상대강도지수(Relative Strength Index)는 추세의 강도를 – 즉 시장가격이 상승추세일 때는 얼마나 강한 상승세인지 또는 하락추세일 때는 얼마나 강한 하락세인지를 객관적 수치인 %로 나타낸 지표이다. 상대강도지수는 일정기간 – 보통 14일간 환율의 평균상승폭과 평균하락폭을 이용하여 포지션의 상태를 0부터 100 사이의 값으로 파악한다.

$$RSI = 100 - \frac{100}{1+RS}$$

$$= \frac{\text{일정기간 평균상승폭}}{\text{일정기간 평균상승폭} + \text{일정기간 평균하락폭}} \times 100 \qquad (7\text{-}6)$$

$$\text{단, } RS = \frac{\text{일정기간 평균상승폭}}{\text{일정기간 평균하락폭}}$$

〈그림 7-12〉

상대강도지수

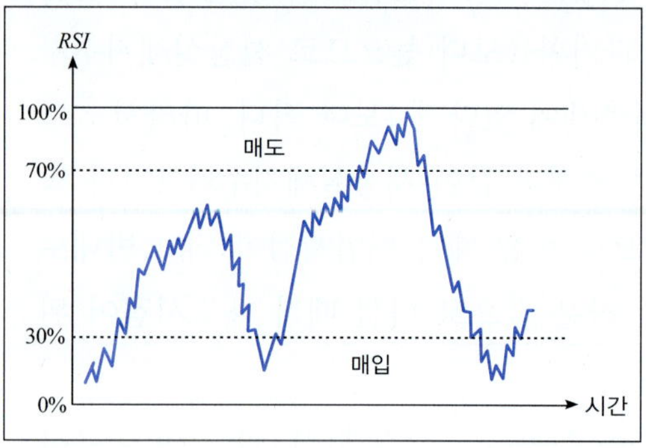

극단적인 경우로 일정기간 동안 환율이 계속 상승하면 *RSI*는 100의 값을 갖고 계속 하락하면 0의 값을 갖는다.

일반적으로 *RSI*값이 70보다 크면 매입초과상태에 있다고 판단되기 때문에 외환거래자들은 포지션 조정을 위해 외환을 매도하게 된다. 이에 따라 환율의 하락이 예상되므로 외환거래자들은 이 수준에서 외환을 매도하는 전략을 구사하게 된다. 반대로 *RSI*값이 30보다 작으면 매도초과상태에 있다고 판단되기 때문에 외환을 매입하게 된다.

⑤ 기 타

이외에 기술적 분석에는 심리적 분석법, 구조적 분석법이론 등이 있다. **심리적 분석법**(psychological analysis)은 시장참가자의 심리를 읽고자 하는 방법으로 반대의견법 등이 있다. 예를 들어 설문조사 결과 70～80% 이상의 외환거래자가 외환의 매입을 원하면 매도시점으로, 매도를 원하면 매입시점으로 판단하는 분석방법이다.

구조적 분석법(structural analysis)은 장기간에 걸쳐 시장의 움직임을 분석하여 시장가격의 변동논리를 해석하는 방법으로서 엘리오트 파동이론(Elliott wave theory), 태양흑점이론, 엘리뇨현상 등이 있다. 시장구조이론의 대표격이라고 할 수 있는 엘리오트 파동이론은 19세기말 엘리오트에 의해 발견된 주가의 움직임에 관한 법칙으로서 모든 가격은 반복적 리듬에 따라 파동을 형성하면서 변동한다는 데에서 출발하고 있다. 그러나 엘리오트 파동이론은 가격변동법칙에 대한 변형이나 예외가 너무 많다는 단점이 있다.

(2) 환율예측의 평가

현실적으로 현재 시점과 예측환율이 실현되는 시점 사이에는 새로운 사건이 발생하여 환율에 영향을 미치기 때문에 예측환율과 실현되는 환율간에는 갭이 발생하기 마련이다. 환율예측은 용도에 따라 정확성의 측면에서 파악할 수도 있고 유용성의 측면에서도 파악할 수 있다.

환율예측의 정확성

환율예측을 정확성(accurate forecasting)의 측면에서 보면 예측환율이 실현환율에 가까울수록 예측력이 높다. 이 경우 환율예측의 정확성을 **평균자승제곱근오차**(root-mean squared error)를 이용하여 평가할 수 있다.

$$RSME = \sqrt{\frac{1}{n}\sum_{i=1}^{n}(\text{예측환율} - \text{미래의 실현환율})^2} \tag{7-7}$$

환율예측의 유용성

한편 환율예측을 유용성(useful forecasting)의 측면에서 보면 환위험을 관리하거나 환투기를 하는 외환거래자에게 환율예측이 사후적으로 얼마나 이득이 되었는가가 중요한 판단기준이 된다. 그런데 대부분의 경우 환율변동의 방향을 정확히 예측할수록 외환거래에 따른 이득도 커지므로 유용성 측면에서 환율예측은 **환율의 변동방향**을 정확히 맞춘 비율로 평가한다.

$$Pr = \frac{\text{변동방향을 정확히 맞춘 개수}}{\text{총예측개수}} \tag{7-8}$$

환율예측의 성과는 경제상황이나 예측기법에 따라 커다란 차이를 보이고 있다. 일반적으로 기초적 분석기법은 단기에서 오차가 커 유용하지 못하나 장기전략을 수립할 때 환율의 예측방법으로는 기술적 분석기법보다 우월할 것으로 나타났다. 반면 단기적 투기나 헤징거래에서는 기술적 분석기법에 의한 의사결정이 사후적으로 많은 이득을 주는 것으로 나타나 기술적 분석기법이 단기 환율예측에 우월할 것으로 평가되고 있다.

요약

01. 외환시장이 효율적이라는 것은 시장에서 이용가능한 모든 정보가 반영되어 환율이 결정되기 때문에 시장참가자들이 추가적 정보를 이용하더라도 초과수익이 없는 상태를 말한다. 외환시장의 효율성은 정보가 환율에 반영되는 정도에 따라 약형 효율성, 준강형 효율성 및 강형 효율성으로 구분하여 볼 수 있다.

02. 외환시장의 효율성에 대한 검증은 합리적 기대가설과 불편성 가설을 동시에 검증하는 것이다. 지금까지 실증분석 결과에 따르면 외환시장의 효율성이 성립하지 않는 것으로 보고되고 있다. 따라서 불편성 가설에 문제가 있다고 보는 견해는 위험프리미엄의 존재를 강조하는 반면에 합리적 기대가설에 문제가 있다고 보는 견해는 기대형성과정의 실패 – 즉 정보의 비대칭성, 페소화 문제, 합리적 거품 등을 강조하고 있다.

03. 환율예측의 방법은 크게 기초적 분석기법과 기술적 분석기법으로 구분하여 볼 수 있다. 기초적 분석기법은 환율과 이를 결정하는 변수간 인과관계를 모형화 · 체계화하여 미래환율을 예측하는 방법이다. 반면 기술적 방법은 환율변동행태를 시각적 · 통계적으로 분석함으로써 미래환율을 예측하는 방법이다.

04. 기초적 분석기법은 시장간 균형관계를 이용하는 방법과 환율결정모형을 이용한 방법이 있다. 전자는 환율, 금리, 물가간 평가관계를 나타내는 구매력평가설, 선물환평가이론, 국제피셔효과 등을 이용하여 미래환율을 예측하는 방법이다. 반면 후자는 환율결정이론에 기초하여 환율과 물가, 금리, 국민소득, 국제수지, 통화량 등 경제변수간 인과관계를 모형화 · 체계화하여 미래환율을 예측하는 방법이다.

05. 기술적 분석기법은 시장가격에 모든 시장정보가 반영되고, 시장가격은 추세를 가지고 움직이며, 시장가격의 움직임은 일정한 패턴을 되풀이하는 경향이 있다는 전제하에 과거의 환율변동행태를 분석함으로써 미래환율을 예측하는 방법이다. 기술적 분석기법에는 차트패턴분석법, P&F차트분석법, 추세분석법, 시장특성분석법 등이 있다.

06. 차트패턴분석법은 환율의 움직임을 시간에 따라 그린 후 경험적으로 표준화된 패턴을 찾아내어 미래환율을 예측하는 기법이다. P&F차트분석은 추세반전을 찾아내어 매매시점을 포착하는 방법이다. 추세분석법은 수리적 또는 통계적 방법을 이용하여 반복되는 환율변동의 추세나 방향을 파악함으로써 미래환율을 예측하고자 하는 기

법이다. 시장특성분석법은 현재의 가격수준과는 관계없이 현재의 시장이 매입초과 또는 매도초과상태인지를 파악하여 거래하는 기법이다.

07. 환율예측은 정확성 측면에서 평균자승제곱근오차로 평가하여 볼 수 있고, 유용성 측면에서 환율의 변동방향을 정확히 맞춘 비율로 평가하여 볼 수 있다. 일반적으로 단기환율예측에는 기술적 분석기법이, 장기환율예측에는 기초적 분석기법이 우월하기 때문에 이들은 상호보완적 측면에서 다루어져야 한다.

연습문제

01. 외환시징의 효율성에 대한 다음 물음에 답하시오.

(1) 외환시장의 효율성에 대한 개념과 종류에 관하여 설명하시오.

(2) 외환시장의 효율성을 검증하는 방법에 대하여 설명하시오. 만약 실증분석을 하여 본 결과 귀무가설이 성립하지 않는다면 외환시장이 효율적이 아니라는 것을 의미하는지에 대하여 논의해 보시오.

(3) 외환시장의 효율성을 실증분석한 연구결과를 조사하여 보시오.

02. 다음은 3개월물 선물환율(F_t^{t+3}), 선물환 만기일에 실현된 현물환율(S_{t+3}) 및 구매력평가환율간 관계에 관한 정보를 나타낸 것이다.

$$S_{t+3} = \alpha + \beta F_t^{t+3} + \gamma \frac{P_t}{P_t^*} + \xi_t$$

(1) 외환시장이 효율적이라는 가설이 성립하기 위해서는 계수 α, β, γ는 어떠한 조건을 만족하여야 하는가?

(2) 통계자료를 이용하여 위 식을 검증한 결과 $\alpha = 0$, $\beta = 0.80$, $\gamma = 0.10$인 것으로 추정되었다. 이러한 실증분석결과는 외환시장이 효율적이라는 귀무가설을 뒷받침하는가 아니면 기각하는가?

(3) 만약 3개월물 선물환율이 110엔, 구매력평가환율이 120엔이라면 외환거래자는 환차익을 얻기 위해 어떠한 외환거래를 행하겠는가?

03. 어느 외환거래자가 국내외 외환 및 금융시장 상황을 파악해 보니 원-달러 현물환율이 1,040.00원, 3개월물 원화표시 국공채금리가 연 4.0%, 3개월물 달러화표시 재정증권금리가 연 2.0%였다. 그러나 이 외환거래자는 3개월후 원-달러환율이 1,050.00원까지 오를 것으로 예상하고 있다고 가정하고 다음 물음에 답하시오.

(1) 국제금리평가의 정리에 의하면 3개월물 선물환율은 얼마에서 형성될 것으로 예측되는가?

(2) 이 외환거래자는 환차익을 얻기 위해 어떠한 방식으로 선물환거래를 하겠는가?

(3) 만약 모든 외환거래자들이 이 외환거래자와 같이 3개월후 원-달러환율이 1,050.00원이 될 것으로 예측한다면 현물환율, 선물환율, 국내외금리를 어떠한 방향으로 움직이는가?

04. 한국은행, 통계청 등 웹사이트를 이용하여 최근 1년간 원-달러 일일환율의 시가, 고가, 저가 및 종가를 검색하고 다음 물음에 답하시오.

(1) 원-달러 일일환율의 종가를 이용하여 선차트를 그려보시오.

(2) 원-달러 일일환율의 움직임을 미국식 봉차트와 일본식 음양초봉차트로 나타내어 보시오. 이를 이용하여 추세선, 저항선 및 지지선을 찾아보시오.

(3) 25일 이동평균선, 75일 이동평균선 및 150일 이동평균선을 그리고 이들간 관계를 파악해 보시오.

(4) 이 기간중 14일을 기준으로 상대강도지수를 계산하고 그려보시오.

CHAPTER 08

외환시장개입과 거시정책운용

현재 주요 선진국들은 대부분 변동환율제도를 채택하고 있지만, 순수한 의미에서 자유변동환율제도를 운영하고 있는 국가는 거의 없다. 현실적으로 각국은 환율의 급등락을 막거나 환율을 적정수준에서 유지하기 위해 직·간접적으로 외환시장에 종종 개입하고 있다. 따라서 외환거래자가 환율을 정확히 예측하거나 외환거래를 원활하게 하기 위해서는 중앙은행(또는 외환당국)의 외환시장개입에 대해 기본적인 이해가 반드시 필요하다.

8.1 외환시장개입의 의의, 목표 및 방식

(1) 외환시장개입의 의의

외환시장개입(foreign exchange market intervention)이란 외환당국(또는 중앙은행)이 환율수준이나 환율의 변동성에 영향을 미치기 위하여 민간부문의 외환거래에 인위적으로 개입하는 조치를 말한다. 즉 외환시장개입은 전통적으로 중앙은행이 은행간 외환시장에 참여하여 자국통화를 대가로 외화자산을 매각 또는 매입하는 것을 의미한다. 경우에 따라 외환시장개입은 중앙은행이 자국정부, 비은행금융기관 또는 외국의 외환당국의 요청에 따라 이들과 행하는 외환거래를 포함하기도 한다. 왜냐하면 이러한 중앙은행의 외환거래도 전통적 외환시장개입과 마찬가지로 민간부문의 국내통화 및 외화표시자산의 상대적 규모를 변화시키기 때문이다.

한편 외환시장개입은 넓은 의미에서 환율에 직·간접적으로 영향을 미치는 경제정책을 모두 포함하는 것으로도 볼 수 있다. 일반적으로 일국의 금융정책이나 재정정책은 국내금리를 변동시킴으로써 국가간 자본이동을 초래하는데 이 과정에서 외환수급의 변동을 수반함으로써 환율에 영향을 미치게 된다. 또한 정책당국의 민간부문에 대한 경상거래나 자본거래에 대한 규제도 외환수급의 변동을 초래함으로써 환율에 영향을 미치게 된다. 이와 같이 일국의 모든 경제정책이 정도의 차이는 있지만 직·간접적으로 환율에 영향을 미치기 때문에 넓은 의미에서는 외환시장개입의 범주에 속한다고 볼 수도 있다.

(2) 외환시장개입의 목적

중앙은행의 외환시장개입 목적은 정책당국이 외환시장의 상황이나 경제여건을 어떻게 파악하고 어느 정책목표에 비중을 두느냐에 따라 크게 좌우된다. 일반적으로 중앙은행의 외환시장개입 목적은 크게 환율의 안정적 운용, 균형 또는 적정환율의 달성, 외환보유액 수준 및 구성의 변화 등으로 구분하여 볼 수 있다.

환율의 안정적 운영

국제통화기금(IMF)은 오른쪽 두 가지 유형의 외환시장 개입형태를 1974년 「변동환율관리지침(Guidelines for the Management of Floating Exchange Rates)」에 명시하고 있음.

첫째, 중앙은행이 환율의 안정적 운영을 위하여 외환시장에 개입하는 경우이다. 환율은 현재나 미래 상황의 변화에 민감하게 반응하기 때문에 주가와 같이 단기에 급격히 변동하는 속성을 지니고 있다. 이러한 환율의 급등락은 실물경제를 교란시킴으로써 경제적 손실을 초래하기 때문에 국민경제에 부정적인 영향을 초래한다. 따라서 중앙은행은 ① 일단위 또는 주단위로 외환거래에서 발생할 수 있는 비정상적인 시장조건을 완화하여 환율의 지나친 변동을 억제하거나, ② 환율의 변동요인이 일시적으로 작용한다고 인정되는 경우 월단위 또는 분기단위로 환율의 급격한 변동을 억제하기 위하여 외환시장에 개입하게 된다.

균형환율의 달성

둘째, 중앙은행이 현재 환율을 균형환율(equilibrium exchange rate) 또는 적정환율로 접근시키기 위하여 외환시장에 개입하는 경우이다. 이러한 외환시장개입은 중앙은행이 민간부문보다 균형환율에 대하여 우월한 정보를 갖고 있으며, 물가안정 및 완전고용과 같은 국내경제의 안정화나 국제수지 균형을 달성하기 위해서는 현재 환율을 균형환율에 접근시키는 것이 유리하다는 전제하에서 출발하고 있다. 그러나 이러한 외환시장개입의 성공 여부는 균형환율을 어떻게 정의하고 산출하느냐에 달려 있다. 오히려 잘못 산출된 균형환율을 근거로 외환시장에 개입한다면 환투기를 불러일으킬 뿐만 아니라 국민경제의 안정을 해치거나 국제수지 불균형을 심화시켜 국민경제 전반에 악영향을 미칠 수 있다.

외환보유액의 규모 및 구성의 변화

셋째, 중앙은행이 공적 외환보유액의 규모나 구성을 변화시키기 위하여 외환시장에 개입하는 경우이다. 중앙은행은 국내외 경제동향이나 금융시장의 변동에 맞추어 공적 외환보유액을 늘리거나 줄이게 되며, 또한 공적 보유외환의 수익률을 제고하기 위하여 그 구성을 변화시키는 과정에서 외환시장에 개입한다. 그러나 이러한 외환시장개입은 현재 환율을 균형환율로부터 지나치게 이탈시키는 문제가 발생하지 않는다는 것을 전제로 하고 있다.

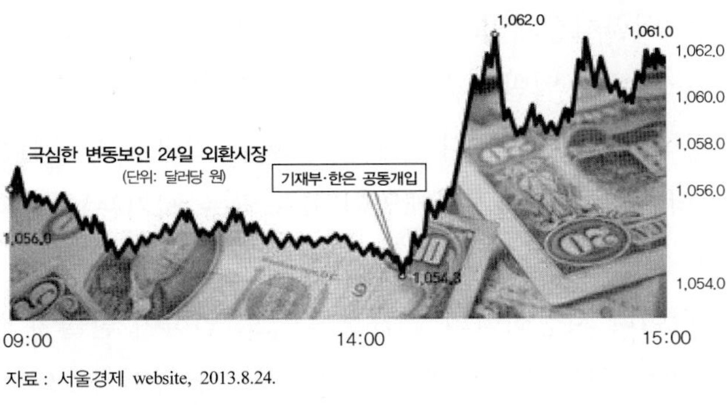

자료 : 서울경제 website, 2013.8.24.

이론과실제 외화자금시장 안정을 위한 정책수단

우리나라는 1997년 외환위기를 겪은 이후 외환부문의 자유화가 급속히 진전되면서 국제금융시장이 대외적 환경 변화에 따라 불안해질 가능성이 더욱 높아지게 되었다. 이에 따라 한국은행과 기획재정부 등 외환당국은 외화자금의 유출입에 대한 모니터링을 강화하였다. 이에 더해 국제금융시장의 신용경색으로 인해 국내 금융기관이 외화자금 조달에 어려움을 겪거나, 외화자금의 유출입이 극도로 불안할 경우 외환당국은 외화자금시장이 안정되도록 시장에 직접 개입하기도 한다.

우선 외환당국은 극심한 신용경색의 시기에 외화유동성을 직접 공급할 수 있다. 2008년 글로벌 금융위기 당시 한국은행은 외환보유액을 이용한 외환스왑거래 및 미 연준과 통화스왑으로 확보한 자금을 이용한 외화대출 등의 수단을 통해 총 266.2억달러를 외국환은행에 공급하였다. 또한 2020년 코로나19 확산으로 위험회피 심리가 확대되고 외화유동성 공급에 대한 우려가 심화하자 비슷한 방식으로 총 198.7억달러의 외화유동성을 공급하였다.

아울러 외화자금의 유출입이 극도로 불안해 시장의 안정을 해칠 경우 외환당국은 환율안정을 위해 직접 외화자금의 유출입을 규제하기도 한다. 이러한 규제는 자본흐름을 직접 조절하는 자본유출입 규제(capital controls)와 시스템리스크 축소를 통해 간접적으로 자본흐름에 영향을 미치는 거시건전성정책(macro-prudential policy)으로 나눌 수 있다.

직접적인 자본유출입 규제 수단으로 외국환거래법은 중대한 사정이 있는 경우 외화자금 유출입을 일시 정지하거나 자본거래에 대한 허가의무를 부과할 수 있는 권한을 기획재정부장관에게 부여하고 있다.

거시건전성정책은 2000년대 이후 금융기관의 레버리지 비율 제한, 유동성 비율 규제, 시스템적으로 중요한 기관(SIFI: Systemically Important Financial Institutions)에 대한 추가자본 부과 등 다양한 수단이 논의되고 있다. 우리나라의 경우 선물환포지션 비율 규제, 금융기관의 비예금성외화부채에 대한 외환건전성부담금 부과, 금융기관의 외화대출에 대한 용도제한, 외화유동성커버리지비율(LCR: Liquidity Coverage Ratio) 규제 등을 시행하고 있다.

자료 : 한국은행, 「한국의 외환시장과 외환제도」, 2023, 114~156쪽 참고 요약

(3) 외환시장개입의 시기와 방식

1) 개입시기

외환시장개입의 시기는 외환시장개입의 목적과 밀접하게 관련되어 있으며, 환율, 국제수지, 물가를 비롯한 일반경제동향, 외환보유액의 규모, 국내외 금융시장동향 등과 통화정책방향에 따라 다르게 나타난다. 일반적으로 환율을 안정시키기 위하여 중앙은행의 외환시장개입이 요구되는 시기는 다음과 같은 경우이다.

외환시장의 기능 상실 첫째, 외환수급의 불균형이나 시장심리의 불안정 등으로 인하여 환율이 일시적으로 급등락을 보임으로써 외환시장의 기능이 마비되거나 질서가 교란될

우려가 있는 경우이다.

균형환율로부터 지속적 괴리

둘째, 외환당국이 판단하는 중장기 균형환율수준에서 환율이 지속적으로 괴리됨으로써 물가, 국제수지, 경제성장 등 국민경제 전반에 악영향을 끼칠 우려가 있는 경우이다. 또한 종전 유럽통화제도(European Monetary System)와 같이 역내공동 변동환율제도에서 환율변동이 일정한 목표(target)범위를 벗어나는 경우이다.

시장참가자의 기대변화

셋째, 외환거래 당사자들이 정확한 시장정보를 입수하지 못하여 현재 환율이 시장기대를 적적히 반영하지 못하고 있거나, 중앙은행이 장래 환율에 대한 정책의지를 외환거래 당사자들에게 인식시킬 필요성이 있는 경우이다.

투기적 자본의 유출입과 국내통화시장 불안

넷째, 투기적 자본의 급격한 유출입으로 인해 외환시장이나 국내통화시장의 불안이 야기되는 경우이다.

2) 개입방식

중앙은행은 환율, 물가, 실업률, 금리, 국제수지 등 국내외 경제상황을 종합적으로 분석하여 외환시장개입의 시기 및 규모, 개입방식을 결정한다. 일반적으로 외환시장개입방식은 크게 환율변동의 장기적 추세는 시장기능에 맡기고 단기적으로 과도한 환율변동을 완화시키는 역풍개입방식과 중앙은행이 정한 균형환율을 중심으로 일정 범위내에서 환율을 유지시키는 목표환율대 개입방식으로 구별하여 볼 수 있다.

역풍개입방식

순풍개입방식(leaning with the wind)이란 현재의 환율 추세를 가속화시키기 위해 환율이 상승하는 경우 외환을 매입하여 환율을 더 상승시키고, 환율이 하락하는 경우 외환을 매도하여 환율을 더욱 하락시키는 외환시장개입을 말함.

역풍(leaning against the wind)**개입방식**이란 환율을 현재의 변동방향과 반대로 움직이게 할 목적으로 외환시장에 개입하는 방식이다. 즉 역풍개입방식은 환율변동의 장기적 추세는 외환시장에서 외환의 수급에 의해 결정되도록 맡기되, 단기적으로 과도한 환율변동을 완화시키고자 하는 경우에 사용된다. 이러한 역풍개입방식은 환율이 어느 한 방향으로 급격히 변동하는 경우에는 시장참가자들의 심리적 요인이나 외부충격에 의해 환율이 균형수준으로부터 이탈할 가능성이 높다는 것을 전제로 하고 있다.

역풍개입방식의 장단점

역풍개입방식은 환율변동의 장기적 추세는 시장기능에 의해 결정되도록 하지만 일, 주 또는 월단위로 참고환율을 설정하여 단기에서 환율의 과도한 변동을 억제할 수 있는 장점을 갖고 있기 때문에 변동환율제도에서 널리 사용되고 있다. 그러나 역풍개입방식은 시장개입규모를 산출할 수 있는 객관적 지표(objective indicators)를 선정하기 어려울 뿐만 아니라 비록 선정이 가능하더라도 외환거래 당사자들에게 중앙은행의 개입전략이 노출됨으로써 일방적인 투기를 불러일으킬 우려가 있다.

목표환율대 개입방식

목표환율대(target zone for exchange rate) **개입방식**은 중앙은행이 균형환율과 그 상하한선을 설정하고 이 범위 내에서는 환율이 자유롭게 변동하는 것은 허용하나, 실제환율이 목표환율대를 벗어나거나 벗어날 우려가 있는 경우 외환시장에 개입하는 것을 말한다. 이러한 개입방식은 중장기적으로 기초경제변수의 변동에 맞추어 목표환율대를 조정함으로써 환율의 왜곡을 시정할 수 있을 뿐만 아니라 단기적으로 환율의 급격한 변동을 억제할 수 있는 장점을 갖고 있다.

목표환율대 개입의 문제점

목표환율대 개입방식은 중앙은행이 민간부문보다 적정환율에 대해 우월한 정보를 갖고 있으며, 실제환율을 적정환율에 근접시킬수록 국민경제활동에 유리하다는 전제하에서 출발하고 있다. 그러나 적정환율수준이나 목표환율대를 설정하는 것이 어렵고, 목표환율대의 수정이 빈번해지는 경우 목표환율대에 대한 신뢰도가 떨어지는 문제점이 있다. 따라서 목표환율대 개입방식이 효과적으로 운용되기 위해서는 적정환율수준의 산출, 환율변동의 허용폭, 목표환율대의 조정원칙 등이 사전에 적절하게 설정되어야 한다.

이론과실제

정부·한은 외환시장개입 어떻게 하나?

22일 오전 9시, 서울 외환시장이 개장하자마자 재정경제부 국제금융국이 바삐 돌아가기 시작했다. 환율은 전 주말에 비해 8원 이상 떨어져 1,160원 선마저 위태로웠다. 한국은행과 협의과정에서 몇 번의 통화가 오갔다. 결국 '시장개입' 결정이 내려졌다. 달러 매수주문은 한은 외환시장팀을 통해 몇몇 은행으로 전달됐다. 이날 한은으로부터 '간택'된 은행은 씨티, 국민, 우리 등 3~4개로 알려졌다. 외환당국의 개입이 본격화되자 다른 은행들의 딜링룸도 분주해졌다. 외환당국의 달러매수 주문을 받을 경우 시장동향에 뒤처지지 않게 되는 이점과 짭짤한 수수료 수입도 보장되기 때문이다.

◆ 구두개입과 직접개입

최근 들어 연일 환율이 급락하자 외환당국의 개입 움직임에 관심이 모아지고 있다. 우선 '외환시장 개입'이란 각국의 '외환당국'이 여러 가지 정책수단을 통해 환율이 과도하게 오르내리는 것을 막기 위해 조치를 취한다는 얘기이다. 재정경제부와 한국은행이 '외환당국'에 해당된다. 재경부는 외환정책의 큰 그림을 그리고 최종책임을 지며, 한은은 재경부와 협의, 측면에서 외환정책을 지원한다.

외환시장 개입방식은 크게 구두개입(간접개입)과 직접개입으로 나뉜다. 환율이 급등락할 경우 정부나 한은 관계자들이 나서 "환율불안을 좌시하지 않겠다"는 식으로 발언하곤 하는데, 이를 '말로' 시장에 겁을 준다는 뜻에서 '구두(口頭)개입'이라고 한다.

이것만으로 부족할 경우 외환당국은 시장에서 실제 달러를 사고파는 '직접개입'을 단행한다. 환율하락이 과도하다고 판단되면 달러를 사들여 환율을 끌어올리고(매수개입), 반대로 환율이 급등하면 외환보유액 가운데 일부 달러를 떼어 시장에 푼다(매도개입).

◆ 어떻게 개입하나

환율이 요즘처럼 지나치게 빨리 하락할 경우 한은은 재경부와 협의해 국내 은행이나 외국계 은행에 달러 매수주문을 낸다. 시장개입은 보통 전화로 이뤄진다. 주요 은행마다 외환딜링룸에는 '시장개입용' 주문을 받기 위한 '핫라인(hot-line)'으로 불리는 별도 전화가 비치돼 있다. 이렇게 한은이 사들인 달러는 외환보유액으로 쌓이게 된다.

재경부도 비슷한 방식으로 외환시장에 개입하지만 달러를 사는 데 들어가는 돈은 한은과는 다른 주머니에서 나온다. 현재 1,860억달러의 외환보유액에는 원화로 환산해 43조원가량(8월말 기준)의 '외국환평형기금(외평기금)'이라는 정부의 별도 '돈주머니'가 포함돼 있다.

한은은 발권력을 동원하기 때문에 이론적으로 매수대금을 마련하는 데 한계가 없지만 재경부는 외평기금으로만 시장에 개입할 수 있다. 외평기금은 '외환시장 안정용 국채(옛, 외평채)'를 발행해 마련한 자금(원화)으로 구성된다.

재경부가 환율하락기에 외평기금내 원화자금으로 달러를 자꾸 사들이다 보면 원화가 결국 바닥나게 되는데 이럴 때는 '외환시장 안정용 국채'를 추가발행하게 된다. 이 같은 국채의 발행한도는 국회승인을 받아야 한다.

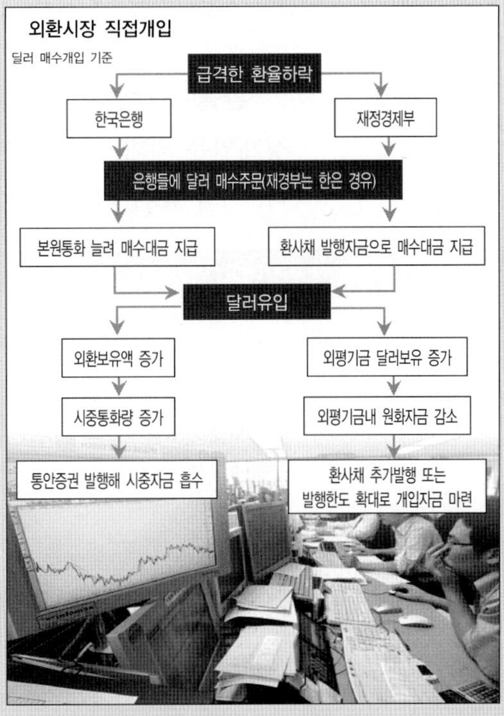

◆ 개입의 그림자

외환시장 개입은 환율을 안정시키는 효과가 있는 반면 비용도 만만찮게 들어간다. 특히 달러 매수개입은 한은이 원화를 주고 달러를 사게 되면 그만큼 시중 통화량이 늘어나게 되고 이는 물가를 끌어올리는 등의 부작용을 낳게 된다. 따라서 한은은 달러를 사들인 만큼 통화안정증권을 발행해 원화를 흡수하는데 이 과정에서 통안증권 이자가 '비용'으로 지불된다. 물론 환율이 하락해 보유외환(달러)의 가치가 떨어지면 그만큼 평가손실도 발생한다.

재경부가 국채를 발행해 달러 매입용 자금을 마련하는 데도 이자비용은 불가피하다. 게다가 지난해 하반기와 올해 초처럼 재경부가 역외 차액결제선물환(NDF)이나 외환스왑까지 손을 댈 경우에는 수수료비용 외에 엄청난 환차손을 볼 수도 있다.

자료 : 한국경제신문, 2004년 11월 23일자 A4면에서 전제.

8.2 외환시장개입의 메커니즘

환율이나 외환보유액에 영향을 주기 위해 이루어지는 중앙은행의 외환시장개입은 외화자산의 매입 또는 매각의 대가로 자국통화를 지급 또는 수취한다. 이와 같이 외환시장개입은 <표 8-1> 중앙은행 재무상태표에서 보는 것과 같이 자산항목에서는 순외화자산의 변동, 부채항목에서는 본원통화의 변동을 수반한다. 그런데 중앙은행이 외환시장개입과정에서 발생하는 본원통화의 변동을 그대로 두는가 아니면 공개시장조작 등을 통해 상쇄하는가에 따라 태화 외환시장개입과 불태화 외환시장개입으로 크게 구분된다.

〈표 8-1〉 중앙은행의 재무상태표(외환시장개입 이전)

자 산	부 채
국내자산(*DA*) 순외화자산(*NFA*)	본원통화(*H*) 화폐발행액 지준예치금 국내부채(*DL*)

(1) 태화 외환시장개입

태화 외환시장개입은 비중화(非中和)외환시장개입, 불태화 외환시장개입을 중화외환시장개입이라고 부르기도 함.

태화 외환시장개입(non-sterilized intervention)이란 중앙은행의 외환시장개입에 의한 순외화자산 변동이 동일한 크기만큼 본원통화의 변동을 가져오는 것을 말한다. 중앙은행이 민간부문과 외환거래를 모두 자국통화로 지급 또는 수취한다면, 중앙은행의 외환시장개입에 따른 순외환자산의 변동(ΔNFA)은 같은 액수만큼 본원통화의 변동(ΔH)을 수반한다. 이러한 태화 외환시장개입은 외화자산을 이용하여 통화량을 조절하는 것과 같기 때문에 통화정책의 하나로 간주되기도 한다.

순외화자산과 본원통화의 변동

예를 들어 환율의 과도한 하락을 막기 위해 중앙은행이 외환을 매입하는 대가로 원화를 지급하는 경우를 생각해 보자. 이러한 태화 외환시장개입은 <표 8-2>에서 보는 바와 같이 자산측면에서 순외화자산을 증가시키는 동시에 부채측면에서 화폐발행액이나 지준예치금으로 구성되어 있는 본원통화를 증가시키는 것으로 나타난다. 반대로 중앙은행이 외환을 매각하는 대가로 원화를 수취한다면 순외화자산과 본원통화가 같이 감소한다.

〈표 8-2〉 중앙은행의 재무상태표 : 태화 외환시장개입

자 산	부 채
국내자산(*DA*) 순외화자산(*NFA*) ⇑(⇓)	본원통화(*H*) ⇑(⇓) 화폐발행액 지준예치금 국내부채(*DL*)

(2) 불태화 외환시장개입

불태화 외환시장개입(sterilized intervention)이란 외환시장개입으로 초래되는 본원통화의 변동을 중앙은행이 공개시장조작 등을 통하여 부분적 또는 완전히 상쇄하는 것을 말한다. 예를 들어 중앙은행이 외환시장에서 외환을 매입하는 대가로 원화를 지급한다면 본원통화가 증가하게 된다. 이에 대응하여 중앙은행이 공개시장조작을 통하여 원화표시채권을 매각하고, 이에 대한 대가를 원화로 수취하거나 국내여신을 감소시킨다면, 본원통화의 증가를 부분적 또는 완전히 상쇄시킬 수 있다. 이러한 불태화 외환시장개입은 외환시장개입시 통화량 변동으로 인한 부작용 – 즉 통화량 증가로 인한 인플레이션이나 통화량 감소로 인한 실물경제의 위축을 우려하는 경우에 사용된다.

〈표 8-3〉 중앙은행의 재무상태표 : 완전불태화 외환시장개입

자 산		부 채
국내자산(*DA*)	⇓(⇑)	본원통화(*H*)
순외화자산(*NFA*)	⇑(⇓)	화폐발행액
		지준예치금
		국내부채(*DL*)

순외화자산과 국내자산의 변동

완전불태화 외환시장개입은 <표 8-3>에서 보는 바와 같이 자산측면에서 순외화자산의 증가가 국내자산의 감소에 의하여 완전히 상쇄되기 때문에 부채측면에서 본원통화의 변동을 초래하지 않는다. 반대로 중앙은행이 외환을 매각한다면 국내자산을 매입하거나 국내여신을 증가시킴으로써 본원통화가 변동하지 않도록 한다.

이론과실제 우리나라의 불태화 외환시장개입 메커니즘

한국은행은 불태화 외환시장개입을 하는 경우 국내국공채시장이 잘 발달되어 있지 않기 때문에 국내자산을 조절하여 상쇄하기보다는 국내부채를 변동시키는 방법에 크게 의존해 오고 있다. 즉 한국은행은 외화자산을 매입하면 본원통화가 증가하게 되므로 즉시 국내부채의 주요 항목중 하나인 통화안정증권을 매각하여 본원통화를 환수한다. 반대로 외화자산을 매각하는 경우에는 통화안정증권을 매입하여 본원통화를 방출한다. 이러한 불태화 외환시장개입방식은 <표 8-4>에서 보는 바와 같이 자산측면에서 순외화자산을 증가시키는 동시에 부채측면에서 국내부채를 증가시키기 때문에 본원통화에는 전혀 영향을 미치지 않게 된다.

〈표 8-4〉 중앙은행의 재무상태표 : 우리나라의 완전 불태화 외환시장개입

자 산		부 채	
국내자산(*DA*)		본원통화(*H*)	
순외화자산(*NFA*)	⇑(⇓)	화폐발행액	
		지준예치금	
		국내부채(*DL*)	⇑(⇓)

8.3 외환시장개입의 효과

중앙은행의 외환시장개입효과는 개입의 규모, 기간, 유형 등에 따라 크게 달라진다. 우선 중앙은행의 외환시장 **개입규모**가 크면 클수록 개입효과는 커지게 된다. 또한 중앙은행의 **개입기간**이 단기냐 또는 중장기냐에 따라 개입효과도 상이해진다. 단기개입은 주로 개입기간이 2~3일에 국한되는 데 비하여 중장기개입은 적어도 월단위로 개입이 이루어지는 경우를 말한다. 일반적으로 단기개입은 주로 비정상적인 환율변동을 바로 잡을 목적으로 행하여지는 반면에 중장기개입은 지속적으로 환율수준에 영향을 줄 목적으로 행하여진다. 또한 외환시장개입의 효과는 **개입유형**에 따라 크게 달라지는 데 이를 태화 외환시장개입과 불태화 외환시장개입으로 나누어 살펴보고자 한다.

(1) 태화 외환시장개입의 효과

1) 외환시장효과와 통화효과

외환수급 변동과 통화량 변동

태화 외환시장개입은 외환수급의 직접적인 변동을 통해 환율에 영향을 미칠(외환시장효과) 뿐만 아니라 통화량의 변동이 국내금리의 변동을 초래함으로써 환율에 영향(통화효과)을 미친다. 예를 들어 중앙은행이 원화환율의 하락 – 즉 원화의 절상을 방지하고자 외환을 매입하는 경우를 생각해 보자. 이러한 중앙은행의 외환매입은 즉각적으로 외환수요를 증가시킴으로써 원화환율을 상승시킨다. 또한 이러한 태화 외환시장개입은 통화량을 증가시켜 국내금리를 하락시키는 과정에서 자본유출로 인한 외환수요의 증가를 유발하여 원화환율을 상승시킨다. 이러한 외환시장효과와 통화효과는 단기적으로 환율변동에 영향을 미친다.

공개시장조작과 통화량 변동

한편 중앙은행이 공개시장조작을 통해 민간이 보유한 비통화성 국내자산 – 예를 들면 원화표시 국내채권을 본원통화와 교체한다면 태화 외환시장개입과 마찬가지로 환율에 영향을 미친다. 즉 중앙은행이 원화표시 국내채권을 매입하여 통화량을 증가시킨다면 국내금리가 하락하게 된다. 이러한 국내금리의 하락은 자본유출을 통해 외환수요를 증가시킴으로써 원화환율을 상승시킨다. 그러나 일반적으로 이러한 공개시장조작보다는 태화 외환시장개입이 환율에 미치는 효과가 더 큰 것으로 지적되고 있다.

2) 기대인플레이션효과

태화 외환시장개입은 통화량의 변동을 수반하므로 기대인플레이션에 영향을 미치고, 나아가 이는 다시 구매력평가설에서 알 수 있듯이 환율을 변동시키는 요인으로 작용한다. 예를 들어 외환매입에 의한 태화 외환시장개입은 통화량의 증가를 수반함으로써 기대인플레이션을 높인다. 이러한 높은 기대인플레이션은 구매력평가설에 따르면 장기적으로 원화환율을 상승시키는 요인으로 작용한다. 이와 같은 기대인플레이션의 변동에 의한 환율변동효과는 외환시장효과 및 통화효과에 비하여 장기적으로 환율에 영향을 미친다.

3) 신호효과

중앙은행은 외환시장에 개입함으로써 중앙은행이 적정하다고 판단하는 환율수준을 외환시장 참가자에게 간접적으로 알릴 수 있다. 이러한 신호효과는 통화당국에 대한 민간부문의 신뢰도가 클수록 외환시장개입효과도 커진다.

(2) 불태화 외환시장개입의 효과

1) 외환시장효과

통화량의 변동을 수반하지 않는 불태화 외환시장개입은 직접적으로 외환수급의 변동을 통해 환율에 영향을 미칠 뿐이고, 태화 외환시장개입과 같이 통화효과나 기대인플레이션효과에 의한 환율변동을 기대할 수 없다. 예를 들어 중앙은행은 원화의 절상을 방지하고자 외환을 매입하는 과정에서 통화량이 증가하므로, 이를 원화채권의 매각 등의 공개시장조작을 통하여 환수한다. 따라서 중앙은행의 불태화 외환시장개입은 태화 외환시장개입과 달리 통화효과나 기대인플레이션효과에 의한 원화환율의 추가적 상승을 기대할 수 없다. 따라서 불

그림 8-1 중앙은행의 외환시장개입효과

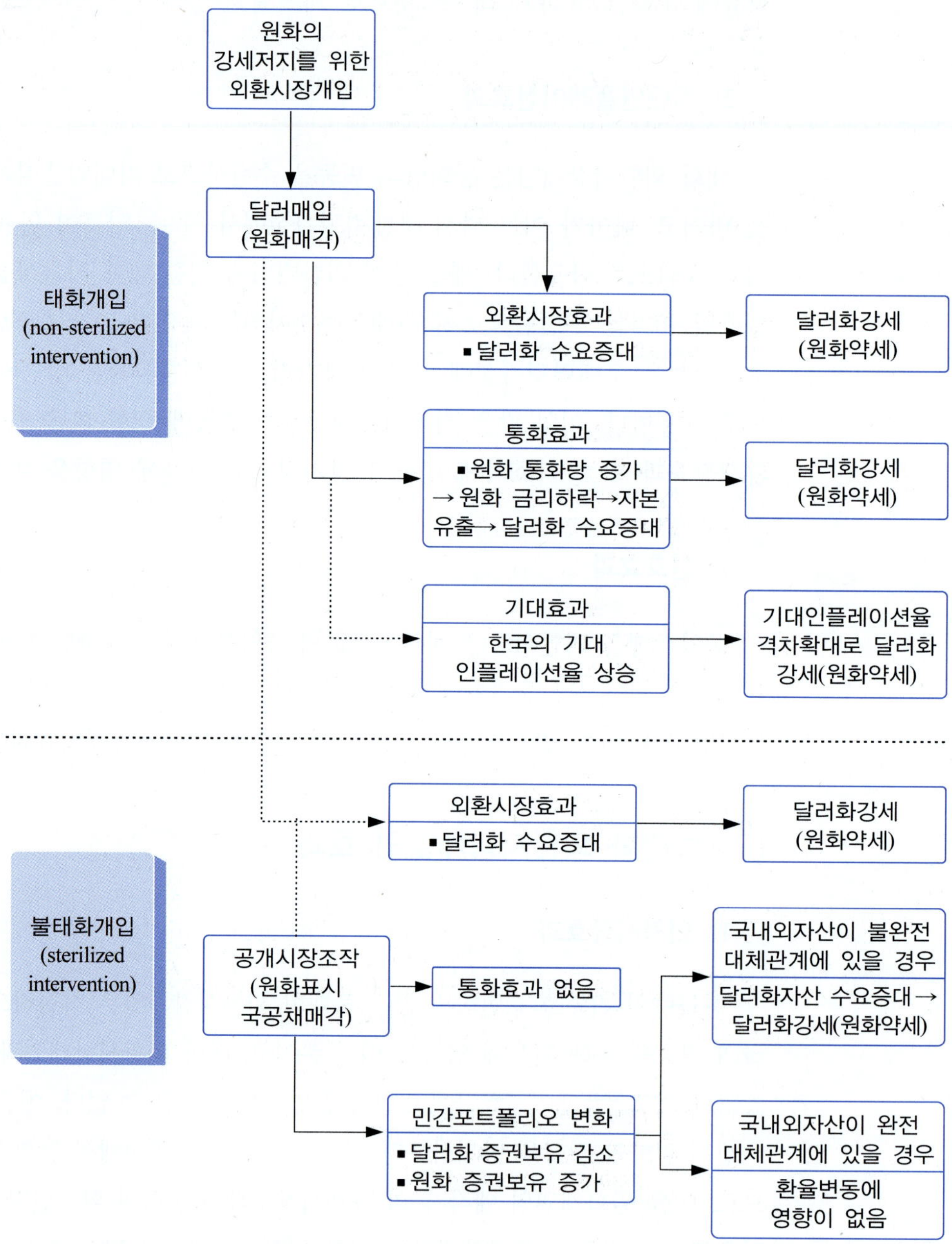

태화 외환시장개입은 태화 외환시장개입에 비해 환율변동에 미치는 효과가 단기적으로 제약된다.

2) 포트폴리오-밸런스 변동효과

포트폴리오 구성의 변화

중앙은행의 불태화 외환시장개입은 외환시장효과에 의한 환율변동 외에도 민간부문이 보유하는 포트폴리오의 구성을 변화시킴으로써 환율에 영향을 미친다. 불태화 외환시장개입은 외화자산의 매입 또는 매각과 반대로 국내 국공채를 매입 또는 매각하므로 통화량에는 영향을 미치지 않지만 민간부문의 포트폴리오 구성에는 영향을 미친다. 예를 들어 중앙은행이 외화표시 채권을 매입하는 동시에 원화표시채권을 매각한다면 외화표시채권시장에서는 초과수요가 발생하고 원화표시 채권시장에서는 초과공급이 발생한다.

국내외 금융자산간 대체성과 외환시장개입 효과

이러한 불태화 외환시장개입이 민간부분의 포트폴리오의 구성을 통해 환율에 미치는 효과는 외화표시 금융자산과 원화표시 금융자산간 대체 정도에 달려 있다. 만약 민간부문이 외화표시 금융자산과 원화표시 금융자산을 완전대체적인 금융자산으로 인식한다면 민간부문은 포트폴리오의 구성을 변동시킬 필요가 없기 때문에 불태화 외환시장개입이 당초의 환율이나 국내금리에 영향을 미치지 않는다.

반면 외화표시 금융자산과 원화표시 금융자산이 서로 불완전대체적인 성격을 갖는다면 중앙은행의 불태화 외환시장개입은 환율에 영향을 미치게 된다. 앞서 살펴본 것과 같이 중앙은행이 외화표시채권을 매입하는 동시에 원화표시채권을 매각하여 불태화 외환시장개입을 한다면 민간부문은 과다하게 보유하게 된 원화표시 금융자산을 매각하고 과소한 외화표시 금융자산을 매입함으로써 새로운 포트폴리오 균형으로 회복을 꾀하게 된다. 이러한 과정에서 민간부문의 원화표시 금융자산의 매각은 원화채권가격을 하락시켜 국내금리를 상승시키는 반면에 외화표시 금융자산의 매입은 외환에 대한 수요를 증가시킴으로써 원화환율을 상승시킨다. 이와 같이 불태화 외환시장개입은 원화표시 금융자산과 외화표시 금융자산이 불완전대체적인 성격을 갖는 경우 원화환율 및 국내금리에 지속적으로 영향을 미치게 된다.

3) 신호효과

기대환율의 변동

중앙은행의 외환시장개입은 향후 통화정책에 대한 내부정보를 시장참가자들에게 신호를 보냄으로써 시장참가자들의 기대환율의 변동을 통하여 현재 환율에 영향을 미칠 수도 있다. 예를 들어 중앙은행이 환율을 상승시키기 위해 외화표시 금융자산의 매입과 원화표시 금융자산의 매각에 의해 불태화 외환시장개입을 하였다고 하자. 만약 시장참가자들이 중앙은행의 환율상승에 대한 의지가 확고하다고 믿는다면 앞으로 중앙은행이 확장적 통화정책을 통해 이를 뒷받침할 것으로 기대한다. 따라서 시장참가자들은 환율이 상승하기 전에 외환을 매입하고자 하기 때문에 현물시장에서 외환의 수요가 증가하면서 환율이 상승하게 된다. 이와 같이 중앙은행의 신호는 시장참가자들로 하여금 앞으로 환율의 상승을 기대하게 함으로써 현재 환율을 상승시키는 방향으로 작용하게 한다. 이러한 중앙은행의 외환시장개입에 의한 신호효과는 원화표시 금융자산과 외화표시 금융자산의 대체성에 관계없이 원화환율의 변동에 영향을 미치게 된다.

적정환율수준의 신호

또한 중앙은행은 외환시장개입을 통하여 시장참가자들에게 현재 환율이 적정환율수준으로부터 이탈되어 있다는 신호를 보냄으로써 현재 환율에 영향을 줄 수도 있다. 즉 중앙은행은 주요 경제지표를 중시하는 시장참가자들에게 외환시장개입을 통하여 적정환율에 대한 판단자료를 제공함으로써 이들의 예상환율을 변동시켜 현재 환율에 영향을 미친다. 이러한 대표적인 예로는 1985년 9월 선진 5개국의 플라자합의에 따른 미달러화의 평가절하를 들 수 있다.

이러한 신호효과가 현재 환율에 영향을 미치기 위해서는 중앙은행의 외환시장 개입동기가 뚜렷이 나타나고 정책목표가 상호간에 상충되지 않아야 한다. 만약 중앙은행의 외환시장개입이 다른 정책과 혼재되어 그 동기가 시장참가자들에 의하여 명백히 인식되지 못한다면 신호효과에 의한 환율변동은 기대하기 어렵게 된다.

이론과실제 외환시장개입의 효과에 대한 논의

태화 외환시장개입의 경우 통화량 변동이 환율에 미치는 경로 등으로 개입에 따른 환율변동 효과가 더 크게 나타난다. 반면 불태화 외환시장개입은 통화량의 증감이 없으므로 시장개입이 국내통화량 변동을 통하여 환율에 미치는 경로가 제약을 받는다. 따라서 외환당국의 시장개입이 환율변동에 영향을 미칠 수 있는지에 대한 반론이 제기되고 있다.

그러나 불태화 외환시장개입의 효과에 대한 옹호론자들은 포트폴리오 밸런스효과(portfolio balance effect)와 신호효과(signaling effect) 등에 의해 적어도 단기적으로 환율변동에 효과가 있다고 주장한다. 특히 우리나라의 경우 외환시장의 규모가 협소하여 중앙은행의 개입이 시장에 미치는 영향을 감안할 때 그 효과가 큰 것으로 인식되고 있다.

1. 포트폴리오밸런스 효과(portfolio balance effect)

환율결정이론의 하나인 포트폴리오 밸런스 접근법에 의하면 환율은 해외자산의 순공급에 의해 결정된다고 보고 있으며 외환시장개입은 국내자산과 해외자산이 불완전대체재인 경우 환율변동에 효과가 있는 것으로 받아들여지고 있다.

이에 따르면 투자자들은 자산의 기대수익 및 수익의 분산을 고려해 최적의 포트폴리오를 구성하고자 하며 선호도가 낮은 자산을 선택할 경우 이에 대한 대가로 리스크 프리미엄(risk premium)을 요구하게 된다. 따라서 국내자산과 해외자산이 불완전대체재인 경우 환율은 금리평가이론에 따른 내외금리차뿐만 아니라 리스크 프리미엄의 변화에 의해서도 영향을 받게 된다. 포트폴리오밸런스 효과를 식으로 나타내면 다음과 같다.

$$r_p = R_t - R_t^* - E_tS_{t+1} + S_t,$$

단 r_p: 리스크 프리미엄

예를 들어 한국은행이 원화를 대가로 미달러화를 매입하는 경우 시장에 원화공급이 늘어나면서 원화자산에 대한 리스크 프리미엄을 증가시켜 결국 원화환율이 상승하게 된다.

2. 신호효과(signaling effect)

신호효과란 중앙은행이 시장개입으로 시장참가자들에게 중앙은행의 향후 통화정책에 관한 정보를 일관되게 전달(신호)한다면 환율변동에 효과가 있다는 것이다. 그러나 신호효과가 발휘되기 위해서는 중앙은행이 시장참가자들이 모르는 정보를 가지고 있다고 기대되어야 하며 또한 시장참가자들이 중앙은행의 향후 통화정책이 일관된 방식으로 이루어지리라는 신뢰를 갖고 있어야 한다.

금리평가이론에 따르면 국내외금리, 현재환율 및 기대환율간에는 다음과 같은 관계가 성립하는데 이를 이용하여 신호효과를 설명하면 다음과 같다.

$$1 + R_t = (1 + R_t^*) \cdot \frac{E_tS_{t+1}}{S_t}$$

만약 한국은행이 외환시장에 개입하여 원화를 대가로 미달러화를 매입하면 시장참가자들은 한국은행이 향후의 통화정책을 팽창적으로 운용하려는 의도를 가지고 있다고 예상하게 된다. 이에 따라 시장참가자들은 통화공급 증대에 따라 원화의 가치가 하락할 것으로 생각함으로써 미래의 기대환율에 대한 예상이 변하게 된다. 국내 통화량에 영향을 미치지 않는 불태화 외환시장개입의 경우 이자율에 변화가 없다고 가정하면 시장개입으로 먼저 기대환율(E_tS_{t+1})이 변동하는데 위의 등식이 성립하기 위해서는 현재 환율(S_t)도 따라서 변동하게 되므로 결과적으로 시장개입이 현재 환율에 영향을 미친다.

3. 기술적 거래행태를 이용한 효과 (noise trading effect)

외환당국은 차트분석 등 기술적 분석지표를 이용하여 외환거래를 하는 기술적 거래자(noise trader)들의 속성과 행태를 정확히 파악하여 이들의 환율예상에 변화를 줄 수 있도록 적절한 시점에 외환시장에 개입함으로써 개입효과를 증대시킬 수 있다.

예컨대 외환당국이 미달러화를 매입(원화를 매각)하는 시장개입을 할 경우 기술적 거래자는 중앙은행의 이러한 시장개입을 새로운 정책기조의 변화로 받아 들여 앞으로 원화환율의 상승을 예상한다. 이 경우 기술적 거래자들은 이익을 극대화하기 위해 중앙은행과 같이 원화를 매각하고 미달러화를 매입하는 거래를 함으로써 그 결과 환율은 더욱 올라가게 된다.

자료 : 한국은행, 「우리나라의 외환제도와 외환시장」, 2010, 218~219쪽에서 인용

8.4 외환시장개입의 유효성과 한계

(1) 외환시장개입의 유효성 검증

중앙은행의 외환시장개입은 개입유형, 개입시기, 개입통화 등에 따라 상이한 결과를 나타내기 때문에 그 유효성에 대하여 단정을 내리기는 어렵다. 선진국의 경우 외환시장개입은 대부분 불태화개입방식을 취하고 있어, 외환시장개입의 유효성에 관한 경험적 연구도 대부분 **불태화 외환시장개입**이 환율에 영향에 미치는 채널의 유효성 여부에 초점을 두고 있다. 주요 선진국의 경험을 대상으로 이루어진 연구결과에 따르면 중앙은행의 외환시장개입 규칙에 대해서는 대체로 일치된 견해를 보이고 있으나 개입효과에 관해서는 상반된 견해가 제시되고 있다.

회의적 실증분석결과

먼저 1970년대 주요 선진국들이 변동환율제도로 이행한 초기에는 많은 학자들이 외환시장개입의 효과에 대하여 회의적 태도를 취하였다. 특히 1980년대초에는 학계뿐만 아니라 중앙은행 및 외환시장 참가자들도 외환시장개입은 실효성이 없다는 견해에 동조하는 모습을 보였다. 이러한 분위기는 당시 외환시장개입의 유효성을 입증할 만한 실증분석결과를 제시하지 못하는 가운데 외환시장이 효율적이라는 주장이 강력히 대두되었기 때문인 것으로 풀이된다.

한편 1980년대 후반 G7을 중심으로 주요 선진국간 정책협조(policy coordination)체제가 구축되면서 외환시장개입의 유효성에 대한 인식이 급속히 바뀌

긍정적 실증분석결과

었다. 1985년 플라자 합의와 1987년 루브르 합의 이후 환율이 외환시장개입의 방향에 따라 움직이면서 대부분 외환시장 참가자들도 외환시장개입이 환율변동에 상당한 영향을 미친다는 것을 받아들이게 되었다. 이와 더불어 1980년대 후반 이후 주요 선진국들이 중앙은행의 외환시장개입에 관한 자료를 공개하면서 외환시장개입의 유효성을 뒷받침하는 분석결과들이 많이 제시되고 있다. 실증분석결과가 모두 일치하지 않지만 대체적으로 외환시장개입이 환율을 장기에 걸쳐 지속적으로 변동시키지는 못하더라도 단기적으로는 외환당국이 원하는 방향으로 변동시키고 있는 것으로 나타나고 있다.

(2) 외환시장개입의 한계

중앙은행이 외환시장개입을 통하여 의도하는 수준으로 환율을 효과적으로 조정하는 데는 다음과 같이 현실적으로 많은 제약이 뒤따른다.

시장기대의 전환 곤란

첫째, 중앙은행이 시장참가자들로 하여금 환율변동에 대한 기대를 중앙은행이 의도하는 방향으로 전환시키기가 용이하지 않다는 점이다. 즉 외환시장개입이 시장참가자들의 기대변화를 통해 효과를 나타내기 위해서는 상당기간에 걸쳐 상당규모로 시장개입이 이루어져야 하는데 현실적으로 이러한 시장개입이 어렵다.

정책목표간 상충

둘째, 환율정책이 다른 거시경제정책과 조화를 이루어야 효과적으로 목표를 달성할 수 있는데, 정책간 목표가 서로 상충하는 경우 중앙은행의 외환시장개입효과는 상쇄되거나 희석된다. 예를 들어 중앙은행이 물가안정을 위해 통화량을 안정적으로 공급하는 동시에 경상수지의 균형을 위해 환율의 안정도 도모하는 경우를 생각해 보자. 만약 중앙은행이 경상수지 적자를 해소하기 위하여 외환시장개입을 통해 환율을 상승시키고자 외환매입을 한다면, 이는 통화량의 증가를 초래함으로써 물가안정의 목표와 상충하게 된다.

외국 외환당국의 반응

셋째, 본국의 외환시장개입에 대하여 외국의 외환당국이 어떠한 반응을 보이느냐에 따라 외환시장개입효과도 크게 달라진다. 일반적으로 외환시장개입은 관련 상대국과 긴밀하고 일관성있게 공동으로 이루어질 때 효과가 크게 나타난다. 그러나 관련 상대국과 경제적으로 이해가 상충하는 경우가 많기 때문에 관련 상대국과 건실하고 일관성 있는 정책협조는 한계를 내포하고 있다.

8.5 외환시장개입과 거시정책운용

개방경제하에서 정책목표 - 대내적으로는 물가안정 및 완전고용과 내외적으로는 국제수지의 균형을 달성하기 위한 거시정책의 운용은 국가간 자본이동성이 증가하면서 제약도 더 커지고 있다. 우선 국가간 자본의 활발한 유출입은 환율에 직접적으로 영향을 미칠 뿐만 아니라 국내금리와 국제금리간 연동성을 증대시키게 된다. 나아가 중앙은행이 이러한 환율과 국내외 금리변동에 대응하여 경제의 안정화를 도모하기 위해 외환시장에 개입하는 경우 통화량의 변동 - 궁극적으로는 물가의 변동을 수반하게 된다. 이와 같이 **자본이동성의 증대**는 거시경제변수 - 즉 환율, 금리, 통화량간 연계성을 증대시킴으로써 거시경제 정책목표를 달성하기 위한 환율정책과 통화정책에 제약을 가하게 된다.

(1) 환율정책과 통화정책간 상충

환율정책과 통화정책간 상충관계

국가간 자본이동성의 증대는 환율, 금리 및 통화량간 연계성을 증대시킴으로써 거시경제 정책목표를 달성하고자 하는 과정에서 환율정책과 통화정책간 상충관계(trade-off)를 유발한다. 예를 들어 국내금리가 국제금리보다 높아 자본이 유입되면서 원화가 절상되는 상황을 가정하여 보자. 원화의 과도한 절상을 방지하고자 태화 외환시장개입을 하는 경우, 중앙은행은 외환을 매입함으로써 원화환율의 안정을 도모할 수 있으나 통화량을 증가시키게 된다. 만약 중앙은행이 통화량 증가로 인한 물가불안을 우려한다면 불태화정책을 통해 통화량의 증가를 억제할 수 있다. 그러나 이러한 불태화정책은 다시금 국내금리를 상승시켜 자본유입을 초래하고 나아가 원화를 절상시키기 때문에 중앙은행으로 하여금 원화환율을 의도하는 수준에서 유지하기 어

그림 8-2 **환율정책과 통화정책간 상충 관계**

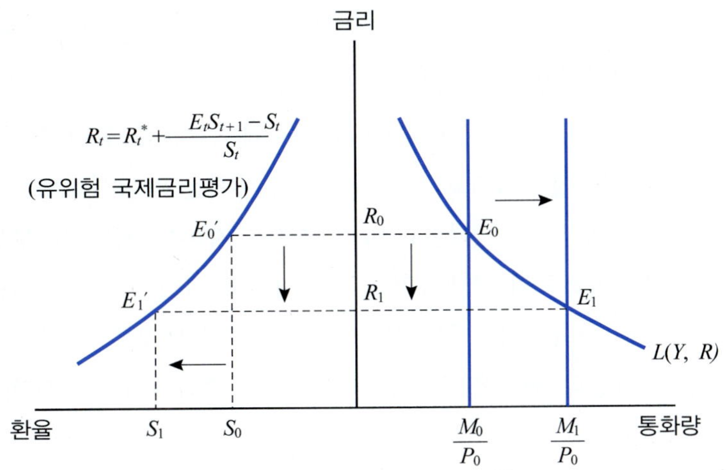

렵게 한다.

통화적 접근법 분석

이러한 환율정책과 통화정책간 상충관계를 환율결정에 관한 **통화적 접근법**을 이용하여 설명해 볼 수 있다. 예를 들어 중앙은행이 경상수지 적자를 해소하기 위해 외환시장개입을 통하여 환율의 인상 – 즉 원화의 평가절하를 유도하는 경우를 생각해 보자. <그림 8-2>에서 보는 바와 같이 중앙은행이 외환을 매입하여 원화환율을 S_0에서 S_1으로 인상시키는 과정에서 국내 통화량은 $\frac{M_0}{P_0}$에서 $\frac{M_1}{P_0}$으로 증가하며 국내금리는 R_0에서 R_1으로 하락하게 된다. 그러나 중앙은행이 통화량 증가에 따른 물가불안을 우려하여 공개시장조작을 통하여 통화량을 종전수준인 $\frac{M_0}{P_0}$로 줄인다면 국내금리는 다시금 R_0로 상승하게 된다. 이러한 국내금리의 상승은 자본을 유입시켜 환율을 S_0로 하락시키기 때문에 환율을 경상수지 적자를 해소하는 데 적정수준인 S_1을 유지할 수 없게 된다. 이와 같이 국가간 자본이동이 자유로운 경우 환율정책과 통화정책간 상충관계가 존재하기 때문에 중앙은행은 환율과 통화량중 어느 하나만을 선택하거나 또는 환율과 통화량의 최적조합을 모색하지 않으면 안 된다.

(2) 자본이동과 불태화 외환시장개입의 한계

자본유출입과 실물경제교란

해외로부터 빈번한 자본의 유출입은 통화량의 급격한 수축이나 확대를 초래함으로써 국내 금융시장을 교란시키고 나아가 실물경제에 악영향을 미치게 된다. 즉 해외로부터 자본유입은 해외부문을 통한 통화증발을 초래함으로써 물가를 상승시키고 나아가 국제경쟁력을 약화시킴으로써 경상수지를 악화시키는 부작용을 낳는다. 반면 해외로 자본유출은 해외부분을 통해 통화환수를 초래함으로써 국내금리를 상승시키고 나아가 투자를 위축시킴으로써 경제성장을 둔화시키는 부작용을 낳는다. 따라서 많은 국가들은 자본유출입에 따른 통화량의 변동을 국내금융시장에서 중화시키는 불태화 외환시장개입정책을 실시하고 있다.

불태화 외환시장개입의 한계

그렇지만 중앙은행이 자본의 유출입에 따른 통화량의 변동을 중화시키기 위하여 불태화 외환시장개입정책을 적극적으로 구사하는 데는 다음과 같은 한계가 있다.

이자지급부담의 가중

첫째, 중앙은행이 늘어나는 통화량을 불태화하기 위하여 채권을 발행하는 경우 – 즉 우리나라와 같이 통화안정증권을 발행하는 경우 발행한 채권에 대해 이자지급을 부담하여야 한다. 나아가 이러한 이자지급은 또 다른 통화증발 요인으로 작용한다.

통화의 증발요인

둘째, 공개시장조작을 통한 채권공급의 증가는 국내금리를 상승시켜 추가적 자본유입을 초래하기 때문에 불태화정책 자체가 다시금 통화증발요인으로 작용하게 된다. 특히 불태화정책은 채권공급의 증가가 국내금리의 상승에 미치는 영향과 국내금리의 상승이 자본유입에 미치는 영향이 크면 클수록 그 유효성이 제약을 받게 된다.

국내금리 하락의 상쇄

셋째, 불태화정책은 국내금리를 상승시켜 자본유입에 따른 국내금리의 하락을 상당부분 상쇄하기 때문에 국내금리의 하락을 통한 투자의 활성화 및 경제성장의 촉진이라는 자본유입의 긍정적 효과를 퇴색시킨다.

이론과실제 외환시장개입과 환율방어비용

2000년대 들어 우리나라는 민간부문의 소비 및 투자의 위축으로 경기침체가 우려됨에 따라 원화의 절상을 막고자 외환매입을 통하여 지속적으로 외환시장개입을 하여 왔다. 그런데 이러한 외환매입은 통화를 증발시켜 인플레이션을 유발하게 되므로 한국은행은 통화안정증권을 발행하여 통화량의 증가를 억제하여 왔다. 그러나 정부의 무리한 외환시장개입은 여러 측면에서 적지 않은 부작용을 초래하였다.

우선 한국은행과 재정경제부는 외국환평형기금을 조성하여 지속적으로 외환을 사들였음에도 불구하고 원화환율은 2002년 이후 지속적으로 하락하는 추세를 보여왔다. 이러한 원화환율의 하락은 외화자산의 원화 환산가치를 하락시켜 외국환평형기금에 엄청난 손실을 초래하였다.

다음은 이와 관련된 2007년 10월 9일자 「서울연합뉴스」의 기사 일부를 발췌한 것이다.

외환시장 안정을 위한 외국환평형기금의 내년 누적손실 규모가 31조원에 이를 것이라는 전망이 나왔다. 또 내년말 외국환평형기금 채권 발행잔액이 99조 4,400억원에 달해 이에 따른 이자지급액도 4조 7,991억원에 이를 것으로 예상됐다. 9일 재정경제부와 국회재정경제위원회 등에 따르면 외국환평형기금은 원화조달과 달러운용으로 인한 구조적 금리 역마진에 따른 이자손실과 환율하락에 따른 평가손실 등으로 지난해까지 누적손실 규모는 26조 346억원을 기록했다.

또 재경부가 제출한 기금운용계획안에 따르면 올해와 내년의 당기순손실은 각각 2조 6,766억원, 2조 3,065억원 등으로 큰 폭의 적자가 발생할 것으로 전망됐다. 이는 국회 재경위가 기획예산처 예산편성지침에 따라 원-달러 환율을 920원으로 가정해 산출한 것으로 내년 말까지 외평기금의 누적손실은 31조 177억원까지 늘어날 것으로 추정됐다.

더욱이 최근 기금의 달러운용수익 기준이 되는 미국 정책금리가 0.5%포인트 인하되어 국내 정책금리보다 0.25%포인트 낮아지는 등 금리 역마진이 확대되고 있는 상황을 감안하면 원-달러 환율이 920원보다 오르지 않는 한 당기순손실 규모는 당초 예상보다 커질 가능성이 크다고 재경위는 내다봤다.

반면에 한국은행은 통화증발로 인한 인플레이션을 우려하여 통화안정증권의 발행을 지속적으로 늘려왔다. 이에 따라 한국은행의 통화안정증권 발행잔액이 2001년말 79조원에서 2006년말에는 158조원으로 2배 가까이 증가하였으며, 이로 인해 통화안정증권의 이자 지급액도 2001년 4조원대에서 2006년에는 6조원대로 늘어났다. 이러한 이자지급의 증가는 한국은행의 수지를 악화시키는 요인으로 작용함으로써 한국은행은 2003년중 2.1조원 흑자에서 2004년중 1,500억원 적자로 돌아섰으며, 2005년중 1.8조원, 2006년중 1.8조원 적자를 기록하였다. 한국은행의 적자는 결국 세금으로 충당된다는 점에서 볼 때 무리한 외환시장개입은 국민에게 적지 않은 부담으로 작용한다.

한편 적정환율을 벗어난 외환시장개입은 자원배분 및 소득분배를 왜곡시킴으로써 적지 않은 부작용을 초래한다. 적정환율보다 높은 수준에서 환율을 유지하는 것은 수출보조금을 지급하는 동시에 수입관세를 부과하는 것과 동일한 효과를 가져온다. 자원배분 측면에서 보면 내수산업에서 수출산업으로 자원이 이동함으로써 수출산업을 비정상적으로 비대하게 하고 내수산업을 위축시키는 결과를 초래한다. 이와 더불어 수출산업 종사자의 임금을 상대적으로 큰 폭으로 상승시킴으로써 소득분배의 왜곡을 가져온다.

요약

01. 외환시장개입이란 중앙은행(또는 외환당국)이 환율수준이나 환율의 변동성에 영향을 미치기 위하여 민간부문의 외환거래에 인위적으로 개입하는 조치이며, 전통적으로 중앙은행이 은행간 외환시장에 참여하여 자국통화를 대가로 외화자산을 매각 또는 매입하는 것을 의미한다. 일반적으로 중앙은행은 환율의 안정적 운용, 균형 또는 적정환율의 달성, 외환보유액 수준 및 구성의 변화 등을 목적으로 외환시장에 개입한다.

02. 외환시장개입이 요구되는 시기는 외환시장의 일시적 혼란, 균형환율로부터 지속적 괴리, 장래 환율에 대한 중앙은행의 의지 전달, 투기적 자본의 유출입으로 인한 국내통화시장의 불안 등이 발생하는 경우이다.

03. 외환시장개입방식은 크게 역풍개입방식과 목표환율대개입방식으로 구별하여 볼 수 있다. 역풍개입방식이란 환율변동과 반대방향으로 외환을 매매하는 것으로서 환율변동의 장기적 추세는 외환시장에서 외환수급에 의해 결정되도록 맡기되 단기적으로 환율의 과도한 변동은 외환시장개입을 통하여 완화시키는 것을 말한다. 목표환율대개입방식은 중앙은행이 균형환율과 상하한선을 설정하고 이 범위내에서는 자유로운 환율변동은 허용하나, 실제환율이 목표환율대를 벗어나거나 벗어날 우려가 있는 경우에 외환시장에 개입하는 것을 말한다.

04. 외환시장개입은 본원통화의 변동을 수반하느냐 여부에 따라 태화 외환시장개입과 불태화 외환시장개입으로 구별된다. 태화 외환시장개입이란 중앙은행의 외환시장개입에 의한 순외화자산 변동이 동일한 크기로 본원통화의 변동을 가져오는 것을 말한다. 불태화 외환시장개입이란 외환시장개입으로 초래되는 본원통화의 변동을 중앙은행이 공개시장조작 등을 통하여 부분적 또는 완전히 상쇄하는 것을 말한다.

05. 외환시장개입효과는 태화 외환시장개입이냐 또는 불태화 외환시장개입이냐에 따라 달라진다. 태화 외환시장개입은 외환변동액에 상당하는 본원통화의 변동을 초래하므로 외환시장효과 외에도 통화효과 및 기대인플레이션효과가 기대된다. 반면 불태화 외환시장개입은 본원통화의 변동을 초래하지 않기 때문에 통화효과와 기대인플레이션효과는 발생하지 않고 외환시장효과만 기대되며, 추가적으로 포트폴리오 밸런스효과와 신호효과가 기대된다.

06. 최근 실증분석결과에 따르면 외환시장개입은 환율을 장기에 걸쳐 지속적으로 변동시키지는 못하지만, 단기적으로는 외환당국이 원하는 방향으로 변동시키는 것으로 나타나 외환시장개입이 어느 정도 유효한 것으로 평가된다. 그러나 외환시장개입은 현실적으로 시장참가자의 설득, 다른 경제정책과 조화, 외국 외환당국의 협조 등이 어렵기 때문에 실행상 많은 제약이 따른다.

07. 국가간 활발한 자본이동은 물가, 금리, 환율간 연계성을 높이기 때문에 외환시장개입은 정책목표를 달성하는 과정에서 다른 경제정책 – 특히 통화정책과 상충될 가능성이 크다. 따라서 외환시장개입을 효과적으로 수행하기 위해서는 다른 정책과 조화를 꾀하는 것이 필요하다.

연습문제

01. 중앙은행은 외환시장의 안정을 위해 종종 외환시장에 개입하고 있다.
(1) 외환시장개입의 의의, 목적 및 방식에 관해서 설명하시오.
(2) 외환시장개입의 유형, 효과 및 한계에 관해서 설명하시오.

02. 목표환율대에 의해 외환시장개입을 효과적으로 수행하기 위해서는 적정환율의 산출, 환율변동 허용폭의 설정, 목표환율대의 조정원칙이 필요하다. 이에 대하여 지금까지 논의된 목표환율대의 내용을 조사해 보시오.

03. 대부분의 경우 각국들은 외환시장에 개입하더라도 통화량 변동에 따른 문제가 발생하지 않도록 불태화방식을 취하고 있다. 미국, 일본 등 주요 선진국의 외환시장개입방식과 우리나라의 외환시장개입방식을 조사·비교해 보시오.

04. 미국, 일본 등 주요 선진국은 사후적으로 외환시장개입에 관한 자료를 발표하고 있다. 한국은행 웹사이트 등을 통해 최근 미국, 일본, 유럽연합 등의 외환시장개입 동향에 관하여 조사하여 보시오.

05. 태화 외환시장개입과 불태화 외환시장개입의 효과를 비교하여 설명하시오.

06. 자본이동성이 증가하면서 외환시장개입도 상당히 제약을 받고 있다. 자본이동성의 증가가 외환시장개입을 어렵게 하는 이유를 설명하시오. 또한 이러한 상황에서 외환시장개입이 효과적으로 이루어지기 위해서 어떠한 것이 필요한가도 이야기해 보시오.

07. 우리나라 정책당국은 2000년대 들어 경제침체가 우려되자 원화를 지속적으로 저평가시키기 위해 외환시장에 개입하여 왔다.
(1) 우리나라 정책당국이 외환시장개입을 통하여 원화를 지속적으로 저평가시키고자 한 이유에 관하여 설명하시오.
(2) 우리나라 중앙은행은 외환시장개입에 따른 통화증발로 인해 야기되는 물가불안을 해소하기 위하여 어떠한 조치를 취하였는가를 설명하시오.
(3) 우리나라 정책당국의 외환시장개입 노력에도 불구하고 원화는 꾸준히 절상되어 왔다. 이로 인해 발생하는 부작용에 관해 이야기해 보시오.

FOREIGN EXCHANGE

P·A·R·T

04 환위험의 관리와 파생통화상품거래

WTO 출범 이후 시장개방이 확대되면서 상품 및 서비스거래가 급격히 증가하고 범세계적 차원에서 경영이 가능해지면서 해외직접투자도 크게 늘어나고 있다. 또한 자본이동에 대한 규제의 완화 및 철폐와 더불어 정보처리 및 정보통신기술이 발달하면서 국제적 차원에서 포트폴리오투자도 활발해지고 있다. 이와 같이 가계, 기업, 정부 등 경제주체들은 외국과 경상 및 자본거래의 비중이 높아지고 있지만 단기적 또는 장기적으로 환율의 변동성이 커지면서 환율의 방향이나 크기를 예측하기가 어려워짐에 따라 환위험의 관리가 핵심과제로 떠오르고 있다. 이에 따라 각 경제주체들은 내부적으로 다양한 기법을 이용하여 환위험을 관리하는 동시에 환위험을 외부에 전가시키기 위하여 통화 관련 파생상품거래에 적극적으로 참여하고 있다.

CHAPTER 09

환위험의 측정과 관리전략

국가마다 사용하는 법정통화가 다르기 때문에 대부분의 국제경제거래는 대금의 결제과정에서 외환거래를 수반한다. 그러나 외환의 수급 상황에 따라 환율이 매일 변동하기 때문에 외환시장 참가자는 환위험에 직면하게 된다. 여기에서는 환위험이란 무엇이고 어떠한 형태가 있으며 어떻게 측정되는가에 관하여 살펴본다. 또한 환위험을 효율적으로 관리하기 위해 어떻게 환위험 관리체계를 어떻게 구축하고 어떻게 전략을 구사하여야 하는가에 대하여 살펴본다.

9.1 환위험의 개념과 유형

(1) 환위험의 개념

위험이란 미래 예측에 대한 불확실성에서 기인하는 것으로서 단순히 손실의 가능성뿐만 아니라 이익의 가능성도 포함하는 중립적 개념임.

환위험(foreign exchange risk)은 넓은 의미에서 장래에 예상하지 못한 환율변동으로 인해 개인, 기업, 정부 등 경제주체의 가치가 변동할 가능성의 정도를 말한다. 그러나 환위험은 경제주체의 외환거래와 직결되어 있으므로 장래에 예상하지 못한 환율변동으로 인해 개인, 기업 등 경제주체가 외환거래를 하는 과정에서 외환거래의 가치가 변동할 가능성으로 좁혀서 파악할 수도 있다.

환위험은 **환율변동성**(exchange rate volatility)과 **환노출**(foreign exchange exposure)의 두 가지 요인에 의해 결정되고, 그 크기는 환율의 변동성과 환노출의 곱으로 측정된다.

$$환위험 = 환율변동성 \times 환노출 \quad (9\text{-}1)$$

여기서 환노출이란 환율변동에 의해 경제주체의 가치가 - 좁은 의미에서는 외환거래가 얼마나 민감하게 영향을 받는가 하는 민감도(sensitivity)를 나타낸다.

환노출의 측정

환노출은 외화로 표시된 자산 및 부채와 현금의 유입 및 유출에 의해 결정되는데, 그 크기는 구체적으로 다음과 같이 순노출에 의해 측정된다.

$$순노출 = 노출된\ 자산(현금\ 유입) - 노출된\ 부채(현금\ 유출) \quad (9\text{-}2)$$

환율변동성

환위험은 환노출의 형태와 크기, 환율변동의 방향과 크기에 따라 달라진다. 예를 들어 A기업은 1,000만달러의 순채권을 가지고 있고, B기업은 100만달러의 순채무를 가지고 있다고 하자. 만약 원-환율이 10원 하락하면 A기업은 1억원의 환차손이 예상되지만 B기업은 1,000만원의 환차익이 발생하여 채무부담이 줄어들게 된다. 반대로 환율이 상승하게 되면 A기업은 환차익이 발생하지만 B기업은 환차손을 입게 된다.

환위험의 관리

환위험은 환율의 변동성과 환노출의 크기에 의해 결정되지만 환위험의 관리측면에서 보면 환율의 변동성과 환노출은 성격이 판이하게 다르다. 예상하지 못한 환율변동은 거시적 변수로 개별 경제주체가 통제할 수 없으나, 환노출은 개별 경제주체의 특유의 요인으로서 개별 경제주체에 의해 통제가 가능하다. 따라서 환위험을 줄이기 위해서는 환노출을 정확히 파악하고 이를 적절히 관리하는 것이 필요하다.

(2) 환노출의 유형

일반적으로 환노출은 위험에 노출되는 성격에 따라 회계적 노출(accounting exposure)과 경제적 노출(economic exposure)로 구분되며, 회계적 노출은 다시 환산노출과 거래노출로 구분된다. 환율변동시점을 기준으로 환산노출, 거래노출 및 경제적 노출을 파악해 보면 <그림 9-1>과 같다.

환산노출의 개념

환산노출(translation exposure)은 재무제표를 작성하면서 외화로 표시된 자산 · 부채와 수입 · 지출을 자국통화 또는 특정 기준통화로 환산할 때 발생하는 회계상 가치변동을 말한다. 일반적으로 해외자회사의 재무제표를 자국통화로 평가하기 위해서는 회계원칙에 따라 재무제표의 각 항목에 대하여 일정한 환산환율을 적용하게 된다. 이때 결산일의 현재 환율을 적용하느냐 또는 역사적 환율을 적용하느냐에 따라 자국통화로 표시된 해외자회사의 순자산과

그림 9-1 환율변동시점에 따른 환노출의 구분

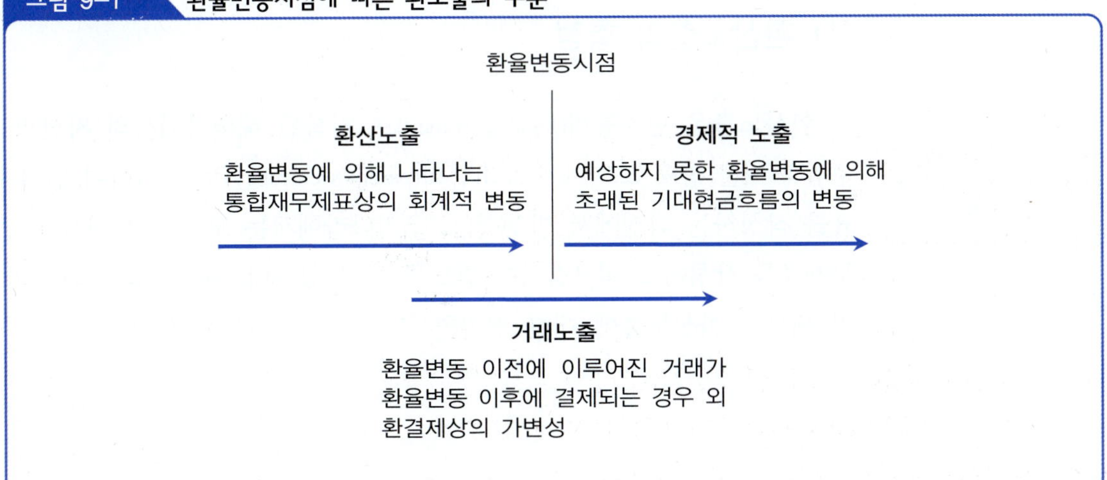

손익가치가 달라진다.

거래노출의 개념

거래노출(transaction exposure)이란 외화로 표시된 채권·채무가 환율변동으로 인해 계약시점과 다른 환율에 의해 결제됨으로써 발생하는 외화결제상의 가변성을 말한다. 즉 거래노출은 상품 및 서비스 수출입거래에서 계약시점과 결제시점 또는 외화자금거래에서 차입시점과 상환시점간에 환율변동으로 발생하는 환차손 또는 환차익을 말한다.

경제적 노출의 개념

경제적 노출(economic exposure)은 예상하지 못한 환율변동으로 인해 장래에 기대되는 현금흐름의 순현재가치 – 즉 기업가치의 변동가능성을 말한다. 환율의 변동은 장래에 기업의 매출액, 판매가격, 생산원가 등 실질적으로 영업성과에 영향을 미친다. 이는 다시 기업의 장래 현금흐름을 변동시킴으로써 기업의 장래 수익에 영향을 미친다.

편의상 환노출을 환산노출, 거래노출 및 경제적 노출로 구분하였으나 이들은 부분적으로 또는 시차적으로 서로 연관성을 가지고 있다. 경제적 노출은 일정시점에서 회계노출로 기록된다. 또한 대부분의 회계노출은 정도의 차이는 있지만 경제적 노출과 관련되어 있다고 볼 수 있다.

9.2 환노출의 측정

(1) 환산노출의 측정

우리나라는 증권거래법을 개정하여 1992년 4월 이후 모든 상장회사는 개시회계연도부터 연결재무제표에 대한 외부감사를 의무화하고 있으며, 이후 비상장회사에도 이를 의무화하였음.

환산노출은 현지통화(local currency)로 기록된 해외자회사의 자산과 부채, 수입과 지출 등을 모회사의 보고통화(parent's currency)로 환산하여 연결재무제표를 작성하는 과정에서 발생한다. 우리나라에서는 모든 주식회사가 연결재무제표를 작성하고 외부감사를 받도록 하고 있는데, 환산손익은 과세의 기준이 되므로 환산노출에 대한 정확한 측정 및 관리가 요구된다.

1) 환산노출의 측정방법

외화표시 재무제표에서 환위험에 노출된 항목에 대해서는 현행환율(current exchange rate)이나 평균환율(average exchange rate)을 적용하고 환위험에 노출되지 않은 항목에 대해서는 역사적 환율(historical exchange rate)을 적용하여 보고통화로 환산한다. 재무제표의 항목 중 어느 항목을 노출된 항목으로 보고 어느 항목을 노출되지 않은 항목으로 보느냐에 따라 유동성/비유동성법, 화폐성/비화폐성법, 시제법 및 현행환율법으로 나누어 볼 수 있다.

환산노출과 적용환율

환위험노출 여부	적용환율
노출항목	현행(평균)환율
비노출항목	역사적 환율

① 유동성/비유동성법

유동성항목 → 현행환율
비유동성항목 → 역사적 환율

유동성/비유동성법(current/non-current method)은 만기나 보유기간에 따라 유동성 항목과 비유동성 항목을 구분하고, 유동성 항목은 환율변동에 노출되어 있다고 보아 현행환율을 적용하며, 비유동성 항목은 역사적 환율을 적용한다. 재무상태표에서 유동성 자산이란 현금 및 예금, 시장성 있는 유가증권, 외상매출금, 재고자산 등을 말하고, 유동성 부채란 외상매입금, 단기차입금 등을 말한다. 반면 비유동성 자산이란 부동산(토지, 건물 등), 고정자산(기계, 설비 등), 장기채권 등을 말한다.

한편 포괄손익계산서에서 대부분 항목은 실제환율을 반영하기 위하여 기간중 평균환율을 적용한다. 다만 비유동성 항목에 관련된 고정자산의 감가상각비, 이연자산의 상각비 및 장기부채의 분할상각액은 해당 자산과 부채의 취득시 역사적 환율을 적용한다. 이때 환율변동에 따라 실현된 손익은 당기손익에 반영하고, 미실현된 손익은 이연처리한다.

유동성/비유성법의 장단점

유동성/비유동성법은 역사적으로 가장 오래된 환산방법으로서 유동성 항목에만 환율변동효과를 반영한다. 이 방법은 계산이 비교적 용이하고, 해외자회사의 재무유동성 분석에 유용하게 이용되고 있다. 그러나 이 방법은 유동성 항목과 비유동성 항목의 구분이 기업에 따라 자의적일 수 있고, 모회사와 자회사의 현금흐름을 동일한 것으로 인정하는 단점 때문에 현재는 많이 이용되지 않고 있다.

② 화폐성/비화폐성법

화폐성항목 → 현행환율
비화폐성항목 → 역사적 환율

화폐성/비화폐성법(monetary/non-monetary method)이란 항목의 속성상 화폐성 여부에 따라 – 즉 환율변동이 가치를 변동시키느냐의 여부에 따라 화폐성 항목과 비화폐성 항목으로 구분하고, 화폐성 항목은 환율변동에 노출되어 있다고 보아 현행환율을 적용하며, 비화폐성 항목은 역사적 환율을 적용하는 방법이다. 화폐성 항목이란 언제나 현금화가 가능한 항목을 말하며 자산으로서는 현금 및 예금, 외상매출금, 받을 어음 및 시장성 있는 유가증권 등과 부채로서는 외상매입금, 지불어음, 회사채 등이 이에 속한다. 반면 비화폐성 항목은 즉시 현금화가 불가능한 항목을 말하며, 재고자산이나 건물, 토지, 기계·설비, 선수금, 판매보증충당금 등이 이에 속한다.

한편 포괄손익계산서의 항목을 환산할 때는 유동성/비유동성법과 마찬가지로 기간중 평균환율을 적용한다. 다만 감가상각비, 매출원가 등 비화폐성 항목과 관련된 수입과 지출 항목에 대해서는 역사적 환율을 적용한다.

유동성/비유동성법과 비교

화폐성/비화폐성법은 유동성/비유동성법과 비교하여 볼 때 재고자산과 장기부채의 평가방법에서 차이를 보이고 있다. 유동성/비유동성법에서는 재고자산을 유동성 자산으로 취급하여 현행환율을 적용하나, 화폐성/비화폐성법에서는 비화폐성 자산으로 취급하여 역사적 환율을 적용한다. 또한 유동성/비유동성법에서는 장기 외화표시부채를 비유동성 부채로 분류하여 역사적 환율을 적용하나, 화폐성/비화폐성법에서는 화폐성 부채로 취급하여 현행환율을 적용한다.

화폐성/비화폐성법의 장단점

화폐성/비화폐성법은 장기 외화표시부채에 대하여 현행환율을 적용하여 환율변동효과를 누적시키지 않음으로써 유동성/비유동성법의 단점을 보완하고 있다. 그러나 재고자산을 역사적 환율로 환산함으로써 당기 손익을 왜곡시킬 우려가 있고, 상장된 유가증권과 같은 항목은 화폐성과 비화폐성의 양쪽 측면을 모두 갖고 있어 구분이 곤란한 문제가 있다.

③ 시제법

시제법(temporal method)은 원가산정의 방법에 초점을 맞추어 발생시점의 취득원가로 산정한 항목은 역사적 환율을 적용하고, 현재의 시장가치로 산정된 항목은 현행환율을 적용한다. 따라서 현금 및 예금, 외상매출, 외상매입 등 현재 또는 미래가격으로 측정되는 자산과 부채항목은 현행환율을 적용하고, 역사적 가격으로 측정되는 토지 · 건물, 기계 · 설비 등 자산 및 부채항목은 당초 기록시 환율을 적용한다. 포괄손익계산서에서 일반적 항목은 평균환율을 적용하되, 역사적 환율이 적용되는 재무상태표 항목과 관련된 수입 · 지출에 대해서는 역사적 환율을 적용한다.

취득원가산정항목 → 역사적 환율 시장가치산정항목 → 현행환율

화폐성/비화폐성법과 비교

시제법은 외형상 화폐성/비화폐성법과 유사한 것으로 나타나고 있으나, 이론적 배경에는 큰 차이가 있다. 화폐성/비화폐성법은 자산 · 부채 항목의 속성상 화폐성 여부에 따라 환산환율을 선택하나, 시제법은 원가산정의 방법에 초점을 맞추고 있다. 따라서 화폐성/비화폐성법은 재고자산에 역사적 환율을 적용하지만, 시제법은 재무상태표상 재고자산이 역사적 원가에 의해 평가되고 있으면 역사적 환율을 적용하고 현재 원가 및 판매가격으로 평가되고 있으면 현행환율을 적용한다.

시제법의 장단점

오늘날 일반적 회계원칙이 취득원가주의를 채택하고 있기 때문에 시제법이 화폐성/비화폐성법보다 일반적 형태라고 할 수 있다. 그러나 시제법은 환차손익을 포괄손익계산서에 바로 기재하기 때문에 외환손익이 영업손익보다 오히려 큰 영향을 미치는 경우가 많이 있어 지속적으로 비판을 받아 왔다.

④ 현행환율법

현행환율법(current rate method)은 재무상태표의 모든 자산 및 부채항목에 현행환율을 적용하여 환산하는 방법이다. 다만 자본항목은 예외적으로 역사적 환율을 적용한다. 한편 포괄손익계산서의 수입과 지출항목은 실제 발생일의 역사적 환율을 적용하도록 하고 있지만, 편의상 기간중 평균환율을 적용하여 환산하는 것이 보통이다. 이러한 환산과정에서 발생하는 외화환산손익은 포괄손익계산서에 계상하는 대신 재무상태표에서 누적환산조정으로 계상하여 주주지분의 증감으로 처리하도록 하고 있다.

모든 항목 → 현행환율 자본항목 → 역사적 환율

현행환율법의 장단점

현행환율법은 주요 선진국에서 널리 사용되는 방법으로서 해외자회사는 모회사와 독립된 별개의 실체이므로 자회사 자체의 재무제표에 의해 재무상태와 경영성과가 평가되어야 한다는데 이론적 근거를 두고 있다. 그러나 현지

통화로 표시된 모든 자산과 부채가 환율변동에 노출되어 있다고 보고 현행환율을 일률적으로 적용하는 것은 재무관리자에게 왜곡된 정보를 제공할 수도 있다. 또한 외화환산손익을 해당 자산이나 부채의 소멸시기의 손익에 반영하지 않고 누적환산조정항목으로 처리하여 해외사업을 정리할 때까지 이연시키는 것은 기간손익을 왜곡시키는 문제점이 있다.

⑤ 환산방법의 비교

환산방법의 선택

앞에서 다룬 환산노출의 측정방법중 어느 것이 적합한가는 환율의 변동방향, 기업의 상황, 환산의 목적 등에 따라 달라진다. 우선 환산방법에 따라 환율변동에 노출되는 순노출의 크기가 달라지기 때문에 환위험의 크기도 달라진다. 또한 기업의 성격에 따라 해외자회사의 활동이나 재무제표가 큰 차이를 보이므로 기업가치를 적절하게 평가할 수 있는 환산방법을 선택하여야 한다. 그리고 환산방법은 해외자회사의 계정을 본사의 재무제표계정과 연결시키기 위한 것이냐 또는 여러 이해당사자를 위해 독립된 해외자회사의 계정을 환산하기 위한 것이냐에 따라 달라진다.

환산방법의 적합성

외화환산방법의 적합성은 시대의 변천과 기업의 성장과정에 따라 변해오고 있다. 환산노출의 측정방법은 역사적으로 유동성법/비유동성법에서 출발하였으나, 유동성과 비유동성 항목의 자의적 구분 등 문제점을 해결하기 위해 화폐성/비화폐성법이 제시되었다. 그러나 화폐성/비화폐성법도 모회사와 해외자회사간 현금흐름을 동일시하고 있으며, 화폐성/비화폐성을 공유하는 항목이 나타나면서 원가의 발생시점에 의해 구분하는 시제법이 등장하였다. 최근에는 기업의 다국적화가 더욱 진행되면서 해외자회사를 독립적 주체로 인식하게 되면서 현행환율법이 대두되었다.

이들 외화환산방법은 해외자회사를 어떻게 보느냐에 따라 장단점이 있다. 화폐성/비화폐성법과 시제법은 모회사 입장에서 해외자회사의 재무상태를 파악할 때 사용될 수 있는 적절한 방법이다. 반면 현행환율법은 해외자회사를 개별 기업단위로 인식하여 독자적인 기업활동을 파악하고자 할 때 적절한 방법이며, 단지 연결재무제표를 모국통화로 작성하기 위한 것이다.

〈표 9-1〉 환산노출의 환산방법 비교

	유동성/비유동성법	화폐성/비화폐성법	시제법	현행환율법
자 산				
현금 및 예금	C	C	C	C
외상매출금	C	C	C	C
재고자산				
(원가평가)	C	H	H	C
(시가평가)	C	H	C	C
비유동자산	H	H	H	C
영업권	H	H	H	C
부채 및 자본금				
외상매입금	C	C	C	C
단기부채	C	C	C	C
장기부채	H	C	C	C
이연세	H	C	C	C
자본금	H	H	H	H

주: 1) C=현행환율, H=역사적 환율
2) 포괄손익계산서의 수입과 지출은 원칙적으로 기간중 평균환율로 환산하나, 재무상태표의 항목과 관련된 수입과 지출에 대해서는 재무상태표에 적용한 환율에 의해 환산함.

2) 우리나라의 환산제도

우리나라는 2017년 9월 개정된 「기업회계기준」 제23장 환율변동효과 23.9항과 23.14항에서 외화자산 및 부채의 환산방법에 대하여 규정하고 있다. 이에 따르면 화폐성 외화자산 및 외화부채는 재무상태표 작성일 현재의 적절한 환율 – 즉 현행환율로 환산한 가액을 기록하도록 되어 있다. 또한 비화폐성 외화자산 및 외화부채는 원칙적으로 당해 자산을 취득하거나 당해 부채를 부담한 당시의 적절한 환율 – 즉 역사적 환율로 환산하도록 되어 있다. 그리고 화폐성 자산과 부채를 환산하여 발생한 손익을 외화환산손실 또는 이익의 과목에 기타포괄손익으로 처리하도록 하고 있다. 이때 화폐성 자산 및 부채는 일정액의 화폐액으로 고정되어 있는 경우로 규정하면서 유가증권과 같이 화폐성/비화폐성의 양면적 성격을 지닌 경우에 대해서는 보유목적 또는 성격에 따라 구분할 수 있도록 하였다.

화폐성/비화폐성법 적용

해외지점이나 사무소의 외화자산 및 부채를 원화로 환산하는 경우에는 기

이론과실제 환산노출의 측정방법과 결과

미국에 자회사를 설립한 우리나라 기업의 환산노출 크기가 외화환산방법에 따라 어떻게 달라지는가를 구체적 사례를 통해 비교하여 보자. 우리나라 기업은 연결재무제표를 작성하는 과정에서 미달러화로 작성한 자회사의 재무상태표와 포괄손익계산서를 원화로 환산하여야 한다. <표 1>에서는 원-달러환율이 1,000원에서 900원으로 하락하였을 때 재무상태표의 각 환산방법에 따른 결과를 보여주고 있다.

우선 유동성/비유동성법은 유동자산(현금 및 예금+외상매출+재고자산)과 유동부채(외상매입+단기차입금)에는 현행환율 900원을 적용하고, 나머지 항목은 역사적 환율 1,000원을 적용한다. 이 측정방법에 따르면 순노출의 크기는 2,200달러가 되고, 환율하락으로 22만원의 환산손실이 발생한다.

화폐성/비화폐성법은 화폐성 자산(현금 및 예금+외상매출)과 부채(외상매입+단기차입금+장기차입금+이연법인세)에는 현행환율을 적용하고, 나머지 항목은 역사적 환율을 적용한다. 이 측정방법에 따르면 화폐성 부채가 자산보다 커 순노출의 크기는 -1,500달러가 되며, 환율하락으로 15만원의 환산이익이 발생한다.

시제법은 화폐성/비화폐성법과 거의 같으나 시가로 평가된 재고자산에는 현행환율을 적용한다. 이 측정방법에 따르면 순노출의 크기는 500달러가 되며, 환율하락으로 5만원의 환산손실이 발생한다.

현행환율법은 자본금을 제외한 모든 항목에 현행

〈표 1〉 환산노출의 측정사례(재무상태표)

	환율변동 이전(₩/$=1,000)		환율변동 이후(₩/$=900)			
	달러기준	원화기준	유동성/ 비유동성법	화폐성/ 비화폐성법	시제법	현행환율법
현금 및 예금	1,200	1,200,000	1,080,000	1,080,000	1,080,000	1,080,000
외상매출	2,300	2,300,000	2,070,000	2,070,000	2,070,000	2,070,000
재고자산(원가)	1,500	1,500,000	1,350,000	1,500,000	–	1,350,000
<시가>	(2,000)	(2,000,000)	–	–	1,800,000	–
비유동자산	3,000	3,000,000	3,000,000	3,000,000	3,000,000	2,700,000
자산합계	8,000 (8,500)	8,000,000 (8,500,000)	7,500,000	7,650,000	– 7,950,000	7,200,000
외상매입	1,800	1,800,000	1,620,000	1,620,000	1,620,000	1,620,000
단기차입금	1,000	1,000,000	900,000	900,000	900,000	900,000
장기차입금	1,700	1,700,000	1,700,000	1,530,000	1,530,000	1,530,000
이연법인세	500	500,000	500,000	450,000	450,000	450,000
부채합계	5,000	5,000,000	4,720,000	4,500,000	4,500,000	4,500,000
자본금	2,000	2,000,000	2,000,000	2,000,000	2,000,000	2,000,000
이익잉여금	1,000 (2,000)	1,000,000 (200,000)	780,000 –	1,150,000 –	– 1,450,000	1,000,000 –
누적환산조정	–	–	–	–	–	−300,000
자본합계	3,000 (3,500)	3,000,000 (3,500,000)	2,780,000	3,150,000	– 3,450,000	2,700,000
부채 및 자본 합계	8,000 (8,500)	8,000,000 (8,500,000)	7,500,000	7,650,000	– 7,950,000	7,200,000
▸환산순노출($)=노출자산−노출부채			2,200	−1,500	500	3,000
▸환산손익(₩)=순노출×환율변동			−220,000	150,000	−50,000	−300,000

주: 음영부분은 역사적 환율을 적용한 경우

환율을 적용한다. 이 측정방법에 따르면 순노출의 크기는 3,000달러가 되며, 환율하락으로 30만원의 환산손실이 발생한다. 그러나 다른 환산방법은 환산손실을 포괄손익계산서에 반영하지만 현행환율법은 재무상태표의 자본계정에 누적환산조정항목에 계상한다.

<표 2>에서는 환산방법에 따른 포괄손익계산서의 결과를 재무상태표와 연계하여 보여주고 있다. 우선 유동성/비유동성법은 모든 항목에 평균환율 950원을 적용하되 비유동성 항목과 관련된 감가상각은 역사적 환율 1,000원을 적용한다. 이 측정방법에 따르면 세전이익은 185만원이 되고, 소득세 40%를 뺀 세후이익은 111만원이 된다. 세후이익에 재무상태표의 환산과정에서 발생된 환산손실 22만원을 감안하면 순이익은 89만원이 된다.

한편 화폐성/비화폐성법의 경우에는 감가상각비 및 제품원가에 역사적 환율을 적용하여 세후이익을 구하면 93만원이 되고, 환산이익 15만원을 감안하면 순이익은 108만원이 된다.

시제법은 모든 항목에 평균환율을 적용하되 감가상각은 취득원가주의에 따라 역사적 환율을 적용하므로 세후이익은 111만원이 되고, 환산손실 5만원을 감안하면 순이익은 106만원이 된다.

마지막으로 현행환율법의 경우 편의상 모든 항목에 평균환율을 적용하여 계산하면 세후이익은 114만원이 된다. 이 측정방법은 다른 방법과는 달리 환산손익을 포괄손익계산서에 반영하지 않고 재무상태표에서 누적환산조정으로 처리하므로 순이익은 세후이익과 같이 114만원이 된다.

〈표 2〉 환산노출의 측정사례(포괄손익계산서)

	환율변동 이전(₩/$=1,000)		환율변동 이후(₩/$=900)			
	달러기준	원화기준	유동성/비유동성법	화폐성/비화폐성법	시제법	현행환율법
매 출 액	9,000	9,000,000	8,550,000	8,550,000	8,550,000	8,550,000
제품원가	6,000	6,000,000	5,700,000	6,000,000	5,700,000	5,700,000
감가상각	1,000	1,000,000	1,000,000	1,000,000	1,000,000	950,000
세전이익	2,000	2,000,000	1,850,000	1,550,000	1,850,000	1,900,000
소 득 세(40%)	800	800,000	740,000	620,000	740,000	760,000
세후이익	1,200	1,200,000	1,110,000	930,000	1,110,000	1,140,000
환산이익	–	–	−220,000	150,000	−50,000	–
순 이 익	1,200	1,200,000	890,000	1,080,000	1,060,000	1,140,000

주: 1) 평균환율은 ₩950/$라고 가정함. 2) 음영부분은 역사적 환율을 적용한 경우

업회계기준 23.15항에서 화폐성/비화폐성법에 따르도록 하고 있다. 다만 외화표시 자산·부채 및 손익항목을 일괄하여 원화로 환산할 경우에는 해당 자산·부채는 재무상태표의 작성일 현재의 환율을 적용하고, 손익항목은 평균환율을 적용하도록 하고 있다. 이와 같이 우리나라 기업회계기준은 원칙적으로 화폐성/비화폐성법을 적용하도록 규정하고 있으며, 다만 일괄하여 환산할 경우에는 현행환율법을 적용할 수 있도록 하고 있다. 이는 우리나라가 화폐성/비화폐성법을 적용하고 있지만 앞으로 미국, 일본 등 선진국에서 사용하고 있는 현행환율법으로 이행을 염두에 두고 취하고 있는 양면적이고 유보적 형태라고 할 수 있다.

(2) 거래노출의 측정

거래노출이란 외화표시 수출입거래에서 결제시점의 환율이 계약시점에서 예상한 환율과 다르거나, 외화자금거래에서 회수(상환)시점의 환율이 투자(차입)시점에서 예상한 환율과 다르기 때문에 발생한다. 거래노출에는 외상매출금이나 외상매입금, 외화차입금이나 외화대출금과 같이 재무상태표에 기재되는 항목도 있고, 선물환계약과 같이 외화로 수취 또는 지불이 예상되지만 기재되지 않는 항목도 있다. 일반적으로 거래노출은 수출입거래와 외화자금거래에서 주로 많이 나타나므로 이를 구분하여 좀 더 자세히 살펴보고자 한다.

수출입거래와 환노출

일반적으로 상품이나 서비스의 수출입거래는 원격지거래의 성격을 가지고 있기 때문에 일반적으로 계약을 체결한 후 일정기간이 지나서 대금결제가 이루어진다. 따라서 수출업자는 결제시점에서 실현되는 환율이 계약시점에서 예상한 결제시점의 환율보다 높으면 – 즉 자국통화가 평가절하되면 환차익을 얻게 되고, 낮으면 환차손을 입게 된다. 반대로 수입업자는 환율이 높아지면 환차손을 입게 되고 환율이 낮아지면 환차익을 얻게 된다.

외화자금거래와 환노출

한편 외화자금의 대차거래도 거래의 속성상 외화자금을 차입(또는 대출)한 후 일정기간이 지나서 상환(또는 회수)하게 된다. 차입자 입장에서는 상환시점에서 예상보다 환율이 상승하면 환차손을 입게 되고 환율이 하락하면 환차익을 얻게 된다. 반대로 대출자 또는 투자자 입장에서는 대출금 또는 투자금의 회수시점에서 환율이 상승하면 환차익을 얻지만 환율이 하락하면 환차손을 입게 된다.

(3) 경제적 노출의 측정

경제적 노출은 예상하지 못한 환율변동이 판매량, 판매가격, 생산원가 등의 변동을 통해 장래의 현금흐름과 수익에 영향을 미침으로써 기업이 입게 되는 환위험을 말한다.[1] 그런데 환율변동이 판매량, 판매가격, 생산원가 등의 변

---

1) 예상된 환율변동은 경영자, 투자자 등이 기업의 예상영업실적 및 기업의 가치평가에 이미 반영하고 있기 때문에 제외됨.

이론과실제 거래노출의 측정

(1) 상품 및 서비스의 수출입거래와 환노출

우리나라 수출기업이 100만달러어치의 LCD를 미국에 수출하고, 3개월 후에 대금을 받기로 수출계약을 체결하였다. 이 수출기업은 3개월후 결제시점에서 환율이 달러당 1,000원이 될 것으로 예상하였다고 하자. 만약 수출기업의 예상대로 결제시점에서 환율이 달러당 1,000원에서 형성된다면 수출기업은 10억원(=100만달러×1,000원/달러)을 회수하게 될 것이다.

그러나 3개월 후 결제시점의 원화환율은 수출기업의 예상보다 높을 수도 있고 낮을 수도 있다. 만약 결제시점의 원화환율이 예상보다 높은 달러당 1,100원에서 형성되는 경우 이 수출기업은 수출대금 100만달러를 환전하면 11억원을 받게 되므로 1억원의 환차익을 얻게 된다. 반면 결제시점의 원화환율이 예상보다 낮은 달러당 900원에서 형성되는 경우 이 기업은 9억원밖에 회수하지 못하므로 1억원의 환손실을 입게 된다.

한편 수입업자는 정반대의 상황에 직면하게 된다. 예를 들어 우리나라 수입기업이 3개월 후 대금을 결제하기로 하고, 미국기업과 100달러어치의 농산물 수입계약을 체결하였다고 하자. 만약 결제시점의 원화환율이 예상보다 높은 달러당 1,100원에서 형성되면 이 수입업자는 수입대금으로 11억원을 지불해야 하므로 1억원의 환차손을 입게 된다. 반면 결제시점의 원화환율이 예상보다 낮은 달러당 900원에서 형성된다면 수입업자는 9억원만 지불하면 되므로 1억원의 환차익을 얻게 된다.

이와 같이 예상하지 못한 환율변동은 자국통화로 환산한 외화표시 수출입대금을 변동시키기 때문에 수출입업자는 환위험에 노출된다. 수출업자로서는 환율이 상승하면 환차익을 얻게 되고, 환율이 하락하면 환차손을 입게 된다. 반면에 수입업자로서는 환율이 상승하면 환차손을 입게 되고, 환율이 하락하면 환차익을 얻게 된다.

(2) 외화자금거래와 환노출

어느 투자자가 현재 환율이 유로당 1,200원이지만 1년 후에는 1,225원으로 오를 것으로 예상하고, 만기가 도래한 원화 정기예금 12억원을 연리 4.0%의 1년만기 유로화 정기예금으로 바꾸어 가입하였다고 하자. 이 투자자가 12억원을 유로화로 바꾸어 100만유로를 외화정기예금에 가입하면 1년 후에 원리금이 104만유로가 된다. 이 투자자는 예상대로 원-유로화환율이 1,225원으로 오른다면 정기예금 원리금이 12억 7,400만원이 되므로 연 6.2%의 수익률을 얻게 된다.

그러나 투자자는 원-유로화환율이 예상보다 더 오르면 추가수익을 얻게 된다. 만약 만기시점에서 원-유로화환율이 예상보다 높은 1,250원으로 오른다면 이 투자자의 원리금은 13억원이 된다. 따라서 이 투자자는 2,600만원의 환차익을 얻게 되며, 기대보다 2.1%포인트 더 높은 연 8.3%의 수익률을 얻게 된다.

반면 투자자는 원-유로화환율이 예상보다 덜 오르거나 떨어지면 수익률이 기대에 못 미치게 된다. 만약 원-유로화환율이 예상과 달리 1,175원으로 떨어지면 이 투자자의 원리금은 12억 2,200만원에 지나지 않게 된다. 따라서 이 투자자는 5,200만원의 환차손을 입게 되며, 연수익률은 기대에 못 미치는 연 1.8%로 떨어진다.

한편 외화자금의 차입자는 정반대 입장에 놓이게 된다. 예를 들어 우리나라 기업이 국제금융시장에서 1년 후에 상환하기로 하고 연리 5.0%로 1,000만유로를 차입하였다고 하자. 이 기업은 원-유로화환율이 1,225원으로 오를 것으로 예상하므로 1년후 원리금 상환액은 128억 6,250만원으로, 환율변동을 감안한 이자율은 연 7.2%이다. 만약 상환시점에서 원-유로화환율이 1,250원으로 오른다면 원리금 상환액은 131억 2,500만원이 된다. 따라서 이 기업은 2억 6,250만원의 환차손을 입게 되며, 예상보다 2.1%포인트 더 높은 연 9.3%의 이자를 부담하는 결과를 초래한다. 반면 원-유로화환율이 예상과 달리 1,175원으로 떨어진다면 이 기업은 123억 3,750만원만 상환하면 된다. 따라서 이 차입기업은 5억 2,500만원의 환차익을 얻게 되며, 이자부담도 연 2.8%로 줄어든다.

이와 같이 예상하지 못한 환율변동은 자국통화로 환산한 원리금을 변동시키기 때문에 해외투자자나 차입자는 환위험에 노출된다. 투자자는 회수시점의 환율이 예상보다 상승하면 환차익을 얻게 되고, 환율이 하락하면 환차손을 입게 된다. 반면 차입자는 상환시점의 환율이 예상보다 상승하면 환차손을 입게 되고, 환율이 하락하면 환차익을 얻게 된다.

동을 통해 기업의 영업성과에 미치는 효과는 상당부분 주관적 평가에 의존할 수밖에 없다. 따라서 경제적 노출의 측정은 환산노출이나 거래노출과는 달리 주관적 분석의 성격이 짙다.

경제적 노출의 결정 요인

경제적 노출을 결정하는 요인으로는 수출 및 내수판매시장의 구조, 국내 및 수입원자재시장의 구조, 노동시장의 구조, 기업의 재무구조, 환율변동이 국민경제활동에 미치는 영향 등을 들 수 있다. 예를 들어 기업의 예상과 달리 원-달러 환율이 상승하는 경우를 생각해 보자. 이 경우 수출기업은 달러표시 수출가격을 낮출 수 있으며 이는 수출물량을 증가시키게 된다. 반면 환율의 상승은 수입원자재가격을 상승시킴으로써 생산원가를 높인다. 이는 결국 제품판매가격에 반영되어 국내인플레이션을 유발하고, 나아가 임금을 상승시켜 다시금 생산원가를 상승시키게 된다. 이와 같이 환율상승은 이러한 일련의 과정을 통해 기업의 현금흐름 – 즉 경영성과에 영향을 미치게 된다.

환율변동과 현금흐름

환율변동이 기업의 현금흐름에 미치는 영향은 일반적으로 환율변동에 대하여 판매가격, 생산원가 등이 얼마나 민감하게 반응하느냐에 달렸다. 예를 들어 수출수요가 가격탄력적인 경우 원-달러환율이 상승하면 기업은 수출가격을 낮추어 수출물량을 크게 늘림으로써 매출액을 증가시키고 기업의 수익을 개선할 수 있다. 반면 제품생산에서 수입원자재의 비중이 큰 경우 원-달러 환율의 상승은 생산원가를 크게 상승시킴으로써 기업의 수익을 악화시킨다.

환율변동과 수출입가격 전가

현실적으로 기업들은 환율변동분을 외화표시 수출가격이나 자국통화표시 수입가격에 모두 전가(pass-through)시키지 않는다. 왜냐하면 기업간 경쟁이 치열한 경우 가격을 조금만 인상하더라도 시장점유율이 크게 줄어 기업의 수익이 악화되기 때문이다. 따라서 기업들은 시장점유율이 급격히 변하는 것보다 안정적 가격을 유지함으로써 시장점유율을 일정수준에서 확보하는 것을 선호한다. 예를 들어 기업들은 환율하락으로 채산성이 악화되어도 외화표시 수출가격의 상승을 최대한 억제함으로써 시장점유율이 줄어드는 것을 막고자 한다. 반면 환율이 상승하여 채산성이 좋아져도 일부만 외화표시 수출가격의 인하에 반영하고 좀 더 많은 이윤을 챙기고자 할 것이다. 이와 같이 환율변동이 일시적인 경우 수출입업자들은 환율변동분을 가격에 반영하기보다는 외국통화표시 가격이나 자국통화표시가격을 안정적으로 유지하는 가격정책을 구사한다.

이론과실제 경제적 노출의 측정

미국에 자회사를 설립한 우리나라 자동차회사가 직면하게 되는 경제적 노출 - 즉 환율변동이 기업의 영업수지와 현금흐름에 어떻게 영향을 미치는가를 살펴보자. 미국의 자회사는 우리나라 모회사로부터 자동차 엔진을 수입하고, 현지의 인력과 기타 부품을 투입·조립하여 판매하고 있다고 하자.

이 회사는 내년도 연평균 환율이 1,000원이 될 것으로 예상하고 생산 및 판매계획을 수립하였다고 하자. 미국 자회사는 우리나라 모회사로부터 엔진을 1개당 9,000달러(900만원)에 수입하여 현지에서 조립생산하고, 판매가격을 20,000달러로 책정한다면 연간 10만대를 판매함으로써 20억달러의 매출을 올릴 수 있을 것으로 예상한다고 하자. 이때 노무 및 영업비용은 연간 4억달러, 감가상각비가 2억달러, 현지 법인세율이 40%라고 하면 내년도 현금유입액은 아래 표에서 보는 것과 같이 5억달러 - 즉 연평균환율 1,000원을 적용하면 5,000억원에 달할 것으로 예상된다.

그러나 내년도 연평균환율이 예상과 달리 900원으로 떨어질 수도 있다고 보고 이 회사가 이에 맞추어 내년도 생산 및 판매계획과 현금흐름을 파악해 경영전략을 수립하고 있다고 하자. 환율변동은 자회사의 판매가격 변동을 통해 경쟁력에 영향(competition effect)을 주고, 현지통화의 보고통화로 환산비율에 영향(conversion effect)을 줌으로써 현금흐름에 영향을 미친다. 여기서는 원화환율의 하락이 기업의 현금흐름에 미치는 영향을 세 가지 시나리오 - 즉 <1> 수입중간재가격만 변동시키는 경우, <2> 수입중간재와 판매가격을 변동시키는 경우, <3> 수입중간재와 판매가격뿐만 아니라 판매량을 변동시키는 경우로 나누어 살펴보기로 하자.

자회사의 손익 및 현금흐름

	단위	환율변동전 (₩/$ = 1,000.0)	환율변동후(₩/$ = 900.00) 수입중간재가격만 변동하는 경우	수입중간재가격과 판매가격이 변동하는 경우	수입중간재가격, 판매가격 및 판매량이 변동하는 경우
판매량	대	100,000	100,000	100,000	90,000
판매가격/대	달러	$20,000.0	$20,000.0	$22,222.0	$21,000.0
부품수입가격/대	달러	$9,000.0	$10,000.0	$10,000.0	$10,000.0
매출액	백만달러	$2,000.0	$2,000.0	$2,222.2	$1,890.0
엔진수입비용	백만달러	$900.0	$1,000.0	$1,000.0	$900.0
영업비용	백만달러	$400.0	$400.0	$400.0	$400.0
감가상각비	백만달러	$200.0	$200.0	$200.0	$200.0
세전 순이익	백만달러	$500.0	$400.0	$622.2	$390.0
법인세(40%)	백만달러	$200.0	$160.0	$248.9	$156.0
세후 순이익	백만달러	$300.0	$240.0	$373.3	$234.0
감가상각비 환입	백만달러	$200.0	$200.0	$200.0	$200.0
현금유입액	백만달러	$500.0	$440.0	$573.3	$434.0
	십억원	₩500.0	₩396.0	₩516.0	₩390.6

시나리오 1 수입중간재가격만 변동시키는 경우

모회사가 국내에서 생산비용을 고려하여 엔진가격을 900만원에서 고정시키는 상황을 생각해 보자. 이 경우 원-달러환율이 900원으로 하락하게 되면 달러화표시 엔진수입가격은 대당 10,000달러로 상승하게 된다. 그러나 다른 자동차회사와 경쟁을 고려하여 판매가격을 그대로 유지한다면 앞의 표에서 보는 것과 같이 내년도 현금유입액은 5억달러에서 4억 4,000만달러로 6,000만달러가 줄어든다. 그러나 원화로 환산한 현금유입액은 환율하락효과가 추가적으로 반영됨으로써 3,960억원으로 줄어든다.

시나리오 2 수입중간재가격과 판매가격을 변동시키는 경우

모회사가 환율하락에도 불구하고 엔진가격과 자동차 판매가격을 보고통화인 원화로 고정시키는 상황을 생각하여 보자. 이 경우 자회사는 엔진을 개당 10,000달러에 수입하고 자동차를 대당 22,222달러(×900원=2,000만원)로 인상하여 판매하여야 한다. 만약 자동차가격인상에도 불구하고 독점력이 있어 판매량 10만대에 변화가 없다면 표에서 보는 것과 같이 현금유입액은 5억 7,330만달러로 증가하지만 원화로 환산한 현금유입액은 환율하락으로 인해 조금 늘어난 5,160억원에 달할 것으로 예상된다.

시나리오 3 수입중간재가격, 판매가격 및 판매량을 변동시키는 경우

미국 자동차시장에서 경쟁이 치열하므로 환율변동으로 인한 엔진수입가격의 인상분 1,000달러만을 반영하여 판매가격을 대당 21,000달러로 책정하는 상황을 생각해 보자. 그러나 판매가격의 인상으로 판매량이 90,000대로 줄어든다면 앞의 표에서 보는 것과 같이 현금유입액은 4억 3,400만달러로 크게 줄어들며, 원화로 환산한 현금유입액도 3,906억원으로 줄어든다.

9.3 환위험의 관리체계와 전략

(1) 환위험관리의 개념과 체계

1) 환위험관리의 개념

환위험의 관리란 환위험을 예측하거나 사후적으로 인식하고 이를 다양한 기법을 이용하여 체계적으로 관리하는 것으로서, 환차손을 극소화하거나 환차익을 극대화하는 데 목적이 있다. 이는 궁극적으로 단순히 환율변동에 따른 손실을 회피하고 나아가 장래에 안정적 현금흐름을 도모함으로써 기업의 가치를 높이는 데 있다고 할 수도 있다.

환위험의 관리전략 및 기법은 환노출에 대한 인식, 환위험관리의 목적 및 기간, 경제상황 및 전망 등에 따라 달라진다. 예를 들어 외환시장의 일시적 불균형으로 환율이 변동할 것으로 예상된다면 환산노출이나 거래노출을 중점적으로 관리하여 환율변동으로 인한 영향을 극소화하는 것이 바람직하다. 반면 환율의 변동이 지속될 것으로 예상된다면 장기적 관점에서 경제적 노출을 중

점적으로 관리하여 장래 현금흐름의 불확실성을 극소화하는 것이 바람직하다.

2) 환위험의 관리체계

환위험을 효율적으로 관리하기 위해서는 <그림 9-2>에서 보는 것과 같이 합리적이고 체계적인 과정을 구축하는 것이 필요하다. 그런데 환위험의 인식 범위와 측정방법에 따라 환노출의 크기와 규모도 달라지는 만큼 환위험관리는 목적을 명확히 설정한 후에 체계적으로 수행되어야 한다.

환위험 성격의 정의

기업경영상 환위험이 발생할 소지가 있다면 첫 번째 단계에서는 관리대상이 되는 환위험의 성격을 명확하게 정립하여야 한다. 앞에서 다룬 바와 같이 환위험의 관리대상을 환산노출, 거래노출 및 경제적 노출로 구분할 수 있다.

환위험의 수집 및 분석

두 번째 단계는 환위험을 수집·분석하는 단계로서 환노출 확인체제와 정보관리체제로 구성된다. 환노출 확인체제는 재무상태표, 포괄손익계산서, 영업환경 및 경영전략 등의 분석을 통해 환산 및 거래노출이나 영업수지 및 현금흐름을 파악·확인하는 것이다. 정보관리체제는 환율예측, 환차손익에 영향을 미치는 조세 및 외환관리제도의 변동 등 환노출전략에 필요한 정보를 수집·분석하는 것이다.

환위험관리의 기본방향 설정

세 번째 단계에서는 환노출과 관련하여 수집된 정보를 종합적으로 분석하여 환위험관리에 대한 기본방향을 설정하여야 한다. 관리대상 환노출의 특성과 규모, 환율 예측, 장래 영업환경 등에 대한 분석을 통해 환위험관리에 따른 득실을 파악하여야 한다. 나아가 이를 바탕으로 환위험관리의 목적에 맞추어 환노출의 헤징 여부에 대한 기본방향을 설정하여야 한다.

환위험관리의 기본전략 선택

네 번째 단계에서는 기업의 환위험에 대한 태도와 관리방식에 맞추어 환위험관리에 대한 기본전략을 선택하여야 한다. 기본전략은 환차손의 극소화에 초점을 두는 소극적 전략과 환차익의 극대화를 도모하는 적극적 전략으로 구분될 수 있다.

환위험관리기법의 선택 및 실행

다섯 번째 단계는 환노출을 제거하기 위하여 환위험의 관리기법을 선택하여 실행하는 단계이다. 환위험의 관리기법은 크게 기업내부에서 재무관리의 한 부분으로 수행하는 내부적 관리기법과 외환 및 금융시장을 통해 기업외부로 환위험을 전가시키는 외부적 관리기법으로 나누어진다. 그러나 환위험관

그림 9-2 환위험의 관리체계

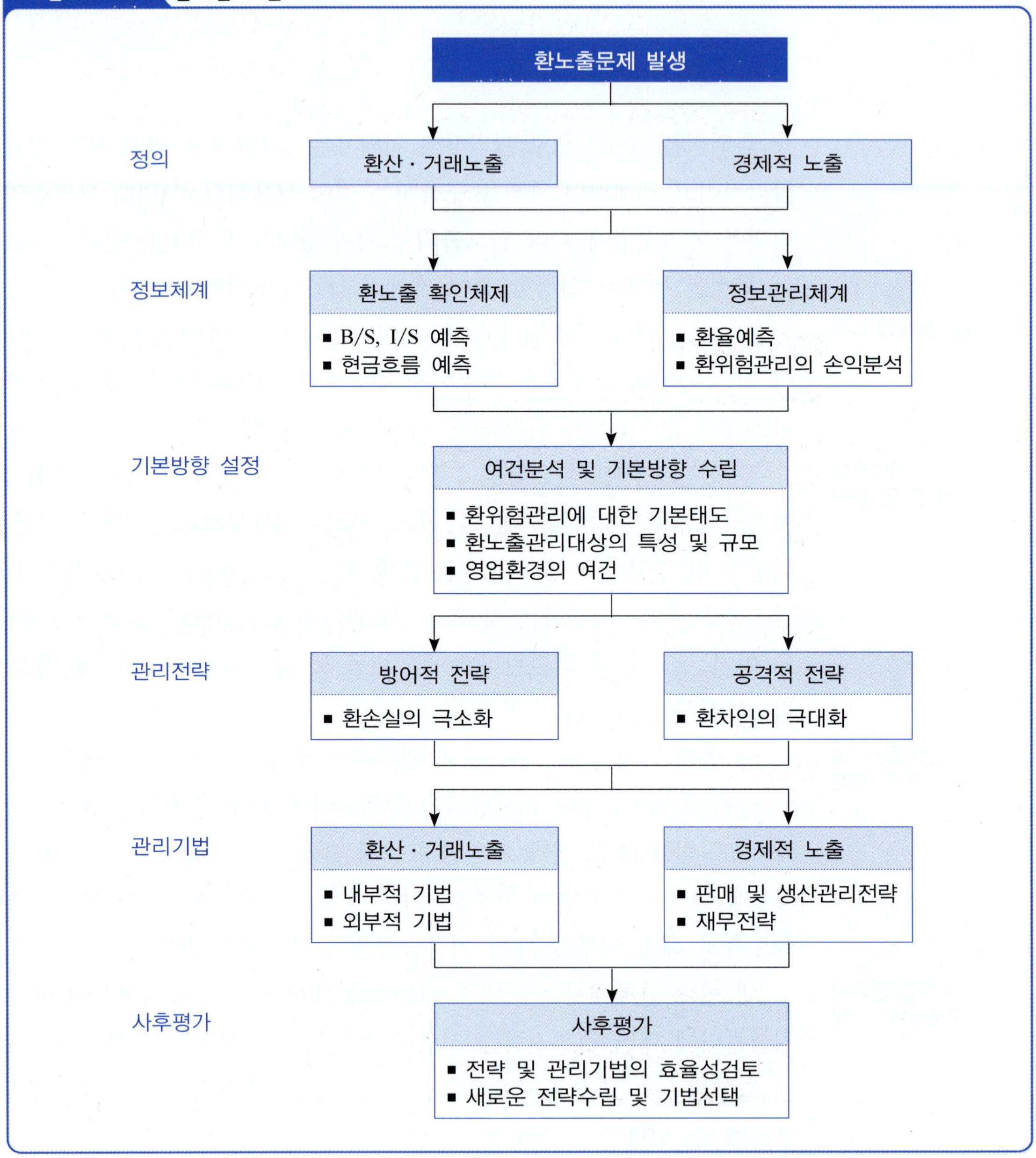

리에는 비용이 수반되고 관리기법에 따라 효율성이 달라지므로 환노출의 성격 및 환위험의 관리전략에 맞추어 적절한 기법을 선택하여야 한다.

사후평가 마지막으로 사후적 평가단계에서는 지금까지 환위험 관리전략 및 관리기법에 대한 성과를 종합적으로 평가한다. 이러한 평가를 바탕으로 차후에 환위험을 보다 효율적으로 관리할 수 있는 전략을 수립하고 기법을 개발해야 한다.

(2) 환위험의 관리전략

환위험의 관리전략이란 예상하지 못한 환율변동에서 초래되는 환차손을 극

그림 9-3 환위험의 관리체계와 기법

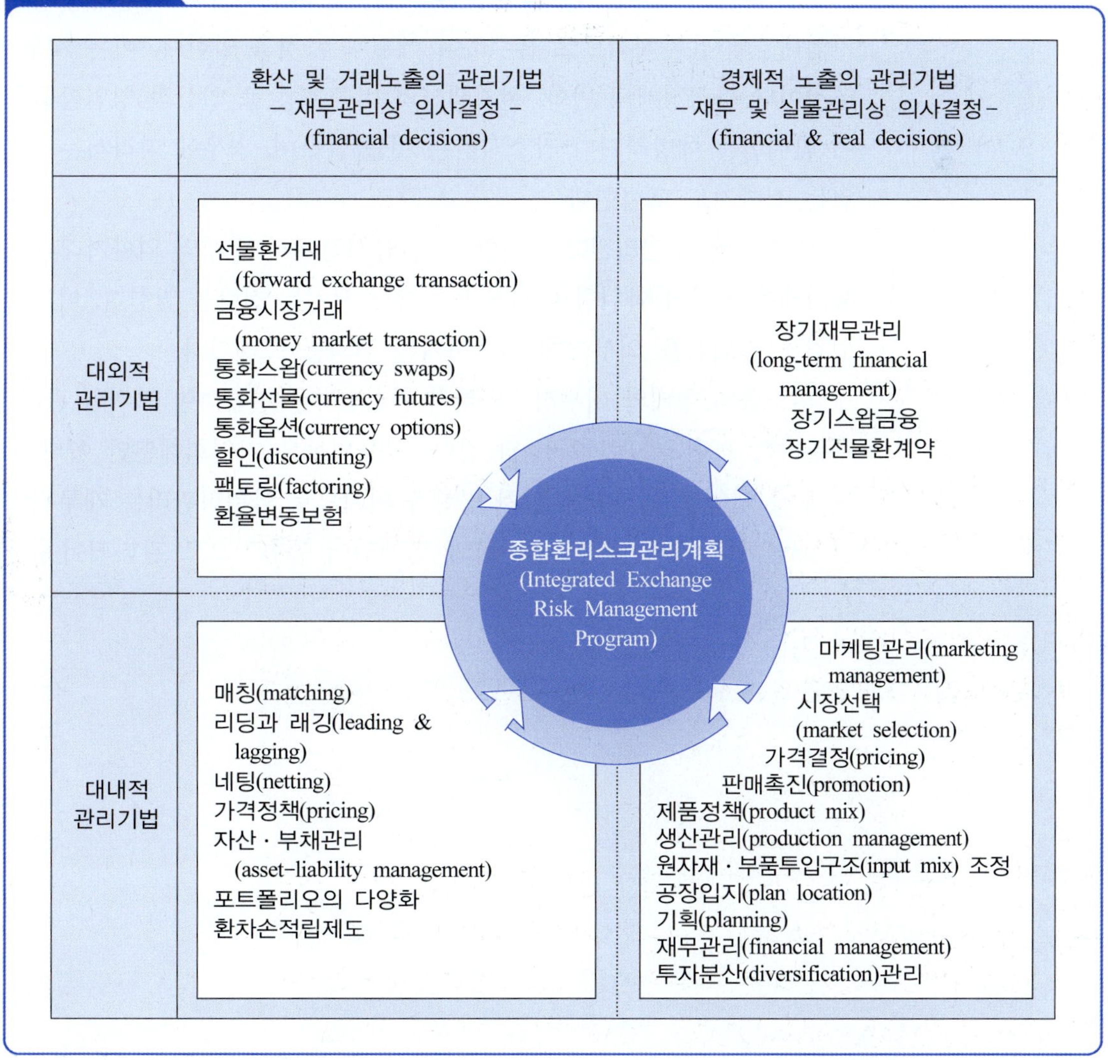

자료 : 이강남, 「국제금융론」, 제4전정수정판, 법문사, 2006, 361쪽.

소화하거나 환차익을 극대화하기 위한 관리전략을 말한다. 환위험 관리전략은 환노출의 형태에 따라 환산 및 거래노출의 관리와 경제적 노출의 관리로 구분하여 볼 수 있다. **환산 및 거래노출의 관리**는 이미 발생한 환노출에 대한 사후적 관리로서 단기적 성격이 짙고, **경제적 노출의 관리**는 장래 현금흐름의 순가치를 극대화하기 위해 생산, 판매 및 재무 측면에서 이루어지는 사전적 관리로서 장기적 성격을 갖고 있다.

환노출 형태에 따른 구분

또한 환위험 관리전략은 방향에 따라 내부적 관리전략과 외부적 관리전략으로 구분할 수 있다. **내부적 관리전략**이란 별도의 추가적 거래 없이 환위험을 기업내부에서 자체적으로 흡수하여 해결하는 것을 말한다. 이는 재무제표의 조정이나 가격정책의 변화, 현지생산의 비중조정 등 일상적 영업활동을 통하여 환위험을 예방하거나 감소시키는 것을 말하며, 경우에 따라서는 환차익을 얻는 것까지도 포함한다.

환위험 관리방향에 따른 구분

반면 **외부적 관리전략**은 외환 및 금융시장에서 별개의 외환거래나 단기금융거래를 통하여 환위험을 제거 또는 감소시키는 전략을 말한다. 이는 거래의 성격상 환위험을 외부에게 전가시키는 결과를 초래한다.

환노출의 형태와 내부적·외부적 관리전략을 결합하여 환위험 관리전략을 구분하여 보면 <그림 9-3>과 같다. 환율변동은 기업회계뿐만 아니라 생산, 판매 등 기업활동 전반에 걸쳐 영향을 미치므로 환위험관리는 재무관리 측면과 더불어 장기적 일반경영전략과 연계되어 종합적으로 관리되어야 한다.

요약

01. 환위험은 장래에 예상하지 못한 환율변동으로 인해 개인, 기업, 정부 등 경제주체의 가치가 – 좁은 의미에서는 순외화자산의 가치가 변동할 가능성의 정도를 말하며, 그 크기는 환율의 변동성과 환노출의 크기에 의해 측정된다.

02. 환노출이란 환율변동에 의해 경제주체의 가치가 – 좁은 의미에서는 순외화자산의 가치가 얼마나 민감하게 영향을 받는가 하는 민감도를 나타낸다. 환노출은 환위험의 성격에 따라 환산노출, 거래노출 및 경제적 노출로 구분된다.

03. 환산노출은 재무제표 작성시 외화표시 자산・부채와 수입・지출을 자국통화로 환산할 때 발생하는 회계상 가치변동을 말하며, 재무제표에서 어느 항목을 환위험에 노출된 항목으로 보느냐에 따라 측정방법이 유동성/비유동성법, 화폐성/비화폐성법, 시제법 및 현행환율법으로 나누어진다.

04. 거래노출이란 환율변동으로 인해 외국통화로 표시된 채권・채무가 계약시점에서 예상한 결제시점의 환율과 다른 환율에 의해 결제됨으로써 발생하는 외화결제상 가변성을 말한다. 일반적으로 거래노출은 거래의 속성상 상품 및 서비스의 수출입거래와 외화자금거래에서 주로 많이 나타난다.

05. 경제적 노출은 예상하지 못한 환율변동으로 인해 장래에 기대되는 현금흐름의 순현재가치 – 즉 기업가치의 변동가능성을 말한다. 경제적 노출은 수출 및 내수판매시장의 구조, 국내 및 수입원자재시장의 구조, 노동시장의 구조, 기업의 재무구조, 환율변동이 국민경제활동에 미치는 영향 등에 의해 결정된다.

06. 환위험의 관리란 궁극적으로 기업의 가치를 높이기 위하여 환위험을 예측하거나 사후적으로 인식하고 이를 다양한 기법을 이용하여 체계적으로 관리하는 것을 말한다. 환위험의 효율적 관리를 위해서는 합리적이고 체계적인 과정을 구축하여야 한다.

07. 환위험의 관리전략이란 예상하지 못한 환율변동에서 초래되는 환차손을 극소화하거나 환차익을 극대화하기 위한 관리전략을 말한다. 내부적 관리전략이란 기업이 별도의 추가적 거래 없이 환위험을 내부에서 자체적으로 흡수하여 해결하는 것을 말하고, 외부적 관리전략은 외환 및 금융시장에서 별개의 외환거래나 단기금융거래를 통하여 환위험을 전가시킴으로써 이를 제거 또는 감소시키는 전략을 말한다.

연습문제

01. 경제신문사 웹사이트의 검색창에서 '환위험' 또는 '환노출'을 입력하여 신문기사를 검색하고, 기업이나 투자자가 직면하게 되는 환노출의 사례 3개를 골라 제시하시오. 또 각 사례별로 환위험의 내용을 파악하고 이를 관리하기 위한 방안에 대하여 설명하여 보시오.

02. 우리나라 K기업이 미국에 설립한 자회사의 재무상태표가 지난해 말 현재 다음과 같다고 하자. 원-달러환율이 1,000원에서 1,100원으로 상승하는 경우 다양한 방법을 이용하여 환노출의 크기와 환산손익을 계산하고, 이 결과를 비교·설명하여 보시오.

재무상태표 (단위 : 1,000달러)

자 산		부채 및 자본	
현금 및 예금	400	외상매입	1,500
외상매출	1,800	단기차입금	600
재고자산(원가)	1,200	장기차입금	1,000
<시가>	(1,000)	이연법인세	200
비유동자산	600	자본금	800
영업권	500	이익잉여금	400
			(200)
자산 합계	4,500	부채 및 자본 합계	4,500
	(4,300)		(4,300)

(1) 유동성/비유동성법에 의해 환노출의 크기와 환산손익을 계산하시오.
(2) 화폐성/비화폐성법에 의해 환노출의 크기와 환산손익을 계산하시오.
(3) 시제법에 의해 환노출의 크기와 환산손익을 계산하시오.
(4) 현행환율법에 의해 환노출의 크기와 환산손익을 계산하시오.
(5) 각 환노출 측정방법의 차이점에 대하여 비교·설명하시오.

03. 어느 국내투자자가 원화로 예금한 정기예금 1억원이 만기가 도래함에 따라 재예치할 것인지 아니면 미달러화표시 정기예금으로 바꾸어 가입할 것인가를 고려하고 있다고 하자.

(1) 은행에서 제시하는 1년 만기 원화표시 정기예금과 미달러화표시 정기예금

금리를 조사해 보시오.

(2) 현재 원-달러 현물환율과 1년물 선물환율을 조사해 보시오.

(3) 1년후 원-달러 현물환율이 현재의 1년물 선물환율이 될 것으로 예측하고 미달러화표시 정기예금에 가입을 한다면 국내투자자는 미달러화표시 정기예금에서 얼마만큼의 수익률을 기대하고 있는가?

(4) 1년후 원-달러 현물환율이 현재의 1년물 선물환율보다 30원 높게 형성되었다면 국내투자자는 미달러화표시 정기예금에서 얼마만큼의 수익률을 얻게 되는가?

(5) 1년후 원-달러 현물환율이 현재의 1년물 선물환율보다 30원 낮게 형성되었다면 국내투자자는 미달러화표시 정기예금에서 얼마만큼의 수익률을 얻게 되는가?

04. [이론과 실제] 경제적 노출의 측정(251쪽)에서 원-달러환율이 1,100원으로 상승한다고 가정하고 <1> 원화표시 엔진가격을 고정시키는 경우, <2> 원화표시 엔진가격과 원화표시 판매가격을 고정시키는 경우, <3> 원화표시 엔진가격은 고정시키되 달러화표시 판매가격을 5% 인하함으로써 판매량이 10% 증가하는 경우로 나누어 현금흐름을 파악해 보시오.

05. 환위험관리의 개념, 목적, 체계 및 전략에 관하여 설명하시오.

06. 우리나라가 1997년 외환위기를 계기로 자유변동환율제도를 시행한 이후 원-달러 환율이 급격하게 변동하고 있다. 이로 인하여 발생할 수 있는 외환거래의 위험을 유형별로 구분하여 설명하시오. 또한 이러한 환위험에 대한 관리기법을 내부적 관리기법과 외부적 관리기법으로 나누어 설명하시오.

<2002년 행정고시 국제경제학 기출문제 일부 변형>

〈부록〉 시장리스크 측정 방법

(1) 듀레이션(Duration)과 볼록성(Convexity)

듀레이션은 이자율 변화에 따라 채권(혹은 포트폴리오)의 가격이 얼마나 민감하게 변화하는지 측정하기 위해 사용된다. 앞으로 n년 동안 매년 C_t의 현금흐름을 지급하는 채권의 현재가치, 즉 채권가격은 다음과 같다.

$$P_0 = \sum_{t=1}^{n} \frac{C_t}{(1+y)^t}$$

채권수익률 y가 변화할 때 채권가격의 변화는 다음과 같이 표현할 수 있다.

$$\frac{dP_0}{dy} = -\frac{1}{(1+y)}\left[\sum_{t=1}^{n} \frac{tC_t}{(1+y)^t}\right]$$

이때, Macaulay Duration은 다음과 같이 정의된다.

$$D = \left[\sum_{t=1}^{n} \frac{tC_t}{(1+y)^t}\right] / P_0$$

이를 이용하면 채권수익률 변화에 대한 채권가격의 변화를 다음과 같이 나타낼 수 있다.

$$\frac{dP_0}{dy} = -\frac{D}{(1+y)} P_0$$

이를 보다 간편히 나타내기 위해 Modified Duration $\widetilde{D} = D/(1+y)$을 사용하면 채권가격 변화는 $dP_0/dy = -\widetilde{D}P_0$로 나타낼 수 있다.

듀레이션은 수익률과 가격 사이에 선형관계를 가정하므로 실제 둘 사이에 존재하는 비선형성으로 인해 수익률 변화가 큰 경우 정확성이 감소한다. 이러한 점을 고려하여 볼록성(Convexity)은 채권가격과 수익률 간의 비선형 관계를 감안하여 정확성을 높인다. 즉, 듀레이션은 가격변화에 대한 테일러 전개(Taylor expansion)식의 1차항에 해당하고 볼록성은 2차항에 해당한다. 볼록성 C_x를 아래와 같이 정의하면 채권가격 변화는 다음과 같이 나타낼 수 있다.

$$C_x = \left[\frac{1}{(1+y)^2} \sum_{t=1}^{n} \frac{t(t+1)C_t}{(1+y)^t}\right] / P_0$$

$$\frac{dP_0}{dy} = \left[-\widetilde{D} + \frac{1}{2} C_x dy \right] P_0$$

(2) 그리스문자(Greeks)

옵션과 같은 파생상품을 포함한 포트폴리오의 가치(V)가 이에 영향을 미치는 다른 변수들의 변화에 대해 얼마나 민감하게 반응하는지를 그리스문자로 나타내기도 한다. 기초자산의 가격(S), 기초자산 가격의 변동성(σ), 만기까지 잔존기간($T-t$), 무위험이자율(r_f)의 변화에 따라 포트폴리오의 가치가 변화하는 정도는 다음과 같이 나타낼 수 있다.

$$\triangle V = \frac{\partial V}{\partial S} \triangle S + \frac{\partial V}{\partial \sigma} \triangle \sigma + \frac{\partial V}{\partial t} \triangle t + \frac{\partial V}{\partial r_f} \triangle r_f + \frac{\partial^2 V}{\partial S^2} (\triangle S)^2 + \cdots$$

위의 식에서 각 편미분에 해당하는 부분을 그리스문자 델타(δ), 베가(ν)[2], 쎄타(θ), 로(ρ), 감마(Γ)를 이용해 다음과 같이 나타낼 수 있다.

$$\delta = \frac{\partial V}{\partial S}, \quad \nu = \frac{\partial V}{\partial \sigma}, \quad \theta = -\frac{\partial V}{\partial t}, \quad \rho = \frac{\partial V}{\partial \sigma}, \quad \Gamma = \frac{\partial^2 V}{\partial S^2}$$

이를 이용해 포트폴리오의 리스크를 헤지할 수 있다. 예를 들어, 델타는 기초자산의 가격변화에 따른 포트폴리오의 가격변화를 나타내는데, 포트폴리오의 델타값을 0으로 만드는 포지션을 델타중립적(delta neutral)이라고 한다.

(3) Value at Risk (VaR)

VaR은 포트폴리오의 가치변화($\triangle V$)에 대한 확률분포를 추정하고, 이를 바탕으로 주어진 기간 동안 발생 가능한 최대 손실 규모를 추정한다. VaR은 $\triangle V$의 확률분포를 구하기 위해 다양한 방법이 사용될 수 있는데, 아래에서는 역사적 시뮬레이션 방식, 몬테카를로 시뮬레이션 방식, 분산-공분산 방식을 간단히 설명한다.

---

2) 베가(Vega)는 사실 그리스 문자가 아니다. 관행적으로 ν(Nu)를 이용해 나타낸다.

1) 역사적 시뮬레이션 방식

이 방법은 과거 일정 기간 동안에 시장에서 관측된 각 자산의 가격 변동치를 사용하여 ΔV의 확률분포를 산출한다. 포트폴리오에 여러 자산이 있는 경우 자산별로 가중치를 다르게 부여하여 포트폴리오의 가치변화에 대한 확률분포를 구할 수 있다. 이 방법은 사전적으로 확률분포에 대한 별도 가정이 필요없다는 장점이 있지만, 데이터에 추세(trend)가 포함되어 있을 경우 리스크 측정에 오류가 생길 수 있으므로 주의가 필요하다. 또한 새로운 상품과 같이 과거의 관측치를 구하기 어려운 경우에는 적용하기 어렵다는 단점이 존재한다.

2) 몬테카를로 시뮬레이션 방식

이 방법은 각각의 리스크 요인들의 확률분포에 대한 사전적 가정을 이용한다. 기존의 데이터를 사용해 가정한 확률분포의 정확한 모습을 알기 위해 필요한 계수값과 리스크 요인들간 상관관계를 추정하고, 이를 이용해 컴퓨터 통계 프로그램으로 요인들이 취할 수 있는 값들을 임의추출(random sampling)하여 포트폴리오 가치변화를 산출한다.

3) 분산·공분산 방식

이 방법은 J.P. Morgan에서 개발된 RiskMetrics 등 많은 경우에 사용되는 VaR 계산 방법이다. 이 방법은 자산의 수익률 혹은 리스크 요인의 변동치가 정규분포를 따른다고 가정한다. 포트폴리오의 수익률은 정규분포를 따르는 각 자산들의 선형결합이므로 역시 정규분포를 따르게 된다. 이를 바탕으로 분산과 공분산이 시간에 따라 변하지 않는 상수(constants)라고 가정하고 포트폴리오의 가치변화를 추정한다. 이 방법은 현실에서 정규분포의 가정이 바람직하지 않거나, 분산과 공분산이 시간에 따라 변화하는 경우에는 오류가 발생할 수 있으므로 이에 대한 주의가 필요하다.

CHAPTER 10

환위험의 내부적 관리

환위험의 관리는 환위험을 기업이 내부에서 자체적으로 흡수하는 내부적 관리방법과 외부로 전가시키는 외부적 관리방법으로 구분하여 볼 수 있다. 환노출의 속성에 따라 환위험의 관리방법도 달라지는 만큼 여기서는 환산 및 거래노출과 경제적 노출로 구분하여 다양한 내부적 관리기법에 대하여 살펴보고자 한다. 나아가 기업이 환위험을 효율적으로 관리하기 위해서는 다양한 기법을 비교·검토한 후 기업의 특성에 적합한 것을 선택하여 활용하여야 한다.

10.1 환산 및 거래노출의 관리

(1) 상 계

상계(netting)란 다국적기업의 '본사와 자회사 또는 자회사 상호간'(이하에서는 '본 · 자회사간')에 발생하는 채권 · 채무관계를 개별적으로 결제하지 않고 일정기간마다 이들간 채권 · 채무를 상쇄하고 차액만 결제하는 제도이다. 즉 다국적기업내의 본 · 자회사간 채권 · 채무를 결제할 때 차액만을 결제하여 국가간 결제규모를 축소시킴으로써 환위험을 줄이는 것이다.

상계의 형태

상계의 형태로는 **양자간 상계**(bilateral netting)와 **다자간 상계**(multilateral nett-ing)가 있다. 양자간 상계는 본 · 자회사간 채권 · 채무를 일정시점에서 상계하고 차액만 결제하는 것을 말한다. 다자간 상계는 동일 기업 내에 3개 이상의 본 · 자회사간 채권 · 채무를 상계하는 제도로서 기업내에 중앙집중적 상계센터가 본 · 자회사간 채권 · 채무를 총괄적으로 관리하고 다각적으로 상계시켜 주는 역할을 담당한다.

상계의 장단점

상계제도는 다국적기업 전체의 입장에서 보면 자금관리비용을 절감하고 기업 내부의 결제기능을 강화시켜 준다. 즉 기업은 지급건수 및 결제자금을 줄임으로써 은행수수료 등 거래비용을 절감하고, 유동자금을 효율적으로 관리할 수 있으며, 환노출 금액을 줄임으로써 불필요한 환차손을 막을 수 있다. 그러나 상계제도는 상계기간까지 수입과 지출이 늦추어지고 실제거래에서 사용하는 통화와 상계에 사용되는 통화가 달라질 수 있는 문제를 가지고 있다.

(2) 매 칭

매칭(matching)이란 외화자금의 수취와 지급을 통화별 또는 만기별로 일치시켜 외화자금 흐름의 불일치에서 발생하는 환위험을 원천적으로 제거하는 기법이다. 보통 상계는 다국적기업내에서 수취금액과 지급금액을 상쇄시키는 것을 말하지만, 매칭은 다국적기업내뿐만 아니라 제3자와 외환거래에도 적용된다. 매칭은 외환거래가 지속적으로 이루어지고 환위험의 관리체제가 중앙

이론과실제 양자간 상계와 다자간 상계

(1) 양자간 상계

우리나라 의류회사가 국내에서 원단을 중국 현지 공장에 보내고 가공된 의복을 국내로 수입하여 판매하고 있다고 하자. 지난 분기중 국내 본사는 중국 현지공장에 원단을 30만달러씩 4차례에 걸쳐 120만달러어치를 보냈고, 중국 현지공장으로부터 의복을 70만달러씩 3차례에 걸쳐 210만달러어치를 받았다.

양자간 상계

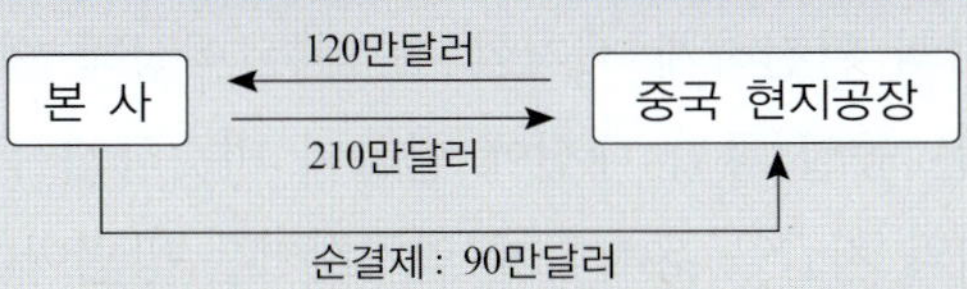

상계없이 본사와 현지공장간 대금결제가 이루어진다면 중국 현지공장은 본사에 120만달러를 송금해야 하고, 본사는 현지공장에 210만달러를 송금하여야 한다. 매 거래시마다 대금결제를 한다면 이 회사는 7차례에 걸쳐 은행과 외환거래를 하여야 하며, 330만달러에 대해 환전 및 송금수수료를 부담하여야 한다. 또한 환율변동으로 인한 환노출의 크기도 두 거래를 합한 330만달러가 된다.

만약 분기말에 본사와 현지공장간 채권 · 채무를 상계하고 차액만 결제한다면 본사는 현지공장에 90만달러를 한 번만 송금하면 된다. 따라서 이 회사는 환전 및 송금수수료를 줄일 수 있으며, 환노출의 크기도 90만달러로 줄일 수 있게 된다.

(2) 다자간 상계

우리나라 전자회사가 중국 자회사에서 LCD TV를 생산하여 일부는 국내로 수입하고 나머지는 미국에 수출한다고 하자. 분기중 국내 본사는 국내에서 생산한 LCD패널 300만달러어치와 미국 현지법인이 구입한 부품 250만달러어치를 중국 현지공장으로 보냈고, 특허권료 50만달러는 분기말에 미국 현지법인을 통해 지급하기로 하였다(아래 그림(A)에서 실선화살표). 중국의 현지공장은 생산한 LCD TV 150만달러어치를 본사로 보내고, 나머지는 미국 현지법인으로 수출하였다. 미국 현지법인은 수입결제대금 중 550만달러는 중국 현지공장에 지급하고, 나머지 200만달러는 본사에 지급하기로 하였다(아래 그림(A)에서 점선 화살표).

다자간 상계

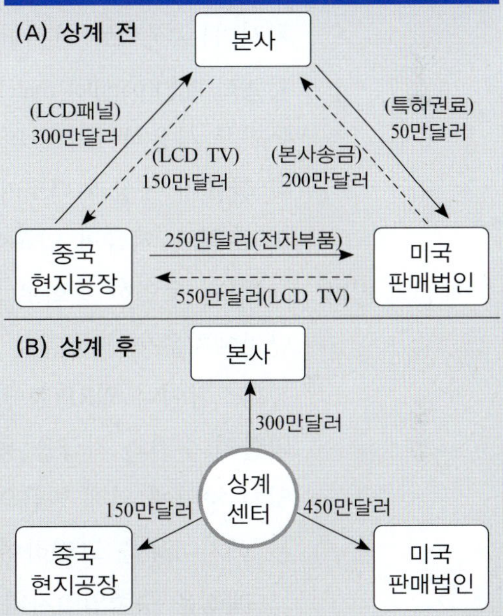

이 경우 회사간 개별적으로 대금결제가 이루어진다면 모두 6건의 외환거래가 이루어져야 하며, 거래금액도 1,500만달러에 달한다. 그러나 상계센터는 본 · 지사로부터 채권 · 채무를 보고받아 상계하고 미국 현지법인으로부터 450만달러를 받아 본사에 300만달러, 중국 현지공장에 150만달러를 지급하면 된다. 이러한 상계를 통해 환전 및 송금수수료를 줄일 수 있으며, 환노출의 크기도 450만달러로 줄일 수 있다.

집중적 관리방식을 취하고 있는 경우에 용이하게 활용될 수 있다.

예를 들어 우리나라의 어느 철강회사가 철광석, 유연탄 등 대부분의 원료를 호주, 브라질 등에서 수입하여 철강을 생산하고, 이 중에서 상당부분을 해외에 지속적으로 수출하고 있다고 하자. 이 철강회사는 수출입대금을 모두 미 달러화로 결제하고, 또한 수출대금의 결제일에 맞추어 수입대금을 지급하기로 계약을 한다면 외환의 수취와 지급을 매치시킴으로써 환위험을 제거할 수 있다.

매칭의 형태

매칭은 매칭통화에 따라 자연적 매칭과 평행적 매칭으로 구분하여 볼 수 있다. **자연적 매칭**(natural matching)은 동일한 통화로 외환의 수취와 지급을 일치시키는 것으로 환위험을 거의 완전하게 제거할 수 있는 이상적 형태이다. **평행적 매칭**(parallel matching)은 동일 통화 대신에 환율이 비슷하게 움직이는 통화를 사용하여 외환의 수취와 지급을 유사하게 일치시키는 방법이다. 그러나 환율이 예상과 다르게 변동한다면 환위험의 헤지가 불가능하게 되며, 외환의 수취와 지급의 양쪽에서 모두 손실을 입을 수도 있다.

매칭의 방법

한편 동일한 통화로 외환의 수취와 지급이 단기적으로 매치되지 않는다면 단기예치운용이나 일시 차입을 통해 갭을 조정할 수도 있다. 또한 최근에는 통화스왑이나 역RP(환매조건부 증권매입)거래를 이용하여 직접 매치되지 않는 외환의 수취와 지급을 용이하게 조정할 수 있다. 그러나 이러한 통화스왑이나 일시 차입에 의해 현금의 흐름을 조정하는 경우에는 양국간 금리차에 해당하는 헤지비용을 고려하여야 한다.

매칭은 수출입업자와 같이 환위험의 관리가 단순한 기업도 동일한 통화의 현금흐름이 양방향으로 이루어지는 경우에 사용할 수 있다. 다국적기업은 국제적으로 활동하고 있어 외환거래량도 많고 유사한 통화의 수취와 지급이 빈번하게 일어나기 때문에 매칭할 수 있는 기회가 많다. 또한 통화흐름의 폭이 넓을수록 매칭의 범위가 커지고 환위험 관리의 조직이 중앙집중화될수록 매칭은 더 효과적으로 이루어질 수 있다.

매칭의 한계

그러나 환위험을 매칭에 의해 관리할 때 직면하게 되는 현실적 문제는 외환의 수취와 지급이 예정대로 제때에 이루어지는지의 여부이다. 만약 수취와 지급중 어느 하나가 지연된다면 결과적으로 예정되었던 외환의 수취와 지급이 모두 환위험에 노출되게 된다.

(3) 리딩과 래깅

리딩과 **래깅**(leading and lagging)은 환율변동에 대응하여 외환의 결제시기를 의도적으로 앞당기거나(leading) 지연시키는(lagging) 것을 말한다. 이는 간단하고 단기적인 환위험의 관리기법으로서 다국적기업내 거래에서는 물론 수출입업자 또는 외화자금 관리자들에 의해 널리 이용되고 있다.

예를 들어 수출입업자가 리딩과 래깅을 이용하여 어떻게 환차손을 극소화하거나 환차익을 극대화할 수 있는가를 생각해 보자. 만약 원-달러환율이 지속적으로 상승할 것으로 예상된다면 수출업자는 가능한 화물을 천천히 선적하고 대금을 늦추어 받아 미달러화를 원화로 환전함으로써 더 많은 환차익을 얻을 수 있다. 반면 수입업자는 수입대금을 가능한 앞당겨 지급함으로써 환차손을 극소할 수 있다. 반대로 원-달러환율이 하락할 것으로 예상되면 수출업자는 수출대금의 회수를 앞당기고, 수입업자는 수입대금의 결제를 늦추고자 할 것이다.

리딩과 래깅의 특징

리딩과 래깅은 다른 내부적 관리기법과 비교하여 볼 때 다음과 같은 특징이 있다.

본·자회사간 결제

첫째, 리딩과 래깅은 제3자와 거래시 거래쌍방간 이해가 상충되기 때문에 활용이 쉽지 않고 기업 전체의 이익을 추구하는 다국적기업내 본·자회사간 결제에 많이 이용된다.

자금관리기법

둘째, 리딩과 래깅은 환위험 관리뿐만 아니라 다국적기업의 본·자회사간 효율적 자금관리기법으로도 이용될 수 있다. 예를 들어 다국적기업은 약세통화국에서 강세통화국으로 그리고 저금리국에서 고금리국으로 자금을 이동시킴으로써 투자수익의 증대를 꾀할 수 있다.

환위험노출

셋째, 리딩과 래깅은 결제시점에서 실현된 환율수준에 따라 환위험 관리의 결과가 달라진다. 예를 들어 환율이 상승할 것으로 예상하고 수출업자가 선적과 대금회수를 늦추었는데, 예상과 달리 환율이 하락하면 수출대금이 감소하여 환차손을 입게 된다.

상대방 보상 없음

넷째, 리딩과 래깅전략을 본·자회사간 거래에 이용하는 경우 일반적으로 상대방에게 보상이 이루어지지 않는다. 따라서 이러한 환위험 관리기법을 사용하는 경우 자회사의 환위험 부담과 수익성에 큰 영향을 미치므로 자회사의 수익성 평가에 대해 사전조정이 필요하다.

신용·외환 통제시 활용제약

다섯째, 자회사 소재국의 정부가 신용통제나 외환통제를 하는 경우에 리딩과 래깅을 활용하는 데에는 상당한 제약이 따른다. 왜냐하면 리딩과 래깅은 외환과 국제수지에 영향을 미치므로 많은 국가들이 신용기간에 상한을 정하여 일정범위에서만 허용하고 있기 때문이다.

(4) 자산·부채 관리

자산·부채 관리(asset-liability management)는 환율전망에 따라 기업의 자산과 부채 포지션을 조정함으로써 주로 환산노출이나 거래노출을 관리하는 기법이다. 환위험 관리기법으로서 자산·부채 관리기법은 원래 금융기관의 종합적인 자산·부채 관리기법의 일부분으로 볼 수 있으며, 환차손을 극소화하기 위한 소극적 전략과 환차익을 극대화하기 위한 적극적 전략으로 구분하여 볼 수 있다.

적극적 관리전략

적극적 자산·부채 관리전략은 강세예상통화표시의 자산이나 현금포지션을 늘리고 조기상환이나 결제를 통해 부채를 줄이는 반면에, 약세예상통화표시의 자산을 축소시키고 부채를 늘리는 것을 말한다. 예를 들어 약세예상통화표시의 외상매출금, 받을어음 등의 채권은 가급적 빨리 회수하고, 외상매입금, 지급어음 등의 채무는 가급적 지연시킴으로써 환차익을 극대화할 수 있다. 반면 강세예상통화표시의 채권은 가급적 천천히 회수하고 부채는 서둘러 지급하여야 한다.

그러나 적극적 자산·부채 관리전략은 환율이 예상과 반대방향으로 실현되는 경우 오히려 환차손을 입게 된다는 점을 고려하여야 한다. 또한 원활한 자금조달 및 운용을 위해서는 통화별 유동성 사정을 고려하여야 하며, 이외에도 이종통화간 금리차, 예상환율 변동폭, 거래수수료, 금융비용, 세금 등도 감안하여야 한다. 그리고 제도적 측면에서 외환관리상 규제 및 현지통화의 태환성도 고려

〈표 10-1〉적극적 자산·부채 관리전략

항 목	강세예상 통화표시	약세예상 통화표시
자산항목	증가	감소
부채항목	감소	증가

이론과실제 다국적기업의 자산·부채 관리전략

우리나라 모회사가 중국에 현지공장과 미국에 판매법인을 설립하고, 중국에서 제품을 생산하여 미국에 판매하고 있다고 하자. 우리나라 모회사가 화폐성/비화폐성법에 따라 중국과 미국 자회사의 재무상태표 항목을 구분하여 환산노출을 측정하였더니 오른쪽 표에서 보는 것과 같이 미국 자회사의 순노출은 60만달러, 중국 자회사의 순노출은 -420만위안으로 나타났다.

우리나라 자회사의 환산노출

자산 · 부채 조정전		구 분	자산 · 부채 조정후	
미달러화 (천달러)	중국위안화 (천위안)		미달러화 (천달러)	중국위안화 (천위안)
600	900	현금 및 예금	400	900
800	1,200	외상매출금	800	1,200
1,400	2,100	환노출 자산	1,200	2,100
300	600	외상매입금	400	600
100	2,700	단기차입	100	1,500
400	3,000	장기차입	700	1,200
800	6,300	환노출 부채	1,200	3,300
600	-4,200	순노출	0	-1,200

주: 화폐성/비화폐성법에 따라 각 통화에 노출된 항목만 표시

우리나라 모회사는 앞으로 달러화가 약세 – 즉 우리나라 원화와 중국 위안화가 강세를 보일 것을 전망하고 있다. 현재 위안화환율은 달러당 6.00위안이지만 1년후에는 5.75위안까지 떨어지고, 원화환율은 달러당 1,050원에서 1,035원으로 떨어질 것으로 예측하고 있다고 하자. 이에 따라 원화의 대위안화 환율은 현재 위안화당 175원에서 1년후에는 180원으로 오를 것으로 예상된다고 하자. 만약 예측대로 환율이 실현된다면 미국 자회사에서 900만원[=60만달러×(-15원/달러)], 중국 자회사에서 2,100만원[=(-420만위안)×5원/위안]의 환차손이 예상된다.

우리나라 모회사는 각 통화의 순노출을 줄임으로써 환차손을 회피하는 소극적 관리전략을 구사하려고 한다고 하자. 이를 위해 우리나라 모회사는 다음과 같은 자산 · 부채거래를 한다고 상정하여 볼 수 있다.

1. 중국 자회사는 재고 30만달러어치를 미국 자회사에 수출하고, 미국 자회사는 수입대금 20만달러를 즉시 현금으로 결제하고 나머지는 외상으로 매입함.
2. 중국 자회사는 결제받은 수출대금 20만달러를 위안화로 환전하여 단기차입금 120만위안을 상환함.
3. 미국 자회사는 현지에서 30만달러(×6.0위안=180만위안)를 차입하여 중국 자회사의 장기차입금을 조기에 상환하도록 함.

이러한 자회사간 자산 · 부채거래는 표에서 보는 것과 같이 자산 · 부채 조정후에 미국 자회사의 순노출을 0, 중국 자회사의 순노출을 -120만위안으로 줄임으로써 환위험을 제거하거나 감소시킨다. 만약 중국 자회사의 환노출도 완전히 제거하고자 한다면 불요불급한 고정자산 등을 매각하여 화폐성 자산을 증가시키면 된다.

만약 우리나라 모회사가 적극적 관리전략을 취하고자 한다면, 강세통화인 위안화표시 자산을 증가시키며 부채를 감소시키고, 반대로 약세통화인 달러화표시 자산을 감소시키고 부채를 증가시키는 방향으로 자산과 부채를 조정하여야 한다. 그러나 예상과 달리 달러화가 강세로 돌아서게 되면 엄청난 환차손을 감수하여야 한다.

하여야 한다.

소극적 관리전략

한편 소극적 자산·부채 관리전략은 약세통화와 강세통화를 구별하지 않고 통화별·만기별로 자산·부채와 현금의 수취·지급 규모를 일치시키는 것이다. 바꾸어 말하면 이는 환위험에 노출된 자산과 부채금액을 일치시켜 순노출이 영(零)이 되도록 하는 전략이다.

(5) 포트폴리오의 다양화

국제포트폴리오 투자는 투자대상을 국제적으로 다양화시킴으로써 위험을 분산하는 데 목적이 있다. 특히 국제포트폴리오 투자과정에서 구성통화를 다양하게 구성함으로써 환율변동 등으로 인해 초래될 수 있는 환산 및 거래위험을 분산시킬 수 있다.

환율변동과 상쇄효과

변동환율제도하에서 각 통화간 환율은 서로 변동하게 된다. 그러나 환율은 통화간 상대가격이기 때문에 모두가 같은 방향으로 일제히 상승하거나 하락할 수는 없다. 따라서 외화표시 자산이나 부채를 가지고 있는 경우 어떤 특정 통화의 환율변동은 상대통화의 환율을 반대방향으로 움직이게 하기 때문에 서로 상쇄되는 효과가 있다.

기업이 영업활동과정에서 여러 통화의 환위험에 노출되어 있으면 통화들간 상반된 환율변동에 의해 서로 상쇄되기 때문에 환위험도 자연스럽게 줄어든다. 다시 말하면 전체적 환위험의 크기는 각 통화별 환위험을 합한 것보다 작다. 거래하는 외국통화의 수가 많을수록, 그리고 이들 통화간 환율변동의 상관계수가 작을수록 환위험은 그만큼 더 줄어든다.

(6) 가격정책

가격정책이란 기업의 판매수익의 극대화 또는 구매비용의 극소화를 위한 가격결정 또는 가격선택정책을 함.

환위험의 관리수단으로서 **가격정책**(pricing policy)은 환율변동으로 인해 발생되는 환차손만큼 또는 환차손의 일부를 보전하기 위해 거래상대방에게 상품판매가격의 인상이나 원재료 구매가격의 인하를 요구하는 것이다. 수출업자는 자국통화가 평가절상되는 경우 자국통화 현금수취액을 평가절상전과 같은 수준에서 유지하고자 한다면 외국통화표시 수출가격을 평가절상폭과 같은 비율로 인상시켜야 한다. 그러나 현실적으로 수출가격은 해당 상품수출시장에서 가격경쟁력, 소비자의 기호, 가격탄력성, 수입국의 가격통제 여부 등을 감안하여 조정된다.

수출입업자간 환위험분담

환위험의 관리수단으로서 가격정책은 수출입거래과정에서 발생하는 환위험을 수출업자와 수입업자가 나누어 부담하는 것이다. 예를 들어 현재 환율이 달러당 1,000원인데 만약 결제시점에서 환율이 이를 벗어나는 경우 환율변동폭의 절반씩을 수출입업자가 나누어 부담하기로 하였다고 하자. 만약 원화환율이 980원으로 2% 하락한다면 수출업자는 외화표시 수출가격을 1% 올려 받기 때문에 환차손의 절반을 수입업자에게 전가하게 된다. 대신에 원화환율이 1,020원으로 2% 상승한다면 수출업자는 외화표시 수출가격을 1% 인하하여야 하므로 환차익의 절반을 수입업자에게 넘겨주게 된다.

(7) 결제통화의 조정

환위험의 관리수단으로서 **결제통화**(currency of invoicing)**조정**이란 수출입거래에서 결제통화를 신축적으로 선택함으로써 환위험을 회피하는 것을 말한다. 결제통화조정은 적극적 측면에서 수출대금은 강세예상통화로 회수하고 수입대금은 약세예상통화로 지급하는 방식으로 이용될 수 있다. 그러나 환율이 예상과 반대로 움직이게 되면 이에 상응하는 환위험을 부담하여야 한다. 반면 소극적 측면에서는 수출입거래를 모두 자국통화로 결제함으로써 환위험을 회피할 수 있다.

결제통화조정의 장점

결제통화를 조정하여 환위험을 직접적으로 감소시킬 수도 있지만 네팅이나 매칭할 수 있는 기회를 넓혀 환위험을 감소시킬 수도 있다. 예를 들어 우리나라 기업이 일본에서 엔화표시로 부품을 수입하고 이를 국내에서 가공하여 미국에 미달러화표시로 수출한다고 하자. 이때 우리 기업이 수입대금을 엔화에서 미달러화로 바꾸어 결제하기로 조정하고 이를 매칭시킨다면 순노출규모를 크게 줄일 수 있다.

결제통화조정의 단점

수출입업자가 결제통화를 선택하는 과정에서 쌍방간 이해대립으로 계약의 성립에 곤란을 겪을 수도 있다. 이 경우 수출입업자가 거래규모의 절반을 각각 자국통화표시로 결제함으로써 환위험 부담을 균등하게 배분할 수 있다. 그러나 다국적기업은 본·자회사간 결제통화를 적절히 조정함으로써 기업 전체의 세후순이익을 극대화시키는 전략으로 이용할 수 있다.

또한 결제통화의 조정은 고객 및 자회사의 경영자까지도 설득하여야 하는 문제가 있다. 고객은 결제통화 변경에 따른 잦은 가격변동을 좋아하지 않을 것이며, 자회사들은 약세통화로 결제하는 것이 마케팅활동이나 경영성과의 측정에 유리하기 때문에 반발할 수도 있다.

(8) 환차손준비금 적립

환차손준비금 적립제도는 장래 환차손의 발생에 대비하여 영업이익의 일부를 환차손준비금으로 적립하고, 실제로 환차손이 발생하면 이 적립금으로 충당하는 것으로서 사후적 환위험 관리방법이다.

환차손결제금 적립의 장단점

환차손준비금 적립제도는 환차손이 발생한 경우에 이를 일정기간에 걸쳐 이연분산시킴으로써 특정 기간중 발생한 이례적인 환차손익에 의해 왜곡될 수 있는 경영성과를 평준화하는 회계제도이다. 이 제도는 환위험을 회피하기 위해 별도의 현금비용을 부담하지 않는 장점이 있지만 실제로 부담한 환차손이 현재화되지 않는 단점도 있다.

10.2 경제적 노출의 관리

예상하지 못한 환율변동은 판매량, 판매가격, 생산원가, 자금조달 및 운영, 현지생산 및 현지인 채용계획 등 기업의 전반적 경제활동에 대하여 영향을 미친다. 이와 같이 경제적 노출은 환산 및 거래노출과는 달리 장기적이고 구조적 성격을 갖고 있다. 따라서 기업들이 경제적 노출을 효과적으로 관리하기 위해서는 장기전략을 수립하고 이에 맞추어 마케팅관리, 생산관리, 인사관리, 재무관리를 연계시켜 수행해 나가야 한다.

그림 10-1 경제적 노출의 관리체계

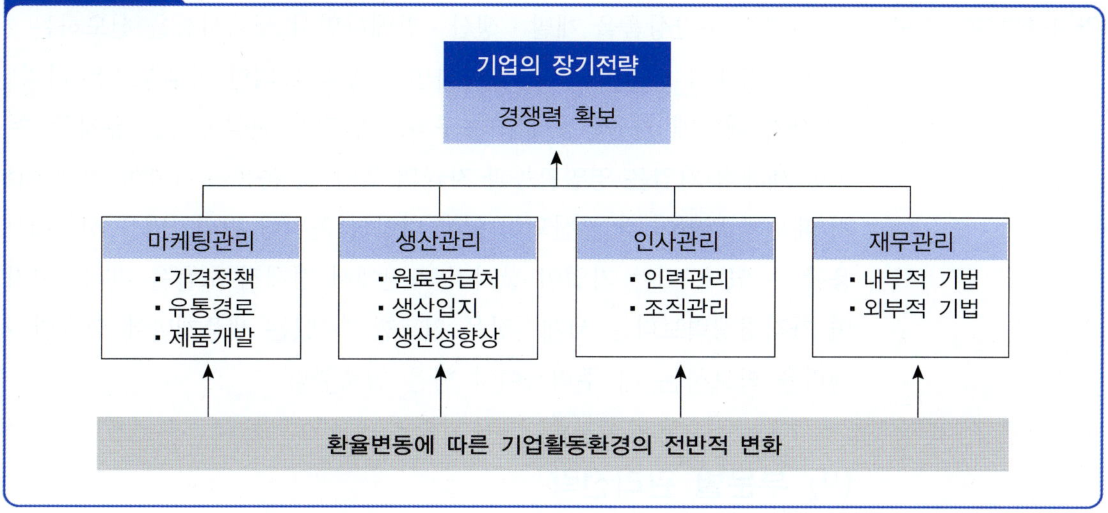

(1) 장기전략

환율변동은 기업활동 전반에 걸쳐 변화를 초래함으로써 기업의 경쟁력에 영향을 미친다. 따라서 환율변동은 기업이 장기경영전략을 수립할 때 반드시 고려하여야 할 요소이며, 경제적 노출의 관리를 위해서는 환율변동과 경쟁력간 다음과 같은 특성이 장기경영전략에 반영되어야 한다.

기업경쟁환경의 전반적 분석

우선 환율변동은 모든 기업에게 동일하지만 기업간 경쟁상태나 경쟁전략에 따라 경제적 노출은 다르게 나타날 수 있다. 경쟁기업간에도 노동시장, 원자재시장, 생산입지, 기술 및 경영수준, 판매시장 등에서 차이가 있고 경쟁전략도 다르기 때문에 동일한 환율변동에 대해서도 기업에 따라 유·불리를 받아들이는 정도가 다르다. 따라서 기업이 직면하는 경제적 노출을 특정한 원자재시장이나 판매시장을 대상으로 파악하기보다는 기업의 경쟁환경을 전반적으로 분석하여 파악하여야 한다.

적합한 환위험관리전략 수립

또한 동일한 산업에 속해 있다고 해서 모든 기업이 동일한 환위험 관리전략을 구사하여야 하는 것은 아니다. 앞서 살펴본 바와 같이 각 기업마다 직면하는 경쟁환경이 다르고 경쟁전략도 다르기 때문이다. 그렇지만 동일 산업에 속한 기업간에는 공통적 요소가 많기 때문에 다른 기업의 환위험 관리전략을 수집 · 분석하고 자기 기업에 적합한 전략을 구축해 나가야 한다.

비가격경쟁력의 확보

한편 최우량상품을 개발 · 생산 · 판매하면서 세계시장을 선도하는 기업은 그만큼 경제적 노출이 작다. 왜냐하면 기술력에 의한 독점상품은 가격탄력성이 작기 때문에 환율변동에도 불구하고 안정적 현금유입을 유지할 수 있다. 또한 세계적 기업은 영업활동과 자금의 조달 및 운용이 세계에 걸쳐 이루어지기 때문에 위험이 잘 분산되어 있고 다양한 환위험 관리기법을 신축적으로 이용할 수 있다. 이는 기업이 장기적 측면에서 경제적 노출을 관리하고자 한다면 가격경쟁력보다는 세계시장을 선도할 수 있는 제품개발에 필요한 기술경쟁력을 확보하는 데 주력하여야 함을 함축한다.

(2) 부문별 관리전략

1) 마케팅관리

환율변동은 기업의 마케팅활동에도 다양한 형태로 영향을 미친다. 따라서 환위험 관리를 위한 마케팅전략으로 가격정책, 시장선택, 제품개발 등을 들 수 있다.

① 가격정책

경제적 노출의 관리를 위한 가격정책은 기업의 목표를 수익성 제고에 중점을 두느냐 또는 시장점유율의 확대에 중점을 두느냐에 따라 달라진다. 또한 수출가격의 조정은 경쟁제품에 대한 가격경쟁력, 소비자의 기호 및 가격탄력성, 규모의 경제 등에 의해서도 영향을 받는다.

자국통화의 절상과 가격정책

자국통화의 절상 – 즉 환율의 하락은 자국통화표시 수출대금을 감소시키기 때문에 수출가격의 상승요인으로 작용한다. 이때 기업이 목표를 수익성 제고에 중점을 둔다면 환율변동분을 최대한 가격에 반영하려고 할 것이고, 시장점유율의 확대에 중점을 둔다면 이윤폭을 줄이더라도 가격인상을 억제하고자 할 것이다. 일반적으로 상품에 독점력이 있고 수요가 비탄력적이라면 환율변동분을 가격에 반영하기가 상대적으로 용이하다. 그러나 수요가 탄력적이고 경쟁이 치열한 경우에는 조그만 가격상승에도 판매량이 급격히 감소하기 때문에 가격인상을 최대한 억제하고자 할 것이다.

자국통화의 절하와 가격정책

반면 자국통화의 절하 – 즉 환율의 상승은 수출기업으로 하여금 수출가격을 낮추고 시장점유율도 확대할 수 있는 기회를 제공한다. 만약 수요의 가격탄력성이 크고 규모의 경제도 있다면 수출가격의 인하를 통해 시장점유율도 높이고 수익성도 제고할 수 있다. 그러나 수요가 가격비탄력적이라면 수출가격을 낮추기보다는 종전대로 유지하면서 수익을 극대화하는 것이 유리하다.

② 유통경로

유통경로전략은 장기적 측면에서 경제적 노출을 적정수준에서 관리하면서 기업의 이익을 안정적으로 확보하는 데 있다. 이는 수출대상국을 선택하는 시장선택전략과 개별 국가의 시장을 상품별 또는 수요계층별로 나누는 시장분할전략으로 나누어 볼 수 있다.

시장선택전략

경제적 노출의 관리전략으로서 **시장선택**(market selection)이란 환율변동에 대응하여 판매시장을 어느 국가로 할 것인가를 선택하는 것이다. 적극적 전략차원에서 경제적 노출의 관리는 환율변동으로 인해 기업의 경쟁력이 높아지는 국가나 지역을 선택하여 마케팅활동을 강화함으로써 시장점유율을 높이는 것이다. 예를 들어 엔화가 강세를 보이면 일본기업의 경쟁력이 약화된 일본시장이나 해외시장을 대상으로 마케팅활동을 강화하여 판매를 확대하는 것이다. 반면 소극적 전략차원에서 경제적 노출의 관리는 특정 시장에 대한 의존도를 낮추고 판매시장을 다변화해 나가는 것이다. 즉 환율변동으로 인해 일부 시장에서 손실을 입어도 다른 시장에서 얻은 이익에 의해 상쇄되기 때문에 장래 현금흐름의 안정성을 높이게 된다.

시장분할전략

시장분할전략은 개별 국가 내에서 상품별 또는 수요계층별로 시장을 나누어 마케팅활동을 하는 것을 말한다. 일반적으로 소품종 대량생산되는 상품은 상대적으로 가격변동에 민감하지만, 다품종 소량생산되는 상품은 가격변동에 덜 민감하다. 따라서 자국통화가 지속적으로 절상될 것으로 예상되면 차별화된 상품을 개발하여 마케팅활동을 강화하는 것이 유리하다. 반면 자국통화가 지속적으로 절하될 것으로 예상된다면 가격경쟁력을 십분 활용할 수 있는 대량생산 상품에 마케팅활동을 집중하는 것이 유리하다.

③ 제품개발

제품개발전략은 환율변동에 대응하여 신제품을 개발하거나 기존제품의 생산에 변화를 줌으로서 경제적 노출을 관리하는 것이다. 일반적으로 환율이 불안하게 움직이는 시기에는 신제품의 생산 및 판매에 수반되는 위험이 크기 때문에 대부분의 기업들이 신제품의 개발에 소극적 입장을 취하게 된다. 그러나 장기적으로 환율변동에도 불구하고 안정적 현금흐름을 확보하기 위해서는 차별화되고 부가가치가 높은 제품을 개발하여 생산·판매해 나가야 한다.

2) 생산관리

환율변동은 수입원자재 및 부품의 가격의 변동을 통해 생산비용에 영향을 미치기 때문에 다국적기업이건 수출기업이건 심지어는 내수기업이건 관계없이 제품의 생산관리 측면에서 전략적으로 접근하여야 한다. 경제적 노출을 관리하기 위한 적극적 전략으로는 원자재 및 부품 공급지의 변경, 생산기지의 이전, 생산성 향상 등을 들 수 있고, 소극적 전략으로는 원료공급지와 생산기지의 다변화 등을 들 수 있다.

① 원자재 및 부품 공급지의 변경

환율변동과 부품조달비용

환율변동은 외국에서 수입하는 원자재 및 부품의 조달비용을 변동시킴으로써 기업의 경쟁력에 영향을 미친다. 자국통화가 평가절하되면 수입원자재 및 부품가격이 상승하므로 기업은 원자재 및 부품을 해외보다 국내에서 조달하는 것이 저렴하고, 자국통화가 절상되면 국내보다 해외에서 조달하는 것이 유리하다. 또한 제3국들간 환율이 변동하면 약세통화국으로부터 원자재 및 부품을 조달하는 것이 저렴하게 된다.

경제적 노출의 관리 측면에서 보면 환율변동에 대응하여 원자재와 부품의 조달을 약세통화국으로 신축적으로 변경할 수 있는 체제를 구축하는 것이 필요하다. 이러한 원자재와 부품의 공급지의 변경을 통해 기업들은 생산원가를 절감함으로써 가격경쟁력을 높일 수 있다. 그러나 원자재 및 부품의 공급지 변경은 기존의 거래관계, 원자재 및 부품의 품질관리 및 적기공급 등을 고려할 때 환율의 변동추세가 뚜렷해지는 경우에 추진하여야 한다.

② 생산기지의 이전

환율변동이 일시적이 아니고 구조적인 경우 생산관리 측면에서 경제적 노출을 관리하기 위해서는 생산기지를 이전하는 것이 효과적이다. 즉 기업은 해외직접투자를 통해 생산기지를 해외로 분산시키거나 장기적으로 약세통화국으로 생산기지를 이전시키는 전략을 이용할 수 있다.

생산기지 이전의 효과

기업은 생산기지를 약세통화국으로 이전함으로써 두 가지 측면에서 경제적 노출을 관리할 수 있다. 우선 약세통화국에서 원자재 및 부품을 조달하고 현지 노동력을 이용하게 되므로 그만큼 생산비용이 절감되어 현금의 유출이 줄어든다. 또한 수출상품의 생산기지를 현지화하게 되면 현금의 유입과 유출이 동일한 통화로 이루어지므로 순노출규모가 줄어든다. 반면 제3국에서 생산하여 우회수출을 하는 경우 현금유출입의 매칭효과는 기대할 수 없지만 생산비용의 절감을 통해 순현금유입을 증대시킬 수 있다.

생산기지 이전시 고려사항

그러나 생산기지의 이전전략에서는 다음과 같은 몇 가지 사항을 반드시 고려하여야 한다. 우선 해외생산기지의 운용은 현지 경제여건의 불리한 변동으로 인해 생산비용의 절감효과가 없어질 수도 있다. 일반적으로 약세통화국에서는 상대적으로 높은 인플레이션이 진행되는 경우가 많은데, 이로 인해 현지에서 생산비용의 상승이 현지통화가치 하락을 상회하게 되면 생산여건이 오히려 불리해질 수도 있다.

또한 과도한 생산기지의 해외이전은 국내산업의 공동화를 초래하고 나아가 국가경쟁력을 약화시킨다. 이로 인해 국내통화가 약세를 보이게 되면 오히려 해외공장의 생산비용부담이 더 커질 수도 있다.

마지막으로 생산기지의 이전은 일단 실행이 되면 철수가 쉽지 않으므로 입지적 우위가 얼마나 지속될 수 있는가를 신중히 검토한 후에 이루어져야 한다. 환율변동의 장기적 추세가 전환되면 오히려 기업에게 더 큰 부담으로 작용할 수도 있다.

③ 생산성 향상

생산성향상과 경쟁력강화

장기적 관점에서 경제적 노출에 대한 가장 바람직한 대처방안은 환율변동과 관계없이 기업의 경쟁력을 유지하는 것이다. 이러한 관점에서 본다면 원자재와 부품 공급지의 변경, 생산기지의 이전 등은 환율변동으로 인한 가격경쟁력 약화를 만회하기 위한 방안에 불과하다. 따라서 가장 바람직한 방안은 기업이 경영 및 기술혁신을 통해 생산성을 향상시키고 새로운 제품을 개발하여 수요를 창출함으로써 경쟁력을 지속적으로 확보해 나가는 것이다.

3) 인사관리

① 인력관리

보수 지급통화의 선택

일반적으로 다국적기업 등 해외진출기업은 해외자회사에 본국의 인력을 파견하는 동시에 현지에서 필요한 인력을 채용하여 근무시키고 있다. 경제적 노출의 관점에서 보았을 때 인력관리는 본국 파견인력이나 현지 채용인력에게 보수를 어느 국가의 통화로 지급하느냐의 문제로 요약된다.

예를 들어 파견인력이건 현지 채용인력이건 관계없이 현지통화로 보수를 지급한다고 하자. 이 경우 현지 채용인력에게는 환위험의 문제가 발생되지 않는다. 그러나 본국에서 파견한 직원이 보수의 일부를 국내 가족에게 송금하여야 한다면 환위험을 파견직원이 부담하게 된다. 이러한 경우 보수의 일부는 현지통화로 지급하고 나머지는 본국통화로 지급한다면 환위험 문제를 어느 정도 줄일 수 있다.

② 조직관리

환위험관리조직의 설치·운영

기업간 경쟁이 날로 치열해지고 환율도 급격히 변하면서 환위험의 체계적 관리는 기업의 생존에도 영향을 미치게 되었다. 따라서 기업이 환위험을 체계적으로 관리하기 위해서는 이를 담당하는 특정한 조직을 설치 · 운영하는 것이 필요하다. 경제적 노출의 관리전략으로서 조직관리전략은 기업이 환위험을 효과적으로 관리할 수 있는 합당한 조직을 갖추는 것이라고 할 수 있다.

환위험 관리전략을 수행하기 위해 갖추어야 하는 조직은 환위험 관리전략의 사용형태에 따라 달라진다. 일반적으로 환위험이 효율적으로 관리되기 위해서는 관리기능이 종횡으로 연계되는 동시에 집중적으로 이루어져야 한다.

집중적/분산식/절충식 방식

환위험 관리조직은 집중적 관리방식과 분산식 관리방식 그리고 양자를 결합한 절충식 방식으로 나누어 볼 수 있다. 이 중에서 어느 방식이 더 우수하다고 할 수는 없으며, 기업이 처한 상황과 환율변동에 따라 달라진다. 예를 들어 외환거래가 어느 한 국가와 집중적으로 이루어지고 환율변동이 크지 않다면 추가비용이 들지 않는 분산식 관리방식이 효과적이다. 반면 외환거래가 다양하고 환율변동이 심하다면 별도의 관리조직을 설치하여 집중적으로 관리하는 것이 유리하다. 그러나 최근 기업의 국제화가 급격히 진전되고 환율예측이 어려워지고 있는 현실을 고려할 때 집중적 관리조직을 설치하여 내·외부적 관리전략을 적절히 사용하는 것이 바람직하다.

4) 재무관리

재무관리 측면에서 경제적 노출은 앞에서 다룬 다양한 내부적 관리기법과 나중에 다루는 선물환거래나 스왑금융 등 외부적 기법을 원용하여 관리할 수 있다. 그러나 경제적 노출은 장래의 환율변동을 예측하여 관리하여야 하기 때문에 환산 및 거래노출보다 관리가 훨씬 어렵다.

자금조달 및 운용의 다변화

장기적 재무관리 측면에서 경제적 노출을 관리하기 위해 일반적으로 사용되는 전략이 자금의 조달 및 운용을 다변화하는 소극적 전략이다. 예를 들어 자금조달을 분산시키면 차입통화의 구성과 영업활동에서 유입되는 통화의 구성을 매칭시킴으로써 통화불일치에 따른 경제적 노출을 줄일 수 있다. 또한 포트폴리오를 구성할 때 통화를 다양하게 구성함으로써 예측하지 못한 환율변동에서 오는 경제적 노출을 어느 정도 중화시킬 수 있다.

이러한 자금조달 및 운용의 다변화전략은 환율예측을 통한 차익거래나 투기거래에서 얻을 수 있는 이익을 포기해야 하는 단점이 있다. 또한 자금을 거액으로 조달 및 운용하는 데서 얻을 수 있는 비용절감효과도 상실하게 되게 된다.

요약

01. 환산 및 거래노출의 내부적 관리기법으로는 상계, 매칭, 리딩과 래깅, 자산 · 부채 관리, 포트폴리오의 다양화, 가격정책, 결제통화조정, 환차손준비금 적립 등이 있다.

02. 상계란 동일 기업 내 본 · 지사간 발생하는 채권 · 채무를 일정기간마다 상쇄하고 차액만 결제하는 제도이다. 매칭이란 외화자금의 수취와 지급을 통화별 또는 만기별로 일치시켜 외화자금 흐름의 불일치에서 발생하는 환위험을 원천적으로 제거하는 기법이다. 리딩과 래깅은 환율변동에 대응하여 외환의 결제시기를 의도적으로 앞당기거나 지연시키는 것을 말한다.

03. 자산 · 부채 관리는 환율전망에 따라 기업의 자산과 부채 포지션을 조정하고, 포트폴리오의 다양화는 구성통화를 다양하게 구성함으로써 환산 및 거래노출을 관리하는 기법이다.

04. 환위험 관리수단으로서 가격정책은 환율변동으로 인해 발생되는 환차손만큼 또는 환차손의 일부를 보전하기 위해 거래상대방에게 상품 판매가격이나 원재료 구매가격의 조정을 요구하는 것이고, 결제통화조정이란 수출입거래에서 결제통화를 신축적으로 선택하여 환위험을 회피하는 것을 말한다.

05. 경제적 노출은 장기적이고 구조적 성격을 갖고 있기 때문에 이를 효과적으로 관리하기 위해서는 장기전략을 수립하고, 이에 맞추어 마케팅관리, 생산관리, 인사관리, 재무관리를 연계시켜 수행해 나가야 한다.

06. 환율변동은 직 · 간접적으로 생산, 판매, 자금의 조달 및 운용 등에 영향을 미치므로 기업이 장기전략을 수립할 때 반드시 고려하여야 하는 요소이며, 환율변동이 기업의 경쟁력에 미치는 영향을 파악하여 장기전략에 반영되어야 한다.

07. 경제적 노출의 관리전략으로서 마케팅관리, 생산관리, 인사관리 및 재무관리는 장래의 현금흐름을 안정적으로 확보하는 데 있다. 마케팅 측면에서는 가격정책, 유통경로(시장선택과 시장분할), 제품개발 등을 통해 관리하고, 생산 측면에서는 원자재와 부품공급지의 변경, 생산기지의 이전, 생산성 향상 등을 통해 관리할 수 있다. 인사조직 측면에서는 인력과 조직관리를 통해서, 재무 측면에서는 내부적 · 외부적 기법을 이용하여 관리할 수 있다.

연습문제

01. 환산 및 거래노출의 관리기법으로서 상계와 매칭에 관한 다음 물음에 답하시오.

(1) 상계의 개념, 형태 및 장단점에 관하여 설명하시오.

(2) 매칭의 개념, 형태 및 한계에 관하여 설명하시오.

(3) 상계와 매칭의 차이점에 관하여 설명하시오.

02. 거래노출의 관리기법으로서 리딩과 래깅에 관한 다음 물음에 답하시오.

(1) 리딩과 래깅의 개념과 특징에 관하여 설명하시오.

(2) 이 기법은 왜 거래 쌍방간에 이해가 상충되는가에 대하여 설명하시오.

03. 우리나라 자회사의 환산노출은 아래 표와 같고 앞으로 미달러화가 강세를 보일 것으로 예상된다고 하자. 이에 따라 우리나라 모회사는 위안-달러화환율이 6.00위안에서 6.30위안으로 상승하고, 원-달러환율은 1,050.00원에서 1,071.00원으로 오를 것으로 예측하고 있다고 하자.

우리나라 자회사의 환산노출

자산 · 부채 조정전		구 분	자산 · 부채 조정후	
미달러화 (천달러)	중국위안화 (천위안)		미달러화 (천달러)	중국위안화 (천위안)
300	1,800	현금 및 예금		
500	2,400	외상매출금		
800	4.200	환노출 자산		
600	600	외상매입금		
200	1,200	단기차입		
400	900	장기차입		
1,200	2,700	환노출 부채		
−400	1,500	순노출		

주: 화폐성/비화폐성법에 따라 각 통화에 노출된 항목만 표시

(1) 원화의 대위안화 현재환율과 예상환율을 구하시오.

(2) 미달러화에 대한 원화와 위안화 환율이 예측한 대로 실현되는 경우 우리나라 모회사가 입게 되는 환손실은 원화로 얼마인가?

(3) 우리나라 모회사가 순노출을 줄임으로써 환차손을 회피하고자 하는 소극적인

전략을 구사한다고 가정하고, [이론과 실제] 다국적기업의 자산·부채 관리전략(280쪽)에서와 같이 자회사간 가능한 자산·부채거래를 예시하고 그 결과를 표의 빈칸에 넣으시오.

(4) 우리나라 모회사가 적극적 전략을 구사하고자 한다면 자산·부채거래를 어떻게 하여야 하는가에 대하여 설명하고, 이로 인해 발생할 수 있는 문제점에 관해서도 논의해 보시오.

04. 우리나라 기업이 미국소재 자회사에 100만달러를 수출하면서 다음과 같이 환위험을 분담하기로 약정하였다고 하고 원화환율과 원화수취액간 관계를 설명하시오. (현재 환율은 달러당 1,000원이라고 가정함)

(1) 가격조정이 없는 경우 원화환율(가로축)과 수출업자의 원화수취액(세로축)간 관계를 설명하고 이를 도시하시오.

(2) 원화환율이 1,000원에서 벗어나는 경우 수출업자와 수입업자가 환위험을 절반씩 나누어 부담하기로 한 경우 원화환율과 수출업자의 원화수취액간 관계를 설명하고 이를 도시하시오.

(3) 원화환율이 1,000원에서 상하 3%를 벗어나지 않으면 환위험을 수출업자가 모두 부담하고, 이 범위를 벗어나면 환위험을 절반씩 나누어 부담하기로 하였을 때 원화환율과 수출업자의 원화수취액간 관계를 설명하고 이를 도시하시오.

05. 경제적 노출을 관리하기 위한 장기적 전략에 관한 다음 물음에 답하시오.

(1) 경제적 노출의 개념에 관하여 설명하시오.

(2) 경제적 노출을 관리하기 위한 장기전략의 수립과정에서 고려하여야 할 환율변동의 특성에 관하여 논의하시오.

(3) 경제적 노출을 마케팅, 생산, 인사조직 및 재무관리 측면에서 어떻게 관리하여야 하는가에 관하여 설명하시오.

CHAPTER 11

파생금융상품거래와 통화선물거래

1970년대 초반 석유파동으로 인한 높은 인플레이션과 변동환율제도의 이행으로 금리와 환율의 불안정성이 커지면서 파생금융상품이 헤지 및 투기수단으로 각광을 받기 시작하였다. 이후 파생금융상품은 파생금융상품간 또는 다른 금융수단과 결합 등을 통해 다양한 형태로 발전해 오고 있으며, 국제금융시장의 불안이 가중되면서 거래규모도 급속히 증가하는 추세를 보이고 있다. 여기서는 먼저 파생금융상품의 개념과 거래메커니즘에 대하여 살펴보고, 이어서 외부적 환위험 관리기법으로 널리 이용되고 있는 통화선물거래에 관하여 다룬다.

11.1 파생금융상품거래

(1) 파생금융상품의 의의, 종류 및 특징

1) 파생금융상품의 의의

파생상품이란 기초자산(underlying assets)에서 그 가치가 파생된 상품으로서, 크게 농산물, 금속, 원유 등 1차상품에서 파생된 일반파생상품과 주식, 채권, 통화 등 금융자산에서 파생된 파생금융상품으로 구분하여 볼 수 있다. 이러한 파생상품은 기본적으로 기초자산의 가치변동 – 즉 가격변동에 따르는 위험을 회피하기 위하여 고안되었다.

일반적으로 가격은 시장의 수급상황에 따라 변동하기 때문에 가격변동에 따른 위험이 뒤따른다. 예를 들어 쌀 10kg에 20,000원 하던 것이 25,000원으로 상승하면 쌀을 사고자 하는 사람은 5,000원의 손해를 보게 되고, 반대로 15,000원으로 하락하면 쌀을 팔고자 하는 사람이 5,000원의 손해를 보게 된다.

가격위험

이와 같이 가격이 변동함으로써 입게 될지도 모르는 손실의 가능성을 가격위험(price risk)이라고 한다. 가격이 상승하면 매입자가 가격위험을 부담하고, 가격이 하락하면 매도자가 가격위험을 부담하게 된다.

가격위험은 상품시장에만 존재하는 것이 아니라 주식, 채권, 통화 등 금융상품시장에도 존재한다. 주식의 가격인 주가, 채권의 가격인 수익률(또는 금리), 통화의 가격인 환율도 시장의 수급상황에 따라 수시로 변동한다. 따라서 가격변동에 따른 위험을 회피하기 위하여 기초금융자산으로부터 가치를 파생시켜 만들어진 상품이 파생금융상품이다.

2) 파생금융상품의 종류

파생금융상품은 계약형태, 기초자산의 종류, 거래장소 등에 따라 다양하게 분류하여 볼 수 있다.

계약형태에 의한 구분

우선 파생금융상품은 계약형태에 따라 기본적으로 선도, 선물, 옵션, 스왑으로 구분되고, 이를 기초로 파생금융상품간 또는 다른 금융상품과 결합된 다

이론과실제 **자본시장법에서 파생상품의 분류**

우리나라 증권·파생상품시장에 관한 가장 주된 법률은 「자본시장과 금융투자에 관한 법률」로서 통상 자본시장법이라고 한다. 자본시장법에서는 금융상품을 원금손실 가능성 여부에 따라 금융상품과 비금융상품으로 구분하고 있다. 일상적 의미에서 보면 예금은 당연히 금융상품에 속하지만 자본시장법상의 용어로는 원금의 손실이 없기 때문에 비금융상품에 해당한다.

금융상품은 원금초과손실 가능성 여부에 따라 파생상품(원금초과손실 가능)과 증권(원금초과손실 불가능)으로 구분되며, 파생상품은 장내파생상품과 장외파생상품으로 세분화된다. 자본시장법 제5조 2항에 따르면 장내파생상품이란 "파생상품으로서 파생상품시장에서 거래되는 것 또는 해외파생상품시장에서 거래되는 것"을 가리키는데, 여기서 파생상품시장이란 한국거래소 파생상품시장을 말한다.

장외파생상품은 거래소에서 거래되는 상품을 제외한 모든 상품을 의미한다. 장외파생상품의 종류로는 선도·옵션·스왑 등이 있으며, 거래에 대해 정해진 규정없이 당사자간 협의에 의해 만기일 등 계약내용을 정할 수 있어 장내거래상품보다 훨씬 많이 이용되고 있다. 대표적인 장외상품으로는 은행에서 제공하는 FX(FOREX - Foreign Exchange)거래 등을 들 수 있다.

자본시장법상 금융상품의 분류

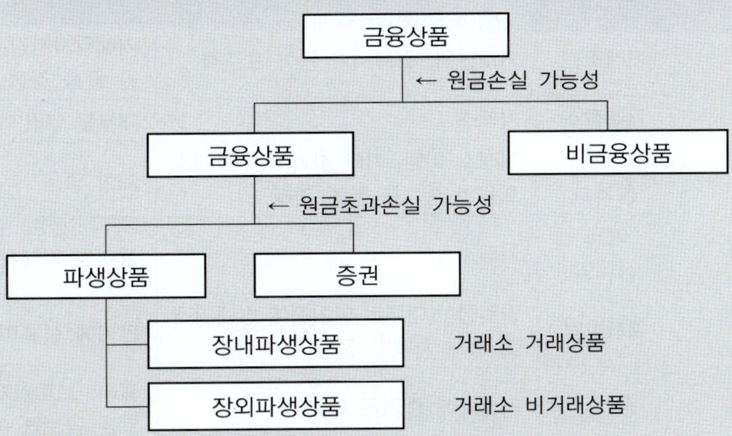

일반적으로 외환시장에서는 forwards를 '선물환(先物換)'이라고 하는데, 여기서는 통화(외환)뿐만 아니라 채권, 주식 등 금융상품에도 같이 적용되는 '선도(先渡)'라는 용어를 사용함.

양한 형태가 있다. **선도**(forwards)와 **선물**(futures)은 기초자산을 미래의 특정 시점에서 특정 가격으로 사고팔기로 지금 약정한다는 점에서 성격이 같다. 그러나 선도는 장외시장에서 매매당사자간 직접 또는 딜러나 브로커를 통해 거래가 이루어지는 데 비해, 선물은 거래소를 통해 정형화된 형태로 거래가 이루어진다. **옵션**(option)은 기초자산을 미래의 특정 시점 또는 특정 기간내에서 특정 행사가격으로 매입(call)하거나 매각(put)할 수 있는 권리를 사고파는 계약을 말한다. 한편 **스왑**(swap)은 일반적으로 두 개의 금융자산 또는 채무에서 파생되는 미래의 현금흐름(cash flow)을 교환하기로 약정하는 거래이다.

거래장소에 의한 구분

또한 파생금융상품은 거래장소에 따라 장내거래와 장외거래로도 구분할 수 있다. **장내거래**는 거래소라는 조직화된 거래매장에서 공개경쟁입찰방식(open outcry)에 의해 거래가 이루어지며, 가격을 제외한 거래단위, 결제시기, 계약조건 등 매매체결방법이 표준화되어 있다. 반면 **장외거래**는 점두시장(over the counter market)에서 통상 전화나 딜링머신으로 매매당사자간 직접 또는 브로커나 딜러를 통해 거래가 이루어지며, 매매체결방법이 표준화되어 있지 않고 고객과 협의하에 거래규모, 만기 등이 결정된다. 또한 장내거래와 장외거래는 <표 11-1>에서 보는 바와 같이 거래참가자, 계약상대방, 결제방법, 증거금 등에서도 차이가 있다.

〈표 11-1〉 장내거래와 장외거래의 비교

구 분	장내거래	장외거래
거래조건	거래단위, 결제시기 등이 표준화	거래당사자간 협의하에 거래금액, 기간 등을 결정
거래장소	거래소	대부분 딜러·브로커를 통해 계약체결
거래 참가자	거래소 회원, 기타 참가자는 거래소 회원의 중개를 통해 거래	제한 없음
계약 상대방	거래소	상대편 거래자
결제방법	일일정산(대부분 만기전에 반대거래를 통해 차액만 정산)	만기에 현물의 인수도와 대금결제
증거금	거래소에 증거금 예치	딜러·브로커가 고객별 신용한도 설정 또는 담보금 예치 요구

기초자산종류에 의한 구분

또한 파생금융상품은 기초자산의 종류에 따라 통화, 채권 및 주식상품으로 구분하여 볼 수 있다. **통화관련상품**은 외환보유에 따른 환위험을 회피하기 위한 상품으로 선물환, 통화선물, 통화옵션, 통화스왑 등이 있다. **채권관련상품**은 각종 채권의 보유에 따른 금리변동위험을 회피하기 위한 상품으로 선도금리계약, 금리선물, 금리선물옵션, 금리스왑 등이 있다. 그리고 **주식관련상품**은 주가변동으로 발생하는 위험을 회피하기 위한 상품으로 주가지수선물, 주가지수옵션 등이 대표적이다.

〈표 11-2〉 주요 파생금융상품의 종류

	장내거래	장외거래
환율 (통화) 관련	통화선물(currency futures) 통화선물옵션(currency futures options) 통화옵션(currency options)	선물환(forward exchange) 통화스왑(currency swaps) 통화옵션(currency options)
금리 (채권) 관련	금리선물(interest rate futures) 금리선물옵션(interest rate futures options)	선도금리계약(forward rate agreements) 금리스왑(interest rate swaps) 금리옵션(interest rate options) - caps, floors, collars 스왑션(swaptions)
주식 관련	주식옵션(options on stocks) 주가지수선물(index futures) 주가지수옵션(index options) 주가지수선물옵션(index futures options)	주식옵션(options on stocks) 지분스왑(equity swaps)

3) 파생금융상품의 특징

파생금융상품에 대한 투자는 통화, 채권, 주식 등 기초금융자산에 대한 투자와 비교하여 볼 때 다음과 같은 특징을 가지고 있다.

효과적 헤지/투기수단

첫째, 파생금융상품거래는 **레버리지효과**(leverage effect)가 높아 헤지 또는 투기수단으로 효과적이다. 즉 파생금융상품거래는 소액의 증거금만 있으면 계약액이 증거금의 몇 배에 달하는 금융상품거래가 가능하다. 이와 같이 파생금융상품거래는 큰 자금부담 없이 거래가 가능하기 때문에 헤지수단뿐만 아니라 투기수단으로 널리 이용된다.

부외거래의 성격

둘째, 파생금융상품거래는 계약시점에서 자산·부채의 변동을 초래하지 않기 때문에 **부외거래**(off-balance transaction)의 성격을 가지고 있다. 따라서 기업은 재무상태를 경쟁회사나 고객에 알리지 않고 자금조달 및 투자를 실행할 수 있다. 또한 금융기관들은 국제결제은행의 자기자본비율 규제 이후 파생금융상품거래를 확대함으로써 수수료 수입의 원천으로 활용하고 있다. 이와 같이 파생금융상품거래는 계약시점에서 투자원금을 교환하지 않기 때문에 자금흐름을 변화시키지 않고도 수익 및 위험구조를 변화시킬 수 있어 자금관리의 탄력성을 제고할 수 있다.

높은 기동성과 저렴한 거래비용

셋째, 파생금융상품거래는 기초금융자산거래보다 기동성이 높고 거래비용도 저렴하다. 파생금융상품은 소액의 증거금만으로도 거래가 이루어지고, 만기일에도 현물을 인수도하지 않고 차액만 정산하는 것이 보통이다. 특히 장내에서 거래되는 파생금융상품은 기초금융자산의 종류, 거래단위, 결제시기 등이 표준화되어 있어 저렴한 비용으로 신속하게 거래가 이루어진다.

다양한 헤지/투자전략

넷째, 파생금융상품을 이용하면 기초금융자산만으로는 불가능한 다양한 헤지 및 투자전략을 구사할 수 있다. 특히 옵션거래는 기초금융자산만으로는 불가능한 다양한 헤지 및 투자전략을 구현할 수 있는 기회를 제공해 준다. 또한 현물시장과 선물시장간 가격차를 분석하여 재정거래를 하면 적은 위험으로 추가수익을 얻을 수도 있다.

신용위험 감소

다섯째, 파생금융상품거래는 기초금융자산거래와 달리 신용위험 – 즉 거래상대방의 파산 등 채무불이행으로 입게 되는 손실가능성을 줄인다. 기초금융자산거래는 거래대금 전액이 신용위험에 노출되지만, 파생금융상품거래는 만기시 차액만 결제하기 때문에 차액만이 신용위험에 노출된다.

(2) 파생금융상품의 발전과 거래추이

1) 파생금융상품의 발전과정

통화관련 파생상품거래

파생금융상품거래는 대공황 직전 미국 뉴욕증권시장에 등장하였던 옵션의 일종인 신주인수권거래를 시초로 보기도 하지만 제2차 세계대전 이후 본격화되었다. 제2차 세계대전후 그동안 제한되었던 국제자본이동이 늘어나면서 런던을 중심으로 선물환거래도 활발해졌다. 특히 1970년대초 브레튼우즈체제의 붕괴와 더불어 주요 선진국이 변동환율제도로 이행하면서 환율의 변동폭이 심해짐에 따라 환위험 관리수단이 필요해졌다. 이에 따라 시카고선물거래소(CME : Chicago Mercantile Exchange)는 1972년 거래소 내에 IMM(International Money Market)을 설립하고 영국 파운드화 등 7개국 통화를 대상으로 통화선물거래를 시작하였다.

주식관련 파생상품거래

주식관련 파생상품은 1973년 시카고옵션거래소(CBOE : Chicago Board Options Exchange)가 설립되면서 그동안 장외에서 매매자간에 직접 거래되던 주식옵션거래가 제도화되었다. 이후 1982년에는 캔자스시티상품거래소(Kansas City Board of Trade)에 주가지수선물이, 1983년에는 시카고옵션거래소에 주가지수옵션이 등장하였다.

금리관련 파생상품거래

금리관련 파생상품은 1975년 시카고상품거래소(CBOT : Chicago Board of Trade)에서 금리선물상품이 처음 선보였으며, 1980년대 들어 금리의 불안정성이 커지면서 급격히 거래가 증가하였다. 장외거래에서는 1980년대초 금리스왑을 필두로 선도금리계약(Forward Rate Agreement), 금리상한계약(Caps), 금리하한계약(Floors), 금리상하한계약(Collars) 등과 같은 금리옵션이 등장하였다. 장내거래에서는 주요국 장기국채, 유로달러채권 등의 금리를 대상으로 금리선물상품이 등장하였다. 1980년대 후반에는 신종옵션(Exotic Options), 구조화채권(Structured Notes), 신용파생상품(Credit Derivatives) 등 새로운 상품이 등장하였다.

시카고상품거래소

유럽지역에는 1982년 런던국제금융선물거래소(LIFFE : London International Financial Futures Exchange)가 설립되었고, 아시아지역에는 1984년 싱가포르국제통화거래소(SIMEX : Singapore International Monetary Futures Exchange)가 설립되었다. 한편 일본에서는 1985년 10년만기 일본국채선물계약이 도입되었고, 1988년 도쿄증권거래소가 종합주가지수(TOPIX : Tokyo Stock Exchange Price Index)선물을, 오사카증권거래소가 니케이(Nikkei)주가지수선물을 도입하였다. 1989년 도쿄금융선물거래소(TIFFE : Tokyo International Financial Futures Exchange)가 설립되었고, 도쿄증권거래소와 오사카증권거래소에서 주가지수옵션을 도입하였다.

2) 파생금융상품의 거래추이

글로벌 파생금융상품시장은 국제자본의 이동 증가 및 금융상품의 가격 변동폭 확대 등에 따른 위험 헤지(hedge) 필요 증가, 정보통신기술을 활용한 금융상품 위험의 평가 · 분리 · 이전 기법의 혁신 등에 힘입어 빠르게 발전해 왔다. 파생금융상품의 발전과정을 보면 제2차 세계대전 종료 후 국제자본이동이 늘어나면서 은행간 선물환거래가 활발히 이루어지다가 1970년대 들어 변동환율제 이행에 따른 자산가격 변동성 확대 등으로 통화선물이 등장하면서 본격적으로 발전하기 시작하였다. 1980년대에는 금리관련 파생상품 거래가 급격히 늘어났으며 신종옵션(exotic options), 구조화채권(structured notes) 등 새로운 상품들이 등장하였다. 1990년대 들어서는 신용파산스왑(credit default swap)시장이 활성화되기 시작하고 증권화(securitization) 기법을 활용한 신용구조화상품들이 나타나기 시작하였으며 2000년대에는 이들 파생금융상품의 거래가 일반화되면서 크게 확대되었다.

한편 이에 비례하여 리스크도 크게 증대되었다. 이와 같은 파생금융상품의 위험이 가장 극명하게 표출된 경우가 2008년 Bears Stearns, Lehman Brothers, AIG 등 대형 금융기관의 부실과 이와 관련한 전세계 금융시스템의 붕괴 위기이다. 글로벌 금융위기 이후에는 개별 국가는 물론 국제적인 차원에서 파생금융상품시장에 대한 모니터링 강화, 청산 · 결제시스템 확충, 시장의 투명성과 감독의 효율성 제고 등에 대한 광범위한 논의[1])가 진행되었다. 이러한 논의를 바탕으로 각국은 시장의 안정성을 높이기 위한 각종 노력을 강화하고[2]) 있다.

글로벌 파생금융상품시장의 장외거래 규모를 보면 명목원금(notional principal)[3]) 기준으로 2000년 말 95.2조달러에서 2022년 말 618.0조달러로 6.5

---

1) SB는 G20가 승인한 「장외파생상품 개혁보고서」를 기반으로 장외파생상품의 표준화 제고, 중앙청산소(CCP)를 통한 청산 활성화, 거래소와 전자거래플랫폼을 통한 거래 확대, 모든 장외파생거래 내용의 거래정보저장소 앞 거래정보 보고 등 4가지 개혁 방안을 제시하였음.

2) 우리나라는 2013년 4월 「자본시장과 금융투자업에 관한 법률」 개정을 통해 장외파생상품 중앙청산소(CCP) 도입을 법제화하였으며, 2014년 6월부터 원화이자율스왑(IRS)거래는 중앙청산소인 한국거래소를 통해 청산하고 있으며, 거래정보저장소(TR)는 도입을 준비하고 있음.

3) 파생금융상품의 시장규모를 나타내기 위해 명목원금(notional principal)이 통상 사용되고 있는데 명목원금이란 거래의 대상이 되는 기초자산의 원금을 나타내는 것으로 파생상품 거래시 발생하는 자금흐름과

〈표 11-3〉 전세계 파생금융상품 장외거래 규모(기말 명목원금 기준)

(단위: 조달러, 배)

	2000(A)	2005	2010	2015	2020	2022(B)	B/A
통화관련	20.1	37.5	67.9	76.0	97.5	107.6	5.4
(선물환/외환스왑)	13.4	19.7	34.9	39.9	58.0	62.8	4.7
(통화스왑)	3.7	9.7	21.9	23.9	27.8	31.8	8.6
금리관련	72.2	229.4	492.3	395.1	466.5	490.6	6.8
(금리스왑)	53.5	182.3	385.0	296.7	355.8	405.5	7.6
주식관련	2.0	6.6	6.3	7.2	7.1	6.9	3.5
상품관련	0.7	5.5	3.4	1.5	2.1	2.3	3.3
신용관련	0.1	20.0	31.1	12.6	8.6	9.9	99.0
(신용파산스왑)	-	13.9	30.7	12.4	8.4	9.7	-
기 타	0.0	0.3	0.1	0.1	0.2	0.6	-
합 계	95.2	299.3	601.0	492.5	582.1	618.0	6.5

주 : 1) 명목원금(notional principal)은 각 파생상품계약의 명목가치(face value)에 계약수를 곱하여 산출. 단, 주가지수 관련 상품의 명목가치는 해당 지수에 지수당 가격을 곱하여 산출

2) BIS에서 G13국가의 주요 은행 및 딜러를 통해 입수한 자료를 바탕으로 작성

자료 : BIS, Statistics/Derivatives(http:/www.bis.org)

배 늘어났다. 장외파생금융상품 거래의 과반을 웃도는 금리스왑거래의 경우 같은 기간 중 72.2조달러에서 490.6조달러로 6.8배 증가하였다.[4] 2014년 이후 장외파생금융상품시장에 대한 규제 강화 등으로 대부분의 장외파생금융상품 거래가 감소세를 보였으나 최근 다시 증가하고 있다.

3) 파생금융상품시장의 발전배경

파생금융상품시장은 금융시장에서 가격변동성의 확대, 금융 및 자본자유화의 확대, 정보처리 및 정보통신기술의 발달, 금융기관간 경쟁격화, 금융공학의 발달 등을 배경으로 빠르게 발전하여 왔다.

환율/금리의 변동성 증대

우선 1970년대 초 국제통화제도가 선진국을 중심으로 변동환율제도로 이행되고, 석유파동의 여파로 인플레이션이 만연되면서 금리와 환율이 불안정

는 다름. 예를 들어 고정금리 채권과 변동금리 채권의 현금흐름(원금 및 이자)을 서로 교환하는 금리스왑의 경우 실제 자금흐름은 두 이자의 차액에 불과하나 명목원금은 원금전체로 표시됨.

4) 신용파산스왑은 2007년까지 빠르게 증가하다가 2008년 글로벌 금융위기 이후 감소세를 보이고 있음

이론과실제 우리나라의 파생금융상품시장 현황

파생금융상품시장은 1990년대 중반까지 광범위한 규제로 금융자산 가격이 경직되어 제대로 형성·발전하지 못하였다. 1968년 처음으로 제한적 형태의 선물환거래 도입 후 금리스왑거래(1984년 1월), 선물 및 선도금리계약(1987년 10월) 등 여타거래를 허용하였고, 1994년 11월 기업의 옵션매도거래를 제한적으로 허용하는 등 단계적으로 거래허용범위를 확대하였다.

그러나 금융 자율화 및 개방화의 진전으로 금융상품의 가격변동성이 커지면서 파생금융상품에 대한 수요가 증가하였다. 이에 따라 파생금융상품관련 법규 및 제도가 정비되면서 1990년대 중반 이후 우리나라 파생금융상품시장도 빠르게 발전해 오고 있다. 우선 KOSPI 200 지수를 거래대상으로 주가지수선물거래가 1996년 5월 시작되었고, 1997년 7월부터는 주가지수옵션거래가 개설되었다.

한편 1999년 4월 한국선물거래소가 개장되면서 미국달러선물 및 옵션, 금선물 등에 대한 거래가 시작되었고 9월에는 3년국채선물이 도입되었다. 2002년에는 개별 주식옵션, 3년국채선물옵션, 통화안전증권선물이 차례로 도입되었다. 이후 5년국채선물(2003년), 엔선물(2006년), 유로선물(2006년), 10년국채선물(2008년), 변동성지수선물(2014년), 코스피200섹터별선물(2014년과 2016년), 미니코스피200선물과 옵션(2015년) 등이 추가로 상장되었다.

한편 한국증권거래소와 한국선물거래소의 통합에 앞서 2004년 1월부터 한국증권거래소에서 거래되던 주가지수 선물·옵션, 주가지수선물스프레드, 개별 주식옵션 등이 한국선물거래소로 이관되었다. 2005년부터 선물거래소, 증권거래소, 코스닥증권시장을 통합한 ㈜한국증권선물거래소(2009년 2월 한국거래소로 명칭 변경)가 출범함에 따라 장내 파생금융상품은 한국거래소 선물시장을 통해 거래되게 되었다.

〈표 1〉 우리나라의 주요 장내파생금융상품거래 동향(2022년중 일평균)

종 목	도입일자	거래대금(억원)	거래량(계약)	미결제약정수량(계약)
코스피200선물[1]	1996년 5월	249,129	302,211	340,799
미니코스피200선물	2015년 7월	17,884	108,262	80,332
코스닥150선물	2015년 11월	10,330	90,847	256,609
주식선물	2008년 5월	25,816	3,663,603	4,496,452
3년국채선물	1999년 9월	162,694	155,065	320,425
10년국채선물	2008년 2월	73,728	64,765	130,949
미국달러선물[1]	1999년 4월	66,857	513,381	849,098
엔선물	2006년 5월	131	1,337	7,781
유로선물	2006년 5월	439	3,235	27,248
선물전체[2]		607,831	4,925,450	6,520,843
코스피200옵션	1997년 7월	5,876	2,126,122	2,282,605
미니코스피200옵션	2015년 7월	272	153,427	346,592
주식옵션	2002년 1월	14	147,982	330,452
옵션전체[2]		7,666	3,441,310	3,154,026
합계		615,497	8,366,760	9,640,114

주 : 1) CME연계 글로벌시장 거래분 포함. 2) '선물 전체'에는 KRX300선물, 변동성지수선물, 섹터지수선물, EFT선물, 5년국채선물, 위안선물, 금선물 등이 포함 되며 '옵션 전체'에는 코스닥150옵션 등 포함

자료 : 한국거래소 파생시장상품본부, 「2022년 파생상품시장 동향」, 2023.2.

장내 파생금융상품의 거래추이를 보면 <표 1>에서 보는 바와 같이 코스피200 선물 및 옵션이 활발히 거래되고 있으며, 2022년중 일평균 거래금액과 거래량이 각각 약 24조9,129억원과 30만계약 및 약 5,876억원과 213만계약을 기록하였다. 반면 장내 기타파생금융상품 중에서는 3년국채선물 및 미국달러선물이 비교적 활발하게 거래되고 있고 나머지 상품의 거래는 매우 저조하다.

한편 장외 파생금융상품시장에서는 통화관련 파생상품과 금리관련 파생상품거래가 활발하고, 주식관련 파생상품거래는 저조하다. 이는 1999년 4월부터 허용되면서 지속적으로 증가해 온 차액결제선물환(NDF) 거래와 이에 수반된 외환스왑(FX swaps)거래수요가 확대되었기 때문이다. 통화관련 파생상품거래의 주된 참가자는 외국환은행으로서 <표 2>에서 보는 바와 같이 선도거래가 대부분을 차지하고 있다.

금리관련 파생상품거래에는 금리선도, 금리스왑, 금리옵션 등이 있으며, 이 중에서 금리스왑은 국내 대형은행과 외국은행 국내지점을 중심으로 2000년경부터 본격적으로 거래되기 시작하였다. 자산운용회사, 보험회사 등은 포트폴리오의 듀레이션(duration)을 조정하기 위해, 은행은 금리변동위험을 헤지하기 위해 적극 참여함에 따라 거래규모가 크게 증가하는 추세를 보이고 있다. 그러나 금리선도 및 금리옵션은 시장이 형성되고 있지만 기간물 단기금융시장의 취약, 위험헤지수단의 미비 등으로 거래가 크게 활성화되지 않고 있다.

〈표 2〉 국내금융기관[1]의 장외 파생금융상품거래 동향[2] (단위: 조원)

	2001	2005	2008	2010	2015	2020	2022
통화관련	943.0	3,415.3	9,594.9	9,965.3	9,180.0	13,249.8	17,030.2
선물환	877.2	3,153.3	8,766.8	9,601.7	8,683.7	12,530.5	15,754.4
통화스왑	39.6	138.6	537.6	289.1	425.3	643.4	1,216.3
통화옵션	26.1	123.5	290.6	74.5	71.0	75.9	59.4
금리관련	78.2	549.2	2,671.7	3,484.8	2,859.0	3,526.8	7,206.4
선도금리계약	5.6	48.1	160.5	53.3	70.0	9.5	65.0
금리스왑	71.6	470.7	2,259.5	3,282.5	2,760.0	3,496.4	7,132.5
금리옵션	1.0	30.5	251.7	148.9	29.1	20.9	9.0
주식관련	–	44.0	155.4	319.8	194.7	193.3	213.0
주식선도	–	0.0	2.4	1.5	1.9	2.5	9.1
주식스왑	–	2.5	26.8	16.0	72.4	138.0	167.2
주식옵션	–	41.5	126.1	302.3	120.2	52.8	36.7
신용관련	–	–	6.4	6.1	20.0	22.0	48.2
신용부도스왑	–	–	6.4	3.6	11.1	10.1	26.6
총수익스왑 등	–	–	0.0	2.5	8.9	12.0	21.6

주 : 1) 2003년 이후 집계대상으로 은행, 증권회사, 보험회사, 종합금융회사에 은행신탁, 자산운용회사, 신용카드회사, 선물회사를 추가.
2) 기간중 자기계정거래 및 명목원금기준임.
자료 : 금융감독원,「국내금융회사 파생금융상품 거래현황」, 각호.

하게 변동하게 되었다. 또한 선진국을 중심으로 금융산업의 경쟁력을 높이기 위하여 금융 및 외환규제를 철폐 내지 완화하면서 국가간 자본이동이 매우 활발해졌다. 이로 인해 금융상품의 가격변동이 심해짐에 따라 금리 및 환위험을 관리할 수 있는 상품에 대한 수요가 급속히 늘어났다.

정보처리 및 통신기술의 발달

또한 공급 측면에서는 정보처리 및 통신기술의 발달이 파생금융상품거래를 확대시키는 데 크게 기여하였다. 정보처리기술의 발달은 금융상품거래에 수반되는 제반 거래비용을 절감시킴으로써 과거에는 막대한 거래비용 때문에 기대할 수 없었던 금융상품 및 금융기법의 개발을 가능하게 하였다. 또한 정보통신기술의 발달로 세계 각국의 시장정보를 신속·정확하게 파악하게 됨에 따라 국제적 금융능력을 갖춘 대형금융기관뿐만 아니라 중소금융기관 및 비금융기관도 파생금융상품거래에 참여하기가 쉬워졌다.

금융기관간 경쟁확대 및 금융공학의 발달

한편 금융기관들은 경쟁이 심화되면서 전통적 금융상품의 수익률이 떨어지고, 국제결제은행의 자기자본비율에 대한 규제가 심해지자 수수료수입의 확대를 위해 부외거래인 파생금융상품거래의 취급을 확대하였다. 또한 금융공학의 발달은 투자자의 요구에 맞추어 복잡·다양한 형태의 파생금융상품 개발을 가능하게 함으로써 거래규모를 확대시켰다.

11.2 통화선물거래

(1) 통화선물거래의 의의와 거래메커니즘

1) 통화선물거래의 의의와 특징

선물환거래는 장래의 일정시점에 특정 통화를 약정한 환율로 매매하기로 한 거래이다. 선물환은 거래금액, 현물의 인수도와 결제일 등 계약내용을 고객의 편의에 맞추어 신축적으로 결정할 수 있는 장점이 있지만 일단 거래가 이루어지면 반대거래를 위한 상대방을 찾기가 어려운 단점이 있다. 반면에 통화선물거래는 선물환거래의 기본적 성격은 살리되 거래단위, 결제일 등 계약내용을 표준화시킴으로써 만기일 이전에 매매가 쉽게 이루어지도록 한 거래이다.

통화선물거래의 특징

통화선물거래는 거래단위, 결제시기 등 계약조건이 표준화된 특정 통화의 매매계약을 체결하고 일정기간이 지난 후에 약정한 환율로 해당 통화의 인수도와 결제가 이루어지는 거래라고 정의할 수 있다. 이와 같이 통화선물거래는 선물환거래와 유사한 성격을 가지고 있지만 거래단위, 결제시기 등 계약내용을 표준화시켜 거래소를 통해 거래가 이루어지기 때문에 거래형식과 내용면에서 커다란 차이를 보이고 있다.

거래소거래

첫째, 통화선물거래는 일정 거래소(exchange)에서 공개호가 또는 전자경매방식에 의해 거래가 이루어지는 데 반해, 선물환거래는 점두시장에서 통상 컴퓨터, 딜링머신 등을 통해 매매당사자간 직접 거래에 의해 이루어진다. 통화선물시장은 시장참가자가 일정시간에 같은 장소에서 경매방식에 의해 거래가 이루어지기 때문에 점두시장보다 효율성이 높다.

계약내용의 표준화

둘째, 통화선물거래는 거래단위, 결제시기 등 계약내용이 표준화되어 있어 시장성이 높다. 반면에 선물환거래는 거래금액, 만기 등이 고객의 편의에 따라 결정되기 때문에 거래의 융통성이 크다.

청산거래에 의한 결제

셋째, 통화선물거래는 최종결제일 이전에 대부분 반대거래에 의해 청산되는 반면에 선물환거래는 대부분 결제일에 현물인수도가 이루어진다. 즉 통화

그림 11-1 선물환거래와 통화선물거래의 비교

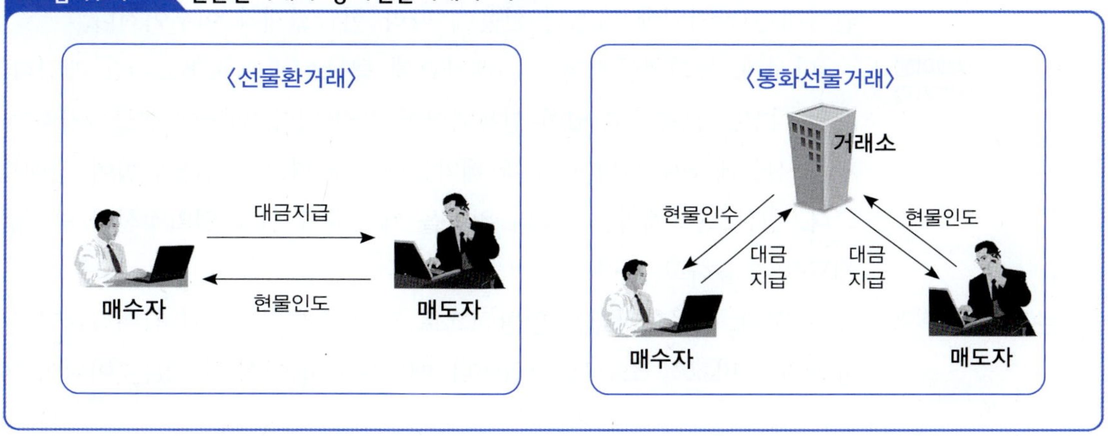

〈표 11-4〉 통화선물거래와 선물환거래의 비교

	통화선물거래(currency futures)	선물환거래(forward exchange)
거래방법	거래소(장내시장)를 통한 공개호가 또는 전자경매	점두시장(장외시장)에서 거래당사자간 직접거래
거래단위	통화별로 표준화	매매당사자간 합의하여 결정
인수도와 결제일	CME의 경우 각 결제월의 셋째 수요일	매매당사자간 합의하여 결정
결제방법	대부분 결제일 이전에 거래소를 통해 반대거래에 의해 청산	당초 계약에 따라 결제일에 거래쌍방간 현물인수도와 대금결제가 이루어짐
거래상대방	선물거래소(Futures Exchange)	상업은행 등 금융기관
보증기관	청산소(Clearing House)	없음
증거금	개시 및 유지증거금 예치	신용공여한도의 조정 또는 담보금 예치
현금수지	시장가격변동에 따라 일일 현금수지가 발생하며, 청산소를 통해 일일결제가 이루어짐	결제일에 자금결제가 이루어짐으로써 현금수지가 발생
이용자	헤저(hedger), 투기자(은행, 다국적기업, 개인투자가 등)	주로 헤저가 이용하며, 은행간거래나 기업과 은행간 거래가 대부분

선물거래는 만기전에 언제든지 거래소를 통해 반대거래를 함으로써 보유포지션을 소멸시킬 수 있으나, 선물환거래는 당사자간 합의가 없으면 만기전에 해지가 불가능하다.

일일현금수지 발생

넷째, 통화선물거래는 통화선물의 시장가격의 변동에 따라 매일 현금수지(cash flow)가 발생하여 **일일결제**(marking to market)가 이루어지는 반면에 선물환거래는 만기일에 약정된 환율에 따라 현금결제가 이루어진다.

결제이행 보증기관

다섯째, 통화선물거래는 거래자간에 **청산소**(clearing house)가 개입하여 결제의 이행을 보증하고 있어 신용위험이 거의 없다. 반면에 선물환거래는 거래자의 신용에 의존하기 때문에 계약불이행에 따르는 신용위험이 상대적으로 크다. 청산소는 계약불이행의 위험을 제거하기 위해 일일정산과 증거금적립 제도를 운용하고 있다.

소액거래자 참여

여섯째, 선물환거래는 일반적으로 거액의 투자자들이 참여하지만 통화선물거래는 비교적 소규모 기업이나 개인들도 참여할 수 있는 이점이 있다.

2) 통화선물의 거래메커니즘

① 통화선물의 계약내용

국제통화시장은 1972년 5월 시카고상품거래소(CME)에 처음으로 개설되었으며, 이어 1982년 9월 런던국제금융선물거래소(LIFFE), 1984년 9월 싱가포르 국제통화거래소(SIMEX)에 개설되었다. 현재 주요 국제통화시장은 CME그룹, 인도국립주식거래소(National Stock Exchange of India), Moscow Exchange, 도쿄금융거래소(Tokyo Financial Exchange) 등에 개설되어 있다. 세계거래소연맹(WFE)에 따르면 통화선물거래액은 일평균 1,000억달러를 조금 상회하는 것으로 추산되며, 이중 약 75%가 CME그룹의 Globex 전자거래시스템을 통하여 거래되고 있다.

통화선물의 계약내용은 선물거래소마다 다소 차이를 보이고 있는데, 시카고상품거래소를 중심으로 살펴보면 다음과 같다. **시카고상품거래소**에서는 2018년 10월 현재 선진국, 신흥개도국 등 21개국 통화에 대한 60개 조합의 통화선물(2개의 E-mini와 12개의 E-micro 통화선물 포함)이 거래되고 있으며, 주요 통화조합별 통화선물 계약내용은 <표 11-5>에서 보는 바와 같다. 통화조합별로 통화선물의 계약단위가 표준화되어 있으며, 인수도 및 결제일은 해당통화 결제월의 셋째 수요일로 지정되어 있다. 최근에는 소액 외환거래자를 끌어들이기 위해 표준계약단위의 1/2인 2개의 E-mini 통화선물과 1/10인 12개의 E-micro 통

〈표 11-5〉 CME의 주요 통화선물 명세

	JPY/USD	CAD/USD	GBP/USD	CHF/USD	AUD/USD	MXN/USD	EUR/USD	EUR/JPY	EUR/GBP	EUR/CHF
계약단위	12,500,000	100,000	62,500	125,000	100,000	500,000	125,000	125,000	125,000	125,000
최소가격변동폭	0.000001	0.0001	0.0001	0.0001	0.0001	0.000025	0.0001	0.01	0.00005	0.0001
최소가격변동한도	U$12.50	U$10.00	U$6.50	U$12.50	U$10.00	U$12.50	U$12.50	¥1,250	£6.25	SFr.12.5
거래시간(EST기준)	전자거래시장(electronic market) 5 : 00p.m.～익일 4 : 00p.m.(일～금) 공개호가시장(open outcry) 7 : 20a.m.～2 : 00p.m.(월～금)									
인수도 및 결제월	통화조합에 따라 상이하나 향후 몇 개월과 3, 6, 9, 12월									
최종거래일	각 결제월 수요일의 직전 2영업일									
인수도 및 결제일	각 결제월의 3번째 수요일									

주 : 최소가격 변동한도=계약단위×최소가격 변동폭
자료 : 시카고상품거래소 홈페이지(http://www.cmegroup.com/trading/)

이론과실제 WSJ의 통화선물 호가표

CME의 통화선물 호가표

	open	high	contract low	settle	chg	open interest
Japanese Yen (CME)-¥12,500,000; $ per 100¥						
23-Nov	0.6606	0.6613	0.6600	0.6610	-0.0008	796
23-Dec	0.6646	0.6650	0.6635	0.6646	-0.0008	266,595
24-Jan	0.6679	0.6683	0.6669	0.6680	-0.0008	592
24-Feb	0	0.0068	0.0068	0.0067	-0.0001	N/A
24-Mar	0.6746	0.6751	0.6735	0.6747	-0.0009	2,350
Canadian Dollar (CME)-CAD100,000; $ per CAD						
23-Nov	0.7248	0.725	0.7218	0.7240	-0.0016	85
23-Dec	0.7247	0.7254	0.7221	0.7244	-0.0016	204,648
24-Jan	0.7238	0.7258	0.7226	0.7248	-0.0016	76
24-Feb	0	0.7223	0.7218	0.7251	0.0006	N/A
24-Mar	0.7262	0.7265	0.7233	0.7255	-0.0016	4,305
Euro (CME)-€125,000; $ per €						
23-Nov	1.0669	1.0693	1.0657	1.0668	0.0001	2,273
23-Dec	1.0684	1.0709	1.0672	1.0683	0.0001	672,628
24-Jan	1.0703	1.0723	1.0689	1.0699	0.0001	2,149
24-Feb	1.0702	1.0735	1.0679	1.0713	-0.0050	1
24-Mar	1.0725	1.0753	1.0717	1.0728	0.0001	11,609
⋮	⋮	⋮	⋮	⋮	⋮	⋮

자료 : *The Wall Street Journal*, Website(http://www.wsj.com), 2023년 11월 10일자.

위의 표는 *The Wall Street Journal*에 게재된 CME(Chicago Mercantile Exchange)통화선물에 대한 호가표이다. JPY/USD 등 7개 통화조합의 통화선물의 거래현황이 게재되어 있으며, 각 통화명의 오른쪽에는 계약단위를 나타낸다. 즉 일본엔화 통화선물은 계약단위가 12,500,000엔이며, 통화선물가격은 100엔당 미달러화로 표시된다.

이 표의 첫째 칸은 거래되고 있는 통화선물계약의 만기월을 나타내고 있다. 'Nov 23'은 2023년 11월 3번째 수요일에 인도되는 통화선물을 말하고, 'Jan 24'는 2024년 1월 3번째 수요일에 인도되는 통화선물을 말한다.

둘째 칸부터 다섯째 칸까지는 각 통화선물의 단위당 가격을 표시한 것으로서 당일의 시가(open), 최고가(high), 최저가(low), 종가(settle)를 나타낸다. 즉 11월 인도물 일본엔화 통화선물의 11월 10일중 시가는 100엔당 0.6606달러, 최고가는 0.6613달러, 최저가는 0.6600달러, 종가는 0.6610달러이었음을 나타낸다.

여섯째 칸(chg)은 당일 종가와 전일 종가의 차이를 나타낸다. 즉 11월 인도물 일본엔화 통화선물은 11월 10일 전일 종가에 비해 100엔당 0.0008달러만큼 하락하였다. 그런데 일본엔화 통화선물의 최소변동폭은 100엔당 0.0001이고 최소가격변동한도는 12.50달러이므로, 일본엔화 통화선물의 1계약 – 즉 12,500,000엔이 전일에 비해 100.0(=\$12.50×8)달러가 하락하였음을 나타낸다.

일곱째 칸(open interest)은 미결제약정수량으로 당일 거래종료시점을 기준으로 반대매매나 결제되지 않은 통화선물계약의 총유효계약수를 나타내고 있다. 즉 11월 인도물 일본엔화 통화선물의 경우 미결제약정수량이 796계약인 것으로 나타나 있다.

이론과실제 우리나라의 통화선물시장

우리나라의 통화선물은 1999년 4월 한국선물거래소(현재 한국거래소)에 미달러선물이 상장되면서 처음 거래되기 시작하였다. 이후 수출입 및 외국인투자 확대에 따른 엔화 및 유로화의 거래증가와 환율의 급격한 변동 등으로 이들 외환에 대한 적극적인 환리스크 헤지의 필요성이 대두되면서 2006년 5월 엔선물 및 유로선물이 상장되고, 2015년 10월 위안선물이 추가로 상장되었다.[1)]

현재 한국거래소에서 거래되고 있는 미달러화, 엔화, 유로화 및 위안화선물의 계약내용은 <표 1>에서 보는 바와 같다. 미달러화의 계약단위는 10,000달러, 엔화는 1,000,000엔, 유로화는 10,000유로, 위안화는 100,000위안으로 표준화되어 있고, 인수도 및 결제월은 1년(미달러화는 3년) 이내 3, 6, 9, 12월과 이를 제외한 현시점에 가까운 4개(미달러화는 8개)의 결제월 – 모두 8개(미달러화는 20개) 결제월로 되어 있다. 통화선물계약의 최종거래일은 결제월의 세 번째 월요일이며, 최종결제일은 최종거래일로부터 기산하여 3번째 거래일로 지정되어 있다.

계약대상통화의 가격은 모두 원화로 표시되며 소수점 둘째자리까지 표시된다. 각 통화별 선물가격의 최소가격변동폭은 0.10원으로 제한되고 있으며, 이에 따라 모든 통화의 단위계약당 최소가격 변동금액도 1,000원으로 제한된다.

1) 한국거래소에서 거래되는 위안화는 중국본토에서 거래되는 위안화가 아니라 역외시장인 홍콩에서 거래되는 위안화임.

〈표 1〉 한국거래소의 통화선물 계약내용

계약대상통화	미국달러	일본엔화	유로화	중국위안화
계약단위	US $10,000	JP ¥1,000,000	EU €10,000	CNH ¥100,000
결제월 주기	분기 월중 12개와 그 밖의 월중 8개	분기 월중 4개와 그 밖의 월중 4개		
가격의 표시	달러당 원화 (소수점 둘째자리까지 표시)	100엔당 원화 (소수점 둘째자리까지 표시)	유로당 원화 (소수점 둘째자리까지 표시)	CNH ¥당 원화 (소수점 둘째자리까지 표시)
최소가격변동폭	0.10원	0.10원	0.10원	0.01원
최소가격변동금액	1,000원 (10,000×0.10원)	1,000원 (1,000,000/100×0.10원)	1,000원 (10,000×0.10원)	1,000원 (100,000×0.01원)
거래시간	09 : 00~15 : 45(최종거래일 09 : 00~11 : 30)			
최종거래일	각 결제월의 세 번째 월요일(공휴일인 경우 순차적으로 앞당김)			
최종결제일	최종거래일로부터 기산하여 3일째 거래일(T+2)			
최종결제방법	인수도 결제			
가격제한폭	기준가격 대비 ±4.5%	기준가격 대비 ±5.25%		기준가격 대비 ±4.5%
증거금률	위탁증거금률 : 3.9% 유지증거금률 : 2.6%	위탁증거금률 : 4.05% 유지증거금률 : 2.70%	위탁증거금률 : 3.15% 유지증거금률 : 2.10%	위탁증거금률 : 3.9% 유지증거금률 : 2.6%
단일가격경쟁거래	개장시(08 : 00~09 : 00) 및 거래종료시(15 : 35~15 : 45)			

주 : 한국거래소는 통화선물거래를 활성화하기 위하여 2009년 4월 거래단위를 50,000달러, 5,000,000엔 및 50,000유로에서 각각 10,000달러, 1,000,000엔 및 10,000유로로 인하하였음.

자료 : 한국거래소(http://www.krx.co.kr)

한국거래소에서 미달러화, 유로화, 엔화 및 위안화 통화선물이 거래되고 있으나 선물환거래에 비하면 거래가 활발하지 못하다. <표 2>에서 보는 바와 같이 한국거래소를 통한 통화선물거래는 2000년 이후 꾸준히 증가하였으나 최근에는 다소 정체 또는 위축되는 모습을 보이고 있다. 2023년중 미달러선물거래는 일평균 43.2억달러(계약수×10,000달러)에 달하고 있으나, 이는 선물환 일평균 거래액 126억달러에 비해 크게 못 미치고 있다. 한편 2006년 상장된 엔선물 거래규모는 2023년중 일평균 26.6억엔(계약수×100만엔), 유로선물은 3.2억유로(계약수×10,000유로) 수준에 머물고 있다.

이와 같이 미달러화를 비롯한 통화선물거래가 부진한 이유는 선물환거래의 상당부분을 차지하는 비거주자들이 인수도 및 결제일, 증거금, 일일정산 등 제약이 많은 통화선물거래보다 거래조건이 상대적으로 자유로운 차액결세선물환을 선호하고 있기 때문이다. 또한 국내기업들이 환위험 헤지거래를 적극적으로 하지 않는 데다가 환위험을 헤지하더라도 대부분 선물환, 외환스왑 등 장외거래를 이용하고 있기 때문인 것으로 보인다.

〈표 2〉 한국거래소 파생금융상품시장의 통화선물거래추이(일평균)

(단위: 10억원, 계약)

구분		2000	2005	2010	2015	2020	2021	2022	2023
달러선물	거래액	315.5	548.5	3,032.6	2,400.6	5,023.6	4,577.2	6,685.7	5,635.1
	거래량	5,556	10,711	261,727	211,908	425,502	399,672	513,381	432,331
	미결제약정수량	29,996	94,272	893,533	569,073	863,682	798,316	807,882	894,801
엔선물	거래액	–	–	23.5	14.1	26.9	12.3	13.1	24.8
	거래량	–	–	1,788	1,510	2,435	1,175	1,337	2,666
	미결제약정수량	–	–	15,745	15,608	11,723	9,697	14,061	35,911
유로선물	거래액	–	–	26.1	49.2	47.5	44.2	43.9	44.8
	거래량	–	–	1,698	3,912	3,534	3,255	3,235	3,180
	미결제약정수량`	–	–	12,782	46,960	24,228	29,728	24,391	26,972

자료 : 한국거래소

화선물도 개발하여 거래하고 있다.

또한 가격의 급격한 변동으로 인한 시장의 혼란을 방지하기 위하여 통화조합별로 선물가격의 최소가격변동폭을 제한하고 있다. 예를 들어 유로화의 단위계약규모는 125,000유로이며, 유로당 최소가격변동폭은 0.0001달러이다. 따라서 유로화의 단위계약당 최소가격 변동금액은 12.50달러가 된다.

한편 시카고상품거래소에서 통화선물 거래시간은 이원화되어 있다. 즉 전자거래방식에 의한 거래는 아시아지역과 원활한 거래를 위하여 일요일부터 금요일까지 오후 5시부터 다음날 오후 4시까지 이루어지고, 공개호가시장에서 거래는 월요일부터 금요일까지 오전 7시 20분부터 오후 2시까지 이루어진다.

② 통화선물시장의 구성

통화선물시장은 선물시장 참가자, 거래소 및 청산소(또는 결제기관)로 구성된다. 선물시장 참가자는 역할에 따라 선물중개회사, 거래소 회원, 투자자로 구분된다.

선물중개회사는 투자자와 거래소 회원 사이에서 중개역할을 담당한다. 즉 선물중개회사는 투자자로부터 선물계약 매매주문을 받아 거래소 회원에게 건네주고 증거금 계좌를 관리하며, 이에 대한 대가로 일정한 수수료를 받는다. 대부분의 선물중개회사는 거래소 회원권을 보유하고 있다.

거래소 회원은 장내에서 외부에 있는 자기 고객이나 자기가 소속되어 있는 선물중개회사의 거래주문을 체결시켜 주고 그 대가로 수수료를 받는다. 거래소 회원은 청산소와 직접 거래할 수 있는 청산회원과 이들을 통해 거래를 청산하여야 하는 비청산회원으로 나뉜다.

일반투자자는 선물계약의 최종수요자와 최종공급자이다. 일반투자자는 거래동기에 따라 환위험을 회피하기 위해 참가하는 헤저(hedger)와 환차익을 실현하기 위해 참가하는 투기자(speculator)로 구분하여 볼 수 있다.

거래소는 회원제에 의한 자치조직으로서 거래소 회원만이 거래소에서 선물거래를 할 수 있다. 거래소는 정형화된 선물상품을 개발하고, 이들이 거래될 수 있도록 장소 및 시설을 제공한다. 또한 거래소는 시장참가자들이 공정하고 질서있게 거래를 할 수 있도록 선물계약에 관한 거래규칙을 제정하고, 거래소 회원을 감독하며, 거래 대상물에 대한 각종 정보를 제공하는 업무를 수행한다.

청산소는 거래소에서 이루어지는 모든 거래에 대한 계약이행보증, 거래결과의 등록 및 계정관리, 증거금의 징수와 유지, 현물의 인수도 관장 및 자금결제 등 청산업무를 담당한다. 즉 청산소는 선물거래에서 거래상대방으로서 역할을 담당하면서 선물거래의 이행과 결제를 실질적으로 보증한다. 이를 위해 청산소는 일일정산과 증거금적립제도를 운용하고 있다. 한편 선진국의 경우 모든 거래에 대한 청산업무를 부속기구인 청산소 또는 별도의 독립기관인 **청산회사**(Clearing Corporations)를 설립하여 담당하도록 하고 있다. 그러나 우리나라는 별도의 독립된 청산기관을 두지

한국거래소 본사 전경

않고 한국거래소가 청산 및 결제기능을 담당하는 부서를 두어 운영하고 있다.

③ 통화선물의 거래절차

계약의 체결절차

통화선물의 거래절차는 크게 계약의 체결과 자금의 결제로 나누어진다. <그림 11-2>에서 보는 것과 같이 우선 투자자는 ① 선물중개회사에 위탁계좌를 개설하고, 거래금액에 맞추어 개시증거금을 예치하여야 한다. 투자자가 ② 선물중개회사를 통해 매매주문을 내고, 거래가 체결되면 선물거래소는 ③ 선물중개회사를 통해 체결내역을 투자자에게 통보해 준다.

자금의 결제절차

일단 선물계약이 체결되면 ④ 계약가격과 매일 정산가격을 비교하여 일일정산하게 되며, 손실액은 증거금 잔액에서 차감한다. 만약 증거금 잔액이 유지증거금에 미달하면, ⑤ 최초 개시증거금 수준까지 증거금을 추가로 납부하여야 한다. 반대로 이익이 발생하여 증거금 잔액이 개시증거금을 초과하게 되면 이 초과증거금을 현금으로 인출할 수 있다. 이러한 통화선물거래는 ⑥ 환율수준에 따라 중도에 반대거래 – 즉 매입시 환매도, 매도시 환매수를 통해 포지션을 청산하거나, 만기일까지 보유한 후 최종결제일에 현물의 인수도와 결제가 이루어짐으로써 거래가 종결된다.

그림 11-2 통화선물의 거래절차

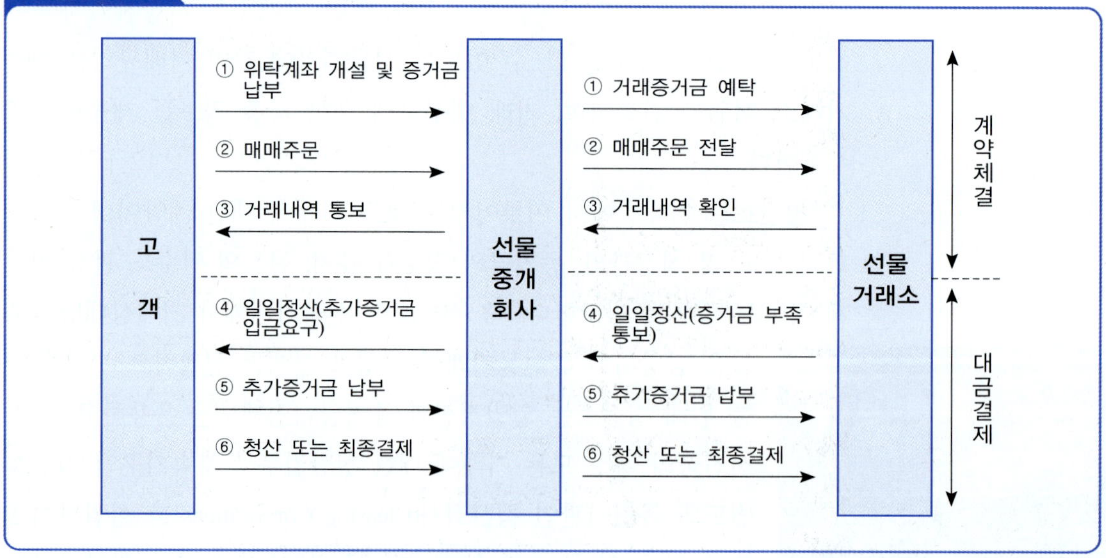

자료 : 한국은행, 「우리나라의 외환제도와 외환시장」, 2010.

이론과실제 일일정산과 증거금적립제도

통화선물가격의 변동과 증거금간 관계

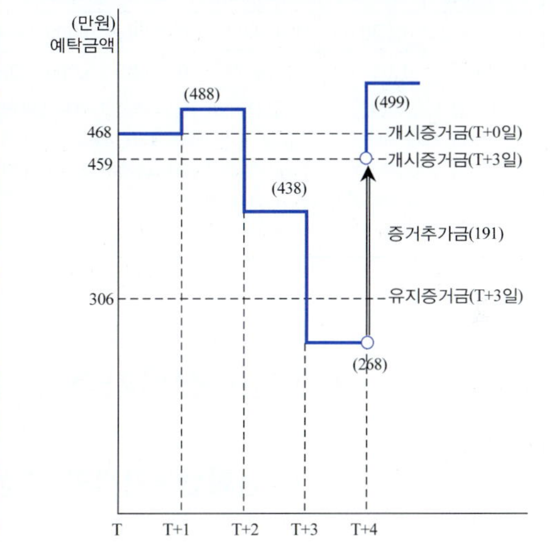

선물거래는 선물환거래와 달리 매일 거래가 이루어지면서 가격이 변동한다. 이에 따라 선물거래자는 매일 손익이 발생하게 되는데, 선물거래에서는 일일정산제도(marking to market 또는 daily settlement)에 의해 매일 손익이 정산된다. 선물거래자들은 일일정산제도를 이용하여 만기일에 또는 만기일 이전에 언제든지 반대거래를 통해 손익을 실현함으로써 쉽게 거래를 청산할 수 있다.

일일정산과정을 한국거래소에서 거래되는 미달러 통화선물거래를 예로 들어 살펴보자. 어떤 투자자가 2010년 12월물 미달러 통화선물을 오늘(T) 달러당 1,040.00원에 10계약을 매입하였으며, 표에서 보는 바와 같이 원-달러환율이 변했다고 하자.

미달러 통화선물을 매입한 다음 날(T+1일) 선물가격이 1,042.00원으로 상승하였기 때문에 통화선물 매입자는 20만원의 평가익을 얻게 된다. 그러나 2일째는 1,037.00원으로 하락하였기 때문에 50만원의 평가손이 발생한다. 그리고 3일째는 170만원, 4일째는 40만원의 평가익이 발생한다.

선물거래는 미래시점에서 현물의 인수도와 결제를 약속하는 거래인데, 계약금없이 거래가 이루어진다면 만기일에 가격변동에 따라 매도자가 현물의 인도를 거부하거나 매입자가 결제를 포기할 가능성이 있다. 따라서 일일정산을 원활하게 하고 선물계약의 이행을 보증하기 위해 계약액의 일부분을 현금 또는 현금등가물(유가증권 등)로 예치하도록 되어 있는데, 선물회사가 청산소에 예치하는 거래증거금과 투자자가 선물회사에 예탁하는 위탁증거금으로 구분된다.

투자자가 선물거래를 처음 시작할 때 선물중개회사에 예치하는 증거금을 개시증거금(initial margin)이라고 한다. 이 증거금계좌(margin account)를 통해 선물가격 변동에 따른 일일정산이 투자자와 선물중개회사(청산회원사), 그리고 선물중개회사와 청산소간에 이루어진다.

일일정산과정에서 증거금잔고가 유지증거금(maintenance margin) 이하로 떨어지면 청산소는 증거금의 추가예치를 선물중개회사에 요구한다. 선물중개회사는 다시 투자자에게 추가증거금을 예치하도록 통보를 하게 되며, 투자자는 개시증거금의 수준까지 추가로 증거금을 예치하여야 하는데 이를 마진콜(margin call)이라고 부른다. 만약 투자자가 마진콜에 응하지 않으면 청산소가 포지션의 일부 또는 전부에 대하여 반대거래를 행하여 선물계약을 청산한다.

앞의 예에서 3일째(T+3일) 선물가격이 1,020.00원으로 급락하여 예탁자산이 268만원으로 감소함으로써 유지증거금 306만원을 밑돌게 되었다. 이러한 상황이 발생하면 통화선물 매입자는 추가증거금 191만원을 납부하여 개시증거금에 상당하는 459만원으로 위탁증거금을 올려 유지하여야 한다.

미달러 통화선물의 일일정산 내역

구분	일일 정산가격	일일정산액	누적 순손익	예탁자산	개시/위탁 증거금	유지 증거금
계약일	1,040.00	–	–	4,680,000	4,680,000	3,120,000
T+1일	1,042.00	(1,042.00 – 1,040.00)×10,000×10 = 200,000	200,000	4,880,000	4,689,000	3,126,000
T+2일	1,037.00	(1,037.00 – 1,042.00)×10,000×10 = – 500,000	– 300,000	4,380,000	4,666,500	3,111,000
T+3일	1,020.00	(1,020.00 – 1,037.00)×10,000×10 = – 1,700,000	– 2,000,000	2,680,000	4,590,000	3,060,000
T+4일	1,024.00	(1,024.00 – 1,020.00)×10,000×10 = 400,000	– 1,600,000	4,990,000	4,608,000	3,072,000

주: 1) 일일정산액=(당일 정산가격−전일 정산가격)×계약단위×계약수
2) 개시/위탁증거금: 당일 정산가격×계약단위×계약수×개시증거금율(4.5%)
3) 유지증거금: 당일 정산가격×계약단위×계약수×유지증거금율(3.0%)
4) 추가증거금 1,910,000원 포함

(2) 통화선물가격의 결정과 재정거래

1) 통화선물가격의 결정

보유비용모형

대표적 선물가격 결정이론인 **보유비용모형**(cost-of-carry model)에 따르면 선물가격(F)은 기초자산의 현물가격(S)과 기초자산을 보유하는 데 따르는 비용(C)의 합으로 구성된다.

$$F_t^{t+1} = S_t + C_t \tag{11-1}$$

여기서 보유비용(cost of carry)은 상품의 저장에 따르는 창고료, 보험료, 구매자금의 이자비용, 기타 기회비용 등을 포함하고, 상품의 보유로 얻는 수익인 보유편익(convenience yield)을 뺀 것이다.

보유비용과 보유편익

실제로 통화를 보유하는 데 드는 물리적 비용은 거의 없으므로 외환을 보유하는 데 관련된 이자비용과 편익만 고려하면 된다. 만약 미달러화 금리가 연 R_t^*라면 1년후 1달러를 얻기 위해서는 현재 $\frac{1}{1+R_t^*}$ 달러가 필요하며, 이를 현물시장에서 매입하면 $\left(\frac{1}{1+R_t^*}\right) \cdot S_t$에 상당하는 원화가 소요된다. 따라서 원화의 차입에 따른 이자비용 R_t와 외환보유에서 얻은 이자편익 R_t^*를 고려하면 외환보유비용은 $\left(\frac{R_t - R_t^*}{1+R_t^*}\right) \cdot S_t$가 된다.

통화선물가격

따라서 통화선물가격(F_t^{t+1})을 보유비용모형에 의하여 산출하면 다음과 같이 된다.

$$F_t^{t+1} = S_t + \left(\frac{R_t - R_t^*}{1 + R_t^*}\right) \cdot S_t \tag{11-2}$$

이 식을 변형하면 $F_t^{t+1} = \left(\frac{1+R_t}{1+R_t^*}\right) \cdot S_t$가 되며, 선물환율과 현물환율간 관계를 나타내는 **국제금리평가**의 정리와 같게 된다. 이는 이론적으로 선물환율과 통화선물가격은 같다는 것을 함축한다.

만약 통화선물계약의 잔여만기가 T일이라고 하면, 통화선물가격은 다음과 같이 표시된다.

$$F_t^{t+T} = \left(\frac{1 + R_t(T/360)}{1 + R_t^*(T/360)}\right) \cdot S_t \tag{11-3}$$

$$= \delta \cdot S_t \qquad \text{단, } \delta = \left(\frac{1 + R_t(T/360)}{1 + R_t^*(T/360)}\right)$$

예를 들어 90일물 통화선물가격은 잔여만기가 90일이므로 T에 90일을 대입하여 산출한다.

베이시스의 결정요인

선물가격과 현물가격의 차이를 **베이시스**(basis)라 한다. 베이시스의 크기는 이론적으로 보유비용에 의하여 결정되지만, 실제로는 이외에도 불확실성, 제도 등 다양한 요인에 의해 영향을 받는다.

한편 통화선물계약의 만기가 가까워짐에 따라 – 즉 앞의 식에서 T값이 0에 접근함에 따라 통화선물가격과 현물가격간 차이가 줄어드는 **수렴화 현상**을 보이게 된다. 이는 통화선물가격을 결정하는 요인과 현물가격을 결정하는 요인이 점점 같아지는 것을 의미한다.

〈그림 11-3〉

선물가격과 현물가격간 관계

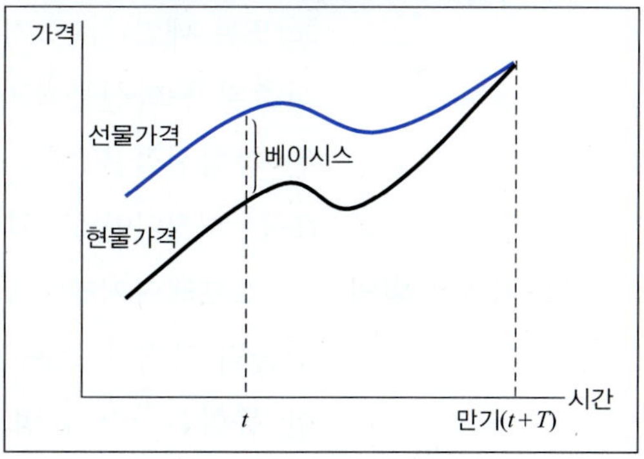

이론과실제 **선물가격과 선도가격간 관계**

앞에서 도출한 통화선물가격은 계약시점과 만기 사이에 일일정산과정이 없기 때문에 엄밀히 이야기하면 선도가격(또는 선물환율)을 나타낸다. 선물거래는 일일정산과정에서 증거금에 대한 이자가 발생한다. 따라서 이자율이 변동하면 선물가격은 선도가격과 차이가 날 수 있다. 그리고 그 차이는 선물거래의 일일정산제도가 매입자 혹은 매도자중 누구에게 유리하게 작용하느냐에 달려 있다. 일일정산제도가 매입자에게 유리하게 작용하면 선물가격은 선도가격보다 높게 형성될 것이고, 매도자에게 유리하게 작용하면 선물가격은 선도가격보다 낮게 형성될 것이다. 매입자의 입장에서는 선물가격이 올라가서 증거금 잔고가 많아질 때 이자율이 높으면 유리하고, 선물가격이 내려가서 증거금 잔고가 음(−)이 되어 추가증거금을 내야 하는 경우 이자율이 낮으면 유리하다. 따라서 선물가격과 이자율이 양(+)의 상관관계를 가지면 선물가격이 선도가격보다 높고, 음(−)의 상관관계를 가지면 선물가격이 선도가격보다 낮다. 그러나 실증연구에 따르면 많은 경우 이자율과 선물가격간 별 상관관계가 없는 것으로 나타나고, 두 가격간 차이는 무시할 정도이다. 따라서 국제금리평가의 정리는 선물의 이론가격을 산출할 때도 유용하게 사용될 수 있다.

<자료> 박정식 외(2003),「현대재무관리」, 제6판, 다산출판사.

2) 통화선물간 재정거래

만약 통화선물가격이 국제금리평가의 정리에 의해 산출된 균형선물환율(또는 가격)에서 이탈하면 재정거래가 발생한다. 통화선물의 재정거래는 베이시스거래와 스프레드거래로 나누어 볼 수 있다.

베이시스거래의 의의

베이시스거래(basis trading)란 베이시스의 변동을 이용하여 주로 단기차익을 얻기 위해 현물을 매입(또는 매도)하는 동시에 동일 상품에 대한 선물을 매도(또는 매입)하는 거래를 말한다. 예를 들어 현물환율에 베이시스를 더하여 산출된 통화선물가격이 이론적으로 산출된 균형선물환율보다 높다면 고평가된 통화선물을 매각하는 동시에 저평가된 현물환을 매입함으로써 매매차익(또는 재정이익)을 얻을 수 있다.

스프레드거래의 의의

스프레드거래(spreading trading)란 통화선물시장에서 인도일이 상이한 통화선물의 가격간 스프레드를 이용한 재정거래를 말한다. 예를 들어 만기가 상이한 통화선물간 균형스프레드는 다음과 같은 관계가 성립한다.

$$\begin{pmatrix} \text{3개월 · 6개월} \\ \text{통화선물간} \\ \text{스프레드} \end{pmatrix} = \begin{pmatrix} \text{현물 · 6개월} \\ \text{통화선물간} \\ \text{베이시스} \end{pmatrix} - \begin{pmatrix} \text{현물 · 3개월} \\ \text{통화선물간} \\ \text{베이시스} \end{pmatrix}$$

만약 통화선물시장에서 3개월 · 6개월 통화선물간 실제 스프레드가 3개월 · 6개월 통화선물간 균형스프레드보다 좁게 나타났다면 투자자는 통화선물시장에서 저평가된 6개월물을 매입하고 고평가된 3개월물을 매각함으로써 재정이익을 얻을 수 있다. 결국 재정이익을 얻기 위한 베이시스거래나 스프레드거래는 현물환율과 통화선물가격간 또는 만기가 상이한 통화선물가격간 균형체계를 유지하게 한다.

(3) 통화선물거래와 환위험 관리

1) 통화선물헤지의 기본원리

당초 포지션 +반대 포지션 →스퀘어 포지션

통화선물을 이용한 헤지는 기본적으로 선물환을 이용한 헤지와 마찬가지로 현물거래의 포지션과 반대로 통화선물의 포지션을 취함으로써 환위험에 노출된 자산이나 부채를 관리하는 기법이다. 만약 수출, 해외투자 등으로 롱 포지

그림 11-4 **통화선물을 이용한 헤지**

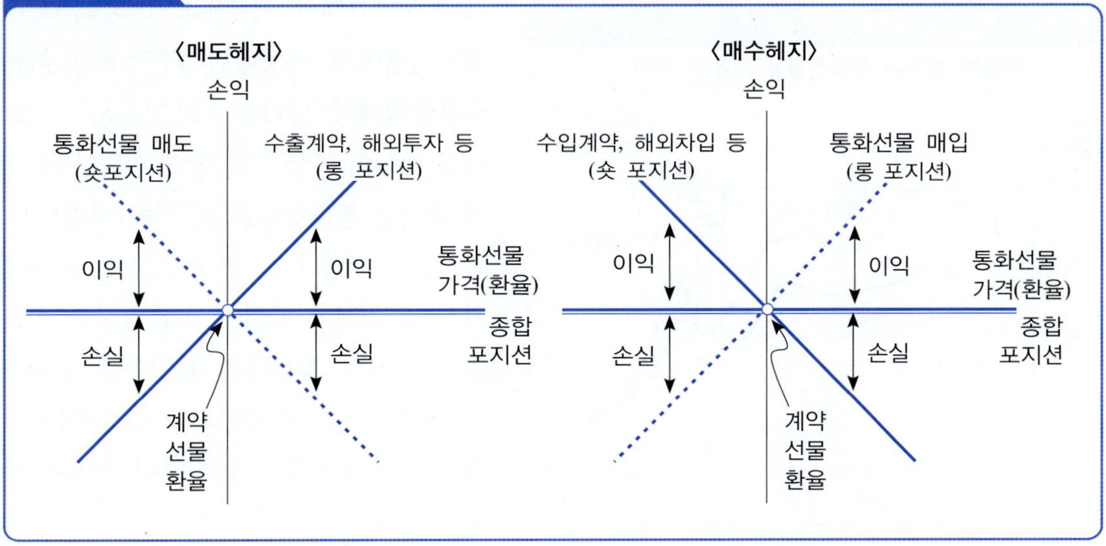

션이 발생하면 <그림 11-4>에서 왼쪽 그림과 같이 통화선물을 매도하여 숏 포지션을 취함으로써 종합포지션을 스퀘어 포지션으로 만들어 환위험을 헤지할 수 있다. 반대로 수입, 해외차입 등으로 숏 포지션이 발생하면 그림에서 오른쪽과 같이 통화선물을 매도하여 숏 포지션을 취함으로써 환위험을 헤지할 수 있다.

결제일 불일치와 환위험

그러나 통화선물은 인수도 및 결제일이 결제월의 특정일로 정해져 있기 때문에 선물환과 같이 완전한 헤지가 곤란하다. 선물환 거래자는 자기의 편의에 따라 결제일을 정할 수 있기 때문에 앞에서 다룬 바와 같이 반대거래를 통해 완전한 헤지가 가능하다. 반면 통화선물 거래자는 미리 정해져 있는 인수도 및 결제일 중 선택할 수밖에 없기 때문에 일치하지 않는 기간 동안 환위험에 노출되므로 완전한 헤지가 어렵다.

예를 들어 수출업자가 수출대금을 통화선물의 매도를 통해 헤지하는 경우를 생각해 보자. <그림 11-5>에서 보는 것과 같이 t시점에서 수출업자는 결제시점 $t+1$에 가장 가까운 $t+2$시점의 선물환율 F_t^{t+2}를 예상하고 수출계약을 체결하였다고 하자. 수출업자는 이를 헤지하기 위하여 $t+1$시점에 가장 가까운 $t+2$시점에 결제되는 통화선물을 F_t^{t+2}에 매도하였다.

수출업자는 $t+1$시점에 수출대금을 받아 현물시장에 매각하는 동시에 통화선물을 매입하여 – 즉 반대거래를 통해 청산하게 된다. 이 경우 수출업자는 $t+1$시점에서 현물환율이 S_{t+1}로서 수출계약시점에서 예상했던 F_t^{t+2}보다 하락하여 수출금액에서 달러당 $(F_t^{t+2}-S_{t+1})$에 상당하는 손실이 발생한다. 반면 수출업자는 F_t^{t+2}에 매각한 통화선물을 F_{t+1}^{t+2}에 매입하여 청산하므로 달러당 $(F_t^{t+2}-F_{t+1}^{t+2})$에 상당하는 이익이 발생한다. 따라서 수출업자는 현물환율의 하락에서 발생하는 환차손을 통화선물을 매각하여 얻은 환차익으로 상당부분 상쇄할 수 있으나 선물환거래와 같이 완전히 상쇄할 수는 없다.

〈그림 11-5〉

환율의 변동과 통화선물을 이용한 헤지

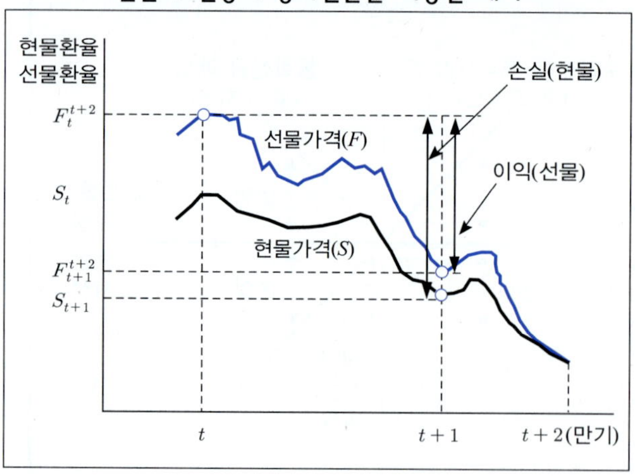

이론과실제 **통화선물을 이용한 단순헤지**

6월 10일 미국의 무역업자가 독일로부터 자동차를 수입하고 9월 10일에 500,000유로를 지급하기로 하였다. 유로는 현재 현물환시장에서 1.2790달러에 거래되고 있고, 통화선물시장에서는 9월 인도물(셋째 수요일)이 1.2814달러에서 거래되고 있다. 수입대금 결제일과 통화선물 만기일이 일치하지는 않지만 수입업자가 통화선물을 매입하여 환위험을 헤지하였을 때 어떠한 결과가 나타나는가를 살펴보자.

통화선물을 이용한 단순헤지의 예

		현물시장	통화선물시장	베이시스
EUR/USD환율	6/10	1.2790	1.2814	0.0024
	9/10	1.3275	1.3286	0.0011
€500,000의 달러가치	6/10	($640,700)	$640,700	
	9/10	$663,750	$664,300	
손익		−$23,050	$23,600	

수입업자가 수입대금 500,000유로를 헤지하기 위해 CME에서 유로통화선물을 4단위(=€500,000/€125,000)를 매입하고 만기에 640,700달러(=$1.2814/€×€500,000)를 지급하기로 하였다. 그러나 수입업자가 수입대금의 결제일인 9월 10일에 통화선물을 매각하여 통화선물계약을 청산한다면 9월 10일 통화선물가격이 통화선물의 매입가격과 다르기 때문에 환위험이 발생하지만 환위험의 상당부분이 커버된다.

그동안 유로화가 절상되어 9월 10일 현재 현물환율이 1.3275달러, 통화선물가격이 1.3286달러에 거래된다고 하자. 우선 수입업자가 통화선물을 매도하여 청산한다면 지금까지 일일정산에 의한 23,600달러의 이익이 발생한다. 한편 수입업자가 현물시장에서 유로당 1.3275달러에 500,000유로를 매입하면 663,750달러가 소요된다. 유로화 매입금액 663,750달러는 통화선물을 매입할 때 예상했던 금액 640,700달러보다 23,050달러가 많다. 그러나 통화선물거래에서 얻은 이익 23,600달러로 예상손실 23,050달러를 충분히 보상할 수 있다.

위의 예는 계약통화가 절상됨으로써 통화선물의 매입자가 청산을 통해 이득을 보는 경우이다. 그러나 계약기간중 계약통화가 절하되면 통화선물 매입자는 손해를 보게 된다. 그렇지만 결제일에 계약통화의 현물환율도 하락하기 때문에 여기서 발생하는 이득이 통화선물거래에서 발생하는 손실을 일부 보상해 준다. 따라서 수입업자는 환율변동의 방향과 관계없이 통화선물계약을 통해 환위험을 상당 부분 회피할 수 있다.

2) 선물델타와 통화선물헤지

통화선물을 이용하면 환위험을 헤지할 수 있지만 현물환율의 변동과 통화선물가격의 변동이 같지 않기 때문에 완벽하게 헤지할 수는 없다. 그러나 국제금리평가의 정리에서 산출된 선물델타(futures delta)값(δ)을 이용하면 환위험을 완전히 헤지하는 데 필요한 통화선물의 계약규모를 찾아낼 수 있다.

앞에서 국제금리평가의 정리에 기초하여 통화선물가격과 현물환율간 관계를 다음과 같이 나타내었다.

국제금리평가의 정리

$$F_t^{t+T} = \delta \cdot S_t \qquad \text{단, } \delta = \left(\frac{1 + R_t(T/360)}{1 + R^*_t(T/360)} \right) \tag{11-4}$$

여기서 통화선물계약이 만기에 가까워질수록($T \to 0$) – 즉 δ값이 1로 접근($\delta \to 1$)함에 따라 통화선물가격도 현물환율과 점점 같아진다($F_t^{t+T} \to S_t$). 만기일 이전에 통화선물가격의 변동과 현물환율의 변동간 관계는 식 (11-4)에서 δ로 표시되는데, 이를 선물델타라고 한다.

식 (11-4)를 현물환율에 대하여 정리하면 $S_t = \frac{1}{\delta} \cdot F_t^{t+T}$가 된다. 만약 δ값이 일정하다면 현물환율의 변동과 통화선물가격의 변동간 다음과 같은 관계식이 성립한다.

선물델타

$$\Delta S_t = \frac{1}{\delta} \cdot \Delta F_t^{t+T} \tag{11-5}$$

식 (11-5)는 현물환 1단위의 매입<매도>포지션을 헤지하기 위해서는 $\frac{1}{\delta}$단위의 통화선물 매도<매입>포지션이 필요함을 나타내주고 있다.

선물델타 δ는 1보다 클 수도 있고 작을 수도 있다. 만약 δ가 1보다 크다면 통화선물가격은 현물환율보다 큰 폭으로 변동한다. 따라서 헤지하려는 금액보다 적은 금액의 통화선물을 계약하여 헤지해야 한다. 반대로 δ가 1보다 작다면 통화선물가격이 현물환율보다 작은 폭으로 변동하므로 헤지하려는 금액보다 큰 금액의 통화선물을 계약하여 헤지하여야 한다.

예를 들어 유로화의 현물환율 $S_t = 1.2790$이고 통화선물환율 $F_t^{t+T} = 1.3882$이라면, 선물델타는 $\delta = 1.0854$가 된다. 그런데 €5,000,000(CME에서 40계약)의 숏 포지션을 통화선물을 이용하여 헤지하고자 한다고 하자. 이 경우 40×(1/1.0854)≒37이므로 CME에서 유로화 통화선물 37단위를 매입하여 롱 포지션을 취하여야 한다.

그러나 국제금리평가의 정리가 성립한다고 하더라도 헤지금액을 계속해서 조정해 나가야 한다. 왜냐하면 선물델타값은 일정한 것이 아니라 시간에 따라 변동하기 때문에 – 즉 만기에 다가올수록 1에 접근하고, 이에 따라 통화선물가격이 현물가격에 접근하기 때문이다. 이와 같이 선물델타가 지속적으로 변하기 때문에 엄밀한 의미에서 보면 통화선물에 의한 완전한 헤징은 불가능하다고 볼 수 있다.

이론과실제 FX마진거래

FX마진거래(FX Margin Trading)란 한 계약당 해당 통화 100,000단위의 이종통화 현물환을 해당 계약크기의 5%에 상당하는 증거금을 유지하면서 실물인수도 없이 차액만 정산하는 거래이다. FX마진거래는 미국에서 1990년대 중반 외환중개회사를 통하여 시작되었으며, 국내에서는 2005년 1월 선물거래법 시행세칙의 개정으로 유사해외통화선물이 도입되면서 선물회사를 통하여 개인도 FX마진거래가 가능하게 되었다. 이에 따라 국내선물회사의 대부분이 온라인을 통한 HTS(Home Trading System)을 갖추고 FX마진거래를 중개하고 있다.

FX마진거래는 일반적 외환거래와 비교할 때 다음과 같은 특징을 갖고 있다. 첫째, 일반적으로 외환거래는 자국통화와 외국통화간 현물환(또는 선물환거래)이지만, FX마진거래는 한 외국통화와 다른 외국통화간 현물환거래이다. FX마진거래는 USD/EUR/GBP/CAD/CHF/ JPY/… 등 통화간 다양한 조합의 거래가 이루어진다. 또한 FX마진거래는 계약단위가 해당 통화 100,000단위로 표준화되어 있고 낮은 증거금률을 유지하면서 결제시 차액만 정산한다.

둘째, FX마진거래는 통화쌍으로 거래되는 특성으로 인해 해당 통화의 가격 상승뿐만 아니라 하락시에도 이익을 낼 수 있는 양방향 수익구조를 가지고 있다. 즉 해당 통화를 가격이 쌀 때 사서 비쌀 때 팔아 이익을 얻을 수도 있지만, 가격이 비쌀 때 떨어질 것을 예상하여 먼저 팔고 예상대로 가격이 떨어졌을 때 사서 이익을 취할 수도 있다.

셋째, FX마진거래는 주식이나 선물시장과 달리 별도의 거래소가 없고, 세계 주요 Prime Bank가 청산을 보증하면서 이루어지는 장외거래이다. 즉 시장에 참여하는 은행 등 금융권, 기업, 개인들에 의해 거래가 이루어진다.

넷째, FX마진거래는 주요국 외환시장의 거래시간이 중복되기 때문에 기본적으로 24시간 쉬지 않고 거래되는 시장이다. 이에 따라 국내선물회사들은 월요일 08 : 00에서 토요일 07 : 00(한국기준시간/Summer Time 적용시 : 월요일 07 : 00~토요일 06 : 00)까지 FX마진거래를 하고 있다.

다섯째, FX마진거래는 환율의 급격한 변동으로 인한 고객의 투자손실을 막기 위해 마진콜과 함께 자동 포지션 청산제도를 운영하고 있다. 만약 고객의 예탁금이 손실로 인해 유지증거금이 이하로 떨어지면 개시증거금까지 채우도록 마진콜이 요청되고, 선물회사는 고객의 손실이 증거금을 넘어서게 되면 자동적으로 모든 포지션을 청산하게 된다.

FX마진거래는 개인투자자가 국내증권사 또는 선물사(Introducing Broker)를 통해 주문을 하면, 해당 주문은 해외파생상품시장회원(FDM : Forex Dealer Member)을 통해 은행으로 넘어간다. 은행은 국제은행간시장(Inter-bank Market)에서 다른 은행과 주문을 거래한다. 즉 FX마진거래의 거래 참여자는 개인투자자, IB(Introducing Broker), FDM(Forex Dealer Member), 은행(Inter-bank)으로 요약된다.

FX마진거래의 절차

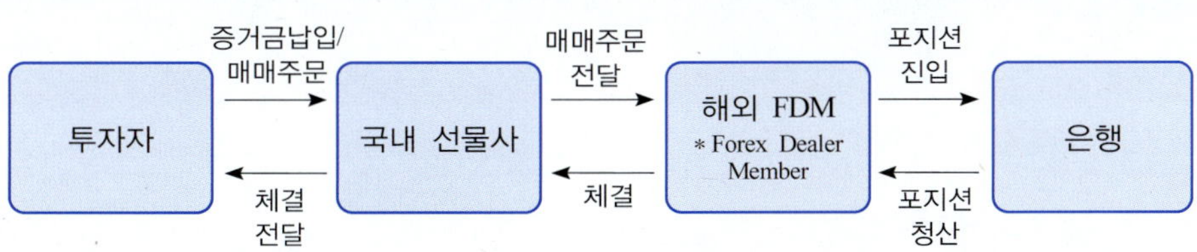

FX마진거래, 선물환거래 및 통화선물거래 비교

구분	FX마진거래	통화선물	선물환
거래장소	장외(OTC)	거래소	장외(OTC)
거래방법	온라인, 전화	공개호가방식	전화, 텔렉스
계약단위	기준통화의 100,000단위	복수 계약단위	제한 없음
거래상대	불득징 다수	불특징 다수	지징된 싱대
가격형성	호가방식	매일 형성	계약시 형성
신용위험	중개회사의 신용에 의존	청산소에서 거래이행 보증	계약불이행 위험 존재
중도청산	가능	가능	청산 제한적
인 수 도	현금결제(USD)	결제일 이전 수시거래	실물인수도
거래시간	24시간	09 : 00～15 : 15	거래당사자간 합의
증 거 금	계약금액의 5%	계약금액의 1～3%	증거금 없음
레버리지	20배	약 30～50배	없음

요약

01. 파생상품이란 농산물, 금속, 원유, 주식, 채권, 통화 등 기초자산(underlying assets)에서 그 가치가 파생된 상품으로서 기초자산의 가격변동에 따르는 위험을 회피하기 위하여 고안되었다.

02. 파생금융상품은 계약형태에 따라 선도(forwards), 선물(futures), 옵션(option), 스왑(swap)으로, 거래장소에 따라 장내거래와 장외거래로, 그리고 기초자산의 종류에 따라 통화, 채권 및 주식관련상품으로 구분하여 볼 수 있다.

03. 파생금융상품거래는 레버리지효과가 커 헤지 및 투기수단으로 효과적으로 이용되고, 계약시점에서 자산·부채의 변동을 초래하지 않기 때문에 부외거래의 성격을 갖고 있고, 기초금융자산의 거래보다 기동성이 높으며 거래비용이 저렴하고, 다양한 헤지 및 투자전략을 구사할 수 있고, 기초금융자산거래와 달리 신용위험이 적다.

04. 파생금융상품시장은 금융시장에서 가격변동성의 확대, 금융 및 자본자유화의 확대, 정보처리 및 정보통신기술의 발달, 금융기관간 경쟁격화, 금융공학의 발달 등을 배경으로 빠르게 발전하여 왔다.

05. 통화선물거래는 거래단위, 결제일 등 계약조건이 표준화된 특정 통화의 매매계약을 체결하고, 일정기간이 지난 후에 약정한 선물환율로 해당 통화의 인수도와 결제가 이루어지는 거래이다. 통화선물거래는 선물환거래와 유사한 성격을 가지고 있지만 계약내용을 표준화시켜 거래소를 통해 거래가 이루어지기 때문에 거래형식과 내용면에서 커다란 차이를 보이고 있다.

06. 통화선물시장은 선물시장 참가자, 거래소 및 청산소(또는 결제기관)로 구성되어 있다. 선물시장 참가자는 역할에 따라 선물중개회사, 거래소 회원, 투자자로 구분된다. 거래소는 회원제에 의한 자치조직으로 정형화된 선물상품을 개발하고 거래장소 및 시설을 제공한다. 청산소는 선물거래에서 거래상대방으로서 역할을 담당하면서 선물거래의 이행과 결제를 실질적으로 보증한다.

07. 보유비용모형을 이용하여 도출한 통화선물가격은 국제금리평가의 정리를 이용하여 산출한 선물환율 $\left(F_t^{t+T} = \left(\frac{1+R_t(T/360)}{1+R_t^*(T/360)} \right) \cdot S_t \right)$과 같다.

08. 통화선물을 이용한 헤지는 기본적으로 현물거래의 포지션과 반대로 통화선물의 포지션을 취함으로써 환위험에 노출된 자산이나 부채를 관리하는 기법이다. 그러나

통화선물을 이용한 헤지는 통화선물의 인수도 및 결제일이 결제월의 특정일로 정해져 있어 거래자의 결제일과 일치하지 않는 경우 환위험에 노출되므로 완벽한 헤지가 곤란하다.

09. 국제금리평가의 정리에서 산출된 선물델타값(δ)을 이용하면 환위험을 완전히 헤지하는 데 필요한 통화선물의 계약규모를 찾아낼 수 있다.

연습문제

01. 전세계 장외 파생금융상품거래의 최근 동향과 특징에 대하여 조사하여 보시오.

02. 우리나라 파생금융상품거래에 대한 다음 물음에 대하여 답하시오.

(1) 한국거래소에서 상장되어 있는 파생금융상품의 종류와 각 파생금융상품의 계약명세 및 거래동향에 대하여 조사하여 보시오.

(2) 우리나라에서 파생금융상품거래가 부진한 이유를 파악하여 보고 활성화 방안에 대하여 논의해 보시오.

03. 해외거래소에서 거래되는 통화선물의 종류, 계약내용, 거래동향 등을 조사·비교해 보시오.

(1) CME에서 거래되고 있는 통화선물의 통화조합의 종류와 계약내용에 대하여 조사해 보시오. 또한 우리나라 원화(KRW/USD)의 계약내용, 호가 및 거래동향에 대하여 조사해 보시오.

(2) ICE Futures U.S., NYSE Liffe(European Market) 등에서 거래되고 있는 통화선물의 종류와 계약내용을 조사하고, CME의 통화선물거래와 차이점에 대해서도 알아보시오.

04. <이론과 실제> WSJ의 통화선물 호가표(298쪽)를 참고하여 WSJ의 website에 수록된 통화선물의 통화조합 종류, 통화조합별 호가 등에 대하여 조사해 보시오. 호가표에서 open interest가 무엇을 의미하는가에 대하여 설명하시오.

05. 오늘 현재 원-달러 현물환율이 1,000.00원, 원화표시 국공채금리가 연 3.50%, 미달러화표시 재정증권금리가 연 2.50%라고 가정하고 다음 물음에 답하시오.

(1) 3개월후 미화 1달러를 보유하고자 할 때 소요되는 보유비용을 산출하시오. 이를 근거로 3개월물 통화선물가격을 산출하시오. <이론적 근거와 계산과정을 밝힐 것>

(2) 국제금리평가의 정리를 이용하여 균형선물환율을 산출하고, (1)의 결과와 비교하여 보시오.

(3) 만약 3개월물 통화선물이 달러당 1,005.00원에서 거래되고 있다면 어떠한 현상이 발생하는가를 설명하시오. 또 이러한 행위로 인해 예상되는 결과에 대하여 설명하시오.

06. 우리나라 A기업이 미달러 선물거래를 하기 위하여 B선물회사에 동거래 구좌를 개설하였다고 하고 다음 물음에 답하시오.

(1) A기업이 미달러 선물을 1,050.00원으로 10계약을 매입하고자 한다면 B선물회사에 개시증거금으로 얼마를 납입하여야 하는가? 이중 얼마만큼이 유지증거금인가?

(2) 다음 날 미달러 선물가격이 5.0원 상승하여 일일정산가격이 1,055.00으로 고시되었다면 얼마만큼의 평가익이 발생하는가? 위탁증거금과 유지증거금은 각각 얼마인가?

(3) 다다음 날 미달러 선물가격이 30.00원 급락하여 일일정산가격이 1,025.00원으로 고시되었다면 얼마만큼의 평가손이 발생하는가? 위탁증거금과 유지증거금이 각각 얼마인가? 만약 예탁자산이 유지증거금에 미치지 못한다면 B선물회사는 A기업에게 얼마만큼의 margin call을 하여야 하는가?

07. 3월 5일 미국 수출업자가 기계설비 5,000,000파운드어치를 영국 수입업자에게 수출하고 수출대금은 6개월후에 받기로 하였다고 하자. 수출업자는 환위험을 통화선물시장을 통해 헤지를 하는데 6개월후 청산을 한다고 가정하고 다음 물음에 답하시오. 단, 현물환율과 통화선물가격은 우측 표와 같다고 한다.

		현물시장	통화선물시장 (9월물)
GBP/USD	3/5	1.8820	1.8212
환율	9/5	1.7624	1.7520

(1) 미국 수출업자는 6개월후 수출대금으로 얼마만큼의 달러를 벌어들일 수 있다고 예상하는가? 예상보다 영국 파운드가 더 절하됨으로써 발생한 손익에 관하여 설명하시오.

(2) 미국 수출업자가 수출에 따르는 환위험을 헤지하기 위하여 어떠한 통화선물거래를 하는가에 관하여 설명하시오. 이러한 통화선물거래로 인해 발생한 손익에 관하여 설명하시오.

(3) (1)과 (2)의 결과를 근거로 통화선물을 이용한 헤지가 얼마나 효과적이었는가에 관하여 설명하시오.

(4) 미국 수출업자가 환위험을 완벽하게 헤지를 하고자 한다면 CME에서 영국파운드화 몇 계약을 매도해야 하는가?

08. 여러분이 우리나라 선물회사를 통하여 FX마진거래를 하고자 한다고 하고 다음 물음에 대하여 답하시오.

(1) FX마진거래에 대하여 설명하시오.

(2) 어느 선물회사를 선택하여 FX마진거래의 상품명세와 거래절차 및 방법에 관하여 조사해 보시오.

CHAPTER 12

통화옵션거래

통화옵션은 새로운 형태의 파생금융상품으로서 1980년대초 미국 필라델피아 증권거래소에서 처음으로 거래되기 시작하였다. 통화옵션은 행사선택권이 있기 때문에 선물환이나 통화선물로서는 불가능한 다양한 헤지, 투기 및 재정거래가 가능하다. 여기서는 통화옵션의 기초개념, 거래메커니즘 및 손익구조와 옵션가격의 결정에 관하여 살펴보고, 이를 토대로 통화옵션을 이용한 다양한 환위험 관리전략을 소개하고자 한다.

12.1 통화옵션의 기초

(1) 통화옵션의 의의와 종류

1) 통화옵션의 의의와 성격

통화옵션과 선물환의 비교

통화옵션(currency option)은 선물환이나 통화선물과 거래성격이 유사하지만 이들의 단점을 보완하여 변형시킨 파생금융상품이라고 할 수 있다. 선물환 거래자는 결제일에 현물환율이 유리하게 변동하면 이익을 얻을 수 있지만, 현물환율이 불리하게 변동하면 손해를 감수하여야 하는 단점이 있다. 예를 들어 선물환 매입자는 <그림 12-1>에서 보는 것과 같이 만기일에 현물환율이 계약한 선물환율보다 높을수록 직선 *ab*와 같이 이익도 커진다. 반면 만기일 현물환율이 계약한 선물환율보다 낮아질수록 직선 *bc*와 같이 손실이 커진다. 만약 선물환 매입자에게 이익이 발생하면 선물환 매입계약을 실행하도록 하고, 손실이 발생한다면 선물환 매입계약을 포기하도록 선택권을 준다면 선물환 매입자의 손익선은 점선 *abd*로 변한다. 그러나 선물환 매입자는 선물환 매입에 대한 선택권을 갖는 대신 이에 대한 대가를 선택권의 행사 여부와 관계없이 *e*만큼의 프리미엄을 지급하여야 한다면 손익선은 점선 *a'b'd'* 가 된다.

〈그림 12-1〉
선물환거래와 통화옵션거래

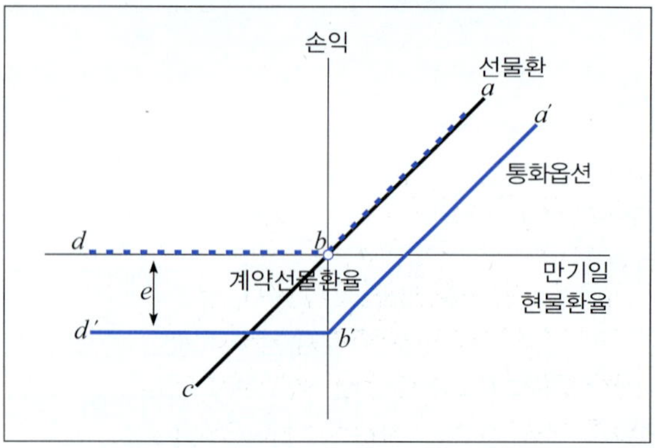

통화옵션의 개념

통화옵션은 옵션매도자가 옵션매입자에게 특정 외국통화를 미리 약정한 환율(또는 행사가격)로 만기일 또는 만기일 이전에 매입 또는 매도할 수 있는 권리를 부여하는 계약을 말한다. 선물환은 결제일에 현물환율의 변동과 관계없이 이미 약정한 선물환율로 계약을 실행하여야 하지만, 통화옵션은 결제일에 현물환율이 옵션매입자에게 유리하게 변동하는 경우에만 권리를 행사한다. 이와 같이 옵션매입자는 계약의 행사 여부를 선택할 수 있는 권리를 갖는 대신에 프리미엄을 옵션매도자에게 지급한다는 점에서 보면 통화옵션은 **환율보험**으로서 성격을 지니고 있다. 이와 같이 통화옵션은 선물환이나 통화선물과 달리 행사선택권이 부여되어 있기 때문에 다양한 헤징, 투기 및 재정거래가 가능하다.

그림 12-2 옵션거래의 기본구조

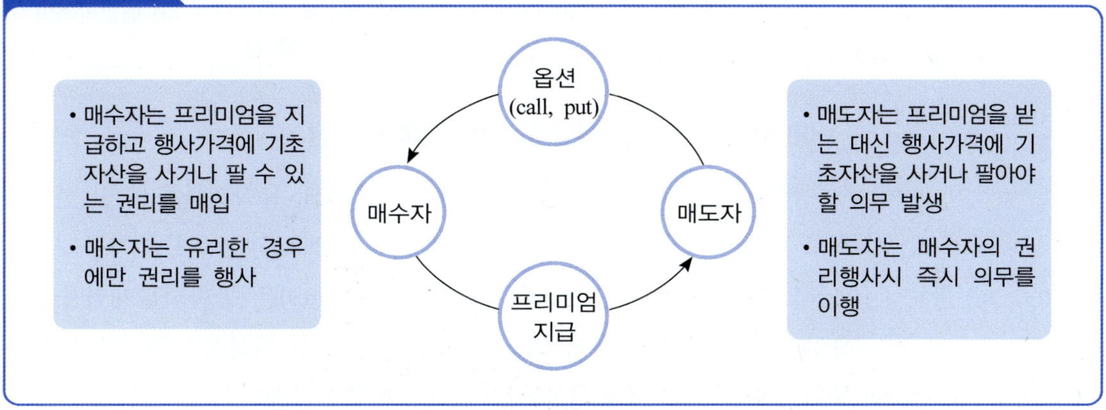

2) 옵션의 종류

① 콜옵션과 풋옵션

통화옵션은 행사선택권의 종류에 따라 콜옵션과 풋옵션으로 나누어진다.

통화옵션의 경우 옵션을 행사하기로 한 환율을 행사환율이라고 하지 않고 다른 옵션과 마찬가지로 행사가격이라고 함.

콜옵션(call option)이란 매도자가 매입자에게 일정액의 특정 외국통화를 만기일 또는 만기일 이전에 행사가격으로 매입할 수 있는 권리를 부여하는 계약을 말한다. 따라서 콜옵션 매입자는 만기일 또는 만기일 이전에 현물환율이 행사가격보다 높아지면 행사가격으로 매입하는 권리를 행사하지만, 낮아지면 이를 포기하게 된다.

반면 **풋옵션**(put option)이란 매도자가 매입자에게 일정액의 특정 외국통화를 만기일 또는 만기일 이전에 약정한 환율로 매도할 수 있는 권리를 부여하는 계약을 말한다. 따라서 풋옵션 매입자는 만기일 또는 만기일 이전에 현물환율이 행사가격보다 낮아지면 행사가격으로 매도할 수 있는 권리를 행사하지만, 높아지면 이를 포기하게 된다.

〈표 12-1〉 콜옵션과 풋옵션의 비교

	콜옵션	풋옵션
옵션 매입자	만기일 또는 만기일 이전에 특정 외화를 약정한 가격에 매입할 수 있는 권리를 보유	만기일 또는 만기일 이전에 특정 외화를 약정한 가격에 매도할 수 있는 권리를 보유
옵션 매도자	만기일 또는 만기일 이전에 특정 외화를 약정한 가격에 매도하여야 하는 의무를 짐	만기일 또는 만기일 이전에 특정 외화를 약정한 가격에 매입하여야 하는 의무를 짐

② 현물옵션, 통화선물옵션 및 선물식 옵션

통화옵션은 거래대상 통화에 따라 현물옵션, 통화선물옵션 및 선물식 옵션으로 나누어진다. 현물옵션(options on spot exchange)은 현물통화를 거래대상으로 하고, 통화선물옵션(options on currency futures)은 통화선물계약을 거래대상으로 한다. 옵션매입자가 권리를 행사하는 경우 현물옵션은 현물통화가 인수도되는 데 비해, 통화선물옵션에서는 통화선물계약의 포지션이 인수도된다. 선물식 옵션(futures style options)은 옵션매입후 옵션행사와 관계없이 옵션가격(또는 프리미엄)의 변동에 따라 일일결제가 이루어진다.

③ 미국식 옵션과 유럽식 옵션

옵션은 만기전에 매입자가 권리를 행사할 수 있느냐의 여부에 따라 미국식 옵션과 유럽식 옵션으로 나누어진다. 미국식 옵션(American option)은 계약기간이 종료되는 만기일 또는 만기일 이전에 언제든지 권리를 행사할 수 있으나, 유럽식 옵션(European option)은 만기일에 한하여 권리를 행사할 수 있다. 현재 미국에서는 미국식 옵션이 주종을 이루지만 유럽식 옵션도 거래되고 있다.

(2) 옵션관련 주요 개념

1) 옵션가격과 행사가격

옵션거래에서 기초자산(통화옵션의 경우에는 외국통화)을 매입하거나 매도하는 가격 – 즉 옵션을 행사하는 가격을 미리 정하는데 이를 행사가격(exercise price)이라고 한다. 따라서 옵션매입자는 만기일 또는 만기일 이전에 행사가격으로 매입하거나 매도하는 권리를 행사한다.

옵션매입자는 옵션행사의 권리를 갖는 대가로 옵션매도자에게 일정한 대가를 지급하여야 하는데, 이를 **옵션가격**(option price) 또는 **옵션프리미엄**(option premium)이라고 한다.

2) 내가격, 외가격 및 등가격

옵션은 현물가격과 행사가격의 상태에 따라 손익이 달라진다. 이익이 예상되는 상태를 **내가격**(in-the-money), 손실이 예상되는 상태를 **외가격**(out-of-the-money), 손익이 예상되지 않는 상태를 **등가격**(at-the-money)이라고 한다. 옵션 종류에 따른 이를 구분하면 <표 12-2>와 같다.

〈표 12-2〉 옵션종류에 따른 현물가격과 행사가격간 관계

	콜옵션	풋옵션
내가격(in-the-money)	현물가격 〉 행사가격	현물가격 〈 행사가격
외가격(out-of-the-money)	현물가격 〈 행사가격	현물가격 〉 행사가격
등가격(at-the-money)	현물가격 = 행사가격	

12.2 통화옵션의 거래메커니즘

통화옵션거래는 1980년대초 필라델피아증권거래소에서 현물옵션거래가 처음으로 시작되었으며, 이어 1984년 1월 시카고상품거래소의 국제통화시장에서도 선물통화옵션거래가 도입되었다. 이후 런던, 도쿄, 싱가포르 등 주요 증권 또는 선물거래소에서도 통화옵션거래를 취급하고 있다.

또한 통화옵션거래는 장외에서도 거래가 이루어지고 있는데 거래소와는 달리 옵션거래금액, 만기일, 행사가격 등이 고객의 편의에 따라 신축적으로 조정된다. 여기서는 통화옵션거래가 가장 활발히 이루어지고 있는 시카고상품거래소(CME)를 중심으로 계약내용 및 형식을 알아보고 거래절차에 관해서도 살펴본다.

(1) 계약내용과 형식

현재 시카고상품거래소에서는 선진국, 신흥개도국 등 21개국 통화에 대한 31개 조합의 통화옵션거래가 이루어지고 있는데, 이 중에서 주요 통화조합의 계약내용과 형식을 보면 <표 12-3>과 같이 **표준화**되어 있다. 통화옵션의 계약내용은 통화선물과 같이 계약단위, 최소가격변동폭 등이 표준화되어 있고, 만기일은 통화조합에 따라 상이하나 3, 6, 9, 12월의 분기별 주기와 향후 몇 개월의 세 번째 수요일이다.

거래시간과 방식

시카고상품거래소에서 전자거래방식에 의한 통화옵션거래는 아시아지역에서 거래가 늘어남에 따라 일요일부터 금요일까지 오후 5 : 00～다음 날 오후 4 : 00 사이에 이루어지고, 특정 장소(trading pit)에 거래원(broker)들이 모여 육성 또는 수신호로 체결하는 공개호가방식에 의한 거래는 월요일부터 금요일까지 오전 7 : 20～오후 2 : 00 사이에 이루어진다. 최종거래일은 인도월 세 번째 수요일의 이전 금요일이며, 일부 통화에 대해서는 유럽식으로도 거래가 이루어지고 있다.

계약이행 보증

통화옵션거래는 옵션청산회사(Options Clearing House)가 계약이행을 보증하여 주고 있다. 이와 관련하여 옵션청산회사는 옵션매도자에게 증거금을 거래이행담보금의 성격으로 거치하도록 하고 동시에 청산기금(clearance fund)도 운용하고 있다. 예를 들어 시카고상품거래소에서 외국통화옵션거래는 Chicago Mercantile Exchange House에 의해 보증되고 있다.

〈표 12-3〉 CME의 주요 통화옵션명세

	JPY/USD	CAD/USD	GBP/USD	CHF/USD	AUD/USD	MXN/USD	EUR/USD	EUR/JPY	EUR/GBP	EUR/CHF
계약단위	12,500,000	100,000	62,500	125,000	100,000	500,000	125,000	125,000	125,000	125,000
최소가격변동폭	0.000001	0.0001	0.0001	0.0001	0.0001	0.000025	0.0001	0.01	0.00005	0.0001
거래시간 (EST기준)	전자거래시장(electronic market) 5 : 00p.m.～익일 4 : 00p.m.(일～금) 공개호가시장(open outcry) 7 : 20a.m.～2 : 00p.m.(월～금)									
만기일	통화조합에 따라 상이하나 3, 6, 9, 12월 분기별 주기와 향후 몇 개월의 세 번째 수요일									
최종거래일	인도월 세 번째 수요일의 직전 금요일									
행사방법	2종류(미국식/유럽식)									

자료 : 시카고상품거래소 홈페이지(http://www.cmegroup.com/trading/)

(2) 거래절차

일반적으로 통화옵션은 <그림 12-3>에서 보는 것과 같이 ① 고객이 옵션증거금(또는 프리미엄)을 중개회사에 납부하고, ② 선물중개회사에 매매주문을 내면 선물중개회사는 선물거래소에 매매주문을 전달한다. 선물거래소는 ③ 매매가 체결되면 선물중개회사를 통해 체결내역을 고객에게 통보해 준다.

옵션의 청산/결제

옵션매입자는 만기일 이전에 반대거래를 통해 포지션을 청산하거나 만기일 또는 만기일 이전에 옵션을 행사할 수 있다. 만약 통화옵션 매입자가 만기일 이전에 옵션을 행사하고자 하는 경우에는 미리 옵션행사의 의사를 브로커나 거래소 대리인에게 통보하면 옵션청산회사를 통하여 결제가 이루어진다. 시카고상품거래소에서 거래되는 통화옵션은 익영업일의 결제를 원칙으로 하고 있다.

증거금

옵션매수자 : 프리미엄 납부

옵션매도자 : 증거금 조정

통화옵션의 거래과정은 통화선물과 유사하나 일일정산제도가 없다. 증거금의 경우 옵션매입자는 옵션매수대금인 프리미엄만 납부하면 된다. 그러나 상대방의 권리행사에 따라 의무를 부담하는 옵션매도자는 손실발생이 무한정이므로 거래대상의 가격변동에 따라 증거금 수준을 조정한다. 이러한 옵션거래의 증거금은 거래이행의 담보를 선물거래소에 보관하는 것으로 거래대상물의 가격변동에 따라 증거금이 거래상대방에게 이전되는 선물거래의 일일정산과는 다르다.

그림 12-3 통화옵션의 거래절차

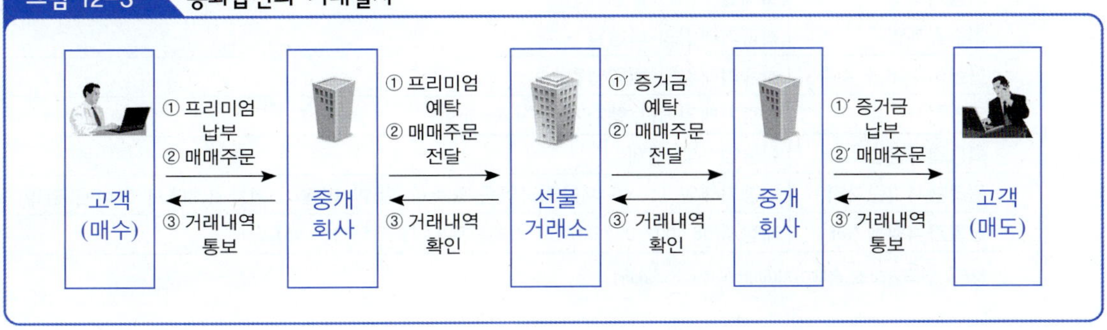

이론과실제 우리나라의 통화옵션거래

우리나라에서 장내 통화옵션거래는 1999년 4월 한국거래소(당시 한국선물거래소)의 개장과 함께 상장된 미달러화옵션이 유일하게 거래되고 있으며, 거래내용과 형식은 <표 1>에서 보는 것과 같이 표준화되어 있다. 우리나라 장내시장에서 미달러화옵션거래는 만기일에만 권리행사가 가능한 유럽식으로서 거래단위는 미화 10,000달러이며, 결제월 주기는 분기 월중 2개와 그 밖의 월중 2개이다.* 최소가격변동폭은 0.10원이고 최소가격변동금액은 1,000원이며, 일일가격변동폭은 이론적으로 산출한 기초자산가격의 상하 4.5% 이내이다. 최종거래일은 결제월 세 번째 월요일이고, 최종결제일은 최종거래로부터 가산하여 세 번째 거래일이다. 옵션행사시 결제는 실물인수도에 의해 이루어진다.

한국거래소를 통한 미달러화옵션 거래량은 1999년중 일평균 350만달러를 나타내었으나, 2000년중 일평균 70만달러로 감소한데 이어 2001년 이후에는 거래가 거의 이루어지지 않고 있다. 이와 같이 장내거래가 부진한 것은 시장조성자가 없어 유동성이 부족하고, 만기 및 행사가격 등 옵션거래조건이 정형화됨으로써 고객의 다양한 헤지수요를 충족시키지 못하고 있기 때문이다.

* 예를 들어 오늘이 2월 4일이라면 2개의 분기 월중은 3월과 6월이고 그 밖의 2개월중은 현재에 근접한 2월과 4월이 됨.

〈표 1〉 한국거래소 파생상품시장의 미달러화옵션 계약명세

구 분	세부사항
거래대상	미달러화(USD)
계약단위	USD10,000
결제월주기	분기 월중 2개와 그 밖의 월중 2개
상장결제월	6개월 이내의 4개 결제월
행사가격 설정	ATM을 기준으로 하여 10원 간격으로 상하 각 3개(총 7개)
가격의 표시	원화(소수점 둘째자리까지 표시)
최소가격변동폭	0.10원
최소가격변동금액	1,000원(USD 10,000×0.10원)
가격제한범위	기초자산 기준가격±(기초자산가격×4.5%) 적용하여 산출한 이론적 가격
포지션 한도	거래소가 필요하다고 판단할 경우 설정가능
거래시간	월~금 09 : 00~15 : 45(최종거래일 : 09 : 30~11 : 30)
최종거래일	결제월 세 번째 월요일
최종결제일	최종거래일의 다음날
옵션매수대금 수수	최종거래일의 익영업일
권리행사	최종거래일에만 행사가능(European형)
최종결제방법	실물인수도 결제
권리행사기준가격	최종거래일 11 : 30 서울외국환중개(주)를 통한 미달러 현물거래에서 형성된 환율
단일가격경쟁거래	개장시(08 : 00~09 : 00) 및 거래종료시(15 : 35~15 : 45)

자료 : 한국거래소 홈페이지(http://www/krx.co.kr)

한편 장외 통화옵션거래는 1999년 4월 외환거래자유화조치 이후 꾸준히 증가하는 추세를 보였으나 2008년 글로벌 금융위기 이후 급격히 위축되는 모습을 보이고 있다. <표 2>에서 보는 바와 같이 장외통화옵션의 일평균 거래규모는 매년 지속적으로 성장하면서 2008년중 16.5억달러에 달하였으나, 글로벌 금융위기로 KIKO파동을 겪으면서 2009년부터 거래규모가 급격히 감소하였다. 선물환거래와 비교할 때 통화옵션거래는 손익구조상 다양한 상품을 개발할 수 있는 장점이 있음에도 불구하고 아직 선물환이나 외환스왑에 비해 거래가 정체된 모습을 보이고 있다.

〈표 2〉 우리나라 외국환은행의 통화옵션거래 추이[1] (단위 : 억달러)

	2003	2008	2013	2017	2018	2019	2020	2021	2022
현물환[2]	56.1	196.9	181.8	196.0	213.3	198.3	203.2	227.1	231.3
선물환[3]	20.7	95.1	71.3	101.1	111.8	119.9	99.2	112.3	120.0
외환스왑	30.1	166.9	195.4	197.9	217.7	226.2	213.4	229.3	258.3
통화옵션[4]	3.0	16.5	4.2	2.1	2.6	2.3	2.3	2.1	1.8
기타	5.4	23.0	7.1	9.4	9.7	11.1	10.4	12.1	12.4
합계	115.3	498.4	459.8	506.5	555.1	557.7	528.4	583.1	623.8

주 : 1) 기간중 일평균, 2) 외국환은행의 현물환거래 기준, 3) 외국환은행의 outright 선물환거래 기준, 4) 장외거래 기준

자료 : 서울외국환중개, 한국은행.

12.3 통화옵션거래의 손익구조

통화옵션거래에서 매입자와 매도자의 손익구조는 정반대의 상황에 처하게 된다. 즉 옵션매입자는 현물가격(환율)이 유리하게 변동하면 이론적으로 무제한의 이익을 얻게 되지만, 현물가격이 불리하게 변동하면 일정 프리미엄 내에서 제한적인 손실을 입게 된다. 한편 옵션매도자는 옵션매입자가 옵션을 행사하면 이에 상응하는 손실이 발생하지만 옵션을 행사하지 않으면 프리미엄만큼 수익을 얻는다. 이와 같이 옵션거래에 따른 손익은 옵션프리미엄, 현물가격, 행사가격, 거래비용 등의 크기에 의해 결정되며, 옵션의 결합방법에 따라 다양한 손익구조가 가능하다.

(1) 콜옵션의 손익구조

콜옵션 매입자의 손익

콜옵션(call option)은 매도자가 일정액의 특정 외국통화를 만기일 또는 만기일 이전에 행사가격으로 매입할 수 있는 권리를 매입자에게 부여하는 계약

그림 12-4 콜옵션 매입자와 매도자의 손익선

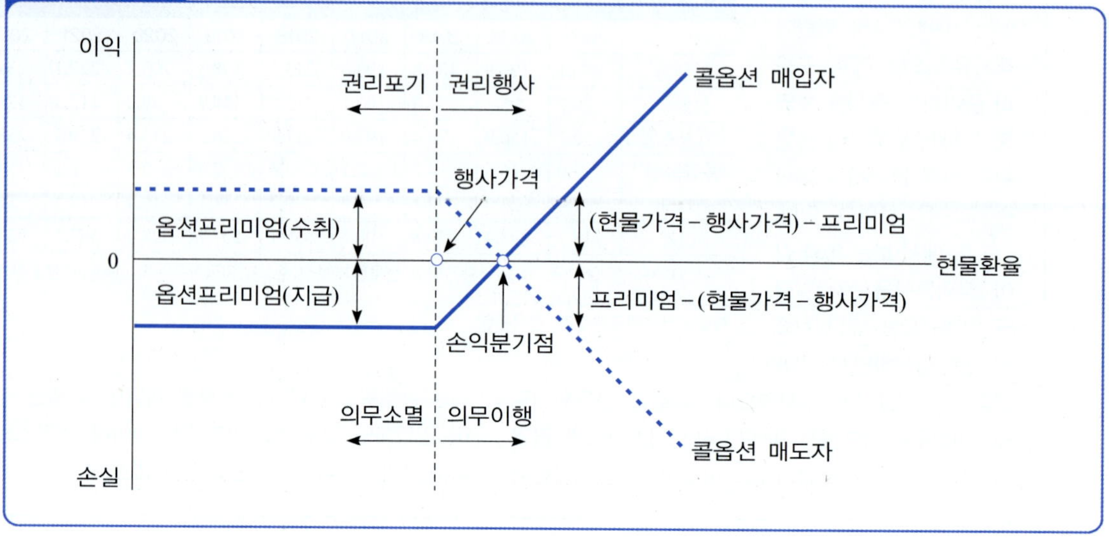

을 말한다. 따라서 콜옵션 매입자는 현물가격(통화옵션의 경우는 현물환율)이 행사사격보다 높다면 매입권리를 행사하므로 {(현물가격－행사가격)－옵션프리미엄}만큼 순이익을 얻는다. 반대로 현물가격이 행사가격보다 낮다면 콜옵션 매입자는 매입권리를 포기하므로 지급한 프리미엄만큼 손해를 본다. 이러한 콜옵션 매입자의 손익선은 <그림 12-4>에서 보는 것과 같이 현물가격이 행사가격보다 높아 매입권리를 행사하는 영역에서는 우상향하는 45°의 직선의 형태를 취하고, 현물가격이 행사가격보다 낮아 매입권리를 포기하는 영역에서는 음(－)의 옵션프리미엄에서 수평선이 된다.

콜옵션 매도자의 손익

한편 콜옵션 매도자의 손익은 콜옵션 매입자의 손익과 정반대가 된다. 즉 현물가격이 행사가격보다 높으면 콜옵션 매도자는 매입자의 요구에 따라 현물을 매도하여야 하므로 {옵션프리미엄－(현물가격－행사가격)}만큼 순손실을 입는다. 반대로 현물가격이 행사가격보다 낮다면 콜옵션 매입자가 매입권리를 포기하기 때문에 콜옵션 매도자는 옵션프리미엄만큼 이익을 얻는다. 콜옵션 매도자의 손익선은 <그림 12-4>에서 보는 바와 같이 점선으로 표시되며, 콜옵션 매입자의 손익선과 가로축을 중심으로 대칭관계에 있다.

(2) 풋옵션의 손익구조

풋옵션 매입자의 손익

풋옵션(put option)이란 매도자가 일정액의 특정 외국통화를 만기일 또는 만기일 이전에 행사가격으로 매도할 수 있는 권리를 매입자에게 부여하는 계약을 말한다. 따라서 풋옵션 매입자는 현물가격이 행사사격보다 낮다면 매도권리를 행사하여 {(행사가격 – 현물가격) – 옵션프리미엄}만큼 순이익을 얻는다. 반대로 현물가격이 행사가격보다 높다면 풋옵션 매입자는 매도권리를 포기하므로 지급한 프리미엄만큼 손해를 본다. 이러한 풋옵션 매입자의 손익선은 <그림 12-5>에서 보는 것과 같이 현물가격이 행사가격보다 낮아 매도권리를 행사하는 영역에서는 좌상향하는 45°의 직선의 형태를 취하고, 현물가격이 행사가격보다 높아 매입권리를 포기하는 영역에서는 음(–)의 옵션프리미엄에서 수평선이 된다.

풋옵션 매도자의 손익

한편 풋옵션 매도자의 손익은 풋옵션 매입자의 손익과 정반대가 된다. 즉 현물가격이 행사가격보다 낮으면 풋옵션 매도자는 매입자의 요구에 따라 현물을 매입하여야 하므로 {옵션프리미엄 – (행사가격 – 현물가격)}만큼 순손실을 입는다. 반대로 현물가격이 행사가격보다 높다면 풋옵션 매입자가 매도권

그림 12-5 풋옵션 매입자와 매도자의 손익선

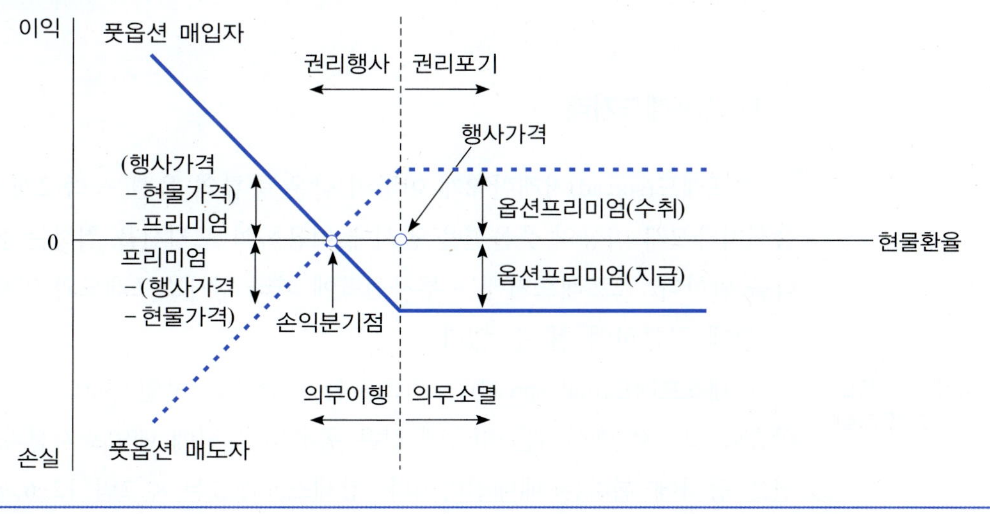

리를 포기하기 때문에 풋옵션 매도자는 옵션프리미엄만큼 이익을 얻는다. 풋옵션 매도자의 손익선은 <그림 12-5>에서 보는 바와 같이 점선으로 표시되며, 풋옵션 매입자의 손익선과 가로축을 중심으로 대칭관계에 있다.

〈표 12-4〉 콜옵션과 풋옵션의 손익구조

구 분		현물가격<행사가격	행사가격<현물가격
콜옵션	매입자	옵션프리미엄 손해	(현물가격 - 행사가격) - 옵션프리미엄
	매도자	옵션프리미엄 이익	옵션프리미엄 - (현물가격 - 행사가격)
풋옵션	매입자	(행사가격 - 현물가격) - 옵션프리미엄	옵션프리미엄 손해
	매도자	옵션프리미엄 - (행사가격 - 현물가격)	옵션프리미엄 이익

(3) 풋·콜결합옵션의 손익구조

옵션거래는 기초자산가격의 변동에 따른 손익구조의 비대칭성 및 풋·콜옵션간 손익의 상반성 등으로 인해 옵션을 결합함으로써 다양한 투자전략을 구사할 수 있다. 여기서는 일반적으로 널리 알려진 스프레드거래와 콤비네이션에 관하여 살펴본다.

1) 스프레드거래

스프레드(spread)거래란 2개 이상의 같은 종류의 옵션 - 즉 2개 이상의 콜옵션이나 2개 이상의 풋옵션을 동시에 이용하여 포지션을 취하는 옵션투자전략을 말한다. 스프레드거래는 투자전략에 따라 강세스프레드와 약세스프레드로 크게 구분하여 볼 수 있다.

강세스프레드 거래전략

강세스프레드(bull spread)란 기초자산이 강세를 보일 것으로 - 즉 가격이 상승할 것으로 예상되는 경우에 같은 종류의 옵션에 매입포지션과 매도포지션을 동시에 취하는 매매전략이다. 강세스프레드는 <그림 12-6>에서 보는

그림 12-6 강세스프레드 거래전략

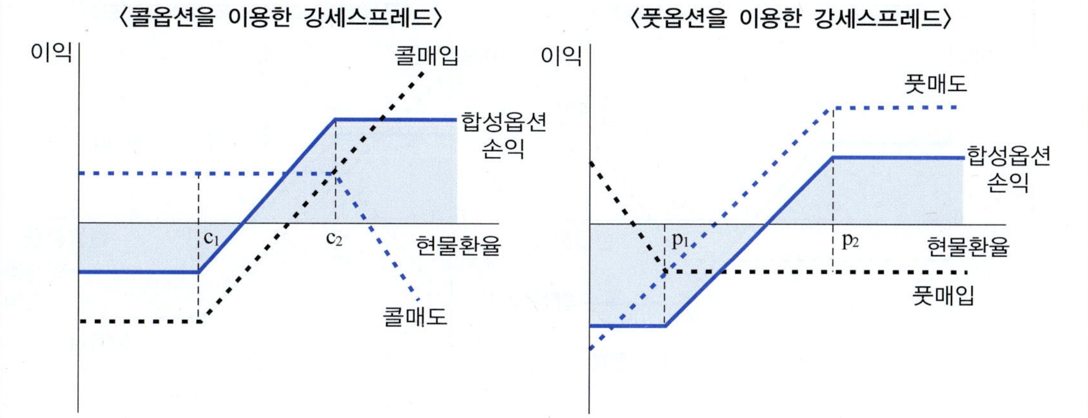

것과 같이 ① 낮은 행사가격 c_1을 갖는 콜옵션을 매입하는 동시에 높은 행사가격 c_2를 갖는 콜옵션을 매도하거나, ② 낮은 행사가격 p_1을 갖는 풋옵션을 매입하는 동시에 높은 행사가격 p_2를 갖는 풋옵션을 매도함으로써 구성할 수 있다. 강세스프레드는 기초자산의 가격이 상승했을 때 얻을 수 있는 상향이익과 하락하였을 때 발생하는 하향손실을 모두 일정수준에서 한정시키는 효과를 가져온다.

약세스프레드 거래전략

한편 **약세스프레드**(bear spread)란 기초자산이 약세를 보일 것으로 – 즉 가격이 하락할 것으로 예상되는 경우에 같은 종류의 옵션에 매입포지션과 매도포지션을 취하는 옵션투자전략이다. 약세스프레드는 <그림 12-7>에서 보는 것과 같이 ① 높은 행사가격 c_4를 갖는 콜옵션을 매수하는 동시에 낮은 행사가격 c_3를 갖는 콜옵션을 매도하거나, ② 높은 행사가격 p_4를 갖는 풋옵션을 매입하는 동시에 낮은 행사가격 p_3를 갖는 풋옵션을 매도함으로써 구성할 수 있다. 약세스프레드는 기초자산의 가격이 하락했을 때 얻을 수 있는 상향이익과 상승하였을 때 발생하는 하향손실을 모두 일정수준에서 한정시키는 효과를 가져온다.

그림 12-7 약세스프레드 거래전략

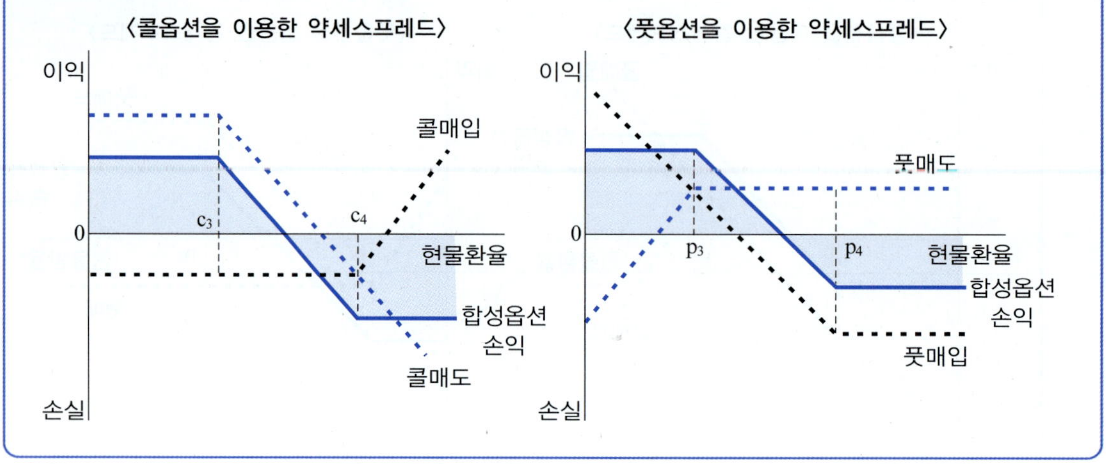

2) 콤비네이션

콤비네이션은 콜옵션과 풋옵션을 결합하여 이용하는 옵션투자전략이다. 콤비네이션의 대표적인 합성옵션으로 스트래들과 스트랭글이 있다.

① 스트래들

스트래들 매수전략

스트래들(straddle) 매수전략은 기초자산의 가격이 크게 상승하거나 하락할 것으로 예상되는 경우에 행사가격과 만기일이 같은 콜옵션과 풋옵션을 동시에 매수하는 옵션투자전략으로서, 이 전략의 손익선은 <그림 12-8>의 왼쪽에서 보는 것과 같이 V자 형태를 취한다. 스트래들 매수전략은 현물가격이 어느 방향으로 변동하든지 현물가격과 행사가격의 차이가 옵션프리미엄보다 크게 되면 이익을 얻게 되지만, 현물가격의 변동이 크지 못하여 현물가격과 행사가격의 차이가 옵션프리미엄보다 작다면 풋옵션과 콜옵션 프리미엄 지급에 따른 손실을 입게 된다.

스트래들 매도전략

한편 스트래들 매도전략은 기초자산의 가격이 크게 변동하지 않을 것으로 예상되는 경우에 행사가격과 만기일이 같은 콜옵션과 풋옵션을 동시에 매도하는 옵션투자전략으로서, 이 전략의 손익선은 <그림 12-8>의 오른쪽에서 보는 것과 같이 역V자 형태를 취한다. 스트래들 매도전략은 현물가격의 변동

그림 12-8 스트래들 거래전략

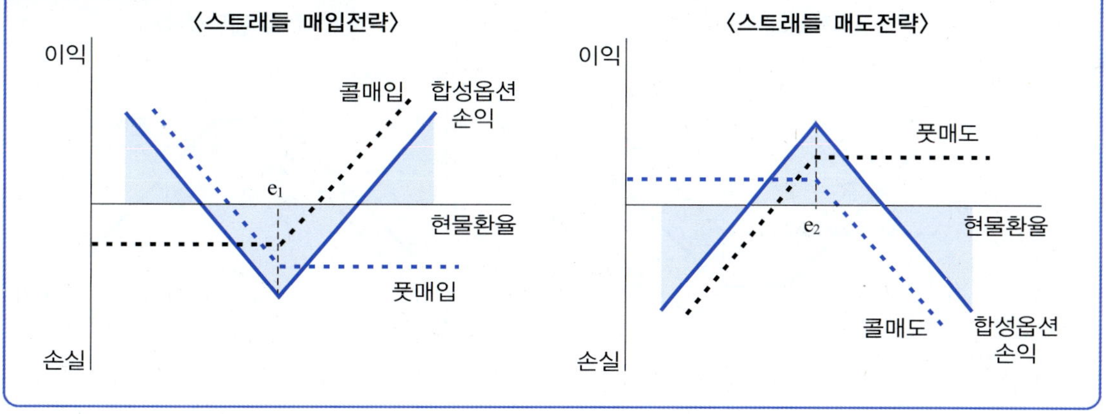

이 크지 않아 현물가격과 행사가격의 차이가 콜옵션 프리미엄과 풋옵션 프리미엄의 합보다 작다면 프리미엄 수취에 따른 이익을 얻게 되지만, 현물가격이 어느 방향으로든 변동하여 현물가격과 행사가격의 차이가 옵션프리미엄의 합보다 크게 되면 손실을 입게 된다.

② 스트랭글

스트랭글 매수전략

스트랭글(strangle)은 스트래들과 유사하지만 기초자산의 가격이 더 큰 폭으로 변할 것으로 예상될 때 사용되는 옵션투자전략이다. 스트랭글 매수전략은 <그림 12-9>의 왼쪽에서 보는 것과 같이 낮은 행사가격 p_5로 풋옵션을 매입하는 것과 동시에 높은 행사가격 c_5로 콜옵션을 매입하는 옵션투자전략으로서, 이 전략의 손익선은 _/의 형태를 취한다. 스트랭글 매수전략은 스트래들에 비해 현물가격이 어느 방향으로든지 큰 폭으로 변동하여 현물가격과 행사가격의 차이가 콜옵션 프리미엄과 풋옵션 프리미엄의 합보다 크게 되면 이익을 얻게 되지만, 현물가격의 변동이 크지 않아 현물가격과 행사가격의 차이가 옵션프리미엄의 합보다 작다면 풋옵션과 콜옵션 프리미엄 지급에 따른 손실을 입게 된다.

스트랭글 매도전략

한편 스트랭글 매도전략은 <그림 12-9>의 오른쪽에서 보는 것과 같이 낮은 행사가격 p_6로 풋옵션을 매도하는 것과 동시에 높은 행사가격 c_6로 콜옵션

그림 12-9 스트랭글 거래전략

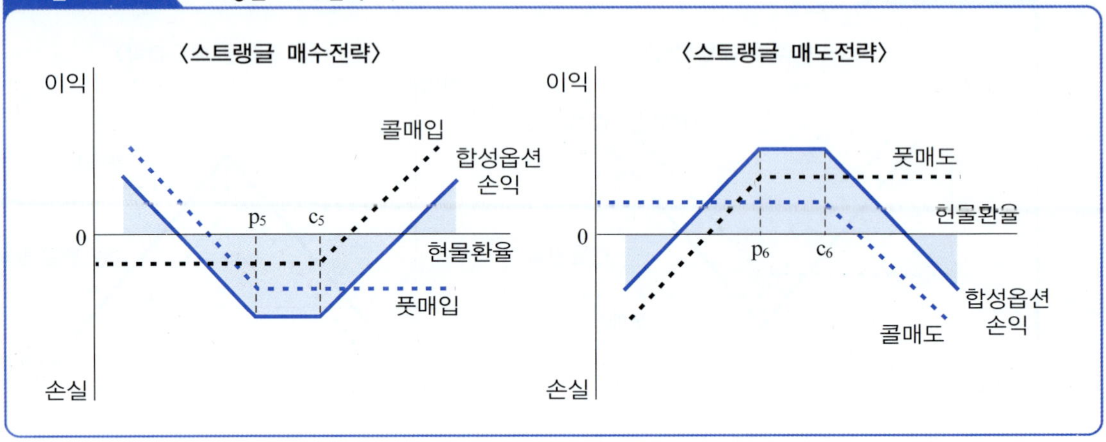

을 매도하는 옵션투자전략으로서, 이 전략의 손익선은 /‾\자 형태를 취한다. 스트랭글 매도전략은 스트래들에 비해 현물가격의 변동이 크더라도 현물가격이 행사가격의 사이나 근처에서 형성되어 시장가격과 현물가격의 차이가 콜옵션 프리미엄과 풋옵션 프리미엄의 합보다 작다면 프리미엄 수취에 따른 이익을 얻게 되지만, 현물가격이 어느 방향으로든지 크게 변동하여 현물가격과 행사가격의 차이가 옵션프리미엄의 합보다 크게 되면 손실을 입게 된다.

(4) 풋·콜-선물환 패리티

풋·콜-선물환 패리티(put-call forward exchange parity)란 동일한 행사가격으로 콜옵션을 매입하는 동시에 풋옵션을 매도하는 것은 선물환을 매입하는 것과 등가관계(패리티)를 갖는다는 것을 말한다. 이러한 콜매입-풋매도와 선물환 매입간 등가관계는 옵션시장과 선물환시장간 재정거래로 인하여 성립하게 된다.

콜 프리미엄=풋 프리미엄인 경우

동일한 행사가격에서 콜옵션 프리미엄과 풋옵션 프리미엄이 같을 때 콜옵션을 매입하는 동시에 풋옵션을 매도한다면 이 옵션투자전략의 손익선은 <그림 12-10>에서 보는 것과 같이 행사가격(E)을 통과하는 45°직선이 된다. 이러한 옵션투자전략의 손익선은 행사가격으로 선물환을 매입할 경우의 손익선과 동일하다. 이러한 관계는 현물환율(또는 현물가격)이 행사가격을 상회하여도

그림 12-10 풋·콜-선물환 패리티

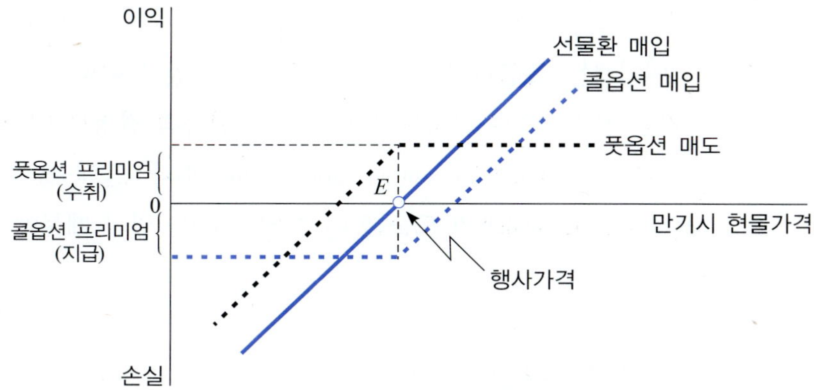

콜옵션에서 발생하는 이익이 풋옵션에서 발생하는 손실에 의해 상쇄되기 때문에 성립한다.

콜 프리미엄≠풋 프리미엄인 경우

이제 콜옵션 프리미엄[$C(E)$]과 풋옵션 프리미엄[$P(E)$]이 서로 다른 일반적인 경우를 고려하여 보자. 콜옵션 매입-풋옵션 매도전략에 따른 비용은 콜옵션 프리미엄 지급액과 풋옵션 프리미엄 수취액의 차이가 된다. 그런데 옵션프리미엄은 옵션거래시점에서 지급·수취하기 때문에 만기일을 감안한 이자비용은 $(C(E)-P(E))(1+R)^T$가 되므로, 합성옵션에 의해 선물환을 매입하는 데 소요되는 비용은 $E+(C(E)-P(E))(1+R)^T$가 된다. 한편 선물환은 결제일의 선물환율이 F로 약정되어 있으므로 만기일에 선물환 매입에 따른 비용은 F가 된다.

만일 합성옵션에 따른 예상비용과 선물환 매입에 따른 비용간 차이가 있다면 옵션시장과 선물환시장간 차익을 노리는 재정거래가 발생하게 된다. 이러한 재정거래로 양시장이 균형상태에 이르게 되면 다음과 같은 관계가 성립하게 된다.

$$F=E+(C(E)-P(E))(1+R)^T \tag{12-1}$$

이 식은 $C(E)-P(E)=\dfrac{F-E}{(1+R)^T}$와 같이 바꾸어 쓸 수 있으며, 이를 풋·콜-선물환 패리티라고 한다.

12.4 통화옵션가격의 결정

여기서는 옵션가격이 어떻게 구성되어 있고 어떠한 요인에 의해 결정되는가를 직관적으로 살펴보고자 한다. 옵션가격 결정모형으로 널리 알려져 있는 이항모형(binomial option pricing model)과 블랙-숄즈모형(Black-Scholes option pricing model)의 도출은 이 책의 수준을 넘기 때문에 이 장의 부록에서 다룬다.

(1) 옵션가격의 구성

일반적으로 옵션가격은 내재가치(또는 고유가치)와 시간가치로 구성된다.

내재가치

내재가치(intrinsic value)란 옵션이 행사되었을 때 즉시 실현될 수 있는 이익으로서 현물가격과 행사가격의 차이를 말한다. <그림 12-11>에서 보는 바와 같이 콜옵션의 내재가치는 현물가격이 행사가격보다 낮으면 0이 되고 현물가격이 행사가격보다 높으면 {현물가격 - 행사가격}이 된다.

〈그림 12-11〉

콜옵션가격

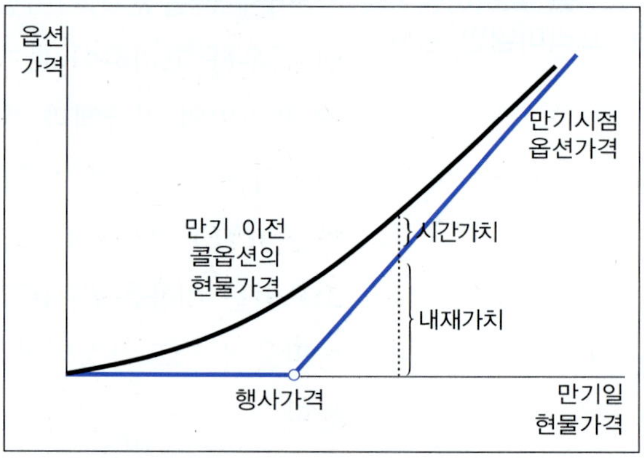

시간가치

시간가치(time value)란 옵션만기에 이르는 동안 가격변동에 따른 이익 실현이나 손실 보호의 가능성에 대하여 옵션매입자가 지불하고자 하는 가치를 말한다. 이러한 옵션의 시간가치는 현재시점에서 옵션만기에 이르는 동안 기초자산이 얼마나 심하게 변동하느냐에 달려 있다.

콜옵션가격은 다음과 같이 내재가치와 시간가치의 합으로 표시할 수 있다.

$$\text{콜옵션가격} = \text{내재가치} + \text{시간가치} \tag{12-2}$$

=(현물가격 − 행사가격) + 시간가치

단, 현물가격 < 행사가격인 경우, 현물가격 − 행사가격 = 0

따라서 현물가격과 행사가격간 차이인 내재가치는 옵션가격의 하한이 된다. 일반적으로 옵션계약의 만기일에 접근할수록 시간가치가 소멸되므로 옵션가격은 내재가치로 수렴하는 현상을 보인다.

(2) 옵션가격의 결정요인

옵션가격에 영향을 미치는 요인으로는 행사가격, 만기까지 기간, 현재 현물가격, 가격변동성, 무위험이자율 등을 들 수 있다. 이 중에서 행사가격과 만기까지 기간은 옵션계약에 명시되고, 다른 요인들은 시장의 특성에 의해 결정된다. 각 요인들이 옵션가격에 미치는 영향을 콜옵션을 중심으로 살펴보면 다음과 같다.

행사가격 콜옵션에서 행사가격은 장래 옵션을 행사할 때 기초자산을 매입하는 가격이므로 행사가격이 낮을수록 콜옵션 매입자는 콜옵션행사를 통해 이익을 얻을 수 있는 기회가 많아진다. 따라서 콜옵션 매입자는 행사가격이 낮을수록 더 많은 프리미엄을 지불할 의사를 갖게 되므로 콜옵션가격은 더 높아진다.

현재 현물가격 기초자산의 현재 현물가격이 높을수록 콜옵션가격도 높아진다. 다른 조건이 같다면 현재의 현물가격이 높을수록 만기일까지 가격도 높게 형성될 가능성이 크다. 이 경우 콜옵션 매입자가 콜옵션을 행사하여 수익을 얻을 가능성이 크므로 콜옵션가격은 높게 형성된다.

만기까지 기간 만기까지 기간이 옵션가격에 미치는 영향은 미국식 옵션이냐 유럽식 옵션이냐에 따라 달라진다. 만기일 이전에 권리행사가 가능한 미국식 옵션은 만기까지 기간이 길수록 기초자산의 가격이 변동할 가능성이 크며, 이로 인해 현물가격이 행사가격을 한 번이라도 상회할 확률이 높아지므로 콜옵션가격은 높아진다. 그러나 만기일에만 권리를 행사할 수 있는 유럽식 옵션은 만기가 길다고 해서 만기일에 기초자산의 가격이 높아질 가능성이 크다고 할 수 없기 때문에 콜옵션가격에 영향을 미치지 못한다.

가격변동성

기초자산의 가격변동성이 클수록 콜옵션가격도 높아진다. 콜옵션 매입자는 가격의 등락에 관계없이 현물가격이 행사가격보다 높아지는 경우에만 권리를 행사한다. 따라서 가격변동성이 클수록 행사가격을 상회할 가능성도 커져 이익을 얻을 수 있는 기회도 많아지므로 콜옵션가격이 높아진다.

무위험이자율

할인율이 높을수록 장래 현금흐름의 현재가치는 작아짐.

만일 미래에 콜옵션을 행사할 것에 대비하여 행사가격의 현재가치에 상당하는 금액을 은행에 예치한다면 무위험이자율이 높을수록 예치금의 크기가 작아진다. 따라서 콜옵션 매입자는 높은 이자율을 선호하므로 이자율이 높을수록 옵션에 대한 수요가 커져 콜옵션가격도 상승한다.

〈표 12-5〉 옵션가격과 결정요인간 관계

구 분		콜옵션		풋옵션	
		유럽식	미국식	유럽식	미국식
내재가치	행사가격	−	−	+	+
	현재 현물가격	+	+	−	−
시간가치	가격변동성	+	+	+	+
	만기까지 기간	?	+	?	+
	무위험이자율	+	+	−	−

자료 : 박정식 외(2003), 「현대재무관리」, 다산출판사.

이론과실제 통화옵션가격의 구성

우리나라 K은행이 다음과 시장상황에서 미달러화의 콜옵션을 매도할 때 옵션가격(프리미엄)으로 4.50%(47.25원)으로 고시하였다고 하자.

- 현물환율(USD/KRW) : 1,050.00
- 행사가격(USD/KRW) : 1,060.00
- 스왑포인트(1년물) : 12.00 − 16.00
- 환율의 변동성 : 8.50~9.50%/연
- 옵션행사방식 : European 방식

이 콜옵션가격의 내재가치는 선물환율 1,066.00원(1,050.00원+16.00원)에서 행사가격(1,060.00원)을 뺀 6.00원으로 현물환율의 0.57%이다.

시간가치는 환율의 변동성이 9.50%일 때 앞으로 환율이 변동하여 행사될 수 있는 가치로 41.25원(47.25원 − 6.00원)이며, 현물환율의 3.93%에 해당한다.

따라서 콜옵션을 매도할 때 옵션가격은 내재가치 0.57%와 시간가치 3.93%를 합하여 4.50%로 고시된 것이다.

12.5 통화옵션거래와 환위험관리전략

통화옵션거래를 이용하여 환위험을 헤지한다면 헤지비용을 옵션프리미엄에 국한시킬 수 있으며 경우에 따라 환차익을 기대할 수 있는 장점이 있다. 또한 통화옵션거래는 기초자산가격의 변동에 따라 다양한 손익구조를 가지고 있기 때문에 다양한 헤지전략을 신축적으로 구사할 수 있다. 여기서는 콜옵션과 풋옵션을 이용한 기본적인 헤지거래에 관하여 살펴보고자 한다.

(1) 콜옵션을 이용한 헤지거래

해외에서 상품이나 서비스를 수입하거나 해외로부터 자금을 차입하는 경우 수입대금의 결제나 차입금 상환에 따르는 환위험이 발생한다. 이 경우 환위험을 헤지하는 방법으로서 선물환, 통화선물, 통화옵션 등을 이용하는 방법을 고려하여 볼 수 있다. 선물환과 통화선물은 기본적으로 유사한 헤지수단이므로 여기서는 선물환 매입에 의한 헤지결과와 콜옵션 매입에 의한 헤지결과를 비교하여 보고자 한다.

수입계약과 숏포지션

우선 수입업자가 결제시점의 선물환율에 맞추어 수입가격을 책정하고 수입계약을 체결하였다고 하자. 수입업자는 수입대금 결제에 따른 숏 포지션이 발생하였기 때문에 <그림 12-12>에서 보는 것과 같이 결제시점에서 현물환율이 약정한 선물환율보다 높다면 환차손을 입게 되고, 현물환율이 약정한 선물환율보다 낮다면 환차익을 얻게 된다.

선물환 매입과 헤지결과

이에 대응하여 수입업자가 계약시점에서 선물환을 매입하여 롱 포지션을 취함으로써 환위험을 헤지하였다고 하자. 수입업자는 선물환을 매입함으로써 <그림 12-12>의 왼쪽에서 보는 것과 같이 결제시점에서 현물환율이 약정한 선물환율보다 높다면 환차익을 얻게 되고, 현물환율이 약정한 선물환율보다 낮다면 환차손을 입게 된다.

이러한 선물환 매입에 의한 헤지전략은 환위험을 완벽하게 헤지할 수는 있지만, 환율의 유리한 변동으로 인해 얻을 수 있는 환차익을 포기하여야 하는 단점이 있다. 만약 결제시점의 현물환율이 약정한 선물환율보다 높다면,

그림 12-12 선물환과 콜옵션 매입에 의한 헤지결과 비교

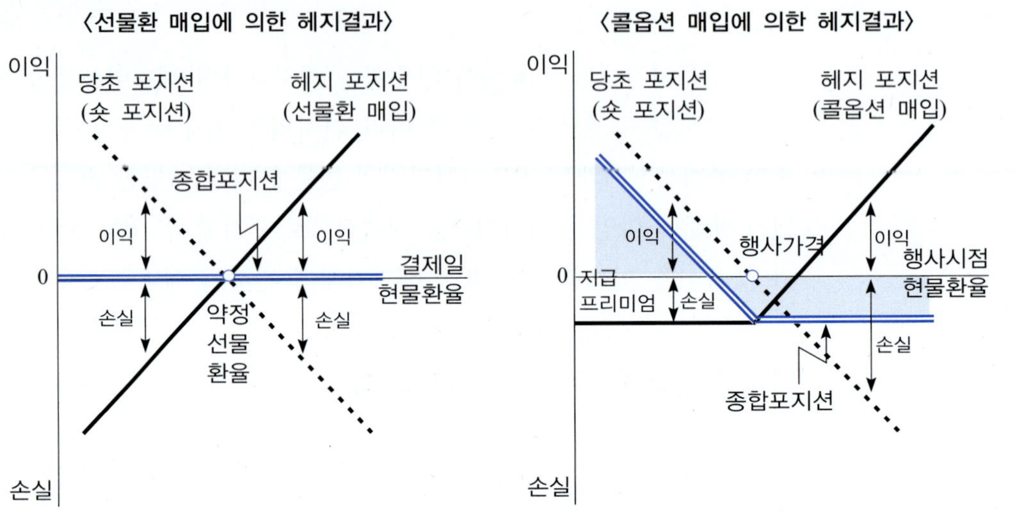

당초 포지션에서 발생하는 손실이 선물환 매입에 의한 이익으로 완벽하게 상쇄된다. 반면 결제시점의 현물환율이 약정한 선물환율보다 낮다면, 당초 포지션에서 발생한 이익이 선물환 매입에 의해서 발생한 손실에 의해 상쇄된다. 이 경우 선물환을 매입하지 않음으로써 얻을 수 있는 환차익을 잃는 결과가 초래된다.

콜옵션 매입과 헤지결과

한편 수입업자가 수입계약으로 발생한 숏 포지션을 콜옵션을 매입하여 롱 포지션을 취함으로써 헤지하는 경우를 살펴보자. <그림 12-12>의 오른쪽에서 보는 것과 같이 수입업자는 수입대금 결제시점에서 현물환율이 행사가격보다 높다면 행사가격으로 매입권리를 행사하여 외환을 확보하고, 현물환율이 행사가격보다 낮다면 매입권리를 포기하고 현물시장에서 외환을 매입할 것이다. 편의상 선물환 매입에 의한 헤지전략과 비교를 용이하게 하기 위해 선물환율과 행사가격이 같다고 가정하자.

이러한 콜옵션 매입에 의한 헤지전략은 매입권리를 얻는 대가로 프리미엄을 지불해야 하지만 환율이 유리하게 변동할 때 환차익을 실현할 수 있는 장점이 있다. 만약 결제시점의 현물환율이 행사가격보다 높다면, 당초 포지션에서 발생하는 손실이 콜옵션을 행사함으로써 얻는 이익에 의해 상쇄된다. 그렇

이론과실제 콜옵션을 이용한 수입대금의 헤지거래

해외에서 원자재를 수입하여 제조·판매하는 A기업은 10월 18일 국내 K기업에 대한 제품판매에 입찰을 하였으며 입찰결과는 1개월후인 11월 18일에 나온다. 입찰에 성공하여 원자재의 수입계약을 체결할 경우 12월 18일에 수입대금지급을 위해 미화 10만달러가 필요하며, 채산성을 맞추기 위해서는 원-달러환율을 ₩1,030/$ 이하로 고정시켜야 한다.

A기업은 헤지거래를 위해 10월 18일 외환시장 및 옵션시장의 상황을 파악하였더니 다음과 같았다. 외환시장에서 원-달러 현물환율은 ₩1,010/$, 선물환율은 ₩1,020/$에 형성되고 있었다. 옵션시장에서는 행사가격이 ₩1,020/$인 미달러 콜옵션 12월물(만기일 12월 16일, 결제일 12월 18일)이 ₩10/$의 프리미엄으로 거래되고 있었다.

A기업은 입찰결과가 불확실하여 미달러화를 매입하기 어려우므로 미달러옵션을 이용하여 헤지거래를 수행하기로 결정하였다. A기업은 수입대금 결제시점의 환율을 ₩1,030/$ 이하로 고정시키기 위해 행사가격 ₩1,020/$인 미달러 콜옵션 12월물 10계약(=$10만/$1만)을 매수하고 프리미엄으로 100만원(=₩10/$×$10만)을 지급하였다.

미달러 콜옵션을 매입하여 수입대금을 헤지함으로써 예상되는 결과는 아래 표와 같다. 즉 입찰에 성공할 경우 환율의 변동에 관계없이 ₩1,030/$ 아래에서 미달러화를 매입하여 수입대금을 결제할 수 있다. 만약 입찰에 실패하더라도 손실이 콜옵션을 매입할 때 지급한 프리미엄 100만원을 넘지는 않는다.

환율변동에 따른 콜옵션 매입에 의한 헤지결과 비교

환 율	입찰에 성공한 경우	입찰에 실패한 경우
만기일 환율이 ₩1,050/$인 경우	현물시장 환율이 행사가격 ₩1,020/$보다 높으므로 옵션을 행사하여 인수한 미화 10만달러를 원자재 결제대금으로 지급함.	**〈11월 18일 환율이 1,050원/$이라고 가정〉** 원자재를 구매할 필요가 없으므로 입찰결과가 발표된 11월 18일에 옵션계약을 청산함 ▪ 11월 18일 프리미엄 : 35원
	₩1,020/$×$10만+100만원=1억 300만원 → 환율 ₩1,030/$으로 결제한 효과	₩35/$×$10만－100만원=250만원 → 이익 250만원 발생
만기일 환율이 ₩1,010/$인 경우	현물시장 환율이 행사가격 1,020원/$보다 낮으므로 옵션을 행사하지 않고, 현물시장에서 미화 10만달러를 매입하여 원자재 결제대금으로 지급함.	**〈11월 18일 환율이 1,010원/$이라고 가정〉** 원자재를 구매할 필요가 없으므로 입찰결과가 발표된 11월 18일에 옵션계약을 청산함 ▪ 11월 18일 프리미엄 : 5원
	₩1,010/$×$10만+100만원=1억 200만원 → 환율 ₩1,020/$로 결제한 효과	₩5/$×$10만－100만원=－50만원 → 손실 50만원 발생

자료: 한국거래소, 「미국달러선물·미국달러옵션의 이해」, 2003, 42쪽 내용을 일부 수정하여 작성.

지만 선물환 매입과 비교하면 지급프리미엄에 상당하는 손실이 발생한다. 반면 결제시점의 현물환율이 행사가격보다 낮다면, 콜옵션의 행사를 포기하기 때문에 당초 포지션에서 발생한 환차익에서 지급프리미엄을 뺀 만큼의 이익을 얻을 수 있다. 따라서 콜옵션 매입전략은 선물환 매입전략과 달리 환율이 유리하게 변동할 때 어느 정도 환차익의 실현이 가능하다.

(2) 풋옵션을 이용한 헤지거래

해외에 상품이나 서비스를 수출하거나 해외투자를 하는 경우 수출대금이나 해외투자 원리금 회수에 따르는 환위험이 발생한다. 이 경우 환위험을 헤지하기 위한 방법으로서 선물환, 통화선물, 통화옵션 등을 이용하는 방법을 고려하여 볼 수 있다. 여기서는 선물환 매도에 의한 헤지결과와 풋옵션 매입에 의한 헤지결과를 비교하여 보고자 한다.

수출계약과 롱포지션

우선 수출업자는 결제시점의 선물환율을 근거로 수출가격을 책정하고 수출계약을 체결하였다고 하자. 수출업자는 수출대금의 수취로 롱 포지션이 발생하였기 때문에 <그림 12-13>에서 보는 것과 같이 결제시점에서 현물환율이 약정한 선물환율보다 높다면 환차익을 얻게 되고, 현물환율이 약정한 선물환율보다 낮다면 환차손을 입게 된다.

선물환 매도와 헤지결과

이에 대응하여 수출업자가 계약시점에서 선물환을 매도하여 숏 포지션을 취함으로써 환위험을 헤지하였다고 하자. 선물환을 매도한 수출업자는 <그림 12-13>의 왼쪽에서 보는 것과 같이 결제시점에서 현물환율이 약정한 선물환율보다 높다면 환차손을 입게 되고, 현물환율이 약정한 선물환율보다 낮다면 환차익을 얻게 된다.

이러한 선물환 매도에 의한 헤지전략은 환위험을 완벽하게 헤지할 수는 있지만 환율의 유리한 변동으로 인해 얻을 수 있는 환차익을 포기하여야 하는 단점이 있다. 만약 결제시점의 현물환율이 약정한 선물환율보다 낮다면, 당초 포지션에서 발생하는 손실이 선물환 매도에서 얻은 이익에 의해 완벽하게 상쇄된다. 반면 결제시점의 현물환율이 약정한 선물환율보다 높다면, 당초 포지션에서 발생한 이익이 선물환 매도에서 발생한 손실에 의해 상쇄된다. 이 경

그림 12-13 선물환과 풋옵션 매입에 의한 헤지결과 비교

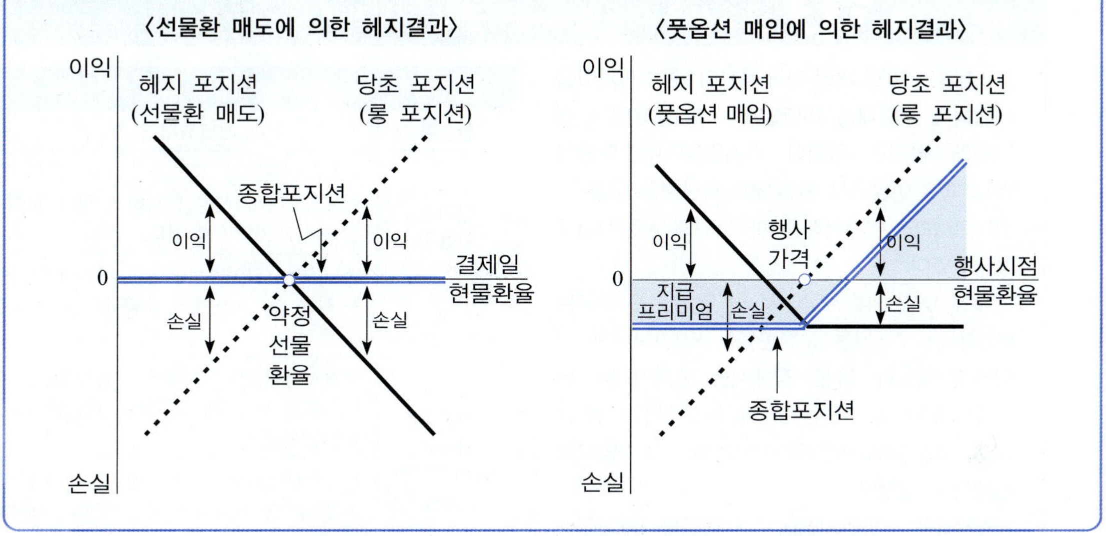

우 수출업자는 선물환을 매도하지 않음으로써 얻을 수 있는 환차익을 잃는 결과가 초래된다.

풋옵션 매입과 헤지결과

한편 수출업자가 수출계약으로 발생한 롱 포지션을 풋옵션을 매입하여 숏 포지션을 취함으로써 헤지하였다고 하자. <그림 12-13>의 오른쪽 그림에서 보는 것과 같이 수출업자는 수출대금 결제시점에서 현물환율이 행사가격보다 낮다면 행사가격에 매도권리를 행사하여 수출대금을 매도하고, 현물환율이 행사가격보다 높다면 매도권리를 포기하고 현물시장에서 수출대금을 매도할 것이다.

이러한 풋옵션 매입에 의한 헤지전략은 매도권리를 얻는 대가로 프리미엄을 지불해야 하지만 환율이 유리하게 변동할 때 환차익을 실현할 수 있는 장점이 있다. 만약 결제시점의 현물환율이 행사가격보다 낮다면, 당초 포지션에서 발생하는 손실이 풋옵션을 행사함으로써 얻는 이익에 의해 상쇄된다. 그렇지만 선물환 매도와 비교하면 지급프리미엄에 상당하는 손실이 발생한다. 반면 결제시점의 현물환율이 행사가격보다 높다면, 풋옵션의 행사를 포기하기 때문에 당초 포지션에서 발생한 환차익에서 지급프리미엄을 뺀 만큼의 이익을 얻을 수 있다. 따라서 풋옵션 매입전략은 선물환 매입전략과 달리 환율이 유리하게 변동할 때 어느 정도 환차익의 실현이 가능하다.

이론과실제 풋옵션을 이용한 수출대금의 헤지거래

B기업은 10월 18일 미국 H사와 TV수출계약을 체결하고 수출대금 10만달러는 2개월후인 12월 18일에 받기로 하였다. B기업은 수출대금을 ₩1,020/$ 이상으로 환전해야 채산성을 맞출 수 있다고 보고 헤지거래를 하기 위해 시장상황을 파악하였다.

10월 18일 외환시장에서 원-달러 현물환율은 ₩1,010/$, 2개월물 선물환율은 ₩1,020/$에 형성되고 있었다. 옵션시장에서는 행사가격이 ₩1,030/$인 미달러 풋옵션 12월물(만기일 12월 16일, 결제일 12월 18일)이 ₩10/$의 프리미엄으로 거래되고 있었다.

A기업은 선물환시장에서 선물환을 1,020원에 매도하면 환위험을 완벽하게 헤지할 수 있지만 수출대금을 수취하는 12월 18일의 환율을 ₩1,020/$에 맞추기 위해 행사가격 ₩1,030/$인 달러풋옵션 12월물 10계약을 매입하고 옵션프리미엄으로 100만원(₩10/$×$10만)을 지급하였다. 이러한 헤지를 통해 A기업은 미국 H사로부터 12월 18일 수취한 10만달러를 환율변동에서 관계없이 ₩1,020/$ 이상으로 매도함으로써 채산성을 맞출 수 있게 된다. 예를 들어 만기일 환율이 ₩1,050/$으로 행사가격 ₩1,030/$보다 높다면 A기업은 풋옵션을 행사하지 않고 현물시장에서 ₩1,050/$에 매도하므로 옵션프리미엄 ₩10/$을 감안할 때 달러화를 ₩1,040/$에 매도한 것과 같은 효과를 얻는다. 반면 만기일 환율이 ₩1,010/$으로 행사가격보다 낮다면 A기업은 풋옵션을 행사하여 ₩1,030/$에 매도하므로 옵션프리미엄 ₩10/$를 감안할 때 달러화를 ₩1,020/$에 매도하는 것과 같은 효과를 얻는다.

환율변동에 따른 풋옵션 매입에 의한 헤지결과 비교

환 율	매도헤지 결과
만기일 환율이 1,050원/$인 경우	현물시장환율이 행사가격 1,030원/$보다 높으므로 풋옵션을 행사하지 않고 현물시장에서 10만달러를 매도
	₩1,050/$×$10만 − 100만원 = 1억 400만원 ➛ 환율 ₩1,040/$로 수출대금을 매도한 효과
만기일 환율이 1,010원/$인 경우	현물시장환율이 행사가격 ₩1,030/$보다 낮으므로 ₩1,030/$에 풋옵션을 행사하여 10만달러를 인도
	₩1,030/$×$10만 − 100만원 = 1억 200만원 ➛ 환율 ₩1,020/$로 수출대금을 매도한 효과

자료 : 한국거래소, 「미국달러선물 · 미국달러옵션의 이해」, 2003, 43쪽 내용을 일부 수정하여 작성.

이론과실제 최근 수출기업이 이용한 KIKO 통화옵션거래의 특징과 영향

2003년 이후 국내외환시장에서는 원/달러환율의 하락세가 지속되면서 원화강세에 대한 기대가 확산되었다. 이로 인해 2006년부터 수출기업의 수출대금에 대한 환헤지 수요가 전반적으로 크게 증가한 가운데 중소기업을 중심으로 Knock-In Knock-Out 통화옵션(이하 'KIKO'라고 함) 등의 거래규모가 크게 확대[1)]되었다. 그러나 2008년 들어 환율이 큰 폭으로 상승하여 KIKO와 관련된 위험이 부각되었다.

KIKO 구조 및 특징

수출기업의 KIKO는 동일한 행사가격을 가진 풋옵션 매입(1단위)과 콜옵션 매도(통상 2단위)를 비대칭적으로 결합한 합성옵션이라 할 수 있다. 여기에는 행사가격 이외에 상하한 환율(barrier)도 설정되어 있어서 환율이 하한선에도 달하면 옵션계약이 소멸(Knock-Out)되고 상한선에 다다르면 콜옵션 계약이 발효(Knock-In)되는 조건이 부여되어 있다. 이와 같이 KIKO는 '풋옵션 매입+콜옵션 매도'로 이루어져 달러화 매도포지션을[2] 취한다는 점에서 선물환 매도와 동일하나 풋옵션보다 콜옵션의 계약수가 많고 Knock-In Knock-Out 조건이 가미되어 있어 손익구조, 행사가격 등의 측면에서 선물환 매도와는 상이한 특징을 가지고 있다.

첫째, KIKO는 환율의 급등락에 매우 취약한 구조로 환헤지와 함께 환투기 성격이 가미된 상품이다. 일반적으로 환헤지란 기초자산과 반대방향(mirror)으로 파생거래포지션(예 : 선물환 매도)을 취함으로써 환율변동에 따른 이익을 포기하는 대신에 손실을 없애는 것을 말한다. 그러나 KIKO는 환율의 변동성이 작으면 이익이 발생하지만 환율변동성이 클 경우 손실이 상대적으로 크게 나타나는 비대칭적인 구조를 가지고 있다. 즉 환율이 ① 하한선과 행사가격 이내에서 움직일 경우 이익을 획득할 수 있으나, ② 하한선에 도달하면 옵션계약 소멸(Knock-Out)로 이익획득의 기회가 사라지고, ③ 상한선에 다다르면 콜옵션계약이 발효(Knock-In)되고 환율이 상승할수록 손실이 급증하게 된다. 한편 수출기업은 환율이 상승(하락)하게 되되면 수출대금에서 환차익(손)이 발생하므로 실제로 기업의 전체적인 payoff는 환율수준, KIKO 계약규모 등에 따라 달라지게 된다.[3]

둘째, KIKO는 선물환에 비해 가격조건을 유리하게 설정할 수 있다. 그간 수출기업은 옵션프리미엄을 지급하지 않고 행사가격을 선물환율(NDF 1년물)에 비해 대체로 20~30원 높게 설정해 왔다. 이는 2006년 이후 환율하락에 대한 기대가 우세하여 동일한 행사가격의 풋옵션 프리미엄이 콜옵션 프리미엄을 상회함에 따라 풋옵션 1단위당 콜옵션 2단위를 결합할 경

KIKO 행사가격

	2008.1	2
행사가격(A)	950~970	960~980
선물환율(B)	930~942	940~951
A－B	20~28	20~29

선물환과 KIKO의 손익구조(KIKO : 풋매입 1단위+콜매도 2단위)

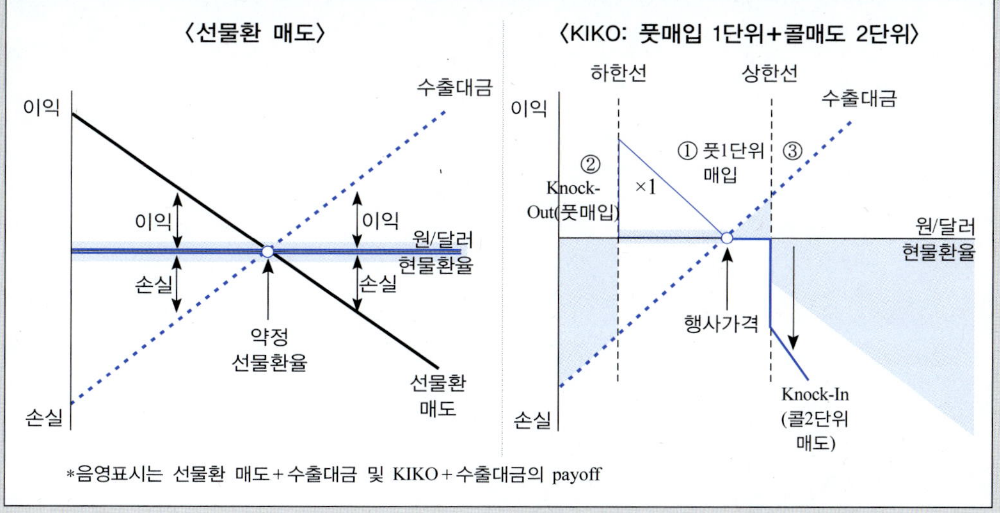

*음영표시는 선물환 매도+수출대금 및 KIKO+수출대금의 payoff

우 높은 행사가격을 가지면서도 비용(프리미엄)이 발생하지 않는 통화옵션을 생성할 수 있었기 때문이다. 2006~2007년중 리스크 리버설이[4] 마이너스(-) 수준을 유지한 상황이 이를 뒷받침한다. 이처럼 높은 행사가격은 수출기업에 고수익을 가져다 줄 수도 있으나, 다른 한편으로는 그만큼 고위험이 잠재되어 있음을 반증하는 것이라 하겠다.

자료 : 한국은행, 「금융안정보고서」(2008.10), 58~59쪽에서 전제

1] 외국환은행의 일평균 통화옵션 거래규모(대고객+은행간)는 2003~2005년중 4.2억달러에서 2007년 12.3억달러, 2008년 상반기 15.7억달러로 확대되었다.

리스크 리버설 추이

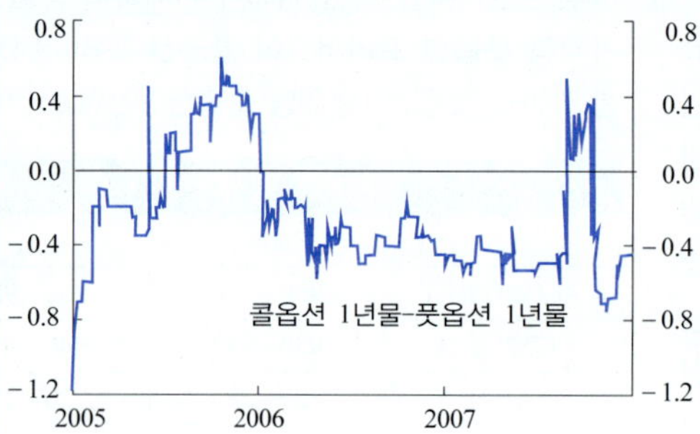

자료 : Bloomberg

2] 풋옵션 매입은 달러화를 일정 행사가격에 매도할 수 있는 권리를 매입하는 것을, 콜옵션 매도는 달러화를 일정 행사가격에 매입할 수 있는 권리를 매각하는 것을 말한다. 따라서 기업이 풋옵션 매입과 콜옵션 매도를 대칭적으로 계약하면 환율하락시 풋옵션을 행사하여 달러화를 매도하고, 환율상승시 콜옵션 행사에 응하여 달러화를 매도하게 됨으로써 선물환 매도와 동일한 효과가 발생한다.

3] 선물환 매도의 경우 환율이 상승(하락)하면 선물환에서 손실(이익)이 생기지만 수출대금에서 이에 상응하는 이익(손실)이 발생함에 따라 환율의 움직임에 관계없이 기업의 payoff는 제로(0)가 된다. KIKO의 경우 풋옵션과 콜옵션의 개수가 다르기 때문에 계약규모, 환율수준에 따라 기업전체의 payoff는 다르게 나타날 수 있다. 만일 수출액과 동일한 규모로 KIKO 계약을 체결한 경우 ① 환율이 하한선과 행사가격 범위내에서 움직이면 (옵션거래와 수출대금에서 이익이 생기거나 옵션거래의 이익이 수출대금의 손실을 초과) 전체적으로 이익이 발생하지만, ② 환율이 하한선을 하회하거나 (옵션계약이 소멸되고 수출대금에서 손실발생) 상한선을 상회하면 (옵션거래의 손실이 수출대금의 이익을 초과) 전체적으로 손실이 발생한다. 반면 수출액 이내로 KIKO 계약을 체결한 경우 환율이 상한선을 상회하더라도 수출대금의 대규모 환차익으로 전체적으로 이익이 발생하는 등 상이한 payoff를 가질 수 있다.

4] 리스크 리버설(risk reversal)이란 동일한 행사가격과 만기를 가진 콜옵션과 풋옵션의 내재변동성 차이로 콜옵션과 풋옵션의 상대가격을 나타내는 지표이다. 리스크 리버설이 양(+)의 값을 가지면 환율상승 전망이 우세하여 콜옵션 프리미엄이 높은 상태, 음(-)의 값을 나타내면 환율하락 전망이 우세하여 풋옵션 프리미엄이 높은 상태를 의미한다.

요약

01. 통화옵션은 옵션매도자가 옵션매입자에게 특정 외국통화를 미리 약정한 환율(또는 행사가격)로 만기일 또는 만기일 이전에 매입 또는 매도할 수 있는 권리를 부여하는 계약을 말한다.

02. 통화옵션은 행사선택권의 종류에 따라 콜옵션과 풋옵션으로, 거래대상통화에 따라 현물옵션, 통화선물옵션 및 선물식 옵션으로, 그리고 만기전 권리행사 여부에 따라 미국식 옵션과 유럽식 옵션으로 구분된다.

03. 옵션거래에서 매입자가 매도자에게 기초자산을 매입하거나 매도하기로 약정한 가격을 행사가격(exercise price)이라고 하고, 매입자가 매도자에게 옵션을 취득하는 것에 대해 지불하는 일정한 대가를 옵션가격 또는 옵션프리미엄이라고 한다.

04. 옵션은 현물가격과 행사가격의 상태에 따라 손익이 달라지는데 이익이 예상되는 상태를 내가격(in-the-mony), 손실이 예상되는 상태를 외가격(out-of-the-money), 손익이 예상되지 않는 상태를 등가격(at-the-money)이라고 한다.

05. 콜옵션 매입자는 현물가격이 행사사격보다 높다면 매입권리를 행사하므로 {(현물가격－행사가격)－옵션프리미엄}만큼 이익을 얻고, 반대로 현물가격이 행사가격보다 낮다면 매입권리를 포기하므로 지급한 프리미엄만큼 손실을 입는다. 콜옵션 매도자의 손익구조는 콜옵션 매입자와 정반대가 된다.

06. 풋옵션 매입자는 현물가격이 행사사격보다 낮다면 매도권리를 행사하여 {(행사가격－현물가격)－옵션프리미엄}만큼 이익을 얻고, 현물가격이 행사가격보다 높다면 풋옵션 매입자는 매도권리를 포기하기 때문에 지급한 프리미엄만큼 손실을 입는다. 풋옵션 매도자의 손익구조는 풋옵션 매도자와 정반대가 된다.

07. 스프레드(spread) 거래란 2개 이상의 콜옵션이나 2개 이상의 풋옵션을 동시에 이용하여 포지션을 취하는 옵션투자전략으로 강세스프레드와 약세스프레드로 크게 구분된다. 콤비네이션이란 콜옵션과 풋옵션을 결합하여 이용하는 옵션투자전략으로 스트래들과 스트랭글이 있다.

08. 풋·콜-선물환 패리티란 동일한 행사가격으로 콜옵션을 매입하는 동시에 풋옵션을 매도하는 것은 선물환을 매입하는 것과 등가관계를 갖는다는 것을 말한다.

09. 옵션가격은 내재가치와 시간가치로 구성된다. 내재가치란 옵션이 행사되었을 때 즉시 실현될 수 있는 이익으로서 현물가격과 행사가격의 차이를 말하고, 시간가치란 옵션만기에 이르는 동안 가격변동에 따른 이익실현이나 손실보호의 가능성에 대하여 옵션매입자가 지불하고자 하는 가치를 말한다. 옵션가격은 행사가격, 만기까지 기간, 현재 현물가격, 가격변동성, 무위험이자율 등에 크게 영향을 받는다.

10. 콜 또는 풋옵션 매입에 의한 헤지전략은 거래대상통화를 매입 또는 매도할 수 있는 권리를 얻는 대가로 옵션프리미엄을 지불해야 하지만, 환율이 유리하게 변동할 때 환차익을 실현할 수 있는 장점이 있다.

연습문제

01. 선물환, 통화선물 및 통화옵션이 거래의 성격, 현금수지, 거래형식 및 방법, 거래보증, 증거금 예치 등에서 어떠한 차이가 있는가를 비교·설명해 보시오.

02. 시카고상품거래소에서 거래되는 통화옵션의 종류와 각 상품의 명세에 대하여 조사하여 보시오.

03. 풋·콜-선물환 패리티에 관한 다음 물음에 대하여 답하시오.

(1) 선물환의 매도는 어떠한 콜옵션과 풋옵션을 결합한 것과 등가관계가 있는지를 밝히고, 이러한 등가관계가 성립하는 이유를 설명하시오.

(2) 현재 선물환시장에서 미달러화의 3개월물 선물환율은 ₩1,050/$이고, 통화선물시장에서 동일한 만기의 미달러화의 콜옵션 ₩1,060/$는 6원, 풋옵션 ₩1,060/$은 4원의 프리미엄을 형성하고 있다고 하자. 또한 시장금리는 연 4%라고 하자. 이때 어떤 투자자가 미달러화 선물환율이 미달러 콜·풋옵션의 가격에 비하여 저평가되어 있는 것을 발견하고 차익거래를 하였을 때 얻게 되는 결과에 대하여 설명하시오.

04. 풋옵션가격 결정에 대한 다음 물음에 답하시오.

(1) 옵션가격의 개념과 구성에 관하여 설명하시오.

(2) 풋옵션에 대한 옵션가격을 <그림 12-11>을 이용하여 나타내고, 이를 설명하시오.

(3) 옵션가격을 결정하는 요인들에 대하여 설명하시오.

05. 2003년 이후 원-달러환율이 지속적으로 하락하는 추세를 보임에 따라 2006년부터 우리나라 수출기업들은 수출에 따른 환위험을 Knock-In Knock-Out 통화옵션(일명 KIKO)을 이용하여 헤지하였다. 그러나 2008년 들어 글로벌 금융위기의 확산으로 원-달러환율이 급격히 상승하면서 KIKO와 관련한 위험이 부각되었다.

(1) KIKO의 특징을 손익구조, 행사가격 등의 측면에서 선물환 매도와 비교하여 설명하시오.

(2) KIKO 계약을 체결하였다가 피해를 입은 수출중소기업들이 거래은행을 상대로 "KIKO는 은행에 유리하게 설계한 불공정거래상품"이며 "설명의무위반"으로 소송을 제기하였다. 현재까지 진행된 법원의 판결 결과에 대하여 조사하여 보시오.

06. 미국 수입업자가 6월 15일 독일로부터 상품을 수입하기로 계약하고 수입대금 €1,000,000를 9월 15일에 지급하기로 하였다. 현재 $/€ 현물환율은 $1.4687/€이고, 행사가격이 $1.4800/€인 유로화 통화옵션 9월물의 콜옵션 프리미엄은 $0.0017/€이고 풋옵션 프리미엄은 $0.0002/€이라고 가정하고 다음 물음에 답하시오.

(1) 미국 수입업자가 수입대금 지급일의 유로화 환율이 1.4800달러를 예상할 때 직면하는 환위험을 설명하시오(좌표평면상에 그림을 그릴 것).

(2) 미국 수입업자가 환위험을 헤지하기 위하여 취해야 하는 옵션거래에 관하여 설명하시오.

(3) 미국 수입업자가 옵션거래를 이용하여 헤지하기로 하였다면 €1,000,000에 대해 지불해야 하는 총 프리미엄비용을 산출하시오.

(4) 9월 15일에 현물환율이 $1.4860/€에 형성되는 경우 미국 수입업자가 지급해야 하는 달러화 수입금액(프리미엄비용 포함)을 산출하시오.

(5) 9월 15일에 현물환율이 $1.4720/€에 형성되는 경우 미국 수입업자가 지급해야 하는 달러화 수입금액(프리미엄비용 포함)을 산출하시오.

(6) 위의 결과를 토대로 미국 수입업자의 당초 포지션, 헤지 포지션 및 종합포지션을 그림으로 나타내시오.

07. C사는 3개월후 결제되는 수출채권 100만달러를 장부가격 ₩1,050/$에 보유하고 있다. 현재 3개월물 선물환율은 1,030원이다. C사는 원화절상에 따른 환차손을 헤지하기 위하여 선물환의 매도를 고려하고 있지만, 원화가치가 하락할 경우 환차익을 얻지 못하기 때문에 망설이고 있다. C사는 큰 비용을 지불하지 않으면서도 최저환율을 ₩1,030/$에 고정시키는 동시에 원화가치가 하락할 때는 환차익을 얻는 투자전략을 찾고 있다.

(1) 풋옵션을 매입하여 헤지하였을 때 헤지결과가 어떻게 나타나는가를 설명하시오. 이러한 풋옵션 매입에 의한 헤지방법이 C사의 투자전략을 충족시키는가를 설명하시오.

(2) C사의 투자전략을 충족시키기 위한 합성옵션 투자방법을 찾아보시오.

〈부록〉 옵션가격의 결정모형

(1) 이항모형

이항모형(binomial option pricing model)은 기초자산의 가격이 이항분포에 따라 움직인다고 가정하는 단순한 모형이다.[1] 그러나 이항모형은 단순하지만 옵션가격의 결정원리를 잘 설명하며, 미국식 옵션에 대한 정확한 가격결정공식을 제공해 준다.

설명의 편의를 위해 다음과 같이 가정한다. 첫째, 옵션의 만기는 1년이다. 둘째, 금융시장은 완전하여 차익거래의 기회가 존재하지 않으며, 투자자는 무위험이자율(i)로 차입과 대출이 가능하다. 셋째, 기초자산의 가격은 옵션의 만기일에 단 한 번 변동하며, 가격변동은 이항분포를 따른다.

이제 행사가격이 E이고 만기가 1기간($T=1$)인 콜옵션을 생각해 보자. 현재 기초자산의 가격이 S이며, 만기시점에 기초자산의 가격이 상승하면 U가 되고, 하락하면 D가 된다고 하자. 또한 만기일에 기초자산의 가격이 상승할 경우에 콜옵션가치를 C_U, 하락할 경우에 C_D라고 하자.

만기일에 이러한 결과를 가져오는 옵션계약에 대하여 투자자가 지불하고자 하는 금액이 옵션가격이 된다. 따라서 옵션가격은 무위험이자율로 대출과 차입을 통해 이와 동일한 결과를 가져다주는 금융거래조합을 구성함으로써 찾아낼 수 있다.

예를 들어 투자자가 차입하여 콜옵션을 프리미엄 R_C에 매입하였다고 하자. 기초자산의 가격이 상승할 위험중립형 확률(risk neutral probability)이 p라면[2] 옵션투자에서 얻는 기대수익 $pC_U+(1-p)C_D$과 차입비용 $(1+i)R_C$가 같아져 차익기회가 없을 때 균형을 이루므로 다음과 같은 관계가 성립한다.

---

1) 옵션가격결정에 관한 이항모형은 Sharpe(1978), Cox, Ross and Rubinstein(1979), Rendleman and Bartner(1989) 등에 개발되었으며, Bordurtha and Courtadon(1987) 등이 이를 통화옵션에 적용하였음.

2) 위험중립형 확률이란 위험중립적 투자자가 위험이 내포된 기초자산의 현재가치를 평가할 때 고려하는 확률로서 $S=\frac{pU+(1-p)D}{(1+i)}$의 관계가 성립함.

$$(1+i)R_C = pC_U + (1-p)C_D \qquad \text{(A-1)}$$

따라서 콜옵션가격 또는 프리미엄(R_C)을 다음과 같이 표시할 수 있다.

$$R_C = \frac{pC_U + (1-p)C_D}{(1+i)} \qquad \text{(A-2)}$$

만기일에 현물가격이 상승하면 $C_U \geq 0$, $C_D = 0$이 될 것이므로, 이 식은 헤지비율(hedge ratio)을[3] 이용하여 다음과 같이 표시할 수도 있다.

$$R_C = \frac{h}{(1+i)}[(1+i)S - D] \qquad \text{(A-3)}$$

이제 옵션가격이 다음과 같이 변동성(σ)에 의존한다고 가정하여 보자.

$$U = S \cdot u, \text{ 단 } u = e^{\sigma} \qquad \text{(A-4)}$$

$$D = S \cdot d, \text{ 단 } d = e^{-\sigma} \qquad \text{(A-5)}$$

이 식을 무위험이자율과 함께 고려해 보면 $d < 1+i < u$의 관계가 성립해야 한다. 만약 $1+i > u$라면 어느 누구도 위험자산에 투자하지 않을 것이고, 또한 $d > 1+i$라면 어느 누구도 무위험자산에 투자하지 않기 때문이다.

식 (A-4)와 (A-5)를 앞의 모형에 대입하면 앞에서 도출한 옵션가격 R_C와 같은 형태로 나타난다. 다만, 위험중립형 확률은 $p = \frac{(1+i)-d}{u-d}$로 표시된다.

(2) 블랙-숄즈모형

이항모형은 다음 단계에 기초자산가격의 등락을 한 번 보고 난 다음에 옵션행사의 여부를 결정하는 1단계 이항모형이었다. 미국식 옵션은 만기일 이전에 가격변동을 보고 옵션의 행사 여부를 결정하기 때문에 이항모형이 적합하다고 할 수 있다.

---

3) 헤지비율이란 장래의 가격변동과 관계없이 일정한 수익을 보장해 주는 헤지포트폴리오(hedge portfolio) 또는 무위험포트폴리오를 구성하는 데 필요한 콜옵션과 기초자산간 비율을 말함. 여기서는 무위험포트폴리오를 구성하기 위해 콜옵션 1단위의 거래와 결합되어야 하는 기초자산거래량의 비율로서 $h = \left(\frac{U-D}{C_U - C_D}\right)^{-1}$로 나타남.

그러나 유럽식 옵션은 만기일까지 가격이 수없이 변할 수 있기 때문에 이 기간중 여러 단계에 걸쳐 가격이 등락할 수 있는 가능성을 고려한 다단계 이항모형이 적합하다. 다단계 이항모형은 1단계 이항모형의 만기를 여러 개의 소기간(sub-period)으로 나누어 확장한 것이며, 이를 무한개의 소기간으로 확장시킨 것이 블랙-숄즈모형이다.[4)]

블랙-숄즈모형에 따른 콜옵션가격(R_C)과 풋옵션가격(R_P) 결정공식을 다음과 같이 나타낼 수 있다.

$$R_C = SN(d_1) - E \cdot e^{-iT}N(d_2) \qquad \text{(A-6)}$$

$$R_P = E \cdot e^{-iT}N(-d_2) - SN(-d_1) \qquad \text{(A-7)}$$

단, $N(d) = -\infty$에서 d까지 표준정규분포의 누적확률

$$d_1 = \frac{\ln(S/E) + (i + \sigma^2/2)T}{\sigma\sqrt{T}}$$

$$d_2 = d_1 - \sigma\sqrt{T}$$

위 식의 도출과정은 본서의 수준을 넘기 때문에 여기서는 생략한다.

블랙-숄즈의 옵션가격모형을 통화옵션에 적용하면 콜옵션가격과 풋옵션가격은 다음과 같이 나타낼 수 있다.

$$R_C = S \cdot e^{-i^*T}N(d_1) - E \cdot e^{-iT}N(d_2) \qquad \text{(A-8)}$$

$$R_P = E \cdot e^{-iT}N(-d_2) - S \cdot e^{-i^*T}N(-d_1) \qquad \text{(A-9)}$$

단, $d_1 = \frac{\ln(S/E) + (i - i^* + \sigma^2/2)T}{\sigma\sqrt{T}}$

$$d_2 = d_1 - \sigma\sqrt{T}$$

이 모형에서 국제금리평가의 정리는 $F = S \cdot e^{(i-i^*)T}$로 표시되므로, 이를 콜옵션가격과 풋옵션가격에 대입하여 다음과 같이 나타낼 수 있다.

$$R_C = [FN(d_1) - E \cdot N(d_2)]e^{-iT} \qquad \text{(A-10)}$$

$$R_P = [E \cdot N(-d_2) - FN(-d_1)]e^{-iT} \qquad \text{(A-11)}$$

---

4) 블랙-숄즈모형은 Black and Scholes(1973)에 의해 개발되었으며, Garman and Kohlhagan (1983)에 의해 통화옵션에 적용되었음.

CHAPTER 13

통화스왑거래와 기타 외부적 관리기법

1980년대 들어 통화스왑을 포함한 스왑금융은 환율이나 금리변동에 수반되는 위험을 효과적으로 관리하는 동시에 차입비용도 절감하는 새로운 금융기법으로 개발·발전되어 왔다. 오늘날에는 다국적기업을 비롯한 민간기업이 스왑금융거래를 적극 활용하고 있고, 세계은행 등 국제금융기구와 정부 및 지방정부 등도 적극 스왑금융시장에 참여하고 있다. 여기서는 스왑의 기초적 내용을 소개하고, 이를 바탕으로 통화스왑이 환위험 관리수단으로서 어떻게 이용되는가에 관하여 다룬다. 또한 앞에서 다루지 않은 외부적 환위험 관리기법에 관해서도 다룬다.

13.1 스왑의 기초
13.2 통화스왑과 환위험관리
13.3 기타 외부적 관리기법

13.1 스왑의 기초

(1) 스왑의 개념과 기능

1) 스왑의 개념

스왑(swap)이란 거래쌍방간 일정한 금융자산이나 금융부채를 서로 교환하고 일정기간이 지난 후 이를 재교환하기로 약정하는 거래를 말한다. 전통적 스왑거래는 외환시장에서 이종통화간 현물환거래와 선물환거래가 반대방향으로 동시에 이루어지는 거래로서 환위험을 회피하거나 통화간 일시적 불균형을 해소하기 위한 수단으로 널리 이용되어 왔다. 그러나 오늘날 스왑거래는 금리지급조건을 교환하는 **금리스왑**(interest rate swap), 서로 다른 통화의 원리금 상환을 교환하는 **통화스왑**(currency swap), 그리고 이들 금리 및 통화스왑을 여러 형태로 결합한 **혼합스왑**(cocktail swap) 등 거래대상과 목적에 따라 다양한 형태를 취하며 발전해 오고 있다.

스왑의 원리

스왑은 무역거래에서 비교우위의 원리를 금융거래에 응용한 것이라고 할 수 있다. 각 기업이나 금융기관들은 서로 다른 금융시장 – 즉 외환, 단기금융 및 자본시장에서 자금을 조달하기 때문에 차입비용에서 비교우위가 발생한다. 따라서 두 차입자가 비교우위가 있는 시장에서 차입하여 각자의 차입금리, 지급조건 등을 서로 교환하면 모두가 이익을 얻게 되기 때문에 스왑거래가 이루어진다.

2) 스왑금융의 기능

스왑금융은 거래의 성격이나 목적에 따라 다양한 기능을 수행하는데 이를 구체적으로 살펴보면 다음과 같다.[1)]

차입비용 절감

첫째, 국제금융시장에서는 차입자의 신인도, 개별 시장의 특성 등에 따라 차입조건의 차등현상이 발생한다. 이 경우 두 차입자가 개별 시장에서 비교우

---

1) 이강남, 「국제금융론」, 제4전정판, 법문사, 2006, 제22장 스왑금융 참조.

이론과실제 금리스왑과 비교우위

스왑금융에서 가장 큰 비중을 차지하는 금리스왑은 두 차입자가 각자의 채무에 대한 이자지급의무를 서로 교환하는 계약으로서 차입금에 대한 금리변동위험의 헤지나 차입비용의 절감을 위해 발생한다. 금리스왑은 대부분 동일 통화의 변동금리부채와 고정금리부채를 교환하는 형태를 취하기 때문에 환위험이 발생하지 않는다. 특히 순수한 금리스왑은 통화스왑과 달리 실제로 원금을 교환하지 않고 성격이 다른 이자지급의무만 서로 교환한다.

그러면 고정금리와 변동금리간 금리스왑을 구체적 사례를 들어 살펴보자. 먼저 A기업은 수년간 변동금리부 달러표시채권을 발행하여 자금을 조달하여 왔으나 최근 금리가 상당히 하락했기 때문에 현재 금리수준에서 고정시킴으로써 지급이자비용을 낮추기를 바라고 있다. 이를 위해서는 채권의 금리조건을 고정금리로 바꾸어야 하지만 국제금융시장에서 A기업의 신인도가 높지 않아 고정금리부 채권의 발행조건은 상대적으로 불리한 실정이다. 과거 A기업이 변동금리부로 체결한 차관의 계약조건은 연 SOFR+0.50%이나 현재 고정금리부 채권의 발행조건의 연 7.00%라고 하자.

한편 B은행에서는 대출운용시 주로 변동금리조건을 적용하고 있어 자금조달도 같은 변동금리조건으로 함으로써 금리변동에 따른 손실을 피하고 있다고 하자. 현재 B은행의 변동금리부 차관도입조건은 연 SOFR+0.25%이고, 고정금리부 채권의 발행금리는 연 6.25%라고 하자.

금리스왑과 차입금리조건

	신용등급	고정금리	변동금리
A기업	BBB	7.00%	SOFR+0.50%
B은행	AAA	6.25%	SOFR+0.25%
금리격차(A－B)		0.75%	0.25%

이러한 상황에서 B은행은 자금조달비용의 모든 측면에서 A기업보다 절대우위에 있지만, 비교우위의 관점에서 보면 고정금리로 차금을 조달하는 것이 더 유리하다. 왜냐하면 B은행은 변동금리로 차입할 때는 A기업보다 0.25%포인트 절감할 수 있지만, 고정금리로 차입할 때는 이보다 큰 0.75%포인트를 절감할 수 있기 때문이다. 반면 A기업은 B은행보다 모두 절대열위에 있지만 변동금리로 조달하는 것이 상대적으로 유리하다.

예를 들어 아래 그림과 같이 A기업은 B은행에게 6.40%의 고정금리를 지급하고, B은행은 A기업에게 SOFR+0.10%의 변동금리를 지불하기로 계약을 체결하였다고 하자. 결과적으로 A기업은 6.80%[=6.40%+(SOFR+0.50%)－(SOFR+0.10%)]의 고정금리로 자금을 조달하고, B은행은 SOFR－0.05%[=(SOFR+0.10%)+6.25%－6.40%]로 자금을 조달한 것과 같다. 따라서 A기업은 고정금리부 채권을 발행하는 것보다 0.20%포인트 낮은 고정금리로 차입하고, B은행은 직접 변동금리부 채권을 발행하는 것보다 0.30%포인트 낮은 변동금리로 차입함으로써 모두 차입이자비용을 절감할 수 있다. 이러한 스왑을 통해 A기업과 B은행이 절감한 이자는 모두 0.50%로서 A기업과 B은행간 고정금리격차에서 변동금리격차를 뺀 것과 같다. 이러한 금리스왑을 통해 고정금리시장과 변동금리시장간 차익거래가 발생함으로써 두 시장이 상호 연결되는 결과를 가져온다.

고정금리와 변동금리간 스왑

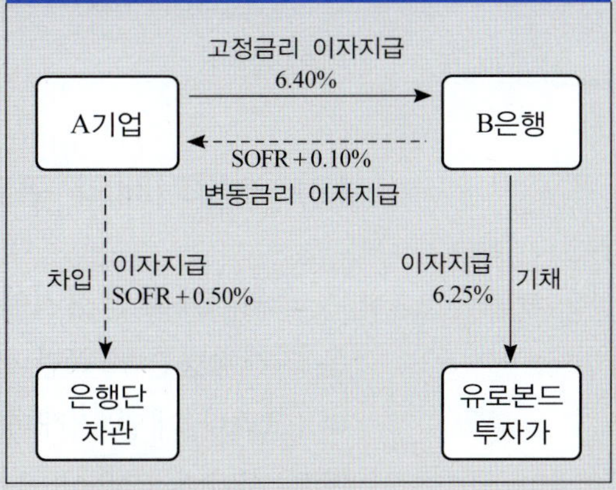

위가 있는 차입조건의 자금을 조달하여 이를 서로 교환한다면 차입비용을 절감할 수 있다. 특히 신인도가 낮아 자본시장에 접근이 어려운 차입자는 신인도가 높은 차입자와 스왑금융을 체결하여 간접적으로 자본시장에 접근함으로써 차입비용을 절감하고 차입기간도 다양화할 수 있다.

금리부담 및 위험의 관리

둘째, 차입자는 스왑금융을 이용하여 수시로 변동금리부채를 고정금리부채로 또는 고정금리부채를 변동금리부채로 바꾸어 차입조건을 개선함으로써 금리부담이나 금리위험을 줄일 수 있다. 특히 차환을 하는 경우에는 스왑금융을 통해 차입에 소요되는 시간과 비용 등을 절감할 수 있다. 또한 신인도가 높은 중개은행에 의해 스왑금융이 이루어지는 경우 거래쌍방간 위험노출도 크게 줄어든다.

자금수지와 환위험 관리

셋째, 장래에 발생할 자금의 유출입이 기간별 · 통화별로 일치하지 않거나 중장기 외화자금의 거래증가로 헤지가 어려운 경우가 있다. 이러한 경우 스왑금융을 이용한다면 장래의 자금수지나 환위험을 보다 쉽게 효율적으로 관리할 수 있다.

이종통화자산간 유동성 관리

넷째, 다국적기업은 여러 나라에 걸쳐 영업을 하기 때문에 교환가능 통화자산과 교환불가능 통화자산간 유동성 불균형 문제가 발생할 수 있다. 이러한 문제는 스왑금융을 이용하여 용이하게 해결할 수 있을 뿐만 아니라 기업 전체의 입장에서는 사내 유동성을 보다 효율적으로 관리할 수 있게 된다.

이와 같이 스왑금융은 차입비용의 절감, 금리위험의 헤지, 자금수지상 제약완화 등 많은 장점이 있다. 그러나 스왑금융 자체에도 거래불이행에 따른 **신용위험**(credit risk)이나 **시장위험**(market risk)이 내포되어 있다는 점에 유의하여야 한다.

(2) 스왑거래의 구조

스왑거래의 초창기에 은행은 주로 **브로커**로서 역할을 담당하였다. 즉 은행은 거래쌍방간 스왑만 연결시켜 주고 스왑거래에 따른 위험은 부담하지 않았다. 그러나 개별 거래마다 스왑조건이 맞는 거래상대방을 찾는 데는 너무나 많은 시간과 비용이 소요되므로 해결책을 모색하게 되었다.

오늘날 스왑거래에서 대부분의 은행들은 브로커로서뿐만 아니라 **딜러** 또는 **시장조성자**로서 역할을 담당하고 있다. 은행들은 거래쌍방간 차입조건이 정확히 일치하지 않아도 양쪽 거래를 연결시켜 주고, 조건이 일치하지 않아 발생하는 위험을 헤지하고자 노력한다. 또한 은행은 고객의 요구조건을 충족시키는 상대방을 찾을 수 없는 경우 거래상대방이 되어 딜러로서 거래를 하고 이에 대한 대가로서 스왑스프레드를 요구한다.

한편 스왑시장 조성은행은 대고객거래에서 발생한 포지션 변동이나 자기가 보유한 자산의 헤지 또는 투기목적으로 포지션을 조정할 필요성을 갖게 된다. 이러한 경우 은행들은 새로운 고객과 반대방향 거래(offset transaction)를 하거나 은행간시장을 통해 포지션 조정거래를 하게 된다. 이러한 은행간거래는 직접거래보다 상호간 탐색비용을 줄이기 위해 중개기관을 통해 이루어진다.

13.2 통화스왑과 환위험 관리

(1) 통화스왑의 개념과 거래메커니즘

1) 통화스왑의 개념과 거래동기

통화스왑은 양당사자가 상이한 통화로 차입한 자금의 원리금 상환을 교환하여 이행하기로 약정하는 거래이다. 즉 거래당사자는 상이한 통화로 표시된 명목원금을 교환하고, 또 만기까지 명목원금에 기초하여 상이한 통화로 표시된 이자를 지급하며, 만기에 거래일에 약정한 환율로 명목원금을 다시 교환한다.

통화스왑의 기본구조

통화스왑은 <그림 13-1>에서 보는 것과 같이 다음과 같은 형식으로 이루어진다. 예를 들어 A기업은 달러화자금을 유리하게 조달할 수 있는 데 엔화자금이 필요하고, B기업은 엔화자금을 유리하게 조달할 수 있는 데 달러화자금이 필요하다고 하자. 이 경우 A기업은 달러화자금을 차입하고, B기업은 엔화자금을 각각 차입하여 서로 교환한다. 차입자금에 대한 이자는 최초 차입자가 지급하는 것이 아니라 자금이용자(A기업은 엔화자금, B기업은 달러화자금)가 대

그림 13-1 통화스왑거래의 기본구조

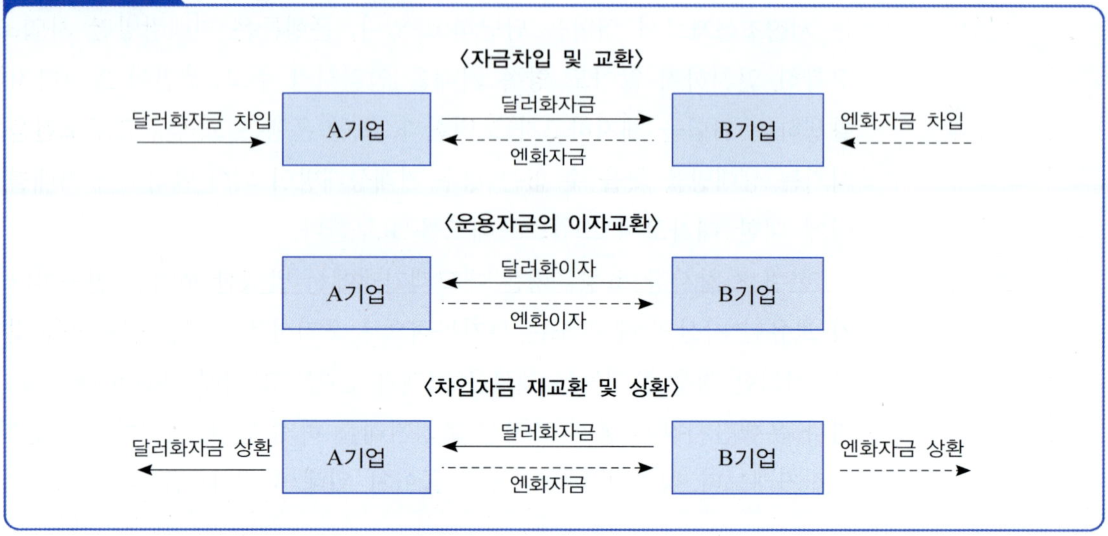

자료 : 한국은행, 「우리나라의 금융시장」, 2012, 377쪽 참조.

신 지급한다. 만기가 되면 최초 차입자가 차입원금을 상환할 수 있도록 달러화자금과 엔화자금을 서로 재교환함으로써 통화스왑이 종료된다.

통화스왑의 동기

통화스왑거래는 장기자금의 조달, 환리스크의 관리, 금리차익 및 금리변동을 이용한 투기 등의 동기에서 이루어진다.

장기자금의 조달

첫째, 외화자금이 필요한 국내은행과 소재국통화 자금이 필요한 외국은행 국내지점간에 장기자금을 조달하기 위해 통화스왑거래가 이루어진다. 특히 해외로부터 외화장기차입이 어렵거나 조달금리가 상승하는 경우 외화장기차입의 대체수단으로 통화스왑거래가 이용된다.

환리스크의 관리

둘째, 통화스왑거래는 특정 통화표시 자산이나 부채를 다른 통화표시 자산이나 부채로 전환함으로써 환위험을 회피하기 위해 이루어진다. 예를 들어 국내기업이 해외에서 채권을 발행하여 외화자금을 조달한 경우에 외화자금을 통화스왑거래를 통해 국내통화로 교환하여 사용하고, 외화채권 만기시에 상환받은 외화로 채무를 상환함으로써 환위험을 헤지할 수 있다.

금리차익거래

셋째, 금리차익을 얻기 위해 통화스왑거래가 이루어진다. 예를 들면 국내채권과 국외채권의 투자수익률 차이가 선물환프리미엄(통화스왑레이트)보다 일시적으로 높다고 하자. 이러한 경우 투자자는 외화자금을 차입하여 통화스왑거래를 통해 국내통화로 바꾸어 국내통화표시채권을 매입한다면 금리차익을 얻게 된다. 금리평가이론에 따르면 선물환프리미엄과 내외금리차가 일치해야 하지만, 현실에서는 거래비용, 금융자산간 이질성 등으로 인해 차익거래유인(내외금리차-스왑레이트)이 지속될 수 있다. 한편 차익거래유인은 국내금융시장의 외화자금사정이 악화될 때 확대되는 경향을 보인다.

차입조건의 교환 마지막으로 향후 금리전망에 따라 고정금리부채를 변동금리부채로 또는 변동금리부채를 고정금리부채로 바꾸기 위해 통화스왑거래가 이루어진다. 예를 들어 국내금리의 상승이 예상된다면 국내통화 고정금리를 지급(외화변동금리를 수취)하고, 국내금리의 하락이 예상된다면 국내통화 고정금리를 수취(외화변동금리를 지급)함으로써 이익을 얻을 수 있다.

이론과실제 통화스왑을 활용한 차익거래

통화스왑금리가 일시적인 수급요인으로 국내 채권금리를 크게 하회하는 상황이 발생하였다고 하자. 이때 외국은행 국내지점은 해외자금시장에서 SOFR(1년)로 외화자금을 차입하여 이를 통화스왑계약(1년)을 통해 원화자금과 교환한 후 조달한 원화자금으로 통화안정증권(1년)을 매입하는 거래를 하게 된다.

이 거래에서 이자흐름을 보면 외국은행 국내지점은 국내 채권시장에서 통화안정증권 이자를 수취하는 한편, 통화스왑시장에서는 SOFR을 수취하고 통화스왑금리를 지급하며 해외 자금시장에서 SOFR을 지급하게 된다. 통화스왑시장에서 수취한 SOFR을 해외차입 이자지급에 충당하게 되므로 외국은행 국내지점은 통화안정증권 이자와 통화스왑금리간 격차만큼 차익을 얻게 된다. 위 그림에서는 통화안정증권금리가 2.84%이고, 통화스왑금리가 2.05%이므로 외국인은 79bp의 금리차익을 얻게 된다.

자료 : 한국은행(2012), 「우리나라의 금융시장」, 382쪽에서 인용.

통화스왑을 통한 차익거래의 자금흐름

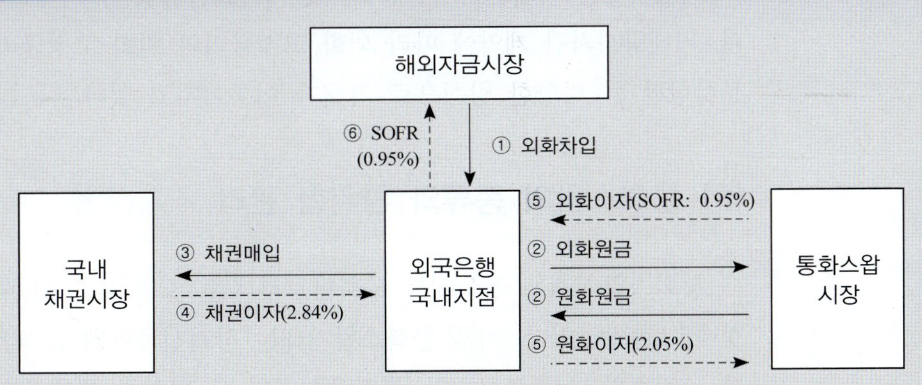

2) 통화스왑의 거래메커니즘

1999년 이후 본격적으로 외환자유화 조치가 취해지면서 우리나라에서도 통화스왑거래가 활발해지고 있다. 여기서는 우리나라 통화스왑시장을 중심으로 거래메커니즘을 살펴보고자 한다.

통화스왑은 당사자간 직접거래가 이루어지기도 하고 브로커의 중개를 통해 이루어지기도 한다. 직접거래는 원화자금을 외화채권으로 운용하는 보험회사, 해외채권의 발행 등을 통해 외화자금조달이 많은 공기업 및 카드회사 등과 국내은행간 또는 대형 외국은행 국내지점간 주로 이루어진다. 반면 중개거래는 한국자금중개(주), 서울외국환중개(주) 등을 통해 이루어지는데 직접거래의 결과로 발생한 포지션을 스왑시장 조성은행간 조정하거나 보유자산의 헤지 또는 투기 목적으로 많이 이용된다.

중개거래의 형태

중개회사를 통해 거래되는 원화와 미달러화간 통화스왑은 원화 고정금리와 미달러화 변동금리(3개월 SOFR)를 교환하는 이종통화간 고정금리와 변동금리의 교환(cross-currency coupon swap)방식으로 거래되고 있다. 거래만기는 3개월부터 20년물까지 다양하지만, 주로 1~5년물이고, 최소거래단위는 천만달러이며 천만 달러 단위로 추가되고, 이자는 3개월마다 교환한다. 통화스왑시장에서 offer금리는 스왑시장 조성은행이 고객으로부터 달러화를 받고 원화를 줄 때 수취하고자 하는 원화 고정금리를 말하고, bid금리는 스왑시장 조성은행이 달러화를 주고 원화를 받을 때 지급하고자 하는 금리를 말한다.

직접거래의 형태

직접거래는 거래금액, 거래기간 및 이자교환방법 등 거래조건에 제한이 없다. 거래당사자간 계약에 따라 외화 고정금리와 원화 고정금리의 교환, 원금분할상환 등 다양한 방식으로 거래가 이루어지고 있다.

(2) 통화스왑의 종류와 환위험 관리

통화스왑거래는 처음에는 통화담보부대출, 상호융자, 상호직접대출 등의 형태로 출발하였다. 이후 통화스왑거래는 장기선물환계약, 직접통화스왑, 통화-금리스왑, 이중통화스왑, 통화옵션스왑 등 다양한 형태로 발전하고 있다.

이론과실제 우리나라의 통화스왑 거래구조

통화스왑은 당사자간 직접거래 또는 브로커를 통한 중개거래방식으로 이루어진다. 직접거래는 해외채권 발행 등을 통한 외화조달이 많은 공기업, 카드회사나, 보유중인 원화자금을 외화채권으로 운용하는 보험회사 등과 국내은행 또는 대형 외은지점간에 주로 일어나고 있다. 중개거래는 직접거래의 결과로 발생한 포지션을 스왑은행간 조정하거나 보유자산의 헤지 또는 투기 목적으로 흔히 이용된다.

원화와 미달러화간의 통화스왑은 주로 원화 고정금리와 미달러화 변동금리*가 교환되는 cross currency swap 방식으로 거래되고 있다. 원/달러 통화스왑금리는 지급 또는 수취할 원화고정금리로 표시되는데 원화고정금리 수취(receive-fixed)를 offer side로, 원화고정금리 지급(pay-fixed)은 bid side로 고시하고 있으며 거래호가는 주로 1bp 단위로 제시한다. 거래기간은 통상 1~10년물이 가능하며, 주로 1~5년물이 거래되고 있다. 거래금액은 거래관행상 최소 거래단위가 1천만달러, 추가 거래단위 역시 1천만달러가 일반적이다. 한편, 직접거래는 거래금액, 거래기간 및 이자교환 방법 등 거래조건에 제한이 없으며, 거래당사간의 계약에 따라 외화고정금리와 원화고정금리의 교환, 원금분할상환(amortizing swap) 등 다양한 방식으로 거래가 이루어지고 있다.

* 미달러화 변동금리는 2021년까지 6개월물 LIBOR가 사용되었고 2022년부터는 3개월물 일복리 SOFR이 사용되고 있다. 이에 따라 금리교환 주기도 6개월에서 3개월로 변경되었다.

외국환중개회사의 통화스왑거래 가격고시 내용

거래기간 → 1 YR … 20YR (기간 열) / 거래일자 → 11OCT10 / 최고매입/최저매도 금리(CRS금리) → KRW/USD 열 / 중개회사 → TULLETT PREBON KOREA / 거래지역 → HK03118

15:10 11OCT10 TULLETT PREBON KOREA HK03118 PYKRW

KOREA WON SWAPS

CLOSING (2010-10-08)

	QRT/A365 KRW/KRW	SEMI/A365 KRW/USD	BASIS SWAPS	QRT/A365 KRW/KRW (CLOSING)	SEMI/A365 KRW/USD (CLOSING)
1 YR	3.020-2.990	2.250/1.250	-117/-137	3.010-2.980	2.25/1.20
2 YR	3.280-3.240	2.300/1.250	-140/-160	3.270-3.230	2.25/1.25
3 YR	3.430-3.400	2.400/1.450	-140/-160	3.420-3.380	2.40/1.40
4 YR	3.530-3.500	2.600/1.650	-130/-150	3.520-3.480	2.60/1.60
5 YR	3.610-3.580	2.900/1.900	-111/-130	3.600-3.560	2.85/1.90
7 YR	3.740-3.700	3.200/2.250	-91/-110	3.720-3.690	3.20/2.20
10YR	3.890-3.850	3.450/2.450	-83/-103	3.870-3.840	3.45/2.40

			OIS
	2.810-2.785	2.150/1.200	
6 M	2.930-2.890	2.200/1.200	OIS
9 M	3.170-3.135	2.300/1.250	1M 2.700/2.200
18 M	3.670-3.650	3.020/2.010	2M /
6 YR	3.790-3.750	3.300/2.350	3M /
8 YR	3.840-3.800	3.380/2.430	4M /
9 YR	3.930-3.890	3.480/2.480	5M /
11YR	3.960-3.920	3.540/2.530	6M /
12YR	4.030-4.000	3.570/2.580	9M /
15YR	4.010-3.980	3.580/2.590	Refer to
20YR			<KMBOIS>
			O/N call C2 rate

REUTERS DLR;TPKR
CONTACT (822) 728-0136
EJ PARK , JON LEES

자료: 한국은행, 「한국의 외환시장과 외환제도」, 2023, 69~70쪽에서 인용.

이론과실제 생명보험회사의 외화채권투자시 통화스왑거래 메커니즘

국내 생명보험회사들의 외화채권 투자관련 통화스왑거래 메커니즘을 보면 생명보험회사는 채권투자시점에서 원화 투자금액을 스왑시장 조성은행에게 지급하고 원화에 상당하는 달러화 투자금액을 받아 외화채권에 투자한다.

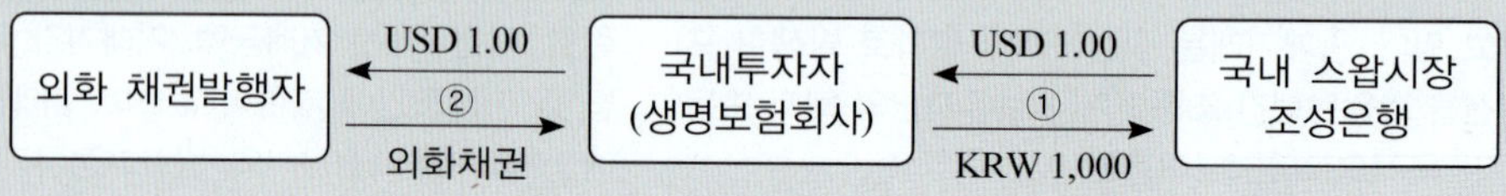

(외화채권 투자) (원금교환)

이후 이자수취시점에 생명보험회사는 외화채권으로부터 달러화이자를 스왑시장 조성은행에게 지급하고 대신 원화기준 고정금리를 스왑시장 조성은행으로부터 받는다.

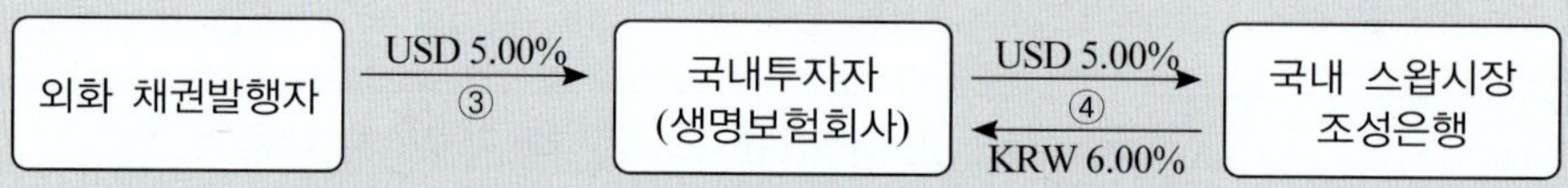

(외화채권이자 수취) (이자교환)

투자만기시점에서 생명보험회사는 상환받은 채권원금(달러)을 스왑시장 조성은행에게 지급하고 대신 교환하였던 원화자금을 회수하면서 거래가 종료된다.

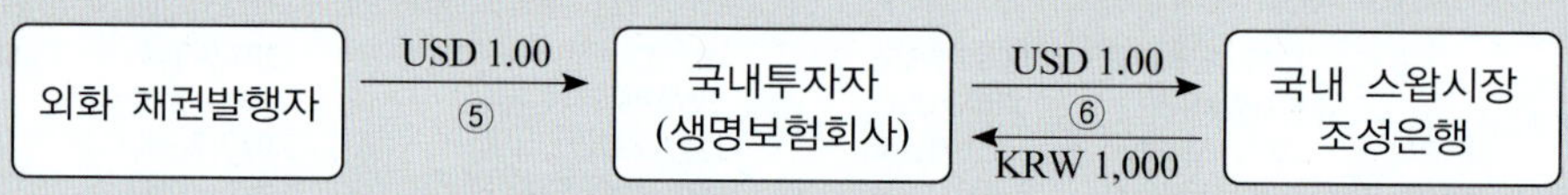

(투자원금 회수) (원금 재교환)

자료 : 한국은행, 「우리나라의 금융시장」, 2012, 381쪽에서 인용.

1) 상호융자와 상호직접대출

오늘날 스왑금융은 **상호융자**(parallel loans)와 **상호직접대출**(back-to-back loan)에서 발전된 거래기법이다. 이들 거래와 스왑금융은 현금수지면에서 동일한 형태를 취하고 있지만, 거래형식이나 법률적 측면에서 상이한 특징을 가지고 있다.

① 상호융자

상호융자(또는 평행대출)란 두 국가에 소재한 서로 다른 모기업이 상대국에

그림 13-2 상호융자의 자금흐름

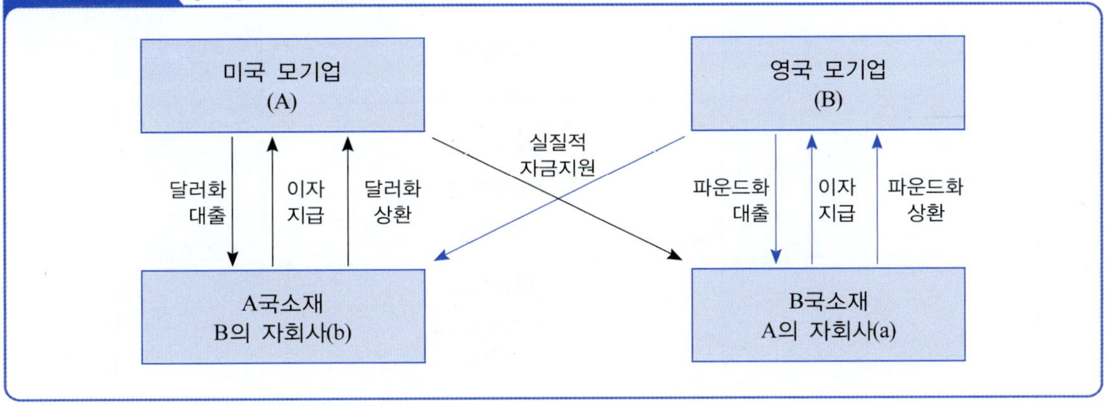

설립·운영하고 있는 자회사에 대하여 서로 교환하여 자국통화표시로 자금을 동일 만기조건으로 융자해 주는 것을 말한다. 상호융자는 <그림 13-2>에서 보는 것과 같이 미국 모기업(A)이 미국소재 영국 자회사(b)에게 달러화로 대출해주고, 동시에 영국 모기업(B)은 영국소재 미국 자회사(a)에게 그에 상당하는 파운드화를 대출해 주는 것을 말한다. 이러한 상호융자는 어느 자회사가 특정 통화표시 운용자금이 부족하거나 또는 필요로 하는 외국통화표시 자금조달이 외환규제 등으로 어려운 경우에 유용하게 이용될 수 있는 자금조달방법이다.

독립적 융자협정 및 환노출 방지

상호융자는 서로 독립된 융자협정이 필요하며, 이에 따라 두 개의 독립된 권리와 상환의무가 발생한다. 통상적으로 해당 모기업은 상대 모기업에 대하여 각각 자회사의 대출금에 대한 상환을 보증해 준다. 여기서 금리는 기본적으로 계약을 체결하는 시점에서 각국의 국내시장금리를 기준으로 약정하며, 상환은 만기일에 전액을 일시에 상환하도록 되어 있다. 이러한 상호대출은 모기업이 자회사에게 직접 융자해 주는 경우에 발생할 수 있는 환노출을 방지할 수 있는 장점이 있다.

② 상호직접대출

상호직접대출은 상호융자와 유사한 형식이지만 자회사가 개입되지 않고 모기업간에 자국통화로 직접대출이 이루어지는 것을 말한다. 따라서 상호대출은 두 개의 독립된 대출계약으로 구성된다.

그림 13-3 상호직접대출의 자금흐름

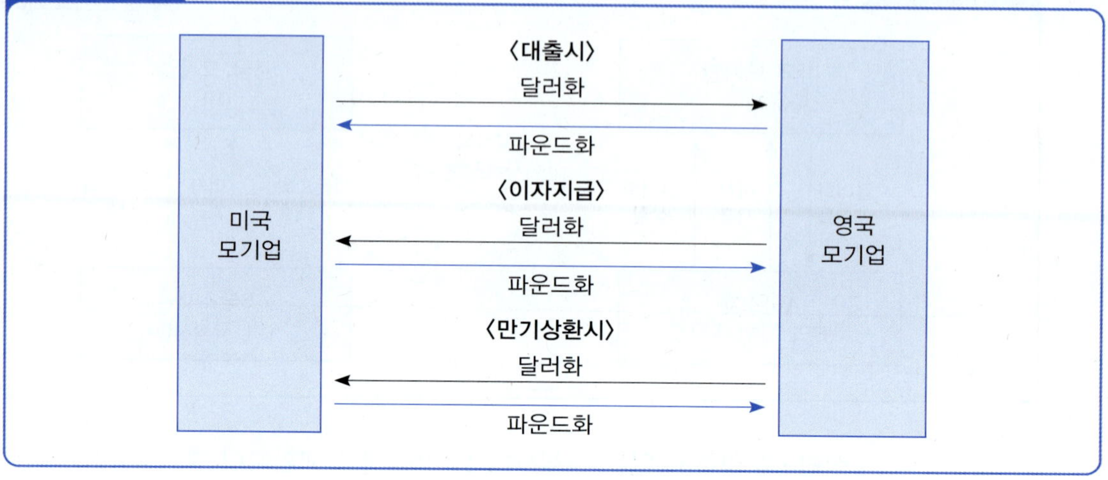

상호직접대출은 <그림 13-3>에서 보는 것과 같이 미국 모기업(A)이 영국 모기업(B)에게 달러화를 직접 대출해 주고, 동시에 영국 모기업(B)은 미국 모기업에게 이에 상당하는 파운드화를 직접 대출하는 형태를 취한다. 만기시에는 당초 거래와 반대방향으로 자금의 흐름이 일어나게 된다. 이때 대출이자율은 각각 자국통화에 해당하는 이자율을 적용한다.

2) 장기선물환계약

장기선물환계약(long-term forward exchange contracts)은 장기적인 환위험을 회피하기 위하여 거래쌍방이 계약 당시 약정한 환율에 따라 특정 통화를 미래의 일정시점에서 매입 또는 매도하기로 한 계약이다. 장기선물환계약은 단기선물환계약과 동일한 성격을 갖고 있지만, 일반 선물환시장에서는 거래가 어려운 대규모 장기외화자금의 환위험 헤지수단으로 이용된다. 즉 장기선물환계약은 현물환거래를 수반하지 않는 선물환 일방거래(outright forward transaction)로서 서로 다른 통화표시자금의 장기차입이나 대출 등으로 발생하는 장기환위험을 관리할 수 있는 수단을 제공해 준다.

예를 들어 위안화표시 장기부채를 보유하고 있는 미국 A기업과 미국에 달러화표시 플랜트 수입대금을 장기분할 결제조건으로 지급해야 하는 중국 C기업이 있다면 이 기업들은 장기선물환계약을 체결함으로써 환위험을 헤지할 수 있다. 미국 A기업은 위안화표시 부채를 달러화로 고정시키기 위해 달러화를 대가로 위안화 장기선물환을 매입하고자 할 것이다. 반면 중국 C기업은 달러화표시 부채를 위안화로 고정시키기 위해 위안화를 대가로 달러화 장기선물환을 매입하고자 할 것이다. 만약 미국 A기업과 중국 C기업간 장기선물환계약이 체결되면 선물환계약의 결제에 따른 자금흐름은 <그림 13-4>와 같이 나타난다.

그림 13-4 장기선물환계약의 자금흐름

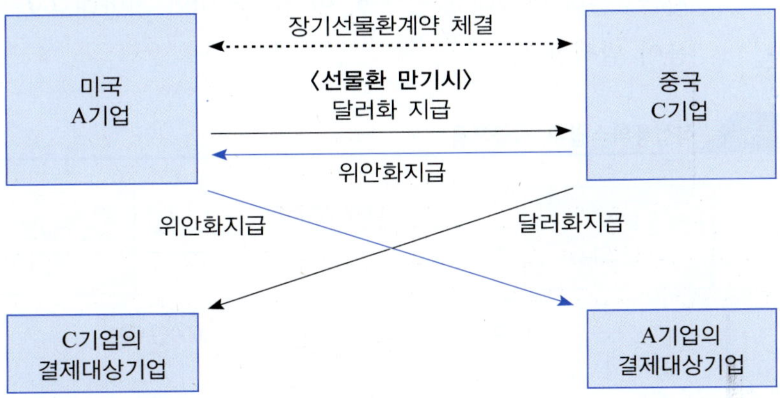

장기선물환율의 결정방법

장기선물환계약에 적용되는 선물환율은 장래에 거래가 한 번 발생하는 경우에는 하나의 선물환율이 존재하나, 일정기간에 수차례에 걸쳐 발생하는 경우에는 매 거래시점마다 상이한 선물환율이 적용될 수 있다. 장기선물환거래에서 선물환 프리미엄 또는 디스카운트의 크기는 일반적으로 선물환의 만기와 두 통화간 금리격차를 반영하여 결정된다.

장기적 환위험 관리수단

장기선물환계약은 만기전까지 환위험의 부담없이 자금을 활용할 수 있기 때문에 장기적 환위험 관리수단으로 유용하게 사용될 수 있다. 그러나 장기선물환계약은 계약기간이 길어 거래조건이나 현금흐름이 맞은 거래상대방을 찾기가 어렵다. 또한 장기선물환계약은 만기에 거래상대방이 계약을 이행하지 못하는 신용위험이 상대적으로 크다.

3) 직접통화스왑

직접통화스왑(straight currency swaps)은 거래쌍방이 스왑계약에 따라 서로 필요로 하는 통화표시자금을 현물환율에 의해 매입하고, 만기일에 기간중 환율변동과 관계없이 계약시 거래한 현물환율을 적용하여 당초 금액과 같은 금액을 상호간에 매각하는 금융거래방식이다. <그림 13-5>는 독일 모기업과 일본 모기업간 직접통화스왑의 예를 보여주고 있다. 이러한 직접통화스왑을 통해 독일소재 일본 자회사는 1,000만유로를, 일본소재 독일 자회사는 13억엔을 각각 모기업을 통해 조달하게 된다. 이 그림은 통화스왑거래에 따른 최초의 자금흐름을 나타내고 있으며, 만기에는 이와 정반대로 동일한 금액의 자금흐름이 발생한다.

그림 13-5 직접통화스왑의 자금흐름

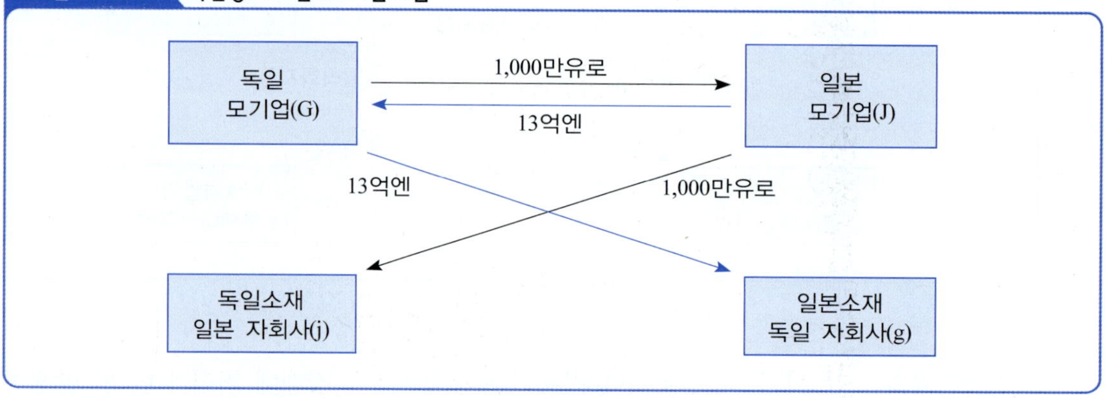

상호융자와 차이점

직접통화스왑은 상호융자와 이용목적이나 현금흐름의 형태가 비슷하다. 그러나 상호융자는 두 개의 독립된 융자계약으로 이루어지는 반면에 직접통화스왑은 단일계약으로 이루어진다는 점이 다르다. 따라서 직접통화스왑은 상호융자와 달리 단일계약이기 때문에 어느 한편이 채무를 이행하지 않는 경우에 자동적으로 상계권을 행사할 수 있다.

장기선물환계약과 차이점

직접통화스왑과 장기선물환계약은 만기에 적용하는 환율에서 차이가 있다. 장기선물환계약에서는 선물환율을 두 통화간 금리격차에 기초하되 조달금리를 복리로 재투자하는 것을 가정하여 산정한다. 그러나 직접통화스왑에서는 만기에 적용환율을 계약시점의 현물환율과 동일하다. 이와 같이 만기시 계약시점의 환율을 적용하여 상환이 이루어지기 때문에 계약기간중 금리비용은 두 통화간 금리격차에 기초를 두고 있으나 거래당사자간 협의를 통해 결정된다. 한편 직접통화스왑 계약의 만기는 상호융자와 같이 5~10년은 물론 12~18년에 달하는 장기스왑거래도 있다.

4) 통화-금리스왑

통화-금리스왑은 앞에서 다룬 통화스왑거래와 금리스왑거래를 혼합한 금융기법으로서, 환위험을 회피하는 동시에 차입비용을 절감하기 위하여 이종통화표시 차입금을 서로 교환하는 것이다. 통화-금리스왑은 고정금리간 통화스왑, 변동-고정금리간 통화스왑, 변동금리간 통화스왑으로 나누어 볼 수 있는데 고정-변동금리간 통화스왑이 일반적인 형태이다.

① 고정금리간 통화스왑

고정금리간 통화스왑(fixed-for-fixed currency swap 또는 currency coupon swap)이란 거래당사자가 이종통화표시 고정금리채무에 대한 원리금의 상환의무를 서로 교환하는 거래이다. 고정금리간 통화스왑도 이미 금리스왑에서 다룬 바와 같이 비교우위 때문에 발생한다. 따라서 거래당사자들은 이러한 고정금리 통화스왑을 통해 환위험을 헤지할 수 있을 뿐만 아니라 차입금리비용도 절감할 수 있다.

예를 들어 <그림 13-6>에서 보는 것과 같이 프랑스 F은행이 미국에 진출하는 G기업에게 대출하기 위해 1억유로에 상당하는 유로화 채권을 7년만기, 연 5.50%의 고정금리로 발행하였다고 하자. 그리고 F은행은 1억유로를 \$1.2000/€로 바꾸어 G기업에게 7년간 연 7.00%의 고정금리로 1.2억달러를 대출해 주었다고 하자. 만약 대출기간중 달러화가 약세를 보인다면 이자지급 및 만기시 환위험에 노출된다. 만기시 환율이 \$1.4000/€에서 형성된다면 원금상환시 약 0.14억유로[=\$0.2억/(\$1.4000/€)]에 상당하는 환차손이 발생하게 된다.

이러한 환위험을 헤지하기 위하여 <그림 13-6>에서 보는 것과 같이 F은행이 스왑중개은행인 D은행과 7년간 1억유로를 1.2억달러와 교환하기로 통화

그림 13-6 고정금리 통화스왑의 자금흐름

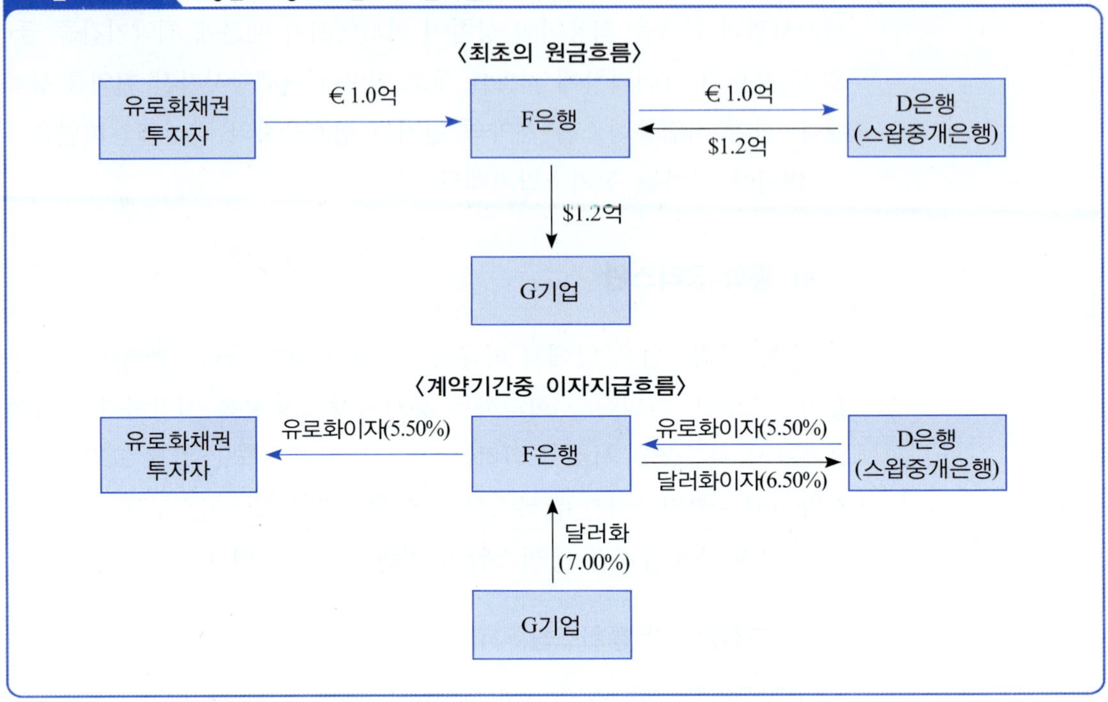

스왑계약을 체결하였다고 하자. 또한 이 기간중 F은행은 달러화 채무에 대한 이자로 연 6.50%의 고정금리를 D은행에 지급하고, D은행은 유로화 채무에 대한 이자로 연 5.50%의 고정금리를 F은행에게 지급하기로 하였다고 하자.

환위험 헤지와 금리차익

이러한 고정금리 통화스왑거래를 통해 F은행은 환위험을 헤지할 수 있을 뿐만 아니라 금리차익을 수익으로 얻게 된다. 우선 F은행은 7년후 만기시 현재 약정한 환율 $1.2000/€에 의해 채무를 교환하기 때문에 환위험에서 벗어날 수 있다. 또한 F은행은 스왑중개은행과 약정한 달러화의 스왑금리가 연 6.50%이지만, G기업에 대해서는 연 7.00%의 대출금리를 적용함으로써 연 0.50%포인트의 금리차익을 얻게 된다.

한편 스왑중개은행(D은행)은 다른 은행과 포지션 조정거래를 통하여 환위험을 헤지한다. 또한 스왑중개은행은 F은행과 통화스왑계약을 체결할 때 스프레드금리 – 즉 유로화자금에는 매입률을 적용하고, 달러화자금에는 매도율을 적용하기 때문에 이에 상응하는 금리차익을 수익으로 얻게 된다.

② 고정-변동금리간 통화스왑

고정-변동금리간 통화스왑(fixed-for-floating currency swap 또는 cross-currency coupon swap)은 통화스왑과 금리스왑이 혼합된 형태로서 이종통화표시 고정금리채무와 변동금리채무를 서로 교환하는 것을 말한다. 이는 통화스왑의 가장 대표적 형태로서 고정금리채무를 변동금리채무로 전환한다는 점에서는 금리스왑과 유사하지만 만기에 이종통화표시 원금을 재교환한다는 점에서 금리스왑과 차이가 있다.

주요 운용형태

이러한 고정-변동금리간 통화스왑은 비달러화를 위주로 영업하는 은행들(non-dollar based banks)이 중기 변동금리로 차입한 달러화자금을 매칭시켜 중기 변동금리로 대출자금으로 운용하는 경우에 많이 이용된다. 즉 어느 국가의 비달러화 위주 영업은행이 유로달러시장에서 변동금리로 달러화자금을 차입하고자 하는데 신인도가 낮아 차입조건이 불리하다고 하자. 이때 이 은행은 국내시장에서 상대적으로 유리한 자국통화표시자금을 고정금리로 차입한 후에 이를 거래상대방과 고정-변동금리간 스왑거래를 통해 자국통화표시 고정금리부채를 달러화표시 변동금리부채로 전환시키게 된다.

고정-변동금리 통화스왑으로 가장 널리 이용되는 달러화표시 변동금리차입과 타국통화(여기서는 원화)표시 고정금리차입을 예로 들어 살펴보자. 우리나라 K은행은 국내에서 지명도가 높아 <표 13-1>에서 보는 것과 같이 우리나라 자본시장에서 연 5.50%의 낮은 고정금리로 원화표시채권을 발행할 수 있지만, 유로달러시장에서는 연 SOFR+0.50%의 변동금리로 발행이 가능하다고 하자. 한편 우리나라에 LCD공장을 설립하고자 하는 네덜란드 H기업이 원화를 고정금리로 조달하고자 한다고 하자. H기업은 국제적으로 널리 알려져 있어 유로달러시장에서 달러화표시채권을 연 SOFR+0.25%로 발행할 수 있지만, 국내에는 잘 알려져 있지 않아 국내자본시장에서 원화표시채권을 발행한다면 연 6.25%의 이자를 지급하여야 한다고 하자. 따라서 차입비용면에서 보면 K은행은 우리나라 자본시장에서 절대우위에 있고, H기업은 유로달러시장에서 절대우위에 있다.

〈표 13-1〉 각 기업의 고정-변동금리 차입조건

	우리나라 자본시장	유로달러시장
K은행	5.50%	SOFR+0.50%
H기업	6.25%	SOFR+0.25%
금리격차(K-H)	-0.75%	0.25%

그림 13-7 고정-변동금리 통화스왑의 자금흐름

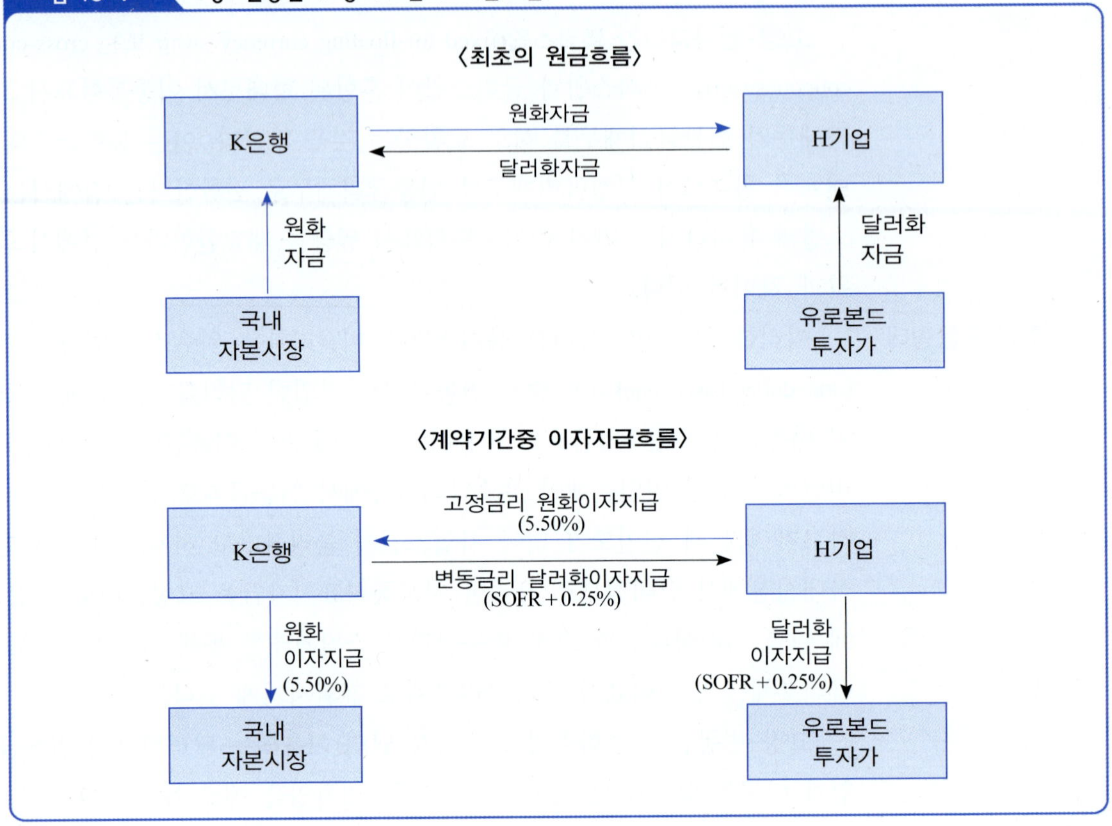

이러한 경우 <그림 13-7>에서 보는 것과 같이 우리나라 K은행은 국내자본시장에서 원화를 연 5.50%로 조달하고, H기업은 유로달러시장에서 달러화를 SOFR+0.25%로 조달하여, 원리금을 맞교환하는 스왑계약을 체결한다면 모두 자금조달비용을 절감할 수 있다. 즉 K은행은 달러화자금의 조달금리를 0.25%포인트[=(SOFR+0.50%)−(SOFR+0.25%)] 절감할 수 있고, H기업은 원화자금 조달금리를 0.75%포인트(=6.25%−5.50%) 절감할 수 있다.

환위험 헤지와 금리차익

한편 국내 K은행은 낮은 금리로 달러화자금을 조달하여, 이를 필요로 하는 고객에게 매칭시켜 높은 금리로 대출하게 된다. 이를 통해 국내은행은 환위험을 헤지할 수 있을 뿐만 아니라 금리차익을 수익으로 얻을 수 있게 된다.

이론과실제 **통화스왑과 이자율스왑을 활용한 차익거래**

통화스왑과 이자율스왑을 활용한 외국은행 국내지점의 스왑베이시스(CRS금리-IRS금리)거래를 살펴보자. 일시적인 수급요인으로 동 스왑금리간 격차가 크게 확대되는 상황이 발생하였다고 하자. 이때 스왑베이시스가 축소될 것으로 기대될 경우 외국은행 국내지점은 해외에서 SOFR(1년)로 외화자금을 차입하여 통화스왑 pay거래를 통해 외화자금을 원화로 전환하고 취득한 원화를 CD에 투자(CD 변동금리 수취)하는 동시에 이자율스왑시장에서는 고정금리 수취(CD 변동금리 지급)거래를 하게 된다. 향후 당초 예상대로 스왑베이시스가 축소되면 외국인은 반대거래를 통해 평가이익을 실현하거나 또는 만기까지 보유하여 동 스왑금리차를 획득하게 된다.

동 거래의 이자흐름을 보면 외국인은 통화스왑시장에서 수취한 SOFR를 해외차입이자 지급에, 국내단기자금시장에서 수취한 CD를 이자율스왑 거래의 CD금리 지급에 각각 충당하게 된다. 이에 따라 외국인은 이자율스왑 금리(수입)와 통화스왑 금리(지급) 차만큼 이익을 얻게 된다. 오른쪽 그림에서는 이자율스왑 금리가 3.04%이고, 통화스왑 금리가 0.20%이므로 외국인은 2.84%의 차익을 얻게 된다.

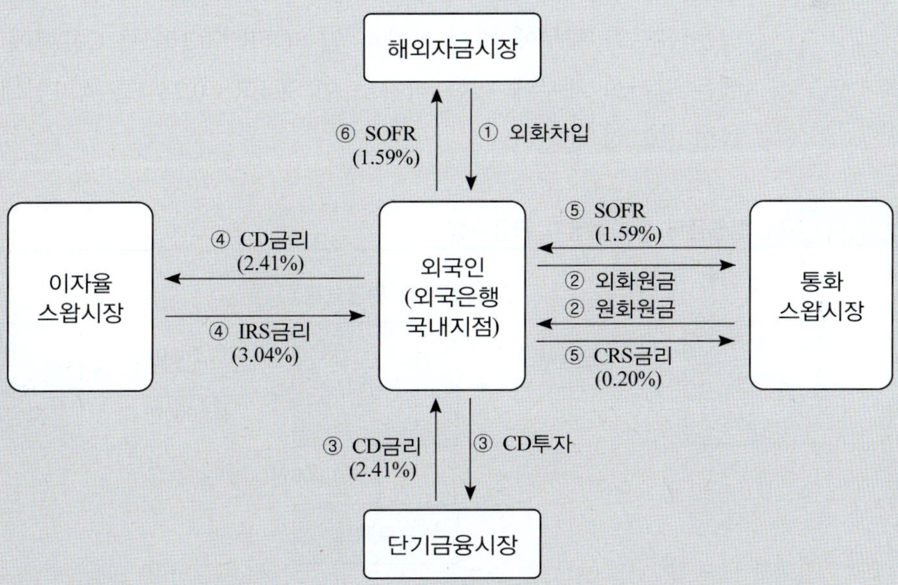

자료 : 한국은행(2009),「우리나라의 금융시장」, 434쪽에서 인용.

③ 변동금리간 통화스왑

변동금리간 통화스왑(floating-for-floating currency swap 또는 cross-currency basis swap)이란 거래당사자가 이종통화표시 변동금리채무에 대한 원리금의 상환의무를 서로 교환하는 거래이다. 변동금리 통화스왑은 고정금리 통화스왑과 구조는 동일하지만 적용금리가 변동금리라는 점이 다를 뿐이다. 거래당사자들은 고정금리 통화스왑과 마찬가지로 변동금리 통화스왑을 통해서도 환위험을 헤지할 수 있을 뿐만 아니라 차입금리비용도 절감할 수 있다.

예를 들어 <그림 13-8>에서 보는 것과 같이 미국 A기업이 1,000만유로를 어느 프로젝트에 투자하여 향후 5년간 정기적으로 SOFR+0.50%의 수익률을 올릴 수 있을 것으로 예상한다고 하자. 만약 A기업이 B은행으로부터 1,200만 달러를 연 SOFR+0.25%로 대출받아, 현재 환율로 환전하여 1,000만유로를 이 프로젝트에 투자한다면 A기업은 금리위험과 환위험에 모두 노출되게 된다.

이러한 금리위험 및 환위험을 헤지하기 위하여 <그림 13-8>에서 보는 것과 같이 A기업은 스왑전문금융기관인 C은행과 5년간 1,000만유로를 1,200만 달러와 교환하기로 통화스왑계약을 체결하였다고 하자. 또한 이 기간중 A기업은 유로화 채무에 대한 이자로 연 SOFR+0.10%를 C은행에 지급하고, C은행은 달러화 채무에 대한 이자로 연 SOFR+0.25%를 A기업에게 지급하기로 하였다고 하자.

그림 13-8 변동금리 통화스왑의 자금흐름

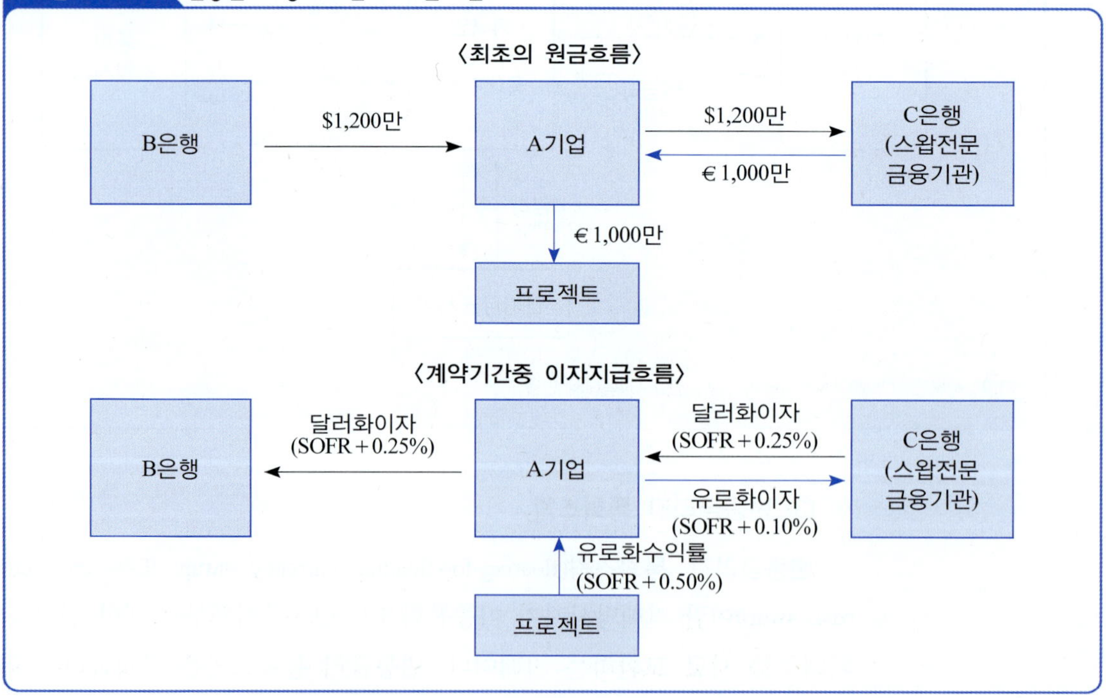

환위험 헤지와 금리차익

이러한 변동금리 통화스왑거래를 통해 A은행은 환위험을 헤지할 수 있을 뿐만 아니라 투자수익도 얻게 된다. 우선 A기업은 5년후 만기시 현재 약정한 환율 $1.2000/€에 의해 채무를 교환하기 때문에 환위험으로부터 벗어날 수 있다. 또한 A기업은 유로화 차입금리가 SOFR+0.10%이지만, 프로젝트로부터 SOFR+0.50%의 수익률이 예상되므로 0.40%의 순투자수익을 실현할 수 있다. 한편 스왑중개은행이 다른 은행과 포지션조정거래를 통해 환위험과 금리위험을 헤지하게 된다.

13.3 기타 외부적 관리기법

환위험의 외부적 관리는 환위험을 시장거래를 통하여 거래상대방에게 전가하는 기법이다. 환위험의 외부적 관리기법은 지금까지 다룬 통화관련 파생상품거래 이외에도 단기금융시장을 이용한 헤지, 할인(discounting), 팩토링(factoring), 환율변동보험(exchange risk insurance) 등이 있다.

(1) 단기금융을 이용한 헤지

단기금융을 이용한 환위험 헤지는 외화의 단기차입 및 예치 또는 매각의 금융거래와 현물환거래를 동시에 수행하는 기법이다. 예를 들어 연불수출대금을 단기금융거래를 통해 헤지하고자 한다면 수출업자는 수출대금에 상당하는 외환을 미리 차입하여, 이를 현물환시장에서 현재 환율로 매각하여 자국통화로 환전한다. 그리고 외화차입금은 만기에 수취하는 수출대금으로 상환한다면 수출계약에서 수출대금회수에 이르는 기간 동안 환율변동에 의해 초래되는 환위험을 회피할 수 있다. 한편 외화차입에 따른 금리와 환전한 수출대금을 국내금융기관에 예치함으로써 얻는 금리를 고려한다면 국제금리평가의 정리에서 알 수 있듯이 단기금융을 이용한 헤지는 선물환거래를 이용한 헤지와 동일한 효과를 낳는다.

이론과실제 **선물환과 단기금융 및 현물환거래를 이용한 헤지비용의 비교**

어느 기업의 재무관리자가 100만달러어치의 기계를 3개월후에 대금을 지급하기로 하고 수입계약을 체결하였다. 이 재무관리자는 3개월후 원-달러환율의 변동에 따른 환위험을 헤지하고자 한다. 시장상황이 다음과 같을 때 선물환과 현물환 중에서 어느 시장을 선택하여 헤지하는 것이 유리한가를 살펴보기로 하자.

- 현물환율 : 1,000.00원 / 달러
- 3개월 선물환율 : 1,008.00원 / 달러
- 달러화표시 금리 : 4.00% / 연
- 원화표시 금리 : 6.00% / 연

재무관리자는 수입대금지급으로 인해 숏 포지션이 발생하므로 롱 포지션을 취하여 종합포지션을 스퀘어 포지션으로 만듦으로서 환위험을 헤지할 수 있다. 외환시장에서 롱 포지션을 취하는 방법은 선물환을 매입하거나, 현물환을 미리 매입하여 은행에 예치해 두는 방법이 있다.

우선 선물환 매입을 통해 헤지하는 경우를 생각하여 보자. 이 경우 재무관리자는 3개월 선물환을 달러당 1,008.00원을 주고 매입하여야 한다.

이제 현물환을 미리 매입하여 헤지하는 방법을 생각해 보자. 재무관리자가 달러현물환을 매입하는 경우 3개월간 금융기관에 예치하게 되면 4.00%/년의 1/4에 해당하는 1.00%의 이자를 받게 된다. 그러므로 재무관리자가 3개월후 1달러를 얻기 위해서는 0.9901 = $\left(\dfrac{1}{1+\dfrac{0.04}{(12/3)}}\right)$ 달러어치의 달러현물환을 매입하면 된다. 현재 현물환율이 1,000.00원이므로 이에 상당하는 달러현물환을 매입하기 위해서는 990.10(= 0.9901 × 1,000.00)원이 필요하다. 그러나 달러현물환의 매입에 필요한 원화자금을 차입하게 되면 3개월간 6.00%/연의 1/4에 해당하는 1.5%의 이자를 지급하여야 한다. 따라서 3개월후 1달러에 상당하는 달러현물환을 미리 매입하는 데 드는 원화비용은 1,004.95(= 990.10×(1 + 0.015))원이 된다.

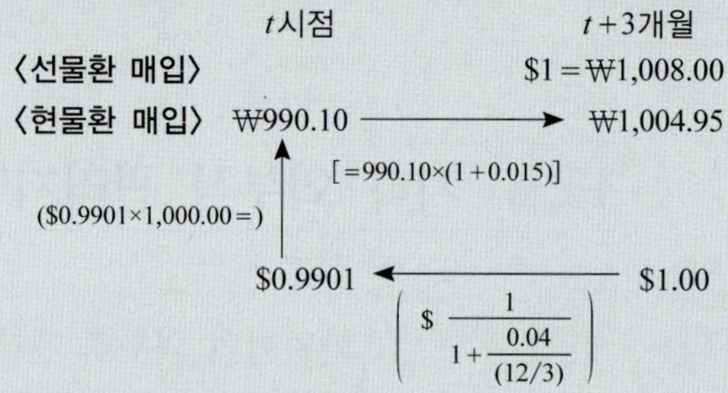

현재의 시장여건하에서 3개월후 1달러를 확보하는 데 선물환을 이용하면 1,008.00원이고, 현물환을 이용하면 1,004.95원이 든다. 따라서 현물환을 이용한 헤지가 선물환을 이용한 헤지보다 달러당 3.05원(= 1,008.00 − 1,004.95) 유리하다.

이 경우 외환거래자들은 현물환 매입을 통한 헤지를 선호하게 된다. 현물환 매입을 위한 국내차입 증가로 국내금리가 상승하고, 달러현물환에 대한 수요증가로 현물환율이 상승하는 반면, 달러화자금 공급증가로 해외금리는 하락한다. 또한 선물환 매입을 꺼리므로 선물환율은 하락하게 된다. 이러한 헤지행위는 이자재정거래와 마찬가지로 현물환율, 선물환율, 국내금리 및 해외금리간 균형체계를 유지하게 하는 방향으로 움직이게 한다.

(2) 할인

할인(discounting)은 수출대금이 환어음에 의해 결제되는 경우에 어음만기까지 발생할 수 있는 환위험을 회피하기 위하여 어음할인시장에 환어음을 할

인하여 매각하고 자국통화로 환전하는 기법이다. 일반적으로 수출업자는 수출환어음을 만기일 이전에 은행에 할인·매각하여 수출대금을 조기에 회수한다. 은행은 수출업자로부터 매입한 수출환어음을 다시 은행인수어음시장에 매각하여 자금을 조달하게 된다.

할인은 자국통화의 평가절상이 예상되거나 만기전에 자금이 필요한 경우에 많이 이용되는 방법이다. 그러나 수출대금을 조기에 수취하기 위하여 환어음을 매각하는 경우에 할인료 등의 비용이 수반되므로 환율변동에 따른 예상환차손과 자금사정 등을 고려하여 할인 여부를 결정하여야 한다.

(3) 팩토링

팩토링(factoring)이란 원래 팩터(factor)가 외상매출채권을 상환청구권 없이 매입함으로써 물품공급업자에게 전대금융을 실행하고, 채권만기일에 채무자－즉 구매업자에게 외상매출금을 직접 회수하는 단기금융기법이다. 팩토링회사는 외상매출채권의 매입뿐만 아니라 구매업자에 대한 신용조사 및 신용위험인수, 채권의 관리 및 대금회수, 기타 사업처리 대행 등의 서비스도 제공한다.

팩토링과 환위험 관리

환위험관리를 위한 팩토링은 수출업자가 수출환어음을 은행에 매입 또는 추심하여 결제하는 대신에 팩터에게 외상매출채권을 매각하고 팩터가 외상매출채권을 수입업자로부터 직접 회수하는 방법이다. 팩토링은 수출업자가 외화표시 수출대금이 입금되기 전에 자국통화표시로 금융지원을 받으므로 수출대금의 이용이 가능하고 환위험을 회피할 수 있는 장점이 있다. 그러나 팩토링을 이용하는 경우에도 비용이 수반되므로 팩토링비용과 예상환차손을 비교하여 팩토링 여부를 결정하여야 한다.

(4) 환율변동보험

환율변동보험(exchange risk insurance)은 결제기간이 대체로 1년 이상의 중장기 수출입에 수반되는 환차손을 보상하기 위한 환보험제도이다. 일반적으로 결제기간이 1년미만인 단기수출입거래에 수반되는 환위험은 선물환거래를

이론과실제 **팩토링방식에 의한 수출입절차**

국제팩토링은 신용장없이 무역거래를 할 때 팩토링회사가 신용조사, 신용위험인수, 금융제공, 대금회수 등의 서비스를 제공하는 것을 말한다. 우리나라에서는 중소기업이 10만달러 이하의 소규모 거래를 할 때 이용되고 있다.

국제팩토링방식에 의한 거래당사자는 오른쪽 그림에서 보는 바와 같이 수출업자, 수출팩터, 수입업자, 수입팩터로 구성된다. 수출팩터는 수출업자와 약정에 따라 수출채권의 매입한도를 결정하며, 수입팩터는 수출팩터의 요청에 따라 수입업자의 신용상태 등을 조사하고 이를 근거로 하여 수출팩터에게 신용승락을 통보한다. 수출업자는 이러한 신용승락을 받게 되면 수입업자와 계약에 따라 안전하게 물품을 선적할 수 있다. 팩토링방식에 의한 수출입절차는 오른쪽 그림과 같다.

자료 : 한국무역협회, 「무역실무 길라잡이」, 2012, 242쪽 참조.

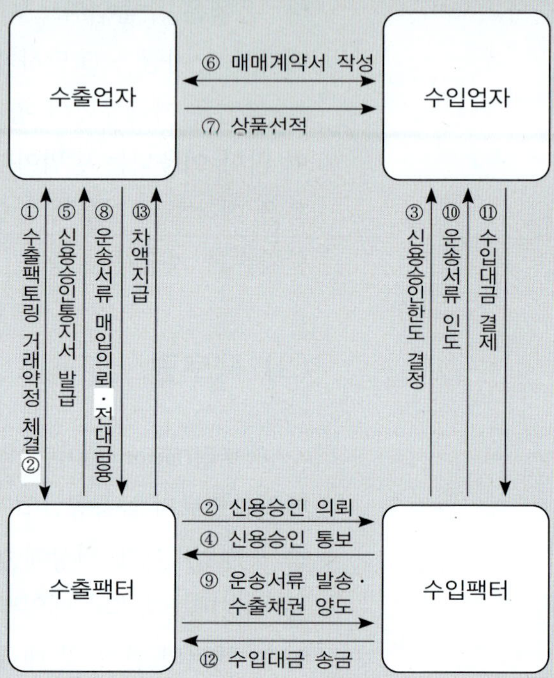

이용하여 쉽게 헤지할 수 있다. 그러나 중장기 수출거래에서는 환율예측의 불확실성이 높아지기 때문에 선물환의 이용이 어렵다. 따라서 이를 제도적으로 뒷받침하기 위하여 만들어진 것이 환율변동보험이다.

사후적 환위험관리수단

환율변동보험은 환차손준비금(exchange loss reserve)과 사후적 환위험 관리전략으로서 동일한 성격을 지니고 있으나, 환율변동보험을 외부적 관리기법인 반면에 환차손준비금은 내부적 관리기법이다. 환차손준비금은 환차손이 발생할 것에 대비하여 기업 내부적으로 이익잉여금에 준비금을 설정하는 것이다. 반면 환율변동보험은 환차손이 발생할 것에 대비하여 기업 외부에 보험료를 납부하고, 일정한 비율이나 금액 이상의 환차손이 발생하면 보험금을 청구하는 기법이다.

중장기 환위험 헤지수단

환율변동보험은 1970년대 초반 국제통화제도가 변동환율제도로 이행한 후 독일, 프랑스, 벨기에, 스페인 등에서 결제기간이 통상 1년 이상인 중장기

수출의 환위험을 헤지하기 위한 수단으로 이용되어 왔다. 일본도 1974년 환율변동보험제도를 도입하면서 보험대상 수출품, 연지급 수출기간 및 대상통화를 선별·한정하여 운용하고 있다.

이론과실제 우리나라의 환변동보험제도

한국무역보험공사는 수출기업이 환율변동으로 입게 되는 손실을 보상함으로써 수출활동을 지원하기 위해 2002년 2월 수출보험제도의 일환으로 환변동보험을 도입하였다. 특히 우리나라 환변동보험은 환위험관리여건이 취약한 중소기업이 환위험을 쉽게 헤지할 수 있도록 하는데 중점을 두고 운영되고 있다.

환변동보험의 대상통화는 우리나라와 수출입거래 규모가 큰 미달러화, 엔화, 유로화 및 위안화로 국한하고 있다. 보험상품의 종류는 추가적 시장프리미엄이 발생하지 않는 보험과 발생하는 보험으로 나누어진다. 전자에는 환율하락시에는 보험금을 지급하고 환율상승시에는 환수금을 납부하는 상품으로서, 보험금 지급 및 환수금 납부조건에 따라 일반선물환, 범위선물환, 광범위선물환 등이 있다. 후자에는 환율상승시에 환수금이 면제되는 상품으로서, 환율하락시 보장범위 유무에 따라 완전보장형 옵션(put option), 부분보장형 옵션(spread option) 등이 있다.

환변동보험은 일반적으로 다음과 같은 특징을 가지고 있다.

첫째, 청약시점에서 최장 5년까지 보장환율이 제공됨에 따라 플랜트, 선박 등 장기수출계약에 대한 환위험을 효과적으로 이용될 수 있다.

둘째, 환변동보험은 선물환거래와 달리 계약이행관련 증거금 또는 담보제공 없이 저렴한 보험료만으로 이용이 가능하다. 현재 보험요율은 기업의 신용도에 따라 다르나 1년 동안 10만달러를 헤지하는 경우 0.036~0.063%(36~63달러)에 불과하다.

셋째, 수출계약의 변경, 수출대금의 조기회수 등 외화자금 흐름과 환위험관리를 일치시킬 수 있도록 만기일 이전에 조기결제가 가능하다.

환변동보험의 거래절차

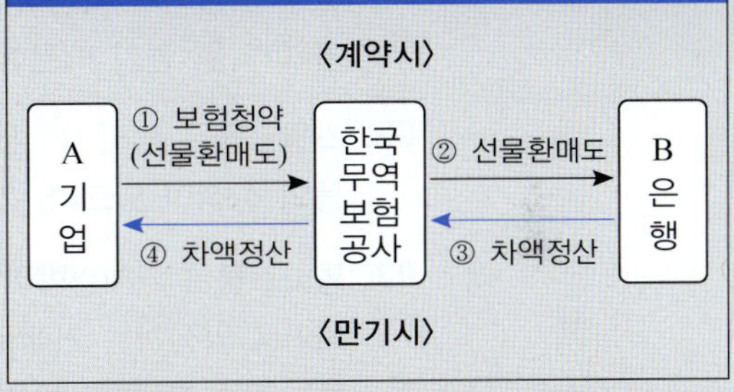

넷째, 실제 외화자금의 매매는 시중금융기관과 이루어지며, 한국무역보험공사와는 환율차이에 따라 발생하는 원화차액만 정산한다.

예를 들어 어느 수출업자가 9월 15일 환위험의 헤지를 위해 계약금액 미화 10만달러, 계약만기 3개월, 보장환율 1,045.00원(청약일 기준환율 1,040.00원+스왑포인트 5.00원)에 계약을 체결하고 보험료 37,440원(계약금액의 0.036%)을 납부하였다고 하자. 여기서 한국무역보험공사는 아래 그림에서 보는 것과 같이 ① 수출업자로부터 보험청약을 받으면, ② 가장 높은 선물환율을 제시한 은행과 선물환 매도계약을 체결하고, 이를 보장환율로 제시하기 때문에 개별 수출업자가 은행과 직접 선물환거래를 하는 것보다 유리하다.

수출업자와 한국무역보험공사는 계약만기시 시장환율에 따라 차액을 정산한다. 만약 시장환율이 보장환율보다 낮다면 ③ 한국무역보험공사는 은행으로부터 차액을 환수하여, ④ 수출업자에게 지급한다. 반대로 시장환율이 보장환율보다 높다면 한국무역보험공사는 ④ 수출업자로부터 차액을 환수하여 ③ 은행에 지급한다. 따라서 수출업자는 만기일의 현물환율과 관계없이 보장환율을 보장받는다.

요약

01. 스왑이란 거래쌍방간 일정한 금융자산이나 부채를 서로 교환하고 일정기간이 지난 후에 이를 재교환하기로 약정하는 거래로서, 거래대상과 목적에 따라 금리스왑, 통화스왑, 혼합스왑 등 다양한 형태가 있다. 이러한 스왑은 두 차입자가 비교우위가 있는 시장에서 차입하여 각자의 차입금리, 지급조건 등을 서로 교환함으로써 모두가 이익을 얻기 때문에 발생한다.

02. 스왑금융은 금리 및 환위험의 관리, 차입비용과 시간의 절감, 자금관리상 제약완화 등의 장점이 있으나, 거래불이행에 따른 신용위험과 시장위험이 내포되어 있다.

03. 통화스왑은 거래쌍방이 상이한 통화로 차입한 자금의 원리금 상환을 교환하여 이행하기로 약정하는 거래로서, 장기자금의 조달, 환리스크의 관리, 금리차익 및 금리변동을 이용한 투기 등의 동기에서 발생한다.

04. 스왑금융으로 발전한 상호융자와 상호직접대출은 현금수지면에서는 동일하지만 거래형식이나 법률적 측면은 다르다. 상호융자란 두 국가에 소재한 서로 다른 모기업이 상대국에 설립・운영하고 있는 자회사에 대하여 각각 서로 교환하여 자국통화표시로 융자해 주는 것을 말한다. 상호직접대출은 상호융자와 유사한 형식이지만 자회사가 개입되지 않고 모기업간에 자국통화로 직접대출이 이루어지는 것을 말한다.

05. 장기선물환계약은 장기적인 환위험을 회피하기 위하여 거래쌍방이 계약 당시 약정한 환율에 의해 특정 통화를 미래의 일정시점에서 매입 또는 매도하기로 한 계약이다. 장기선물환계약은 단기선물환계약과 동일한 성격을 갖고 있지만, 일반 선물환시장에서는 거래가 어려운 대규모 장기외화자금의 환위험 헤징수단으로 이용된다.

06. 직접통화스왑은 거래쌍방이 스왑계약에 따라 서로 필요로 하는 통화표시자금을 현물환율에 의해 매입하고, 만기일에 기간중 환율변동과 관계없이 계약시 현물환율을 적용하여 당초금액과 같은 금액을 상호간에 매각하는 금융거래방식이다.

07. 통화-금리스왑은 통화스왑거래와 금리스왑거래를 혼합한 금융기법으로서 환위험을 회피하는 동시에 차입비용을 절감하기 위하여 이종통화표시 차입금을 서로 교환하는 것으로서, 금리스왑의 형태에 따라 고정금리간 통화스왑, 변동-고정금리간 통화스왑, 변동금리간 통화스왑으로 나누어 볼 수 있다.

08. 단기금융시장을 이용한 환위험 헤징은 단기차입 및 예치의 단기금융거래와 현물환거래를 동시에 수행하는 기법으로 선물환거래를 이용한 환위험관리와 동일한 효과

를 낳는다.

09. 할인은 수출대금이 환어음에 의해 결제되는 경우에 어음만기까지 발생할 수 있는 환위험을 회피하기 위하여 어음할인시장에 환어음을 할인하여 매각함으로써 자국통화로 환전하는 기법이다.

10. 환위험관리를 위한 팩토링은 수출업자가 수출환어음을 은행에 매입 또는 추심하는 결제하는 대신에 팩터에게 외상매출채권을 매각하여 자국통화표시로 회수하고 팩터가 외상매출채권을 수입업자로부터 직접 회수하는 방법이다.

11. 환율변동보험은 결제기간이 대체로 1년 이상의 중장기 수출입에 수반되는 환차손을 보상하기 위한 환보험제도이다.

연습문제

01. 전통적 외환스왑거래와 통화스왑거래의 개념을 각각 설명하고, 두 스왑거래간 유사점과 차이점에 대하여 비교 · 설명하시오.

02. 스왑은 국제무역과 마찬가지로 비교우위 때문에 발생한다. 다음 물음을 통해 스왑과 국제무역의 기본원리를 비교해보시오.

(1) A국과 B국에서 X재와 Y재의 1단위 생산에 투입되는 노동량은 다음 표와 같다고 하자.

국제무역과 노동투입량

	X재	Y재
A국	1	2
B국	3	4

① A국과 B국은 각각 어느 재화의 생산에 특화하는가를 비교우위의 관점에서 설명하시오.

② 양국간 무역이 어떠한 방향으로 일어나는가를 설명하시오.

③ 양국간 교역조건이 어느 사이에서 결정되는가에 관하여 설명하시오.

④ 만약 양국간 교역조건이 2/3에서 결정된다면 무역의 이익이 양국간 어떻게 배분되는가를 설명하시오.

(2) A국 기업과 B국 기업의 고정금리 및 변동금리 차입조건이 다음 표와 같다고 하자.

금리스왑과 차입금리

	고정금리	변동금리
A국 기업	5.50%	SOFR + 0.25%
B국 기업	6.50%	SOFR + 0.75%

① A국 기업과 B국 기업은 각각 어느 조건으로 자금을 차입하는 것이 유리한가를 비교우위의 관점에서 설명하시오.

② 두 기업간 금리스왑이 어떠한 방향으로 일어나는가를 설명하시오.

③ 이러한 금리스왑을 통해 두 기업이 모두 이익을 얻을 수 있는 차입조건을 예시하고 설명하시오.

03. 우리나라 통화스왑시장에 대하여 다음과 같은 내용을 조사하여 보시오.

(1) 서울외국환중개(주)와 한국자금중개(주)가 취급하고 있는 통화스왑거래의 거래조건, 참가기관, 거래동향 등에 관하여 조사하여 보시오.

(2) 우리나라 통화스왑시장의 거래추이 및 투자자별 거래동향에 대하여 조사하여 보시오.

04. [이론과 실제] "통화스왑을 활용한 차익거래"(359쪽)에서 일시적 수급요인의 변동으로 국내채권 시장금리가 연 1.80%로 하락하였다고 하자. 이러한 경우 차익거래가 어떻게 발생하는가를 설명하시오. 또한 이러한 차익거래가 다른 금리에 어떻게 영향을 미치는가에 대해서도 설명하시오.

05 호주의 W사는 5년만기 호주달러화 고정금리부채를 가지고 있는데, 이를 스왑거래를 통해 저금리의 일본엔화 고정금리부채로 바꾸고자 한다. 통화스왑중개은행은 6개월 미달러화 SOFR에 대한 호주달러화 스왑가격을 연 7.90~8.07%로 고시하고 있고, 6개월 미달러화 SOFR에 대한 일본엔화 스왑가격을 연 1.10~1.18%로 고시하고 있다고 하자.

(1) W사가 호주달러화 고정금리 부채를 일본엔화 고정금리 부채로 바꾸기 위하여 어떻게 스왑계약을 체결하여야 하는가에 대하여 설명하시오.

(2) 이러한 스왑을 통해 W사가 지급하는 금리와 수취하는 금리가 어떻게 되는가를 설명하시오.

06. 우리나라 기업이 일본에서 반도체 장비를 수입하기 위해 일본 S은행으로부터 100억엔을 1년만기로 차입하였다. 현재 원-엔 현물환율은 100엔당 1,000.00원, 1년물 선물환율은 1,015.00원이고, 국내금리는 연 5.50%, 일본금리는 연 1.50%라고 하자. 한편 우리나라 기업은 장래 환율이 불확실하기 때문에 환위험을 회피하기 위해 다양한 헤징방법을 고려하고 있다고 하자.

(1) 우리나라 기업이 선물환시장을 통해 헤지를 하는 경우 100엔당 헤지비용을 계산하시오.

(2) 우리나라 기업이 단기금융시장과 현물환시장을 통해 헤지를 하는 경우 100엔당 헤지비용을 계산하시오.

(3) 위의 결과를 비교하여 볼 때 우리나라 기업은 어떠한 시장을 이용하여 헤지하는 것이 유리한가를 밝히시오. 또한 이러한 우리나라 기업은 헤지가 현물환율, 선물환율, 국내금리 및 일본금리에 어떻게 영향을 미치는가에 대하여 설명하시오.

07. 한국무역보험공사는 2002년부터 환변동보험을 도입하여 다양한 상품을 취급하고 있는데 이와 관련된 다음 물음에 답하시오.

(1) 환변동보험의 개념과 특징에 관하여 설명하시오. 또한 환변동보험이 환차손적립금제도와 어떠한 차이가 있는가에 관하여 설명하시오.

(2) 한국무역보험공사가 취급하고 있는 환변동보험상품의 계약내용과 만기시 손익구조에 대하여 알아보고 장단점을 비교·설명하시오.

P·A·R·T

05 국제통화제도와 통화협력

국제통화제도는 국가간 상품 및 서비스의 수출입이나 자본이동에 의한 자금결제가 원활히 이루어질 수 있는 시스템을 구축해 나가는 과정에서 세계경제환경의 변화에 맞추어 지속적으로 변천해 오고 있다. 최근에는 EU가 경제통합의 효과를 극대화하기 위해 단일통화로서 유로화를 도입한 것에 자극을 받아 동아시아지역을 비롯한 지역경제통합체들도 통화 및 금융협력을 강화하기 위해 노력하고 있다. 이러한 가운데 제도적 측면에서 자본이동에 대한 규제완화와 기술적 측면에서 정보통신기술의 발달로 인해 국가간 자본이동이 매우 활발하게 일어나고 있다. 그러나 2008년 글로벌 금융위기에서 보듯이 과도한 자본의 유출입은 일국의 경제활동을 교란시킬 뿐만 아니라 금융 및 외환위기를 초래하기 때문에 이를 규제하고자 하는 움직임이 대두되고 있다.

CHAPTER 14

국제통화제도의 변천과 개편논의

국제통화제도는 세계무역 및 금융환경의 변화에 맞추어 원활한 결제 시스템을 갖추고자 하는 과정에서 지속적으로 변천되어 왔다. 제2차 세계대전 직후 금환본위제도와 고정환율제도를 근간으로 성립되었던 브레튼우즈체제는 1960년대 후반 달러위기로 붕괴되고 1970년대초 변동환율제도로 이행되었다. 최근에는 변동환율제도에 의해 지탱되고 있는 킹스턴체제가 한계를 보임에 따라 국제통화제도를 개편하기 위한 논의가 활발히 진행되고 있다. 여기서는 국제통화제도의 의의와 유형에 대하여 먼저 살펴보고, 19세기 후반 이후 국제통화제도가 어떻게 변천되어 왔는가를 살펴보고자 한다. 그리고 최근 논의되고 있는 국제통화제도의 문제점과 개편논의에 대해서도 살펴보고자 한다.

14.1 국제통화제도의 의의와 유형

(1) 국제통화제도의 의의와 기능

국제통화제도(international monctary systcm)란 국가간 상품 및 서비스의 수출입이나 자본이동에 따르는 국가간 결제를 원활하게 하기 위한 국제적 협약을 의미한다. 일반적으로 국내에서는 정부나 중앙은행이 발행한 통화가 법적 통용력을 가지고 일반적인 지불수단으로서 기능을 수행한다. 그러나 국제거래에 서는 법적 통용력을 가진 지불수단은 존재하지 않으며, 국제통화제도의 변천에 따라 국제적 지불수단은 변화되어 왔다.

국제통화제도의 기능

국제통화제도가 국제교역과 자본이동의 확대를 통해 세계자원을 합리적으로 배분함으로써 세계경제성장을 촉진하기 위해서는 다음과 같은 기능을 수행할 수 있어야 한다.

국제유동성의 공급

첫째, 국제통화제도는 국제경제거래로 발생하는 대차가 원활하게 결제될 수 있도록 국제유동성을 적절히 공급하여야 한다. 국제유동성의 부족은 국제결제를 어렵게 함으로써 국제경제거래를 위축시킨다. 반면 지나친 국제유동성의 공급은 국제적 인플레이션을 유발함으로써 자원배분을 왜곡시킨다.

국제수지 불균형의 조정

둘째, 국제통화제도는 국제교역이나 자본이동에서 발생하는 이익을 당사국간 공평하게 배분할 수 있어야 한다. 이를 위해서는 국제통화제도가 국제수지 불균형을 원활하게 조정할 수 있는 메커니즘을 가지고 있어야 한다.

국제신인성의 유지

셋째, 국제통화는 가치가 안정되어 국제적으로 신인성을 유지할 수 있어야 한다. 국제통화를 공급하는 국가가 만성적으로 국제수지 적자를 보이거나 경제위기를 맞게 되면 국제통화의 신인성이 떨어짐으로써 국제통화제도가 혼란을 겪게 된다.

관리시스템의 확보

넷째, 국제통화제도는 하나의 제도나 체제로서 형성·유지·관리할 수 있는 메커니즘을 갖추고 있어야 본연의 기능을 수행할 수 있다. 국제통화관계가 제한을 받지 않을 때 발생할 수 있는 혼란을 방지하기 위해서는 국제통화관계를 조정·관리하는 관리체계가 갖추어져 있어야 한다.

(2) 국제통화제도의 유형

국제통화제도는 역사적 산물로서 그 유형을 환율제도 또는 대외지급준비자산의 형태에 따라 구분하여 볼 수 있다.

1) 환율제도에 따른 유형

국제통화제도는 환율의 결정방법에 따라 크게 고정환율제도와 변동환율제도로 나누어진다. 각국이 어느 환율제도를 선택하느냐에 따라 환율의 신축성이나 안정화 기능의 수행 여부가 달라지고, 이에 따라 국제수지 불균형의 조정메커니즘도 달라진다.

현재 IMF는 환율제도를 <표 14-1>에서 보는 것과 같이 크게 완전고정(hard peg)환율제도, 일반변동(soft peg)환율제도, 변동(floating)환율제도 및 기타 관리변동(other managed arrangement)환율제도로 나누고 있다. 그리고 이를 다시 환율변동의 자유도에 따라 10개로 세분하고 있다.

완전고정환율제도

완전고정환율제도는 자국통화의 가치를 특정 통화 등에 완전히 고정시키는 환율제도로서 개별국의 법적통화가 없는 제도와 통화위원회제도로 세분된다. **개별국의 법적통화가 없는 제도**란 한 국가내에서 통용되는 법적통화가 자국통화가 아니라는 것을 말한다. 이러한 제도에는 유로연합과 같은 통화동맹이나 미달러화와 같은 외국통화를 법적통화로 도입하는 달러라이제이션(dollarization)의 형태가 있다. **통화위원회제도**는 자국통화와 외국통화의 비율을 고정시켜 놓고 외국통화의 유출입에 맞추어 자국통화가 비례적으로 변하도록 하는 제도이다.

일반고정환율제도

일반고정환율제도는 자국통화의 가치를 특정 통화 등에 고정시키되 일정 범위내에서 변동을 허용하는 환율제도로서 전통적 페그환율제도, 안정화페그환율제도, 크롤링고정환율제도, 크롤링형페그환율제도, 목표환율대제도로 세분된다. **전통적 페그환율제도**는 자국통화의 환율을 특정 단일통화에 고정시키거나(single currency peg) 또는 SDR이나 복수통화바스켓에 고정시키되(composite currency peg) 기준환율을 중심으로 좁은 범위 내(±1% 이내 또는 최소 6개월간 최대-최소 환율간 차이가 2% 이내)에서 변동하도록 관리하는 제도이다. **안정화페그환율제도**는 전통적 고정환율제도보다 환율변동허용범위가 넓어 현물환율이 지난 6개월 넘도록 2% 범위내에서 유지하는 제도이다. **크롤링고정환율제도**는 단기적으로 중심환율을 유지하되 인플레이션 격차 등을 고려하여 가끔 조금씩 미조정(crawl)하는 제도이다. **크롤링형고정환율제도**는 변동환율제도를 채택하고 있다고 볼 수는 없지만 환율 지난 6개월간 통계적으로 증명된 추세와 비교하여 2% 범위내에서 유지하는 제도이다. **목표환율대제도**는 중심환율을 정해 놓고 상하로 일정 범위내에서만 환율이 자유롭게 변동하도록 하되 이를 벗어나면 자동적으로 개입하는 제도이다.

변동환율제도

변동환율제도는 변동환율제도와 자유변동환율제도로 구분된다. **변동환율제도**는 환율이 외환의 수급에 의해 자유롭게 변동하도록 하되 필요시 중앙은행이 개입하여 환율을 안정시키거나 적정수준으로 유도하는 제도이다. **자유변동환율제도**는 환율이 중앙은행의 개입 없이 외환의 수요와 공급에 의해 자유롭게 결정되는 제도이다.

기타관리변동 환율제도

기타관리변동환율제도는 앞에서 열거한 어떤 환율제도에도 포함되지 않는 형태로서 환율운용방식을 빈번히 변경하는 국가가 이에 속한다.

〈표 14-1〉 IMF의 환율제도 분류와 채택추이(단위 : 개국, %)

<table>
<tr><th>환율제도</th><th>IMF분류</th><th>1992</th><th>1996</th><th>2006</th><th>2017</th><th colspan="2">2022</th></tr>
<tr><td rowspan="2">완전고정(hard peg) 환율제도</td><td>개별국 법화가 없는 제도(no separate legal tender)</td><td rowspan="2">25
(15.7)</td><td rowspan="2">33
(18.2)</td><td rowspan="2">49
(26.9)</td><td rowspan="2">24
(12.5)</td><td>14</td><td rowspan="2">26
(13.4)</td></tr>
<tr><td>통화위원회제도(currency board)</td><td>12</td></tr>
<tr><td rowspan="5">일반고정(soft peg) 환율제도</td><td>전통적 고정환율제도(conventional peg)</td><td rowspan="5">98
(61.6)</td><td rowspan="5">103
(56.9)</td><td rowspan="5">83
(45.6)</td><td rowspan="5">81
(42.2)</td><td>40</td><td rowspan="5">91
(46.9)</td></tr>
<tr><td>안정화페그환율제도(stabilized arrangement)</td><td>23</td></tr>
<tr><td>크롤링고정환율제도(crawling peg)</td><td>3</td></tr>
<tr><td>크롤링형페그환율제도(crawl-like arrangement)</td><td>24</td></tr>
<tr><td>목표환율대제도(pegged within horizontal bands)</td><td>1</td></tr>
<tr><td rowspan="2">변동(floating) 환율제도</td><td>변동환율제도(floating)</td><td rowspan="2">36
(22.6)</td><td rowspan="2">45
(24.9)</td><td rowspan="2">50
(27.5)</td><td rowspan="2">69
(35.9)</td><td>35</td><td rowspan="2">66
(34.0)</td></tr>
<tr><td>완전자유변동환율제도(free floating)</td><td>31</td></tr>
<tr><td>기타관리변동 환율제도</td><td></td><td>-</td><td>-</td><td>-</td><td>18
(9.4)</td><td>-</td><td>11
(5.7)</td></tr>
<tr><td>합 계</td><td></td><td>159
(100.0)</td><td>181
(100.0)</td><td>182
(100.0)</td><td>185
(100.0)</td><td colspan="2">195
(100.0)</td></tr>
</table>

주 : ( ) 내는 비중

자료 : IMF, *Annual Report on Exchange Arrangements and Exchange Restrictions*, 각호.

이론과실제 환율제도 선택의 문제

환율제도는 크게 고정환율제와 변동환율제를 양극단으로 하여 이 두 가지를 절충하는 다양한 형태로 분류할 수 있다. 일반적으로 고정환율제도는 한 국가의 대외의존도나 특정국에 대한 수출비중이 높고, 정책당국의 물가정책에 대한 신뢰도가 낮은 경우에 적합한 것으로 알려지고 있다. 반면 변동환율제도는 경제규모가 크고 금융산업이 고도로 발달되어 있거나, 해외충격에 대한 노출이나 자본이동성이 큰 국가에 바람직하다는 견해가 많다. 1990년대 동남아 외환위기의 여파로 이들 국가의 환율제도는 환율변동의 신축성을 제고하는 방향으로 이행되었으며, 국가에 따라서는 고정환율제도를 강화하는 경향도 나타났다.

한편 환율제도의 선택은 ① 통화정책의 자율성(monetary autonomy), ② 국제유동성(liquidity)의 확보를 위한 자본자유화(financial integration), ③ 통화가치의 신뢰성(confidence) 확보를 위한 환율안정(exchange rate stability) 등 세 가지를 목표로 추구하게 된다. 그러나 이 세 가지 정책목표를 동시에 만족시키는 환율제도는 없기 때문에 이를 삼불원칙(impossible trinity) 또는 삼각의 딜레마(trilemma)라고 한다<Krugman(1998)>.

환율제도의 장단점을 살펴보면 고정환율제는 환율변동에 따른 충격을 완화하고 통화정책의 자율성을 어느 정도 확보할 수 있는 장점이 있으나, 이를 위해서는 자본이동의 제약이 불가피하여 국제유동성이 제한을 받게 된다. 이 경우 대외불균형이 지속되거나 기초경제여건이 악화되면 환투기 공격에 쉽게 노출되는 단점이 있다.

반면 변동환율제는 자본이동이 자유롭게 이루어지므로 국제유동성 확보가 용이하고 외부충격이 환율변동에 의해 흡수됨으로써 통화정책의 자율적인 수행이 용이한 장점이 있다. 다만 외환시장 규모가 작고 외부충격의 흡수능력이 미약한 개발도상국의 경우 환율변동성이 높아짐으로써 경제의 교란요인으로 작용할 가능성이 크다.

이 밖에 통화위원회제도의 경우 국내통화를 미달러화 등에 일정비율로 고정시킴으로써 유동성을 확보하고 환위험을 방지할 수 있다. 그러나 외환의 공급에 비례하여 국내통화가 자동적으로 공급됨으로써 통화정책의 자율성이 크게 제한되는 단점이 있다.

환율제도 선택의 trilemma

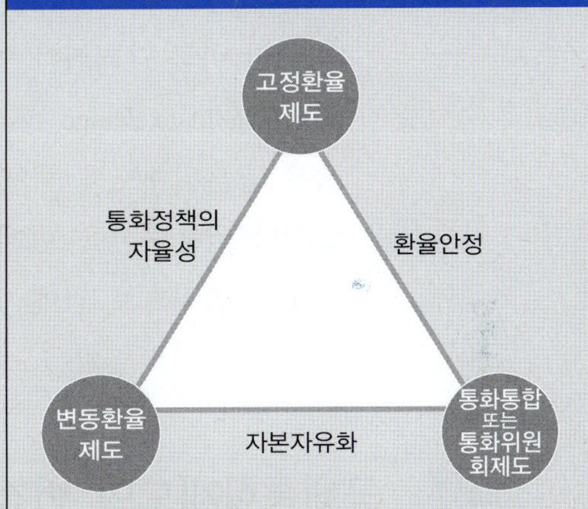

자료 : 한국은행, 「우리나라의 외환제도와 외환시장」, 2016, 124쪽에서 일부 인용.

2) 대외지급준비자산에 따른 유형

대외지급준비자산은 그 특성에 따라 물품본위제, 자유본위제 및 양자를 절충한 형태로 구분하여 볼 수 있다. 대외지급준비자산의 형태는 국제유동성의 공급능력을 결정하게 된다.

물품본위제 **물품본위제**(commodity standard system)는 물품화폐만이 준비자산의 역할을 하는 제도로서 금본위제가 가장 대표적인 예이다. 1870년경부터 제1차 세계대전 직전(1914년)까지 국제금본위제하에서 각국은 자국 화폐단위의 가치를 순금 일정량에 고정시키고, 금화의 자유로운 주조, 자유로운 수출입 및 금태환성을 보장하였다.

자유본위제 이와 달리 **자유본위제**(fiduciary standard system)는 관리통화제도하에서 특정 물품과 관계없이 관계법령과 통화당국의 신용에 의하여 창출된 통화가 준비자산으로 사용되는 제도이다. 자유본위제는 어떤 특정국의 통화나 IMF의 특별인출권(SDR ; Special Drawing Rights) 등을 대외준비자산으로 사용하는 통화본위제의 형태를 취한다.

절충형제도 물품본위제와 자유본위제의 절충형으로는 금과 함께 기축통화(key currency)였던 미국 달러화나 영국 파운드화도 대외준비자산으로 인정하였던 **금환본위제도**(gold exchange system)가 있다. 국제금환본위제도에서는 다량의 금보유국은 금본위제도를 채택하고, 다른 국가들은 금 및 금태환이 보장된 국가의 통화나 금융자산을 화폐발행준비자산으로 보유함으로써 자국의 화폐단위가치를 간접적으로 금에 고정시키는 제도이다.

14.2 국제통화제도의 변천

국제통화제도는 외부적 요인보다는 내부적으로 새로운 세계교역 및 금융환경에 부합하는 결제제도를 모색하는 과정에서 지속적으로 변천을 거듭하여 왔다. 따라서 국제통화제도의 변천은 경제여건의 변화와 국제통화제도의 변화간 상호관계를 파악함으로써 제대로 이해될 수 있다.

19세기 후반 국제금본위제도가 국제통화제도로서 자리를 잡게 되었으나, 제1차 세계대전의 발발을 계기로 세계 각국이 금태환을 중지하면서 붕괴되었다. 제2차 세계대전 이후 미국의 주도하에 IMF를 창설하여 브레튼우즈체제를 발족시켰으나, 1970년대초 미국이 금태환을 정지함에 따라 종말을 고하게 되

〈표 14-2〉 국제통화제도의 변천과정

구 분	통화체제(존속기간)	준비자산(국제거래통화)	환율제도
IMF 이전 체제	국제금본위체제 (1870~1914)	금본위제 (실제로는 금+£본위제)	고정환율제도 (금평가기준)
	양차대전 중 혼란기 (1914~1944)	금본위제 파괴 (금, $, £)	변동환율제도, 고정환율제도, 혼란기
브레튼우즈 (Bretton Woods) 체제	Bretton Woods체제 (1947~1971)	금환본위제 (금+$+SDR(1968년 이후))	조정가능 고정환율제 (narrow band)
	스미소니언체제 (1971~1973)	금·$·SDR본위 (사실상 $본위제)	조정가능 고정환율제 (wide band)
킹스턴 (Kingston)체제	비협조체제 (1973~1984)	SDR본위제 ($+선진국통화)	자유변동환율제도
	협조체제 (1985~)	SDR본위제 ($+선진국통화)	협조적 자유변동환율제도 (목표환율대)

자료 : 노택환 외, 「국제통상의 이해」, 2004, 박영사.

었다. 1970년대초 자유변동환율제도를 근간으로 하는 킹스턴체제가 출범하였으며, 1985년 9월 플라자합의를 계기로 주요 선진국간 환율을 안정시키기 위한 협조체제가 구축되었다.

(1) IMF 이전 체제

1) 국제금본위체제(1870~1914)

금본위제도의 확립

금본위제도란 화폐단위의 가치를 순금 일정량으로 고정시키고, 금화의 자유로운 주조와 지폐나 예금통화와 태환을 보장하는 제도.

세계경제에서 국제통화체제가 본격적으로 자리를 잡게 된 것은 일반적으로 1870년대 영국 파운드화에 기초한 금본위제도가 확립된 때로 보고 있다. 19세기 중엽까지 영국만이 금본위제도를 채택하고 있었으나, 1870년대 들어 프랑스, 독일, 미국 등 대부분의 국가들이 금본위제도를 채택하였다. 그러나 당시 준비자산의 형태에서는 금본위제도이었지만 영국 파운드화가 국제통화 및 준비자산으로서 기능을 발휘함에 따라 사실상 **금·파운드화본위제**로 운영되었다.

금본위제도의 작동 메커니즘

국제금본위제도하에서는 화폐간 교환비율인 환율이 금평가(金平價; gold

parity)에 의하여 결정 · 고정되므로 국제통화제도는 **고정환율제도**의 속성을 가졌다. 또한 국제유동성의 공급과 국제수지의 조정이라는 국제통화제도의 기능은 금생산과 국가간 자유로운 금의 유출입에 의해 유지되었다. 즉 금본위제도에서 국제유동성의 공급은 금의 생산에 의해 뒷받침되고, 국제수지의 불균형은 **가격-정화 유출입 메커니즘**(Price-specie Flow Mechanism)에 의해 자동적으로 조정되는 모습을 나타냈다.

금본위제도의 성공배경

고전적 국제금본위제도는 국제통화체제의 유연성과 안정성을 제공해 주는 동시에 국내경제의 자율성과 국제경제의 안정성이라는 딜레마를 해결한 성공적 통화체제로 평가되었다. 이러한 배경으로는 ① 당시 금생산이 지속적으로 증가하였기 때문에 경제성장에 맞추어 국제유동성을 공급할 수 있었고, ② 금 또는 영국 파운드화의 가치가 안정되어 있었기 때문에 신인성을 유지할 수 있었고, ③ 국제수지 불균형은 가격-정화 유출입 메커니즘이 작동함에 따라 대부분 자동적으로 조정되었고, ④ 당시 영국이 지배적인 위치를 이용하여 국제통화체제를 안정적으로 운영하였기 때문이다.

금본위제도의 붕괴

국제통화제도로서 가장 이상적이라고 여겼던 국제금본위제도는 20세기에 들어서면서 금본위제의 자체적 결함이 나타나고 국제협력체제가 균열되면서 붕괴되기 시작하였다.

금생산 부족

우선 금본위제도가 원활하게 운영되기 위해서는 경제성장에 따른 화폐수요의 증가에 맞추어 금의 생산량도 늘어나야 한다. 그러나 나중에는 금의 생산량이 경제성장에 미치지 못함으로써 유동성부족 문제가 대두되었다.

대내정책 우선 및 각국 통화의 신인성 저하

한편 금본위제도가 제대로 작동하기 위해서는 각국이 국제수지 균형에 우선순위를 두고 정책을 실시하여야 한다. 그러나 각국이 대내적 실업문제에 관심을 기울임에 따라 금본위제도의 기반이 무너지기 시작하였다. 또한 각국이 화폐단위의 가치를 금에 고정시켜도 물가의 변동이 화폐가치를 변동시킴으로써 화폐의 신인성을 떨어뜨리는 결과를 초래하였다.

영국의 지배력 상실

마지막으로 영국의 지배력 상실도 금본위제도를 붕괴시키는 요인으로 작용하였다. 20세기에 들어서면서 미국을 비롯한 후발 선진국의 경제력 확대로 영국의 정치 · 경제적 영향력이 감소함에 따라 국제통화제도의 규칙을 준수하도록 강요할 수 없게 되었다.

이론과실제 **가격-정화 플로우 메커니즘**

가격-정화 플로우 메커니즘(Price-Specie Flow Mechanism)은 국제금본위제도에서 국제수지 불균형이 자동적으로 조정되는 과정을 설명하는 이론으로서 이미 18세기에 경제학자인 흄(David Hume)에 의하여 기본적인 형태가 밝혀졌다.

당시 흄은 화폐와 재화의 흐름을 설명하면서 국제수지 불균형의 조정과정을 재화가격의 변동과 정화(正貨)의 국제적 이동에 의하여 체계화하였다. 예를 들어 자국의 국제수지가 흑자를 보이면 외국으로부터 금의 유입이 일어난다. 금본위제도에서 금은 곧 통화이므로 금의 유입은 자국 통화량을 증가시킨다. 한편 물가가 통화량에 비례한다고 전제하면 통화량의 증가는 국내물가의 상승을 초래한다. 이러한 국내물가의 상승은 수출을 감소시키고 수입을 증가시킴으로써 국제수지 흑자가 소멸된다. 이로 인해 국제수지가 균형을 회복하게 되면 국가간 금의 유출입도 멈추게 된다.

금본위제도에서 가격-정화 플로우 메커니즘이 작동하기 위해서는 물가의 신축성이 전제되어야만 한다. 만약 국제수지 적자가 발생하게 되면 금의 유출로 통화량이 감소함으로써 지출이 줄어든다. 이때 물가가 신축적으로 하락하지 않는다면 수량조정(quantity adjustment)이 먼저 일어나 실업이 증가하고 경기가 침체하게 된다. 그러나 실제로 영국은 경기침체로 인한 실업을 우려하여 국제수지 적자가 자동적으로 조정되도록 놔두기보다는 금리 인상을 통해 자본유입을 촉진함으로써 이를 보전하는 정책을 취하였다. 이러한 금융정책의 이면에는 물가의 신축적 움직임에 의해 항상 완전고용상태가 유지된다는 가정이 현실적으로 문제가 있었기 때문이다.

이러한 또 다른 예는 제1차 세계대전후 영국의 경험에서도 찾아볼 수 있다. 제1차 세계대전후 영국은 금본위제도로 복귀를 꾀하면서 금과 영국 파운드화의 교환비율을 전쟁전의 수준으로 유지하고자 하였다. 그러나 제1차 세계대전을 겪는 동안 극심한 인플레이션으로 파운드화의 가치가 크게 하락하였기 때문에 종전의 금평가(金平價)는 파운드화를 과대 평가시켰다. 따라서 영국은 국제수지 적자로 통화량이 감소하고 지출이 줄어들게 됨에 따라 디플레이션에 빠지게 되었다. 만약 물가가 신축적이었다면 이러한 디플레이션 비용은 크지 않았을 것이다. 그러나 실제로 실업은 크게 늘어났고 영국경제는 침체의 늪에서 벗어나지 못하였다.

2) 양차대전중 혼란기(1914~1944)

금태환 정지와 금본위제도 붕괴

제1차 세계대전이 발발하자 세계 각국이 금태환(金兌換)을 중지시킴에 따라 금본위제도가 붕괴되었다. 특히 전쟁참여국들은 자국의 금 공급원을 보호하고 전시경제동원체제를 갖추기 위하여 재빨리 고정환율체제에서 탈피하였다. 이러한 가운데 각국은 막대한 전쟁비용을 통화증발을 통해 충당함으로써 극심한 인플레이션을 겪게 되었고 이로 인해 경제가 피폐해졌다. 이로써 금본위제도는 완전히 붕괴되었고 국제통화제도는 무질서한 변동환율제도로 이행하였다.

변동환율제도 정착 제1차 세계대전 직후 미달러화만이 그 가치를 금에 고정시켰고, 나머지 대부분의 주요 통화는 자유롭게 변동되었다. 이와 같이 제1차 세계대전 직후 국제통화제도로서 변동환율제도가 자리를 잡게 된 것은 전후 복구를 위해 필요한 엄청난 재정지출을 통화증발을 통해 조달하려고 하였기 때문이다. 이로 인해 독일은 초인플레이션을 경험하게 되었으며, 많은 국가들도 높은 인플레이션에 시달리게 되었다.

금본위제도 복귀노력 세계 각국은 초인플레이션을 경험하면서 환율이 안정되었던 금본위제도에 대해 향수를 가지게 되었고, 1920년대 후반 금본위제도로 복귀하기 위하여 노력하였다. 1925년 영국이 금본위제도로 복귀하고, 1926년말 이후 유럽통화간 교환비율이 고정됨으로써 결실을 맺게 되었다. 그러나 이러한 금환본위의 고정환율제도는 오래 지속되지 못하고, 1931년 9월 영국이 금본위제에서 이탈함으로써 붕괴되었다.

금본위제도 복귀 실패 당시 국제통화제도로서 고정환율제도가 붕괴된 가장 큰 이유는 금과 영국 파운드화의 교환비율을 전쟁전의 수준으로 유지함으로써 파운드화가 과대평가되었기 때문이다. 이로 인해 영국은 장기간 경기침체를 겪는 가운데 1929년 대공황으로 은행이 연쇄적으로 파산하면서 파운드에 대한 태환을 요구해 오자 영국이 금과 파운드화의 연계를 포기함으로써 금환본위제가 붕괴되었다. 이외에도 각국이 국제수지의 균형보다 경제성장, 완전고용 등 대내적 목표를 우선시함에 따라 물가의 신축성이 크게 떨어졌고, 영국의 경제적 지도력이 붕괴되면서 국제통화체제를 지배했던 관리메커니즘도 무너졌기 때문이다.

1929년 대공황 당시 은행에 몰린 예금자들

영국이 금과 파운드화간 연계를 포기하면서 통일된 국제통화제도가 존재하지 않게 되었다. 특히 외환관리를 실시하던 당시 국가들이 금의 유출을 방지하고 수출증대를 위해 경쟁적으로 평가절하를 단행함으로써 국가간 통상마찰이 심화되었다.

(2) 브레튼우즈체제

1) 브레튼우즈체제(1947~1971)

브레튼우즈체제의 출범

IMF의 설립목적은 환율의 안정을 도모하고 외환거래의 자유화를 추진하는 동시에 국제수지 적자를 겪는 나라에 대하여 단기자금을 융통해 줌으로써 세계경제를 안정시키는 데 있음.

기축통화란 국제거래에 널리 사용되는 국제통화 가운데 공적 당국에 의해 외환보유액 준비통화, 외환시장 개입통화, 환율기준통화 등으로 광범위하게 사용되는 통화를 말함.

제2차 세계대전이 끝나갈 무렵 주요 선진국은 미국의 주도하에 새로운 국제통화체제의 구축을 모색하게 되었다. 1944년 7월 체결된 브레튼우즈협정에 따라 1947년 3월 국제통화기금(IMF : International Monetary Fund)이 정식 발족하면서 국제통화제도로서 **브레튼우즈체제**(Bretton Woods System)가 출범되었다.

브레튼우즈체제는 금환본위제도와 조정가능한 고정환율제도(adjustable peg system)를 근간으로 성립되었다. 제2차 세계대전후 세계 공적 금보유량의 80% 이상을 차지하게 된 미국은 기축통화국으로서 역할을 담당하게 되었으며, 외국 통화당국이 요청하는 경우에는 금 1온스당 미화 35.0달러로 태환을 보장하였다. 이에 따라 다른 국가들은 통화준비자산으로 금뿐만 아니라 미달러화를 보유하게 됨으로써 **국제금환본위제도**가 성립되었다.

또한 새로운 국제통화체제는 환율안정을 최대목표로 설정했던 만큼 **조정가능한 고정환율제도**를 도입하였다. IMF는 회원국으로 하여금 환평가 – 즉 미달러화에 대한 환율을 설정하도록 하고, 설정된 환율의 상하 1% 범위내에서 환율을 유지하도록 의무화하였다. 그러나 회원국은 자국의 국제수지가 기초적으로 불균형상태에 놓일 경우에 IMF와 협의하여 평가조정이 가능하도록 하였다.

브레튼우즈체제는 창설 이후 미국의 주도하에 순조롭게 운영됨으로써 세계무역의 확대와 세계경제의 안정에 크게 기여하였다. 그러나 1960년대 중반부터 브레튼우즈체제는 구조적으로 내재되어 있었던 모순이 표면화되면서 붕괴되기 시작하였다.

브레튼우즈체제의 구조적 모순

유동성 공급 vs 신인성 유지

국제금환본위제에서 기축통화의 역할을 담당하게 된 미달러화는 국제유동성 공급의 기능과 신인성 유지의 기능이 내재적으로 상충되어 있었다. 우선 미달러화가 교환의 수단으로서 기능을 발휘하기 위해서는 – 즉 세계교역의 증가에 맞추어 적절히 국제유동성을 공급하기 위해서는 미국에서 미달러화가 유출되어야 하는데, 이는 미국의 국제수지 적자에 의해 이루어질 수밖에 없었다. 반면 미달러화가 가치저장의 수단으로서 기능을 수행하기 위해서는 – 즉 국제적으로 신인성을 유지하기 위해서는 미국의 국제수지가 흑자를 보이거나 균형을 이루어야 한다. 이러한 가운데 1960년대 후반 들어 미국의 국제수지 적자 확대로 미달러화가 과잉상태로 반전되면서 미달러화에 대한 국제적 신인도가 떨어졌다. 이에 따라 미달러화의 금태환에 대한 불안이 야기되면서 국제 금가격이 동요하기 시작하였다.

평가조정의 억제와 국제수지 조절기능의 상실

또한 IMF가 채택한 조정가능한 고정환율제도는 국제수지 조정메커니즘으로서 제약이 많았다. 실제적으로 이 제도는 특별한 경우를 제외하고는 평가(또는 환율)조정을 억제함으로써 국제수지 조절기능을 발휘하지 못하였다. 따라서 각국은 국제수지 불균형을 환율조정보다는 대외거래 규제조치 등에 의존하게 됨에 따라 IMF의 기본목표인 외환자유화를 지연시키는 부작용을 초래하였다. 또한 환율의 경직적 운용으로 평가절하시 대폭 조정이 불가피하게 되었는데, 각국이 정치적 부담을 고려하여 이를 기피하였다.

관리메커니즘의 약화

한편 미국의 경제력이 상대적으로 쇠퇴하면서 미국 주도의 국제통화체제 관리메커니즘이 작동하기 어렵게 되었다. 서유럽국가와 일본의 경제부흥으로 1960년대 후반 세계경제가 다극화되면서 기축통화로서 미달러화가 가지고 있는 특권 – 즉 **화폐주조차익**(seigniorage gain)에 대한 비판이 제기되었다. 또한 미국도 미달러화를 기축통화로서 기능을 유지시키기 위해서는 방대한 국제수지 적자를 더 이상 방치할 수 없게 되었다.

seigniorage는 중세시대에 봉건영주–즉 세뇨르(seignior)들이 화폐를 발행하면서 소재가치보다 액면가치를 높게 찍어 차익을 챙긴 데서 생긴 용어

2) 스미소니언체제(1971~1973)

금태환 정지와 브레튼우즈체제의 붕괴

미국은 국제수지 적자가 누증되면서 더 이상 금태환이 어렵게 되자 닉슨 대통령은 1971년 8월 신경제정책의 일환으로 미달러화의 금태환 정지를 공식적으로 선언하였다. 이에 따라 금과 미달러화를 본위로 성립되었던 브레튼우즈체제는 사실상 붕괴되는 길을 걷게 되었다.

스미소니언협정의 체결

이와 같이 브레튼우즈체제가 붕괴될 조짐을 보이자 선진 10개국 재무장관과 중앙은행 총재는 1971년 12월 워싱턴 스미소니언박물관에 모여 다음과 같은 **스미소니언협정**(Smithsonian Agreements)을 체결하였다. 첫째, 각국은 자국통화를 금 또는 미달러화에 가치를 고정시키는 대신에 신축성 있는 기준율(central rate)을 채택할 수 있도록 허용하였으며, 기준율은 금, SDR(Special

Drawing Rights) 또는 다른 회원국통화로 표시가 가능하도록 하였다. 둘째, 미달러화의 금에 대한 평가(平價)를 7.89% 절하 – 즉 금 1온스당 35.00달러에서 38.00달러로 인상하고 이에 맞추어 다국통화간 평가를 재조정하였다. 셋째, 환율변동폭을 미달러화 평가의 상하 1%에서 기준율의 상하 2.25%로 확대하는 wider band제를 채택하였다.

브레튼우즈체제의 붕괴

이중환율제도하에서는 경상거래에 고정환율을 적용하고 자본거래에 변동환율을 적용함.

그러나 스미소니언체제도 브레튼우즈체제의 본질적 문제점을 해결하지 못하고, 단지 통화불안을 진정시키기 위한 미봉책에 불과했던 만큼 오래 지속되지 못하였다. 영국은 경상수지 악화로 파운드화의 평가절하 압력에 직면하게 되자 1972년 6월 변동환율제도로 이행하였으며, 프랑스, 벨기에, 이탈리아 등은 이중환율제도를 도입하였다. 또한 투기자본이 마르크화와 엔화에 몰리면서 미달러화에 대한 평가절하 압력이 다시 높아지자 미국은 1973년 2월 미달러화를 10% 절하 – 즉 금 1온스당 38.0달러에서 42.22달러로 인상하였다. 그러나 두 차례에 걸친 미달러화의 평가절하에도 불구하고 달러위기가 해소되지 않자 1973년 3월 일부 유럽국가와 일본이 자국통화를 미달러화에 자유로이 변동하도록 허용하면서 스미소니언체제로 명목을 유지하였던 브레튼우즈체제가 완전히 붕괴되었다.

(3) 킹스턴체제

1) 비협조체제(1973~1985)

변동환율제도의 채택

1973년 브레튼우즈체제가 공식적으로 붕괴된 이후 IMF는 국제통화질서를 회복시키기 위해 노력하였다. 그러나 1973년 석유파동의 여파로 각국 경제가 심각한 침체와 극심한 인플레이션에 시달리게 됨에 따라 고정환율제도로 복귀는 사실상 불가능하게 되었다. 1973년 석유파동 이후 대부분의 국가들은 스태그플레이션(stagflation)을 극복하기 위하여 확장적 거시정책을 펴는 동시에 국제수지 불균형을 해소하기 위하여 변동환율제도를 활용하였다. 이러한 가운데 변동환율제도가 세계경제의 국제수지 불균형을 해소하는 데 크게 기여하였다는 평가가 이루어지면서 변동환율제도 채택에 대한 목소리가 높아졌다.

킹스턴체제의 출범

이에 따라 1976년 1월 자메이카의 킹스턴(Kingston)에서 국제통화제도 개혁을 위한 IMF협정 개정안이 마련되고, 같은 해 4월 IMF총회에서 채택됨에 따라 킹스턴체제(Kingston System)가 출범하게 되었다. 그러나 킹스턴체제의 출범은 사실상 1973년을 전후하여 세계 각국이 실시해 온 변동환율제도로 이행을 추인하는 선언적 의미에 불과하였다.

킹스턴체제의 기본골격

자유로운 환율제도의 선택

킹스턴체제는 변동환율제도의 인정, 금의 공정가격 폐지 및 SDR의 기능과 이용도 제고를 주요 골자로 하고 있다. IMF는 IMF협정 제4조를 개정하여 회원국으로 하여금 자유로이 환율제도를 선택하도록 하였다. 그러나 세계교역에서 큰 비중을 차지하는 주요 선진국들이 대부분 변동환율제도를 채택하였기 때문에 킹스턴체제는 변동환율제도에 의해 지탱되고 있다. 나아가 금이 폐화(廢貨)되고 주요 통화가 변동환율제도로 이행함으로써 금 및 미달러화가 더 이상 가치기준으로서 기능을 상실하게 되었다. 이에 따라 SDR을 IMF의 모든 권리와 의무의 가치단위로 사용하도록 하였으며, IMF와 거래할 때는 SDR을 기준으로 각 통화간 교환비율을 산정하도록 하였다.

금의 공정가격 폐지

SDR 기능과 이용도 제고

변동환율제도의 평가

1970년대초 도입된 변동환율제도는 환율이 자유롭게 변동하면서 국제수지 조정기능을 발휘함에 따라 국제무역 및 통화질서의 안정에 기여하였다. 그러나 1970년대 후반 이후 선진국을 중심으로 금융의 자유화 및 국제화가 크게 진전되면서 국제자본이동이 활발해졌다. 이러한 가운데 각국의 경제정책이 조화를 이루지 못하고 경제성장도 격차를 보이면서 주요국 통화간 환율이 장·단기적으로 불안한 움직임을 나타내기 시작하였다. 특히 주요국 통화간 환율이 각국의 기초적 경제여건(economic fundamentals)을 반영하지 못하고, 적정환율수준에서 이탈함에 따라 국제수지 불균형과 국제유동성의 편재를 심화시키는 부작용을 초래하였다.

2) 협조체제(1985~)

국제정책협조의 필요성 대두

1980년대 중반에 들어서면서 주요 선진국들은 환율의 불안정과 이에 따른 부작용을 완화하기 위해서는 정책협조가 필요하다는 공감대가 형성되었다. 킹스턴체제의 출범 이후 각국이 변동환율제도를 채택하면서 통화정책의 재량성은 높아졌지만, 이러한 재량적 통화정책이 인플레이션의 심화, 환율의 인위적 조작 등의 부작용을 초래하면서 교역상대국간 반발과 보복을 불러일으켰다. 따라서 변동환율제도의 효율성을 제고하기 위해서는 국가간 거시경제정책에 대한 협조가 필요하다는 인식이 대두되었다.

플라자합의와 달러화의 평가절하

이러한 가운데 1980년대 전반 미국의 금융긴축과 재정적자 확대로 미달러화가 강세를 보이면서 국제수지가 크게 악화되었으며 이로 인해 미국과 주요 선진국간 통상마찰이 심화되었다. 이에 따라 선진 5개국 재무장관이 1985년 9월 뉴욕의 플라자호텔에 모여 **플라자 합의**(Plaza Accord)를 도출하였다. 즉 선진국간 국제수지 불균형을 시정하기 위해서는 환율의 조정이 필요하며, 이를 촉진하기 위해 국내 거시정책의 운용 및 외환시장의 개입시 공조체제를 갖추기로 하였다. 이에 따라 엔-달러환율은 1985년초 240엔대에서 1987년초 150엔대로, 마르크-달러환율은 같은 기간중 3.2마르크대에서 1.8마르크대로 급속히 하락하였다.

루브르 합의와 환율안정화 노력

그러나 이러한 미달러화의 급속한 평가절하에도 불구하고 주요 선진국간 국제수지 불균형은 오히려 더욱 심화되는 모습을 나타내었다. 이와 함께 일본, 독일, 프랑스 등 미국의 주요 교역상대국들은 플라자합의 이후 자국통화가 미달러화에 대해 지나치게 절상됨으로써 자국상품의 국제경쟁력이 약화되었다고 주장하면서 미달러화 가치의 하락을 더욱 용인하지 않게 되었다. 이에 따라 선진 5개국과 캐나다는 1987년 2월 파리의 루브르 박물관에 모여 **루브르 합의**(Lovre Accord)를 도출하였다. 즉 각국의 물가, 경제성장률, 실업률 등 거시경제변수들과 부합하는 수준에서 환율을 안정시키기 위해 상호 긴밀히 협조하기로 하였다. 이때 이루어진 중요한 합의중 하나가 비록 공표되지는 않았지만 기준환율을 중심으로 상하 5%의 목표환율대를 정하고 이를 벗어나는 경

05. 달러화지수로 본 세계 환율전쟁의 역사

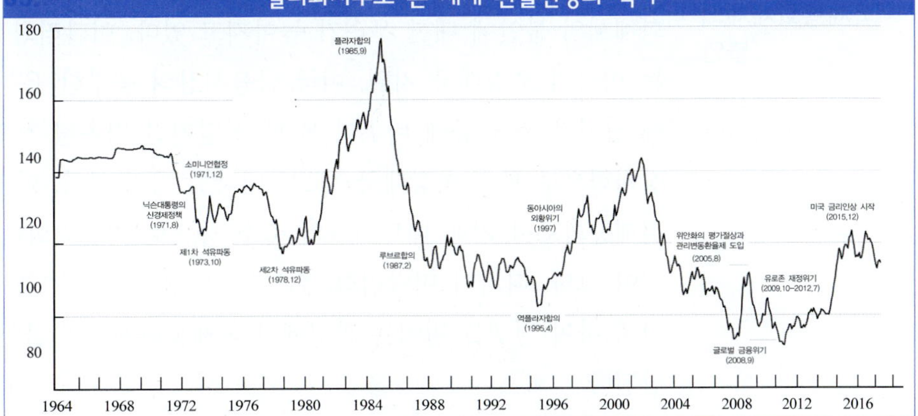

우 공동으로 외환시장에 개입하여 환율을 안정시키기로 하였다. 또한 기준환율은 기초경제변수들이 기준환율수준과 근본적으로 부합하지 않는 경우에만 조정하기로 하였다.

1990년대 들어 주요국 통화간 환율이 불안한 모습을 보여도 1980년대에 비해 외환시장개입이 많지 않았는데, 이는 국제자본이동규모가 커져 환율안정을 위한 중앙은행의 외환시장개입이 어려워졌기 때문이다. 그러나 루브르 합의 이후에도 주요 선진국들은 1995년 미달러화 가치가 사상 최저를 기록하자 워싱턴 합의를 통해 미달러화의 약세를 시정하고자 하였다. 또한 1997년 이후 엔화 약세가 심화되자 선진국들은 공동 외환시장개입에 합의하는 등 환율의 불안정을 해소하기 위해 정책협조를 취하였다.

1995년 4월, G7재무장관과 중앙은행총재회의에서 엔저를 유도하기로 이를 '역플라자합의' 라고도 함.

자본이동성 증가와 금융·외환위기의 빈발

한편 1990년대 들어 자본이동성의 증가로 세계 각국에서 외환 및 금융위기가 빈번하게 발생하면서 국제통화체제가 불안한 모습을 보이고 있다. 국제자본이동이 자유로워지면서 투자자들은 일국의 경제여건이 악화되어 투자손실이 발생할 것으로 예상되면 투자금을 급격히 회수함에 따라 세계 도처에서 금융 및 외환위기가 빈번하게 발생하고 있다. 1992~93년 유럽통화체제의 위기가 발생한 이후 1994년 멕시코 위기, 1997년 동아시아 위기, 1998년 러시아 위기, 1999년 브라질 위기, 2002년 아르헨티나 위기 등 수많은 크고 작은 위기가 이어져 왔다. 특히 2008년 미국에서 발생한 서브프라임 모기지위기로 미국 주요 금융기관들이 유동성을 확보하기 위해 해외에 투자하였던 자금을 급격히 회수하면서 금융위기가 전세계적으로 확산되었다.

글로벌 금융위기와 국제통화체제의 불안

글로벌 금융위기이후 기축통화로서 미달러화의 지위가 약화되면서 국제통화체제의 불안에 대한 우려가 높아지고 있다. 미달러화 중심의 국제통화질서는 미국의 초강대국 지위, 미국 금융시장의 풍부한 유동성, 경쟁통화의 발전에 장기간 소요 등에 비추어 볼 때 상당기간 지속될 것으로 예상된다. 그러나 장기적으로 보면 초강대국으로서 미국의 지위 약화, 미달러화의 신뢰도 저하, 결제통화로서 거래 네트워크의 축소 등으로 미달러화의 지위가 약화될 가능성이 크다. 따라서 미달러화, 위안화 및 유로화가 기축통화의 지위를 확보하기 위하여 경쟁을 벌이는 과정에서 국제통화체제의 불안이 고조될 것으로 전망된다.

이론과실제 약달러의 역사

1970년 이후 엔화 및 마르크화 환율추이

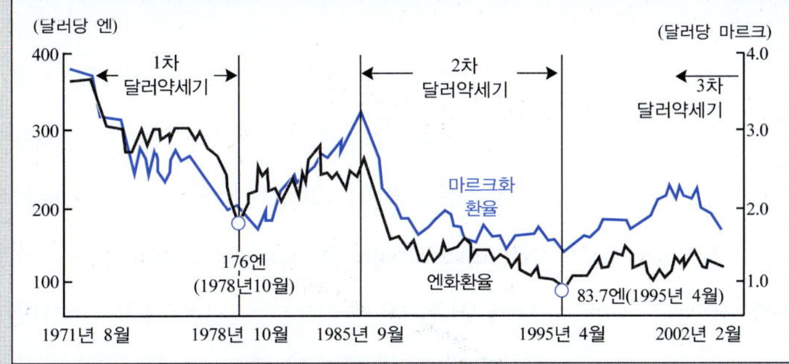

최근의 글로벌 달러 약세현상은 1971년 '닉슨 쇼크'로 촉발된 '1차 약달러 시대' 이후 세 번째이다. 지난 두 차례의 약(弱)달러 시절에는 원화환율이 미국 달러화가치에 연동돼 '약달러=원화 동반약세'로 이어져 국내 수출업계의 가격경쟁력을 강화시키는 효과를 나타냈다. 그러나 최근에는 달러 약세가 원화 강세를 초래해 수출의존도가 높은 국내 경제에 적지 않은 부담을 안기고 있는 것이 큰 차이점이다.

1차 약달러 시대는 1971년 시작돼 2차 오일쇼크 직전인 1978년 10월까지 7년 2개월 동안 지속됐다. '닉슨 쇼크'란 미국의 닉슨 대통령이 달러화의 금태환 정지를 선언함으로써 브레튼우즈체제 붕괴를 촉발시킨 사건을 말한다.

당시 미국경제는 1960년대부터 산업의 경쟁력 약화와 국제수지 적자라는 구조적 문제점을 안고 있었는데 '닉슨 쇼크'로 인해 이와 같은 문제가 현실화된 것이다. 이 기간 중 미국의 달러화 가치는 달러당 357엔(1971년 7월)에서 176엔(1978년 10월)까지 급락하였다.

'2차 약달러 시대'는 1985년 9월 체결된 '플라자 합의'를 계기로 달러화 약세현상이 가속화되면서 막을 열었다. 당시 미국경제는 내부적으로 세금 삭감과 막대한 국방비 지출에 따른 재정적자와 제조업 약화에 따른 무역수지 적자 등의 문제가 누적되어 있는 상태였다. 이에 따라 미국, 독일, 일본, 프랑스, 영국 등 5개국은 1985년 9월 23일 뉴욕의 플라자호텔에서 국제수지 불균형 해소를 위해 미달러화의 평가절하에 협조할 것을 골자로 하는 '플라자 합의'를 체결했다. 이로 인해 당시 달러당 259엔에 달하던 미달러가치는 지속적으로 하락하여 1995년 4월에는 83엔까지 떨어졌다.

이 같은 달러 약세는 1995년 4월 선진 7개국 재무장관회담에서 비공식 체결된 '역(逆)플라자 합의'를 계기로 종식된다. 당시 클린턴 행정부는 달러화 약세에도 불구하고 경상수지 적자가 축소되지 않자 경상수지 균형을 단기적으로 달성한다는 목표를 포기하고 자본수지 흑자를 통해 국제수지 균형을 도모하는 전략으로 전환했다.

최근의 달러 약세는 지난 2002년 2월 이후 시작됐다. 현재 진행되고 있는 상황을 과거 두 차례의 미달러화 약세기와 비교할 때 유사한 점이 많아 당분간 달러 약세가 지속될 것으로 전망된다.

시기별 달러화 약세요인 비교

		1차 약세기 (1971~78년)	2차 약세기 (1985~95년)	최근 (2002년~)
유사한 점	달러화에 대한 불신	매우 강함	매우 강함	다소 강함
	쌍둥이적자 (GDP 대비 비중)	무역 : 0.5~1.5% 재정 : 2~4%	무역 : 1.5~3.5% 재정 : 3~5%	무역 : 4.8% 재정 : 1~2%
	경기둔화 (실업률, 경제성장)	실업률 : 4~8% 성장률 : 3~5%	실업률 : 5~7% 성장률 : 2~4%	실업률 : 5~6% 성장률 : 1~4%
	자본수지 흑자 축소	일시 적자로 반전	대폭 축소	축소
추가달러화 약세요인	달러화 대체 통화의 존재	-	-	2002년 유로화 공식출범
	미국금리(평균 FF금리)	5~6%대	5% 전후	2%
	세계 민간자본 정도	미미	급증	급증 심화
	미국의 리더십	매우 강함	매우 강함	다소 약화

자료 : 한국경제신문, 2004년 11월 19일자 A5에서 인용.

14.3 현행 국제통화제도의 개편논의[1)]

(1) 개편논의의 배경

미국의 경상수지 적자 누적 등으로 미달러화 가치가 불안해질 때마다 미달러화를 기축통화로 하는 현행 국제통화시스템을 개편하여야 한다는 주장이 대두되고 있다. 2009년 중국은 특정국의 통화가 아닌 SDR을 **초국가적 준비통화**(super-sovereign reserve currency)로 채택하고자 주장하였으나 추가적 논의가 이루어지지 못하였다. 그러다가 2010년 미국이 약달러화 정책을 강력히 추진하면서 전세계적인 환율전쟁이 발생하자 중국, 브라질 등 신흥시장국을 중심으로 미달러화 중심의 국제통화시스템을 개편하여야 한다는 주장이 다시 제기되었다. 한편 2011년 프랑스는 기축통화로서 미달러화의 역할을 지지한다는 입장을 밝혔으나, 이에 대해 중국이 현재의 국제통화시스템은 '과거의 산물'이라고 대응함으로써 논쟁의 여지를 남겼다. 이와 같이 현행 미달러화 중심의 국제통화제도를 개편하여야 한다는 논의가 활발히 이루어지고 있는데 그 배경을 살펴보면 다음과 같다.

1) 유동성과 신인성간 딜레마

현행 국제통화시스템과 같이 특정국 통화－즉 미달러화가 기축통화로서 역할을 담당하는 경우 유동성과 신인성간 딜레마－소위 **트리핀의 딜레마**(Triffin's Dilemma)에 빠지게 된다. 즉 기축통화국은 경상수지 적자를 통하여 국제유동성을 공급하게 되는데 이러한 상황이 계속되면 대외부채가 쌓여 기축통화의 신뢰성이 저하된다. 반면 기축통화국이 대외불균형을 해소하기 위해 노력하면 국제유동성이 제대로 공급되지 않아 세계교역이 위축되고 세계경제의 디플레이션 위험이 높아진다. 이와 같이 특정국 통화가 기축통화를 담당하게 되면 국제통화로서 유동성과 신인성 기능을 동시에 만족시킬 수 없는

1) 한국은행, "국제통화시스템 변경논의의 배경과 향후 전망", 「해외경제 포커스」, 제2011-7호, 2011. 2.6.~12에서 발췌하여 정리한 것임.

모순에 빠지게 된다.

한편 기축통화국의 대외불균형이 어느 정도에 달해야 신인성에 문제가 부각되는지는 명확하지 않다. <그림 14-1>에서 보는 것과 같이 1990년대 후반부터 미국의 경상수지 누적적자가 급증하고 있으나 무역적자국인 미국과 무역흑자국이 누리는 이익의 공유구조, 미국의 발달된 금융시장, 대안통화의 부재 등으로 유동성과 신인성의 딜레마가 장기간 잠복될 수 있었다. 그러나 2000년대 들어 미달러화의 급락 가능성이 계속 제기되어 있음에 비추어 다수의 전문가들은 현행 국제통화시스템이 이미 신뢰성의 한계에 도달한 것으로 평가하고 있다.

〈그림 14-1〉

미국의 경상수지 변동추이

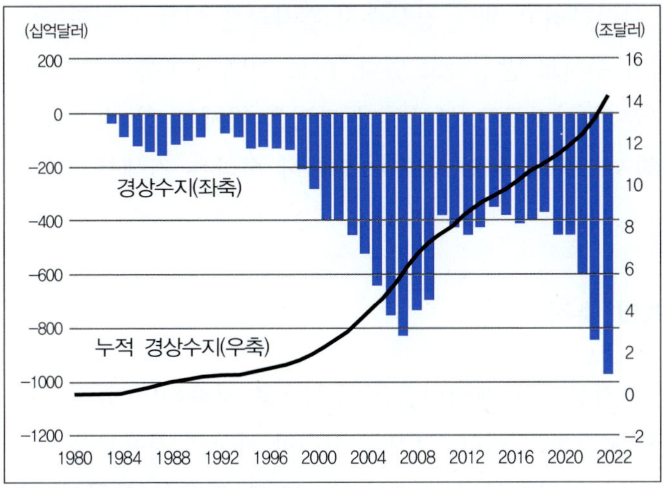

자료: 미국 Department of Treasury.

2) 기축통화국의 과도한 특권

기축통화국이 **시뇨리지**(seigniorage), 저금리 차입 등의 과도한 특권을 독점적으로 누리고 있다는 것에 대한 불만이 높다. 미국은 상품 및 서비스를 많이 수입하여 경상수지 적자가 나더라도 거의 비용을 들이지 않고 미달러화를 발행하여 메울 수 있다. 또한 전세계적으로 미달러화표시 증권에 대한 수요가 높기 때문에 미국은 낮은 금리로 미달러화표시 증권을 발행하여 자금을 조달할 수 있다.

그러나 교역국들은 이러한 특권이 미국의 경제 및 교역규모에 비해 너무 크다는 것에 대하여 문제를 제기하고 있다. 미국이 세계 GDP에서 차지하는 비중이 약 20% 정도이고 교역비중도 11% 정도에 불과한 데 비해 외환거래의 약 85%가 미달러화를 이루어지고 있다는 것은 미달러화의 영향이 과도하다는 것을 시사하고 있다는 것이다.

〈표 14-3〉 세계 외환시장의 통화별 거래비중 추이(일평균)(단위:%)

통 화	2007	2010	2013	2016	2019	2022
미국 달러화	85.6	84.9	87.0	87.6	88.3	88.4
유로화	37.0	39.1	33.4	31.3	32.3	30.5
일본 엔화	17.2	19.0	23.0	21.6	16.8	16.7
영국 파운드화	14.9	12.9	11.8	12.8	12.8	12.9
중국 위안화	0.5	0.9	2.2	4.0	4.3	7.0
기타 통화	44.8	43.2	42.6	42.7	45.4	44.4
합 계	200.0	200.0	200.0	200.0	200.0	200.0

주 : 외환거래는 짝으로 이루어지므로 비중의 합계는 200%가 됨.
자료 : BIS, Triennial OTC derivatives statistics.

3) 글로벌 불균형의 조정장치의 부재

현재의 국제통화제도는 실질적으로 시스템이 아니므로 기축통화의 신인성이 크게 저하되더라도 이를 조정할 제도적 장치가 없다. 미국은 경기활성화 등을 위해 대외불균형을 시정하려고 해도 경상수지 흑자국은 이를 조정할 유인이 별로 없어 환율분쟁이 수시로 발생하고 있다. 이로 인해 국제통화시스템의 개혁에 공감하는 대부분의 학자들은 불균형의 조정을 강제로 할 수 있는 "국가간 조약"이 국제통화시스템의 주요 부문이 되어야 한다는 견해를 피력하고 있다.

4) 과도한 외환보유액의 축적

현행 국제통화시스템은 자유시장 메커니즘을 중심으로 구축되어 있기 때문에 자유로운 자본이동을 보장하고 있다. 그러나 이러한 자본의 자유로운 이동은 신흥시장국의 외환위기를 야기하는 주요한 요인으로 작용하여 왔다.

적정한 규모의 외환보유액 이 어느 정도인지에 대해서는 3개월 수입규모, 통화량(M2)의 20%, 1년 이내 만기 도래 외채의 100% 이상(Greenspan-Guidotti Rule) 등 다양한 추정 방식이 존재한다. IMF는 유동외채, 통화량, 수출, 기타채무 등을 감안하여 신흥국이나 저개발국의 적정보유액평가지표를 활용하고 있다.

신흥시장국은 역사적 경험을 통해 외환위기를 반복적으로 겪지 않기 위해서는 불규칙한 자본의 유출입에 대비하는 것이 필요하다고 보고 외환보유액을 크게 확충하는데 노력하고 있다. 1990년대말 동아시아 외환위기 이후 신흥시장국은 외환보유액을 확충해야 할 필요성이 더 높아졌다. <그림 14-2>에서 보는 것과 같이 세계 전체 외환보유액은 1995년 1.5조달러(세계GDP의 5%)에서 2012년 11.0조달러(세계GDP의 17%)로 급증하였는데 이 중 2/3를 신흥시장국이 보유하고 있다. IMF는 외환보유액의 축적속도가 빨라져 현재 미국 GDP의 60% 수준에서 2020년에는 200%, 2035년에는 700% 가까이로 높아질 것으로 예상하고 있다.

한편 과다한 외환보유액은 신흥시장국을 중심으로 통화관리에 적지 않은 부담을 주고 있다. 즉 신흥시장국들은 외환보유액 확충에 따른 통화증발을 막기 위해 불태화정책을 취하고 있으나 한계를 보이고 있다. 또한 대부분의 외환보유액이 미국 국채의 매입에 투자되면서 미국의 장기금리를 하락시키고 자산가격을 상승시키는 부작용을 초래하고 있다. 한편 2022년에는 연준의 급격한 금리인상으로 미국 국채 가격이 하락하면서 각국의 외환보유액이 감소하였다.

〈그림 14-2〉

주요국의 외환보유액 변동추이

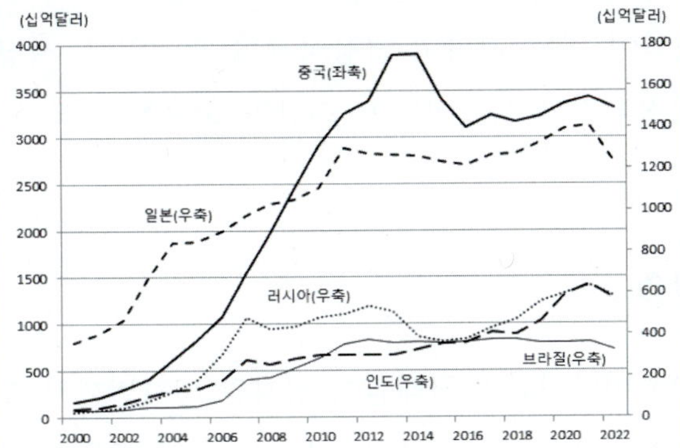

자료 : IMF, International Financial Statistics, 각호

〈그림 14-3〉

주요국의 미국 재정증권 보유액 변동추이

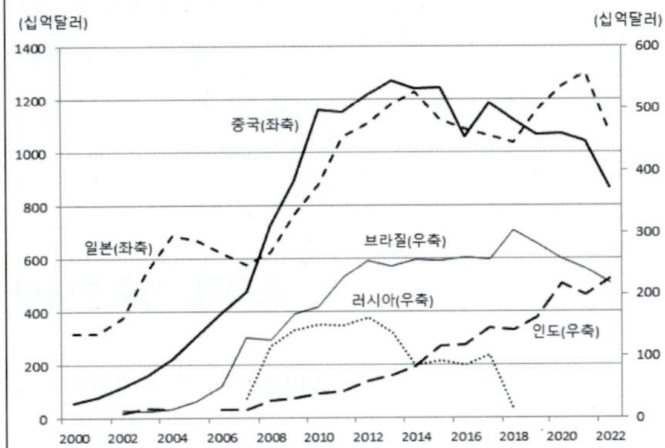

자료 : 미국 Department of Treasury.

(2) 개편논의의 주요 내용

1) 복수기축통화체제의 구축

전제조건

복수기축통화체제가 실질적으로 자리를 잡으려면 현재로서 유로화와 위안화가 미달러화의 역할을 상당 부분 대체할 수 있어야 한다. 즉 유로화와 위안화가 국제교역 및 금융거래에서 상당한 역할을 담당함으로써 미달러화의 비중을 자연스럽게 낮추어야 한다.

기축통화의 요건 미흡

이를 위해서는 유로화와 위안화가 기축통화로서 요건 - 즉 경제력, 환율의 안정성, 교환성 및 금융시장의 발전 등을 갖추어야 하는데, 현재로서는 가까운 시일 내에 이를 충족시키기가 어려울 것으로 평가되고 있다. 유로화는 남유럽의 재정위기로 유럽통화동맹(European Monetary Union)의 지속성까지 의문시 되고 있어 거래확대의 필수조건인 신인성을 확보하기는 당분간 어려울 것으로 전망된다. 한편 위안화는 중국의 경제규모가 크게 확대되고 있지만 중국정부가 금융자유화 및 국제화에 소극적이어서 동남아시아 밖으로 위안화의 결제범위를 넓히는 데는 한계를 보이고 있다.

복수기축통화체제의 전망

이러한 복수기축통화체제가 정착되면 시뇨리지 등에서 발생하는 이득과 대외불균형을 감수하는데 따른 비용이 어느 한 국가에 집중되지 않고 분산되기 때문에 국제통화시스템이 안정적으로 운영될 것으로 보인다. 그러나 복수기축통화체제는 국가간 협약이 아닌 각국의 금융국제화 추진의지, 시장의 선택 등에 의존하고 있어 정착되기까지는 상당한 시간이 소요될 것으로 전망된다.

2) 초국적 기축통화의 창출

제2차 세계대전의 종전부터 미달러화의 금태환이 정지된 1971년까지 지속되었던 브레튼우즈체제와 같이 다자간 협약(multilateral agreement)에 의해 바람직한 국제통화시스템을 재창출하자는 방안에 제시되고 있다. 이러한 맥락에서 ① IMF의 SDR이나 케인즈가 주장하였던 Bancor 등과 같은 초국적 기축통화의 창출 ② 국제자본이동과 규제의 표준화, ③ 대외불균형 조정의 강제성 부여 등이 주요 사안으로 논의되고 있다. 이와 같은 방안이 현실화되면 현행 국제통화시스템의 문제점은 상당히 해소될 것으로 기대된다.

〈표 14-4〉 국제통화시스템의 제도화에 따른 기대효과

현행 국제통화시스템의 문제	국제통화시스템의 제도화 기대효과
유동성-신인성 딜레마	초국적 기축통화의 공급은 특정국의 경상수지 적자에 의존할 필요가 없음
과도한 특권	기축통화 발행에 따른 특권을 새로운 통화의 쿼터 비중에 따라 회원국에 배분
글로벌 불균형의 조정장치 부재	경상수지 적자 및 흑자국에 대한 페널티 설정
외환보유액 확대 유인	금융위기 방지를 위한 자본이동에 관한 표준이 만들어지면 외환보유액을 과도하게 보유할 필요성이 낮아짐

신국제통화시스템의 선결과제

그러나 초국적 기축통화의 창출을 핵심으로 하는 신국제통화시스템이 실현되기 위해서는 해결되어야 할 과제가 많다는 것이 전문가들의 평가이다.

첫째, 새로이 만들어지는 통화가 기축통화로 정착되려면 금융상품의 표시

통화로 광범위하게 활용되어야 하는데 새로운 금융시장의 육성에 오랜 시간이 걸릴 뿐만 아니라 관련국간 이해관계도 첨예하게 대립할 수 있다는 점이다. 2009년 중국이 주장한 SDR 기축통화론이 추진동력을 얻지 못했던 것도 현실적으로 SDR표시 금융시장을 창설하는 것이 어려웠기 때문이다.

둘째, SDR의 발행주체인 IMF로 하여금 세계중앙은행의 역할을 담당하게 하거나 새로운 기구를 설립하여야 하는데 지배구조를 둘러싼 각국간 대립 가능성, 통화정책의 자율성을 일정 부분 포기해야 하는 등이 걸림돌로 작용할 수 있다. 또한 세계중앙은행이 제대로 작동하려면 세계정부의 개념이 뒷받침되어야 하는데 이는 현실적으로 매우 어려운 과제이다.

셋째, 국제통화시스템을 제도화하기 위해서는 광범위한 국제적 합의가 이루어져야 하는데 역사적 사례를 볼 때 국제통화시스템이 대공황, 전쟁 등 극심한 외생적 충격이 발생하고 나서야 제도적 변화가 이루어졌다. 예를 들면 금본위제도가 폐지된 것은 1930년대 대공황으로 경제가 극심한 침체에 빠지고 그 여파로 국제금융위기가 전유럽으로 확산되었기 때문이다. 또한 브레튼우즈체제는 제2차 세계대전을 겪으면서 미국이 최강국으로 부상한 것을 계기로 성립되었고, 브레튼우즈체제의 붕괴와 변동환율제도로 이행은 1971년 금태환의 중지를 선언한 닉슨쇼크 이후에 진행되었다. 그러나 2008년 글로벌 금융위기가 심각한 외생적 충격이기는 하지만 새로운 국제통화시스템에 대한 국제적 합의를 이끌어낼 만큼 강한 충격인지에 대해서는 이견이 있다.

(3) 향후 전망

향후 국제통화시스템의 개편에 관해 다양한 차원에서 논의가 이루어지겠지만 일반적으로 상당 기간 현재와 같은 「미달러화-자유시장 메커니즘」 중심의 체제가 유지될 것으로 전망된다. 앞에서 다룬 것과 같이 실질적 복수기축통화체제나 초국적 기축통화의 창출이 미달러화를 중심으로 하는 현행 국제통화제도보다 공정성과 안정성 측면에서 우월한 것으로 평가된다. 이러한 국제통화제도에 대한 대안들은 다양한 이점이 있지만 실행의 용이성과 정치적 선택의 가능성이 낮아 현실적으로 받아들여지기 어렵다.

당분간은 현행 국제통화시스템이 갖고 있는 단점을 보완할 수 있는 현실적 방안들이 지속적으로 논의될 것으로 예상된다. 첫째, 유동선-신인성의 딜레마를 완화하기 위하여 경상수지/GDP비율의 예시적 가이드라인을 설정하고 이를 실행할 수 있는 보장 장치를 마련해 나갈 것으로 보인다. 둘째, 미달러화의 과도한 특권을 완화하기 위하여 중국은 위안화의 국제화를 지속적으로 추진하고 EU국가들은 유럽통화동맹체제를 공고화하기 위하여 노력할 것으로 보인다. 셋째, 신흥시장국의 과도한 외환보유액 축적의 필요성을 완화하기 위하여 **글로벌 안전망**(Global Finance Safety Net)의 구축을 위한 노력이 지속될 것으로 보인다.

앞으로 국제통화시스템은 미달러화의 역할을 계속하여 인정하되 신흥시장국의 위상 확대를 반영하는 방향으로 미조정되어 나갈 것으로 예상된다. 이러한 가운데에서도 통화주도권을 차지하기 위하여 미국, 중국 및 EU간에 치열하게 경쟁이 벌어질 것으로 전망된다.

그림 14-4 현행 국제통화시스템과 개편안에 대한 평가

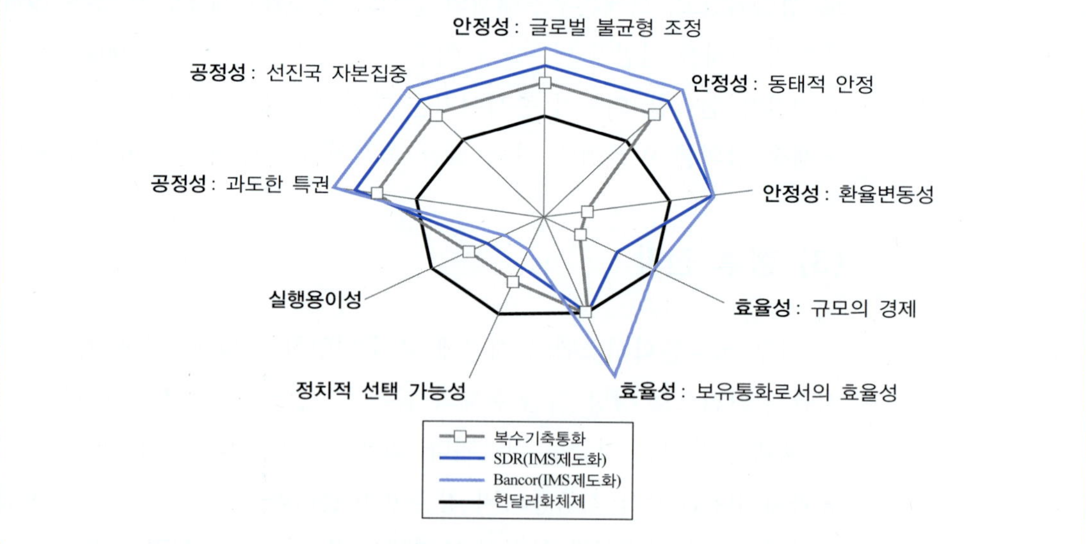

자료 : IMF, *The Debate on International Monetary System*, 2009.

요약

01. 국제통화제도란 국가간 상품 및 서비스의 수출입이나 자본이동에 따르는 국가간 결제를 원활하게 하기 위한 국제적 협약을 의미한다.

02. 국제통화제도가 기능을 발휘하기 위해서는 적절한 국제유동성의 공급, 국제수지 불균형의 원활한 조정, 국제통화로서 신인성 유지 및 국제통화체제의 관리메커니즘의 존재 등의 요건을 충족시켜야 한다.

03. 국제통화제도는 환율결정방법에 따라 완전고정환율제도, 일반고정환율제도, 변동환율제도 및 기타관리변동환율제도로, 대외지급준비자산의 특성에 따라 물품본위제(금본위제), 자유본위제 및 양자의 절충형태(금환본위제)로 구분하여 볼 수 있다.

04. 고전적 국제금본위제도는 국제통화체제의 유연성과 안정성을 제공해 주는 동시에 국내경제의 자율성과 국제경제의 안정성이라는 딜레마를 해결한 성공적 국제통화체제로 평가되었으나 20세기에 들어서면서 자체적 결함으로 붕괴되었다.

05. 세계 각국은 1920년대 후반 금본위제도로 복귀하기 위해 노력하였지만 영국파운드화의 과대평가로 인한 경기침제, 대공황의 여파 등으로 붕괴되었다.

06. 브레튼우즈체제는 금환본위제와 조정가능한 고정환율제도를 근간으로 성립되었으나, 1960년대 후반 기축통화인 미달러화의 국제유동성 공급 기능과 신인성 기능이 상충되면서 붕괴되었다.

07. 1970년대초 출범한 킹스턴체제는 회원국이 자유로이 환율제도를 선택하도록 하였으며, 금의 공정가격을 폐지하고 SDR의 기능과 이용도 제고를 주요 내용으로 하고 있다.

08. 1985년 9월 플라자합의를 계기로 선진국들은 국제수지 불균형을 시정하기 위해 국내 거시정책의 운용 및 외환시장의 개입시 공조체제를 갖추기로 하였다.

09. 1990년대 들어 자본이동성의 증가로 세계 각국에서 외환 및 금융위기가 빈번하게 발생하면서 현행 미달러화 중심의 국제통화체제가 불안한 모습을 보이고 있다.

10. 현행 미달러화 중심의 국제통화체제를 개편하여야 한다는 주장이 높아지고 있는데 그 배경에는 유동성과 신인성간 딜레마, 기축통화국의 과도한 특권, 글로벌 불균형 조정장치의 부재 및 과도한 외환보유액의 축적 등이 문제점으로 제시되고 있다.

11. 현행 국제통화시스템의 대안으로 미달러화와 더불어 유로화 및 위안화가 국제교역 및 금융거래에서 상당한 역할을 담당하도록 하는 복수기축통화시스템의 구축과 IMF의 SDR이나 케인즈가 주장하였던 Bancor 등과 같은 초국적 기축통화의 창출 등이 제시되고 있다.

12. 실질적 복수기축통화체제나 초국적 기축통화의 창출은 미달러화를 중심의 현행 국제통화체제보다 공정성과 안정성 측면에서 우월하나 실행의 용이성과 정치적 선택의 가능성이 낮아 현실적으로 받아들여지기 어렵다. 따라서 앞으로 국제통화시스템은 미달러화의 역할을 계속하여 인정하되 신흥시장국의 위상 확대를 반영하는 방향으로 미조정되어 나갈 것으로 보인다.

연습문제

01. 국제통화제도의 의의와 기능에 관하여 설명하시오.

02. 환율제도의 선택과 관련하여 삼각의 딜레마(trilema)에 대하여 설명하시오.

03. 국제금본위제도와 브레튼우즈체제의 생성과 붕괴과정에서 나타난 공통점에 대하여 생각하여 보시오.

04. 일부 학자들은 현행 국제통화체제를 '신브레튼우즈'체제라고도 부른다. 현행 국제통화체제를 왜 '신브레튼우즈'체제라고 부르는지를 브레튼우즈체제와 비교하여 공통점과 차이점을 찾아 설명하시오.

05. 제2차 세계대전 이후 국제통화제도는 미달러화를 기축통화로 하는 고정환율제도인 브레튼우즈체제(Bretton Woods System)가 성립되었다. 그러나 브레튼우즈체제는 1971년 미국이 금태환을 중지하면서 붕괴되고 변동환율제도로 이행되었다. 이와 같이 국제통화제도가 고정환율제도에서 변동환율제도로 이행하게 된 배경을 당시 세계경제의 역사와 브레튼우즈체제의 본질적 문제와 관련지어 설명하시오. <2006년 행정고시 경제학 기출문제 일부 변형>

06. 현행 국제통화제도의 개편논의와 관련된 다음 물음에 답하시오.

(1) 현행 국제통화제도의 문제점에 대하여 설명하시오.

(2) 현재까지 진행된 국제통화제도의 개편논의에 대하여 설명하시오.

(3) 국제통화제도의 개편논의에 대하여 새로운 진전이 있는가를 조사해 보시오.

07. 현재 미달러화 중심의 국제통화질서가 붕괴될지도 모른다는 우려가 높아지고 있다. 영국의 스털링화체제 붕괴시기와 비교하여 보고, 향후 국제통화질서를 전망하여 보시오.

FOREIGN EXCHANGE

CHAPTER 15

지역통화 · 금융협력

1990년대말 아시아 외환위기와 2008년 글로벌 금융위기를 계기로 현행 국제통화제도의 개편에 대한 논의가 활발하게 진행되었으나 최근에는 회원국간 이해가 첨예하게 대립되면서 답보상태를 보이고 있다. 반면 지역경제통합이 활기를 띠면서 이를 극대화하기 위한 방안으로 지역통화협력이 활발히 논의되고 있다. 이미 유럽연합은 통화동맹을 결성하고 유로화를 출범시켰으며, 이에 자극을 받아 동아시아지역에서도 역내통화 · 금융협력에 대한 논의가 활발하게 진행되고 있다. 여기서는 먼저 지역통화협력의 기준을 제시하는 최적통화지역이론을 다루고, 통화통합의 편익과 비용에 관하여 살펴본다. 나아가 성공적으로 단일통화를 출범시킨 유럽통화통합의 전개과정을 소개하고, 이를 바탕으로 현재 동아시아지역에서 논의되고 있는 통화통합의 현황과 전망에 관해 살펴보고자 한다.

15.1 최적통화지역

(1) 최적통화지역의 의의와 성립요건

1) 최적통화지역의 의의

최적통화지역(optimum currency area)이란 단일통화가 사용되기에 가장 알맞은 크기의 지역을 말한다. 다시 말하면 최적통화지역이란 단일의 통화정책을 집행하기에 알맞은 크기의 지역을 말한다.

최적통화지역이론의 입장에서 보면 국제통화제도로서 고정환율제도는 전세계를 하나의 최적통화지역으로 보는 것이고, 변동환율제도는 단일 국가를 최적통화지역으로 보는 것임.

최적통화지역이론은 고정환율제도의 적정성을 평가하는 지리적 개념으로 사용되고 있다. 현실적으로 단일통화는 국가단위로 사용되고 있지만 국가간 환율을 고정시킨다는 것은 단일통화를 사용하는 것과 같은 효과를 갖는다. 개별 통화를 사용하던 국가들이 고정환율제도를 채택하거나 단일통화를 도입한다면 거래비용의 감소 등에 따른 편익과 환율정책수단의 상실에 따른 비용이 발생하는데, 편익이 비용보다 크다면 그 지역은 환율을 고정시키거나 통화를 통합하는 것이 유리하다. 따라서 최적통화지역이란 고정환율제도를 유지하거나 단일통화를 사용하기에 적당한 크기의 지역을 의미한다.

2) 최적통화지역의 성립요건

최적통화지역이론은 먼델(R. Mundell)에 의해 처음으로 주장되었고, 이후 맥키논(R. McKinnon), 케넨(P. Kennen) 등에 의해 발전되었다. 이들은 최적통화지역을 성립시키기 위한 요건으로서 외부충격의 대칭성(symmetry) 여부, 생산요소의 이동성 크기, 역내교역의 비중, 경제정책목표의 일치성 여부, 상품의 다변화 정도 등을 들고 있다.

외부충격의 대칭성

첫째, 우선 역내국이 외부충격에 대해 대칭적으로 반응할수록 최적통화지역을 형성하기가 쉬워진다. 역내국의 경제구조가 비슷하여 외부충격에 대하여 대칭적으로 반응한다면 단일 통화정책에 의해 쉽게 대처할 수 있으므로 최적통화지역을 형성하기가 쉬워진다. 반면 역내국의 경제구조가 상이하여 외부충격에 대하여 비대칭적으로 반응한다면 독자적 통화정책이 필요하게 되므로 그만큼 최적통화지역을 형성하기가 어려워진다.

생산요소의 자유로운 이동

둘째, 역내국간 자본, 노동 등 생산요소의 이동이 자유로울수록 최적통화지역을 형성하기에 유리하다. 외부충격에 역내국이 비대칭적으로 반응한다면 비대칭적 효과를 갖는 환율조정에 의해 이 충격을 흡수하고자 하는 유인이 커진다. 그러나 역내국간 생산요소의 이동이 자유롭다면 외부충격을 환율조정 대신에 역내국간 생산요소의 이동에 의해 흡수하기가 쉬워지므로 최적통화지역을 형성하기가 용이하다. 이는 국내에서 국지적 충격이 발생하여도 단일통화를 사용하고 있지만 생산요소의 이동이 자유롭기 때문에 실업, 임금인하 등과 같은 큰 조정비용을 치루지 않고 해결이 가능한 것과 비유된다.

역내교역비중의 크기

셋째, 역내교역의 비중이 클수록 최적통화지역을 형성할 유인이 커진다. 역내교역비중이 클수록 환율을 고정시키거나 단일통화를 도입함으로써 얻게 되는 거래비용의 감소, 물가안정 등의 편익이 커진다. 따라서 유럽연합과 같이 역내교역규모가 큰 지역일수록 단일통화를 채택할 유인이 커진다.

정책목표의 유사성

넷째, 역내국간 정책목표가 유사할수록 최적통화지역을 형성하기가 쉽다. 일반적으로 성장과 물가안정간에는 상반관계가 있는데 역내국간 정책목표가 같다면 그만큼 통화정책에서 공조가 쉬워진다.

산업구조의 다변화

다섯째, 역내국의 산업구조가 다변화되어 있을수록 외부의 충격이 분산되어 통화통합의 비용이 적게 들므로 최적통화지역을 형성하기가 쉬워진다. 만약 산업구조의 다변화 정도가 낮다면 특정 산업에 가해지는 외부충격을 흡수하기 위해 환율을 변동시킬 필요성이 높아진다. 반면 산업구조가 잘 다변화되어 있다면 특정 산업에 가해지는 외부충격이 전체 산업으로 분산·흡수되므로 환율을 변동시킬 유인이 작아진다.

최적통화지역의 내생성

그러나 이러한 최적통화지역의 성립요건은 내생성(endogeneity)을 가질 수 있다는 점에 유의하여야 한다. 앞에서 다룬 바와 같이 역내국간 무역의 연계성이나 경기변동의 동조성이 클수록 최적통화지역의 성립요건을 잘 충족시킨다. 그렇지만 고정환율제도나 단일통화의 채택이 역내국간 무역의 연계성을 높이거나 경기변동의 동조화를 촉진할 수 있다. 비록 통화통합 이전에는 최적통화지역의 성립요건을 충족시키지 못하였다고 하더라도 통화통합 이후에 동요건을 충족시킬 수도 있다는 것이다. 이러한 최적통화지역의 성립요건이 내

생성을 갖는다는 점을 고려하면 앞에서 제시한 최적통화지역의 성립요건은 그 의미가 상당히 퇴색된다.

(2) 통화통합의 편익과 비용

1) 통화통합의 편익

개별 통화를 사용하던 국가들이 고정환율제도를 채택하거나 통화통합을 하여 단일통화를 사용한다면 역내국은 다양한 편익을 얻게 된다.

거래비용의 감소

첫째, 통화통합의 직접적 효과는 외국통화와 자국통화간 환전에 따른 거래비용의 감소이며, 역내교역규모가 클수록 거래비용 감소효과도 커진다. 일반 고객들은 은행과 외환거래를 할 때 싼 가격으로 외환을 매도하고 높은 가격으로 외환을 매입하기 때문에 환전비용을 부담하고 있지만 단일통화를 사용하게 되면 이를 부담하지 않게 된다. 반면 은행으로서는 통화통합이 이루어지면 환전수수료가 없어지므로 수익이 감소한다. 그러나 은행으로서는 고객과 거래를 위해 불필요하게 많은 외환을 보유하지 않아도 되므로 그만큼 부담이 줄어든다.

환위험의 제거

둘째, 단일통화의 채택은 환위험을 제거함으로써 역내국간 무역 및 투자와 자본이동을 촉진시킨다. 역내기업은 환율변동의 불확실성에서 오는 환위험 등 각종 위험이 없어지므로 그만큼 판매가격을 인하할 수 있게 된다. 이러한 판매가격의 인하는 역내국간 교역이 증가시키는 무역창출효과를 가져온다. 또한 장기적 속성을 갖는 해외직접투자를 제약하는 큰 요인 중의 하나는 장기 환율을 예측하기가 어렵고 장기적으로는 환위험을 헤지하는 수단이 제한되어 있다는 점이다. 그러나 단일통화의 사용은 환율변동에 따른 불확실성을 제거함으로써 역내국간 직접투자를 촉진한다.

통화정책의 신뢰성 제고

셋째, 통화정책에 대한 신뢰성이 제고되어 물가가 안정되고 외환위기에 쉽게 노출되지 않는 이점이 있다. 개별 국가 차원에서는 경기활성화를 위해 인플레이션을 유발할 수 있는 확장적 통화정책을 재량적으로 집행할 가능성이 크다. 그러나 통화통합이 이루어지면 일반적으로 역내국 차원에서는 물가안정에 우선순위를 두고 통화정책이 집행된다. 이에 따라 통화정책의 신뢰성이 높아지고 역내 통화규모가 커지면 투기자본이 공격대상으로 삼기 어렵기 때문에 역내국은 그만큼 외환위기에 노출될 가능성이 줄어든다.

역내국의 경제개혁 촉진

인플레이션조세란 정부가 통화증발을 통해 인플레이션을 유발함으로써 정부부채의 실질적 부담을 경감시키는 것을 말함.

이외에도 통화통합은 다양한 측면에서 역내국의 경제개혁을 촉진한다. 우선 통화통합은 인플레이션조세를 사용하여 정부부채를 경감하는 것을 어렵게 하기 때문에 역내국은 재정의 건전화를 도모하게 된다. 또한 통화통합은 개별 국가 차원에서 통화정책을 사용할 수 없기 때문에 역내국의 실업률을 크게 변동시킬 가능성이 커지는데, 노동조합이 고용의 안정화를 추구한다면 노동시장의 유연성도 커진다. 나아가 통화통합은 단일통화표시에 의해 역내국 상품 및 서비스의 가격을 비교할 수 있게 하기 때문에 경쟁을 촉진시켜 역내기업의 경쟁력을 강화시킨다.

2) 통화통합의 비용

통화통합은 자국통화의 사용을 포기하여야 하므로 역내국은 다음과 같은 비용을 부담하게 된다.

환율정책 사용불가

첫째, 환율정책을 더 이상 정책수단으로 사용할 수 없게 된다. 일반적으로 환율정책은 대외균형 – 즉 국제수지 균형을 달성하기 위한 효과적인 정책수단으로 널리 사용된다. 그러나 단일통화를 사용하게 되면 개별 국가는 국제수지 균형을 달성하기 위해 다른 정책수단을 개발·구사하여야 하는데, 환율정책만큼 효과를 기대하기는 어렵다.

재량적 통화정책 불가

둘째, 국내경제여건에 맞추어 재량적으로 통화정책을 수행할 수 없게 된다. 개별 국가 차원에서는 실업을 줄이기 위해 확장적 통화정책을 재량적으로 구사할 수 있다. 그러나 통화통합이 이루어지면 역내국 차원에서 물가안정을 중시하기 때문에 경기확장을 위한 확장적 통화정책을 기대하기 어렵다.

통화정책의 인플레이션 조세수단 불가

셋째, 통화정책을 인플레이션 조세의 수단으로 사용할 수 없게 된다. 정부가 인플레이션을 일종의 조세수단으로 사용할 수 없게 되면 재정정책을 경기확장을 위한 정책수단으로서 집행하는 데에도 제약을 받게 된다.

개별국 중앙은행의 최종대부자 기능상실

넷째, 개별 국가 중앙은행이 최종대부자로서 기능을 상실하게 된다. 일반적으로 금융위기가 발생하면 중앙은행이 최종대부자로서 기능을 수행하지만 통화통합이 이루어지면 개별 국가 중앙은행은 이 기능을 더 이상 수행하기가 어렵다. 또한 자본의 이동성이 증가하면서 금융위기가 지역적 또는 세계적으로 확산되는 경향이 있지만 IMF가 최종대부자로서 기능을 효과적으로 발휘하지 못하고 있다. 그러나 앞에서 지적한 바와 같이 통화통합은 통화정책의 신뢰성을 높이기 때문에 외환·금융위기의 발생 가능성을 낮춘다.

화폐주조차익 상실

이외에도 정부는 화폐주조차익－소위 시뇨리지(seigniorage)를 상실하게 된다. 정부는 더 이상 화폐의 발권력을 이용하여 재정적자를 메울 수가 없다. 따라서 재정적자를 채권발행에 의해 보전하게 되면 그만큼 이자부담이 커진다.

15.2 유럽통화통합

유럽은 1960년대말 브레튼우즈체제가 불안해지자 경제통합의 효과를 극대화하기 위해서는 역내환율의 안정이 필요하다는 인식이 높아지면서 통화통합을 추진하였다. 이러한 노력이 결실을 맺어 유럽연합은 1999년 단일통화로서 유로화를 출범시키고 유로경제권을 외연적으로 확대시켜 나가고 있다. 앞으로 유로화의 위상이 높아지면서 미달러화 주도의 국제통화질서에도 커다란 변화를 초래할 것으로 예상된다.

(1) 유럽통화제도의 생성배경과 진전과정

1) 생성배경

유럽통화통합 논의의 대두

1960년대말 고정환율제도를 근간으로 하는 브레튼우즈체제가 불안정해지면서 유럽의 통화통합에 대한 논의가 대두되기 시작하였다. 당시 독일 마르크화의 절상과 프랑스 프랑화의 절하로 역내통화시장이 불안해지자 경제통합의 효과를 극대화하기 위해서는 독자적으로 역내환율을 안정시키는 시스템을 구축해야 한다는 인식이 높아졌다.

〈표 15-1〉 유럽통화통합의 추진연혁

1952	■ 유럽석탄철강공동체(ECSC)발족<서독, 프랑스, 이탈리아, 베네룩스3국>
1958	■ 유럽경제공동체(EEC), 유럽원자력공동체(EURATOM)발족<로마조약 발효>
1967	■ 위의 3개 공동체를 유럽공동체(EC)로 통합
1969	■ 헤이그 정상회담에서 경제통화동맹(EMU) 추진 합의
1970	■ 베르너(Werner)보고서 발표<경제 · 통화통합을 10년 이내 실현 제창>
1972	■ 스네이크제도<EC 역내통화간 환율변동폭을 ±1.125%로 고정> 발족
1973	■ 공동변동환율제도 실시<역내통화간 환율변동폭 유지, 대미달러 floating>
1979	■ 유럽통화제도(EMS) 발족<서독, 프랑스, 이탈리아, 베네룩스3국, 덴마크>
	■ ERM<환율변동폭 ±2.25% 설정 및 무제한적 외환시장개입 의무 부과>
	■ 유럽통화단위(ECU) 도입
1987	■ 단일유럽의정서 발효<1992년말까지 상품 · 서비스 · 자본 · 노동의 역내 완전자유이동 실현>
1989	■ 들로르(Delors)보고서<경제 · 통화통합(EMU)을 위한 정책협조 강화, 유럽중앙은행제도(ESCB)창설, ESCB 통일금융정책 등의 3단계 추진 제안) 발표
1992	■ 마스트리히트 조약 조인<1993.11.발효, EC는 EU로 발전, EMU 참가를 위한 경제수렴조건 제정, ESCB 통일금융정책 이행기한을 1999년으로 설정>
1992~3	■ 유럽통화위기<영국, 이탈리아의 EMS 탈퇴, ERM변동폭을 ±15.0%로 확대>
1994	■ 유럽통화기구(EMI)설립<유럽중앙은행(ECB)의 전신>
1995	■ 유럽이사회의 통화통합이행 일정 승인
	■ 단일통화의 명칭을 유로(Euro)로 결정
1996	■ 재정건전화를 위한 "안정 및 성장협약(Stability and Growth Pact)"합의
	■ ECB발족
1998	■ EMU참가국 통화 및 유로화간 교환비율 결정
1999	■ EMU 출범 및 유로화 도입<독일, 프랑스 등 11개국 참가>
2000	■ 덴마크가 국민투표에서 유로화 불참 결정
2001	■ 그리스가 EMU에 참가
2002.1	■ 유로화(지폐, 주화) 유통 개시
2002.2말	■ 유로화 참가국의 종전 지폐, 주화 유통정지
2004.5	■ 헝가리, 폴란드 등 동유럽 10개국 EU에 가입
2007.1	■ 슬로베니아가 EMU에 참가
	■ 루마니아와 불가리아가 EU에 가입
2008.1	■ 키프로스와 몰타가 EMU에 참가
2009.1	■ 슬로바키아가 EMU에 참가
2009.12	■ 유럽의 '미니헌법'인 리스본조약 발효
2011.1	■ 에스토니아가 EMU에 참가
2014.1	■ 라트비아가 EMU에 참가

자료 : 오순상, 「국제금융제도의 변천과 주요 이슈 및 전망」, 국제협력조사총서 제2호, 한국은행, 2005, 164쪽 참조.

경제통화동맹의 창설 합의

베르너보고서의 기본골격은 ① 역내에서 노동·상품·용역·자본이 자유로이 이동하는 공동지역을 만들고, ② 참여국 통화간 환율변동폭을 점차 축소하여 경직된 고정환율제도를 도입한 후, ③ 1980년까지 단일통화를 채택한다는 것임.

이러한 가운데 1969년 헤이그 정상회담에서 EC 6개국은 시장통합을 극대화하고 국제통화제도에서 유럽의 역할을 강화시키기 위해 경제통화동맹을 단계적으로 창설한다는 데 합의하였다. 이 합의에 따라 1970년 10월 유럽경제·통화통합을 3단계에 걸쳐 1980년까지 실현한다는 **베르너 보고서**(Werner Report)가 마련되었다. 베르너 보고서는 1971년 5월 독일과 네덜란드가 계속되는 환투기를 억제하기 위해 일시적으로 변동환율제도를 채택함에 따라 실행에 옮겨지지 못하고 무산되었다. 그러나 베르너 보고서는 단일통화권의 형성보다는 역내환율안정을 위해 긴밀히 협력할 수 있는 기반을 제공하는데 기여하였다.

브레튼우즈체제의 붕괴와 유럽공동환율제도 도입

1971년 미국이 금태환을 정지한 후 브레튼우즈체제가 붕괴될 조짐을 보이자 주요 선진국들은 미달러화를 7.89% 평가절하시키고, 대미달러 환율변동폭을 ±1.0%에서 ±2.25%로 확대하는 스미소니언협정을 체결하였다. 이에 대응하여 EC국가들은 1972년 4월 바젤협정을 통해 역내통화간 환율을 안정시키기 위해 **유럽공동환율제도**(일명 : 스네이크제도(snake system))를 도입하였다. 즉 EC는 역내국 통화의 대미달러 환율변동폭은 스미소니언협정에 따라 ±2.25%내에서 허용하지만, 역내통화간 환율변동폭은 ±1.125%내로 제한하였다.

공동변동환율제도 이행

1973년 3월 스미소니언체제의 붕괴로 국제통화체제가 변동환율제도로 이행함에 따라 EC국가들도 이에 맞추어 유럽공동(고정)환율제도를 폐지하고 EC **공동변동환율제도**(Joint Floating Exchange Rate System)로 이행하였다. 즉 대미달러 환율변동폭에 대한 제한은 없애지만, 역내통화간 환율변동폭은 종전과 같이 ±1.125%를 그대로 유지함으로써 역내통화간 환율을 안정시키고자 하였다. 그러나 제1차 석유파동에 따른 만성적 인플레이션, 국제수지 악화 등으로 역내통화간 환율을 좁은 범위내에서 유지시키는 데 실패하였다. 이에 따라 환율의 움직임이 불안정해지고 스네이크체제를 이탈하는 국가가 속출하면서 1970년대 중반까지 기능을 제대로 수행하지 못하고 명맥만 유지되었다.

2) 진전과정

유럽통화제도의 발족

스네이크체제가 기능을 상실한 후 제2차 오일쇼크에 따른 경기불황과 실업, 인플레이션 등의 문제를 해결하기 위해서는 환율안정이 중요하다는 것을 재인식하게 되었다. 이러한 가운데 미달러화의 지속적 불안으로 EC역내통화가 피해를 입게 되자 EC9개국은 1979년 3월 공동변동환율제도를 확대 · 개편하여 **유럽통화제도**(European Monetary System)를 발족시켰다.

유럽통화제도는 미달러화 등 역외통화의 가치변동으로부터 역내통화를 보호하고, 역내통화간 경쟁적 평가절하와 자국 위주의 정책운용을 지양함으로써 역내경제의 균형적 발전을 도모하는 데 있다. 나아가 유럽통화제도는 궁극적으로 진정한 경제통합을 실현함으로써 유럽경제를 활성화시키고 위상을 높이는 데 목적이 있다.

유럽통화제도의 특징

유럽통화제도는 과거 스네이크제도와 기본적 차이는 없으나 환율안정과 이를 위한 자금지원을 제도적으로 강구한 것이 특징이다.

ECU의 창출

첫째, 유럽통화제도는 EC의 독자적 통화바스켓인 **유럽통화단위**(ECU; European Currency Unit)를 창출하여 역내국간 환율결정의 척도, 공적거래의 결제수단 및 계산단위, 신용공여 표시단위 등에 사용하기로 하였다. 궁극적으로 유럽통화제도를 발전시켜 유럽을 단일통화권으로 통합하는 것을 기본목표로 하였다.

환율조정장치의 도입

둘째, 유럽통화제도는 역내통화간 환율안정을 도모하기 위해 ECU를 중심으로 역내통화의 기준환율을 정하고, 역내국은 자국통화 환율을 기준환율의 일정 범위내에서 유지하도록 의무화하는 **환율조정장치**(ERM; Exchange Rate Mechanism)를 도입하였다. 역내 통화당국은 자국통화 환율을 일정 범위내에서 유지하기 위해 필요한 경우에 외환시장개입, 국내정책 조정 등 필요한 조치를 강구해야 한다. 기준환율은 역내국간 기초경제여건의 불균형 확대로 인해 불가피한 경우에만 조정하도록 하였다.

신용지원제도의 확충

셋째, 유럽통화제도는 외환시장개입 자금을 지원하기 위해 초단기, 단기 및 중기 **신용지원제도**를 확충 · 운용하였다. 역내국은 초단기 신용제도를 이용함으로써 환율안정을 위해 의무적 외환시장개입에 필요한 자금을 무제한 조달할 수 있도록 하였다. 그리고 단기신용제도는 일시적으로 국제수지 어려움을 겪고 있는 역내국에 대하여, 중기신용제도는 구조적으로 국제수지 불균형을 겪는 역내국에 대하여 필요한 자금을 제공할 목적으로 운영되었다.

유럽통화제도는 1980년대 전반까지 제2차 오일쇼크의 영향으로 회원국간

유럽통화제도의 전개과정

경제력 격차가 확대되면서 순조롭게 운영되지 못하였다. 그러나 1980년대 중반 이후 역내국간 인플레이션 격차가 축소되고 마르크화가 역내 기축통화로서 역할을 담당하게 되면서 유럽통화제도는 안정을 되찾기 시작하였다. 이와 같이 독일을 중심으로 역내국간 통화정책 및 외환시장개입에 대한 협조가 강화되고 강세통화국에서 약세통화국으로 신용공여가 활발하게 이루어지면서 유럽통화제도는 성공적으로 운영된 것으로 평가되고 있다.

유럽통화제도의 위기

유럽통화제도의 성공적 운영에 자신감을 얻은 EC는 통화통합을 구체화하기 시작하였으나 독일통일의 영향, 통화통합에 대한 반대 분위기 확산 등으로 유럽통화제도는 1992년 9월 위기를 맞게 되었다. 독일은 통일후 인플레이션 압력이 높아지자 마르크화의 가치를 안정시키고자 통화긴축을 통해 고금리정책을 실시하였다. 이를 쫓아 다른 역내국도 통화긴축을 실시함으로써 역내환율을 안정시키고자 하였다. 그러나 고금리로 인한 실업증가를 감당하지 못해 금융완화정책을 선회한 역내국의 통화를 대상으로 투기적 공격이 발생하였다.

또한 유럽의 경제·통화통합을 추진하기 위한 **마스트리히트조약**(Maastricht Treaty)도 투기적 공격의 빌미를 제공하였다. 동 조약의 비준 여부를 결정하기 위해 1992년 6월 덴마크가 처음으로 국민투표를 실시하였으나 근소한 차이로 부결되자 통화통합에 대한 비관적 전망이 대두되었다. 마스트리히트조약을 거부하는 역내국은 경제·통화동맹의 가입조건의 하나인 ERM밴드를 준수할 필요가 없게 됨에 따라 금융긴축을 완화할 소지가 커졌다. 실제로 덴마크의 조약비준 거부를 계기로 ERM환율이 불안한 움직임을 보이면서 많은 역내국이 금융긴축정책을 포기함에 따라 투기공격에 쉽게 노출되었다.

1992년 9월 유럽통화제도에 가입을 희망하였던 핀란드와 스웨덴 통화에 대한 투기적 공격을 계기로 통화위기가 역내로 확산되었다. 이어 영국과 이탈리아는 자국통화에 대한 투매현상이 발생함에 따라 외환시장개입, 금리인상을 통해 이를 진정시키고자 하였으나 결국 이를 견디지 못하고 ERM에서 탈퇴하였다. 또한 스페인, 포르투갈, 아일랜드 등의 통화에 대한 평가절하가 이루어지고 1993년 7월에는 프랑화에 대한 투기적 공격이 발생함에 따라 통화불안이 더욱 고조되었다. 결국 1993년 8월 ERM의 환율변동폭을 잠정적으로

±2.25%에서 ±15.0%로 확대하기로 결정하면서 통화불안이 진정되기 시작하였다. 그러나 ERM밴드의 확대로 유럽통화제도에 대한 신뢰성을 떨어지면서 유럽통화통합에 대해 회의론이 제기되기도 하였다.

(2) 유럽통화동맹의 추진과 유로화의 도입

1) 유럽통화동맹의 추진배경

단일시장의 형성과 유럽경제의 활성화

1970년대 두 차례에 걸친 오일쇼크의 여파로 유럽경제의 경기침체가 장기화되고 미국·일본과 경제력 격차가 확대되자 EC국가들은 관세동맹을 공동시장의 단계로 한 차원 높여 유럽경제를 활성화시켜야 한다는 공감대가 형성되었다. 이에 따라 1985년 12월 룩셈부르크 EC정상회담에서 '단일유럽의정서(Single European Act)'를 채택하고, 1992년말까지 각종 무역장벽을 철폐하여 상품 및 서비스, 노동, 자본의 자유로운 이동이 가능한 시장통합을 완성하기로 하였다.

통화통합에 대한 인식제고

그러나 진정한 단일시장을 완성하고 국제통화제도에서 유럽의 역할을 강화하기 위해서는 통화통합이 필요하다는 인식이 높아졌다. EC국가들은 환율의 불확실성이 역내무역을 저해하는 중요한 요인이며, 역내통화간 환율변동은 역내자유무역에 대한 정치적 적대감을 불러일으킬 수 있다는 것을 우려하였다. 그러나 유럽통화제도에 의해 환율을 고정시키는 데는 한계가 있으므로 단일통화를 도입하여야 한다는 주장이 설득력을 얻게 되었다. 또한 유럽은 국제통화로서 미달러화의 신뢰도가 떨어짐에 따라 단일통화를 만들어 경제적 이익을 효과적으로 방어하고자 하였다.

통화통합 추진합의

이러한 인식을 바탕으로 EC정상들은 1988년 6월 하노버 정상회담에서 통화통합을 본격적으로 추진하기로 합의하였다. 들로르(Jacques Delors) EC집행위원장은 경제·통화동맹 연구위원회를 가동시켜 1989년 4월 단일통화의 창출, 단일통화정책 등을 주요 내용으로 하는 **들로르 보고서**(Delors Report)를 발표하였다. 이어 EC정상들은 1989년 6월 마드리드 정상회담에서 들로르 보고서의 제안대로 **경제·통화동맹**(Economic and Monetary Union)을 3단계로 나누어 추진하기로 합의하였다.

이론과실제 마스트리히트조약과 유럽경제·통화통합 추진내용 및 일정

마스트리히트 정상회담에서는 통화통합과 관련하여 들로르 보고서에서 제시한 경제·통화통합의 3단계 접근방법을 구체화하고 상위단계 이행을 위한 시한을 표에서 보는 바와 같이 구체적으로 설정하였다.

먼저 유럽통화동맹 실현을 위한 1단계 조치 완료시한을 1993년말로 정하고, 1994년 1월부터 제도적·경제적 정비를 위한 준비기간인 2단계가 시작되도록 하였다. 다만 중앙은행의 통화정책 권한이양에 따른 저항이 크므로 잠정적으로 유럽통화기구(European Monetary Institute)를 설립하여 단일통화 및 유럽중앙은행제도 도입을 위한 준비업무를 수행하도록 하였다.

3단계로 진입시점은 경제수렴조건의 충족 정도를 감안하여 과반수 이상의 회원국이 이 조건을 충족시키면 1997년 1월부터 실시하되 그렇지 못할 경우에는 조건을 충족시키는 회원국만으로 1999년 1월부터 3단계로 자동이행하도록 하였다. 이러한 수렴조건을 충족시킨 회원국들이 단일통화의 창출과 단일통화정책을 수립·집행할 유럽중앙은행의 설립시기를 결정하도록 하였다.

단계별 경제·통화통합 추진내용 및 일정(들로르 보고서)

	경제통합	통화통합	추진시기
제1단계 (1990.7~1993.12)	▪ 역내 단일시장의 구축 ▪ 경쟁원리의 적용확대 ▪ 회원국간 정책협력 및 감시강화 ▪ 재정의 건전화 ▪ 자본이동의 자유화	▪ 회원국간 통화 및 환율정책의 협력강화 ▪ ERM내에서 기준환율조정 자제 ▪ 전회원국의 ERM 가입과 환율변동허용폭의 축소 (±6.0% → ±2.25%) ▪ ECU의 사용 확대	1990. 7. 시행
제2단계 (1994.1~1998.12)	▪ 제1단계 조치의 확산 ▪ 각국의 거시경제정책에 관한 조화의 모색	▪ 유럽중앙은행의 설립 ▪ ERM내 환율변동허용폭의 추가축소 (±6.0% → ±2.25%)	1994. 1.부터 시행하기로 잠정합의(영국 제외)
제3단계 (1999.1~2002.6)	▪ 각국간 재정협조체제의 구축 ▪ 구조조정 및 지역정책의 강화	▪ 유럽중앙은행으로 각국 통화정책권한을 완전이관 ▪ 영구불변적인 고정환율제도 도입 내지는 단일통화로서 ECU사용	1997년말까지 이행여부를 결정하기로 잠정합의(영국 제외)

2) 유럽통화동맹의 추진내용 및 경위

유럽연합조약 체결

1991년 12월 네덜란드 마스트리히트에서 열린 EC 정상회담에서 경제통화통합 및 정치통합을 추진하기 위한 **유럽연합조약**(Treaty on European Union, 일명 **마스트리히트조약**)을 체결하기로 하였다. 이 조약은 1992년 2월 EC 12개국 외무·재무장관들에 의하여 조인되었으며, 각 회원국의 비준절차를 거쳐 1993년 11월 발효됨에 따라 명실상부한 **유럽연합**(European Union)이 결성되었다. 이에 따라 유럽통화통합을 향한 움직임이 본궤도에 오르게 되었다.

유로화의 도입 일정 확정

1995년 12월 마드리드 정상회담에서는 단일통화의 명칭을 유로(Euro)로 확정하고, 2002년 1월부터 유로화를 법정통화로 정하여 참가국 통화와 같이 사용하되 늦어도 2002년 7월부터는 유로화만 유통시키도록 결정하였다. 그리고 참가국 통화와 유로화간 환율을 고정하여 1999년 1월부터 통화통합의 3단계로 진입하기로 하였다.

참가국 확정

1998년 5월 브뤼셀 정상회담에서는 유럽통화동맹의 최초 참가국을 경제수렴조건을 충족한 11개국으로 확정하고 유럽중앙은행의 임원진을 선임하였다. 한편 마스트리히트조약에서 규정한 대로 유로화와 참가국 통화간 고정환율이 종전 ERM내의 역내통화간 기준환율에 의해 결정되었다.

〈표 15-2〉 EMU의 경제수렴조건

구분	구체적 내용
물가	과거 1년간 소비자물가지수로 본 인플레이션율이 회원국중 가장 낮은 3개국 평균치의 1.5%포인트 이상을 초과해서는 안 되고, 그러한 상태가 지속가능할 것
재정	정부의 연간 재정적자규모가 GDP의 3% 이내이고, 정부부채잔액이 GDP의 60%를 넘지 않을 것
환율	적어도 최근 2년간 ERM내 자국통화와 다른 회원국 통화간 기준환율(bilateral central rate)을 자진하여 평가절하해서는 안 되고, ERM 환율변동폭(당시 독일 마르크화 및 네덜란드 길더화는 ±2.25%, 다른 통화는 ±15.0%) 이내를 계속 유지할 것
금리	장기국채 또는 그에 상당하는 증권금리는 과거 1년간 회원국중 가장 낮은 인플레이션을 시현한 3개국 장기금리 평균치의 2.0%포인트 이상을 초과하지 않을 것

자료 : 조승형 외(1997), "유럽통화통합의 진전과 영향", 「경제분석」, 제3권 제2호, 한국은행.

3) 유로화 도입과 유럽통화동맹의 출범

유럽통화동맹의 출범

단일통화로서 유로화의 창출, 유럽중앙은행의 설립, 구ERM을 대체하는 새로운 ERM II[1]의 도입 등 핵심적인 제도장치가 구비되고 각국간 경제수렴

---

1) EU는 EMU출범 이후 유로화와 비참가국 통화간 환율안정을 위해 비참가국 통화의 대유로화 환율변동폭을 일정범위내로 제한하는 새로운 환율조정메커니즘(ERM II)을 도입하였음. ERM II는 기존 ERM과 같이 환율변동폭을 ±15.0%로 허용하고, 유럽중앙은행의 인플레이션 억제정책 기조와 상충될 경우 중앙은행의 외환시장개입 의무를 완화하였으며, 필요시 기준환율을 신속하게 조정할 수 있도록 하였음.

조건이 진전됨에 따라 **유럽통화동맹**(EMU: European Monetary Union)이 1999년 1월 공식적으로 출범하게 되었다.

유로화의 도입

단일통화의 도입은 금융·경제적 혼란을 방지하기 위해 3단계로 나누어 추진되었다. 먼저 첫 번째 단계로 1999년 1월부터 2001년말까지 유로화 실물은 도입하지 않고 국공채 발행 등 공공거래, 은행간 거래, 증권거래소 거래 등은 유로화로 표시하도록 하였다. 두 번째 단계로 2002년 1월부터 유로화 지폐 및 주화의 실물을 발행·유통시켰다. 한편 민간거래는 2002년 6월말까지 유로화와 참가국 통화를 자유롭게 선택하여 표시할 수 있도록 하였다. 그리고 2002년 7월부터는 참가국 통화를 완전 폐기하고 유로화가 법적통화로서 역할을 하도록 하였다.

〈표 15-3〉 유로(EURO)화의 도입과정과 추진일정

단계	추진시기	추진사항	세 부 사 항
제1단계	1992.2	마스트리히트조약 체결	▪ EMU출범을 위한 경제수렴조건의 달성계획 수립 ▪ 1999년 유럽통화동맹 출범결정 ▪ 모든 회원국의 ERM가입 실현
제2단계	1994.1	유럽통화기구 창설	▪ 유럽통화협력기금(EMCF) 해체<1973.4. 창설> ▪ 유럽중앙은행(ECB)의 전신 역할 가동 ▪ EMU 출범을 위한 구체적 준비 담당
	1995.12	마드리드 EU 정상회담	▪ 단일통화명칭 EURO 확정 (1979.3. EC 9개 회원국이 도입한 ECU를 대체)
	1998.5	브뤼셀 EU 정상회담	▪ 1999년 EU회원국중 11개국의 유럽통화동맹(EMU) 참여 확정 ▪ ECB총재로 두이젠베르크 네덜란드 중앙은행 총재 선임 ▪ 유로표시 은행권 및 주화 생산 개시
	1998.7	유럽중앙은행 출범	▪ 유럽중앙은행(ECB) 업무 시작
제3단계	1999.1	유럽단일통화 출범	▪ 유럽통화동맹(EMU) 출범 ▪ 유로(EURO)화의 사용범위 확정 (공공 및 은행간 거래 등 장부상 화폐로 비현금거래에만 사용) ▪ 참가국 통화와 유로화간 교환비율 확정
	2002.1	유로화 지폐 및 주화 도입	▪ EURO 지폐, 주화 발행 및 통용개시 ▪ 유로화와 각국 통화의 교환 ▪ 2002. 6. 30.까지 EMU 11개 참가국 통화와 병행사용
	2002.3	유로화 정착 및 유럽통화통합 완료	▪ 12개 참가국 통화사용 정지(그리스 가입) (모든 거래에 유로화만 사용)

유로존의 형성

2002년 1월부터 유로화가 통용되기 시작하자 예정보다 빨리 같은 해 2월 EMU에 참가한 독일, 프랑스 등 11개국의 통화를 대체하면서 단일통화권역인 유로존(Euro zone)이 형성되었다. 이후 동유럽국가들이 EU에 가입하면서 EMU에 참여하는 국가가 18개국으로 늘어났다. 현재 유로존에는 기존 EMU참가국 12개국 외에 슬로베니아(2007.1), 키프로스와 몰타(2008.1), 슬로바키아(2009.1), 에스토니아(2011.1), 라트비아(2014.1) 등이 새로이 참가하고 있다. 그러나 영국, 덴마크, 스웨덴은 국민의 반대로 아직까지 유로존 가입을 미루고 있으며, 나머지 중·동유럽 신규회원국은 경제수렴조건을 충족하지 못하여 유로존에 가입하지 못하고 있다. 한편 유럽과 정치·경제적으로 밀접한 관계를 갖고 있는 국가중 유로화를 사용하는 있는 국가들이 있는데 모나코, 산마리노, 바티칸시국, 안도라는 EU와 협정하에 유로화를 사용하고 있고, 마유트 등 4개국은 협정없이 유로화를 사용하고 있다.

헝가리, 폴란드 등 10개국이 2004년 5월에 EU에 가입하였고, 루마니아와 불가리아가 2007년 1월에 EU에 가입함으로써 현재 EU회원국은 27개국으로 늘어났음.

〈그림 15-1〉

최근 유로존의 현황

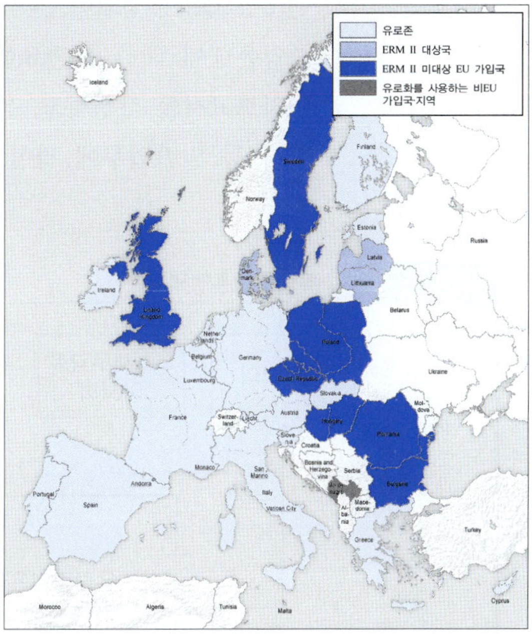

유럽중앙은행제도

유로지역에서 단일통화정책은 유럽중앙은행제도에 의해 수립·집행된다. 유럽중앙은행제도는 유럽중앙은행과 전체 EU회원국 중앙은행으로 구성되며, 유럽중앙은행이 통화정책의 수립과 집행과정에서 핵심적 역할을 담당한다.

유럽중앙은행내에서는 정책이사회, 집행위원회, 일반이사회 등 3개의 주요 의결기구가 설치·운영되고 있다. 정책이사회는 통화정책에 관한 최고 의사결정기구로서 통화목표, 금리, 외화준비자산 등 통화정책에 관한 제반 사항을 결정한다. 정책이사회는 유럽중앙은행의 총재, 부총재, 이사 4인 등 6명의 임원과 EMU참가국 중앙은행 총재로 구성된다. 집행위원회는 유럽중앙은행 임원 6명으로 구성되며, 정책이사회의 결정에 따라 통화정책을 집행하고 참가국 중앙은행에 대하여 필요한 사항을 지시한다. 일반이사회는 유럽중앙은행의 연차보고서를 작성하고, 통계자료 수집, 회계기준 정립, 유럽중앙은행 직원의 인사 등 일반업무에 관한 사항을 심의·의결하는 업무를 담당한다.

그림 15-2 유럽중앙은행제도

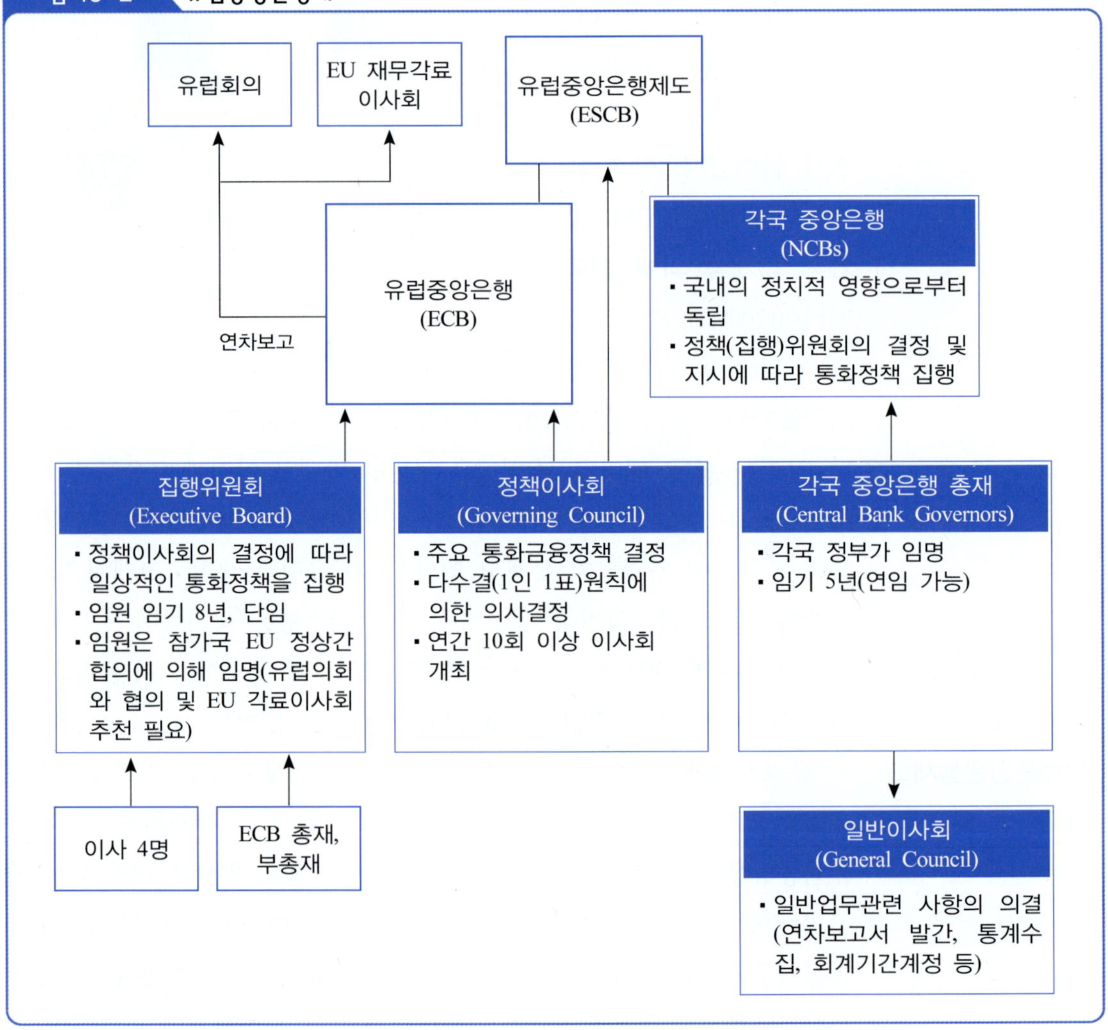

자료 : 김인준 외, 「국제금융론」, 율곡출판사, 2004, 523쪽 참조.

단일통화정책

유럽중앙은행제도는 마스트리히트조약에 따라 물가안정을 최우선 정책목표로 삼아 단일통화정책을 수행하며, 물가안정을 저해하지 않는 범위내에서 참가국의 경제정책을 지원하고 있다. 또한 EU 재무장관 이사회는 환율정책에 따른 외환시장개입, 참가국 대외준비자산의 보유 및 운용, 지급결제시스템의 운영 등의 업무를 수행하고 있다. 그리고 유럽중앙은행은 유로화를 발행하며 참가국 중앙은행과 협조하여 업무수행에 필요한 통계자료를 수집 · 편제하고 있다.

(3) 유로화 도입의 평가와 전망

EU회원국이 국제통화제도상 획기적 실험이라고 할 수 있는 단일통화체제를 구축하게 된 것은 역내 특유의 경제적 경험과 정치적 요인이 복합적으로 작용하였기 때문이다. 1999년 유로화의 도입으로 EU는 역내경제의 활성화에 크게 기여하였으며, 대외적으로도 유로화의 위상이 높아졌다. 그러나 2008년 글로벌 금융위기의 여파로 남유럽국가들이 재정위기를 겪으면서 EMU참가국간 갈등을 빚기도 했다.

역내 경제성장의 촉진

유로화의 도입 이후 지난 10여년을 평가하여 보면 유로화는 완벽하지 않지만 역내 경제의 건전화와 활성화에 상당한 성과를 낸 것으로 평가된다.[2)] 거시경제적 측면에서는 단일통화의 사용에 따라 인플레이션이 안정적인 수준으로 수렴되었고, 환위험의 제거와 저금리로의 전환은 투자촉진과 고용창출로 이어져 거시경제전반에 걸쳐 긍정적 영향을 미친 것으로 보인다. 또한 유로화 도입 이후 유로화 사용국간에 교역과 투자가 증가하였을 뿐만 아니라 비유로화 사용국과 교역과 투자도 증가하여 무역창출효과를 가져왔다. 금융시장 측면에서는 금융통합이 심화되면서 이전과 달리 외부충격을 일정부분 관리할 수 있는 메커니즘이 마련되어 경제에 긍정적 영향을 미쳤다.

국제통화로서 위상제고

유로화는 2002년 실물화폐의 사용에 힘입어 본격적으로 통용되면서 제2의 국제통화로서 위상을 확보하였다. 이와 같이 유로화는 미달러화와 함께 국제

2) 김흥종 외 4인, 「유로존 10년의 평가와 향후과제」, 연구보고서 10-15, 대외경제정책연구원, 2010 참조.

결제통화와 대외준비자산으로서 역할을 수행하게 되었으며 향후 국제통화질서의 형성에도 커다란 영향을 미칠 것으로 보인다.

화폐유통량 증가

첫째 화폐유통규모의 측면에서 보면 유로화가 미달러화를 추월하고 있는 것으로 나타나고 있다. <표 15-4>에서 보는 것과 같이 유로화의 실물유통액은 유로존에서 3.2억명 이상 인구가 사용하면서 2012년말 현재 1조 2,405억달러로 미달러화 1조 1,690억달러를 상회하고 있다. 앞으로 유로화의 사용이 유럽 전역으로 확대되면서 유로화는 국제결제통화로서 위상은 더욱 높아질 것으로 보인다.

대외준비자산 비중 증가

둘째, 대외준비자산으로서 외환보유액면에서 유로화의 비중은 지속적으로 높아지는 반면에 미달러화의 비중은 낮아지는 추세를 보이고 있다. 세계 총외환보유액에서 미달러화의 비중은 1999년말 71.0%에서 2012년 61.2%로 낮아진 반면에 유로화의 비중은 17.9%에서 24.2%로 높아졌다. 그러나 아직 미달러화의 비중이 절대적으로 높은 것은 전세계 외환보유액의 절반 이상을 차지하는 아시아국가들이 대부분의 외환보유액을 미달러화로 보유하고 있고, 글로벌 금융위기과정에서 안전자산으로서 미달러화를 선호하고 있기 때문인 것으로 보인다.

〈표 15-4〉 유로화의 국제적 위상변화

구 분	시 점	유 로	달 러
화폐유통량	2002년말	2,859억유로 (2,995억달러)	6,432억달러
	2012년말	9,382억유로 (1조 2,405억달러)	1조 1,690억달러
보유외환통화 비중	1999년말	17.9%	71.0%
	2012년말	24.2%	61.2%
국제채 발행잔액 비중	1999년말	28.5%	48.6%
	2012년말	45.5%	34.2%
지역별 채권발행잔액[1)]	1999년말	21.0%	45.6%
	2012년말	25.9%	40.5%

주: 1) 이 경우 유로는 유로지역을 말하고, 달러는 미국을 말함.

유로화표시 국제채 발행확대

셋째, 통화별 국제채의 발행잔액 측면에서 보면 유로화표시 국제채 비중이 2003년부터 미달러화표시 국제채의 비중을 앞지르기 시작하였다. 즉 미달러화표시 국제채 발행잔액의 비중은 1999년 48.6%에서 2012년 34.2%로 하락한 반면에 유로화표시 국제채 발행잔액의 비중은 같은 기간중 28.5%에서 45.5%로 증가하였다.

유로지역의 채권발행 증가

넷째, 유로지역의 금융시장은 유로화의 도입 이후에 시장통합에 따른 유동성 확대, 환위험 소멸에 따른 거래비용 감소, 신종금융상품 출현 등으로 채권시장을 중심으로 급속히 발전하고 있다. 유로지역의 채권발행 잔액은 2012년말 현재 22.6조달러로 미국의 35.2조달러에 이어 세계 2위이며, 세계 채권시장에서 차지하는 비중도 1999년말 21.0%에서 2012년말 25.9%로 확대되었다.

남유럽 재정위기와 유로존의 구조적 결함 노출

이와 같이 유로화의 도입 이후 역내경제가 활성화되고 국제통화로서 위상이 높아졌지만 2008년 글로벌 금융위기의 여파로 2010년 남유럽 재정위기가 부각되면서 유로존의 구조적 문제가 노출되었다. 즉 남유럽 재정위기를 과도한 재정적자와 국가채무, 만성적인 경상수지 적자 등 개별 국가의 문제로 돌릴 수도 있지만, 이러한 외부충격에 회원국들이 비대칭적으로 반응하게 되면 최적통화지역으로 유로존이 구조적으로 결함을 보이게 될 수밖에 없다. 남유럽 국가들은 유로화의 사용으로 저금리 혜택을 누릴 수 있게 되었지만 자국 경제의 기초여건보다 과다하게 자금을 해외에서 차입함으로써 경제의 거품을 키웠다. 또한 안정·성장협약(Stability and Growth Pact)은 재정건전성의 확보를 통해 통화통합을 유지하기 위한 안정장치라고 할 수 있는데, 이 협약을 위반하는 사례가 속출하여도 전혀 제재를 가하지 않았기 때문에 통화정책과 재정정책이 지속적으로 괴리되었다. 이와 같이 재정위기에 대응할 수 있는 제도적 장치가 작동하지 않는 상황에서 재정건전성의 악화는 결국 통화동맹의 지속가능성에 대한 시장의 불신을 가져오게 되었다. 이에 따라 유로존 회원국은 2010년 5월부터 유럽재정안정기금(European Financial Stability Facility)을 조성하여 재정위기로 인한 금융시장의 불안을 불식시키기 위하여 노력해 오고 있다.

유로존의 전망

현재로서는 유럽통화동맹이 남유럽 재정위기의 여진으로 어려움을 겪고 있지만 지금까지 유럽통합은 정치·경제적 위기에 의해 문제가 표면화되면 이를 해결하고 통합을 더 공고히 하는 방향으로 전개되어 왔다. 당분간 유로존은 현 통화동맹의 제도적 결함을 보완하기 위하여 유럽재정안정기금의 조성 및 안정·성장협약의 실효성 강화에 집중할 것으로 전망된다. 장기적으로 유로존이 안정되면 유로화에 대한 신뢰성이 높아져 미달러화와 함께 세계기축통화로서 한 축을 담당할 것으로 전망된다.

이론과실제

세계 각 지역의 통화협력

유럽통화동맹에 자극을 받아 중남미 및 아프리카 지역에서도 표에서 보는 바와 같이 다양한 통화협력이 진행되어 오고 있다.

현존하는 통화동맹의 예

명 칭	성립시기	가맹국	공동통화	환율제도
서아프리카 경제통화동맹 (West Africa Economic and Monetary Union : WAEMU)	1994년	프랑스의 식민지였던 서아프리카의 7개국 (Benin, Burkina Faso, Côte d'Ivoire, Mali, Niger, Senegal, Togo)	CFA Franc	프랑스 프랑화에 페그시키다가 1999년 이후에는 유로화에 페그
중앙아프리카 경제통화공동체 (Central Africa Economic and Monetary Community : CAEMC)	1964년 창설된 중부아프리카관세경제동맹(UDEAC)이 1994년 해체되고 그 대신 설립	카메룬, 중앙아프리카공화국, 콩고, 가봉, 차드, 적도 기네 등 6개국	CFA Franc	프랑스 프랑화에 페그시키다가 1999년 이후에는 유로화에 페그
공동통화지역 (Common Monetary Area : CMA <일명, rand zone>)	1986년	남아프리카공화국, 스와질란드, 레소토, 나미비아	각국 통화가 존속하는 가운데 남아프리카공화국 통화인 rand를 공동 이용	각국은 rand에 페그(통화위원회제), rand는 역외통화에 대해 자유변동
동카리브해 통화동맹 (Eastern Caribbean Currency Union : ECCU)	1981년 동카리브해국가기구(Organization of the East Caribbean States) 창설, 1983년 단일 중앙은행인 동카리브해중앙은행(Eastern Caribbean Central Bank) 설립	카리브해의 8개 소국 (Anguilla, Antigua and Barbuda, Dominica, Grenada, Montserrat, St. Kitts and Nevis, St. Lucia, St. Vincentand Grenadines)	Eastern Caribbean Dollar	미달러화에 페그
유럽통화동맹 (European Monetary Union : EMU)	1999년	EU 소속 17개국 (본서 427쪽 참조)	유로(euro)	자유변동

자료 : 전승철(2003), 「동아시아지역 통화협력방안에 관한 최근 논의와 과제」, 금융경제연구 제150호, 한국은행 금융경제연구원.

15.3 동아시아 통화·금융협력

그동안 동아시아지역에서 경제협력은 주로 무역과 직접투자 측면에서 이루어지거나 논의되어 왔다. 그러나 유럽의 통화통합이 성공적으로 이루어지고 1997년 동아시아국가들이 외환위기를 겪으면서 역내 통화·금융협력에 대한 관심이 높아졌다. 한 동안 동아시아 통화·금융협력에 대한 논의가 활발히 진행되기도 했지만 역내국간 이해가 엇갈림에 따라 아직 실질적 성과는 매우 미흡한 것으로 나타나고 있다. 한편 남유럽 재정위기로 EMU가 구조적 결함을 보이면서 동아시아 통화협력에 대해 많은 시사점을 제공해 주고 있다.

(1) 협력의 필요성

외환위기의 전염 및 재발방지

동아시아국가들은 1997년 외환위기를 겪으면서 역내통화·금융협력에 대해 관심이 높아졌다. 외환위기의 발생요인중 하나가 1990년대 금융 및 외환자유화로 국제투기자본에 노출되었지만 이를 효율적으로 통제할 수 없었기 때문이다. 더구나 외환위기가 발생하여도 IMF와 같은 국제기구로부터 신속하고 진정한 지원을 받기가 어려웠다. 또한 1997년 태국에서 발생한 외환위기가 무역 및 금융경로를 통해 주변국으로 전염되는 결과를 초래하였다. 따라서 동아시아국가들은 대규모 국제투기자본의 공격으로부터 자신을 보호하기 위해서는 역내통화·금융협력을 통해 공동으로 대처하여야 할 필요성이 높아졌다.

안정된 환율제도의 필요성

동아시아국가들이 유지하였던 환율제도는 외환위기시 대외적 충격을 흡수하는 데 효과적으로 작동하지 못하였다. 실질적으로 많은 동아시아국가들이 미달러화에 연계시켜 환율제도를 유지하고 있었으나, 엔-달러환율의 급격한 변동이 아시아 통화와 엔화간 환율변동을 변동시킴으로써 금융위기를 야기하는 요인의 하나로 작용하였다.

반면 외환위기 이후 공통적으로 시도하였던 자유변동환율제도도 신흥시장국이 현실적으로 유지하기 어려운 환율제도이다. 신흥시장국은 금융규모가 작고 발전단계가 낮아 소규모 자본이동에도 환율이 크게 변동할 가능성이 높으며, 극심한 환율변동은 경제규모가 작고 대외의존도가 높은 동아시아국가에게 부정적 영향을 초래한다. 이에 따라 변동환율제도에 대한 대안으로서 역내국들이 기축통화에 대하여 공동보조를 취하는 역내 환율협력체제에 대한 관심이 높아지고 있다.

역내국간 환율정책협조

한편 수출주도형 경제성장전략을 추진해온 동아시아국가들은 무역구조의 동질성이 높아지면서 선진국 수출시장에서 경쟁이 심화되고 있다. 이로 인해 동아시아국가들은 자국상품의 가격경쟁력을 높이기 위해 자국통화가치를 경쟁적으로 저평가시키는 방향으로 환율정책을 운영할 가능성이 높다. 또한 금융시장의 개방으로 한 · 중 · 일간 상호증권투자가 투자상대국의 거시경제변수에 영향을 미칠 만큼 커졌다. 따라서 다른 국가가 금리나 환율에 영향을 주게 되면 대외경쟁력이나 거시경제여건을 왜곡시킴으로써 국가간 갈등을 야기할 수 있다. 이를 사전에 조정하거나 해소하기 위해 역내국간 환율정책협조의 필요성이 높아지고 있다.

유럽통화동맹에 대응

1999년 유럽통화동맹의 탄생도 동아시아지역에서 통화협력에 대한 관심을 고조시키는 요인으로 작용하였다. 동아시아지역에서도 역내무역 및 자본거래가 지속적으로 확대되는 추세를 보이고 있어 통화통합이 이루어진다면 경제적 편익이 클 것으로 기대된다. 또한 유로화의 출범으로 국제통화제도가 미달러화와 유로화로 재편되면서 국제통화질서의 형성과정에서 동아시아국가들의 이익이 소외될 가능성이 높다. 따라서 동아시아의 경제를 안정시키고 이익을 보호하기 위해서는 동아시아지역에도 공동으로 목소리를 낼 수 있는 지역적 통화 · 금융협력을 강화할 필요성이 높아졌다.

지역주의의 확산에 대응

EU, NAFTA 등 지역주의가 확산 · 심화됨에 따라 동아시아지역에서도 경제통합을 통해 역내국 이익을 보호하고 국제적 위상을 높여야 한다는 인식이 높아지고 있다. 동아시아지역은 역내국간 교역과 투자가 활발해지면서 역내교역비중은 매우 높아졌으나, 금융 · 자본시장의 미발달로 역내에서 자금의 조달과 운용이 원활하게 이루지지 않고 있다. 그러나 역내통화 · 금융협력은 역내금융 · 자본시장을 발달시켜 역내자본을 효율적으로 배분함으로써 역내경제성장에 기여할 것으로 기대된다.

(2) 협력 현황 및 논의내용

1) 현 황

동아시아지역에서 통화·금융협력에 관한 논의는 1990년대 들어 대두되기 시작하였으며, 1997년 외환위기를 겪으면서 유동성 지원을 중심으로 협력이 이루어지고 있다.

통화협력 논의의 대두

1997년 동아시아 외환위기 발생후 일본은 아시아통화기금의 창설을 제안하였으나 미국 및 IMF의 반대로 추진되지 못하였다. 1998년 일본은 보다 완화된 NMI(New Miyazawa Initiative)를 통해 150억달러를 조성하여 경제위기를 경험한 동아시아지역의 경제회복과 성장을 지원하겠다고 발표하였다. 일본은 한국, 인도네시아, 말레이시아, 태국, 필리핀, 베트남 등과 개별적 지원계약을 체결하였다.

1997년 11월 IMF 등 국제기구, 미국 등 4개 역외국가와 동남아 10개국은 동아시아지역 금융안정을 위한 **마닐라 프레임워크**(Manila Framework)에 합의하였다. 여기에는 IMF의 범세계적 감시기능을 보완하기 위한 지역감시 메커니즘 도입, 역내국의 금융제도 및 금융감독기능 강화를 위한 경제적·기술적 협력증진, 위기국에 대한 긴급금융지원제도 강화방안 마련, IMF의 재원을 보충하기 위한 협조융자계약의 체결 논의 등이 포함되었다.

CMI와 통화스왑협정

또한 ASEAN과 한·중·일은 1997년 12월 콸라룸푸르에서 ASEAN+3국 협의체를 형성하고 역내금융협력을 강화해 오고 있으며, 그 일환으로 2005년 5월 **치앙마이이니셔티브**(CMI; Chiang Mai Initiative)를 채택하였다. CMI의 주요 내용은 기존 ASEAN 국가간 **통화스왑협정**을 확대하고, 한·중·일과 ASEAN 중앙은행간 스왑 및 환매조건부거래 네트워크를 구축하여 외환위기시 약정금액 한도내에서 상대국으로부터 달러화를 지원받도록 하였다. 이와 함께 ASEAN+3협의체를 통해 역내 동향점검, 단기자본이동에 대한 공동모니터링, 위기에 대한 조기경보체제 개발 및 활동 등을 위한 역내정책협의 시스템도 구축하였다.

CMI의 다자화

한편 2008년 글로벌 금융위기를 계기로 ASEAN+3국 및 홍콩간에 양자간 통화스왑계약인 CMI를 다자화시키기 위한 논의가 빠르게 진행되었으며,

2010년 3월 모든 회원국을 포괄하는 금융안전망으로서 치앙마이이니셔티브 다자화(Chiang Mai Initiative's Multilateralization: CMIM)체제가 역내 유동성 공급기구로 출범하였다. 이어서 같은 해 5월 아세안 거시경제기구(ASEAN+3 Macroeconomic Research Office: AMRO)가 CMIM체제를 뒷받침할 아시아 지역 감시기구로 발족하였다. 2012년 5월에는 CMIM 협정 규모의 2배 확대(1,200억달러→2,400억달러), 위기예방 프로그램(Precautionary Line) 도입 등 CMIM 기능 강화 방안이 합의되었다. 나아가 2020년 9월에는 역내 회원국들의 달러 의존도를 낮출 수 있도록 역내통화(local currency)로도 자금을 지원할 수 있도록 하였다. 이처럼 CMIM은 IMF 대출제도를 보완하는 아시아 국가들의 역내 자력 위기대응 매커니즘 구축을 위해 꾸준히 발전해 오고 있다.

〈표 15-5〉 CMI분담금과 인출가능 금액

	한국	중국	일본	아세안	합계
분담금 규모	384억달러 (16.0%)	768억달러 (32.0%)	768억달러 (32.0%)	480억달러 (20.0%)	2,400억달러 (100.0%)
인출가능규모	384억달러	426억달러	384억달러	1,262억달러	2,456억달러

주 : 중국은 홍콩 포함(홍콩분담금 84억달러, 인출가능금액 84억달러)
자료 : 한국은행.

2) 논의내용

동아시아 외환위기와 글로벌 금융위기를 계기로 이후 동아시아지역에서 강력한 통화협력에 대한 필요성이 높아지고는 있지만 현재로서는 느슨한 형태의 유동성 협력체제를 마련하는 데 그치고 있다. 그러나 동아시아지역의 통화·금융협력 방안에 대한 논의는 아시아통화기금과 같은 유동성협력체에서 궁극적 통화협력체제인 통화동맹에 이르기까지 광범위하게 논의되고 있다.

① 유동성협력방안

1997년 9월 동아시아 외환위기시 일본이 IMF의 대응방식과 자금지원기능상에 문제가 있다고 보고 아시아통화기금(Asian Monetary Fund)의 창설을 제안하였으나 IMF와 미국이 즉각 반대함으로써 추진되지 못하였다. 그러나 아시아통화기금은 동아시아지역에서 외환위기 재발을 방지하기 위한 강력한 형태의 금융협력방안으로 계속 논의되고 있다.

아시아통화기금은 기본적으로 IMF와 유사한 기능과 역할을 담당하는 동아시아지역의 통화기금으로 설정되었다. 일본을 중심으로 동아시아국가가 출연하여 자금을 조성함으로써 동기금의 조직이나 운영에 있어서 외부의 간섭을 줄이고 자주성을 높인다는 것이다. 동기금은 외환위기의 예방을 위해 역내경제에 대한 조기경보체제 구축, 모니터링 실시 등 역내경제에 대한 상시감시체제를 구축·운영한다는 것이다. 아울러 역내경제의 상호의존성에 대한 분석과 이를 바탕으로 정책협력을 강화해 나간다는 것이다. 또한 외환위기의 효율적 관리를 위해 역내국으로부터 충분한 외환준비금을 갹출받아 기금을 조성하고, 이를 바탕으로 유사시에 대비하여 신속한 긴급자금지원체제를 구축하며 긴급자금지원과 연계된 정책권고안을 제안할 수 있도록 한다는 것이다.

이러한 아시아통화기금의 창설에 대하여 주장이 엇갈리고 있다. 아시아통화기금이 IMF의 긴급자금부족 문제의 해소, 채권·채무의 효율적 조정 등에서는 긍정적 역할을 할 것으로 기대되나, IMF기능과 중복, 추진주체의 불확실 등이 문제로 지적되고 있다.

② 환율협력방안

대외의존도가 높은 동아시아지역에서 근본적으로 외환위기를 예방하고 안정적 성장을 지속하기 위해서는 역내통화의 대외가치를 안정시키고 역내국간 경쟁적 평가절하를 방지하여야 한다는 기본시각에서 환율협력방안이 논의되고 있다. 환율협력방안으로 공동통화바스켓 페그제도, 아시아통화제도, APEC 공동통화단위 등이 논의되고 있다.

공동통화바스켓 페그제도

공동통화바스켓 페그제도는 미달러화, 엔화, 유로화 등 기축통화나 동아시아 역내국 통화로 구성된 **공동통화바스켓**을 구성하고, 역내국은 자국의 통화가치를 공동통화 바스켓에 연동시키는 것이다. 이와 관련하여 바스켓 통화의 선정, 가중치의 설정 등이 논의의 대상이 되고 있다. 이 제도는 역내환율은 물론 대외환율도 안정시킬 수 있으며 초국가적 기구 없이 개별국간 협력만으로 도입할 수 있는 장점이 있다. 그러나 이 제도는 구속력이 약하고 유동성

지원장치가 미흡하여 위기발생시 투기적 공격에 대응력이 취약하다는 단점이 있다.

아시아통화제도

아시아통화제도(Asian Monetary System)는 유럽통화제도(EMS)와 유사한 제도를 동아시아지역에서 구현해 보자는 것이다. 즉 역내통화로 구성된 공동통화바스켓을 구성하고 이를 대표하는 **아시아통화단위**(ACU : Asian Currency Unit)를 만든다는 것이다. ACU환율은 역외통화에 대해 자유롭게 변동되도록 허용되지만, 역내통화의 ACU에 대한 환율은 기준환율의 일정범위내에만 움직이도록 제한된다. 이 제도가 안정적으로 유지되기 위해서는 유럽통화제도와 같이 주도국의 존재가 필수적인데, 동아시아에는 이러한 주도국이 존재하지 않는다는 것이 큰 문제점으로 지적되고 있다.

APEC
공동통화단위의 도입

이러한 주도국 부재에 따른 아시아통화제도의 비현실적 문제를 해결하기 위해 APEC국가 통화로 구성된 바스켓을 구성하고 이를 바탕으로 **공동통화단위**를 창설하자는 주장이 제기되고 있다. 그러나 동아시아와 미국간 교역은 대부분 미달러화로 결제되는 현실에 비추어 볼 때 공동통화단위의 창설은 미국에 실익이 없기 때문에 미국의 동의를 이끌어내기가 어렵다는 점이 지적되고 있다.

③ 통화통합방안

통화통합방안은 역내통화의 대외가치 안정은 물론 역내통화간 경쟁적 평가절하를 근본적으로 방지하기 위해 엔화, 미달러화 등 기축통화를 역내 거래수단으로 도입하거나 새로운 공동통화를 창출하는 것을 말한다. 그동안 제시된 통화통합방안으로는 엔블록, 달러화통용제도 및 통화동맹 등이 있다.

엔블록

엔블록이란 엔화를 주요 결제수단으로 이용할 뿐만 아니라 엔화에 대한 페그제를 통해 엔화와 환율을 안정적으로 유지하는 일정그룹의 국가를 말함.

엔블록(Yen bloc)은 1970년대부터 국가간 동등한 입장에서 제기되었으며, 1997년 동아시아 외환위기후 일본을 중심으로 엔화의 국제화를 통한 엔블록 형성의 필요성이 다시 논의되기 시작하였다. 일본은 엔블록을 형성함으로써 경제의 안정화, 화폐주조차익, 일본금융기관의 국제금융중개업무 확대 등의 이점이 기대된다. 반면 역내에 다른 국가들은 정책수단으로서 독립적 통화정책과 환율정책을 포기하여야 한다. 이와 같이 엔블록의 이점은 주로 일본에 집중되는데 비해 비용은 주로 블록내 다른 국가가 부담하여야 하기 때문에 일본은 엔블록을 통한 엔화의 국제화에 적극적이나 다른 국가들은 소극적 태도를 견지하고 있다.

달러화통용제도

달러화통용제도는 본국통화의 사용을 폐지하고 외국화폐를 해당 국가의 법정통화로 지정하는 것을 말함.

달러화통용제도(Dollarization)를 도입하면 자산 및 부채의 표시통화가 미달러화로 단일화됨에 따라 투기적 공격 등에 의한 외환위기의 가능성이 낮아진다는 것이다. 이 제도는 주로 중남미국가에서 활발하게 논의되어 왔으며, 동아시아지역에서도 외환위기 이후 적정통화제도로서 일부에서 논의되고 있지만 매우 제한적인 수준에 머물고 있다.

통화동맹

통화동맹은 일반적으로 두 개 이상의 국가가 하나의 공동체를 형성하여 하나의 통화를 사용하면서 단일 통화정책을 수립·집행하는 것을 말함.

통화동맹은 EMU의 출범에 자극을 받아 학술적으로 활발하게 논의되고 있는 통화협력방안이다. 이와 관련하여 동아시아지역이 최적통화지역으로서 요건을 어느 정도 갖추고 있는가에 관한 분석이 주류를 이루고 있다. 그러나 동아시아지역에서는 정치적 여건이 결여되어 있고, 다양한 측면에서 이질성이 존재하고, 초국가적 기구의 구성 및 운영 경험이 없다는 점에서 실현가능성에 대하여 회의적 견해가 지배적이다.

(3) 협력의 여건 및 제약요인

1) 협력의 여건

앞에서 다룬 것과 같이 동아시아 통화 · 금융협력에 대한 필요성이 높아지고 있는 만큼 그 여건이 어느 정도 갖추어져 있는가를 역내자립도와 상호의존성의 측면에서 살펴보고자 한다.

① 역내자립도 측면

동아시아지역에서 통화 · 금융협력이 가능하기 위해서는 독자적으로 경제블록을 형성하고 지속적으로 성장이 가능해야 한다. 독자적 경제블록 형성의 가능성을 경제규모와 역외의존도 측면에서 파악하여 볼 수 있다.

지역경제규모의 확대

우선 ASEAN+3는 EU나 NAFTA에 상응하는 지역경제규모를 갖추고 있는 것으로 평가된다. 2012년중 ASEAN+3의 GDP는 시장환율에 의해 평가하면 약 17.7조달러로 NAFTA에 다소 못 미치지만 EU보다 큰 것으로 나타났다. 반면 구매력평가환율로 다시 평가하면 ASEAN+3의 GDP는 22.6조달러로서

〈표 15-6〉 세계 주요 경제블록의 비교 (단위 : 100만명, 1조달러)

구 분	ASEAN+3	EU27	NAFTA
인 구	2,162	509	468
GDP(시장환율기준)	17.7	16.0	18.7
GDP(구매력환율기준)	22.6	15.8	19.2
수출입액	8.9	4.6(9.9)	6.5
외환보유고	5.8	0.8	0.4

주 : 1) 2012년 기준통계.
2) ( )내는 역내수출입을 포함한 금액임.
자료 : CIA, World Factbook(www.cia.gov/cia/publications/factbook).

NAFTA나 EU를 능가하는 것으로 평가되고 있다. 또한 동아시아지역의 수출입규모는 8.9조달러로서 역내수출입을 포함한 EU에 다소 못 미치지만, NAFTA보다는 큰 것으로 나타났다.

역외의존도의 급속 감소

한편 동아시아지역은 역외지역에 대한 의존성이 급속히 감소되어 왔다. 과거에는 동아시아국가들이 미국 시장에 크게 의존했기 때문에 미국의 경제성장이 동아시아국가의 경제성장에 미치는 영향이 매우 컸다. 그러나 중국을 비롯한 동아시아국가들은 그동안 지속적 고도성장에 힘입어 내수시장이 커짐에 따라 미국에 대한 의존도가 크게 줄어들었다. 오히려 시간이 갈수록 동아시아 시장이 미국의 주요 수출시장으로 변모하면서 미국 경제성장에 동아시아국가의 영향력이 커지고 있다.

② 상호의존성 측면

동아시아지역에서 통화·금융협력의 여건을 앞에서 다룬 최적통화지역의 성립요건중 개방도와 역내경제의 상호의존성 측면에서 살펴볼 수 있다.

역내 상호의존도의 급증

우선 동아시아국가의 개방도는 2012년중 50.3%로서 EU보다는 못하지만, NAFTA보다는 훨씬 높은 것으로 나타났다. 동아시아지역의 역내교역비중은 2012년중 38.2%로서 EU의 64.8%보다는 낮았지만, NAFTA의 39.9%보다 높았다. 또한 최근 한·중·일 상호간뿐만 아니라 한·중·일 기업의 동남아 진출이 활발해지고 일어나고 있어 ASEAN+3의 역내직접투자 비중이 EU에는 못 미치지만 NAFTA보다는 훨씬 큰 것으로 추정되고 있다. 따라서 전반적으로

〈표 15-7〉 주요 경제블록의 개방도와 역내무역비중(%)

구 분	ASEAN+3	EU25	NAFTA
개방도	50.3	28.8(64.8)	29.7
역내무역 비중	38.2	64.8	39.9

주: ( )내는 역내수출입을 포함한 비중
자료: CIA, World Factbook(www.cia.gov/cia/publications/factbook).

동아시아지역은 다른 지역에 비해 무역과 투자 측면에서 상호의존성이 급속히 높아지고 있는 것으로 나타나고 있다.

2) 제약요인

외환위기 이후 동아시아지역에서도 역내통화·금융협력의 필요성이 크게 높아졌지만 실제로 추진성과는 매우 미흡하다. 이는 동아시아지역의 역사적·정치적 특성에 기인하는 것으로 풀이된다.

통화협력에 대한 인식부족

우선 외환위기 이후 역내통화·금융협력의 필요성에 대해 공감대가 형성되기는 했지만 일부 학자나 전문가에 국한되어 있고 일반국민이나 언론 및 정치인 등의 인식은 아직도 낮은 편이다. 또한 통화협력을 공감해도 적극적으로 추진하기 어려운 이유는 통화협력의 편익은 장기에 걸쳐 불확실하게 나타나는 반면에 이에 소요되는 정치적·경제적 비용은 단기에 집중적으로 나타나기 때문이다.

역사적 갈등과 협력경험 부족

또한 동아시아국가들은 역사적으로 억압·피억압 관계를 겪은 경우가 많고 평등한 입장에서 국가간 호혜적 협력체를 자주적으로 창설·운영해 본 경험이 거의 없다. 따라서 국가간 대립적 이해관계를 조정하면서 강력한 형태의 통화협력체를 추진하는 데에는 많은 시행착오와 정치적 비용이 소요되고 추진속도도 더디게 나타날 수밖에 없다.

정치·경제·문화적 다양성

동아시아지역은 정치체제, 인종, 언어, 문화, 경제적 발전단계 등 여러 측면에서 광범위하게 다양성이 존재한다. 특히 정치적 독립성에 대한 선호가 강하여 동일지역에 속해 있어도 정체성이 약하고, 보다 강력한 형태의 초국가적 협력체에 대한 컨센서스가 부족하다.

높은 역외의존도

이외에도 동아시아국가들은 미국 등 선진국에 대한 정치적·경제적 의존도가 높아 선진국과 국제금융기구의 간섭을 배제하고 독자적 지역통화체제를 구축하기 어려운 면이 있다. 또한 역사적 배경과 다양성을 극복하고 통합된 협력체를 탄생시키기 위해서는 역내 주도국의 강력한 리더십이 절대적으로 필요하나 역내 경제대국인 일본, 중국 등이 이러한 역할을 수행하지 못하고 있다.

요약

01. 최적통화지역이란 단일통화가 사용되기에 가장 알맞은 크기의 지역 – 즉 단일의 통화정책을 집행하기에 알맞은 크기의 지역을 말한다.

02. ① 역내국이 외부의 충격에 대칭적으로 반응할수록, ② 역내국간 생산요소의 이동이 자유로울수록, ③ 역내교역비중이 클수록, ④ 역내국간 정책목표가 유사할수록, ⑤ 역내국의 산업구조가 다변화되어 있을수록 최적통화지역을 형성하기에 유리하다.

03. 통화통합은 거래비용의 감소, 역내국간 무역 및 투자의 촉진, 물가안정 등의 편익이 있지만 독자적 통화정책 및 환율정책의 포기, 중앙은행의 최종대부자로서 기능 상실, 화폐주조차익 상실 등의 비용이 발생한다.

04. 1971년 브레튼우즈체제가 붕괴될 조짐을 보이자 EC국가들은 1972년 4월 역내통화간 환율을 안정시키기 위해 유럽공동환율제도(일명: 스네이크제도)를 도입하였으며, 1973년 3월 국제통화체제가 변동환율제도로 이행한 것에 맞추어 EC공동변동환율제도로 이행하였고, 미달러화의 지속적 불안으로 EC역내통화가 피해를 입게 되자 1979년 3월 유럽통화제도를 발족시켰다.

05. 1992년 2월 EC는 경제통화통합 및 정치통합을 추진하기 위해 유럽연합조약(일명, 마스트리히트조약)을 체결하였고, 1995년 단일통화의 명칭을 유로로 확정하였고, 1998년 유럽통화동맹에 참가할 11개국을 확정하였으며 1999년 유럽경제·통화동맹을 출범시켰다.

06. 유로화의 도입은 역내경제의 활성화와 건전화를 통해 국제통화로서 위상을 높이는데 기여한 것으로 평가된다. 그러나 2008년 글로벌 금융위기의 여파로 남유럽 재정위기가 부각되면서 유럽통화동맹은 구조적 결함을 나타내었다. 이에 대응하여 유럽연합은 재정안정화기금의 조성과 안정·성장협약의 실효성 강화를 통하여 유럽통화동맹을 제도적으로 보완해 나가고 있다.

07. 동아시아지역에서는 외환위기의 전염 및 재발방지, 안정된 환율제도의 구축, 역내국간 환율정책 협조, 유럽통화동맹의 출범 및 지역주의의 확산에 대응 등을 위해 역내통화·금융협력에 대한 필요성이 높아졌다.

08. 동아시아지역에서는 NMI(New Miyazawa Initiative), MF(Manila Framework), CMI(Chiang Mai Initiative) 등을 통해 역내국간 유동성지원 협력이 가시적 성과를 거두었다. 한편 동아시아지역의 통화·금융협력방안으로서 ① 아시아통화기금의 창설 등의 유동성 협력방안, ② 공동통화바스켓 페그제도, 아시아통화제도, APEC 공동통화단위 등의 환율협력방안, ③ 엔블록, 달러화통용제도, 통화동맹 등의 통화 협력방안 등이 다양하게 논의되고 있다.

09. 동아시아지역에서는 역내자립도와 상호의존성의 측면에서 볼 때 통화·금융협력의 여건은 충분히 조성되어 있으나 통화·금융협력에 대한 인식부족, 국제적 협력에 대한 역사적 경험의 결여, 정치·문화적 다양성, 정치적 자립도 및 리더십 부족 등으로 인해 제대로 추진되지 못하고 있다.

연습문제

01. 최적통화지역과 관련된 다음 물음에 답하시오.

(1) 최적통화지역의 개념과 최적통화지역이 통화통합에 대해 갖는 의미에 대하여 설명하시오.

(2) 최적통화지역의 성립요건에 대하여 설명하시오.

(3) 최근 동아시아지역이 최적통화지역의 요건을 갖추고 있는가에 대한 연구가 활발히 진행되고 있다. 이와 관련된 연구보고서를 찾아 이를 어떻게 평가하고 있는지에 대하여 알아보시오.

02. 미국은 51개 주로 구성되어 있다. 각 주를 하나의 독립된 경제단위라고 가정하고 다음 물음에 답하시오.

(1) 각 주는 매년 다른 주에 대하여 일종의 국제수지가 균형을 이루고 있는가에 대하여 설명하시오.

(2) 이들 주는 똑같이 미달러화를 사용하는 단일통화지역이다. 여기서 어떠한 문제가 발생하고 어떻게 해결되는가에 대하여 설명하시오.

03. 통화통합의 편익과 비용에 대하여 설명하시오.

04. 2008년 글로벌 금융위기의 여파로 2010년 남유럽국가들이 재정위기를 겪으면서 유럽통화동맹이 구조적 결함을 나타내었다. 이와 관련된 다음 물음에 답하시오.

(1) 남유럽의 재정위기가 왜 유럽통화동맹을 붕괴시키는 원인으로 작용할 수 있는가에 대하여 설명하시오.

(2) 유럽연합이 유럽통화동맹의 붕괴를 막기 위하여 취하고 있는 조치에 대하여 조사하여 보시오.

(3) 유럽통화동맹의 장래에 대하여 긍정적 측면과 부정적 측면으로 나누어 전망하여 보시오.

05. 1997년 외환위기 이후 동아시아지역에서도 통화협력방안의 하나로 통화동맹에 대한 논의가 이루어지고 있다. 유럽의 통화통합의 경험에 비추어 동아시아지역에서 통화통합의 여건과 전망에 관하여 설명하시오.

FOREIGN EXCHANGE

CHAPTER 16

자본자유화와 외환위기

자본자유화가 진전되는 가운데 크고 작은 외환위기가 지속적으로 발생함으로써 국제통화 및 금융질서에 적지 않은 혼란을 야기하였다. 1980년대 이전에는 외환위기가 경상수지 적자의 확대 등 기초경제여건의 악화로 발생하였으나, 1980년대 이후에는 자본자유화와 직결되어 있다. 특히 1997년 동아시아 외환위기와 2008년 글로벌 금융위기는 국제통화·금융질서에 적지 않은 충격을 주었으며, 이후 국제통화·금융개혁에 대한 논의가 활발히 이루어지게 되었다. 여기서는 먼저 자본자유화의 개념과 현황에 대해 다루고, 외환위기의 현상과 발생원인 및 진행과정에 관하여 살펴보고자 한다.

16.1 자본자유화의 개념과 현황

(1) 자본자유화의 개념과 영향

1) 자본자유화의 개념

자본자유화(Liberalization of Capital Movement)란 일국이 자본유출입에 대한 법적·제도적 제한을 인위적으로 완화 또는 철폐함으로써 자본이 국경의 장벽 없이 자유롭게 이동할 수 있도록 하는 일련의 조치를 말한다. 자본자유화는 방향에 따라 자본유출의 측면과 자본유입의 측면으로 나누어 볼 수 있다. 또한 자본의 성격에 따라 직접투자, 증권투자 및 기타투자로 나누어 볼 수도 있다.

금융 및 외환자유화의 수반

자본자유화는 거래의 속성상 외환이 개입되고 해당 국가의 금융규제와 직접 관련되어 있기 때문에 외환자유화 및 금융자율화와 병행하여 추진된다. 우선 국가간 자본이동은 외환을 매개로 하여 일어나므로 자본자유화는 외환자유화를 수반하게 된다. 또한 자본자유화는 외국과 자본이동을 자유롭게 함으로써 내외금리차를 축소시킬 뿐만 아니라 자본시장의 통합을 통해 내외금융시장간 경쟁을 촉진함으로써 국내금융부문을 발전시킨다. 반면에 국내금융규제의 완화는 외국 금융기관의 진출을 촉진함으로써 자본이동을 활성화시킨다. 이와 같이 자본자유화는 외환자유화 및 금융자율화와 상호보완적 측면에서 병행하여 추진하게 된다.

2) 자본자유화의 영향

① 긍정적 측면

자본의 효율적 배분

우선 자본자유화는 자본의 배분과정에서 금융시장의 역할을 강화시킴으로써 자본을 효율적으로 배분시킨다. 재무관리자는 자금조달시장이 국내외로 넓어져 해외시장에서 낮은 금리로 자금을 조달할 수 있게 되면 차입비용을 절감할 수 있다. 반면 투자자로서는 수익률이 높은 해외시장에서 자금을 운용하게 되면 더 높은 수익을 얻을 수 있다. 이와 같이 자본이동은 국가간 자본을 효율적으로 배분시킴으로써 궁극적으로 세계후생을 증진시킨다.

국내금융의 효율성 제고

자본자유화는 내외금융시장간 경쟁을 촉진함으로써 국내 금융기관 및 금융제도의 효율성을 높인다. 자유로운 자본이동은 자금의 조달과 운용과정에서 내외금융기관간 경쟁을 유발함으로써 금융기관의 경영효율성을 제고한다. 또한 정부는 국내금융기관의 경쟁력을 강화시키기 위하여 금융제도를 개편함으로써 효율성을 높이게 된다.

시점간 소비의 효율적 배분

자본자유화는 시점간 소비(inter-temporal consumption)를 효율적으로 배분함으로써 사회후생을 증가시킨다. 국제자본이동은 투자국과 피투자국간 현재소비와 미래소비를 교환하는 것을 의미한다. 즉 투자국은 현재소비를 늦추어 미래소비를 선호하는 것이고, 피투자국은 미래소비를 앞당겨 현재소비를 선호하는 것을 말한다. 이러한 국제자본이동은 소비자로 하여금 시점간 최적 소비를 가능하게 함으로써 세계후생을 증가시킨다.

투자위험의 분산

또한 자본이동은 국제적 분산투자를 가능하게 함으로써 투자자의 위험을 감소시킨다. 투자자는 국내금융자산뿐만 아니라 해외금융자산도 포함하여 포트폴리오를 구성하게 되면 기대수익률을 희생하지 않고도 위험을 감소시킬 수 있게 된다. 다시 이야기하면 투자자로서는 자본이동전과 똑같은 위험 아래서 더 높은 수익률을 얻을 수 있게 된다.

② 부정적 측면

실물경제의 왜곡

국내경제의 제반 여건이 제대로 갖추어지지 않은 상태에서 자본자유화가 이루어지게 되면 외국인에 의한 국내기업의 지배, 시장잠식 등 부정적 결과를 초래할 수 있다. 특히 자본의 빈번한 유출입은 환율의 변동성을 확대시키고 국제수지를 교란시킴으로써 국내실물경제를 왜곡시키고, 나아가 기초경제여건이나 금융기반이 취약한 경우에 외환위기를 불러일으킬 수도 있다.

통화 및 금융시장의 교란

일반적으로 개발도상국은 국내금리가 상대적으로 높기 때문에 자본시장을 개방하게 되면 해외로부터 자본이 유입된다. 만약 고정환율제도를 채택하고 있다면 자본유입은 국내통화량을 증가시켜 인플레이션을 유발한다. 인플레이션에도 불구하고 환율을 인상하지 않고 그대로 유지하게 되면 국내통화가 고평가되어 자국상품의 가격경쟁력이 약화되기 때문에 국제수지가 악화된다. 또한 자본유입에 의한 국내통화량 증가는 물가상승뿐만 아니라 주식, 부동산 등 자산가격도 상승시킨다. 그러나 국제수지 악화 등으로 기초경제여건이 악화되거나 자산가격이 외국투자자의 기대에서 벗어나 급격한 자본유출이 발생하면 외환·금융위기로 발전하게 될 수도 있다.

환율과 국제수지의 교란

자본의 빈번한 유출입은 변동환율제도에서 적지 않은 부작용을 초래한다. 우선 환율의 급격한 변동은 수출입기업이나 해외투자·차입자에게 불확실성과 환위험을 증가시킴으로써 경상 및 자본거래를 위축시킨다. 또한 환율의 급격한 변동은 수출산업과 내수산업간 불필요한 자원이동을 초래함으로써 자원배분의 왜곡과 낭비를 초래한다. 나아가 단기 투기성자금의 빈번한 유출입은 환율과 국제수지를 교란시키고, 국내경제여건이 성숙되지 않은 상태에서는 외환·금융위기를 불러일으킬 수도 있다.

(2) 자본자유화의 현황과 평가

1) OECD회원국의 자본자유화[1)]

OECD는 1961년 20개 국가를 회원국으로 출범하였으며 1960년대말과 1970년대초 일본과 핀란드, 호주, 뉴질랜드를 회원국으로 받아들였고, 다시 1994년 멕시코를 시작으로 체코, 헝가리, 폴란드, 한국, 슬로바키아를 회원국으로 받아들였음.

제2차 세계대전후 자본자유화는 유럽경제협력기구(OEEC)를 개편하여 1961년 발족된 OECD(Organization for Economic Cooperation and Development)를 중심으로 추진되어 왔다. 특히 OECD가 자본자유화를 촉진하기 위해 도입한 「자본이동자유화 규약(Code of Liberalization of Capital Movement)」은 자본이동에 관한 유일한 국제규범으로 인정받고 있다. OECD회원국의 자본자유화 경험을 기존회원국과 1990년대 가입한 신규회원국으로 나누어 살펴본다.

① 기존회원국의 자유화 경험

자유화의 이행

기존 OECD회원국들은 비교적 장기간에 걸쳐 자본자유화를 확대하여 왔는데 그 과정에서 진퇴를 거듭하였다. 1980년대 이전까지는 석유파동에 의한 스태그플레이션과 국제수지 불균형 등으로 자본거래의 자유화를 실행한 국가

1) 권태균, "OECD회원국의 자본자유화 경험", 「OECD FOCUS」, 2002년 11월호, 대외경제정책연구원, 2002.

가 거의 없었다. 오히려 세이프가드조항을 이용함으로써 미국, 영국 등은 자본유출을 막기 위해, 독일, 일본 등은 자본유입을 막기 위해 자본이동 자유화에 관한 규약으로부터 일탈조치를 발동하기도 하였다.

1990년대 중반 일부 회원국의 유일한 제한은 운송업에 대한 외국인직접투자와 외국인의 부동산 취득, 금융서비스분야에서 보험, 유가증권 인수, 지사와 사무소 설립에 관한 조건부과 등에 한정됨.

1980년대 들어 프랑스, 스칸디나비아국가, 스페인 등이 일방적으로 외환통제조치를 취하기도 했지만, 대체로 1979년 영국이 외환규제의 전면적 철폐를 선언하고 1980년대 중반 EU의 시장통합이 본격적으로 추진되면서 자본자유화가 진지하게 논의되기 시작하였다. 이에 따라 1992년 국경간 금융서비스와 단기자본이동에 대한 규제의 철폐를 주요 내용으로 하는 자유화규약 개정안이 채택되었다. 이를 계기로 그리스와 아이슬란드를 제외한 대부분의 기존회원국이 자본이동에 관한 모든 차별적 규제를 철폐하였다.

자유화의 속도

기존 OECD회원국들의 자유화조치의 속도와 유형은 국가마다 개방에 대한 인식이 달라 커다란 차이를 보였다. 일본, 프랑스, 스칸디나비아국가들은 점진적으로 개방조치를 취하였다. 반면 캐나다는 1951년에, 독일은 1958년에 모든 자본시장을 개방하였다. 영국은 1979년에 모든 외환규제를 철폐하였고, 이는 1980년대초 호주 및 뉴질랜드의 자본자유화를 촉진하였다.

이러한 개방화추세는 1980년대 중반 이후 점진적 시장개방조치를 취해온 국가들의 개방기간을 단축시키는 데 많은 영향을 미쳤다. 즉 스칸디나비아국가, 프랑스 등은 비교적 짧은 기간 동안에 자본시장 개방조치를 완료하였다.

자본자유화의 유형별 순서

점진적 개방조치를 취한 국가들은 대개 변동성이 낮은 거래와 일반 기업활동에 직접적으로 필요한 분야부터 개방하였다. 즉 증권투자보다 직접투자를 먼저 개방하고, 일반 금융거래보다 무역신용을 먼저 자유화하였다. 또 주식거래가 채권거래보다 먼저 자유화되고, 채권중에서는 단기금융증권보다 장기채권의 발행이 먼저 허용되었다.

이러한 전통적인 순차적 개방은 영국과 같이 빅뱅식 개방조치를 취한 국가에게 더 이상 문제가 되지 않았을 뿐만 아니라 1980년대 들어 자유화가 가속화되면서 단계적 자유화를 택한 국가에게는 잘 적용되지 않았다. 이는 파생금융상품의 개발 등 금융시장과 금융공학의 발달로 자본거래의 유형이 그 의미를 상실하였기 때문이다. 예를 들어 터키는 직접투자와 증권투자를 동시에 자유화하였고, 스웨덴은 단기재무성증권과 장기국채를 동시에 개방하였으며,

이탈리아와 아일랜드는 주식과 채권을 함께 자유화하였다.

외환통제의 실효성

1970년대에 일부 OECD회원국은 이미 외환통제의 실효성이 제한적이라는 것을 자각하였다. 독일과 스위스는 자본유입을 외환통제로 막아보려 했으나 실패하고, 오히려 자국통화의 강세를 허용함으로써 자본유입을 완화할 수 있었다. 또 미국도 1967년부터 1973년까지 자본유출을 막기 위해 외환통제를 실시하였으나 결국 포기하고 말았다.

1980년대초에는 모든 회원국이 경험을 통해 외환통제가 막대한 경제적·행정적 부담만 초래할 뿐이고 실효성이 별로 없다는 것을 알게 되었다. 우선 시장참여자의 규제회피 동기가 강할 때는 외환통제가 실효를 거두지 못했는데, 통화가치가 불안정한 시기일수록 이러한 회피 동기가 강하였다. 또한 외환통제가 계속 유효하기 위해서는 우회수단을 최대한 줄여야 하는데, 이를 위해서는 일반기업의 정상거래와 합법적 위험회피행위에 대해 정부의 간섭이 불가피하였다. 그리고 규제가 지속되면 결국 시장에 의해 규제회피수단이 개발됨으로써 장기적으로 우회수단이 확대되는 결과를 낳았다. 결국 외환통제에 대한 실효성 감소는 1980년대 들어 자유화 조치를 급속히 추진하는 원인으로 작용하였다.

② 신규회원국의 자유화 경험

자유화의 속도

기존회원국들은 대체로 장기에 걸쳐 점진적 금융규제완화 등과 병행해 가면서 자본자유화를 추진하였던 반면에 신규가입국은 훨씬 짧은 기간 동안에 자유화 조치를 취하였다. 특히 동유럽 4개국은 불과 10년 동안에 상당한 자유화 조치를 취하였으며, 이 중에서 체코와 헝가리는 완전한 자유화를 이루었다. 여기서 중요한 사실은 신규회원국들이 OECD 가입후 경제위기 등 상당한 어려움을 겪었음에도 불구하고 어느 국가도 인정된 일탈절차를 활용하여 다시 규제조치를 취한 국가가 없었다.

외국인직접투자의 자유화

신규가입국의 직접투자에 대한 제한은 외국자본에 의해 주요 국내산업이 지배될 것이라는 우려에 기초하고 있다. 동유럽국가들은 가입 당시부터 교통, 통신 등 일부 전략분야를 제외하고 사실상 거의 차별을 하지 않았다. 이는 국내산업의 보호보다는 외국자본의 신속한 도입을 통해 국내산업의 발전을 도모하고 선진기술의 습득이 더 시급했기 때문이다. 우리나라는 OECD가입후 투자환경을 크게 개선하였지만 아직 군수산업에 대한 투자허가제, 민영화대상 공기업에 대한 외국인지분 제한 등은 유지하고 있다.

금융시장 개방

체코를 제외한 동유럽국가의 금융시장 개방은 가입 이전부터 상당한 수준에 도달해 있었다. 헝가리는 가입 이전부터 추진한 금융기관 개혁 및 신속하고 과감한 민영화 조치에 힘입어 이미 1996년 주요 은행에 대한 민영화 조치가 완료되어 있었다. 폴란드도 성공적 은행개혁조치에 힘입어 가입이전에 이미 상당한 수준의 민영화와 외국인 참여가 이루어졌으며, 이를 바탕으로 1990년대 후반 집중적으로 외국인투자를 유치할 수 있었다. 당초 금융시장개방이 부진했던 체코도 지금은 상당히 민영화가 진전되었고 외국인에 의한 지분소유도 대폭 확대되었다.

멕시코는 외환위기의 재발로 금융업에 대한 자본금확충의 필요성이 대두됨에 따라 외국인의 신규참여를 대폭 허용하게 되었다. 우리나라도 외환위기를 겪으면서 금융규제를 대폭 완화하게 되었는데 1998년에 은행과 증권업에 대한 진출이 100% 허용되었고 외국인의 현지법인 설립과 적대적 합병·인수도 허용되었다.

다른 자본계정의 자유화

신규가입국들은 단기자본의 유출입이 외환시장에 미치는 충격을 완화하거나 취약한 국내투자자를 보호하기 위해 단기차입거래, 파생금융상품거래, 예금거래 등에 대해서 가입 당시 유보를 가지고 출발했다. 우리나라와 체코는 환투기방지와 지나친 자본유출입의 위험을 고려하여 외환관리법 개정과정에서 이에 대한 대비책을 반영하기도 하였다. OECD도 과도한 통화가치의 변동이나 급격한 외환보유액의 고갈 등 일시적 충격에 대비할 수 있도록 하기 위해 위험한 거래에 대해 융통성을 부여하고 일시적 일탈절차를 규정하고 있다.

2) 자본자유화에 대한 평가

OECD는 회원국들이 자본시장개방에 대한 경험을 정리하여 「자본자유화 경험보고서(Forty Years' Experience with the OECD Code of Liberalization of Capital Movement)」를 2002년 발표하였다. 이 보고서는 자본자유화의 이점과 위험요인을 분석하여 다음과 같은 결론을 내리고 있다.

이론과실제 우리나라의 자본자유화 추이와 현황

우리나라의 자본자유화는 정부가 1960년 1월에 조세감면 혜택의 부여, 원금회수 및 과실송금의 보장 등을 주요 내용으로 하는 「외자도입촉진법」을 제정하여 외국인직접투자를 허용하면서 시작되었다. 그러나 외국기업의 국내산업 지배, 국가경제의 외국자본 의존도 심화 등 부정적인 인식 때문에 외국인직접투자는 1970년대말까지 활발하지 못하였다.

1980년대에 들어 개방정책의 추진과 함께 자본자유화가 점차 확대·추진되었다. 외국인의 증권투자는 1981년 10월 투자신탁회사의 외국인 전용 수익증권의 발행 허용, 1984년 6월 외국투자 전용 회사의 국내증권 매매 허용 등을 통해 간접적인 방식으로 추진되었다. 1984년 7월에는 외국인직접투자 허용 업종이 크게 확대되었다.

이후 1992년 주식시장의 부분적인 개방에 이어 1996년 12월 OECD 가입과 1997년 12월말 외환위기를 계기로 자본자유화가 본격적으로 추진되었다. 특히 외환위기 이후 외환보유액의 확충이 국가의 최우선 과제로 대두되면서 외국자본을 유치해야 할 필요성이 크게 높아졌다. 이에 따라 정부는 1997년 12월말과 1998년 5월 외국인 채권 및 주식투자 한도를 각각 폐지하고, 1998년 9월 외국인직접투자를 단순 신고제로 전환하는 등 외국인의 직접 및 간접투자를 사실상 완전자유화하였다.

한편 거주자의 해외증권투자는 1985년 증권사에 대해 국내법인이 해외에서 발행하는 외화표시채권 등의 인수를 허용하면서 처음 시작되었다. 이후 투자기간과 투자대상증권의 범위는 점차 확대되었다. 1994년에는 일반투자가의 외화증권투자 한도가 폐지되고 투자대상 외화증권 범위도 확대되었다.

1999년 4월 정부는 외환 및 자본거래에 관한 법체계를 종전에 거래를 규제하고 관리하던 체제에서 거래의 자유를 보장하고 시장기능을 활성화하는 방향으로 전면 개편하였다. 1962년부터 시행되어 온 「외국환관리법」을 폐지하는 대신 1999년 4월부터 「외국환거래법」을 시행하였다. 이에 따라 국내기업 및 국내기관의 대외영업활동과 관련된 대부분의 외환거래가 자유화되었다. 아울러 자본거래에 대한 규제방식은 종전의 '원칙규제·예외자유 체계'(positive system)에서 자본거래를 포함한 모든 외환거래를 원칙적으로 자유롭게 허용하되 필요한 부분만을 예외적으로 규제하는 '원칙자유·예외규제 체계'(negative system)로 전환되었다. 이와 함께 자유화조치에 따른 급격한 외환의 유출입 발생가능성 등 유사시에 대비하기 위한 장치가 갖추어졌다. 즉 가변예치의무제도, 자본거래허가제, 지급수단의 보관·예치·매각 의무 부과 등 외환집중제, 대외지급 또는 영수의 일시정지 등의 안전장치를 운용할 수 있는 제도적 근거가 마련되었다.

이후 외환 및 자본거래 자유화의 조치는 국내기업, 금융기관 및 개인의 해외투자를 중심으로 단계적으로 확대되었다. 주요내용을 살펴보면 2001년 1월에 여행경비, 해외이주비, 해외예금의 한도 폐지 등 개인의 외환거래가 자유화되었다. 2005년 6월에는 경상수지 흑자가 지속됨에 따라 외환의 공급과잉 현상을 해소하고 여유 외환을 활용한 국내기업의 해외진출을 촉진할 필요가 있었다. 이에 따라 비금융기관의 금융·보험업 건별 투자한도 폐지, 자산운용사 등의 부동산 취득제도 개선 등 해외투자 활성화 방안이 시행되었다.

2006년 1월 「외국환거래법」 부칙 제2조에 의거해 자본거래 허가제 적용시한(일몰조항)이 만료됨에 따라 자본거래중 남아 있던 허가사항이 모두 신고사항으로 전환되었다. 이와 함께 거주자의 해외투자를 활성화하기 위한 조치가 추가로 실시되었다. 2006년 1월 개인의 해외직접투자 및 거주자의 해외부동산 취득 규제가 완화되고, 2006년 3월 일반투자가의 투자대상 외화증권의 범위 제한이 폐지되었다. 2008년 6월 투자목적 해외부동산 취득한도도 폐지되었다.

한편 2006년 1월 자본거래 허가제의 적용시한 만료 이후 한국은행 앞 신고사항도 점진적으로 외국환은행으로 이관되거나 신고대상에서 제외되었다. 이에 따라 신고대상 거래종류는 지속적으로 축소되었다. 2006년 5월 정부는 외환·자본자유화계획을 당초 계획보다 앞당겨 추진하기 위해 「외환자유화 추진방안」을 발표하였다. 이 방안에 따라 원화의 국제화, 내국인의 해외투자 등 외환거래의 자유화, 외환시장의 선진화 등을 단계별로 추진하였다. 이 과정에서 2008년 9월 글로벌 금융위기가 발생함에 따라 계획된 일부내용의 추진이 잠정 중단되었고 그 상태가 현재까지 이어지고 있다.

2010년 12월말 현재 외국환거래법상 남아 있는 신고대상 자본거래의 종류는 거주자의 외화자금 차입 및 외화증권 발행, 비거주자의 거주자로부터 증권 취득, 파생상품거래 등 14가지다.

「외국환거래법」상 잔존 신고(또는 신고 수리)대상 자본거래(2010년말 현재)

1. 국내 및 해외 예금·신탁거래
2. 거주자의 외화자금 차입, 외화증권 발행
3. 거주자의 비거주자에 대한 대출거래
4. 채무보증 계약
5. 대외지급 수단, 채권 기타의 매매 및 용역계약
6. 파생상품거래
7. 거주자의 비거주자로부터 증권 취득
8. 비거주자의 거주자로부터 증권 취득
9. 거주자의 외국부동산 취득
10. 비거주자의 국내부동산 취득
11. 기타 자본거래
12. 역외금융회사
13. 해외지점에 대한 영업기금 지급
14. 해외지점의 제한된 영업활동

그러나 이러한 외국환거래법의 규정과는 달리 경제협력개발기구(OECD)의 자본자유화 항목 가운데 7개 항목은 「외국인투자촉진법」, 「자본시장과 금융투자업에 관한 법률」 및 「보험업법」에 의거해 아직 규제를 받고 있다.

「OECD 자본이동 자유화 규약」상 규제가 남은 자본거래(2010년말 현재)

분류항목[1]		거래종류	규제 내용
List A	I/A	직접투자	외국인직접투자 업종 제한
List B	III/B1	부동산 거래	국내보험사의 외국부동산 취득 제한(자산의 30% 이내)
List A	IV/C1	증권거래	비거주자의 공공적 법인주식 취득시 취득비율 제한
	IV/D1	증권거래	국내보험사의 외화증권투자 제한(자산의 30% 이내)
List B	V/D1	단기금융 상품거래	국내보험사의 외국단기금융 상품투자 제한(자산의 30% 이내)
List A	VII/D 1	집합투자	국내보험사의 외국집합투자 증권[2] 투자 제한(자산의 30% 이내)
List B	XI/B2	예금거래	국내보험사의 해외예금거래 제한(자산의 30% 이내)

주: 1) List A는 자유화이후 재유보가 불가능하나 List B는 경제여건에 따라 재유보 가능
2) 외국의 집합투자기구(펀드)에 대한 출자지분 또는 수익권이 표시된 증권
자료: OECD, OECD Code OF Liberalisation of Capital Movements, 2010, pp.94~97.

이와 같이 자본거래가 거의 대부분 자유화됨에 따라 현재 우리나라의 자본자유화 정도는 선진국 수준에 근접한 것으로 평가된다. 외환자유화의 국제규범에 해당되는 「OECD 자본이동 자유화 규약(OECD Code OF Liberalisation of Capital Movements)」에 따른 자본자유화 지수로 비교해 보면 우리나라의 자본자유화 지수는 2009년 현재 90.9%로 34개 OECD국가 전체 평균과 비슷한 수준이고 개별 국가로는 중간 수준인 18위를 보였다. 그러나 자유화된 항목중 상당 부분에 대해 절차적 규제가 남아 있는 점을 감안하면 실질적인 자유화 정도는 이 지수보다 다소 낮을 것으로 짐작된다.

「OECD 자본이동 자유화 규약」에 의거한 자본자유화 수준(2009) 비교(%)

	한국	OECD[1]	신흥국[2]	미국	일본	EU	멕시코	폴란드
전체[3]	90.9	90.3	86.5	94.9	84.8	90.4	85.9	85.9
A List	89.1	90.0	87.0	90.9	85.5	90.5	85.5	87.9
B List	93.2	90.7	86.0	100.0	84.1	90.2	86.4	84.1

주: 1) 우리나라 제외, 2) OECD국가 중 터키, 멕시코, 체코, 헝가리, 폴란드, 슬로바키아, 3) 「OECD 자본이동 자유화 규약」상의 92개 (소분류) 항목별로 유보조항이 있으면 0, 유보조항이 없으면 1을 배정하는 'on/off' 방법으로 평가. 우리나라의 경우 외환거래 신고사항은 유보사항이 아닌 것으로 처리
자료: OECD(2010); 오정렬, "우리나라 외환자유화의 현주소와 향후 과제", 한은 금요강좌, 한국은행, 2010.8.

자료 : 안병찬, 「글로벌 금융위기 이후 외환정책」, 한나래플러스, 2011, 212~217쪽에서 발췌하여 인용.

자본자유화에 대한 긍정 평가

첫째, 자유시장경제체제에 있어서 자본자유화가 주는 혜택과 이점은 대단히 높다고 평가하고 있다. 경쟁을 통해 경제전반의 효율성을 제고하고, 세계적 차원에서 자원을 효율적으로 배분하며, 유동성을 안정적으로 공급하고, 투자처의 다양화를 통해 위험을 분산시키는 기회를 제공하며, 거시경제운영에 대한 공정한 시장신호를 제공한다는 것이다.

자본자유화 후퇴 국가 없음

둘째, 자본자유화를 가속화한 기존회원국은 물론 최근 심각한 경제위기를 경험한 신규가입국중 어느 국가도 1990년 이후 외환통제 등 이미 취한 자본자유화 조치를 뒤집는 조치를 선택한 국가가 없다는 점이다. 이는 시장경제원리에 입각한 개방과 경쟁이 중장기적으로 가장 안정된 해결방안임을 반증한다는 것이다.

선결요건의 충족 필요

셋째, 자본자유화는 이에 따른 위험을 최소화하기 위해 몇 가지 선결요건이 필요하다는 것이다. 이러한 요건으로는 거시경제의 건실한 운영, 금융시장의 건전한 경쟁기반 구축, 금융기관의 위험관리 대비태세, 감독기관의 건전성 감독능력 등을 들 수 있다. 기존회원국은 대체로 이러한 요건을 갖춘 상태에서 개방을 추진하여 위기 대응력을 지니고 있었던 반면에, 신규가입국은 이를 갖출 충분한 시간을 갖지 못하고 개방과 국내체제의 정비를 동시에 추구하는 급속한 개혁을 선택할 수밖에 없었다. 그러나 이것을 일부 신규가입국이 겪은 경제위기의 원인으로 단순히 연결시킬 수는 없다는 것이다. 왜냐하면 위기의 원인이 국가마다 다르고, 또 어떠한 사전조치에도 불구하고 위기가 발생할 수 있고, 상당한 정도의 내부 준비가 되었던 기존회원국도 위기를 피하지 못하였기 때문이다.

금융시장발달과 대외개방순서 무관

넷째, 자본자유화의 위험에 대한 원인분석에서 국제적으로 널리 거론된 대외개방의 순서에 대해 명쾌한 결론을 내리기가 쉽지 않다는 것이다. 개방순서에 관한 일반적 이론은 직접투자와 증권투자를 우선적으로 자유화하고, 단기차입시장과 예금, 파생금융상품시장 등을 마지막으로 자유화하는 것이 바람직하다는 것으로 알려져 있다. 그러나 최근과 같이 금융시장이 발달한 상황에서는 이러한 구분도 모호해져서 단기차입도 차환에 의해 장기화될 수 있고, 안정적이라는 직접투자도 담보부증권의 시장매각에 의해 얼마든지 유동화될 수 있다는 것이다.

단기자본이동 제한의 실효성 불명확

다섯째, 외환위기 대처방안의 하나로 일부 국가에서 시행하고 있는 단기자본이동에 대한 제한은 OECD국가의 경험에 비추어 볼 때 실효성이 문제가 되지만 명확한 결론을 내리기가 어렵다는 것이다. 다만 자본유출에 대한 규제는 우회수단이 동원됨으로써 실효성이 약하지만 자본유입에 대한 규제는 상대적으로 특정한 상황에서 효과가 있을 수 있다는 것이다.

16.2 외환위기의 개념과 전염효과

(1) 외환위기의 개념 및 금융위기와 관계

1) 외환위기의 개념과 측정

외환위기(exchange crisis 또는 currency crisis)란 기초경제여건의 악화나 자국통화의 대외신인도 하락으로 짧은 기간 동안에 자국의 통화가치가 급락하는 과정에서 중앙은행의 외환보유액이 고갈되어 더 이상 자국통화가치의 하락을 억제하지 못하는 현상을 말한다. 외환위기는 1970년대 이전에는 경상수지 적자가 확대되면서 발생하였으나, 1980년대 이후에는 금융 및 자본자유화가 진전되면서 환투기 세력이 절하가 예상되는 통화를 집중적으로 투매함으로써 발생하는 경향이 많아졌다.

외환위기의 측정

외환위기의 정도를 측정하는 방법은 외환위기가 발생하면 외환보유액이 급감하거나 환율이 급등한다는 점에 착안하여 외환보유액 및 환율의 변동 정도를 지수화하는 방법이 널리 이용되고 있다. 이 중 대표적인 것으로는 표준화된 외환보유액과 환율의 전월 대비 변동률을 단순평균하는 방법이 있다. 이때 Eichengreen, Rose and Wyplosz(1995)는 외환보유액과 환율변동을 정규분포화하여 구한 단순 평균치가 3을 상회할 경우 외환위기라고 규정하였다.

2) 외환위기와 금융위기간 관계

외환위기는 금융 및 자본자유화가 미미하였던 1970년대까지는 주로 경상

금융위기란 금융기관의 폐쇄, 합병, 인수 등을 초래하는 대규모 예금인출사태가 발생하거나 이에 대하여 대규모 정부지원이 이루어지는 경우를 말함.

수지 적자 등 기초경제여건의 악화로 발생하였다. 그러나 1980년대 이후 금융 및 외환규제의 완화 및 철폐로 국가간 자본유출입이 빈번해지면서 외환위기가 크게 늘어났다. 특히 금융의 범세계화가 빠른 속도로 진행되면서 외환위기가 **금융위기**(financial crisis)와 함께 발생하는 등 다양한 형태를 띠고 있다.[2)]

금융위기 → 외환위기

외환위기와 금융위기의 관계를 발생순서에 따라 구분하여 살펴보면 다음과 같다. 우선 금융위기가 외환위기를 초래하는 경우이다. 중앙은행이 금융기관의 파산을 막기 위해 통화를 증발하거나 예금인출사태에 대응하여 공적자금을 투입하면 통화의 초과공급이 이루어진다. 이러한 통화의 초과공급은 인플레이션에 의한 통화가치의 하락이 예상됨에 따라 투기세력에 의해 투매현상이 발생하면서 외환위기로 진전된다는 것이다. 또한 금융시스템이 취약한 국가에서 금융위기가 발생하면 국내자산을 해외자산으로 전환하려는 움직임이 커지면서 외환위기가 초래된다고 보고 있다.

외환위기와 금융위기 동시발생

한편 외환위기와 금융위기가 동시에 발생하는 경우이다. 즉 금융자유화 등으로 금융기관이 해외단기차입에 과도하게 의존하는 경우 신인도 하락으로 만기 연장이 거부되면 국제유동성이 부족해지면서 외환위기와 금융위기가 동시에 발생한다는 것이다. 또한 환율조정을 통해 물가안정을 취하는 국가에서는 은행신용 및 해외차입으로 초과수요가 발생하여 물가가 상승하게 되면 통화가치 하락에 대한 기대로 투기적 공격이 발생하면서 외환위기와 금융위기가 동시에 발생한다는 것이다.

외환위기 → 금융위기

마지막으로 외환위기가 금융위기를 초래하는 경우이다. 즉 외환시장에서 투기적 공격에 예금통화가 이용되는 경우 예금인출에 따른 유동성 부족으로 금융위기가 초래된다는 것이다. 또한 외환포지션, 자산 · 부채 듀레이션의 측

2) 은행 및 외환위기 발생사례에 대한 분석결과에 따르면 1975~97년중 외환위기가 202번, 은행위기가 90번 발생하였는데, 대부분이 1980년대 이후에 발생하였음. 또한 은행 및 외환위기가 큰 시차를 두지 않고 동반하여 발생하는 쌍둥이 위기도 1975~79년중 3번 발생에 그쳤으나 1980~97년중에는 34회 발생하였는데 이중 21회가 1990~97년중에 집중적으로 발생하였음.

〈외환 및 금융위기의 발생추이〉

	1975~97	1975~79	1980~84	1985~89	1990~94	1995~97
외환위기	202	39	45	50	48	20
금융위기	90	6	16	21	30	17
외환 · 금융위기	37	3	5	8	11	10

면에서 환위험이나 금리위험에 노출된 상황에서 외환위기로 환율 및 금리가 급등하는 경우에 은행부문에서 대규모 손실이 발생하면서 금융위기로 발전한다는 것이다.

(2) 외환위기의 전염효과

최근 외환위기의 주요한 현상중의 하나는 상품 및 자본시장의 개방으로 국가간 상호의존성이 심화되면서 외환위기가 주변국으로 급속하게 전염된다는 것이다. IMF의 Hernandez and Valdes(2001)는 외환위기의 전염경로를 금융경로, 교역경로 및 인접국경로로 구분하였다. 그리고 1997년 태국, 1998년 러시아, 1999년 브라질의 외환위기를 대상으로 전염경로를 분석한 결과에 따르면 금융경로를 통한 전염효과가 가장 큰 것으로 나타났다.

1) 금융경로에 의한 전염

금융경로(financial link)를 통한 전염은 직접적 금융경로, 금융시장의 제도적 관행, 유동성 문제, 정보의 비대칭성, 군집행위 등 다양한 원인에 의해 발생된다.

직접적 금융경로

우선 직접적 금융경로에 의한 전염은 국가간 상호투자가 주요한 경로가 되고 있다. 예를 들어 A국이 외환위기로 통화가치가 하락하면 A국에 투자하고 있던 B국 기업들이 손실을 입게 된다. 이로 인해 B국 기업의 국내주가는 물론 B국의 통화가치도 동시에 하락하게 되는 경우이다.

금융시장의 제도적 관행

금융시장의 제도적 관행에 의한 전염은 금융시장의 펀드매니저들이 관행적으로 활용하고 있는 투자규칙이 주요 경로가 되고 있다. 일반적으로 펀드매니저들은 기초경제여건 등이 비슷한 국가군의 투자비율을 일정하게 유지한다. 그런데 A국의 주가가 큰 폭을 하락하여 보유자산의 가치가 낮아지면, 국가간 비율을 유지하기 위해 B국에서 주식을 처분하게 되므로 B국의 주가와 통화가치가 동시에 하락하게 된다.

유동성문제

유동성문제에 의한 전염은 유동성 확보가 주요 경로가 되고 있다. 예를 들어 A국의 경제사정이 악화되어 채권회수가 어려워질 것으로 예상된다면 투자자는 유동성을 확보하기 위해 경제여건이 비슷한 B국의 채권을 매각하여 회수하고자 할 것이다. 이는 B국 통화가치를 하락시킴으로써 외환위기를 초래한다.

정보의 비대칭성

정보의 비대칭성에 의한 전염은 투자대상자산의 가치를 실제보다 낮게 평가하는 것이 주요 경로가 된다는 것이다. 예를 들어 펀드매니저는 일국에서 위기가 발생하면 고객의 상환요구에 대비하여 채권을 매각하고 현금을 확보하게 된다. 그러나 실제로는 해당 채권이 우량채권임에도 불구하고 정보의 비대칭성으로 인해 시장에서는 채권의 내재가치가 악화되었기 때문에 펀드매니저가 매각하는 것으로 판단하게 되면 이 채권의 매입을 기피하게 된다. 이로 인해 채권가격이 하락하고 채권표시 통화가치가 하락함으로써 외환위기가 초래된다.

군집행동

한편 군집행동(herding behavior)에 의한 전염은 군중심리에 의해 다른 펀드매니저를 따라 투자하는 주요 경로가 된다는 것이다. 다른 펀드매니저들의 투자전략이 안전성이나 유동성면에서 적절하지 못함에도 불구하고 일반 펀드매니저들이 이들의 투자전략에 따라 자금을 운용함으로써 위기가 발생하는 경우를 말한다.

2) 교역경로에 의한 전염

경쟁적 평가절하

교역경로(trade link)를 통한 전염은 주로 수출시장에서 경쟁관계에 있는 국가들이 자국통화를 경쟁적으로 절하함으로써 발생한다. 예를 들어 A국이 통화가치를 절하하면 외국투자자들은 A국과 경쟁관계에 있는 B국도 가격경쟁력을 유지하기 위해 평가절하할 것으로 예상하게 된다. 이에 따라 외국투자자들이 환차손을 우려하여 B국의 통화가치가 떨어지기 전에 B국 통화를 매각하게 되면 결과적으로 B국 통화의 급격한 절하를 초래한다.

3) 인접국경로에 의한 전염

유사한 투자전략

인접국경로(neighborhood link)에 의한 전염은 투자자들이 인접국에 대해 유사한 투자전략을 구사하기 때문에 발생한다. 예를 들어 A국에서 외환위기가 발생하면 외국투자자들은 A국과 기초경제여건이 비슷한 B국에서도 유사한

위기가 발생할 것으로 예상하게 된다. 이에 따라 외국투자자들이 투자자금을 경쟁적으로 회수하게 되면 B국의 통화가치가 급격히 하락하게 된다.

16.3 외환위기의 발생이론

1980년대 이후 금융위기 및 외환위기가 크게 늘어남에 따라 이들의 발생 원인에 대한 연구가 활발해졌다. 특히 1990년대 발생한 중남미와 동아시아 외환위기를 계기로 전통적 외환위기 발생이론을 새로운 각도에서 응용하거나 자본자유화의 측면에서 접근하는 시도가 폭넓게 이루어졌다. 지금까지 외환위기 발생이론으로 널리 알려진 것으로는 전통적 이론인 투기적 공격론과 이를 다른 각도에서 발전시킨 자기실현적 공격론, 그리고 최근 도덕적 해이 및 거품붕괴론, 현대화된 금융공황론, 붐-버스트 사이클론 등을 들 수 있다. 그러나 최근 외환위기는 여러 가지 요인이 복합적으로 작용하여 발생하고 있는 점을 감안할 때 개별 이론보다는 이들 이론을 동시에 고려하여 파악하는 것이 바람직하다.

(1) 투기적 공격론

투기적 공격론은 외환위기 발생이론으로서 처음 등장한 이론이라는 의미에서 제1세대 이론(first generation theory)이라고 불리기도 함.

투기적 공격론(speculative attack)은 외환위기의 발생원인을 **기초경제여건의 악화**에서 찾고 있다. 즉 고정환율제도나 목표환율대를 채택하고 있는 국가에서 물가, 경상수지, 경제성장 등 기초경제여건이 악화되었음에도 불구하고 무리하게 환율을 고정시킨다고 하자. 이 경우 투자자들은 이 국가의 통화가 조만간 평가절하될 것으로 예상하고 이 국가의 통화를 집중적으로 매각하는 투기적 공격을 함으로써 외환위기가 발생한다는 것이다.

남미의 외환위기

투기적 공격론은 1970년대 후반과 1980년대 초반 남미의 외환위기를 설명하는데 주로 이용되었다. 즉 남미의 경험에서 보는 바와 같이 통화증발에 의한 재정적자의 지속과 고정환율제도 유지는 국내정책간 일관성이 없기 때문에 기초경제여건을 악화시킴으로써 외환위기를 불러일으킨다는 것이다. 정부가 지속되는 재정적자를 통화량의 발행에 의하여 계속 보전한다고 하자. 이러한 통화량의 증가는 국내물가를 상승시키고, 나아가 환율을 상승 – 즉 자국통화를 평가절하시키는 요인으로 작용한다. 그러나 중앙은행은 기존의 고정환율을 유지 – 즉 자국통화의 평가절하를 막기 위해 보유하고 있는 외환을 매각하게 된다. 그러나 외환보유액이 충분하지 못하여 앞으로 중앙은행이 기존의 고정환율을 유지하지 못할 것으로 예상되면 외환시장에서는 이 국가의 통화를 집중적으로 매각하는 투기적 공격이 발생함으로써 외환위기가 발생하게 된다. 결국 이 국가는 외환보유액이 고갈되어 평가절하를 단행하든지 아니면 변동환율제도로 이행하게 된다는 것이다.

투기적 공격론은 환율의 움직임을 결정하는 기초경제여건의 변동시점과 투기적 공격이 예상되는 시점을 정확히 찾아내기 어려운 단점이 있다. 또한 이 이론은 정부의 경제정책을 너무 기계적으로 가정하고 있다. 실제로 중앙은행은 외환시장개입 이외에도 통화긴축과 같은 다양한 환율방어수단을 보유하고 있다는 점을 간과하고 있다.

이론과실제 **멕시코의 데킬라 위기**

멕시코는 고도 경제성장정책을 지속적으로 추진하면서 경상수지 적자가 1990년중 89억달러에서 1994년중 292억달러로 크게 확대되었다. 이러한 가운데에서도 멕시코는 경상수지 적자를 외자유입에 의해 순조롭게 충당함으로써 외화준비자산이 1990년말 94억달러에서 1994년 3월말 257억달러로 늘어났다.

그러나 치아파스지방의 농민폭동, 집권당 대통령후보의 암살 등으로 정치적 불확실성이 높아지고 대통령선거로 정부재정이 방만하게 운영됨으로써 경제여건이 악화되었다. 이로 인해 단기외화자금의 유출이 가속화되고 달러화표시 테소본드(Tesobond)를 더 이상 회전하여 발행할 수 없게 됨에 따라 외환보유액이 1994년말 63억달러로 급감하면서 외환위기를 맞게 되었다.

외환위기에 직면하자 멕시코는 페소화를 15% 평가절하시켰다. 그러나 외국투자자들은 평가절하폭이 불충분하다고 생각하고 멕시코 정부정책을 믿지 못하면서 페소화에 대한 평가절하 압력이 계속됨에 따라 멕시코는 고정환율제도를 포기하였다. 이로 인해 페소화가 급격히 절하되면서 물가가 급등함에 따라 멕시코는 80% 이상에 달하는 고금리정책을 실시하게 되었다.

데킬라 위기는 1995년초 미국과 IMF 등을 중심으로 총 516억달러의 대규모 금융지원이 성사되고 경상수지 적자 축소, 인플레이션 억제, 국경기업의 민영화 등 멕시코의 경제안정화계획이 실시되면서 진정되기 시작하였다.

(2) 자기실현적 공격론

자기실현적 공격론은 투기적 공격이론과 대비하여 제2세대 투기적 공격이론이라고도 함.

자기실현적 공격론(self-fulfilling attack)은 기초경제여건이 양호함에도 불구하고 외환시장 참가자들이 외환위기를 예상하고 자기실현적 투기적 공격을 집단적으로 감행함으로써 외환위기가 발생한다는 것이다. 즉 외환시장 참가자들은 새로운 뉴스나 정부의 정책대응에 민감하게 반응하는 데 투자자의 신뢰를 상실하여 환율이 급격히 변동할 것으로 예상되는 경우 약세통화를 집중적으로 매각하는 집단행동(panic)이 발생함으로써 외환위기가 발생한다는 것이다.

EMS의 외환위기

기존 투기적 공격론으로는 1992~93년중 발생한 EMS의 외환위기를 설명하기가 어렵게 됨에 따라 자기실현적 공격론이 등장하였다. 즉 EMS 회원국은 외환보유액, 재정적자, 통화량, 물가 등 기초경제여건이 건실하였음에도 불구하고 외환위기가 발생하면서 당시 영국과 이탈리아가 ERM에서 탈퇴하고 나머지 국가들도 환율변동폭을 ±2.25%에서 ±15.0%로 확대하였다.

이론과실제 EMS의 외환위기

한동안 안정상태를 유지하던 EMS는 1992년 중반 큰 혼란을 겪었다. 기초경제여건이 양호한 영국 파운드화, 이탈리아 리라화에 대한 투매현상이 발생하였다. 이에 따라 당사국 중앙은행은 외환시장에 적극적으로 개입하는 동시에 금리를 인상하였으나 투기를 진정시키기에는 역부족이었다. 마침내 준비자산의 고갈을 견디지 못한 영국과 이탈리아는 1992년 9월 ERM을 탈퇴하였다.

이외에도 스페인, 포르투갈, 아일랜드 등의 통화도 평가절하되는 가운데 1993년 7월 프랑스 프랑화에 대한 투기적 공격이 발생함에 따라 통화불안이 고조되었다. 이에 따라 1993년 8월 1일 EC 재무장관 · 중앙은행 총재회의에서 ERM 환율변동폭을 ±2.25%에서 ±15.0%로 잠정 확대(독일 마르크화와 네덜란드 길더화는 종전대로 ±2.25%)하기로 결정하였으며, 이를 계기로 통화불안은 진정되는 모습을 보였다.

이러한 1992~93년중 EMS의 외환위기를 야기한 큰 요인은 독일의 고금리정책 때문인 것으로 파악되고 있다. 1990년 7월 동 · 서독 통화통합 이후 동독지역의 임금상승, 재정지출 확대 등으로 인플레이션 압력이 높아지자 독일연방은행은 EMS의 안정보다 국내통화가치의 안정에 우선순위를 두고 금융긴축을 강화하였다.

다른 회원국들도 금융긴축을 실시함으로써 환율을 안정시키고자 하였다. 그러나 당시 세계경제 불황으로 유럽의 고용사정이 악화되고 있었기 때문에 시장에서는 각국의 금융긴축이 오래가지 못할 것이라는 기대가 높아졌다. 이러한 가운데 고금리로 인한 실업 증가를 감당하지 못해 금융완화정책으로 선회한 국가를 대상으로 투기적 공격이 발생하면서 이들 통화가치는 ERM 밴드를 유지하기 어려울 정도로 하락하였다.

경제정책의 변화와 환투기

이러한 현상은 경제정책의 변화가 환투기를 불러일으킴으로써 외환위기가 발생한다고 보고 있다. 즉 어느 국가가 실업문제를 해결하기 위해 고정환율제도를 포기하고 변동환율제도로 이행하여 자국통화가치를 떨어뜨릴 것으로 예상한다고 하자. 이러한 경우 외환시장 참가자들은 해당 통화를 대규모로 매각하면서 투기적 공격을 감행하게 된다. 이로 인해 해당 국가는 고정환율제도를 유지하는 비용이 커짐에 따라 외환시장 참가자들의 예상대로 고정환율제도를 포기하게 되며 이에 따라 외환위기가 발생한다. 즉 외환시장에서 자기실현적 투기적 공격으로 고정환율제도가 붕괴되는 자아실현적 외환위기가 발생한다.

자기실현적 기대와 외환위기의 발생원인

자기실현적 예상에 근거하여 외환위기의 발생을 주장하는 내용을 다음과 같이 요약하여 볼 수 있다. 첫째, 어느 국가가 과도한 외채부담 등으로 경제구조가 취약한데 불리한 외부충격이 발생하면 외환위기가 발생할 수 있다. 그러나 경제구조가 외부충격에 견딜만하거나 또는 취약하더라도 부정적 외부충격이 발생하지 않으면 외환위기는 발생하지 않을 수도 있다. 요컨대 외부충격이 없더라도 외환위기가 발생할 수밖에 없는 운명이 예정되어 있는 것이 아니라는 것이다. 둘째, 취약한 경제구조를 가지고 있고 불리한 외부충격이 발생할지라도 초기단계에 적절한 정책을 마련하여 대응한다면 위기로 발전하지 않고 일시적 충격으로 소멸될 수 있다는 것이다. 셋째, 어떠한 외부충격이 언제 발생할지 알 수가 없기 때문에 외환위기는 예측이 불가능하다는 것이다.

(3) 도덕적 해이 및 거품붕괴론

과도한 금융기관 대출

도덕적 해이(moral hazard) 및 거품붕괴론은 기업 차입금에 대한 정부의 암묵적 또는 명시적 지급보증으로 인한 금융기관의 과도한 대출이 금융 및 외환위기를 초래하는 요인으로 작용한다는 것이다. 1990년대 후반 동아시아 외환위기를 기존이론으로는 설명이 어렵게 되자 Krugman(1988)은 도덕적 해이와 거품붕괴의 과정에서 금융 · 외환위기가 발생함을 설명하고자 하였다.

동아시아의 금융·외환위기

일반적으로 동아시아 금융기관들은 기업대출에 대한 정부의 암묵적 지급보증을 믿기 때문에 – 즉 부실채권이 발생해도 과거의 경험에 비추어 볼 때 정부가 구제해 줄 것으로 생각하기 때문에 금융기관이 대출심사를 철저히 하지 않고 대출해 주는 경향이 크다. 이로 인해 아시아 금융기관들은 기대수익률도 높지만 위험도 높은 분야에 과도하게 투자함으로써 주식, 부동산 등의 자산가격이 기초변수에 의해 설명되는 정상수준 이상으로 급등하는 자산 인플레이션 – 즉 거품현상을 야기한다. 그러나 이러한 상황은 금융기관에 대한 암묵적 지급보증이 유효하다고 여겨지는 시점까지만 지속가능하다. 만약 대내외 환경의 변화로 정부의 암묵적 지급보증에 대한 신뢰가 상실되는 경우에는 거품이 붕괴되면서 자산가격이 급속히 하락하는 자산 디플레이션현상이 나타나고, 이로 인해 기업이 도산하고 금융기관이 부실화된다는 것이다.

이러한 금융기관의 부실문제를 중앙은행이 통화공급을 확대하여 해결할 것으로 예상되면 통화가치 하락에 대한 자기실현적 기대가 발생하게 된다. 또한 자산가격의 하락과 더불어 자본의 해외유출로 자본수지가 악화되는 경우 국제수지균형을 달성하기 위해서는 경상수지가 개선되어야 한다. 결국 경상수지를 개선시키기 위해서는 평가절하가 불가피할 것으로 예상됨에 따라 동아시아 통화에 대한 투기적 매도가 집중되면서 외환위기가 발생했다는 것이다.

정책적 시사점

도덕적 해이 및 거품붕괴론은 다음과 같은 정책적 함의를 가진다. 첫째, 동아시아 금융·외환위기의 주요한 원인이 방만한 정부정책 때문이 아니므로 IMF 처방에 따른 단기적 해결은 어렵다. 둘째, 자산가격의 거품은 정부의 보호에 대한 잘못된 기대에서 생겨난 것이므로 자산가격이 회복되어도 이전보다 낮은 수준에 머물 것이다. 셋째, 은행부문에 대한 중앙은행의 통화공급 확대와 경상수지 흑자를 위한 환율정책으로 통화가치가 외환위기보다 떨어질 것이다. 그러나 경상수지가 흑자로 되돌아서 대외신인도와 국제유동성이 회복되면 통화가치가 회복될 것이다. 넷째, 금융·외환위기를 해결하는 지름길은 기업의 부실을 빨리 해소하는 것이다.

(4) 현대화된 금융공황론

금융공황론의 개방경제 적용

현대화된 금융공황론은 기존 금융공황론을 개방경제에 적용하여 동아시아 금융·외환위기의 발생원인을 찾고 있다. 기존 금융공황론에 따르면 자금을 금융공황은 채권자들이 지급 능력이 있는 채무자들로부터 갑자기 대여한 단기자금을 회수하는 과정에서 ① 단기부채가 단기자산을 초과하는 경우나, ② 기존의 단기부채를 상환하는 데 필요한 신용을 충분히 공급할 수 있는 대규모 민간시장 채권자가 존재하지 않는 경우나, ③ 최종대부자가 존재하지 않는 경우에 발생함.

단기로 차입하여 장기로 대출하는 금융중개기관의 행태가 금융공황을 발생시킬 가능성을 내포하고 있다는 것이다. 금융중개기관들은 단기자금을 모아 대부분 유동성이 낮은 장기투자에 운용하고, 일부만 일상적인 인출수요에 대비해 유동자산으로 보유하고 있다. 이러한 부분준비금제도는 자기실현적 금융공황에 따른 예금인출 쇄도(bank run)위험에 항상 노출되어 있다. 다시 말하면 외부충격으로 모든 예금자들이 한꺼번에 남보다 먼저 예금을 찾으려고 한다면, 자기실현적 예금인출 쇄도현상이 발생함으로써 건전한 금융기관마저도 파산위기에 빠지게 된다.

동아시아의 금융 · 외환위기

Sachs(1997)는 이러한 금융공황이론을 개방경제에 적용하여 동아시아 금융 · 외환위기를 설명하고 있다. 그동안 해외투자자들은 동아시아지역의 높은 경제성장과 금융 · 자본시장의 개방을 배경으로 이 지역에 과도하게 투자하였다. 그러나 해외투자자들이 일시적인 외부충격으로 기존 투자에 대한 차환(roll-over)을 중지하고 회수해 가는 과정에서 금융 · 외환위기가 심화되었다는 것이다. 즉 해외투자자들이 갑자기 대규모로 자금을 회수한 것이 금융 · 외환위기를 야기하는 직접적 원인이 되었다는 것이다.

Sachs는 동아시아 금융 · 외환위기가 대내적 요인보다는 대외적 요인에 의해 발생했음을 강조하고 해외투자자들도 금융 · 외환위기에 책임이 있음을 지적하고 있다. 또한 높은 금리를 노려 대규모로 투자하였던 해외투자자들이 미래에 대한 전망이 흐려지자 일시에 회수해 나간 것은 도덕적 해이라는 점도 지적되고 있다.

따라서 Sachs의 견해에 따르면 문제를 본질적으로 해결하기 위해서는 국제유동성 문제를 해결하여야 한다는 것이다. 그럼에도 불구하고 대내적 요인에 초점을 맞추어 기업부실과 금융부실을 해결하려는 노력은 오히려 사태를 악화시킬 가능성이 크다는 것이다.

(5) 자본자유화와 붐-버스트 사이클론

자본유출입과 경기변동

붐-버스트 사이클론(boom-bust cycle)은 자본유입의 증가가 단기적으로 경기를 호황(boom)으로 이끌지만 갑작스럽게 자본이 유출되면 경기가 후퇴(bust)

이론과실제 동아시아 금융·외환위기

1997년 7월 태국에서 시작된 금융·외환위기는 인도네시아, 한국 등으로 확산됨으로써 국제금융시장에 적지 않은 충격을 주었다.

태국은 1990년대 들어 바트화가 고평가되면서 수출경쟁력이 약화됨에 따라 1995년 이후 경상수지 적자가 큰 폭으로 늘어나고 경제성장도 둔화되었다. 이에 따라 1997년 7월 바트화에 대한 투매현상이 발생하면서 바트화의 가치가 급락하였다. 이에 대응하여 태국 정부는 변동환율제도로 이행하였지만 바트화 가치는 계속 떨어졌다. 이러한 태국의 금융·외환위기는 인접국인 인도네시아, 필리핀, 말레이시아에도 전염됨으로써 이들 국가의 통화가치도 큰 폭으로 하락하였다.

태국의 금융·외환위기는 기초경제여건에 비추어 볼 때 놀랄 만한 것은 아니었지만 다른 국가의 경우는 예견하지 못하였었다. 특히 인도네시아는 고도의 경제성장을 지속하고 있었고 기초경제여건도 비교적 안정세를 보이고 있어 위기가 발생할 만한 징후를 거의 찾아볼 수가 없었다. 그러나 인도네시아는 주식가격, 통화가치 등이 급락하고 대외준비자산이 급격히 감소하는 등 태국의 외환위기로부터 가장 큰 영향을 받았다.

태국의 금융·외환위기가 인접국으로 더욱 확산되면서 1997년 10월 대만달러가 평가절하되고 이에 따라 홍콩 주식가격이 폭락하였다. 이어 우리나라는 일본은행들이 기존 대출금에 대해 만기연장을 거부하고 외국투자자들이 투자자금을 회수하면서 금융불안이 커졌다. 이에 따라 원화가치가 큰 폭으로 하락하면서 우리나라는 심각한 외환위기에 직면하게 되었다.

이러한 가운데 태국은 1997년 8월 IMF로부터 172억달러를 제공받기로 합의하였다. 대신에 태국은 경제성장 및 물가억제와 경상수지 개선을 위한 긴축정책, 금융기관 통폐합 및 불량채권의 정리 등 금융시스템 개혁, 새로운 금융규칙의 제정 등 경제구조의 개혁을 추진하기로 하였다.

한국도 1997년 12월 국제금융기구 및 미국 등 주요국과 583.5억달러의 금융지원을 받는데 합의하였다. 대신에 우리나라는 재정·금융상 긴축정책 추진, 금융시스템 개혁, 무역 및 외환거래의 자유화 확대, 기업정보의 공개 등을 추진하기로 약속하였다.

반면 인도네시아는 1997년 9월 경제건전화정책을 발표하고 10월 IMF로부터 350억달러의 금융지원을 받고 경제구조의 개혁을 추진하기로 하였다. 이러한 조치에도 불구하고 인도네시아는 대외채무 상환능력에 대한 시장의 불안감이 가시지 않고, 반정부 폭동과 정부의 정책수행 능력에 대한 불신으로 정치·경제적 혼란이 지속되었다.

동아시아 금융·외환위기의 공통적 발생요인으로는 ① 대규모 경상수지 적자, ② 단기 외화자금에 대한 과도한 의존, ③ 외화자금이 생산부문보다 부동산 및 주식시장으로 유입, ④ 달러페그제 등 경직된 환율제도, ⑤ 중국의 세계수출시장 점유율 확대 등이 지적되었다. 아울러 개별국의 차원에서 보면 태국은 거시경제 불균형의 지속, 한국은 재벌에 편중된 경제정책, 인도네시아는 연고주의 등이 거론되기도 하였다.

그러나 이러한 요인들은 위기가 발생한 후에 지적된 것으로서 위기의 직접적 원인이라고 단정하기는 어렵다. 오히려 아시아 금융·외환위기의 직접적 계기는 대외채무 상환능력에 대한 불안감이 집단행동(panic)으로 확대·재생산되면서 외화자금이 급속히 유출됨에 따라 주가하락, 환율상승, 금융기관의 영업활동 마비 등 전면적 혼란이 발생하였다는 것이 설득력이 있다. 이와 같이 동아시아 금융·외환위기는 이전의 위기와는 달리 금융·자본시장의 글로벌화와 대규모 자본이동을 배경으로 시장참가자의 투자환경에 대한 인식변화가 민간자본의 흐름을 급격히 바꾸어놓음으로써 통화가치 및 주가가 급락하는 모습을 보여주었다.

하면서 금융 및 외환시장의 혼란이 초래된다는 것이다. 이 이론은 1994~95년 멕시코의 외환위기와 1997~98년 동아시아 외환위기를 설명하는 데 이용되기도 한다.

1980년대말 이후 동아시아와 남미 개발도상국은 선진국에 비해 높은 금리 수준을 유지하는 가운데 자본자유화를 적극 추진함에 따라 선진국에서 대규모로 자금이 유입되었다. 이러한 자금의 유입은 투자 및 소비를 증가시킴으로써 이들 개발도상국 경제는 활황을 보였다. 고정환율제도를 채택하고 있는 국가의 경우 자본유입의 증가는 통화공급의 증가를 통해 주가, 부동산 등 자산가격을 급격히 상승시키면서 이들 국가의 경제에 거품을 키웠다.

그러나 지속적 자본의 유입에 의한 거품경제는 오래 유지될 수는 없다. 왜냐하면 자본유입은 인플레이션을 유발하여 수출경쟁력을 약화시키기 때문에 경상수지를 악화시킨다. 또한 경기활성화와 자산가격의 상승도 소비를 증가시켜 경상수지를 악화시킨다. 이로 인해 경상수지 적자가 심화되면 외국투자자들은 기초경제여건의 건전성과 경상수지 적자의 지속 가능성에 대해 회의를 가지게 되면서 투자하였던 자본을 회수하게 된다. 결국 자본유출이 증가함에 따라 자산가격의 거품이 붕괴되고 경기침체가 일어나게 된다. 또한 이러한 거품의 붕괴와 경기침체로 자본유출이 가속화되면 해당 통화의 가치가 급격히 하락하면서 외환위기가 발생하게 된다.

16.4 우리나라의 외환위기

(1) 외환·금융위기의 원인과 특징

우리나라의 외환・금융위기는 대내외적 요인이 복합적으로 작용하면서 발생하였다. 또한 자본자유화가 진전되면서 붐-버스트 사이클의 상황이 발생하였으나 이에 적절히 정책대응을 하지 못한 데에도 원인이 있다. 여기서는 우리나라 외환・금융위기의 원인과 특징을 전염효과 등 대외적 요인, 도덕적 해

이에 따른 산업 · 금융부실 등 대내적 요인 및 자본자유화의 과정에서 발생한 외채누적과 외채구조의 문제로 나누어 살펴보고자 한다.

1) 대외적 요인

전염효과

우선 태국, 인도네시아 등의 외환 · 금융위기가 우리나라에 전염된 것을 들 수 있다. 우리나라를 포함하여 위기를 겪은 동아시아국가들의 자본자유화가 진전되면서 선진국 상업은행은 높은 수익을 얻고자 이들 국가에 대출을 크게 늘려왔다. 그러나 태국, 인도네시아 등에서 위기가 발생하자 이들 상업은행들은 자산구성에서 동아시아의 비중을 낮추기 위해 단기자본의 대출연장을 거부하면서 급속히 자금을 회수해 갔다. 반면에 우리나라는 거시경제지표가 동남아국가보다 좋았음에도 불구하고 외국투자자들이 동남아국가의 위기로 패닉(panic)상태에 빠지면서 자금을 갑자기 회수함에 따라 우리나라도 위기를 맞게 되었다.

대만통화의 평가절하

또한 태국의 외환위기가 발생하면서 대만이 자국통화를 평가절하한 것도 한국의 외환 · 금융위기를 발생시키는 요인으로 작용하였다. 당시 800억달러의 외환보유액과 경상수지 흑자를 누리고 있던 대만이 두 차례에 걸쳐 자국통화를 15.8% 평가절하하였다. 이에 따라 경상수지가 적자를 보이고 외환보유액이 감소하고 있었던 한국은 더 큰 폭으로 원화를 평가절하할 것이라는 우려가 높아지면서 한국의 외환 · 금융위기가 가속화되었다.

2) 산업 · 금융부실과 도덕적 해이

한국의 외환 · 금융위기는 대기업의 연이은 도산으로 산업부실이 표면화되고 금융부실로 직결되면서 외환 · 금융위기로 발전하는 모습을 나타냈다.

차입에 의한 과잉투자

그동안 우리나라 재벌기업은 자금조달을 금융기관의 차입에 크게 의존하면서 성장을 거듭하여 왔다. 특히 1990년대에 들어서면서 재벌기업은 세계화, 국내시장 개방에 대응하여 사업을 다각화하는 과정에서 신산업의 창출보다는 이미 다른 기업이 선점하여 높은 수익을 올리고 있는 분야 – 예컨대 석유화학, 전자, 자동차, 유통 등에 진출하는 형태를 띠었다. 이는 해당 산업에서 과잉투자현상을 야기하면서 참여기업의 수익전망이 불투명해지는 문제를 내포하고 있었다.

1990년대 중반 재벌기업들은 신규사업을 계속 확장하면서 자금수요는 커졌으나 경기위축으로 현금흐름이 악화되자 외부차입에 대한 의존도가 더욱 높아졌다. 제조업 평균 부채/자기자본 비율이 1995년말 287%에서 1997년말 396%로 대폭 상승하였다.[3] 이러한 가운데 과잉 · 중복투자, 급격한 임금상승 등으로 투자수익률이 급격히 떨어지고 자기자본이 잠식되면서 산업부실이 가속화되었다.

자본잠식과 산업부실

〈표 16-1〉 우리나라 제조업의 부채 및 수익지표 변동추이(단위 : %)

	1990	1991	1992	1993	1994	1995	1996	1997
유동자산/유동부채	99.4	95.3	92.8	94.1	94.6	95.4	91.9	91.8
부채/자기자본	282.5	306.7	318.7	294.9	302.5	286.8	317.1	396.3
금융비용부담률	5.12	5.69	6.31	5.93	5.64	5.57	5.84	6.39
총자산순이익률	1.48	1.41	0.89	1.04	1.90	2.83	0.50	−0.93

도덕적 해이

한편 정부의 금융시장 개입은 산업과 금융부문에서 도덕적 해이를 초래하였다. 금융기관들은 정부의 지시에 순응하는 대가로 정부가 대출에 대해 암묵적으로 지급보증해 줄 것이라고 믿었다. 이에 따라 금융기관들은 정부가 재벌기업은 도산시키지 않을 것으로 믿고 위험을 제대로 고려하지 않고 무분별하게 대출함으로써 금융기관의 건전성이 크게 악화되었다. 이러한 가운데 1996년말부터 재벌기업들이 도산하기 시작하고 그동안 누적된 재벌기업의 부실대출규모가 예상보다 훨씬 큰 것으로 판명되면서 금융위기를 촉발하게 되었다.

3) 외채누적과 취약한 외채구조

외채누적

우리나라는 1990년대 들어 경상수지의 지속적 적자, 자본자유화에 따른 자본유입 등으로 인해 총외채가 급격히 늘어났다. 즉 세계은행 편제기준에 의한 총외채규모는 1992년말 42억달러에서 IMF 금융지원이 이루어지기 직전인

3) 이종규, 「경제위기 : 원인과 발생과정」, 금융경제총서 제2호, 한국은행, 2000, 215쪽의 〈표 30〉 경제위기 사례 참조.

1997년 11월말에는 1,161억달러로 증가하였다. 특히 자본자유화에 따른 자본유입은 원화를 고평가시켜 경상수지를 악화시키는 주요한 요인의 하나로 작용하였다.

대외지불부담금의 과중

그러나 더 큰 문제는 국내기업과 금융기관이 해외에서 차입하여 해외에서 운용하고 있던 자금규모가 매우 커 우리나라의 실제 대외지불부담은 공식적 외채규모를 훨씬 상회하였다. 즉 금융기관의 역외차입금, 국내점포의 해외차입금, 기업의 현지금융을 포함하면 1997년 11월말 현재 총대외지불부담금은 1,868억달러로서 1996년중 명목GDP의 36%에 상당하는 금액이었다. 더욱이 현지법인의 본사 지급보증이 없는 외화차입금, 금융기관의 파생금융상품 등 부외거래 투자규모 등은 제대로 파악되지 않은 상태였다. 이와 같이 우리나라는 외화자금의 조달·운용규모를 정확히 파악하고 못하고 있었기 때문에 외환·금융위기에 적절히 대응하기가 어려웠다. 또한 외채의 많은 부분이 민간부문에서 발생하였음에도 불구하고, 외환위기에 직면해 정부가 금융기관의 해외부채에 대하여 지급보증을 해줌에 따라, 민간위험이 국가위험으로 이전됨으로써 외환위기의 해결을 어렵게 한 점도 있다.

과도한 단기외채 비중

한편 총외채에서 단기부채가 차지하는 비중이 과도하게 높았다는 것도 문제의 하나로 지적되었다. 우리나라의 단기외채비중은 <표 16-2>에서 보는 것과 같이 같은 시기에 외환위기를 겪었던 다른 동아시아 국가들에 비해 훨씬 높았다. 이는 우리나라 금융기관과 기업들이 국제금융시장에서 신용도가 낮아 금리가 높은 단기차입에 의존하였고, 정부도 장기차입에는 신고의무를 부과한 반면에 단기차입은 무역금융과 관련 있는 것으로 보아 특별히 규제하지 않음으로써 단기차입의 유인이 컸기 때문이다.

〈표 16-2〉 아시아 외환위기 국가의 단기외채비중(단위: %)

연도	한국	인도네시아	말레이시아	태국	필리핀
1995	54.3	20.9	21.2	44.1	14.0
1996	57.5	25.0	27.9	39.5	19.9

외화자금의 만기구조 불일치

또한 대부분의 금융기관과 기업들이 외화자금을 단기로 조달하여 장기설비·시설자금으로 운용한 것도 외환·금융위기의 원인으로 작용하였다. 이러한 자금의 조달 · 운용상 만기구조의 불일치는 금융경색현상을 야기하면서 국제유동성 위기를 심화시켰다. 즉 우리나라 경제에 대한 신뢰도가 하락하면서 우리나라 금융기관들은 해외에서 새로운 자금을 확보하거나 기존대출을 회전(roll-over)시키는 데 어려움을 겪게 되었다.

적정외환보유액 확보의 실패

마지막으로 정부가 적정 외환보유액을 확보하는 데 실패한 것도 외환위기를 겪게 된 중요한 요인중의 하나이다. 공식적으로 발표된 외환보유액도 부족했을 뿐만 아니라 이 중에서 상당부분은 즉시 사용할 수 없었다. 1997년 11월말 공식 외환보유액은 244억달러이었지만, 이 중에서 169억달러가 국내은행 해외지점에 예치되어 있었다. 따라서 실질적인 가용 외환보유액은 73억달러로서 2개월치 수입분에도 못 미치는 수준이었다.

결국 공식적 총외채 외에도 민간부분이 해외에서 조달 · 운용한 자금규모가 매우 크고 가용 외환보유액도 부족한 상황하에서 산업부실과 금융부실로 국가신인도가 하락하는 가운데 국제금융시장에서 새로운 자금의 확보와 기존 대출금에 대한 회전이 어려워지면서 외환위기로 치닫게 되었다. 특히 우리 경제를 신뢰하지 않게 된 외국투자자들이 급속히 자금을 회수해 가면서 외환위기가 본격화되었다. 이러한 자본유출로 인해 주식가격이 하락하고 환율은 급격히 상승했다. 나아가 투자자들이 환율상승으로 인한 환차손을 우려하여 투자자금을 다시금 회수하는 과정에서 주가가 더욱 하락하고 환율이 상승하는 악순환이 되풀이되면서 외환 · 금융위기가 더욱 고조되었다.

(2) IMF 금융지원과 정책합의

심각한 외환위기에 처한 우리나라는 결국 IMF에 구제금융을 요청하였다. 우리나라는 IMF로 자금을 지원받는 대신에 IMF가 제시한 프로그램을 실시하기로 합의하였다.[4] 우리나라 정부가 IMF와 합의한 내용은 긴축재정 · 통화정

4) Sachs에 의하면 IMF 프로그램은 외채지불 불이행 방지, 통화가치 하락폭 제한, 인플레이션의 급속한 진전 예방, 외환보유액의 확보, 균형재정의 유지, 은행부문의 개혁, 비금융부문의 개혁, 신뢰확보, 소득하락 축소 등 9개의 공언된 목적을 가지고 있다고 함. 또한 이러한 목적을 달성하기 위해 IMF 프로그램은 환율방어와 금융부문에 투입할 재원마련을 위한 긴축재정정책, 확고한 개혁의 신호를 보내고 신뢰회복을 위한 은행폐쇄 조치, 금융건전화를 위한 BIS 자기자본비율 확보, 환율방어를 위한 긴축신용정책,

〈표 16-3〉 IMF 개혁프로그램의 주요 내용

부 문		정 책 내 용
거시경제정책	환율 및 통화정책	▪ 물가 및 환율안정을 위해 긴축 – 유동성 환수 및 금리인상 – 한율과 단기금리를 시장지표로 활용 – M_3, 본원통화, 순국내자산에 대하여 목표설정
	재정정책	▪ 경기둔화, 구조조정비용 등을 감안하더라도 흑자기조를 유지 – 교통세, 특별소비세 인상, 과세대상 확대 – 지출 축소
구조조정정책	금융부문	▪ 금융시스템의 건전화 · 투명화 · 효율화를 위해 구조조정 실시 – 명확하고 확실한 퇴출정책 실시, 시장규율 확립, 경쟁 강화
	무역 · 자본자유화	▪ 국내경쟁을 강화하기 위해 수입허가제 등 잔존 무역관련 규제들을 폐지 ▪ 기존의 자본자유화 계획을 앞당겨 시행
	기업부문	▪ 금융개혁, 자본자유화 등을 통해 기업지배구조를 (간접적으로) 개선 – M&A 활성화, 국제적인 회계기준 도입, 연결재무제표 도입, 파산관련법 개선, 구제금융 배제
	노동시장	▪ 노동시장 유연성 제고를 위해 정리해고 원활화 – 인력 재배치 등 실업대책 마련

자료 : 이종규, 「경제위기 : 원인과 발생과정」, 금융경제총서 제2호, 한국은행, 2000, 220쪽 참조.

책의 채택, 자유변동환율제도의 채택, 전반적인 금융구조조정과 개혁, 산업구조와 기업지배구조 개혁, 전면적인 자본자유화, 그리고 수입다변화정책의 폐지 등이다.

결국 IMF의 우리나라에 대한 처방은 다음과 같은 세 가지로 집약된다.

긴축재정 및 통화정책

첫째, 환율안정과 국제수지 개선을 위한 처방이다. IMF의 역할을 국제금융시장에서 최종대부자라고 정의할 때 이는 외환위기시 IMF 본연의 임무이며, 1980년대 남미의 외환위기시 IMF 처방은 주로 이 분야에 국한되어 있었다. 따라서 IMF는 외환안정과 국제수지 개선을 위해 긴축재정과 긴축통화정책을 요구하고 있다.

산업 및 금융 구조조정

둘째, 구조조정에 대한 처방이다. 외환위기의 근본원인이 금융과 산업부실에 있는 만큼 이 분야에 대한 구조조정이 필요하다는 시각이다. IMF 프로그램이 구조조정을 포함하기 시작한 것은 IMF가 구소련과 동구권의 구조조정

외채를 갚기 위한 외환보유액 확보, 비금융부문의 구조조정 등 6가지 주요 정책처방을 한다는 것임.

에 본격적으로 개입하면서 시작되었다.

자본 및 무역자유화 셋째, 자유화 조치를 요구하고 있다. 추가적인 자본자유화 조치뿐만 아니라 수입선다변화 조치의 폐지를 포함한 무역자유화 조치를 요구하고 있다.

16.5 글로벌 금융위기

2008년 9월 미국 제4위 투자은행인 Lehman Brothers가 서브프라임 모기지와 관련된 투자손실로 파산보호 신청을 하면서 촉발된 금융위기는 전세계적으로 급속히 확산되었다. 미국을 비롯한 세계 주요국들은 금융위기가 실물경제로 전이되는 것을 막기 위하여 역사상 가장 적극적인 재정 및 금융정책을 구사하는 동시에 정책공조를 강화하였다. 이러한 노력의 결과로 2009년 3월부터 국제금융시장이 안정을 되찾기 시작하였고 2009년 하반기부터는 세계의 실물경제도 회복되는 모습을 보였다. 그러나 글로벌 금융위기를 극복하는 과

그림 16-1 글로벌 금융위기의 전개과정

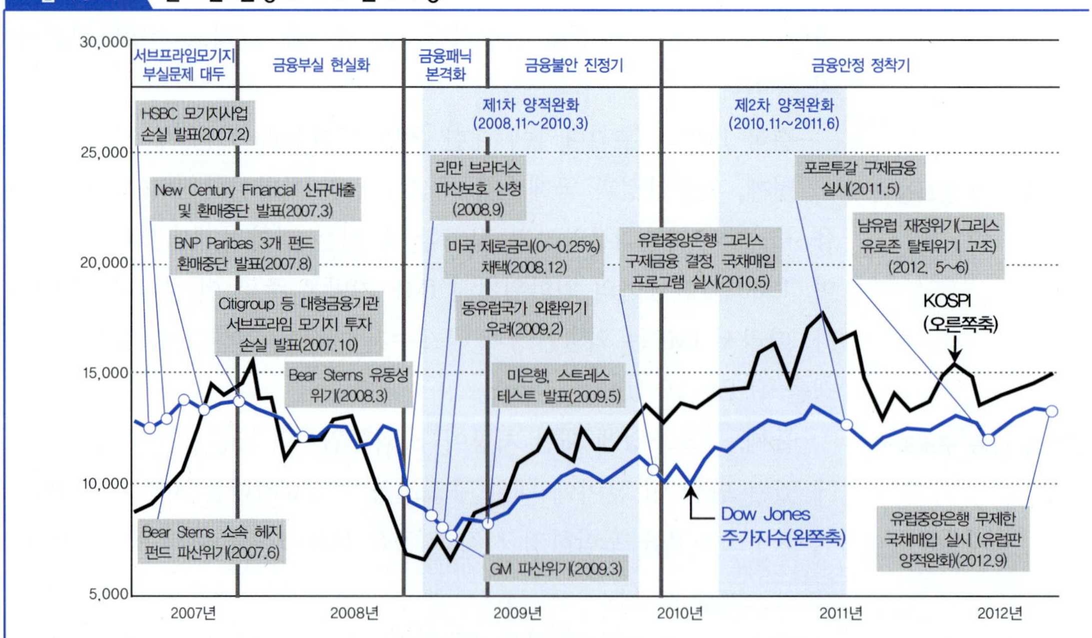

정에서 경기부양을 위한 정부지출의 확대는 세계 각국의 재정건전성을 악화시킴으로써 유럽의 재정위기, 미국의 재정절벽 등의 부작용을 초래하기도 하였다. 미국은 세 차례에 걸친 양적완화 프로그램에 힘입어 경기가 회복단계에 진입하였다고 판단됨에 따라 2014년 10월 자산매입을 종료하였으며, 2015년 12월부터는 과도하게 풀린 유동성을 흡수하여 통화정책의 정상화를 도모하고자 기준금리를 인상하기 시작하였다. 그러나 미국을 제외한 유럽과 일본, 중국 등은 오히려 양적완화를 지속함으로써 저금리를 유지하고 유동성을 공급하여 경기를 부양시키기 위해 노력하고 있다.

(1) 글로벌 금융위기의 배경

미국발(發) 글로벌 금융위기는 저금리에 따른 유동성확대, 모기지회사의 과당경쟁에 따른 방만한 대출, 과도한 레버리지, 금융감독 및 규제의 미흡 등의 요인이 복합적으로 작용하여 발생한 것으로 평가되고 있다.

저금리기조와 유동성 확대

우선 2001년 이후 미국은 경기부양을 위해 완화적 통화정책기조를 유지하는 가운데 2004년부터 해외에서 대규모로 자본이 유입되면서 미국의 장·단

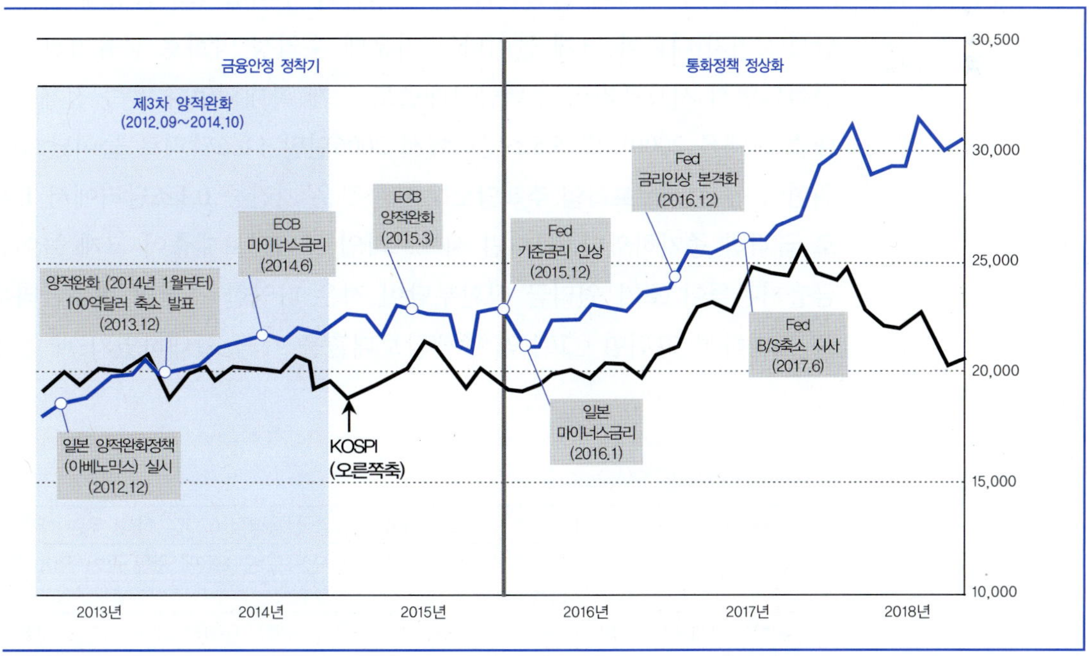

기금리가 장기간 낮은 상태를 유지하였다는 점을 들 수 있다. 미국은 2000년 대초 IT버블의 붕괴와 2001년 9 · 11테러로 인해 실물경제의 침체에 대한 우려가 높아지자 미국 연방준비제도이사회(FRB : Federal Reserve Board)는 2000년 5월 6.5%이었던 기준금리를 2003년 6월 1.0%에 달할 때까지 지속적으로 인하하였다. 이에 따라 미국의 모기지 금리도 1990년대 평균 8.1%에 달하였으나 2000~06년중에는 평균 6.4%로 하락하였다. 또한 그동안 지속적으로 적자를 보이던 자본수지도 2004년과 2005년에는 흑자로 돌아섰다. 이와 같이 미국의 장기에 걸친 저금리정책과 해외로부터 대규모 자본유입으로 유동성이 과잉공급되면서 부동산, 주식 등 자산시장에서 버블이 야기되었다.

〈그림 16-2〉

미국의 기준금리 및 주택가격 변동추이

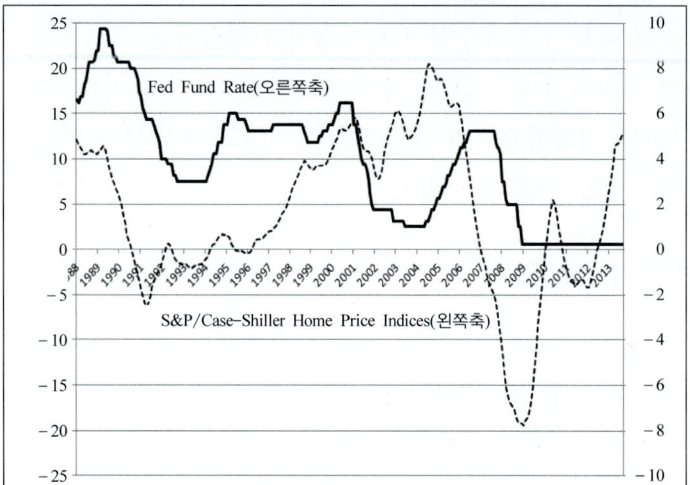

주 : S&P/Case-Shiller Home Price Indices(10-City Composite) 전년 동기 대비 변동률임.
자료 : Standard & Poors and Federal Reserve Board

모기지회사의 과당경쟁과 방만한 대출

이와 같이 장기에 걸친 저금리의 지속과 주택경기의 활황에 힘입어 주택담보(모기지)대출이 크게 늘어나는 가운데 수익성 악화로 금융기관간 경쟁이 심화되면서 서브프라임 주택담보대출도 크게 확대되었다.[5] 즉 전체 주택담보대출 잔액은 2000년말 5.5조달러에서 2006년말 11조달러로 늘어났으며, 신용위험이 높은 **서브프라임 주택담보대출**은 같은 기간중 0.1조달러에서 1.4조달러로 급격히 증가하였다. 이처럼 서브프라임 주택담보대출이 크게 늘어난 것은 금융기관들이 초기 원리금 상환부담이 적은 다양한 조건의 변동금리부 상품을 개발하여 고위험 · 고수익 주택담보대출을 적극 확대하였기 때문이다. 이

5) 미국의 신용도별 주택담보대출 분류

프라임(prime)	차주의 신용도가 우수한(통상 신용평점 620점 이상) 우량 대출
Alt-A(alternative-A)	차주의 신용도는 우수하나 자산 또는 소득에 관한 증빙 등이 갖추어지지 않은 대출
서브프라임(subprime)	차주의 신용도가 낮은(통상 신용평점 620점 미만) 저신용 대출

러한 주택담보대출의 증가에 힘입어 2006년 7월에는 미국의 주택가격이 2000년 1월에 비해 약 2배 상승하면서 부동산 등 자산가격 버블에 대한 경계의 목소리가 높아졌다.

과도한 레버리지

또한 금융의 증권화와 파생금융상품의 발달로 인해 레버리지가 크게 높아지고 복잡한 네트워크로 인해 거래상대방 위험이 증가한 것도 글로벌 금융위기를 야기한 원인이다. 낮은 단기금리와 높은 경제성장으로 인해 위험선호(risk-taking)가 증가하면서 높은 레버리지를 이용한 **모기지담보증권**(MBS : Mortgage Backed Securities), **부채담보부 증권**(CDO : Collateralized Debt Obligations) 등에 대한 투자가 증가하였다. 한편 금융의 증권화와 파생금융상품의 발달은 불특정 다수의 투자자를 복잡한 네트워크로 연계시켜 한 명의 투자자가 전체 투자자에게 큰 피해를 줄 수 있는 거래구조를 형성함으로써 **거래상대방 위험**(counter-party risk)을 증가시켰다. 이와 더불어 차입자와 투자자간 신용위험의 전가거리가 멀어 누가 얼마만큼 위험을 부담하여야 하는 것이 불확실함에 따라 위험을 제대로 평가하지 못하고 위기시에는 위험을 회피하는 성향이 크게 높아지게 되었다.

금융감독 및 규제미흡

이외에도 자산유동화에 따른 위험의 성격과 규모가 제대로 파악되지 않고 계속 재생산되면서 레버리지가 크게 증가하였으나, 이에 따른 리스크를 관리할 수 있는 금융당국의 감독 및 규제가 미흡했다는 점을 들 수 있다. 금융의 글로벌화가 진전되면서 미국의 서브프라임 주택담보를 근거로 발행된 MBS, CDO 등에 대한 손실이 미국내에 국한되지 않고 전세계로 확산되었다. 그러나 금융의 증권화는 위험을 불특정 다수의 투자자에게 분산시키기 때문에 금융당국은 이에 대한 감독을 강화할 유인을 크게 갖지 못하였을 뿐만 아니라 규제 및 감독 역량이 금융기법의 발전을 쫓아가기에는 역부족이었다. 특히 글로벌 금융위기의 발단을 제공한 모노라인, 모기지전문회사, 투자은행 등 비은행에 대한 감독이 매우 미흡하였다.

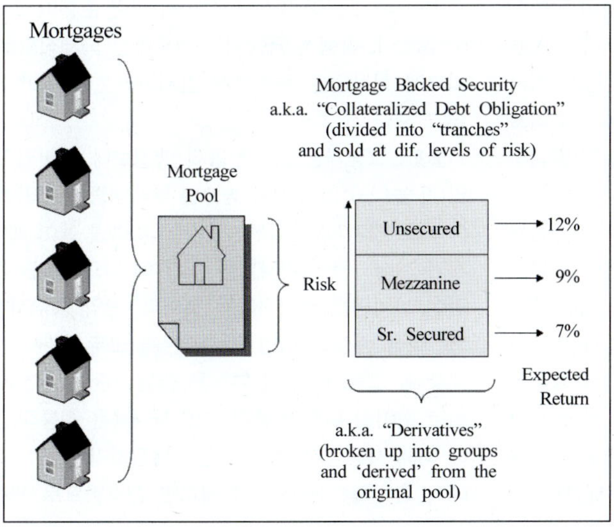

이론과실제 글로벌 금융위기와 그림자금융(shadow banking)

2008년 글로벌 금융위기를 촉발시킨 원인의 하나로 종종 그림자금융이 지목되고 있는데, 이를 대표하는 상품중의 하나가 서브프라임 모기지(비우량주택담보대출)를 기초로 한 신용파생상품이기 때문이다.

그림자금융은 새도우 뱅킹(shadow banking)이라고 불리는데, 은행의 예금과 대출을 통한 전통적 뱅킹(traditional banking)에 빗대어 붙여진 이름이다. 즉 그림자금융은 전통적 뱅킹과 달리 금융당국의 엄격한 규제를 받지 않으면서 자금을 중개하는 비(非)은행 금융기관을 가리키거나 이런 금융기관에서 취급하는 비은행 금융상품을 말한다. '그림자(shadow)'라는 수식어는 그림자금융이 금융의 본래 모습과 유사하지만, 눈에 잘 띄지 않는 특징을 가지고 있다고 해서 붙여졌다. 그림자금융의 대표적 상품으로는 머니마켓펀드(MMF), 환매조건부채권(RP), 신용파생상품, 자산유동화증권(ABS), 자산유동화기업어음(ABCP), 헤지펀드 등을 들 수가 있다.

그림자금융은 전통적 뱅킹과 같이 자금중개의 기능을 수행하지만 다음과 같은 특징을 가지고 있다.

첫째, 그림자금융이 취급하는 금융상품은 은행의 예금보다 위험이 크다. 예를 들어 은행의 요구불예금은 5,000만원까지 원금이 보장되지만 자산운용사의 머니마켓펀드(MMF)는 – 흔히 은행을 통하여 판매되지만 원금이 보장되지 않는다. MMF는 고객의 돈을 모아 기업어음(CP), 양도성예금증서(CD) 등 단기금융 상품에 투자하고 고객이 원할 때 원금과 수익을 돌려받지만 단기금융상품의 운용에서 손실이 발생하면 고객이 이를 부담하여야 한다.

둘째, 그림자금융은 전통적 뱅킹에 비해 자금중개의 경로가 길고 복잡하다. 은행은 자금공급자로부터 예금을 받아 자금수요자에게 대출해 준다. 반면 MMF는 최초의 자금공급자인 투자자가 운용회사에 돈을 맡기면, 운용회사는 기업어음(CP) 등 단기금융상품에 투자하고, 기업어음(CP)에 투자한 자금은 최종 자금수요자인 어음을 발행한 기업으로 전달된다. 이처럼 은행을 통한 자금중개는 '예금자 – 은행 – 차입자'로 2단계에 걸쳐 이루어지는 데 비해 MMF는 '투자자 – 판매회사 – 자산운용사 – 기업어음(CP)중개회사 – 기업' 등 4단계에 걸쳐 이루어진다.

셋째, 그림자금융을 취급하는 금융기관은 전통적 금융을 취급하는 은행에 비해 금융당국의 규제가 적지만 유동성 위기에 처할 가능성이 높다. 은행은 예금자의 지급요구에 대비하여 예금의 일정 비율을 지급준비금으로 보유하여야 하고, 건전성 관리를 위해 자기자본비율을 국제결제은행(BIS)의 기준에 맞추어 일정 수준 이상을 유지하여야 하는 등 금융당국의 엄격한 규제를 받는다. 대신에 정부의 예금보험과 중앙은행의 긴급 유동성지원 등 공적 안전망의 보호를 받는다. 반면 그림자금융을 취급하는 비은행 금융기관은 금융당국의 감독이나 규제가 느슨하며, 원금지급의 보장이나 긴급 유동성지원 등 공적 안정망의 보호를 받지 못한다.

이와 같이 그림자금융이 전통적 뱅킹보다 위험한 이유는 그림자금융이 가지고 있는 특성 때문이라고 할 수 있다. 첫째, 그림자금융은 전통적 뱅킹보다 투명성이 낮아 손실을 파악하기가 어렵다. 2008년 글로벌 금융위기 때에 미국의 주요 투자은행들은 그림자금융을 통해 조달한 부채 항목들을 재무제표에 제대로 반영하지 않아 파산 직전까지 관련 손실이 드러나지 않았다. 다행히 금융위기 이후에는 국제적으로 부외거래 항목들을 투명하게 감시하려는 노력이 계속되고 있다.

둘째, 그림자금융은 전통적 뱅킹보다 레버리지(차입)가 높다. 레버리지가 높으면 투자액중 조금만 손실이 나도 자기자본을 까먹기가 쉽다. 예를 들어 레버리지가 20배라면 자기자본은 1억원에 불과하지만 차입하여 20억원을 투자한다는 것이다. 만약 총투자액중 5% 이상 손실이 나면 자기자본을 모두 잃게 된다.

셋째, 그림자금융의 부실은 금융기관들의 연쇄 부실로 이어질 위험이 높다. 그림자금융은 전통적 금융에 비해 자금중개 경로가 길고 복잡하기 때문에 이중에서 한 금융기관이 부실해지면 전후방으로 관련된 금융기관도 동시에 부실에 빠질 가능성이 높다.

그러나 그림자금융이 이와 같이 부정적 측면만 있는 것은 아니다. 그림자금융은 전통적 뱅킹보다 높은 수익과 위험을 제공함으로써 은행시스템을 보완하는 역할을 수행한다. 위험을 싫어하는 투자자에게는 안전한 은행예금이 적합하지만, 위험을 선호하는 투자자는 예금보다 높은 수익이 나오는 금융상품에 투자하고 싶어하기 때문이다. 최근과 같이 저금리 상황이 지속되는 가운데 금리보다 높은 수익을 제공하는 그림자금융에 대한 상품의 수요가 증가하는 것도 이러한 측면에서 이해할 수 있다.

그림자금융은 또 금융산업내에 경쟁을 유도해 금융소비자의 편익을 높이는 순기능이 있다. MMF의 경우 운용회사간에 경쟁이 확대되면서 투자자들이 운용회사에 지불하는 보수는 꾸준히 낮아지고 있다. 또한 MMF 운용회사들의 자금운용 성과가 주기적으로 공개되기 때문에 투자자들은 우량한 성과를 운용회사를 손쉽게 선택할 수 있는 장점이 있다.

자료: 이효섭(2013) "'그림자금융'이란 무엇이고 왜 위험한가?", 조선일보 2013.5.3.일자 B10에서 발췌하여 인용

(2) 서브프라임 모기지 부실의 대두와 금융불안의 고조

기준금리 인상과 주택가격 하락

앞서 살펴본 바와 같이 2000년대 들어 저금리가 장기간 지속되면서 주식, 부동산 등 자산가격이 급등하기 시작하였다. 이러한 가운데 자산가격의 버블에 대한 경계의 목소리가 높아지자 FRB는 2004년 1월 1.00%이었던 기준금리를 17차례에 걸쳐 2006년 6월까지 5.25%로 급격히 인상하였다. 이로 인해 주택구입자의 원리금상환 부담이 늘어나자 2006년초부터 주택가격이 하락하기 시작하였다.

서브프라임 모기지의 부실문제 부상

이와 같이 주택경기의 침체로 인해 모기지대출 연체율과 주택압류율이 급속히 높아지면서 2007년 2월 일부 모기지업체가 파산하고 모기지 시장이 위축됨에 따라 **서브프라임 모기지 부실문제**가 처음 부상하였다. 2007년 3월 미국 2위 민간 주택담보대출회사인 New Century Financial이 사실상 파산하면서 주가가 폭락하는 등 불안이 확산되었으나, 서브프라임 대출규모를 감안할 때 금융시장 전체에 미치는 영향이 크지 않을 것이라는 감독당국의 전망이 우세하여 증권시장은 잠시 안정을 되찾았다.

서브프라임 모기지 부실문제의 재부상

이어 6~7월에는 MBS, CDO 등 서브프라임 모기지에 기초한 유동화증권의 가치하락으로 이에 투자한 헤지펀드, 투자은행 등의 손실이 알려지면서 부실문제가 다시 부상하였다. 즉 6월에는 Bears Sterns 자회사의 헤지펀드에서 환매가 크게 증가하였고, 8월에는 영국의 HSBC, 독일의 Commerzbank, 일본의 신세이은행 등이 거액의 투자손실을 발표하면서 불안감이 다시 확산되었

다. 8~9월에는 BNP Paribas의 운용펀드 환매중단 발표 및 영국 Northern의 예금인출사태가 발생함에 따라 큰 혼란을 겪었다. 10월 이후에는 SIV(Structured Investment Vehicle)가 유동성위기에 직면하면서 **자산유동화기업어음**(ABCP : Asset Backed Commercial Paper)시장 등 단기금융시장의 극심한 경색현상에 이어 Citigroup, UBS 등 대형 금융기관들의 대규모 손실이 발표되면서 금융불안이 확산되었다. 이에 대응하여 FRB가 4차례에 걸쳐 금리를 인하하고, 금융기관에 대해 유동성공급을 확대하는 조치를 취함으로써 11월에는 주가가 일시적으로 반등하기도 하였다.

SIV는 낮은 금리로 단기자금(ABCP)을 조달하여 높은 금리로 장기자산(CDO)에 투자하여 차익을 얻는 구조화투자회사를 말함.

유동성 위기와 금융불안 대두

CDS 프리미엄이란 채무불이행, 파산 등으로 채권보유자가 채권발행자로부터 원리금을 받지 못할 경우 손실보전을 약속한 금융회사가 대신 갚아주는 파생금융상품이며, 이때 채권보유자가 손실변제를 약속받는 대가로 채권보증기관에 지불하는 수수료를 말함.

2008년 들어 CDO 발행에 보증을 제공하거나 **CDS**(Credit Default Swap)를 매도한 **채권보증기관**(monoline)의 신용등급이 하락하고, 3월초 미국 제5대 투자은행인 Bear Sterns가 유동성 위기에 직면하면서[6] 글로벌 금융시장이 크게 동요하기 시작하였다. 이에 대응하여 FRB는 예금은행, 프라이머리 딜러를 대상으로 하는 유동성지원 프로그램을 실시하였으며, 유럽 및 스위스 중앙은행과 통화스왑 한도를 확대하였다. 또한 미국 연방주택감독청은 주택시장의 안정을 위하여 **패니메이**(Fannie Mae) 및 **프레딕맥**(Freddic Mac)이 모기지 손실의

그림 16-3 서브프라임 모기지 부실 경로

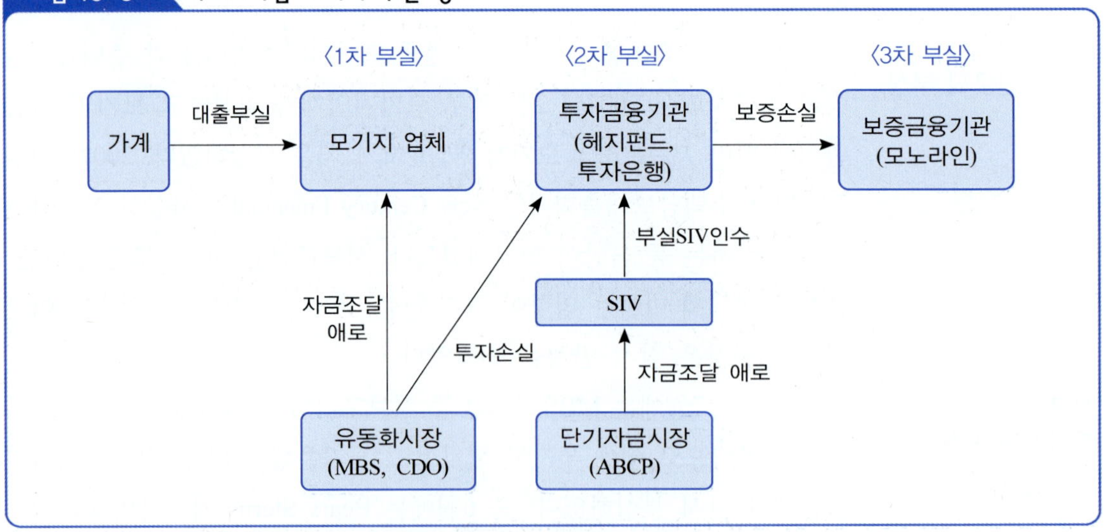

6) Bear Sterns는 FRB에 구제금융을 요청하였으나, FRB는 JP Morgan에 300억달러의 자금을 지원하였으며, JP Morgan은 Bear Sterns를 주당 2달러에 매입하였음.

완충용으로 보유하는 초과자본금 보유기준을 완화하였다. 한편 Bear Sterns 사태 직후 단기금리가 급등함에 따라 유럽, 영국, 일본 등 주요국 중앙은행은 시장에 유동성공급을 확대하였다.

Fannie Mae는 1938년 서민에 대힌 주택자금을 공급하기 위하여 설립되었으며, Freddie Mac은 1970년 주택장의 활성화를 위하여 설립되었음.

양 기관은 연방정부후원 모기지 융자기관으로 은행과 모기지회사가 주택자금을 대출하고 받은 저당권을 매입함으로써 주택자금을 공급하며, 매입한 저당권을 근거로 주택저당채권을 발행하여 자금을 조달함.

그러나 같은 해 7월초 Fannie Mae와 Freddic Mac의 모기지 추가 상각이 불가피할 것으로 전망됨에 따라 양 기관에 대한 시장의 신뢰가 급격히 저하되면서 금융시장에서 유동성 부족현상이 심화되기 시작하였다. 이로 인해 금융시장에서 불안감이 높아지면서 자금조달사정이 악화되자 미국 재무부는 양기관에 대한 정부의 크레딧라인 확대 등을 통한 유동성공급의 확대와 연방주택금융청의 신설 등을 골자로 하는 긴급구제방안을 발표하였다. 그래도 금융시장에서 불안이 해소되지 않자 재무부는 양 기관에 공적자금을 투입하는 한편, agency MBS를 시장에서 직접 매입하는 긴급구제조치를 발표하였다.

(3) 글로벌 금융위기의 확산 및 영향과 주요국의 대응정책

1) 글로벌 금융위기의 확산 및 영향

Lehman Brothers의 파산보호신청과 금융불안 확산

2008년 9월 15일 리먼 브라더스(Lehman Brothers)가 뉴욕남부지방법원에 파산보호를 신청한 것을 계기로 금융시장에서 불안심리가 고조되었다. 이러한 불안심리가 전세계로 확산되는 가운데 미국의 주요 금융기관들이 유동성을 확보하기 위하여 기존 대출이나 투자를 회수하면서 신용경색이 심화되었다. 또한 향후 경기전망에 대한 불확실성이 높아지면서 가계소비가 부진을 면하지 못하고 기업투자도 급격히 위축되었다. 이와 같이 글로벌 금융위기는 자산가격의 폭락, 신용경색의 심화, 불안심리의 확산, 신흥시장국 전염효과 등을 통해 급속히 실물경제로 전이되는 모습을 나타냈다.

자산가격 폭락과 대규모 손실

우선 미국발 금융위기로 자산가격이 폭락함에 따라 글로벌 금융기관들은 대규모 손실을 입게 되었으며 부실자산의 상각이 불가피하게 되었다. IMF에 의하면 2009년 4월말 현재 글로벌 금융위기로 은행이 입은 손실규모가 2.47조 달러에 달하며, 보험회사, 채권보증기관 등을 포함하면 손실규모는 4.05조달러에 달하는 것으로 추정되었다. Bloomberg는 주요 상업은행 및 투자은행의 총상각 규모는 1조 3,615억달러이며, 이중 1조 1,116억달러 정도만 자본확충

이 이루어졌다고 밝혔다.

이와 같이 주요 글로벌 금융기관이 대규모 손실에 따른 유동성 압박을 해소하기 위하여 대출 및 투자자금을 회수하기 시작하였고, 지속적 금융불안으로 안전자산을 선호하는 경향이 높아지면서 전세계적으로 금융경색이 심화되는 모습을 나타냈다. 글로벌 금융위기로 신용위험이 확대되면서 VIX 지수가 2008년 10~11월중 크게 상승하였으며, 특히 2008년 11월 20일에는 80.86으로 사상 최고치를 기록하였다. 이러한 가운데 글로벌 금융위기의 과정에서 큰 손실을 입었던 UBS, Citigroup, Merrill Lynch, Lehman Brothers 등 주요 금융기관들은 유동성을 확보하기 위하여 디레버리징을 가속화하였다.

〈그림 16-4〉

전세계 금융회사의 자산상각과 자본조달 규모

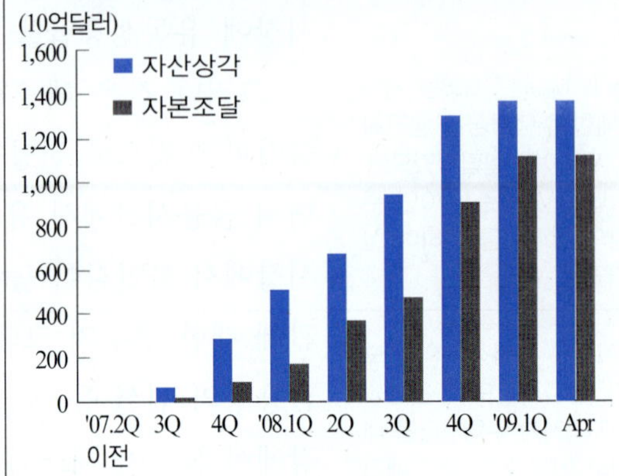

주 : 누적기준 자료 : Bloomberg

VIX 지수로 더 잘 알려진 시카고옵션거래소 변동성지수(Chicago Board Options Exchange Volatility Index)는 S&P 500 지수옵션가격을 기초로 S&P 500 지수옵션의 향후 30일간 변동성에 대한 시장의 기대를 측정한 지수임. VIX는 주가지수와 반대방향으로 움직이는 경향을 보여왔는데, 금융위기시에는 주가지수 하락과 더불어 VIX가 높은 수치를 나타냈기 때문에 일명 투자자 공포지수라고도 불림.

신용경색의 심화

한편 글로벌 금융위기의 주요 요인으로 지목되었던 CDS(Credit Default Swap) 거래량이 급격히 감소하면서 파생금융상품시장에서도 신용경색이 심화되었다. 전 세계 CDS거래량은 2007년 하반기 정점이 이를 때까지 지속적으로 증가하여 왔으나, 글로벌 금융위기의 여파로 거래상방의 위험이 증가하면서 급격히 감소하는 모습을 나타냈다. 2008년 하반기 전 세계 CDS거래량은 전년 대비 약 40% 감소한 35.4조달러로 대폭 축소되었다.

〈그림 16-5〉

LIBOR 및 T-Bill 금리(3개월) 변동추이

자료 : 국제금융센터

또한 거래상대방위험이

높아지면서 글로벌 금융경색이 은행간 단기금융시장으로 확산되는 모습을 나타냈다. 3개월물 LIBOR금리는 Lehman Brothers 사태 이후 급격히 상승하기 시작하였으며, 2008년 10월 10일에는 4.82%로 치솟았다. 특히 글로벌 단기금융시장의 자금사정을 나타내는 TED Spread(=3개월물 LIBOR금리－3개월물 T-Bill 금리)는 LIBOR금리의 급등과 T-Bill금리의 급락으로 432bp로 크게 벌어졌다.

신흥시장국으로 금융불안 확산

이러한 글로벌 금융위기는 미국을 비롯한 선진국에서 시작되었으며, **전염효과**로 인해 신흥시장국의 금융불안으로 확산되었다. 우선 해외자본 의존도가 높았던 동유럽 국가들은 글로벌 금융위기로 인하여 해외자본이 이탈하는 동시에 해외차입이 어려워지면서 금융시스템 위기로 전이되는 모습을 나타냈다. 즉 2009년 2월 들어 동유럽 국가들의 연쇄부도설이 제기되면서 동유럽은 물론 서유럽 금융시장까지 2차 글로벌 금융위기에 대한 우려가 높아졌다. 또한 서브프라임 모기지 부실사태 이후에도 국제금융시장의 불안이 신흥시장국에 미치는 영향은 제한적이었으나, Lehman Brothers 사태 이후 CDS프리미엄이 큰 폭으로 상승하면서 자금조달 측면에서 압력이 커졌으며 주요국 환율의 변동성이 큰 폭으로 확대되었다. 아시아의 주요 증시에서는 외국인 투자자들이 유동

그림 16-6 선진국 금융위기의 신흥시장국으로 파급경로

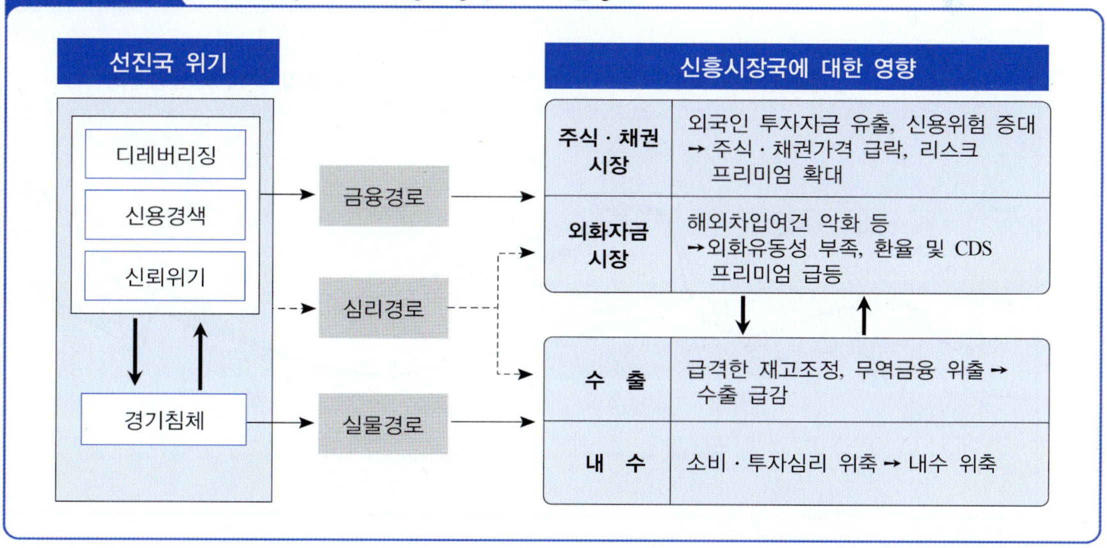

자료 : 한국은행, 「통화신용정책보고서」, 2009년 9월호, 10쪽.

성 확보를 위해 주식을 순매도함으로서 자본유출이 급격히 증가하였다.

실물경제의 위축

이러한 글로벌 금융위기는 실물경제로 전이되면서 선진국뿐만 아니라 신흥시장국의 경기가 급속히 위축되는 모습을 나타냈다. <그림 16-7>에서 보는 바와 같이 경기선행지수가 국가마다 다소 시차가 있지만 2008년 들어 다소 하락하는 조짐을 보이는 가운데 글로벌 금융위기를 계기로 급격히 하락하였다가 급반등하였다. 산업생산지수는 2008년 들어 주춤하는 모습을 보이다가 글로벌 금융위기를 계기로 급격히 하락하였다가 다시 상승하였다. 한편 실업률은 글로벌 금융위기를 기점으로 급격히 상승하였으나 시간이 지나도 좀처

그림 16-7 글로벌 금융위기를 전후로 한 주요국의 주요 경제지표의 변동추이

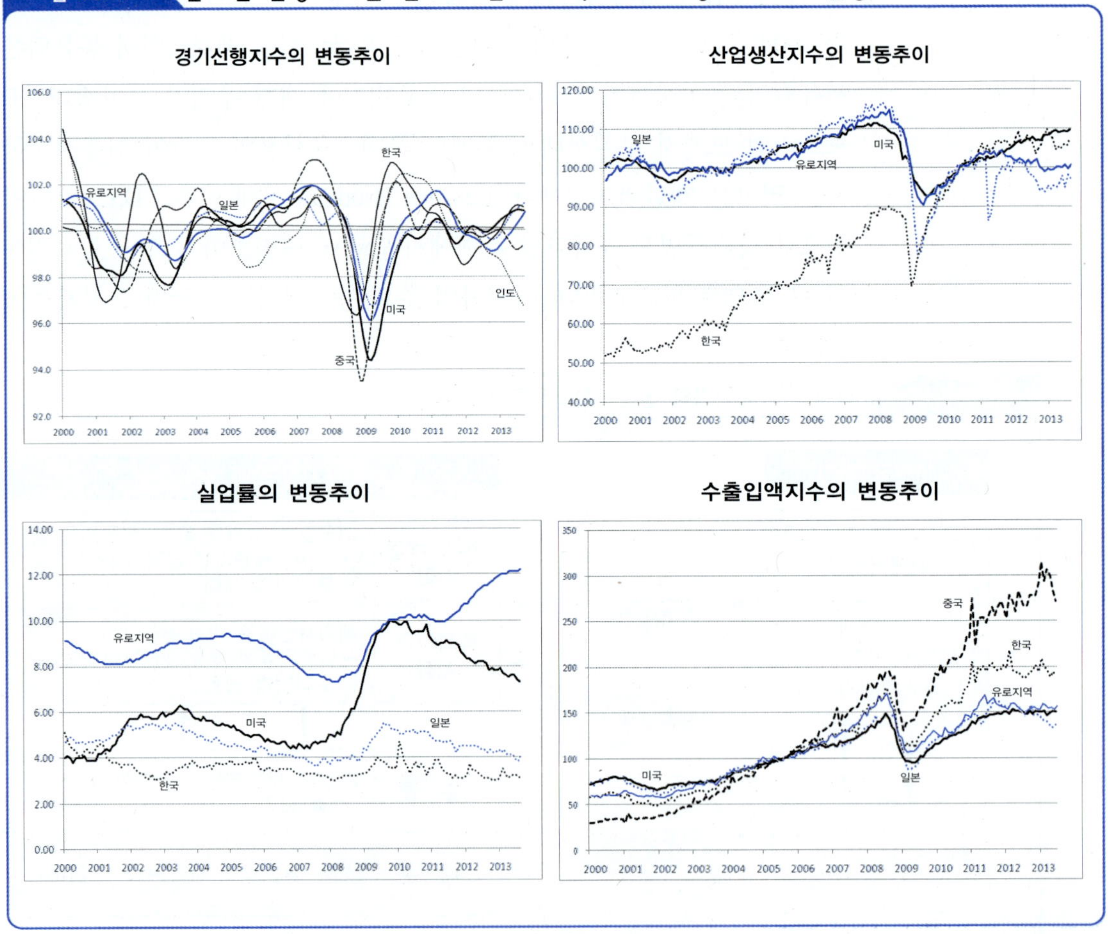

주 : 2005년=100
자료 : 한국은행, 경제통계시스템.

럼 줄어들지 않고 있으며 국가간에 차이를 보이고 있다. 즉 미국은 글로벌 금융위기 이후 시간이 지남에 따라 실업률이 점차 줄어드는 추세를 보이고 있으나 유로지역은 오히려 실업률이 더 늘어나는 모습을 보이고 있다. 한편 수출액도 글로벌 금융위기의 여파로 급속히 감소하였다가 빠르게 회복되는 모습을 보이고 있다.

2) 주요국의 대응정책과 정책공조

미국에서 촉발된 금융위기가 전세계로 확산되자 주요국들은 금융시장을 안정시키는 동시에 실물경제의 침체를 막기 위해 다양한 정책을 수립하여 대응하는 한편 국제적 정책공조도 강화하였다. 미국, EU을 비롯한 주요 주요국들은 금융불안을 진정시키기 위해 공적 자금을 조성하여 금융기관의 부실자산을 매입하고 자본을 확충하는 조치를 취하였다. 나아가 경기를 부양하기 위하여 적극적으로 재정확장정책을 실시하는 한편 비전통적 통화정책수단까지 동원하여 유동성공급을 확대하였다.[7)]

구제금융정책

글로벌 금융위기로 미국, 영국, 유럽 등 주요국은 대형 금융기관이 손실을 입은 것으로 밝혀지면서 금융시장이 혼란에 빠질 것이 우려되자 부실자산의 매입, 자본확충, 지급보증 등의 **구제금융정책**을 실시하였다. 미국은 패니메이(Fannie Mae), 프레디맥(Freddie Mac) 등 정부지원기관에 대하여 긴급구제조치를 취하는 한편 **부실자산구제 프로그램**(Troubled Asset Relief Program: TARP)을 마련하였다. 이와 더불어 미국은 예금보험한도를 확대하였으며 공공기관을 통한 금융기관의 신규발행채권에 대한 보증도 병행하였다. 유럽도 2008년 10월 유로지역 15개국 정상회담에서 금융시장 안정을 위한 공동조치에 합의함에 따라 은행의 자본확충 등을 지원하였다. 이 과정에서 영국과 아이슬란드 정부는 일부 은행을 국유화하기도 하였다.

재정확장정책

주요국들은 실물경제의 침체를 막기 위하여 사회간접자본 투자 등에 대한 정부지출을 대폭 확대하는 한편 소득세 및 부가가치세 감면, 투자세액 공제

---

7) 이에 관한 내용은 글로벌 금융위기 극복백서 편찬위원회, 「글로벌 금융위기와 한국의 정책대응」, 2012, 28~32쪽 참조.

〈표 16-4〉 글로벌 금융위기 이후 주요국의 금융시장 안정대책 규모 (단위: GDP대비, %)

	금융기관 자본확충	금융자산 매입	금융기관 채무보증[1]	계
미 국	5.2	1.5	10.6	17.3
영 국	3.9	13.8	53.2	70.9
독 일	3.8	0.4	18.0	22.2
일 본	2.4	11.4	7.3	21.1
중 국	0.0	0.0	0.0	0.0
선진국	3.4	4.1	13.9	21.4
신흥시장국	0.2	0.3	0.1	0.6

주: 1) 예금보험 제외.
자료: IMF, "The State of Public Finances: A Cross-Country Fiscal Monitor,"2009. 11

등과 같은 감세정책도 함께 실시하였다. 미국은 2008년 10월 경제촉진구제법을 제정하고 2009~11년중 1,228억달러의 감세안을 마련하였다. 이어서 2009년 2월에는 일자리 창출, 실업대책, 지방정부 지원, 개인소득 지원 및 기업세액공제 확대 등을 내용으로 하는 총 7,872억달러 규모(2009년중)의 경기부양책을 추가로 발표하였다. 영국은 2008년 9월 주택경기 부양책을 발표한데 이어 10월과 11월에는 사회기반시설 확충 및 부가가치세율 인하 등의 두 차례에 걸쳐 경기부양대책을 마련하였다. 독일은 12월에 중소기업 지원, 사회간접자본 투자 등을 주요 내용으로 하는 제1차 경기부양책(310억 유로, 조세감면 제외)을 발표하였으며, 2009년 1월에도 유사한 내용의 제2차 경기부양책(500억 유로, 조세감면 제외)을 마련하였다. 일본은 2008년 10월 이후 세 차례에 걸쳐 각각 2.9조엔, 4조엔 및 33.4조엔 규모의 경기부양책을 발표하였다. 2008년 10월 제1차 '생활대책'에는 국민생활 및 지방정부 지원 등이, 12월 제2차 '생활보호를 위한 긴급대책'에는 고용안정 및 성장전략 추진 등이, 2009년 4월 제3차 '경제위기대책'에는 고용안정 및 성장전략 추진 등이 각각 포함되었다.

〈그림 16-8〉

글로벌 금융위기를 전후로 한 주요국의 재정적자 추이

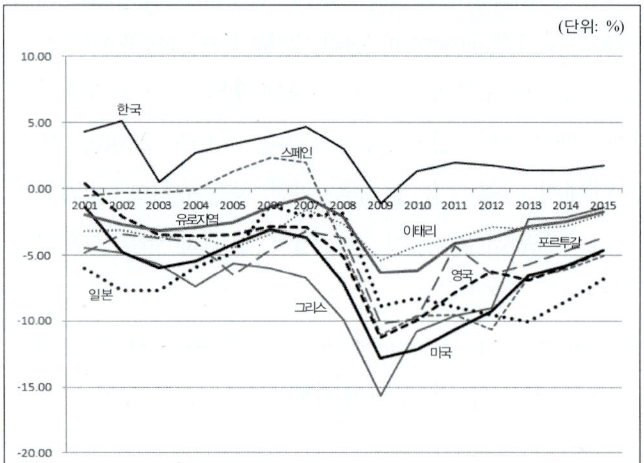

주: GDP에서 재정적자가 차지하는 비중
자료: OECD

금리인하정책

한편 주요국 중앙은행들은 글로벌 금융위기로 금융시장이 불안해지고 국제금융시장에서 신용위험 기피성향이 증폭됨에 따라 정책금리를 큰 폭으로 인하하고 적극적인 금융완화조치를 취하였다. 미국 연방준비제도이사회는 리먼사태 이후 기준금리를 200bp 가까이 인하하여 연 0~0.25%로 조정함으로써 사실상 **제로금리체제**로 이행하였다. 유럽중앙은행(ECB), 영란은행 및 일본은행 역시 2009년 2월말까지 정책금리를 각각 225bp, 400bp 및 40bp씩 대폭 인하하였다.

〈표 16-5〉 주요국 중앙은행의 정책금리 조정 내용 (단위: 연%, bp)

	2007년말	2008년 9월 14일(A)	2009년 2월말 (B)	조정폭 (B－A)
미국	4.25	2.00	0～0.25	－200～－175
유로지역	4.00	4.25	2.00	－225
영국	5.50	5.00	1.00	－400
일본	0.50	0.50	0.10	－40
중국[1)]	7.47	7.47	5.31	－216
호주	6.75	7.00	3.25	－375

주 : 1) 금융기관 1년 만기 대출 기준금리.
자료 : 각국 중앙은행.

유동성 공급 확대조치

이외에도 주요국 중앙은행들은 금융시스템의 붕괴를 방지하기 위해 직접 CP, MBS, ABS 등을 매입하는 **비전통적 통화정책수단**을 도입하여 유동성공급을 확대하였다. 미국 연방준비제도이사회는 공개시장조작 대상기관에 대한 신용공여(Primary Dealer Credit Facility)의 담보대상증권을 확대하고, 예금취급기관에 대한 기일물 신용공여제도(Term Auction Facility)의 한도를 증액하였으며, ABCP, CP, CD, ABS 및 MOS 등 신용위험 증권시장에 대한 유동성지원장치도 마련하였다. 유럽중앙은행은 신용공여 담보대상증권을 확대하고 정례 RP거래외에 장기 RP매입을 통해 유동성공급을 확대하였다. 영란은행은 MBS와 국채간 스와프 한도를 확대하고 금융기관이 보유하는 증권을 담보로 국채를 대여하거나 자금을 공급하는 재할인제도를 도입하는 한편 투자등급 CP, 회사채 등을 대상으로 하는 민간자산 매입제도를 신설하였다. 일본은행도 CP 및 금융기관이 보유하는 주식의 직접 매입을 통해 유동성공급을 확대하였다.

〈표 16-6〉 2008년 9월 이후 주요국 중앙은행의 유동성 공급 확대조치

<table>
<tr><td rowspan="7">미 연준</td><td colspan="3">• 공개시장조작 대상기관 신용공여제도의 담보대상증권 확대(2008.9.14)
• 예금취급기관 기일물 신용공여제도의 한도 증액(2008.9.29, 2008.10.6, 1,500억달러 → 9,000억달러)
• 개별 신용위험증권시장에 대한 지원</td></tr>
<tr><td>종 류</td><td>시행일</td><td>주요 내용</td></tr>
<tr><td>AMLF[1)]</td><td>2008.9.22</td><td>예금은행에 대한 ABCP 매입자금 대출</td></tr>
<tr><td>CPFF[2)]</td><td>2008.10.27</td><td>SPV를 통한 CP · ABCP 매입자금 대출</td></tr>
<tr><td>MMIFF[3)]</td><td>2008.11.24</td><td>SPV를 통한 MMMF 자산 매입자금 대출</td></tr>
<tr><td>TALF[4)]</td><td>2009.3.3</td><td>적격 ABS 보유자에 대한 담보대출</td></tr>
<tr><td>GSE[5)] 관련 채권 매입</td><td>2008.12 및 2009.1</td><td>GSE 발행채권 및 GSE 보증 MBS 매입</td></tr>
<tr><td>ECB</td><td colspan="3">• 담보대상증권 확대(2008.10.22, 2008.11.14)
• 장기 RP 매입(91일물 및 182일물 등)을 통한 유동성 공급</td></tr>
<tr><td>영란은행</td><td colspan="3">• MBS와 국채간 스와프 한도 확대(2008.10.8, 500억 파운드 → 2,000억 파운드)
• 재할인제도 도입(2008.10.20)
• 민간자산 매입제도 신설(2009.2.6)</td></tr>
<tr><td>일본은행</td><td colspan="3">• CP 등 기업채무를 담보로 한 특별 공개시장조작 실시(2008.12.2)
• 담보증권 확대(신용등급 A이상 → BBB 이상)(2008.12.2)
• 국채 매입규모 확대(연14.4조엔 → 16.8조엔)(2008.12.19)
• 2009년 3월말까지 3조엔 규모의 CP 및 ABCP 직매입 실시(2009.1.22)
• 금융기관 보유 주식 1조엔 매입(2009.2.3)
• 금융기관 보유 회사채 1조엔 매입(2009.2.19)</td></tr>
</table>

주: 1) ABCP MMMF Liquidity Facility, 2) Commercial Paper Funding Facility, 3) Money Market Investor Funding Facility, 4) Term ABS Loan Facility. 5) Government-Sponsored Enterprises.
자료 : 각국 중앙은행.

국제적 정책공조 강화

국제금융의 불안이 심화되고 세계경제가 동반 침체하면서 개별 국가의 정책대응만으로는 위기를 수습하는 데 한계가 있다고 보고 경제적 비중이 커진 신흥시장국을 포함한 국제적 정책공조가 강화되었다. 미국 연방준비은행은 2007년 12월 ECB 및 스위스 중앙은행과 240억달러 규모의 **통화스왑계약**을 최초로 실시한 이후 리먼 브라더스의 파산으로 국제금융시장이 극도로 불안해지자 일본은행, 영란은행 등 10개 주요 선진국 중앙은행과 통화스왑계약을 체결하였다. 이어 2009년 10월에는 안전자산을 선호(flight-to-quality)하는 경향이 커지면서 신흥시장국으로부터 대규모로 자본이 유출됨에 따라 미 달러화 유동성 부족이 우려되는 4개 신흥시장국(한국, 브라질, 멕시코, 싱가포르)으로 통화스왑계약을 체결하였다.

〈표 16-7〉 미 연준과 14개국 중앙은행의 통화스왑 한도 (단위: 억달러)

ECB·스위스·일본·영국	캐나다·호주·스웨덴·한국 멕시코·브라질·싱가포르	덴마크·노르웨이·뉴질랜드
무제한	각각 300	각각 150

IMF의 유동성 지원제도 도입

IMF는 2008년 11월 경제정책의 건전한 운용에도 불구하고 일시적으로 유동성부족에 직면한 신흥시장국을 대상으로 **단기 유동성지원제도**(Short-Term Liquidity Facility)를 도입하였다. 또한 2009년 3월에는 이를 개편하여 회원국들이 국제수지상의 필요에 의해서 뿐만 아니라 예비적 자금수요로도 활용할 수 있도록 탄력적 크레딧 라인(Flexible Credit Line)을 도입하고 쿼터 대비 대출한도를 종전의 2배 수준으로 확대하였다.

선진국과 신흥시장국간 정책공조

한편 1997년 아시아 외환위기 이후 선진국과 신흥시장국간 국제협력을 위해 재무장관/중앙은행총재 회의체로 운영되었던 G20는 미국의 제안에 의해 글로벌 금융위기의 극복방안을 논의하기 위한 정상회의로 격상되었다. 2008년 11월 워싱턴 회의에서는 금융시장 개혁을 위한 5개 공통원칙(투명성 및 책임성 강화, 금융 감독 · 규제 개선, 금융시장 신뢰성 제고, 국제적 협력 강화, 국제금융기구 개혁)을 확인하였으며, 보호주의 장벽의 설치 금지, 금융규제 및 국제금융기구 개혁 등 거시정책공조 원칙을 선언하였다. 2009년 4월 런던 정상회의에서는 금융위기가 실물경제로 전이되는 것을 막기 위해 확장적 재정정책을 추진하기로 합의하였으며, 금융시장 규제개혁을 위해 금융안정포럼(Financial Stability Fund: FSF)을 확대 · 개편한 금융안정위원회(Financial Stability Board: FSB)를 발족시켰다. 2009년 피츠버그 정상회의에서는 '세계경제의 강하고, 지속가능한 균형성장'을 목표로 설정하고 정책공조체제를 마련하였으며, G20를 '세계경제협력을 위한 최상위 포럼(premier forum)'으로 지정하고 정례화에 합의하였다. 또한 2010년 6월 토론토 정상회의에서는 2010년 재정적자 비율을 절반으로 줄이는 등 재정건전성을 확보하기로 하였으며, 같은 해 11월 서울 정상회의에서는 재정 · 통화 · 환율 · 금융 · 구조개혁 등 거시정책분야의 공조방안을 담은 서울액션플랜을 발표하였다.

정책대응의 결과

이러한 주요 선진국의 정책대응과 신흥시장국과 정책공조로 금융시장의 불안을 빠르게 진정시키고 실물경제도 깊은 침체의 늪에 빠지는 것을 막을 수 있었다.

글로벌 금융시장의 안정

구제금융, 유동성 공급 확대 조치 등에 힘입어 금융위기에 대한 불안 심리가 완화되면서 글로벌 금융시장이 안정되는 모습을 보였다. 앞서 <그림 16-5> LIBOR 및 T-Bill 금리(3개월) 변동추이에서 보는 것과 같이 2009년 2/4분기 이후 TED Spread가 금융위기 이전 수준으로 낮아지고 VIX지수도 하락함에 따라 금융불안이 해소되고 있는 것으로 나타났다. 또한 Dow Jones 주가지수도 2009년 3월초 6,500대까지 하락하였으나 금융불안이 해소되면서 2009년 10월에는 글로벌 금융위기가 촉발되기 전에 10,000대 수준을 회복하였다.

세계경기의 급격한 침체 회피

이와 같이 금융시장이 안정을 되찾는 가운데 강력한 거시경제정책에 힘입어 세계경제도 급격한 침체에서 벗어났지만 신흥시장국이 선진국보다 더 빠른 경기회복세를 보였다. 앞의 <그림 16-7> 글로벌 금융위기를 전후로 한 선진국과 신흥시장국의 주요 경제지표의 변동추이에서 보는 바와 같이 선행지표 역할을 하는 경기선행지수가 2009년 상반기를 저점으로 일제히 반등하는 모습을 보이고 있다. 또한 산업생산지수와 세계교역량도 금융위기 이전에는 못 미치지만 최악의 국면에서 벗어나 2009년 상반기부터 서서히 회복되는 모습을 보여주고 있다. 한편 글로벌 금융위기로 급격히 높아졌던 미국의 실업률은 점차 낮아지고 있으나 유럽의 실업률은 경기회복속도가 느린 가운데 남유럽재정위기 등으로 오히려 높아지는 모습을 보이고 있다.

(4) 세계경기의 회복과 출구전략

1) 세계경기의 회복 지연과 정책 대응

세계경기의 회복 지연

주요 선진국의 강력한 확장적 재정 및 통화정책과 더불어 선진국과 신흥시장국간 정책공조로 세계경기가 동시에 급격히 침체되는 것은 피할 수는 있었다. 그러나 세계경제 – 특히 주요 선진국 경제의 회복세는 예상보다 더딘 것으로 나타났다. 미국의 실업률은 위기 전 5~6%대에서 글로벌 금융위기의 여파로 2009년 10월 10%대까지 급등하였다가 서서히 하락하여 2015년 9월에 5% 수준에 도달하였다. 한편 위기 전 7%대였던 유로지역 실업률은 2010년 10%대까지 높아졌다가 서서히 하락하였으나, 남유럽 국가들이 재정위기를 겪으면서 다시 가파르게 상승하여 2013년 1월 11.7%까지 상승 후 서서히 하락하고 있다. 반면 우리나라를 비롯한 신흥시장국의 실업률은 일시적으로 상승하였다가 빠르게 종전 수준을 찾아가는 모습을 보였다.

남유럽 재정위기

글로벌 금융위기의 여파로 그리스를 비롯한 일부 남유럽국가들이 **재정위기**를 겪기도 하였다. 그리스, 포르투갈, 스페인 등은 국가경제력에 비해 과도한 복지지출로 재정사정이 좋지 않은데다가 글로벌 금융위기를 극복하기 위하여 무리한 재정확장정책으로 재정사정이 더욱 악화되어 국가부도의 위기에 몰리게 되었다. 그러나 이들 국가들은 유로통화동맹에 가입되어 있었기 때문에 이를 해결하기 위하여 독자적으로 통화정책이나 환율정책을 펼 수 없었다. 결국 2009년 10월 그리스에서 시작된 재정위기는 남유럽국가로 파급되었으며, 유럽연합과 IMF는 그리스(2010년 4월과 2011년 7월), 아일랜드(2010년 11월), 포르투갈(2011년 5월), 스페인(2012년 6월)에 대하여 구제금융을 실시하였다.

양적완화정책의 추진

이처럼 경기회복이 지연되고 있었지만 주요 선진국들의 전통적 재정 및 통화정책을 통한 경기부양은 한계에 직면해 있었다. 이는 재정적자가 누적되면서 국가부채가 급격히 증가하고 금리도 제로금리 수준으로 떨어져 더 이상 기준금리를 낮출 수 없게 되었기 때문이다. 이에 따라 미국을 비롯한 주요 선진국들은 양적완화정책를 통하여 경기를 부양을 시도하였다.

양적완화정책의 형태

그러나 양적완화정책의 구체적 형태는 각국의 정치·경제상황에 따라 다르게 나타나고 있다. 미국 연준, 영란은행 및 일본은행은 국채매입을 통해 유동성을 공급함으로써 명목금리와 실질금리를 하락시키는 것을 목표로 하였다. 여러 국가로 구성된 ECB는 특정국가가 발행한 채권을 매입함으로써 발생하는 재정의 금융화에 대한 우려를 고려하여 금융기관에 대한 장기대출(LTRO: long-term refinancing operation)을 통한 유동성 공급을 병행하였다. 일본은 양적완화 과정에서 매입대상채권 부족 문제 등을 감안하여 채권을 지속적으로 매입하면서 10년 만기 국채금리를 0%로 유지하는 방식을 도입하였다.

〈표 16-8〉 글로벌 금융위기 이후 주요국의 양적완화정책 현황

	주요내용
FRB (미국)	• 1차 양적완화(2008.11~2010.3) : 총 1.75조달러(국채 0.3조달러+MBS 1.25달러+정부기관 0.2조달러) • 2차 양적변화(2010.11~2011.6) : 국채 6,000억달러 • Operation Twist(2011.9~2012.12) : 6,700억달러(2년마다 국채 매도, 6년 이상 국채 매입) • 3차 양적변화(2012.9~2014.10) : 매월 400억달러 규모 MBS, 450억달러 국채 매입: 실업률 6.5%, 물가상승률 2.5% 목표제시
ECB (EU)	• 2009.6 : Convered Bond 매입 프로그램 도입 • 2010.5 : SMP 프로그램 도입 • LTRO 공급 : 1년 이하(3, 6개월: 2008.3, 1년: 2009.6), 3년만기(1차: 4,890억유로(2011.12), 2차: 5,290억유로(2012. 2) • 2012.9 : OMT(outright monetary transactions) 실행발표: 일정조건을 충족한 유로존 국가의 3년 미만 국채 무제한 매입 가능 • 2014.6 : 4년 만기 Term-LTRO 공급, 마이너스금리 도입 • 2015.3 : 유로존 국채, 정부기관 및 국제기구발행 채권을 매월 600억유로씩 매입하는 양적완화 실시(총 1.14조유로, 물가상승률이 ECB의 중기 목표치인 2%를 하회하는 한 2016.9까지 지속) • 2016.4 : 월 채권매입규모 월 800억유로로 확대, 매입대상 채권에 투자등급의 비(非)금융회사채 포함(2017.3까지) • 2017.4 : 월 채권매입규모를 600억유로로 축소(2017.9까지) • 2017.10 : 월 채권매입규모를 2018.1부터 300억유로로 축소(2018.9까지)
BOJ (일본)	• 2010.10 : 35조엔 규모의 자산매입프로그램(APP: asset purchase program) 도입 • 2012.12 : 자산매입규모 101조엔으로 확대(10조엔씩 증액, 신용대출규모 25조엔 포함) • 2013.1 : 2014년부터 매월 13조엔 규모의 자산을 무기한 매입 • 2016.9 : 10년 만기 국채 금리를 0%로 유지
BOE (영국)	• 2009.3 : 영 재무부, 1,500억파운드 채권매입권한 부여 • 2009.8 : 500억파운드 증액 → 총 1,750억파운드 • 2009.11 : 250억파운드 증액 → 총 2,000억파운드 • 2011.10 : 750억파운드 증액 → 총 2,750억파운드 • 2012.2 : 500억파운드 증액 → 총 3,250억파운드 • 2012.7 : 500억파운드 증액 → 총 3,750억파운드, FLS(funding for lending scheme) 도입 • 2016.8 : 국채 600억파운드 증액 → 총 4,350억파운드, 회사채 100억파운드 추가 • 2017.10 : 월 채권매입 규모를 2018.1부터 300억유로로 축소(2018.9까지)

자료: 각국 중앙은행

양적완화정책의 결과

이러한 양적완화정책으로 주요국 중앙은행은 막대한 규모의 국채나 정부기관채를 보유하게 되었다. 미국, 유로존, 일본 등 6개국이 보유하게 된 자산은 약 15조달러이며, 이중 국채가 9조달러로서 총국채발행액 46조달러의 20%에 달하였다. 국별로 보면 2017년 상반기 현재 미국 4조 4,700억달러, 일본

4조 5,300억달러, ECB 4조 9,000억달러로 파악되고 있다. 미 연준은 보유자산의 약 50%가 미국 국채이며 40%는 페니매와 프레디맥이 발행한 MBS이었다. ECB는 보유자산의 약 40%가 유로존 국채였으며, 일본은행은 보유자산의 85%가 일본 국채였다.

마이너스 금리정책

ECB, 일본 등 주요국의 중앙은행은 지속적 저물가·저성장에서 벗어나 성장을 지원하는 동시에 기대인플레이션 수준을 유지하기 위하여 마이너스금리정책을 도입하였다.[8] 마이너스금리정책은 금융기관이 중앙은행에 필요지급준비금을 초과하여 맡기는 예치금에 대하여 보관료를 내는 것을 말한다. 외국자본 유입 등으로 유동성이 풍부해진 금융기관은 민간대출보다 제로 또는 낮은 금리를 제공하는 안전한 중앙은행에 예치하는 현상이 나타났다. 이러한 금융기관의 중앙은행에 자금예치는 양적완화정책을 약화시키는 원인으로 작용하였다. 이에 따라 주요국 중앙은행은 금융기관이 민간대출에 사용하지 않고 중앙은행에 예치하는 자금에 대하여 벌금을 부과함으로써 이를 억제하고자 하였다.

이론과실제 | 미국·유럽·일본의 양적완화정책의 차이점

글로벌 금융위기 이후 침체된 경기회복을 위해 미국, 유럽, 일본 등 주요국 중앙은행들은 국채나 회사채의 매입을 통해 시장에 직접 돈을 푸는 양적완화정책을 실시해 왔다. 하지만 최근 미국 경기가 회복세를 보이면서 미 연준(연방준비제도) 버냉키 의장이 양적완화 축소를 시사하기도 하였다. 반면 유럽중앙은행(ECB)의 드라기 총재는 포르투갈, 그리스 등 유로존 재정위기의 부상에 대응해서 앞으로 계속해서 돈을 풀겠다고 밝혔다. 그리고 일본은행도 아베노믹스의 첫째 화살인 무제한 양적완화를 추진하고 있다. 이러한 주요국 중앙은행의 양적완화정책의 특징을 비교하고 양적완화정책의 부작용은 없는지 알아보도록 하자.

양적완화정책의 배경

2008년 글로벌 금융위기에 대응해 각국은 경기부양정책을 폈다. 일반적으로 경기부양책으로는 공공사업 등을 통해 정부지출을 늘리는 재정확장정책과 금리인하 등의 방법으로 시중자금의 유통이 활발해지도록 하는 금융완화정책이 있다. 그런데 경기를 부양하기 위해 선진국 중앙은행들이 금리를 낮추다 보니 거의 제로 금리에 도달하게 되었다. 또한 정부지출을 늘리다 보니 재정적자가 악화돼 재정긴축이 요구되었다. 재정확장이 한계에 부딪치고 더 이상 금리를 낮추기 어렵게 되자 선진국 중앙은행들은 경기를 부양하기 위해 이전과 다른 차원의 통화정책을 실시했는데 이를 양적완화정책이라고 한다.

양적완화란 중앙은행이 국채나 회사채 매입 등을 통해 직접 자금을 공급하는 이례적 금융완화정책이다. 사

8) 반면 덴마크, 스위스, 스웨덴 및 헝거리 중앙은행은 ECB의 마이너스금리정책으로 자본유입이 급증하여 통화가치가 상승함으로써 경상수지가 악화되는 것을 막기 위하여 시행하였음.

실 양적완화는 2001년부터 디플레이션(물가 하락과 경기침체의 악순환)에 빠진 일본이 경제를 살리기 위해 먼저 시행한 적이 있다. 당시 양적완화는 점진적으로 추진되어 큰 효과를 보지 못했지만 2008년 글로벌 금융위기 이후 미연준은 일본의 실패를 거울삼아 과감한 양적완화라는 승부수를 띄웠다.

미국, 유럽, 일본의 양적완화정책의 차이점

지금까지 미국은 세 차례의 양적완화정책을 취했다. 우선 2008년 11월부터 2010년 3월까지 1조 7,250억달러에 이르는 제1차 양적완화를 시행했고, 2010년 8월부터 2011년 6월까지는 6,000억달러를 더 찍어내 제2차 양적완화를 시행하였다. 그리고 제3차 양적완화는 2012년 9월부터 주택저당증권(MBS)을 매월 400억달러 매입하기 시작하였다. 제3차 양적완화는 매입 종료시점을 한정하지 않았다는 점에서 매입 규모와 시점을 정했던 이전의 양적완화와 차이를 보이고 있다. 또 장기금리를 낮추기 위해 단기채권을 판 돈으로 장기채권을 사들이는 '오퍼레이션 트위스트(operation twist)'라는 정책을 일시적으로 취하기도 하였다. 제3차 양적완화정책은 2013년 1월부터 국채 매입규모를 월 850억달러로 확대하였다.

유럽중앙은행(ECB)는 글로벌 금융위기 이후 증권매입프로그램(SMP)을 통해 2012년 8월까지 2,088억유로의 증권을 매입하는 양적완화정책을 시행하였다. 이후 재정긴축을 이행하는 조건으로 한도가 없는 무제한 국채 매입(OMT)을 도입하였다. 이 밖에도 2011년 12월 이후 회원국 은행에 대해 약 1조유로 규모로 3년 만기 장기대출프로그램(LTRO)을 운용하고 있다. 그런데도 유로존(유로화 사용 17개국)의 경기가 회복될 기미가 보이지 않자 드라기 총재가 '돈 풀기'를 지속하겠다고 밝혔다.

글로벌 금융위기 이후 일본의 양적완화정책은 2010년 10월부터 기업어음, 장단기 국채, 은행 적격담보대출 등을 매입하는 70조엔 규모의 자산매입프로그램(APP)으로 시작하였다. 2012년 12월에는 자산매입기금 한도를 101조엔으로 확대하였다. 2013년 4월 구로다 총재가 취임하면서 내년까지 본원통화량(현금에 일본은행 당좌예금을 더한 것) 규모를 2배로 확대하기 위해서 국채 매입 규모도 2배로 증액하는 등 본격적 무제한 양적완화를 추진하고 있다.

심각한 재정적자에 시달리고 있는 미국, 유럽, 일본 등 선진국 중앙은행들이 국채, 회사채 등의 자산매입을 통해 양적완화를 실시한 것은 유사하지만 앞에서 살펴본 것처럼 양적완화의 규모, 속도, 시기 면에서는 차이를 보이고 있다. 특히 일본은행은 2001년 선구적으로 양적완화를 시행했지만 소규모로 시작해서 점진적으로 규모를 확대해 나가는 전략을 취했다가 효과를 보지 못하였다. 그러자 글로벌 금융위기 이후 미 연준은 먼저 규모를 정하고 일정 시간에 걸쳐 과감하게 실시하는 방식으로 추진하였다. 이 방식이 효과가 있다고 판단한 일본은 이번엔 대규모로 과감한 양적완화를 추진하게 되었다.

미국과 유럽은 양적완화에 따른 인플레이션을 우려하고 있지만 일본은 오히려 고질적 디플레이션에서 탈출하기 위해 인위적으로 인플레이션을 일으키려고 노력하고 있다. 일본은행은 2년 안에 물가상승률 2%로 끌어올리겠다는 목표를 가지고 양적완화를 추진하고 있다.

양적완화정책의 부작용

선진국의 대규모 양적완화로 풀린 풍부한 자금이 부동산, 주식, 채권 등에 투자돼 자산가격이 안정을 유지하는 데 기여했고, 이 덕분에 실물경제도 조금씩 회복 기세를 보이고 있다. 그러나 이렇게 풀린 자금이 선진국에서 신흥시장국으로 대규모로 유입되면서 선진국의 통화가치를 떨어뜨리고 신흥시장국 통화가치를 올리는 압력으로 작용해 소위 '통화 전쟁(통화 가치를 경쟁적으로 낮추는 것)' 논란이 일고 있다. 최근에는 버냉키 의장이 양적완화 중단을 시사하면서 국제금융시장이 불안정해졌고, 신흥시장국에서 일시에 대규모 자금이 빠져나가 신흥시장국 금융시장에 엄청난 충격을 줄 우려가 커지고 있다. 따라서 미국의 양적완화 종료에 따른 부작용을 최소화하기 위해서는 신흥시장국간 공조, 나아가서는 선진국과 신흥시장국 간에 국제적 협조가 필요할 것으로 예상된다.

자료: 현석, "美·유럽·日의 양적완화는 어떻게 다른가?" 조선일보 2013.7.19. B10면 참조

2) 출구전략: 통화정책의 정상화 추진과 금융규제의 강화

글로벌 금융위기의 진원지이었던 미국은 적극적으로 정책을 시행함으로써 주요 선진국중 가장 앞서 경기가 회복세를 보였다. 이에 따라 미국은 가장 먼저 양적완화정책으로 풀린 과잉유동성을 환수하고 기준금리를 인상하여 통화정책의 정상화를 도모해 나갔다. 또한 글로벌 금융위기 이후 G-20를 중심으로 논의되어 온 금융규제 및 감독 개혁에 부응하여 각국은 독자적으로 금융규제 및 감독체계를 정비해 나갔다.

① 통화정책의 정상화

양적완화정책의 평가

글로벌 금융위기를 극복하기 위해 추진한 양적완화정책과 마이너스금리정책은 신용경색을 완화하고 경기를 회복시키는데 어느 정도 긍정적으로 작용한 것으로 평가된다. 그러나 확장적 통화정책의 지속은 금융위기의 원인이었던 자산버블을 다시 키우는 등 부작용을 초래하게 된다. 미국 등 주요 선진국은 경기를 부양시키고자 양적완화정책을 통해 막대한 유동성을 공급함으로써 주택가격이 금융위기 이전의 수준까지 회복되었고 주가도 급격히 상승하였다. 또한 선진국 시장에서 넘치는 자금이 신흥개도국시장으로 유입됨으로써 이들 시장에서 자산가격도 크게 상승하였다. 이와 같이 공급된 막대한 유동성은 궁극적으로 급격한 인플레이션을 유발할 가능성을 키우는 요인이 되었다.

출구전략의 추진

2015년 이후 세계경제가 미국을 중심으로 회복세를 보이면서 주요국 중앙은행의 통화정책 정상화가 금융시장의 중요한 이슈로 떠올랐다. 그러나 국가에 따라 경기회복에 온도차를 보이면서 양적완화 등 비전통적 통화정책으로부터 출구전략은 일관적으로 추진되지 못하였다.

미국의 양적완화정책의 종료

미국은 경기가 회복세를 보이면서 고용시장이 개선됨에 따라 2013년 12월부터 자산매입을 축소(tapering)하면서 통화정책의 정상화의 경로를 밟기 시작하였다. 2014년 들어 미 연준은 FOMC회의를 할 때마다 채권매입액을 줄였으며 10월에는 자산매입을 종료한다고 선언하였다. 이와 동시에 미 연준은 시장참가자들에게 제로금리정책을 끝내고 기준금리를 인상할 것임을 지속적으로 시사하였다.

기준금리의 단계적 인상

2015년 12월 미 연준은 기준금리를 0~0.25%에서 0.25~0.50%로 인상함으로써 통화정책기조를 바꾸기 시작하였다. 미 연준은 1년만인 2016년 12월 재차 기준금리를 0.25%포인트 인상한 후 꾸준히 0.25%포인트씩 인상하였다. 특히 2017년 6월 FOMC회의에서는 그 동안 양적완화정책으로 미 연준이 보유하게 된 채권 등 4.5조달러 규모의 자산을 축소할 것임을 밝혔다. 꾸준한 기준금리 인상의 결과 2018년 12월 기준금리는 2.25~2.50%에 도달하였다.

유로지역과 일본의 출구전략

한편 경기회복이 더딘 유로지역이나 일본은 양적완화기조를 유지하고 출구전략을 본격적으로 시작하지 못하고 있었다. ECB는 2017년 10월 통화정책회의에서 제로기준금리는 유지하지만 채권매입규모를 2018년 9월까지 600억 유로에서 300억 유로로 축소하고 10~12월에는 다시 150억 유로로 축소한 후 2018년말 이후 종료하기로 하였다. 한편 일본은 인플레이션이 목표치인 2%에 미치지 못하고 있어 연간 80조엔 규모의 본원통화를 증가시키는 동시에 10년 만기 국채금리의 목표치를 0%를 유지하는 등 양적완화정책을 지속하였다.

출구전략의 문제점

미국 등 주요 선진국이 양적완화정책에 벗어나 통화정책을 정상화하는 과정에서 금리, 주가, 환율 등 주요 금융변수의 변동성이 커지는 부작용이 나타났다. 특히 2013년 미 연준이 양적완화의 축소(tapering)를 시사하자 국제금융시장이 민감하게 반응하면서 큰 발작(tantrum)을 보이기도 하였다. 또한 주요 선진국이 유동성을 환수하는 과정에서 신흥개도국도 자본이 유출되면서 금리가 상승하고 자산가격이 하락할 가능성이 있었다. 이에 따라 주요 선진국은 통화정책을 정상화하는 과정에서 시장참가자들이 충격을 흡수할 수 있도록 점진적으로 추진하고자 하였다.

② 금융규제의 강화[9)]

글로벌 금융위기 직후 2008년 11월 G-20는 워싱턴에서 제1차 회의를 개최하고 금융규제 개혁에 관한 국제논의를 시작하였다. 이 회의에서 각국 정상들은 금융기관의 과도한 위험추구 및 도덕적 해이, 금융상품의 복잡화로 인한

9) 김동한(2017), 「글로벌 금융규제 개혁 동향 및 과제 - 바람직한 금융규제 체계의 모색 -」, KIF 금융리포트2017-01, 한국금융연구원에서 일부 발췌하여 인용함.

스텝인 리스크란 은행이 그림자금융 혹은 여타 비은행 금융기관간 계약상 의무가 없음에도 불구하고 경제위기 상황에서 금융지원을 실시해야 하는 리스크를 말함

위험 파악의 곤란, 금융시장의 국제화로 인한 위험의 전염과 확산 방지 등을 위하여 금융규제를 개혁하여야 한다는 큰 방향을 합의하고, 금융안정위원회(FSB; Financial Stability Board), 바젤위원회(Basel Committee)와 같은 국제기구로 하여금 구체적인 원칙을 수립하도록 하였다. 이들 국제기구에서 수립된 금융개혁의 원칙은 크게 ① 은행의 건전성을 제고하기 위해 자기자본규제를 강화하는 Basel III를 도입하고, ② 시스템적으로 중요한 금융기구(SIFI; Systemically Important Financial Institution)에 대한 대응책을 마련하며, ③ 자본시장의 투명성과 안정성을 제고하기 위해 그림자금융 규제를 도입하고 장외파생금융상품시장을 개혁하는 것으로 축약할 수 있다. 나아가 각국의 금융당국은 이에 기초하여 국내법규를 제정하고 규제와 감독을 실시하도록 하였다.

Basel III의 규제 내용

2010년 10월 바젤위원회는 국제업무를 수행하는 모든 은행에 대하여 자기자본비율규제를 Basel II보다 강화하고, 레버리지비율규제 및 유동성비율규제를 새로이 도입하기로 하였다.[10] 레버리지비율규제의 도입 취지는 위험이 낮은 자산을 늘려 과도한 레버리지를 억제함으로써 자기자본비율을 보완하는데 있다. 한편 유동성비율규제, 즉 유동성커버리지비율규제 및 순안정조달비율규제의 도입 취지는 은행의 자금중개기능이 실패하는 것을 방지하는데 목적이 있다.

또한 Basel III에서는 거액익스포져, 트레이딩계정 등에 대한 규제도 포함하였다. 적격자본을 총자기자본(Tier 1+ Tier 2)에서 Tier 1으로 엄격히 하고, 통상적으로 적격자본의 25%로 되어 있는 동일인 신용공여한도를 적격자본의 15%로 억제하였다. 단기차익 실현을 목적으로 트레이딩 계정을 분류해야 할 자산이 은행계정으로 분류되지 못하도록 양 계정간 포지션의 자의적 변경을 방지하고 계정 변경이 부적절한 경우 시정명령 등 사후감독을 강화하였다. 이외에도 바젤위원회는 운영리스크 및 거래상대방 신용리스크 평가체계를 재점검하고, 스텝인 리스크(step-in risk) 규제도 논의하고 있다.

SIFI에 대한 대응

2011년 11월 금융안정위원회는 규모, 상호연관성, 대체가능성, 국제적 활동, 복잡성 등 5가지 기준 및 12개 지표를 기초로 G-SIB(Global Systemically

10) 이에 관한 자세한 내용은 본서의 이론과 실제: 은행의 건전성 규제와 바젤 III(85~86쪽) 참조

지정된 G-SIB는 대부분 은행과 은행지주회사로 구성되어 있으나 Goldman Sachs와 같은 투자금융회사, ING와 같은 보험회사도 포함

적격채무 요건이란 채무가 잔존 잔존기간이 1년이상이고 무담보일 것, 도산처리 주체(예컨대 금융그룹인 경우 지주회사)에 의해 소유되고 있을 것, 후순위일 것을 의미함

Important Banks)에 해당하는 금융그룹을 발표하고 세 가지 규제방안을 도입하였다. 첫째, G-SIB에 대하여 CET(Common Equity Tier: 보통주자기자본) 1 자본을 1.0~2.5% 추가 적립하도록 하였다. 둘째, G-SIB는 BIS자기자본(8% 이상), CET 1 자본(4.5%이상)에 추가로 TLAC(Total Loss-Absorbing Capacity: 총손실흡수능력) 적격채무 요건을 갖추도록 하였다. 셋째, 금융안정위원회는 회생·정리계획(RRP: Recovery and Resolution Plan)을 수립·평가하고 위기관리그룹(CMG: Crisis Management Group)을 설치하며, 채권자에게 도산비용을 부담하게 하는 손실분담(bail-in)방식을 채용할 것을 제안하였다.

기타 금융규제 개혁

이외에도 장외파생상품시장, 그림자금융 및 금융거래정보에 대한 규제도 강화하였다. 첫째, 바젤위원회 등 국제기구는 중앙청산기관(CCP: Central Counterparty), 거래정보축적기관(TR: Trade Repository) 등 자본시장 인프라를 충실히 하기 위해 국제적 기준을 마련하고, 중앙청산기관을 거치지 않은 장외파생상품거래에 대하여 증거금규제 등을 도입하였다. 둘째, 금융안정위원회, 바젤위원회, 증권감독국제기구 등은 그림자금융의 규제·감독을 강화하기 위해 은행이 그림자금융에 관여할 때 자본과세나 거액익스포져규제를 적용하는 등 다양한 정책을 제안하였다. 셋째, 금융안정위원회는 시스템리스크의 평가 및 특정에 필요한 실효성 있는 데이터 수집 및 보고의 시행을 촉구하고, 금융거래 실태파악을 강화하기 위해 글로벌 법인식별코드 등을 발급하였다.

이론과실제 글로벌 금융위기 이후 미국의 금융규제 강화조치 및 경과

미국은 글로벌 금융위기 이후 가장 적극적으로 금융개혁을 추진하여, 2010년 7월 대형은행 및 금융시장 전반의 건전성 제고 및 소비자 보호를 목적으로 금융감독 및 시장규제 강화를 주요 내용으로 하는 도드-프랭크법(Dodd-Frank Wall Street Reform and Consumer Protection Act)을 발효시켰다. 이 법은 채권자 손실분담(bail-in)방식의 구제금융원칙, 볼커룰(Volcker rule)의 제정, 상업은행과 투자은행업무의 분리, 대형은행의 자본확충, 장외파생금융상품거래의 투명성 제고를 위한 규제 강화, 금융지주사에 대한 규제 강화 및 스트레스결과를 토대로 한 대형금융기관의 영업활동 제약 등을 주요 내용으로 하고 있다.

첫째, 금융기관의 도덕적 해이 방지 및 납세자 보호를 위해 부실금융기관 정상화를 위한 구제금융방식을 기존의 공적자금 지원 중심의 bail-out에서 주주와 채권자의 손실분담을 중심으로 하는 bail-in방식으로 전환하였다.

둘째, 볼커룰을 제정하여 대형은행들의 고유계정거래(proprietary trading)규모를 tier-1자본의 3% 이내로 제한하였고, 헤지펀드의 소유를 제한함으로써 은행의

위험투자 규모를 축소하였다. 이는 실제로 상업은행과 투자은행의 업무를 분리한 글래스-스티걸법의 부활이라는 평가를 받았다.

셋째, 장외파생상품거래에 대한 규제와 모니터링을 강화하였다. 미국계 금융기관이 미국내와 해외에서 또는 외국금융기관이 미국내에서 또는 외국에서 미국계 금융기관과 장외파생금융상품을 거래할 때 특정 거래플랫폼이나 중앙청산소(CCP: Central Counterparty)에서 거래·청산하도록 하였다. 나아가 이러한 거래정보를 거래저장소(TR: Trade Repository)에 보고하도록 하였다.

넷째, 대형은행에게 매년 스트레스 테스트를 의무화하여 부적격 판정을 받을 경우 배당금 지급이나 자사주 매입을 제한하도록 하였다.

다섯째, 금융감독체계의 개편을 위해 재무부, FRB, 금융감독기구 등 14개 금융감독기관이 참여하는 금융안정감시위원회(FSCO: Financial Stability Oversight Council)를 설립하였다. 미국경제의 안정을 위협하는 금융시스템리스크를 통합하여 관리하고 이에 필요한 제재 및 대응방안 수립하도록 하였다.

여섯째, FRB의 예산지원을 받는 독립기구인 연방소비자금융보호국(CFPB: Consumer Financial Protection Bureau)를 신설하여 금융소비자 보호 관련 규제 및 금융민원처리 관련 권한을 부여하였다.

그러나 2017년 출범한 트럼프 행정부는 도드-프랭크법에 의한 과도한 금융규제가 미국 금융 및 경제발전을 저해할 가능성이 크다고 보고 금융규제의 완화를 꾸준히 추진하였다. 이에 따라 2018년 5월 도드-프랭크법의 일부 규제를 중소은행을 중심으로 완화한 개정안(Economic Growth, Regulation Relief and Consumer Protection Act)이 미국 의회에서 통과되었다. 개정안은 우선 금융위기가 발생할 때 시스템 리스크를 초래할 가능성이 커 엄격한 규제를 받는 은행의 자산기준을 500억 달러에서 2,500억 달러로 상향조정하였다. 이 자산기준에 미달하는 중소은행들은 FRB의 스트레스 테스트를 받지 않고 파산에 대비한 정리의향서를 제출하지 않아도 된다. 또한 자산 규모 100억 달러 미만 은행에 대해서는 고유계정거래를 은행자본의 일정 범위로 제한하는 볼커룰의 적용을 배제하였고, 대출 및 자본금 요건의 규제도 완화하였다.

자료: 장홍범·전태용(2018), 「국제금융 : 이론과 실제」, 한티미디어, 576~577쪽 참조

(5) COVID-19로 인한 경제위기와 정책 대응

1) COVID-19 펜데믹 위기의 특징

실물부문의 공급과 수요 충격

2019년 12월 중국 후베이성 우한시에서 시작된 COVID-19 감염병이 전 세계로 급속히 퍼지면서 세계보건기구(WHO)는 2020년 3월 펜데믹을 선포하였다. COVID-19 펜데믹 위기는 기존의 경제위기와 다른 특성을 보이는데, 가장 큰 특징은 전염에 대한 우려와 정부의 이동제한 조치 등에 따라 실물부문에서 공급과 수요가 급격히 감소하였다는 것이다. 이는 부채가 급증하며 금융부문에서 위기가 시작되었던 기존의 경제위기와는 다른 양상이었다.

2) 정부의 정책 대응

확장적 재정정책

세계 각국은 펜데믹 위기로 경기가 급랭하자 위기에 빠진 산업을 돕고 소비 위축을 막고자 신속하고 과감하게 확장적인 재정정책을 사용하였다. 기업 지원정책은 주로 중소기업과 소상공인, 자영업자에 집중되었다. 각국 정부는 대출 및 보증 확대, 상환 유예, 현금 지급 등을 통해 유동성을 지원하고, 세금 감면 및 유예를 통해 자금흐름을 개선하는 정책을 실시하였다. 가계부문에 대해서도 현금보조금 지급, 실업수당 확대 등 복지지출을 증가시키고 세금 및 임대료 납부 유예 등을 통해 소득감소를 보전할 수 있도록 조치하였다. 2020년 한 해 펜데믹 대응을 위해 사용된 추가 재정과 세수 감소분의 합은 미국, 영국, 호주, 일본에서는 GDP의 15%를 상회하는 수준이었고, 한국에서는 GDP의 3.4%에 해당하는 수준이었던 것으로 추정된다. 이러한 과감한 재정정책으로 인해 많은 국가에서 재정적자가 2008년 금융위기 수준 이상으로 악화하고 국가부채가 급증하는 결과가 발생하였다.

통화정책과 양적완화

이러한 확장적 재정정책과 함께 각국은 신속하게 확장적 통화정책을 실시하였다. <그림 16-9>에서 보듯이 미국의 경우 2015년 이후 출구전략을 펼치며 제로금리 하한을 벗어나 있었으나, 펜데믹 위기가 터지자 기준금리를 3월 한 달 동안 1.5~1.75%에서 0~0.25%로 신속히 하향조정하였다. 우리나라도 2개월에 걸쳐 기준금리를 1.25%에서 0.5%까지 하향조정하였다. 이처럼 기준금리가 제로금리 하한으로 제약된 상황에서 각국은 양적완화 정책을 사용하였다. 2008년 금융위기를 거치며 양적완화 정책을 시행한 경험을 토대로 각국은 신속하게 자산매입을 확대하여 금융기관과 신용시장에 유동성을 공급하였다. 이와 함께 금융기관의 신용공급 여력을 확대하기 위해 일시적으로 금융규제와 감독을 완화하는 조치를 취하였다.

〈그림 16-9〉

펜데믹 전후 각국의 기준금리 추이

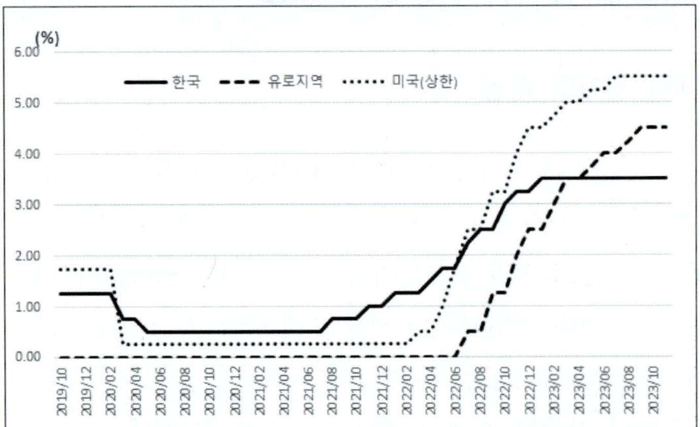

자료 : 한국은행 경제통계시스템

3) 인플레이션의 급등과 금리 인상

공급망 충격과 유동성 과잉

전례 없는 펜데믹 위기에 대응해 세계 각국이 적극적으로 재정정책과 통화정책을 사용한 결과 세계경제는 빠르게 반등하는데 성공하였다. 그러나 펜데믹 대응 과정에서 노동공급이 감소하고 물류 등 공급망에 충격이 가해지게 되었다. 공급망이 붕괴된 상태에서 백신 개발 등으로 펜데믹이 종식되면서 그동안 억눌렸던 수요가 반등하자 세계 각국에서 물가가 빠르게 상승하기 시작하였다. 이 외에 2008년 금융위기 이후 오랜 기간 지속된 제로금리 정책과 양적완화 정책으로 시장에 풀린 막대한 유동성을 회수하기 전에 COVID-19로 인한 위기대응을 위해 추가로 대규모 유동성이 시장에 공급되었다는 점과 2022년 2월 발생한 러시아의 우크라이나 침공으로 인해 글로벌 유가와 곡물・원자재 가격이 상승한 것도 인플레이션이 급등하는 요인으로 작용하였다. <그림 16-9>에서 보듯이 인플레이션 상승에 대응해 미 연준을 필두로 각국의 중앙은행들은 빠른 속도로 기준금리를 인상하였다. 오랜 기간 지속된 저금리와 COVID-19 펜데믹 충격으로 정부, 기업, 가계의 부채가 크게 증가한 상황에서 세계경제는 고금리 환경에 적절히 대응해야 하는 과제를 안게 되었다.

미국과 중국 사이에 무역갈등이 악화한 것도 글로벌 공급망 붕괴의 한 요인이 되었다.

요약

01. 자본자유화란 일국이 자본유출입에 대한 법적 · 제도적 제한을 인위적으로 완화 또는 철폐함으로써 자본이 국경의 장벽 없이 자유롭게 이동할 수 있도록 하는 일련의 조치를 말한다.

02. 자본자유화는 자본의 효율적 배분, 국내금융 및 제도의 효율성 제고, 시점간 소비의 효율적 배분 등 긍정적 측면이 있는 반면에 외국인에 의한 국내기업의 지배 및 시장잠식, 외환 및 금융위기의 발생가능성 등 부정적 측면도 있다.

03. 제2차 세계대전후 자본자유화는 1961년 발족된 OECD를 중심으로 추진되어 왔으며, OECD가 자본자유화를 촉진하기 위해 도입한 「자본이동자유화 규약」은 자본이동에 관한 유일한 국제규범으로 인정받고 있다.

04. 기존 OECD회원국은 장기에 걸쳐 변동성이 낮은 거래와 기업활동에 직접적으로 필요한 분야부터 점진적으로 자본시장을 개방하여 왔으나, 신규회원국은 자국의 여건에 맞추어 제한을 두기는 했지만 짧은 기간 동안에 자본시장을 개방하였다.

05. OECD의 자본자유화 경험보고서에 따르면 ① 자본자유화의 이점과 혜택은 크며, ② 회원국이 경제위기를 겪었어도 자유화조치를 후퇴시키지 않았고, ③ 자본자유화의 위험을 최소화하기 위해서는 거시경제의 건실한 운영 등 선결요건이 필요하고, ④ 대외개방에 대한 우선순위를 명쾌하게 결정하기 어려우며, ⑤ 외환위기의 대처방안으로 단기자본이동을 제한하는 것이 실효가 있는지에 대하여 명쾌한 결론을 내리기가 어렵다.

06. 외환위기(exchange crisis)란 기초경제여건의 악화나 자국통화의 대외신인도 하락으로 짧은 기간 동안에 자국의 통화가치가 급락하는 과정에서 중앙은행의 외환보유액이 고갈되어 더 이상 자국통화가치의 하락을 억제하지 못하는 현상을 말한다.

07. 최근에는 자본자유화에 힘입어 자본의 유출입이 빈번해지면서 외환위기와 금융위기가 함께 발생하는 등 다양한 형태를 띠고 있다.

08. 외환위기가 주변국으로 전염되는 경로는 금융경로, 교역경로, 인접국경로 등으로 나누어 볼 수 있다.

09. 외환위기의 발생원인을 설명하는 이론으로 투기적 공격론, 도덕적 해이 및 거품붕괴론, 현대화된 금융공황론, 자본자유화와 붐-버스트 사이클론 등이 대두되었다.

10. 우리나라의 외환위기 발생원인으로는 동남아시아국가로부터 전염, 산업·금융부실과 도덕적 해이, 외채누적과 취약한 외채구조 등을 들 수 있다.

11. 2008년 9월 미국발 글로벌 금융위기는 저금리에 따른 유동성확대, 모기지회사의 과당경쟁에 따른 방만한 대출, 과도한 레버리지, 금융감독 및 규제의 미흡 등이 복합적으로 작용하여 발생하였다.

12. 글로벌 금융위기는 자산가격의 폭락, 신용경색의 심화, 신흥시장국으로 불안심리의 확산 등을 통해 급속히 실물경제로 전이되는 모습을 나타냈다.

13. 미국, EU을 비롯한 주요 주요국들은 금융불안을 진정시키기 위해 금융기관의 부실자산 매입 및 자본확충 등 구제금융을 실시하였으며, 경기를 부양하기 위하여 적극적인 재정확장정책을 펴는 동시에 비전통적 통화정책수단까지 동원하여 유동성 공급을 확대하고 국제적으로 정책공조를 강화하였다. 이러한 정책은 금융불안을 진정시키고 세계경기의 급격한 냉각을 막는데 기여한 것으로 평가된다.

14. 글로벌 금융위기를 극복하는 과정에서 과도한 재정확장정책으로 그리스를 비롯한 남유럽국가들이 재정위기를 겪었다. 또한 세계경기의 회복이 지연됨에 따라 주요 선진국들은 재정정책이나 전통적 통화정책이 한계를 보이자 양적완화정책을 추진하고 있다.

15. 양적완화정책은 국가에 따라 형태를 달리하기는 하지만 국채 매입을 통해 유동성을 대량 공급함으로써 명목금리와 실질금리를 하락시키는 것을 목적으로 하였다. 그러나 지속적인 양적완화정책은 자산버블을 다시 키우고 기대인플레이션을 상승시키는 등의 부작용을 초래할 수 있다.

16. 양적완화정책에 힘입어 경기가 회복세를 보이고 있는 미국은 보유하고 있는 국채를 매각하여 과잉유동성을 흡수하는 동시에 기준금리를 인상하여 통화정책의 정상화를 도모해 나가고 있으며, 다른 주요 선진국도 뒤따를 것으로 보인다. 또한 글로벌 금융위기 이후 G-20을 중심으로 논의되어 온 금융규제 및 감독 개혁에 부응하여 각국은 자국의 실정에 맞추어 독자적으로 금융규제 및 감독체계를 정비해 나가고 있다.

17. 2019년 12월 발생한 COVID-19 팬데믹으로 인한 경제위기에 대응해 각국은 신속하게 확장적 재정정책과 통화정책을 실시하여 빠르게 위기에서 벗어날 수 있었다. 그러나 글로벌 공급망에 대한 충격과 과도한 유동성으로 인해 급격한 인플레이션이 발생하였고 각국의 중앙은행은 인플레이션을 낮추기 위해 금리를 인상하는 긴축적 통화정책으로 대응하였다.

연습문제

01. 자본자유화와 관련된 다음 물음에 대하여 답하시오.

(1) 자본자유화의 의미에 대하여 설명하시오.

(2) 자본자유화의 긍정적 측면과 부정적 측면에 대하여 살펴보시오.

(3) 자본자유화가 어떻게 외환위기를 유발할 수 있는가에 대하여 설명하시오.

02. OECD 기존회원국과 신규회원국간 자본자유화의 경험은 커다란 차이를 보이고 있다. 이와 관련된 다음 물음에 답하시오.

(1) 기존회원국과 신규회원국간 자본자유화의 경험을 비교·설명하시오.

(2) 자본자유화의 위험을 줄이기 위한 조치로서 외환통제의 실효성 여부에 대한 입장을 밝히고 그 이유를 설명해 보시오.

(3) 자본자유화의 위험을 줄이기 위해 시장개방을 순차적으로 해야 한다는 견해와 순차적 개방이 효과가 없다는 견해가 서로 대립되고 있다. 여러분의 견해를 밝히고 상대방의 견해에 대하여 반박하여 보시오.

03. 2011년 이후 우리나라가 취한 자본자유화 조치에 대하여 조사하여 보시오. 또한 「OECD 자본이동 자유화 규약」에 의해 우리나라의 자본자유화 수준을 평가하여 보시오.

04. 최근에는 외환위기와 금융위기가 동시에 진행되는 경향이 뚜렷해지고 있는데, 이와 관련된 다음 물음에 대하여 답하시오.

(1) 외환위기의 개념과 측정에 관하여 설명하시오.

(2) 외환위기와 금융위기가 동시에 발생하게 된 배경과 이들간 관계에 대하여 설명하시오.

05. 1997년 동남아시아 외환위기와 관련된 다음 물음에 대하여 답하시오.

(1) 동남아시아 외환위기의 발생 배경, 특징 및 과정에 대하여 설명하시오.

(2) 동남아시아 외환위기의 전염경로에 관하여 설명하시오.

(3) 동남아시아 외환위기의 발생원인을 이론적 측면에서 설명하여 보시오.

06. 1997년 우리나라 외환위기와 관련된 다음 물음에 대하여 답하시오.

(1) 우리나라에서 외환위기가 발생하게 된 배경, 특징 및 과정에 대하여 설명하시오.

(2) 동남아시아 외환위기가 어떠한 경로를 통해 우리나라에 전염되었는가에 대하여 설명하시오.

(3) 우리나라 외환위기를 외환위기 발생이론과 연계시켜 설명하여 보시오.

(4) 우리나라가 외환위기를 극복하기 위해 IMF와 합의한 내용을 살펴보고, 이러한 합의가 어느 정도 실행되었는가를 평가하여 보시오.

07. 1929년 대공황, 1990년대 일본의 장기불황, 최근의 글로벌 금융위기 등 주요 금융위기의 발생원인, 진행과정, 대응정책 등의 측면에서 공통점과 차이점을 조사해 보시오.

08. 글로벌 금융위기에 대응하여 주요 선진국과 신흥시장국이 취한 정책에 대하여 조사하여 보시오. 이러한 정책이 금융위기를 극복하는 과정에서 금융 및 실물경제에 대하여 미친 영향에 대하여 조사하여 보고 향후 예상되는 문제점에 대하여도 논의하여 보시오.

09. 최근 미국은 실물경제지표가 개선됨에 따라 양적완화정책에 대한 출구전략을 모색하고 있다. 이러한 미연준이 추진하고 있는 출구전략 진행과정과 금융 및 외환시장의 반응에 대하여 조사하여 보시오.

FOREIGN EXCHANGE

힌트와 해설

일러두기

▸본서 내용 참조 ▹외부자료(참고문헌 등) 참조
☞ 예시 ☆ 힌트 ◉ 주의
@ 해당기관 website(주요 기관의 website 주소는 앞의 속표지에 수록) 참조

제1장 외환시장과 환율

1 ○ 은행간 외환시장의 구조 및 거래 메커니즘

▸ [이론과 실제] 우리나라 외환시장에서 은행간 거래(본8쪽)

@ 서울외국환중개, 한국자금중개 등 외환중개회사

○ 최근 외환거래 동향 및 특징

▹ 한국은행의 관련 보도자료, 연구보고서(☞ 조사통계월보), 경제교육자료 등

▹ 정부출연 및 민간경제연구소의 관련 연구보고서

○ 우리나라 외환시장의 문제점

- 원화의 국제적 위상 저위, 높은 현물환거래 비중, NDF거래 영향 증대, 국내금융시장과 외환시장간 낮은 연계성, 은행간시장 및 대고객시장의 발달 미흡, 환위험관리에 대한 인식 부족 등

2 환율절상/절하는 잘못된 용어의 사용

◦ 환율 : 외국통화 한 단위를 기준으로 평가

◦ 절상/절하 : 자국통화를 기준으로 대외가치 평가

→ 어느 쪽에 기준을 두고 평가하는지를 판단하기 곤란

3 (1) ▸2) 환율의 표시방법(본13~16쪽)

◉ 직접표시환율을 간접표시환율로 바꿀 때 매입율과 매도율이 바뀜

(2) 뉴욕 외환시장에서 1유로를 1.3210달러에 매입하여 프랑크푸르트 외환시장에서 1.3228달러로 매각하면 1유로당 0.0018달러 차익을 얻음

4 (1) 삼각재정거래(₩→¥→$→₩)를 통하여 30,734,632.7원 차익을 얻음

☆ $\frac{₩}{¥} \cdot \frac{¥}{\$} \cdot \frac{\$}{₩} \neq 1$

(2) ◦ 원-엔시장 : 엔화 수요 증가 → JPY/KRW 상승
◦ 엔-달러시장 : 달러 수요 증가 → USD/JPY 상승
◦ 원-달러시장 : 달러 공급 증가 → USD/KRW 하락

(3) ₩1,172.04/¥100

5 (1) $\frac{₩}{¥(100)} = \frac{₩}{\$} \times \frac{\$}{¥(100)}(\times 100)$

$= \frac{₩}{\$} \times \frac{1}{¥(100)/\$}(\times 100)$

→ 유럽형표시 교차환율(¥/$)은 미화환산율의 역수

(2) $\frac{₩}{€} = \frac{₩}{\$} \times \frac{\$}{€}$

→ 미국형표시 교차환율($/€)은 미화환산율과 동일

6 ☆ 외환거래에서 한 통화의 매입은 다른 통화의 매도를 의미
→ 세 통화간 매입과 매도에 따른 연결고리에 착안하여 매입율과 매도율을 적용

☞ 원-위안 매입률 $\left(\frac{\text{원화매도}}{\text{위안매입}}\right)$ = 원-달러 매입률 $\left(\frac{\text{원화매도}}{\text{달러매입}}\right)$ × 위안-달러 매도율 $\left(\frac{\text{달러매도}}{\text{위안매입}}\right)$

(1) CNY/KRW : 167.27 – 170.56

(2) EUR/KRW : 1,352.00 – 1.379.42

7 (1) ◦ 현물환거래 : 계약과 동시에 현물의 인수도 및 대금결제
◦ 선물환거래 : 계약을 하고 일정기간 경과후 현물의 인수도 및 대금결제

(2) ☆ 계약후 현물의 인수도와 대금결제가 어느 시점에 이루어지느냐에 따라 구분

	계약일		결제일
현물환거래	현물 인수도 & 대금결제		
외상거래	현물 인수도	→	대금결제
입도선매	대금결제	→	현물의 인수도
선물환거래	(계약)	→	현물 인수도 & 대금결제

8 (1) 미달러화 선물환 할인(∵선물환율 < 현물환율)

(2) 111.639 – 111.657

(3) –2.62% – –2.61%

9 주식, 외환, 부동산 등 자산의 가격변동이 심할 때 빈번하게 사용
☞ 신용매수 또는 공매도, 환투기 또는 환헤지, 부동산 투기 등

10 ▸[이론과 실제] 수출입계약과 선물환거래를 이용한 환위험 헤지(☞31쪽)

(1) 수입계약으로 숏 포지션 발생

(2) 선물환을 매입(롱 포지션)하여 스퀘어포지션을 취함

(3) 그림 참조

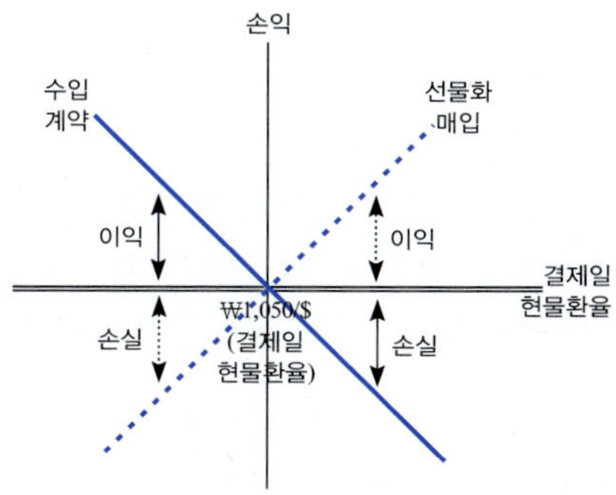

제2장 국제경제거래와 국제수지

1 ▸[이론과 실제] 국제수지표 작성의 실례(☞ 48쪽)

▸<표 2-1>국제수지표 표준항목 분류체계(☞ 43쪽)와 <표 2-2> 국제수지표 작성의 기본원리(☞ 47쪽)

▹한국은행, 「알기 쉬운 경제지표 해설」, 「국제수지 편제 매뉴얼」(IMF) 등

2 ▹한국은행, 「알기 쉬운 경제지표해설」, 「국제투자대조표의 이해와 최근 동향」 등

– 아래 그림에서 국제수지표<BOP>와 국제투자대조표<IIP>간 관계 참조

◦ BOP : 유량통계, IIP: 저량통계

◦ 전기말 잔액+금융계정의 자산과 부채 변동+평가변동 조정=금기말 잔액

	<BOP>				
<IIP>	경상수지				
기초잔액	거래변동	평가변동			기말잔액
내국인투자 외국인투자 순대외포지션	금융계정 직접투자 증권투자 기타투자 준비자산증감	가격변동	환율변동	기타변동	내국인투자 외국인투자 순대외포지션
	자본수지				
	오차및누락				

3 ▸ [이론과 실제] 국제수지통계, 무역통계와 외환수급통계의 차이(⊞42쪽)
@ 관세청에서 무역통계 작성기준 조사

4 국민순저축과 경상수지간 항등관계 - $(S-I)+(T-G)\equiv(EX-IM+TR)$ 활용
→ 경상수지 적자는 $I>S$와 $G>T$인 경우에 발생

5 경상수지와 금융계정(☻준비자산증감 제외)의 연간 시계열 통계자료를 수집하여 그래프(☞ excel 활용)를 작성
@ 한국은행 경제통계시스템, 통계청 국가통계포털, OECD 등
→ 외환위기를 계기로 자본시장이 대폭 개방되면서 자본이동 증가
▸우리나라의 자본자유화 추이와 현황(⊞462~463쪽)

6 국민순저축과 경상수지간 항등관계 - $(S-I)+(T-G)\equiv(EX-IM+TR)$ 활용
→ 고령화로 인한 노후대비 등으로 저축(S) 증가

7 (1) ▸(2) 통화량과 국제수지(⊞52~56쪽)
- 종합수지 흑자 → 원화절상 압력 → 수출기업의 가격경쟁력 약화 우려 → 외환시장개입 → 중앙은행의 순외화자산 증가 & 본원통화 증가 → 통화량 증가

(2) 인플레이션 압력 증가 등
(3) 통화안정증권의 매각을 통한 통화량 환수
▸[이론과 실제] 우리나라의 불태화 외환시장개입(⊞221쪽)

제3장 국제금융시장의 구조와 변화

1 ○ 국제금융시장의 의의 : ▸1) 국제금융시장의 의의(⊞63쪽) 참조
○ 국제금융시장의 기능 : ▸2) 국제금융시장의 기능(⊞65~66쪽) 참조

2 실효자금조달금리 : 운용가능자금(☞ 가용 대출금)에서 자금조달 총비용이 차지하는 비중
- 가용 대출금 = 정기예금 − 지불준비예치금
- 자금조달 총비용 = 지급이자 + 예금보험료

→ 실효자금조달금리 : 6.11%/년

3 @WSJ, FT 등
– 미국 대출금리 > 유로 대출금리(SOFR) > 유로달러 예금금리 > 미국 예금금리의 관계 성립

→ 규제비용의 차이, 시장위험 프리미엄의 존재 등
▷ 이강남, 「국제금융론」 등

4 ▷ 한국은행, 「한국의 금융시장」, 2016(☞ 제2장 단기금융시장) 등

5 ▷ 한국은행, 「한국의 금융시장」, 2016(☞ 제3장 자본시장) 등

6 ▸ [이론과 실제] 국제금융센터의 요건(Ⓔ77쪽)을 중심으로 비교 · 평가
→ 한 · 중 · 일간 금융경쟁력 비교, 동북아 국제금융허브 경쟁 등 관련 자료를 수집하여 분석
@ 한국은행, 국제금융센터, 금융연구원 등

7 국제금융시장의 구조적 변화의 배경과 영향간 인과관계 파악
◦ 배경 : ◦ 금리 · 환율의 변동성 증대, ◦ 정보처리 · 통신기술의 발달, ◦ 금융규제의 회피 노력, ◦ 금융 및 자본자유화 확대
◦ 영향 : ◦ 금융의 범세계화/금융규제의 국제표준 설정, ◦ 금융기관의 대형화 · 다각화 · 겸업화 · 전문화, ◦ 금융의 증권화/파생금융상품거래 확대, ◦ 금융의 전자화 · 정보화, ◦ 신종 금융상품 · 기법 개발
▷ 이강남, 「국제금융론」

8 ○ 대형화 : 시중은행의 인수 · 합병 추이 파악
▷ 한국은행, 「한국의 금융제도」, 2018
○ 겸업화 : 우리나라 겸업화 방식 및 우리나라 금융지주회사 현황 파악
@ 금융감독원, 개별 금융지주회사

9 ▷ 국제결제은행에서 관련 통계와 보고서 수집
◦ 전체 규모 : 글로벌 금융위기 이후 성장세가 위축
◦ 채무자 : 선진국의 발행비중이 절대적으로 큼
◦ 발행조건 : 고정금리채의 발행비중이 절대적으로 큼
◦ 통화별 : 2005년 이후 유로화표시 채권이 달러화표시 채권을 능가
◦ 발행주체별 : 일반기업과 정부의 발행비중 증가

10 ▸ 제3장 국제금융시장의 구조와 변화(Ⓔ62~89쪽)

제4장 국제금융의 기본원리

1 실제 환율이 구매력평가환율로부터 괴리되는 요인을 중심으로 파악

▸[이론과 실제] The Big Mac Index(🄵98쪽)

→ 개도국의 낮은 국민소득, 개도국 통화의 저평가 등

2 (1) 1,000.00/$

(2) 4.77% 저평가

✋ 원화의 대외가치(간접표시환율)에 의해 평가

3 각국의 소비자물가지수를 이용하여 구매력평가환율을 구하고, 해당국 통화간 실제 환율과 같이 그래프를 작성하여 비교

@ 한국은행 경제통계시스템, 통계청 국가통계포털, OECD 등에서 통계자료 수집

→ 실제 환율이 장기적으로 구매력평가환율의 궤를 따라 움직임

4 ₩1,055.19/$

▸[이론과 실제] 구매력평가설을 이용한 환율예측(🄵100쪽)

5 (¥)111.17(/$)

▸[이론과 실제] 국제피셔효과에 의한 환율예측(🄵105쪽)

6 ○ 엔화 : 선물환 프리미엄 상태 ($\because R_t - R_t^* = F_t^{t+1} - S_t > 0$)

○ 선물환율 : (₩)1,025.09(/¥100)

7 (1) 달러화 선물환 : 연 2.00% 할인 상태 (☆선물환율 < 현물환율)

(2) 달러화표시 채권 수익률 = 4.5% + (−2.0%) = 2.5%/년

→ 원화표시 채권투자가 0.50%/년 유리

(3) 달러화표시 채권의 비중을 줄이고 원화표시 채권의 비중을 늘림

- 달러표시 채권 매각 → 달러표시 채권가격↓ → 달러화 금리↑
- 달러 현물환 공급 증가 → 현물환율↓
- 달러 선물환 수요 증가 → 선물환율↑ (∵환위험 헤지)
- 원화표시 채권 매입 → 원화표시 채권가격↑ → 원화 금리↓

(4) 거래비용의 존재, 이자 및 자본소득세, 외환 및 이자율 통제 등 정부의 규제, 금융자산의 이질성, 정치적 위험의 존재 등

8 (1) 현물 및 선물환율과 내외금리(✋ 동일한 속성의 금융상품)의 시계열 자료를 수집하여, 선물환 스왑레이트와 내외금리차의 그래프를 작성하여 비교

@ 한국은행 경제통계시스템, 서울외국환중개(주), WSJ, FT 등에서 현물 및 선물

환율, 내외금리에 관한 통계자료 수집

→ 글로벌 금융위기를 전후로 선물환 스왑레이트와 내외금리차간 격차 확대
($\frac{F_t^{t+1} - S_t}{S_t} < R_t - R_t^*$)

(2) 국제금리차익을 얻기 위한 외국인자금의 대량 국내유입

9 (1) 해외투자에 따른 환위험을 선물환거래를 통해 제거하고 금리차익을 얻고자 하는 국제적 재정거래

(2) ∘ 원화표시 증권투자 수익률 : 6.00%/년

∘ 달러표시 증권투자 수익률 : 3.00%+4.00%(환차익)=7.00%/년

→ 달러표시 증권투자 수익률이 1.00%/년 유리

(3) ∘ 무위험 금리평가이론 : $\frac{F_t^{t+1} - S_t}{S_t} = R_t - R_t^*$

∘ 유위험 금리평가이론 : $\frac{E_t S_{t+1} - S_t}{S_t} = R_t - R_t^*$

→ if 선물환율 = 예상환율, 동일한 국제금리평가이론

제5장 환율의 결정(1): 플로우 접근법

1 외환의 수요와 공급의 변화에 초점을 두고 분석

① 원-달러환율의 상승/하락 요인이 복합적으로 작용(☆ 수출입과 자본이동 측면 동시 고려)

② 원-달러 환율의 하락/상승 요인이 복합적으로 작용(☆ 대일 수출입구조 고려)

③ 원-달러환율 상승, ④ 원-달러환율 상승, ⑤ 원-달러환율 상승

2 ▷한국은행 웹사이트의 한은금요당좌에서 외환시장동향

▷한국은행, 「한국의 외환제도와 외환시장」, 2016

3 외환위기 이후 원화환율과 종합주가지수의 시계열자료를 수집하여 그래프(☆이중축 그래프 활용)를 작성

@ 한국은행 경제통계시스템, 서울외국환중개(주), OECD에서 통계자료 수집

→ 외국인투자자금의 대규모 유출입이 일어나는 시기에 환율과 주가의 상반된 움직임이 뚜렷이 나타남

∘ 외국인 외환 매각 (→ 원-달러환율 하락) → 주식 매입 (→주가 상승)

∘ 외국인 주식 매도 (→주가 하락) → 외환 매입(→원-달러환율 상승)

4 위안화환율의 변동이 한-중간 직접적 수출입뿐만 아니라 우리나라 기업의 중국 현지생산을 통한 우회수출과 중국과 제3국시장에서 경쟁관계를 감안하여 분석

5 수출수요의 가격탄력성에 따라 외화표시 수출액이 다르게 나타남
- 가격탄력적: 수출단가 상승률 < 수출물량 감소율 ➛ 외화표시 수출액 감소
- 가격비탄력적: 수출단가 상승률 > 수출물량 감소율 ➛ 외화표시 수출액 증가
- 원화표시 수출액 변동율 = 수출단가 상승률 − 수출물량 감소율 − 원화 절상율

6 수출입에서 가격비탄력적 상품의 비중이 크거나, 가격변동에 물량이 빨리 반응하지 못하는 경우 등

☆ 탄력성의 결정 요인 : 대체재의 유무 및 다소, 소득에서 차지하는 비중, 소비에서 중요성, 시간의 장단 등

7 ▸5.3 환율결정에 관한 지출적 접근법(🄵137~145쪽)

① 일차적으로 *NCA*곡선 상향 이동 : 환율 상승, 국민소득 증가, 국내금리 상승
② 일차적으로 IS곡선 좌하방 이동 : 환율 상승, 국민소득 증가, 국내금리 상승
③ 일차적으로 LM곡선 좌상방 이동 : 환율 하락, 국민소득 감소, 국내금리 상승
☞ 환율변동은 이차적으로 IS곡선에 영향을 미침

제6장 환율의 결정(2) : 자산시장 접근법

1 국가간 활발한 자본이동으로 자산시장 접근법이 각광을 받음

	돈부쉬의 오버슈팅 모형	포트폴리오-밸런스 모형
공통점	• 자산시장 접근법 • 단기에서 물가의 경직성 → 실제 환율이 구매력평가환율로부터 괴리 등	
차이점	• 국내외 금융자산간 완전대체재 • 환율의 overshooting 등	• 국내외 금융자산간 불완전대체재 • 환율의 undershooting 가능성 등

2 ○ 신축적 물가모형 : 불균형은 물가의 신축적 변동에 해소 ▸(1) 신축적 물가와 환율 : 고전학파 모형(🄵150~156쪽)

○ 고정적 물가모형 : 불균형은 수량의 조정에 의하여 해소 ▸(2) 고정적 물가와 환율 : 케인지안 모형(🄵157~163쪽)

	고전학파의 신축적 가격모형	케인지안의 IS-LM-UIP모형
(1) 국내 통화량의 증가	환율상승	환율상승
(2) 외국의 국민소득 증가	환율상승	환율하락

3 (1) $Y = C(Y - T_0) + I(R - \pi_0^e) + G_0 + NX(\frac{SP_0^*}{P}, Y - T_0, Y_0^*)$

(2) ▸(2) 고정적 물가와 환율 : 케인지안 모형(回157~163쪽)

(3) 세계경제의 회복 (☞ 외국 국민소득(Y^*) 증가)은 일차적으로 IS곡선을 우측으로 이동시킴 (✋ 환율변동은 이차적으로 IS곡선에 영향을 미침)

→ 국민소득 증가, 국내금리 상승, 환율 하락

(4) 긴축적 통화정책은 일차적으로 LM곡선을 좌측으로 이동시킴 (✋ 환율변동은 이차적으로 IS곡선에 영향을 미침)

→ 국민소득 감소, 국내금리 상승, 환율 하락

(5) 경상수지 흑자의 목표치를 하향 조정

∵ 경상수지 + 금융계정(준비자산증감 제외) = 0

4 (1) 환율 상승

▸(1) 신축적 물가와 환율 : 고전학파 모형(回150~156쪽)

(2) 단기에서는 조정속도가 빠른 자산시장이 외부의 충격을 모두 흡수하기 때문에 구매력평가환율로부터 괴리

▸(3) 경직적 물가와 환율 : 오버슈팅 모형(回163~170쪽)

5 ▸(2) 고정적 물가와 환율 : 케인지안 모형(回157~163쪽)

(✋ 환율변동은 이차적으로 IS곡선에 영향을 미침)

(1) 미국의 국민소득 감소는 일차적으로 IS곡선을 좌하방으로 이동시킴

→ 원-달러환율 상승, 국민소득 감소, 국내금리 하락

(2) 확장적 재정정책은 IS곡선을 일차적으로 우상향으로 이동시킴

→ 항구적 재정정책은 일시적 재정정책보다 원-달러환율을 더욱 하락시킴

(3) 국가신용도의 하락은 외환 유출로 일차적으로 UIP곡선을 밖으로 이동시킴

→ 환율 상승 ⇢ (IS곡선 우상방 이동) 국민소득 증가 & 국내금리 상승

6 (1) 통화량 증가에 따른 주요 변수의 동태적 움직임은 <그림 6-17> Overshooting모형에서 주요 변수의 조정과정(回170쪽) 참조

(2) 미국 거시경제변수의 움직임은 @ 한국은행 경제통계시스템, 통계청 국가통계포털, OECD, 미국 상무부 BEA 등에서 월별 자료 수집하여 분석

(3) 예상된 확장적 통화정책, 확장적 재정정책, 유로국가, 일본 등도 양적완화정책 구사, 남유럽의 재정위기 등 새로운 외부충격의 발생 등

7 ▸(2) 미시구조적 접근(回180~181쪽)

제7장 외환시장의 효율성과 환율 예측

1 (1) ▸ (1)시장효율성의 개념과 종류(Ⓣ188~189쪽)

(2) 선물환율이 미래환율의 불편 예측치 여부의 검증는 합리적 기대가설과 불편성 가설의 동시 검증

- 불편성 가설의 불성립 → 위험프리미엄의 존재
- 기대형성과정의 문제 : 정보의 비대칭성, 페소화 문제, 합리적 거품 등

(3) ▹ 학술논문과 한국은행, 정부출연 및 민간경제연구소의 관련 연구보고서

2 (1) 귀무가설: $\alpha=0,\ \beta=1,\ \gamma=0$

(2) 귀무가설을 충족시키지 못하므로 기각

(3) 선물환율(¥110/$)이 투기자가 예측하는 환율(¥100/$)보다 높으므로 미달러 선물환 매각

3 (1) 선물환율(3개월물) : (₩)1,045.17(/$)

(2) 선물환율(₩1,045.17/$)이 예측 환율(₩1,050.00/$)보다 낮으므로 선물환 매입

(3) 선물환을 매입하는 것과 동시에 현물환을 매도하는 재정거래 발생

- 외국에서 달러화 차입 ➛ 외국금리 상승
- 현물환 매도 ➛ 현물환율 하락
- 선물환 매입 ➛ 선물환율 상승
- 원화 자금공급 증가 ➛ 국내금리 하락

4 @ 한국은행 경제통계시스템, 서울외국환중개(주) 등에서 일일환율의 시계열 자료 수집

→ Excel 등 통계 프로그램에서 차트 기능을 이용하여 그래프 작성

제8장 외환시장개입과 거시정책운용

1 (1) ▸ 8.1 외환시장개입의 의의, 목표 및 방식(Ⓣ214~219쪽)

(2) ▸ 8.2 외환시장개입의 메커니즘(Ⓣ220~221쪽)

▸ 8.3 외한시장개입의 효과(Ⓣ222~228쪽)

▸ 8.4, 외환시장개입의 유효성과 한계Ⓣ228~230쪽)

2 브레튼우즈 특별위원회가 목표환율대제도의 주요 내용 참조

▹ Bretton Woods Commission, *Bretton Woods: Looking to the Future: Commission Report, Staff Review, Background Papers*, 1994.

	경성목표환율대제도 (Hard Target Zone)	연성목표환율대제도 (Soft Target Zone)
환율대의 폭	좁음	넓음
환율대의 조정빈도	간혹 변경	빈번히 변경
환율대의 공개여부	일반 공개	비공개
통화정책의 운용	환율수준의 환율대내 유지에 주안점을 둠	대내균형에 주안점을 두며 환율수준에 대해서는 부분적으로만 배려

3 ▸[이론과 실제] 우리나라 불태화 외환시장개입(Ⓔ221쪽)
→ 자산과 부채중 어느 것을 활용하여 불태화하느냐의 차이

4 ▹학술논문, 주요국 중앙은행, 정부출연 및 민간경제구소의 관련 연구보고서

5 ▸8.3 외환시장개입의 효과(Ⓔ222~228쪽)

6 ▸8.5 외환시장개입과 거시정책운용(Ⓔ230~233쪽)

7 (1) 경기부진을 수출확대를 통해 타개하고자 원화의 저평가 유도
(2) 인플레이션을 막기 위해 통화안정증권의 발행을 통화를 환수
(3) ▸ 외환시장개입과 환율방어비용(Ⓔ231쪽)
- 원화의 저평가로 인한 수출부문과 내수부문간 자원배분의 왜곡
- 통화안정증권 발행으로 인한 이자부담 증가 등

제9장 환위험의 측정과 관리전략

1 @경제신문(☞ 한경경제, 매일경제 등), 경제주간지(☞ 한경비즈니스, 매경이코노미, 이코노미스트 등)

2 ▸ <표 9-1> 환산노출의 환산방법 비교(Ⓔ247쪽)
▸ [이론과 실제] 환산노출의 측정방법과 결과(Ⓔ248쪽)

	유동성/비유동성법	화폐성/비화폐성법	시제법	현행환율법
환산순노출($) = 노출자산 − 노출부채	1,300	−1,100	−100	1,200
환산손익 = 순노출 × 환율변동	130	−110	−10	120

3 (1) @주요 시중은행에서 조사
(2) @서울외국환중개(주), 주요 은행, 경제신문 등에서 조사
(3) 원화환산 미달러화 정기예금 수익률 = 미달러화 정기예금 금리+선물환 프리미

엄(연율)

(4) (3)번과 같이 선물환율에 30원을 더하여 선물환 프리미엄을 다시 계산

(5) (3)번과 같이 선물환율에서 30원을 빼 선물환 프리미엄을 다시 계산

4 ▸[이론과 실제] 경제적 노출의 측정(⧉253~254쪽)

<1> 원화표시 엔진가격을 고정시키는 경우

- 원화표시 엔진수입비용(/대) = $9.000×₩1,000 = ₩9,000,000

→ 환율상승시 달러화표시 엔진수입비용(/대) = ₩9,000,000/1,100 = $8,180

<2> 원화표시 엔진가격과 원화표시 판매가격을 고정시키는 경우

- 원화표시 판매가격(/대) = $20,000×₩1,000 = ₩20,000,000

→ 환율상승시 달러화표시 판매가격(/대) = ₩20,000,000/₩1,100 = $18,180

<3> 판매가격이 $19,000으로 하락하고 판매량이 110,000대로 상승하는 경우

- 달러화표시 판매가격(/대) = $20,000×(1－0.05) = $19,000
- 판매량(대) = 100,000×(1＋0.1) = 110,000

5 ▸ 9.3 환위험의 관리체계와 전략(⧉ 254~258쪽)

○ 환위험 관리체계 ▸<그림 9-2> 환위험 관리체계(⧉256쪽)

○ 환위험 관리전략 ▸<그림 9-3> 환위험의 관리체계와 기법(⧉257쪽)

6 ○ 환위험의 개념 : 장래에 예상하지 못한 환율변동으로 인해 기업 등 경제주체의 가치가 변동할 가능성의 정도

○ 환위험의 유형 : 환산노출, 거래노출, 경제적 노출▸(1) 환노출의 유형(⧉241~242쪽)

○ 환위험의 관리기법 : 내부적 관리전략과 외부적 관리전략▸ <그림 9-3> 환위험의 관리체계와 기법(⧉257쪽)

제10장 환위험의 내부적 관리

1 (1) ▸(1) 상계(⧉264~265쪽)

(2) ▸(2) 매칭(⧉264~267쪽)

(3) 제3자와 외환거래 여부

2 ▸(3) 리딩과 래깅(⧉267~269쪽)

→ 환차익/환차손에 대한 보상이 없기 때문에

3 ▸[이론과 실제] 다국적기업의 자산 · 부채 관리전략(⧉270쪽)

(1) 재정환율에 의해 산출(▸우리나라 원화의 재정환율(⧉22쪽))

	원-달러환율	위안-달러환율	원-위안환율
변동전	₩1,050/$	C¥6.00/$	₩175/C¥
변동후	₩1,071/$	C¥6.30/$	₩170/C¥

(2) ◦ 미달러화 환차손 : ₩8,400,000
◦ 위안화 환차손 : ₩7,500,000

(3) 달러화표시 순자산을 증가시키고 위안화표시 순자산을 감소시키는 전략 구사

(4) ◦ 위안화 자산 ➛ 달러화 자산으로 전환
◦ 달러화 부채 ➛ 위안화 부채로 전환
➛ 환율이 예상과 반대방향으로 변동하는 경우 막대한 환차손 발생

4 ▸(6) 가격정책(본271~272쪽)

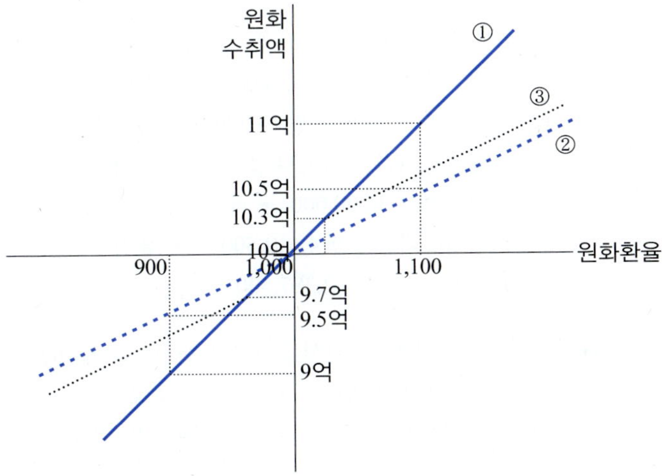

5 ▸10.2 경제적 노출의 관리(본273~280쪽)

제11장 파생금융상품거래와 통화선물거래

1 ▸2) 파생금융상품의 거래추이(본292~295쪽)
@ 국제결제은행 : ☞ OTC derivatives market activity in the first half of 2013
▹한국거래소, 금융투자협회, 자본시장연구원 등 관련 보도자료 및 연구보고서

2 (1) ○ 장내파생금융상품의 계약내용 및 거래동향 → @ 한국거래소
○ 장외파생금융상품 거래동향 → @ 금융감독원

(2) ▹한국거래소, 금융투자협회, 자본시장연구원 등 정부출연 및 민간경제연구소의 연구보고서

3 (1) @ CME Group > Products & Trading, Market Data 등
➛ KRW/USD의 Contract Specification
(2) @ ICE (InterContinental Exchange, Inc), NYSE Euronext 등

4 ▸[이론과 실제] WSJ의 통화선물 호가표(㊕300쪽)
☞ @ Wall Street Journal > Markets > Market Data > FX > Currency Futures Settlements

5 ▸(2) 통화선물가격의 결정과 재정거래(㊕306~307쪽)
(1) 이자비용만 고려한 보유비용 : ₩1,002.48/$
(2) F_t^{t+3}=₩1,002.48/$
(3) 선물환 매입과 통화선물 매각을 통한 재정거래

6 ▸[이론과 실제] 일일정산과 증거금적립제도(㊕305~306쪽)
(1) ◦ 개시증거금 : ₩4,725,000, ◦ 유지증거금 : ₩3,150,000
(2) ◦ 평가익 : 500,000원 ➛ 예탁자산 : 5,225,000원
◦ 개시증거금 : ₩4,747,500, ◦ 유지증거금 : ₩3,165,000
(3) ◦ 평가손 : 3,000,000 ➛ 예탁자산 : 2,225,000원
◦ 개시증거금 : ₩4,612,500, ◦ 유지증거금 : ₩3,075,000
➔ margin call : 2,387,500

7 ▸[이론과 실제] 통화선물을 이용한 단순 헤지(㊕311쪽)
(1) 수출계약과 환위험 → 아래 표 참조
(2) 통화선물을 이용한 헤지 → 아래 표 참조

통화선물을 이용한 단순헤지의 예

		현물시장	통화선물시장	베이시스
EUR/USD환율	3/5	1.8820	1.8212	0.0608
	9/5	1.7624	1.7520	0.0104
£5,000,000의 달러가치	3/5	($9,106,000)	$9,106,000	
	9/5	$8,812,000	$8,760,000	
손 익		−$294,000	$346,000	

(3) $52,000의 환차익 발생
(4) 82.67 – 약 83계약 매도 ($\frac{1}{\delta}$=1.0334)

8 ▸[이론과 실제] FX 마진거래(㊕313~314쪽)
@ 주요 선물회사 > FX마진거래

제12장 통화옵션거래

1 ▸ <표11-4> 통화선물거래와 선물환거래의 비교(⧉298쪽)
▹ 외환, 파생금융상품 관련 도서 참조

2 @ CME Group > Products & Trading & Market Data
→ KRW/USD의 Contract Specification

3 ▸ (4) 풋・콜-선물환 패리티(⧉334~335쪽)
(1) 선물환 매도 = 콜옵션 매도 + 풋옵션 매입
→ 선물환시장과 통화옵션시장간 재정거래로 인해 등가관계 성립
▸ <그림 12-10> 풋・콜-선물환 패리티(⧉335쪽)
(2) 미달러 선물환이 저평가되어 있으므로 – 즉 $F < E+(P(E)-C(E))(1+R)^T$이므로
→ 달러당 7.98원 재정이익 발생

4 ▸ 12.4 통화옵션가격의 결정(⧉336~338쪽)
(1) 풋옵션가격 = 내재가치 + 시간가치
∘ 행사가격 > 현물가격인 경우, 풋옵션가격 = (행사가격 – 현물가격) + 시간가치
∘ 행사가격 < 현물가격인 경우, 풋옵션가격 = 시간가치
(2) 풋옵션 가격의 형태
→ <그림 11-11> 콜옵션 가격(⧉334쪽)의 그림과 세로축을 중심으로 좌우대칭
(3) 행사가격(+), 만기까지 기간(+), 현재 현물가격(–), 가격변동성(+), 무위험 이자율(–) 등

5 (1) ▸ [이론과 실제] 최근 수출기업이 이용한 KIKO 통화옵션거래의 특징과 영향(⧉345~346쪽)
(2) @ 경제신문, 일간신문 등

6 ▸ [이론과 실제] 콜옵션을 이용한 수입대금의 헤지거래(⧉341쪽)
(1) 환차손(익): 결제시점 현물환율 > (<) 1.4800(결제시점 예상환율)
(2) 콜옵션 매입
(3) 콜옵션 지급프리미엄 : $1,700
(4) $1,480,000 + $1,700 = $1,481,700
(5) $1,472,000 + $1,700 = $1,473,700
(6) ▸ <그림 12-12> 선물환과 콜옵션 매입에 의한 헤지결과 비교(⧉340쪽)

7 (1) ▸ <그림 12-13> 선물환과 풋옵션 매입에 의한 헤지결과 비교(⧉343쪽)

∘ 수출채권 보유로 롱포지션 발생 → 풋옵션을 매입하여 숏포지션을 취함으로써 환위험을 헤지

→ 옵션프리미엄을 지급하므로 추가비용 발생

(2) 추가비용을 지급하지 않아야 하므로 풋옵션 매입함으로써 지급하게 되는 프리미엄을 콜옵션을 매도하여 프리미엄을 수취함으로써 상쇄시킴

– 옵션기간중 행사가 이루이지면 곤란하므로 유럽형 옵션 선택

∘ 유럽형 달러 풋옵션 매입 : ・행사가격: ₩1,030.00/$, ・행사기일 : 3개월후

∘ 유럽형 달러 콜옵션 매도 : ・행사가격: ₩1,060.00/$, ・행사기일 : 3개월후

	풋옵션 매입자	콜옵션 매입자
① 만기일 환율 ≤ ₩1,030.00/$	권리행사	권리행사 포기
② ₩1,030.00/$ ≤ 만기일 환율 ≤ ₩1,060.00/$	권리행사 포기	권리행사 포기
③ ₩1,060.00/$ ≤ 만기일 환율	권리행사 포기	권리행사

제13장 통화스왑거래와 기타 외부적 관리기법

1 ○ 외환스왑 : ▸[이론과 실제] 외환스왑거래(Ⓔ27쪽)

통화스왑 : ▸통화스왑의 개념과 거래메커니즘(Ⓔ359~362쪽)

○ 유사점 : 거래통화의 재교환, 차이점 : 재교환시 적용환율의 차이

2 (1)① ∘ A국 : X재, ∘ B국 : Y재

② ∘ A국 : X재 수출, Y재 수입

∘ B국 : Y재 수출, X재 수입

③ ∘ A국 국내교역조건 : 1/2,

∘ B국 국내교역조건 : 3/4

→ 1/2 < 국제교역조건 < 3/4

④ ∘ A국 : 2/3 – 1/2,

∘ B국 : 4/3 – 2/3

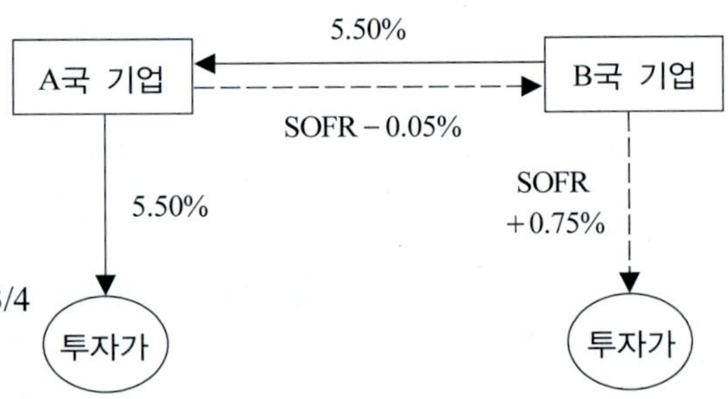

(2)① ∘ A국 기업 : 고정금리,

∘ B국 기업 : 변동금리

② ∘ A국 기업 : 고정금리로 차입하여 B국기업의 변동금리와 교환

∘ B국 기업 : 변동금리로 차입하여 A국기업의 고정금리와 교환

③ ∘ A국 기업 차입이자 절감액 : 0.30%

∘ B국 기업 차입이자 절감액 : 0.20%

3 (1) @ 서울외국환중개(주), 한국자금중개(주) 등

(2) ▹한국은행, 「한국의 금융시장」, 2016.

@ 금융감독원 등

4 원화채권을 매각하고 해외증권에 투자함으로써 더 높은 수익률을 얻고자 하는 재정거래 발생
→ 국제금리평가의 정리 성립

5 ▸4) 통화-금리스왑(본369~375쪽)

(1) 미달러화 변동금리를 매개로 두 가지 통화스왑계약을 동시에 체결
   ① 6개월물 미달러화 SOFR 변동금리를 지급하고, 호주달러화 고정금리 7.90%를 수취하는 계약을 체결
   ② 일본엔화 고정금리 1.18%를 지급하고, 6개월물 미달러화 SOFR 변동금리를 수취하는 계약을 체결

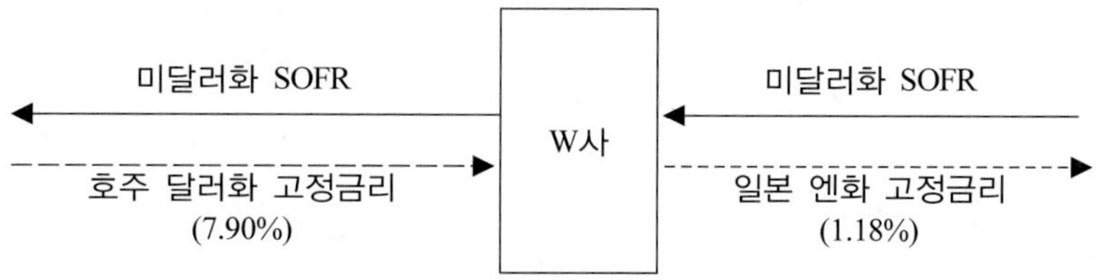

(2) 변동금리에 대한 수취와 지급은 서로 상쇄되고, 일본 엔화 고정금리 1.18%를 지급하고 그 대가로 호주달러화 7.90%를 수취함으로써 6.72%의 이자 절감

6 ▸선물환과 단기금융 및 현물환거래를 이용한 헤지비용의 비교(본376쪽)

(1) 헤지비용 : ₩15/¥100
(2) 현물환을 미리 매입, 헤지비용 : ₩39.39/¥100
(3) 선물환시장을 이용하는 것이 유리
   ◦ 선물환 매입 증가 ➛ 선물환율 상승
   ◦ 현물환 매각 증가 ➛ 현물환율 하락
   ◦ 원화자금 공급증가 ➛ 원화금리 하락
   ◦ 엔화자금 수요증가 ➛ 엔화금리 상승

7 (1) ▸[이론과 실제] 우리나라의 환율변동보험제도(본379~380쪽)
   ◦ 환변동보험 : 외부적 관리기법, ◦ 환차손적립제도 : 내부적 관리기법
   – 장기수출계약에 대한 효과적 환위험 관리수단, 증거금/담보 대신에 보험료 지급, 만기일 이전에 조기 결제가능, 결제시점에서 환율변동에 따른 차액만 정산 등
(2) @ 한국무역보험공사 > 무역지원사업 > 보험종목> 환변동보험

제14장 국제통화제도와 통화협력

1 ▸국제통화제도의 의의와 기능(囝388쪽)

2 ▸[이론과 실제] 환율제도 선택의 문제(囝391쪽)

– 어느 환율제도를 선택하든 ① 통화정책의 자율성(monetary autonomy), ② 국제유동성(liquidity)의 확보를 위한 자본자유화, ③ 통화가치의 신뢰성(confidence) 확보를 위한 환율 안정(exchange rate stability)을 동시에 달성하는 것은 불가능 → 삼각의 딜레마(trilemma)

3 ▸14.2 국제통화제도의 변천(囝392~403쪽)

4

		브레트우즈체제	킹스턴체제 (신브레튼우즈체제)
공통점	기축통화	미달러화	미달러화
차이점	환율제도	고정환율제도	변동환율제도
	태환여부	태환(금환본위제)	불태환

5 국제통화의 기능 측면에서 브레튼우즈체제의 붕괴 원인 분석

∘ 미달러화의 국제유동성 공급(교환의 수단)기능과 신인성(가치저장의 수단)기능간 상충 발생

∘ 국제수지 조절기능 상실

∘ 관리 메커니즘의 약화

6 ▸14.3 현행 국제통화제도의 개편논의(囝404~410쪽)

(1) ∘ 유동성과 신인성간 딜레마, ∘ 기축통화국의 과도한 특권, ∘ 글로벌 불균형의 조정장치의 부재, ∘ 과도한 외환보유액의 축적 등

(2) ∘ 복수기축통화체제의 구축, ∘ 초국적 기축통화의 창출 등

(3) ▹ IMF, 한국은행 등 국내외 경제연구소의 관련 연구보고서

7 ▹조석방 · 김동우, 「중장기 국제통화질서 변화 전망」, 업무참고자료 2010-1, 한국은행 등 참조

제15장 지역통화 · 통화협력

1 (1), (2) ▸15.1 최적통화지역(囝416~420쪽)

(3) ▹학술논문, 정부출연 및 민간경제연구소의 관련 연구보고서 등

2 ☆ 단일 국가내에서 지역경제간 불균형은 생산요소의 자유로운 이동, 정부의 정책 조정 등에 의하여 조정됨에 착안할 것

3 ▸(2) 통화통합의 편익과 비용(🄴418~420쪽)

4 (1) ~ (3) ▸15.2 유럽통화통합(🄴420~434쪽)
▹한국은행, 정부출연 및 민간경제연구소(☞ 금융연구원, 대외경제정책연구원 등) 등의 관련 연구보고서

5 ▸15.3 동아시아 통화 · 금융협력(🄴435~444쪽)
▹한국은행, 정부출연 및 민간경제연구소(☞ 금융연구원, 대외경제정책연구원 등) 등의 관련 연구보고서

제16장 자본자유화와 외환위기

1 ▸(1) 자본자유화의 개념과 영향(🄴450~452쪽)
2 ▸1) 자본자유화의 현황(🄴452~455쪽)
3 ▸[이론과 실제] 우리나라의 자본자유화 추이와 현황(🄴456~457쪽)
4 ▸(1) 외환위기의 개념 및 금융위기와 관계(🄴459~461쪽)
5 ▸[이론과 실제] 동아시아 금융 · 외환위기(🄴469쪽)
6 ▸16.4 우리나라의 외환위기(🄴470~475쪽)
7 ▹한국은행, 정부출연 및 민간경제연구소 등의 관련 연구보고서
8 ▹한국은행, 정부출연 및 민간경제연구소 등의 관련 연구보고서
9 ▹한국은행, 정부출연 및 민간경제연구소 등의 관련 연구보고서

FOREIGN EXCHANGE

참고문헌
REFERENCES

강호상, 『외환론』, 제2판, 법문사, 2012.

국제금융연구회, 『글로벌시대의 국제금융론』, 제5판, 경문사 2017.

권률 외, 「ASEAN+3협력체제의 성과와 정책과제」, 정책연구 05-16, 대외경제정책연구원, 2005.

권태균, "OECD회원국의 자본자유화 경험", 「OECD FOCUS」, 대외경제정책연구원, 2002.

글로벌 금융위기 극복백서 편찬위원회, 「글로벌 금융위기와 한국의 정책대응」, 2012.

금융투자협회, 『해외 파생상품시장 Guide Book』, 2009.

김기홍 외 3인, 『국제금융론』, 도서출판 두남, 2010.

김동환, 『글로벌 금융규제 개혁 동향과 과제 - 바람직한 금융규제 체계의 모색』, KIF 금융리포트 2017-01, 금융연구원, 2017.

김수정, 『미국 금융규제의 역사를 통해 본 도드프랭크법』, SK EQUITY ANALYSIS, SK증권, 2017.3.

김윤환, 『금융위기의 본질과 대책』, 한국금융연수원, 2013.

김인준 · 이영섭, 『국제금융론』, 제3판, 율곡출판사, 2013.

김인준 · 이영섭, 『국제경제론』, 제7판, 다산출판사, 2013.

김태준 · 송치영 · 유재원, 『국제금융경제』, 다산출판사, 2013.

김흥종 외 4인, 「유로존 10년의 평가와 향후 과제」, 연구보고서 10-15, 대외경제정책연구원, 2010.

노택환 외, 『국제통상의 이해』, 박영사, 2004.

대외경제정책연구원, 『위안화 SDR 편입과 원안화 국제화』, KIEP 북경사무소 브리핑, 2016.11.

대외경제정책연구원, 『최근 위안화 국제화 현황』, KIEP 북경사무소 브리핑, 2014. 10.

민상기 · 정창영, 『글로벌 재무전략』, 제3판, 명경사, 2012.

박복영, 「글로벌 금융위기 이후 국제경제환경의 변화와 한국의 대외경제정책 방향」, 제1권과 제2권, 연구보고서 11-07, 대외경제정책구원, 2011.

박대근 · 박춘원 · 이항용, 『글로벌 금융위기 이후 세계경제의 구조적 변화』, 보험연구원, 2015.5.

박정식 · 박종원 · 조재호, 『현대재무관리』, 제7판, 다산출판사, 2008.

변재영, 「글로벌시대의 외환관리」, 경문사, 2009.

성용모, 『외환관리론』, 지영사, 1998.

손명혜, 『미국의 금융규제 완화 가능성과 영향 – 도드–프랭크법을 중심으로』, 산은조사월보 제737호, 산업은행, 2017.

신보성 외, 『글로벌 금융규제 흐름과 우리나라 금융규제개혁의 바람직한 방향』, 자본시장연구원, 2015.

안병찬, 『글로벌 금융위기 이후 외환정책』, 한나래플러스, 2011.

오순상, 「국제금융제도의 변천과 주요 이슈 및 전망」, 국제협력조사총서 제2호, 한국은행, 2005.

유복근, “글로벌 금융위기와 재정거래차익–한국의 사례”, 한국은행 금융경제연구원, Working Paper No. 426, 2010.

이강남, 『국제금융론』, 제4전정판, 법문사, 2006.

이동은 · 편주현 · 양다영, 「글로벌 금융위기 이후 주요국 거시금융정책의 평가와 시사점」, 연구보고서 12-9, 대외경제정책연구원, 2012.

이장영, 『바젤 Ⅲ와 리스크 관리』, 박영사, 2011.

이제원, 『일본경제(3): 아베노믹스의 성과와 과제』, 국제경제리뷰 제2017-12호, 한국은행 국제경제부, 2017.4.7.

이종규, 「경제위기: 원인과 발생과정」, 금융경제총서 제2호, 한국은행, 2000.

이종덕 외, “우리나라의 자본자유화 현황과 향후 과제”, 「외환국제금융리뷰」 제6호, 한국은행, 2005.

이효구, 『국제금융시장』, 범한서적, 2012.12.

장홍범, 『국제금융기초』, 한국금융연수원, 199.4, 2008.2 2010.4.

장홍범 · 권태용, 『국제금융–이론과 실제』, 한티미디어, 2018.

전승철, 「동아시아지역 통화협력방안에 관한 최근 논의와 과제」, 금융경제연구 제150호, 한국은행 금융경제연구원, 2003.

조석방 · 김동우, 「중장기 국제통화질서 변화전망」 업무참고자료 2010-1, 한국은행 국제국, 2010.

조승형 외, “유럽통화통합의 진전과 영향”, 「경제분석」 제3권 제2호, 한국은행, 1997.

최 혁, 『현대인을 위한 금융특강 : 2008 글로벌 금융위기』, 도서출판 K-books, 2009.

최생림, 『외환론』, 제5판(보정판), 박영사, 2011.

한국거래소, 『알기 쉬운 증권 · 파생상품시장 지표 해설』, 2010.

한국금융연수원, 『외환 · 국제금융』, 금융실무대사전 Ⅲ, 2006.

한국은행, 『국제금융센터로서의 홍콩의 최근 위상』, 한국은행 홍콩주재원, 2017.3.

한국은행, “국제통화시스템 변경논의의 배경과 향후 전망,” 「해외경제포커스」 제2011-7호, 2011.

한국은행, 『한국의 금융제도』, 2018.

한국은행, 『금융안정보고서』, 각호.

한국은행, 『알기 쉬운 경제지표해설』, 2019.

한국은행, 『우라나라 국제수지 통계의 이해』, 2018.

한국은행, 『위안화 국제화 현황과 향후 전망』, 한국은행 북경사무소, 2013.6.

한국은행, 『한국의 금융시장』, 2016.

한국은행, 『한국의 외환제도와 외환시장』, 2016.

한국은행, 『한국의 외환시장과 외환제도』, 2023.

한국은행, 『통화신용정책보고서』, 각호.

한국은행, 『2016년도 BIS 주관 세계 외환 및 장외파생상품시장 조사 결과』, 한국은행 보도자료, 2016.9.

황세운, "실리콘밸리은행(SVB) 파산이 국내 금융시장에 미치는 영향 및 시사점", 「자본시장포커스」 2023-06호, 자본시장연구원, 2023.

Alan, A. and M. Taylor, "The Purchasing Power Parity Debate," *Journal of Economic Perspectives* 18, 2004.

Aliber, R., "The Interest Rate Parity : A Reinterpretation," *Journal of Political Economy*, 1973, pp. 1451~59.

Asian Development Bank, "The Asian Bond Markers Initiative Policy Maker Achievements and Challenges," 2017.

Baba, N. and I. Shim, "Dislocations in the Won-Dollar Swap Markets during the Crisis of 2007-09," *BIS Working Papers* No. 344, 2011.

Baba, N. and F. Packer, "Interpreting Deviations from Covered Interest Parity during the Financial Market Turmoil of 2007-2008,“ *BIS Working Papers* No.267, 2008.

Baba, N. and I. Shim, "Policy Responses to Dislocations in the FX Swap Market: the Experience of Korea," *BIS Quarterly Review*, 2010.

Bank for International Settlements, *International Banking and Financial Market Developments*, 각호.

Bank for International Settlements, "Terminal Central Bank Survey of Foregin Exchange and Derivatives Market Activity" in September 2013, November 2013, September 2016.

Beth, M., "FX Volume during the Financial Crisis and Now," *BIS Quarterly Review*, 2012.

Black, F. and M. Scholes, "The Pricing of Options and Corporate Liabilities," *Journal of Political Economy*, 1973.

Blanchard, O., "The Crisis: Basic Mechanism and Appropriate Policies," *IMF Working Paper*, WP/09/80, 2009.

Bloomfield, A. I., *Monetary Policy in the International Gold Standard : 1880～1914*, Federal Reserve Bank of New York, 1959.

Bodie, Z., A. Kane and A. J. Marcus, *Investment*, 5th ed., New York, Irwin/ McGraw-Hill, 2001.

Bordo, M., O. Humpage and A. Schwartz, "Epilogue: Foreign-Exchange Market Operations in the Twenty-First Century,“ *NBER Working Paper* 17894, 2012

Calvo, G., L. Leiderman and C. Reinhart, "The Capital Inflows Problem : Concepts and Issues," *IMF Paper on Policy Analysis and Assessment*, 1993.

Chisholm, A., *An Introduction to International Capital Markets*, Second Edition, Wiley, 2009

Clarke, R. G. and M. P. Kritzman, *Currency Management : Concepts and Practices*, The Research Foundation of th Institute of Chartered Financial Analysts, 1996.

Cline, W. and J. Williamson, "Estimates of Fundamental Equilibrium Exchange Rates, May 2012," Peterson Institute for International Economics, *Policy Brief* 12-146, 2011

CME Group, *FX Products—Product Guide & Calender*, 2013

Cooper, R. N., "The Gold Standard : Historical Facts and Future Prospects," *Brookings Papers on Economic Activity* 1, 1982.

Cooper, R. N., *The International Monetary System : Essays in World Economics*, Cambridge, Mass. : MIT Press, 1987.

Cornell, B., "Spot Rates, Forward Rates and Exchange Market Efficiency," *Journal of Financial Economics*, 1977.

Cox, J. C., S. A. Ross and M. Rubinstein, "Option Pricing : A Simplified Approach," *Journal of Financial Economics* 7, 1979, pp. 229~263.

De Grauwe, P., *The Economics of Monetary Integration*, Oxford University Press, 1997.

Deutsche Bank Research, *OTC Derivatives: A New Market Infrastructure Is Taking Shape*, 2010.

Dominguez, K. M. and J. A. Frankel, "Does Foreign Exchange Intervention Matter? The Portfolio Effect," *American Economic Review*, 1993.

Dominguez, K. M. and J. A. Frankel, "Does Foreign Exchange Intervention Work?" *Institute for International Economics*, 1993.

Dominguez, K. M., "Central Bank Intervention and Exchange Volatility," *Journal of International Money and Finance* 17, 1998, pp. 161~90.

Dumas, B. and B. Solnik, "The World Price of Foreign Exchange Risk," *Journal of Finance* 39(5), 1995, pp. 445~479.

Edison, H. J., "The Effectiveness of Central-Bank Intervention : A Survey of the Literature after 1982," *Special Papers in International Economics*, Princeton University, 1993.

Eichengreen, B. and R. Hausmann, "Exchange Rates and Financial Fragility," *NBER Working Paper* 7418, 1999.

Eichengreen, B. and T. Bayoumi, "Is Asia on Optimum Currency Area? Can It Become One" "Regional, Global and Historical Perspectives on Asian Monetary Relations," in S. Collignon and J. Pisani-Ferry(eds.), *Exchange Rate Policies in Emerging Asian Countries : Domestic and International Aspects*, London : Routledge, 1999.

Eichengreen, B., *International Monetary Arrangements for the 21st Century*, Brookings

Institution, 1994.

Eichengreen, B., Rose, A. K., and Wyplosz, C., "Exchange Market Mayhem : The Antecedents and Aftermath of Speculative Attacks," *Economic Policy*, Vol. 21, 1995, pp. 249~312.

Eichengreen, B., *The Gold Standard in Theory and History*, Mathuen : London, 1985, pp. 39~48.

Emerson, M., D. Gros, A. Italianer, J. Pisani-Ferry and H. Reichenbach, *One Money One Market : An Evaluation of the Potential Benefits and Costs of Forming an Economic and Monetary Union*, Oxford University Press, 1992.

Eun, C. S. and B. G. Resnick, *International Financial Management*, 4th ed., Irwin McGraw-Hill, 2007.

Eun, C. S., Bruce G. Resnick, and Sanjiv Sabherwal, *International Financial*, Six Edition, McGraw-Hill, 2012.

Eun, C., B. Resnick and S. Sabherwal, *International Finance: Global Edition*, Sixth Edition, MaGraw-Hill, 2012

Fama, E. F., "Forward and Spot Exchange Rates," *Journal of Monetary Economics* 14, 1984, pp. 319~328.

Feenstra, R. and A. Taylor, *Essentials of International Economics*, Second Edition, Worth, 2012

Financial Times, various issues.

Fisher I., *The Theory of Interest*, Reprinted, ed., New York, Macmillan, 1980.

Flood, R. and P. Garver, "Collapsing Exchange Rate Regimes : Some Linear Examples," *Journal of International Economics*, 1984, pp. 1~13.

Frankel, J. A., "On the Mark : A Theory of Floating Exchange Rates Based on Real Interest Differentials," *American Economic Review* 69, 1979.

Frankel, J. A., G. Galli and A. Givannini(eds.), *Microstructure of Foreign Exchange Markets*, University of Chicago Press, 1995.

Frenkel, J. and R. M. Levich, "Covered Interest Arbitrage : Unexpected Profits?" *Journal of Political Economy* 83, 1975, pp. 325~338.

Frenkel, J., "A Monetary Approach to the Exchange Rate : Doctrinal Aspects and Empirical Evidence," *Scandinavian Journal of Economics*, 1976.

Frenkel, J., "Purchasing Power Parity : Doctrinal Perspective and Evidence from the 1920's," *Journal of International Economics*, 1978.

Froot, K. A. and K. Rogoff, "Perspective on PPP and the Long-run Real Exchange Rate," in G. M. Grossman and K. Rogoff(eds.), *Handbook of International Economics*, vol. Ⅲ, North-Holland, 1995.

Garman, M. and S. Kohlhagen, "Foreign Currency Option Values," *Journal of International*

Money and Finance 2, 1983, pp. 231~238.

Giannini, Curzio(1999), "Enemy of None but Friend of All? An International Perspective on the Lender of Last Resort Function", *IMF Working Paper* 10.

Glick, R. and M. Hutchison, "Currency Crises," Federal Reserve Bank of San Francisco, *Working Paper* 2011-22, 2011.

Goodhart, C., "The Foreign Exchange Market : A Random Walk with a Dragging Anchor," *Economica* 55, 1988.

Gorton, G. and A. Metrick, "Securitization," in *Handbook of the Economics of Finance*, 2011.

Griffoli, T. and A. Ranaldo, "Limits to Arbitrage during the Crisis: Funding Liquidity Constraints and Covered Interest Parity," Swiss National Bank, *Working Paper* 01/2010, 2011.

Hallwood, C. P. and R. MacDonald, *International Money and Finance*, Blackwell, 2000.

Hernandez, Leonardo and Rodrigo Valdes, "What Drives Contagion : Trade, Neighborhood or Financial Links?", *IMF Working Paper*, 2001.

Huang, R. D. and R. W. Masulis, "FX Spreads and Dealer Competition across the 24-hour Trading Day," *Review of Financial Studies* 12(1), 1999, pp. 61~93.

Hull, J., *Fundamentals of Futures and Options Markets*, Seventh Edition, Pearson, 2011.

International Monetary Fund, *Annual Report on Exchange Arrangements and Exchange Restrictions*, various issues.

International Monetary Fund, *Classification of Exchange Rate Arrangements and Monetary Policy Framework*, various issues.

International Monetary Fund, *De Facto Classification of Exchange Rate Regime and Monetary Policy Framework*, October 2013.

International Monetary Fund, *The Debate on International Monetary System*, 2009.

James, J., I. Marsh and L. Sarno(Editors), *Handbook of Exchange Rates*, Wiley, 2012

Johnson, H. G., "The Monetary Approach to the Balance of Payments : A Non-Technical Guide," *Journal of International Economics*, 1977.

Kenen, P. B., "The Theory of Optimum Currency Areas : An Eclectic View," in R. Mundell and A. Swoboda(eds.), *Monetary Problems in the International Economy*, University of Chicago Press, 1969.

Kenen, P. B., *Economic and Monetary Union in Europe*, Cambridge University Press, 1995.

Kenneth, C., Y. Lan and S. Seah, "The Big Mac Index: Two Decades On: An Evaluation of Burgernomics," *International Journal of Finance and Economics* 17, 2010.

Krugman, P. R. and M. Obstfeld, *International Economics : Theory and Policy*, Addison-Wesley, 2000.

Krugman, P., "Target Zones and Exchange Rate Dynamics," *Quarterly Journal of Eco-*

nomics, 1991.

Levi, M. D., *International Finance*, 2nd ed., McGraw-Hill, 1990.

Levich, R. M., *International Financial Markets : Prices and Policies*, McGraw-Hill Irwin, 2001.

Levich, R., "Evaluating the Performance of the Forecasters," *The Management of Foreign Exchange Risk*, 2nd ed. in ed., Richard Ensor, Euromoney Publication, 1982, pp. 121~34.

Levich, R., "Evidence on Financial Globalization and Crises: Interest Rate Parity," in *The Encyclopedia of Financial Globalization*, Elsevier, 2011

Luca, C., *Trading in the Global Currency Markets*, New York Institute of Finance, 2000.

Mankiw, N. and L. Ball, *Macroeconomics and Financial System*, North, 2012

Marston, R. C., "Real Exchange Rates and Productivity Growth in the United States and Japan," in S. W. Arndt and J. D. Richardson(eds.), *Real-Financial Linkage among Open Economies*, MIT Press, 1987, pp. 189~208.

Mckinnon, R. I., "Optimum Currency Areas," *American Economic Review* 53, 1963.

Meese, R. A., and K. Rogoff, "Empirical Exchange Rate Models of the Seventies : Do They Fit Out of Sample," *Journal of International Economics* 14, 1983.

Meltzer, Allen, "Asian Problems and IMF", *Testimony Prepared for the Joint Economic Committee*, U.S. Congress. 1998.

Mishkin, F. S., "Understanding Financial Crises : A Developing Country Perspective," in K. Bruno and Pleskovic(eds.), *Annual World Bank Conference on Development Economics*, 1996, pp. 29~62.

Mundell, R. A., "A Theory of Optimum Currency Areas," *American Economic Review* 51, 1961, pp. 657~65.

Mundell, R. A., "Currency Areas, Volatility and Intervention," *Journal of Policy Modelling* 22, 2000.

Mussa, M., "Macroeconomic Interdependence and the Exchange Rate Regime," in R. Dornbusch and J. A. Frenkel(eds.), *International Economic Policy : Theory and Evidence*, Johns Hopkins University Press, 1979.

Neal, L. and D. Barbezat, *Economics of European Union and Economies of Europe*, Oxford University Press, 1998.

Neely, C. J., "Technical Analysis and the Profitability of US Foreign Exchange Intervention," *Review*, Federal Reserve Bank of St. Louis, 1998, pp. 3~17.

OECD, *Financial Market Trends*, various issues.

Officer, L. H., "The Purchasing-Power Parity : Theory of Exchange Rates," *IMF Staff Papers*, 1964.

Rogoff, K., "Exchange Rates in the Modern Floating Era: What Do We Really Know?"

Review of World Economics 145, 2009.

Sachs, J., "Alternative Approaches to Financial Crises in Emerging Markets," *Development Discussion Paper* 568, Harvard University. 1997.

Satiroglu, Sait, Emrah Sener, and Yildiray Yildirm. "Empirical Investigation of Covered Interest Parity in Developed and Emerging Markets." Working Paper, Oxyegin University and Syracuse University, June 2012.

Sohmen, E., "The Theory of Forward Exchange," *Princeton Studies in International Finance* 17, 1966.

Solnik, B., "Why Not Diversify Internationally Rather than Domestically?" in D. Lessard (ed.), *International Financial Management*, Warren, Gorham & Lamont, 1979.

Solnik, B., *International Investment*, 3rd ed., Addison-Wesley, 1996.

Stiglitz, J., "Reforming the Global Economic Architecture : Lessons from Recent Crisis," *Journal of Finance* 54, 1999, pp. 1508~21.

Stockman, A., "A Theory of Exchange Rate Determination," *Journal of Political Economy*, 1980.

Taylor, M. P., "The Economics of Exchange Rates," *Journal of Economic Literature* 33(1), 1995, pp. 13~47.

TheCityUK, "Bond Markets," *Research Report*, 2011.

TheCityUK, "Foreign Exchange," *Research Report*, 2012.

TheCityUK, "*Fund Management*," *Research Report*, 2011.

TheCityUK, "Securitization," *Research Report*, 2011.

Triffin, R., *Gold and the Dollar Crisis : The Future of Convertibility*, Yale University Press, 1960.

Omer, Muhammed, Jakob de Haan, and Bert Scholtems. "Testing Uncovered Interest Pate Parity Using LIBOR." CESifo Working Paper No. 3939, June 2012.

Wall Street Journal, various issues.

Williamson, J., "Exchange Rate Economics," *Working Paper* 08-3, Peterson Institute for International Economics, 2008.

찾아보기

INDEX

저/자/소/개

이환호(李煥浩)

〈학력 및 경력〉

세종대학교 경영경제대학 경제학과 명예교수(2018～현재)
세종대학교 사회과학대학 경제통상학과 교수(1987～2018)
세종대학교 사회과학대학장, 정책과학대학원장(2009～2012)
편집위원장, *Journal of Economic Integration*(1990～2010)
국가고시 출제위원(행정고시, 외무고시, 입법고시)
각종 자격시험 출제위원(국제금융역, 일반운용전문인력, 보험계리사 등)
한국은행 조사제1·2부 조사역/행원(1977～1987)
미국 Ohio주립대학교 경제학과 경제학석사 및 박사(1981～1986)
서울대학교 사회과학대학 경제학과 경제학사(1972～1977)

〈주요 저서 및 논문〉

글로벌시대의 국제무역론, 2006(공저)
글로벌시대의 국제금융론, 2003(공저)
근원소비자물가지수를 이용한 구매력평가설의 재검토, 국제경제연구, 2008.8.
외환위기 이후 중화 외환시장개입의 구조적 변화, 국제통상연구, 2001.12.
외환위기 이후 외환시장 개입행태 및 효과의 구조적 변화, 경제학연구, 2001.6.
원화환율변동위험이 우리나라 수출에 미치는 효과분석, 무역학회지, 1997.12.
우리나라의 외환시장 개입도 추정, 국제경제연구, 1997.12.
원화환율의 산업별 수출가격에의 전가율 추정, 경제학연구, 1996.1.
'엔-달러' 환율변동이 우리나라 지역별 수출입에 미치는 효과, 국제경제연구, 1995.12.
원화환율의 적정수준에 관한 고찰: 경쟁력평가모형을 중심으로, 경제학연구, 1994.7.
The Impact of Monetary Policy on the Foreign Exchange Market, 박사학위논문, 1986.

김성은(金成垠)

〈학력 및 경력〉

세종대학교 경영경제대학 경제학과 부교수(2022～현재)
University of Pennsylvania 방문학자 (2023～2024)
편집위원장, *Journal of Economic Integration* (2018～2023)
세종대학교 경제통합연구소 소장 (2018～2023)
세종대학교 경영경제대학 경제학과 조교수 (2017～2022)
미국 Brandeis University 경제학 석사 및 박사 (2012～2017)
기획재정부 경제정책국, 대외경제국, 국제금융국 사무관 (2007～2017)
중앙공무원교육원 신임리더교육과정 수석 졸업 (2007)
행정고시 제49회 재경직 합격 (2005)
서울대학교 자연과학대학 물리학과 및 사회과학대학 경제학과 학사 (1999～2007)

〈주요 저서 및 논문〉

Hubbard 화폐금융 4판, 교문사, 2023(공역)
How Effective are Universal Payments for Raising Consumption? Evidence from a Natural Experiment, Empirical Economics, 2023(공저)
페이스북(Facebook)과 기피(GIPHY) 합병 관련 영국 경쟁시장청(CMA) 결정의 제도적 시사점, 서강법률논총, 2022(공저)
온라인 플랫폼 기업결합 심사 시 노동시장 검토에 관한 연구, 법학논총, 2021(공저)
Quality, Price Stickiness, and Monetary Policy, Journal of Macroeconomics, 2019
Price Dispersion with Multi-Product Firms and Vertical Differentiation, Applied Economics Letters, 2019

제3판 외환론 –이론과 실제–

저　자　이환호 · 김성은
발행자　한헌주
발행처　도서출판 **경문사**
서울특별시 서대문구 독립문로 21-9
전화 738-7035　FAX. 722-4678
E-mail : kmsp@korea.com
홈페이지 : http://www.kmsp.co.kr
등　록　1995년 11월 9일 제300-1995-138호

2014년 2월 28일 초　판 발행
2019년 2월　5일 개정판 발행
2024년 2월 28일 제 3 판 발행

정가 32,000원
ISBN 978 89-420-0897-1 93320

주요 website

▶ 국내기관

공공기관
한국은행 www.bok.or.kr
금융감독원 www.fss.or.kr
기획재정부 www.kif.re.kr
외교부 www.mofa.go.kr
통계청 www.kostat.go.kr
국제금융센터 www.kcif.or.kr
무역보험공사 www.ksure.or.kr
거래소
한국거래소 www.krx.co.kr
서울외국환중개 www.smbs.biz
한국자금중개 www.kmbco.com
연구원 및 협회
대외경제정책연구원 www.kiep.go.kr
한국금융연구원 www.kif.re.kr
자본시장연구원 www.kcmi.re.kr
삼성경제연구소 www.seri.org
LG경제연구원 www.lgeri.com
KDB산업은행 www.kdb.co.kr
전국은행협회 www.kfb.or.kr
금융투자협회 www.kofia.or.kr
신문
조선일보 www.chosun.com
중앙일보 joongang.joins.com
동아일보 www.donga.com
한국경제 www.hankyung.com
매일경제 www.mk.co.kr

▶ 국제기관

국제결제은행 www.bis.org
국제통화기금 www.imf.org
경제협력개발기구(OECD) www.oecd.org

▶ 정보제공기관

Wall Street Journal online.wsj.com
Financial Times www.ft.com
The Economist www.economist.com
Reuters www.reuters.com
Bloomberg L.P. www.bloomberg.com
Dow Jones new.dowjones.com
AP www.ap.org
미국 상무부 경제분석국 www.bea.gov
미국 중앙정보국 www.cia.gov/cia/publications/factbook
더시티UK www.thecityuk.com

▶ 중앙은행

연방준비은행 www.federalreserve.gov
유럽중앙은행 www.ecb.int
영란은행 www.bankofengland.co.uk
일본은행 www.boj.or.jp

▶ 국제증권거래소 및 관련기관

시카고상품거래소 www.cmegroup.com
뉴욕증권거래소 www.nyse.com
뉴욕증권거래소 Euronext www.globalderivatives.nyx.com
런던증권거래소 www.londonstockexchange.com
도쿄증권거래소 www.tse.or.jp
싱가포르증권거래소 www.sgx.com
홍콩증권거래소 www.hkex.com.hk
국제상품거래소 www.theice.com
세계거래소연맹 www.world-exchanges.org
국제스왑파생금융협회 www.isda.org
미국증권거래위원회 www.sec.gov

▶ 국제금융결제기관

국제은행간통신협회 www.swift.com
Euroclear www.euroclear.com
CHIPS www.chips.org